Nachum T. Gidal

LES JUIFS EN ALLEMAGNE DE L'ÉPOQUE ROMAINE À LA RÉPUBLIQUE DE WEIMAR

Nachum T. Gidal

LES JUIFS EN ALLEMAGNE DE L'ÉPOQUE ROMAINE À LA RÉPUBLIQUE DE WEIMAR

Avant-propos de
Marion Gräfin Dönhoff

KÖNEMANN

Amicis et inimicis

Rédaction : Dieter Lang
Rédacteur en chef : Margarete Schwind
Couverture : Wolfgang Mudrak
Cartes : HTG Werbeagentur
Maquette : Manfred Flöttmann, Günter Hauptmann, Raimund Post, Ute Römer

Cet ouvrage contient 974 illustrations

Page de couverture :
foulard (coton imprimé, 68 x 68 cm)
en souvenir de la prière de Yom Kippour (encore appelé Grand Pardon),
devant Metz, en 1870, durant la guerre franco-allemande.

Scène encadrée :
célébration de l'office devant une arche de fortune sur laquelle est placée la Thora.
Les soldats en uniforme portent pour certains le châle de prière.

Au dessus :
une inscription en hébreu et en allemand :
« Prière du Grand Pardon dans le camp, aux abords de Metz, en 1870 »

Dans les médaillons, aux quatre angles :
hymne de Ludwig Philippson aux 1 200 Juifs allemands qui participèrent à l'office.
L'hymne se termine par ces mots :
« Grandis par la foi, encouragés au devoir, stoïques et résolus,
ils sont prêts à se battre. »

Könemann Verlags GmbH
Bonner Str. 126, D-50968 Cologne
Traduction : France Varry (p. 7, 10-20, 22-232), Jocelyne Lévi (p.8, 9, 234-432)
Révision de texte : Jean-Marc Nothias
Mise en pages : Libris, Seyssinet-Pariset
Chef de fabrication : Detlev Schaper
Impression et reliure : Kossuth Nyomda Printing House
Imprimé en Hongrie
ISBN 3-8290-0492-3

Table des matières

SOUS L'EMPIRE

L'Allemagne est ma patrie, le judaïsme mon héritage

SOUS LA REPUBLIQUE DE WEIMAR

L'illusion féconde d'une synthèse germano-juive

Remerciements

L'auteur et l'éditeur remercient tous les experts et collaborateurs qui ont contribué à la réalisation de ce livre :

- les amis et conseillers de l'auteur qui l'ont encouragé et soutenu dans son travail : Dietrich Andernacht, Alex Bein, Marion Gräfin Dönhoff, Jochanan Ginat, le Pr Gershom Scholem, Jochen Steinmayr, Jacov Guggenheim qui a participé à l'élaboration des textes sur le Moyen Âge, Dolf Michaelis qui a effectué des recherches sur les XVIIIe et XIXe siècles et le Pr George Mosse pour ses précieux conseils ;

- le Pr Julius H. Schoeps, directeur du Centre Moses Mendelssohn pour les Études judéo-européennes, Université de Potsdam et Johannes Wachten, sous-directeur du musée juif de Francfort-sur-le-Main pour leur contribution scientifique ainsi que Max Kreutzberger, directeur du *Leo Baeck Institute* à New York, l'inspirateur de cet ouvrage ;

- Jeshavahu Weinberg et Aaron Doron, directeurs au musée Beth Hatefutsoth (musée de la diaspora) à Tel-Aviv, avec lesquels l'auteur a organisé en 1984 l'exposition « les Juifs en Allemagne » que le Conseil des Juifs d'Allemagne a également encouragée. Daniel Becher a été un chercheur infatigable et madame Laakmann une rédactrice admirable ;

- les musées, archives et personnes qui ont généreusement mis du matériel photographique remarquable à la disposition de l'auteur. Citons entre autres : Ulrich Bauche, musée d'Histoire de Hambourg ; Veronika Bendt, directrice de la section juive du musée de Berlin ; Jutta Bohnke-Kollwitz, ancienne directrice du Germania Judaica à Cologne ; Daniel Cohn et Arye Segal, directeurs des *Central Archives for the History of the Jewish people* à Jérusalem ; Rudolf Elvers, bibliothécaire des Archives Mendelssohn à Berlin ; Ute Eskildsen, conservateur de la photothèque du musée Folkwang à Essen ; monsieur Falk, Archives municipales de Mayence ; Liesel Franzheim, directrice de la section juive du musée municipal de Cologne ; Janos Frecot, directeur de la collection photographique de la *Berlinische Galerie* ; le Pr Peter Freimark, directeur de l'*Institut für die Geschichte der Juden in Deutschland*, Hambourg ; Elisabeth von Gleichenstein, musée Rosgarten à Constance ; Fred Grubel, directeur et Sybil Milton, ancienne archiviste du *Leo Baeck Institute* à New York ; Fritz Reuter, Archives municipales de Worms ; le Pr Josef Kruse, directeur et Inge Hermstrüwer, archiviste au *Heinrich-Heine-Institut* à Düsseldorf ; Michael Heymann, directeur des *Central Zionist Archives* à Jérusalem ; Eva Horvath, section des manuscrits de la bibliothèque nationale universitaire de Hambourg ; W. van Kampen, directeur de la photothèque nationale à Berlin ; Jakob Katzenstein, directeur de la *Schoken Library* à Jérusalem ; Michael Lenarz, *Jüdisches Museum* de Francfort-sur-le-Main ; Irene Lewitt, directrice du *Picture Archive*, *The Israel Museum* à Jérusalem ; Carole Mendleson, directrice du *Jewish Museum* à Londres ; le Pr Eberhard Roters, ancien directeur de la *Berlinische Galerie* ; Alfred Rubens, de Londres, qui a généreusement autorisé la reproduction d'images de sa remarquable collection d'iconographie juive ; Paul Sauer, directeur des Archives municipales de Stuttgart ; Arno Schönberger, ancien directeur du *Germanische-Nationalmuseum* de Nuremberg ; M. Teutsch, Archives municipales de Mannheim ; Leonie von Wilkens, ancienne conservatrice du *Germanisches Nationalmuseum* à Nuremberg ; Eberhard Zahn, directeur du *Rheinisches Landesmuseum* à Trèves. Nous tenons à remercier les institutions suivantes : la photothèque du *Deutsches Museum* à Munich ; la photothèque du *Preussischer Kulturbesitz* à Berlin ; l'évêché d'Augsbourg ; le musée Beth Hatefutsoth à Tel-Aviv ; la Bibliothèque universitaire régionale de Hesse à Darmstadt ; le Musée historique de Francfort-sur-le-Main, l'Institut d'Histoire sociale d'Amsterdam ; la collection Rosenthaliana, bibliothèque de l'Université à Amsterdam ; *The Jewish National and University Library* à Jérusalem ; la Bibliothèque nationale autrichienne à Vienne, la Photothèque rhénane à Cologne, la Bibliothèque nationale de Berlin, la Photothèque municipale de Francfort-sur-le-Main, la Photothèque municipale de Munich, la fondation *Deutsche Kinemathek* à Berlin, la Bibliothèque universitaire de Fribourg-en-Brisgau ; la Bibliothèque universitaire de Heidelberg ; l'administration des châteaux et parcs à Berlin ;

- les employés et collaborateurs de la rédaction des éditions Bertelsmann : Beate Assig, Hannelore Forster, Jörg Häntzschel, Jochen Kiebranz, Maria Kornhoff, Dieter Löbbert, Arno Matschiner, Karl W. Schubsky, Johannes Schulz, Simon Snopkowski, Claudia Sperr, Zuzanna Stern, Regina Wittenbrink ;

- et en dernier lieu, mais non des moindres, madame Pia Gidal, à qui nous exprimons notre reconnaissance. Sa connaissance de la littérature hébraïque, son jugement infaillible sur les textes et le choix des images, joints à sa patience, ont largement contribué à la réalisation de cet ouvrage.

Avant-Propos

Après l'arrivée au pouvoir d'Hitler et la « mise au pas » des universités, beaucoup de gens, parmi lesquels des scientifiques, des artistes et des Juifs qui ne voulaient pas se soumettre et qui, de ce fait, subirent des pressions, parvinrent à quitter le pays. Pour les étudiants, l'université de Bâle était alors le refuge idéal, notamment pour ceux qui s'intéressaient à l'économie politique et à la sociologie. Edgar Salin, l'un des derniers grands érudits de ce siècle, y enseignait. Pour lui, la philosophie, l'histoire et la littérature étaient indissociables d'une formation universitaire.

Durant trois semestres, Tim Gidal et moi avons partagé le même banc dans l'amphithéâtre où Salin donnait ses cours magistraux, nous avons été assis avec lui autour d'une table, lors de travaux pratiques. C'est sous la direction de Salin que Tim prépara sa thèse de doctorat intitulée « Le reportage photographique et la presse ». Il montra que le besoin d'immortaliser par l'image des événements particuliers avait été ressenti de tout temps. « Dans l'armée du général et futur empereur Titus, il y avait des reporters qui furent envoyés de Rome en Palestine pour documenter le siège et la conquête de Jérusalem en 70. »

Tim Gidal a toujours été fasciné par les images. Il fut un remarquable reporter photographe par passion, après l'avoir été par obligation pour financer ses études. Membre de la rédaction de "Life", il devint finalement un photographe de renommée mondiale. Publié en 1972, son premier livre sur l'histoire du photojournalisme moderne fait référence aux États-Unis et en Angleterre.

Le reportage photographique fut une constante dans la vie de Tim Gidal : en Palestine où il émigra en 1936, en Angleterre où il travailla pour le célèbre *Picture Post*, pendant la guerre mondiale dont il fut le témoin en tant que reporter en chef de la huitième armée britannique. En Amérique, où il vécut dans les années 50, il enseigna « L'histoire de la communication visuelle de l'âge de la pierre à l'ère de la télévision » à la New School for Social Research de New York. Plus tard, devenu Associate Professor à l'université hébraïque de Jérusalem, il traita des sujets similaires.

Intéressons-nous maintenant à ce livre auquel Tim Gidal a consacré trente années de sa vie. Son intention, semble-t-il, était de montrer aux Allemands, en images – 974 en tout – qui étaient réellement les Juifs qui vécurent en Allemagne et quel rôle ils jouèrent aux différentes époques, des plus reculées à la moitié du XXe siècle.

L'auteur décrit les libertés individuelles et civiles dont bénéficiaient les Juifs sous Charlemagne et sous les Otton, d'où l'épanouissement de la vie culturelle et spirituelle dans les communautés, puis le renversement des choses, à savoir l'oppression et l'extermination des Juifs par les croisés. La haine religieuse, professée par l'Eglise, les avait incités à commettre des atrocités : « Venues de France, des bandes d'assassins parvinrent en 1096 dans la région rhénane où elles tuèrent des milliers de Juifs. »

La réunion du IVe concile de Latran, en 1215, par le pape Innocent III, ennemi implacable des Juifs, marqua l'adoption de toutes les mesures antijuives qui, comme l'écrit l'auteur, « furent jusqu'à notre siècle à la base des conditions de vie discriminatoires et des odieuses calomnies dont souffrit cette catégorie de population. » À la fin du XIIIe siècle, plus de 140 communautés juives furent détruites en Franconie, en Thuringe, dans la Hesse et en Bavière. Au moyen âge, les empereurs et les rois furent souvent les protecteurs des juifs, mais ils leur firent payer chèrement cette protection, les contraignant à se procurer l'argent nécessaire par l'usure. Les Juifs « fricoteurs » étaient de nouveau mis au ban de la société.

Le livre retrace l'histoire mouvementée de ce peuple à travers les siècles. Comme l'écrit Tim Gidal, c'est pourtant dans cette Allemagne où ils furent la plupart du temps persécutés, désignés à la vindicte populaire, que – de l'avis des Juifs Allemands – leur histoire atteint son apogée, sous la République de Weimar.

Nachum Tim Gidal naquit à Munich, en 1909, de parents originaires de Russie et de Lituanie. Il grandit dans un univers résolument judéo-sioniste, d'où son adhésion, dès son jeune âge, au mouvement de la jeunesse sioniste, ce qui ne l'empêcha pas pour autant d'avoir des amis non-juifs.

Autrefois, avant l'avènement du Reich millénaire, je comprenais parfaitement qu'il lui fût important de remonter à ses propres origines et que ce souhait le guidât toujours plus loin dans le passé, jusqu'à la destruction du Temple de Jérusalem qui annonce un destin tragique en marquant le début de la diaspora, de la dispersion à travers le monde de ce peuple mythique. Mais, commencer l'œuvre d'une vie après tout ce qui s'est passé entre-temps, après la Deuxième Guerre mondiale, pour expliquer les Juifs aux Allemands précisément, c'est plus qu'impressionnant. De celui qui lit ce livre et regarde les photos, cela exige une ouverture d'esprit, une curiosité et une concentration particulières.

Marion Gräfin Dönhoff

Préface

« La mémoire d'un peuple, c'est son histoire »
Itzhac Leibush Peretz

L'idée d'une histoire iconographique des Juifs en Allemagne m'est venue dans les années 1950, alors que j'enseignais à la New School for Social Research de New York. En préparant mes cours, j'ai constaté que les Juifs possèdent très peu d'illustrations concernant leur propre histoire. Les raisons en sont multiples : une interprétation rigoureuse du Deuxième Commandement liée au rejet par le judaïsme de l'idolâtrie et du culte des images – présentes en abondance dans les cultures environnantes ; une forte pression politico-religieuse hostile aux représentations dans les pays islamiques ; une transmission traditionnellement spirituelle et orale des événements historiques et contemporains, même si la Bible, elle, se distingue par une langue et un style très imagés. En Allemagne, à l'époque de l'émancipation et de l'assimilation, les Juifs, surtout désireux d'être considérés comme des citoyens allemands, n'ont pu documenter visuellement la vie de leur communautés.

Au cours de décennies qui se sont écoulées depuis lors, j'ai pu rassembler plus de deux mille documents concernant l'histoire des Juifs en Allemagne. C'est donc l'image et non le « verbe » qui fut à l'origine de ce livre. Par la suite, j'ai tenté de restituer aussi bien par l'image que par les mots tous les aspects de cette histoire qui me paraissaient importants.

J'ai voulu montrer qui étaient vraiment ces Juifs d'Allemagne, comment ils ont vécu, comment leur minorité – la plus opprimée de toutes – a survécu jusqu'en 1933, comment ils se sont intégrés ou ont tenté de le faire et comment ils devinrent des citoyens à part entière juste avant qu'Hitler et ses partisans ne décident d'exterminer les Juifs d'Europe. Une partie d'entre eux, originaire des pays de l'Est, put vivre en Allemagne en tant que communauté étrangère sans discrimination ou presque. Les descendants des Juifs convertis s'amalgamèrent au fil du temps avec les Allemands non-juifs.

Tandis que les illustrations de cet ouvrage tentent de donner un aperçu de la vie juive – largement oubliée –, l'introduction présente un résumé de l'histoire des Juifs en Allemagne depuis l'époque romaine jusqu'à la République de Weimar.

Les illustrations du corps de l'ouvrage ont été regroupées thématiquement et chronologiquement en quatre grandes parties homogènes, ce qui n'exclut pas, occasionnellement, certains recoupements :

- Le Moyen Âge : malgré des persécutions cruelles, la communauté juive d'Allemagne connaît du Xe au XVe siècle un grand épanouissement culturel et religieux ; elle s'impose comme principale autorité religieuse, succédant aux centres que furent l'Espagne et Babylone.
- L'époque moderne, qui ne commence pour les Juifs qu'avec les Lumières et les conquêtes napoléoniennes.
- L'empire allemand, durant lequel les Juifs obtiennent l'émancipation.
- L'époque de la République de Weimar, l'un des points culminants de l'histoire juive. Malgré la montée de l'antisémitisme, les Juifs allemands purent être actifs dans tous les domaines de la vie sociale. Parallèlement, on assiste à une renaissance intracommunautaire avec l'émergence d'une orthodoxie en prise directe sur la vie et l'affirmation des idées sionistes, qui contribuent à forger une nouvelle identité juive.

L'histoire des Juifs en Allemagne est un aspect de l'histoire de mon peuple. Cet ouvrage est dédié à leur mémoire.

Préface de la deuxième édition

En 1974, la direction de l'Institut Leo Baeck m'a chargé de réaliser un ouvrage illustré sur l'histoire des Juifs en Allemagne.

En décembre 1975, j'ai présenté la première version du texte avec des illustrations classées de manière chronologique et thématique, le tout intitulé «Les Juifs en Allemagne, de l'époque romaine à la République de Weimar.»

En 1980, le nouveau président de l'Institut Leo Baeck à Jérusalem a souhaité le remaniement du livre dans une optique qui ne correspondait pas à la mienne. Considérant qu'il s'agissait-là d'une tentative de censure, j'ai mis fin aux relations que j'entretenais avec l'institut.

On m'a demandé pourquoi l'histoire des Juifs en Allemagne s'arrêtait dans ce livre à 1933. Au-delà de cette date, l'histoire des Juifs d'Allemagne se confond avec celle de tous ceux d'Europe. Une histoire ponctuée d'humiliations et de persécutions qui anticipent l'extermination des Juifs, décidée par une dictature d'une barbarie indicible.

Jérusalem, Octobre 1996.

Nachum T. Gidal

Introduction

« Les sages d'Ashkenaz... reçurent la Torah, héritage de leurs ancêtres, dans les jours de la destruction du Temple », écrivait le maître talmudique Acher ben Yehiel (vers 1250-1327), autorité reconnue des Juifs en Allemagne.

Ceci est l'un des premiers documents mentionnant les Ashkénazes en tant qu'unité religieuse et culturelle en Europe, depuis la France, le Saint Empire romain-germanique jusqu'au sein de la Russie.

Par « les jours de la destruction du Temple », Acher ben Yehiel entend la destruction du Deuxième Temple de Jérusalem construit sous Hérode. Il fut dévasté en l'an 70 par les légions romaines de Titus. Cette date marque également la fin de l'État juif et le commencement de la diaspora, la dispersion.

Le Moyen Âge

Cologne devait abriter une communauté juive florissante en 321. L'empereur romain Constantin rencontra peut-être quelques-uns de ses membres lorsqu'il fit ériger un pont au-dessus du Rhin près de la ville en 306. En 321 et 326, il envoya des décrets concernant les décuries juives de la ville au magistrat de Cologne. Ces décrets sont les plus anciennes preuves de l'existence d'une communauté juive dans les provinces germaniques de l'Empire romain.

Des sources datant des VIe, VIIe et VIIIe siècles attestent la présence de Juifs sur les territoires des rois francs : ils étaient marchands, propriétaires terriens, douaniers, médecins, maîtres-monnayeurs.

*

La propagation du christianisme eut pour conséquence la persécution et l'abaissement des Juifs, notamment dans la partie occidentale du royaume franc. Il n'existe aucun document antérieur à la période de Charlemagne sur leur vie dans la partie orientale du royaume. Charlemagne (742-814), roi des Francs, couronné empereur d'Occident en l'an 800, réunit une partie importante de l'Europe occidentale sous sa domination. Le commerce et les arts s'épanouirent sous son règne. Placés sous sa protection, les sujets juifs de son empire étaient des citoyens à part entière qui pouvaient se consacrer à leur vie religieuse, culturelle et économique sans aucune entrave.

Des navigateurs et marchands juifs voguaient vers l'Égypte, le Proche-Orient, la Perse et les Indes. Ils y faisaient le commerce d'eunuques, d'esclaves, de fourrures, d'armes et rapportaient des bijoux, des épices, des parfums et autres produits de luxe facilement transportables. Des caravanes de marchands partaient de la Perse vers la Chine où existaient également des communautés juives.

L'époque de Charlemagne vit la création de nombreuses communautés juives et la consolidation de celles qui existaient déjà. C'est dans cette atmosphère de liberté religieuse que s'enracina le judaïsme allemand qui allait fleurir dans les siècles suivants. En 839, un diacre romain, nommé Bodo, se convertit même au judaïsme sans encourir le risque d'être brûlé vivant, sort qu'aurait subi un apostat quelques siècles auparavant ou quelques siècles plus tard.

Cette période généralement paisible se poursuivit sous le règne de la dynastie des Othoniens. La couronne impériale, créée pour le couronnement d'Othon le Grand, premier empereur du Saint Empire romain-germanique, était ornée des effigies des rois Salomon et David et portait le plastron des grands prêtres bibliques. Des princes de l'Église s'opposèrent même à la conversion forcée des Juifs au christianisme. Cela s'explique en partie par le fait que nombre d'évêques étaient également des souverains temporels exerçant la justice sur leurs territoires. Il leur importait de développer les affaires et le commerce de leurs villes et avaient donc besoin des Juifs citadins qui savaient lire et connaissaient la finance.

*

Entre les Xe et XIIIe siècles, des centaines de communautés juives s'étaient établies aussi bien dans les villages que dans des villes comme Bamberg, Erfurt, Ratisbonne, Vienne, Prague et Cologne. Une vie culturelle et spirituelle intense animait les trois cités de Spire, Worms et Mayence, appelées *Schum*, d'après la première lettre de leurs noms en hébreu.

Les centres du savoir juif n'étaient plus Babylone ni la Jérusalem dévastée, mais les communautés espagnoles, françaises et allemandes, Troyes par exemple et les *Schum*, où naquit le courant particulier des « Pieux ». Le judaïsme ashkénaze prévaudrait bientôt aux yeux des Juifs du monde occidental.

La Bible, le Talmud, les commentaires talmudiques et le livre des prières étaient et demeurent les piliers du judaïsme. Les commentaires sur la Bible et le Talmud qu'écrivit Salomon ben Isaak (1040-1105), connu sous le nom de Rachi, restent des instrument d'études indispensables jusqu'à nos jours. Rachi étudia à Worms avant de fonder une école supérieure de Talmud à Troyes à l'âge de 25 ans.

Les communautés ashkénazes instaurèrent la *qehillah* (ou : *qahal* : communauté ou assemblée de fidèles), institution chargée de la gestion de la communauté dont l'autonomie était reconnue des autorités chrétiennes. Les tâches de la *qehillah* englobaient notamment les prélèvements d'impôts, le culte, l'enseignement et la justice. L'institution était ainsi responsable de la maintenance de la synagogue, du cimetière, du *miqveh* (bain rituel), de l'auberge, de l'hospice pour les malades et de la maison commune où se déroulaient les mariages et autres fêtes de la communauté. Les maîtres talmudiques réunissaient les étudiants dans leurs maisons, où ils constituaient des cercles d'étude.

Dans ces communautés à l'atmosphère familiale, notamment dans les plus petites, tout le monde contribuait à la vie de la collectivité. Un membre de la communauté qui avait à se plaindre d'une injustice pouvait réclamer l'interruption de la prière à la synagogue *(Ikkuv Hatefilla)* jusqu'à ce que son cas soit éclairci. En revanche, la *qehillah* pouvait assigner un membre de la communauté devant le tribunal rabbinique *(Beth Din)* lequel avait le droit d'infliger des peines ou d'imposer le paiement d'indemnités.

Les chefs du Conseil *(Parnassim)* et les Sages *(Chachamim)* élaboraient les décrets ou statuts *(taqqanot)* s'appliquant soit à un individu, à un groupe ou à la communauté entière. Rabbénou Gerchom ben Yehoudah, connu sous le nom de Meor ha-Golah « Lumière de l'Exil », rédigea trois des principales *taqqanot :* l'interdiction de divorcer sans le consentement de l'épouse, l'interdiction de pratiquer la polygamie et le respect du secret épistolaire.

Un grand nombre de ces ordonnances concernait la vie quotidienne. Certaines dictaient l'apparence extérieure, d'autres la juste répartition des taxes imposées par les autorités chrétiennes entres pauvres et nantis. D'autres encore se préoccupaient des questions juridiques et financières. La réglementation des relations entre Juifs et chrétiens constituait un domaine crucial. Il était ainsi formellement interdit de tromper un chrétien. N'importe quel acte d'escroquerie risquait de mettre toute la communauté en danger. Il était également interdit de dénoncer un Juif auprès des autorités chrétiennes, à moins d'avoir des preuves irréfutables du crime commis.

Les ordonnances, décrets et règlements communautaires étaient tous réunis sous le terme de *taqqanot.* Des taqqanot exceptionnelles étaient parfois promulguées : durant les persécutions qui accompagnèrent la période des croisades, une *taqqanah* interdit de faire des reproches aux Juifs qui avaient accepté la conversion forcée sous la menace de mort.

Le judaïsme ashkénaze intégra notamment les statuts de Gerchom ben Yehoudah. Acher ben Yehiel, autorité reconnue du judaïsme allemand, codifia les œuvres de maîtres talmudiques allemands, français et espagnols. Il rédigea un compendium de la *Halakha* (changement, tournant de la vie), un règlement religieux de la vie quotidienne qui fait autorité jusqu'à nos jours.

C'est ainsi que la vie culturelle et religieuse des Juifs en Allemagne ne cessa de s'épanouir entre les Xᵉ et XIVᵉ siècles en dépit des persécutions et de la destruction de nombre de communautés. La calligraphie et l'art de l'enluminure connurent également un essor important durant cette période.

*

En règle générale, les rois et les empereurs furent d'abord plutôt bien disposés envers les Juifs. Mais à l'époque des croisades, leur pouvoir s'avéra trop faible pour les protéger des attaques des croisés. En 1096, des hordes meurtrières venues de France envahirent la région rhénane et y massacrèrent des milliers de Juifs.

L'Église avait semé la haine religieuse. Partis conquérir la Terre sainte à la pointe de l'épée, les croisés fanatiques assassinèrent également les Juifs qui se trouvaient sur leur passage. Ils tuaient au nom de Dieu, mais surtout aiguillonnés par leur cupidité. Les Juifs ne pouvaient se sauver qu'en acceptant le baptême. La majorité d'entre eux préféra subir le *Qiddouch Ha-Chem* (sanctification du nom divin) : ils se suicidèrent ou se laissèrent massacrer en témoignage de leur foi.

Les croisés se partageaient les biens mobiliers de leurs victimes. Les maisons revenaient aux villes à moins que les seigneurs ne les revendiquent et n'accordent en échange la liberté aux criminels. Mais il y eut aussi des exceptions où les patriciens, les princes et les évêques cachèrent les Juifs dans leurs propres demeures ou les défendirent contre les croisés.

Bien que moins meurtrières, les croisades ultérieures apportèrent également leur part de souffrances. Cependant, les Juifs ne cessèrent de reconstruire leurs communautés ; les maîtres et leurs élèves continuèrent de rédiger des écrits religieux et de développer les bases éthiques du judaïsme ashkénaze. C'est ainsi que Yehoudah ben Samuel, surnommé Hé-Hassid (le Pieux) fonda la mystique judéo-allemande à Ratisbonne en 1200.

*

Le pape Innocent III, initiateur de la quatrième croisade (1202-1204) et ennemi juré des Juifs, (« les fils des meurtriers du Christ ») convoqua le quatrième Concile œcuménique de Latran en l'an 1215. Il imposa les dispositions anti-juives qui allaient constituer la base des conditions de vie humiliantes et des terribles diffamations que subirent les Juifs jusque dans notre siècle.

Innocent III, qui avait interdit aux chrétiens de pratiquer le prêt à intérêts, accusa véhémentement les Juifs de prendre des intérêts usuraires par cupidité. Les lois hostiles du Concile du Latran étaient destinées à avilir les Juifs. Ils étaient désormais exclus de toutes les charges publiques, devaient coudre un morceau d'étoffe jaune sur leurs vêtements en signe d'indignité sociale et n'avaient pas le droit de se montrer en public durant la semaine de Pâques. Cependant, le chapeau pointu imposé aux Juifs d'Allemagne ne fut guère porté dans la vie quotidienne en dépit de décrets répétés.

À partir de 1215, les lois de l'Église, sur lesquelles se greffèrent les règles des corporations, interdirent virtuellement aux Juifs de travailler dans un environnement chrétien hormis en tant que prêteurs à gages et intérêts ou, dans de rares cas, comme médecins de seigneurs et de communautés monastiques. Or, en dépit des règles canoniques, de nombreux empereurs, princes et magistrats municipaux entretenaient des relations économiques et culturelles avec les Juifs.

L'empereur Frédéric II, (1212-1250) de Hohenstauffe accorda aux Juifs le statut légal de *servi camerae* (serfs de la Chambre impériale). Ce statut était une arme à double tranchant : si les Juifs jouissaient désormais de la protection de l'empereur, ils devenaient en même temps sa possession : l'empereur pouvait à plaisir louer, mettre en gage ou vendre son droit d'imposition sur les Juifs.

En revanche, les Juifs reçurent quelques droits inestimables contre le paiement de sommes élevées : la sécurité sur les routes, le droit à une procédure légale en cas de conflit juridique entre un Juif et un chrétien et le droit de ne pas subir de baptême forcé.

Les Juifs étaient enfermés dans un cercle vicieux : ils devaient réclamer des intérêts excessifs, même si cela était légal, aux fins de rassembler les sommes énormes qu'ils payaient pour leur protection. Cela ne faisait qu'enflammer la haine de la population contre ceux qu'elle qualifiait d'usuriers rapaces. Leur situation ne cessa de se dégrader en dépit de la protection impériale.

Les Juifs d'Allemagne subirent de nouveaux massacres lors des dernières croisades et dans les temps qui suivirent. Les crimes les plus effroyables furent le « carnage des Juifs » à Francfort-sur-le-Main vers 1250 et la destruction de plus de 140 communautés juives en Franconie, en Thuringe, en Hesse et en Bavière en l'an 1298, œuvre d'un chevalier de condition modeste répondant au nom de Rindfleisch et de sa horde de brigands. Le prétexte fut cette fois l'accusation absurde selon laquelle des Juifs auraient transpercé une hostie, profanant ainsi le symbole du corps du Christ.

Un autre mythe insensé fit à nouveau son apparition : l'accusation de meurtres rituels. Les Juifs (soumis à l'interdiction stricte de ne pas manger de sang et que le contact avec le sang rend impurs) auraient tué des enfants chrétiens durant la période de Pessah pour utiliser leur sang dans des actes rituels. En 1236, l'empereur Frédéric II, après avoir fait diligenter une longue enquête, avait déjà dénoncé l'absurdité et les erreurs flagrantes de ces accusations.

Un tiers de la population européenne périt de la peste noire entre 1347 et 1352. Les Juifs servirent de nouveau de boucs émissaires : on les accusa d'avoir empoisonné les fontaines et on leur infligea de terribles châtiments. À Strasbourg par exemple, 2 000 Juifs furent brûlés vivants.

Néanmoins, un grand nombre de Juifs parvinrent à fuir vers la Pologne où ils prospérèrent dans le commerce, l'artisanat, et fondèrent des villes. Le roi Boleslav le Pieux de Pologne les prit sous sa protection à partir de 1264. Des pièces en argent aux inscriptions hébraïques furent frappées dès l'année 1200 et Rabbi Yehoudah ben Samuel décrit dans son « Livre des Pieux » (XIIIe siècle) la fondation d'une colonie juive dans la « jungle » polonaise. Les Juifs d'Allemagne apportèrent en Pologne leurs traditions anciennes, leur coutumes vestimentaires et la langue allemande qui, enrichie de termes slaves et hébraïques, allait donner naissance au yiddish.

*

Une grande partie de la population juive avait été tuée ou chassée des villes allemandes entre la fin du XVe et le début du XVIe siècle. Il en résulta une décadence des communautés juives et de l'enseignement spirituel, période de paralysie et de stagnation culturelle dont le judaïsme en Allemagne ne se releva pas jusqu'à la fin du XVIIIe siècle.

La majorité des Juifs qui échappèrent aux massacres en sortit très appauvrie, notamment dans les régions rurales. Plusieurs milliers d'entre eux menaient une vie misérable dans les forêts et sur les routes où ils s'organisaient en bandes pour se protéger des agressions. Un grand nombre se joignit aux hordes de vagabonds et de mendiants chrétiens repoussés par la société. Le « Liber vagatorum » (vers 1510) illustre cette assimilation de Juifs dans le monde des vagabonds et des mendiants. L'ouvrage renferme un lexique de la langue des mendiants et des vagabonds dans lequel on retrouve de nombreux mots de racines hébraïques.

Officiellement, les chrétiens n'avaient toujours pas le droit de percevoir des intérêts, mais il existait de nombreux moyens de contourner cette interdiction à laquelle l'Église elle-même n'obéissait plus. L'époque des grandes découvertes vit l'enrichissement des marchands chrétiens. L'argent de la famille Fugger finança l'accession du roi Charles Quint au trône impérial romain-germanique. En revanche, les paysans trop pauvres pour pouvoir payer la dîme ou le prix d'une indulgence à leurs seigneurs ecclésiastiques étaient souvent forcés d'emprunter de l'argent aux prêteurs juifs.

Au-delà de la stigmatisation des Juifs, liée surtout à leur rôle d'usuriers, leur étrangeté culturelle inquiétait un grand nombre de chrétiens, notamment par leurs us et coutumes singuliers et exotiques, leurs vêtements bizarres, la langue hébraïque incompréhensible qu'ils utilisaient à la synagogue et en public lorsqu'ils priaient.

Ce qui n'est pas familier engendre fréquemment un sentiment d'insécurité et d'incertitude voire de méfiance, qui se transforment aisément en rejet et en hostilité. Bien qu'indispensables à la vie économique, les Juifs formaient en réalité un peuple étranger à la nation allemande au sein de l'Empire germanique. Ils n'y appartenaient pas de leur plein gré et avaient conscience de vivre dans une diaspora douloureuse dont seul Dieu les délivrerait en leur envoyant le Messie. « Je l'attends chaque jour même s'il tarde à venir » était l'un des versets quotidiennement récités à la prière du matin.

Par contraste avec la dureté de la vie, durant le sabbat, les fêtes familiales, la célébration de la naissance des enfants, de la *Bar Mitzvah* (confirmation des garçons) et des mariages, le foyer se transformait en royaume.

Le fait que les Juifs avaient un haut niveau d'exigence éthique dans leur vie quotidienne, religieuse et familiale, ne concernait guère leur entourage chrétien. Situés au niveau social le plus bas et méprisés de l'Église, les Juifs n'étaient considérés que comme des usuriers et trafiquants sordides. Ils étaient suspects au regard de la majorité des chrétiens en vertu de leur apparence extérieure, de leurs métiers ingrats, mais surtout de leur attachement à une religion que le christianisme avait pourtant évincée ! Les Juifs constituaient le peuple qui, de génération en génération, portait la responsabilité de la mort du Christ.

En dépit des discriminations et des attitudes hostiles, nombre de princes, évêques et patriciens accordaient toutefois leur confiance aux commerçants et médecins juifs. Plusieurs d'entre eux s'élevèrent à la position de conseillers financiers ou médecins attitrés de personnages illustres, tandis que d'autres devenaient des commerçants et négociants respectés.

*

Le début du XVIe siècle pose un jalon dans les relations entre Juifs et chrétiens car c'est à cette époque que les Juifs commencèrent à se défendre ouvertement des attaques dont ils étaient la cible, notamment grâce à la création de la fonction de *chtadlan* au sein de chaque communauté juive. Le *chtadlan* était chargé de représenter et de défendre les affaires juives face aux autorités non-juives. C'est ainsi qu'un nouvel ordre profane s'établit dans les communautés juives au fil du temps.

Le plus célèbre *chtadlan* fut Josel de Rosheim (1480-1554) d'abord chef de la communauté juive en Alsace, qui choisit d'être le représentant des Juifs de l'Empire, « le Commandant et gouverneur de la juiverie dans son entier ». L'empereur Maximilien et surtout Charles Quint le tenaient en haute estime. Josel défendait autant la réputation des Juifs que leurs droits. Il avait une compétence légale de juge dans les conflits entre Juifs et chrétiens et pouvait administrer des amendes ou le ban. Lors de la guerre des Paysans, en 1525, son intercession courageuse protégea un grand nombre de communautés juives de l'hostilité des insurgés. À la diète d'Augsbourg de 1530, il s'éleva avec succès contre les diffamations de l'apostat Anton Margaritha qui prétendait que les Juifs étaient responsables de la conversion des catholiques au protestantisme. Dans un écrit, il réfuta les diatribes anti-juives du réformateur Butzer. En 1544, il obtint de l'empereur Charles Quint l'attestation que les Juifs avaient le droit de prélever des intérêts plus élevés que les chrétiens puisqu'ils devaient payer davantage d'impôts et qu'il leur était interdit de posséder des terres ou d'exercer des métiers artisanaux. Il obtint la rédaction d'une charte de protection contre l'accusation de crimes de sang en échange toutefois du paiement par la communauté de 4 400 gulden en argent et en nature.

L'action de Josel de Rosheim marqua un tournant dans la position sociale et juridique des Juifs en Allemagne. Grâce notamment à leur autonomie intérieure, les communautés juives affirmèrent et consolidèrent leur statut légal. Elles purent mieux affronter le monde des gentils. Les chef des communautés et les *chtadlanim* étaient des rabbins ou de riches commerçants – souvent les deux à la fois – et constituaient une classe dirigeante autocratique.

*

Le réformateur Martin Luther fut l'un des adversaires les plus féroces du judaïsme. Espérant au départ convertir les Juifs à sa conception personnelle de la foi chrétienne, il plaida en faveur d'une plus grande tolérance. Dans un pamphlet intitulé « De ce que Jésus-Christ est né juif » (1523), il réfute les accusations de meurtre rituel et de profanations d'hosties.

Chez les Juifs, la lutte de Luther contre la papauté éveilla l'espoir que leur croyance serait mieux comprise et qu'ils seraient plus humainement traités. Mais quand ils refusèrent de renier leur religion, Luther les invectiva pour leur obstination, proposant que « cette race juive abjecte, vers de terre dégoûtants » soit envoyée aux travaux forcés, que leurs textes saints leur soient confisqués et qu'on incendie leurs synagogues et leurs maisons.

Les Juifs n'avaient que mépris pour la doctrine de l'Église chrétienne, qui prêchait l'amour du prochain mais humiliait et torturait ceux qui avaient une autre foi pour les forcer à se convertir à la religion juste. Or, ils ne pouvaient, sous peine de mort, avancer d'arguments théologiques contre le christianisme.

Ses attaques contre les Juifs n'empêchaient pas Luther de travailler avec amour et dévotion à la traduction de la Bible en allemand. Pour l'Ancien Testament, il utilisa sans doute le texte hébreu traditionnel, la *masorah* palestinienne, à partir de recueils de manuscrits datant des XIIIe et XIVe siècles. Nonobstant quelques erreurs de traduction, Luther écrivit une œuvre magistrale qui pouvait désormais être lue en allemand. Cette découverte de la Bible des Juifs par les chrétiens limita peut-être la portée de diatribes venimeuses de Luther contre les Juifs. La Bible devint une source d'inspiration pour les artistes, les poètes et les musiciens.

Dans le monde des érudits chrétiens, la propagation de l'humanisme avait introduit l'étude de l'hébreu et de la littérature hébraïque. Les humanistes refusaient la scolastique du Moyen Âge et aspiraient à faire renaître les valeurs humaines universelles de l'Antiquité. C'est ainsi qu'ils s'intéressèrent également à la Bible hébraïque, au Talmud et à la kabbale.

La kabbale notamment fit l'objet d'études approfondies ; certains érudits y virent la base d'une mystique chrétienne. Johannes Reuchlin apporta une contribution importante avec ses ouvrages sur la langue hébraïque. Selon lui, les Juifs étaient des « concives nobiscum romani imperii », c'est-à-dire des citoyens de l'Empire romain à l'image des autres. Il contesta à l'Église le droit de persécuter les Juifs parce qu'ils refusaient le christianisme. Les Juifs n'étaient pas des hérétiques. Les commandements halakhiques des Juifs n'étant pas réprouvés par le droit clérical ou séculier, on ne devait donc ni les interdire ni brûler ceux qui leur obéissaient. « Par ailleurs, un chrétien doit aimer les Juifs comme son prochain ; tout cela est énoncé dans les lois. »

Vers les temps modernes

La situation juridique des Juifs s'améliora aux XVIe et XVIIe siècles, notamment dans les grandes villes telles que Hambourg, Francfort-sur-le-Main, Worms, Vienne et Prague. Ils devaient cependant subir les contraintes de décrets humiliants et étaient écrasés d'impôts. Dans les villes, ils vivaient fréquemment dans des quartiers isolés, parfois dans des ghettos entourés de murs. Ces murs, dont les portes étaient fermées la nuit, conféraient également un sentiment de sécurité et d'appartenance à une communauté socioculturelle homogène. En ces temps de guerres civiles impitoyables, les villes utilisèrent les Juifs – de confession neutre entre catholiques et protestants – comme marchands et intermédiaires financiers entre les principautés.

*

Au cours de la guerre de Trente Ans (1618-1648) qui dévasta une grande partie de l'Europe centrale, les Juifs qui résidaient alors surtout dans les campagnes et les petites villes, ne souffrirent pas plus, et même souvent moins que le reste de la population. Vivandiers, brocanteurs, cambistes, marchands de chevaux et de céréales, trafiquants de ravitaillement et matériel de guerre, pourvoyeurs de rançons, ils étaient indispensables aux différents adversaires et protégeaient ainsi leurs communautés.

À la fin de la guerre, les seigneurs allemands s'efforcèrent de relever rapidement l'économie détruite de leur pays suivant les principes du mercantilisme, ce qui servit l'intérêt des Juifs. Cette théorie fondait la richesse des États sur l'accumulation de réserves d'or et d'argent. Il s'agissait de développer une surproduction destinée à l'exportation et de limiter les importations de manière à amasser le plus de fonds possible.

Quelques seigneurs bâtirent d'immenses fortunes en faisant frapper des pièces de monnaie à teneur en argent réduite. Des cambistes échangeaient ces pièces falsifiées dans toute l'Europe contre de bonnes pièces qu'ils rapportaient ensuite dans leurs lieux d'origine. Une autre méthode consistait à amincir la tranche des pièces en argent et l'on remplissait ses poches ou les caisses des armées avec le métal récupéré. Ces trafics résultèrent en une dévalorisation de l'argent dont la population rendait les financiers – surtout les Juifs – responsables.

En 1648, des milliers de Juifs qui avaient échappé aux massacres perpétrés par les troupes du chef cosaque Chmielnickij, fuirent vers la Pologne, la Silésie, la Bohème, l'Autriche et d'autres pays situés plus à l'Ouest. Une nouvelle vague de réfugiés provoqua la guerre entre la Suède et la Russie.

Les réfugiés étaient sans ressources. Les communautés juives existantes en recueillirent un certain nombre, avec ou sans l'accord tacite des autorités. Par contre, d'autres réfugiés dépourvus de droit de résidence se retrouvèrent vagabonds et mendiants ou tombèrent plus bas encore en se ralliant aux bandes de voleurs et receleurs. Près de deux siècles s'écoulèrent avant que les descendants de ces réfugiés ne recouvrent une existence plus ou moins normale, sans danger « d'être chassés au fouet hors du pays » en vertu de décrets qui prescrivaient l'application de ce traitement aux impécunieux. Un grand nombre des Juifs allemands assimilés au XIXe siècle sont issus de ces réfugiés polonais et russes du XVIIe siècle.

Parmi les réfugiés se trouvaient également des savants qui apportèrent une nouvelle impulsion aux études rabbiniques en Allemagne. Même dans les périodes les plus sombres, l'activité culturelle et spirituelle des communautés juives allemandes ne fut jamais entièrement interrompue. Le XVIIe siècle connut quelques érudits remarquables tels les talmudistes Meïr Schiff, rabbin de Fulda et Jaïr Haïm Bacharach de Worms.

*

Les persécutions perpétuelles et les humiliations de la vie quotidienne dans la diaspora n'avaient cessé de renforcer l'espoir messianique des Juifs. Aussi, la nouvelle de l'apparition d'un messie à Smyrne, en 1665, qui ramènerait les Juifs sur leur terre fut-elle aveuglément acceptée par un grand nombre d'entre eux. Une vague d'espoir déferla sur les communautés. Beaucoup de Juifs vendirent tout ce qu'ils possédaient et se préparèrent au retour en Terre sainte. Mais Sabbatai Tsevi (1626-1676) se révéla être un faux messie qui se convertit à l'Islam en 1666, alors qu'il était détenu dans une prison turque.

La désillusion fut immense parmi le peuple juif. Pourtant, les adeptes de Sabbatai Tsevi lui restèrent fidèles, affirmant qu'il n'était devenu musulman que pour lancer un défi à Dieu afin que celui-ci hâte la délivrance du peuple juif. Le mouvement sabbatianique survécut comme secte secrète sous différentes formes jusqu'au XIXe siècle.

*

La reconstruction de l'Allemagne au XVIIe siècle permit à de nombreux Juifs de s'élever économiquement, notamment dans les nouveaux secteurs de la manufacture et du négoce à grande échelle.

La population rurale jugeait favorablement les Juifs qui achetaient les bestiaux, les peaux, le cuir et les céréales avec de l'argent liquide, une forme de paiement de plus en plus prisée et indispensable à partir de cette époque, ou troquaient ces marchandises contre des textiles, des fils à tisser, de la bijouterie et autres produits. Les Juifs achetaient également « sur pied » les futures récoltes, qu'ils obtenaient ainsi bon marché quand elles étaient abondantes ou qu'ils payaient chèrement si elles étaient maigres.

On couvrait d'injures les *Kornjuden* (« Juifs à blé ») lorsqu'ils tiraient un bon prix des céréales achetées bon marché dans les années de mauvaises récoltes. En revanche, si les marchands de céréales chrétiens étaient traités d'exploiteurs dans des situations analogues, l'insulte *Kornchrist* (« chrétien à blé ») ne serait venue à l'esprit de personne. Cependant, les propriétaires terriens prussiens protestèrent contre l'exploitation de la population rurale par les marchands de céréales chrétiens quand ceux-ci tentèrent d'éliminer la concurrence juive. « Si l'on interdit le commerce aux Juifs, les marchands chrétiens ne donneront que ce dont ils veulent se débarrasser aux paysans pauvres et à des prix qu'ils fixeront selon leur bon plaisir. La conséquence en sera la ruine de la population rurale », peut-on lire dans une pétition des grands propriétaires terriens.

*

Un grand nombre de Juifs, fournisseurs des armées, négociants en monnaies, banquiers ou intendants de cour exercèrent une influence considérable dans la société du XVIIIe siècle. Ces *Hofjuden* (« Juifs de Cour ») étaient souvent les confidents de leurs souverains et jouissaient de leur confiance. Néanmoins, leur position privilégiée n'empêcha pas certains d'entre eux, tels les Oppenheimer, les Rothschild, les Behrens-Lippman, les Ephraïm, les Itzig ou les Liebmann de continuer à affirmer leur judaïcité. De nombreux hôpitaux, écoles, maisons d'études et synagogues furent fondés grâce aux Juifs de Cour qui contribuaient ainsi à l'essor économique et culturel des communautés juives.

L'ascension et la chute de Josef Süss Oppenheimer (1692-1738), confident et Juif de Cour du duc Charles Alexandre de Wurtemberg illustre un destin singulier. Économiste clairvoyant, collectionneur d'art et mécène, mais aussi personnage arrogant et corruptible, Oppenheimer réorganisa les finances délabrées du pays. Il s'attira toutefois l'hostilité générale en raison des réformes que le duc introduisit sur ses conseils. À la mort du duc, le Juif Süss fut accusé d'escroquerie, de falsification de monnaies et, ces délits n'ayant pu être prouvés, d'avoir eu des relations sexuelles avec des femmes chrétiennes. Ce chef d'accusation lui valut d'être condamné à mort et, après avoir refusé le baptême qui lui aurait sauvé la vie, d'être pendu en public devant une foule en liesse.

En dépit du renforcement de nombreuses communautés, la majorité des Juifs continuait de vivre dans la misère. Les « Juifs mendiants », selon le terme que leur appliquent les édits prussiens, qui étaient contraints de vivre dans des logis misérables d'où leurs familles étaient chassées après quelques jours, cherchèrent les moyens d'échapper à leur existence humiliante en bas de l'échelle sociale.

Ainsi un grand nombre d'entre eux se joignirent-ils, notamment au XVIIIe siècle, aux bandes de mendiants, brigands et voleurs de grands chemins chrétiens qui pullulaient dans le pays après la guerre de Trente Ans et constituaient une classe marginale « établie ». D'autres créèrent des bandes uniquement juives, admirablement organisées avec leurs investigateurs, leurs informateurs, leurs crocheteurs professionnels, leurs voleurs et leurs receleurs. L'homicide étant tabou, mieux valait se faire arrêter et tenter ensuite de s'échapper. Les bandes avaient une caisse commune qui servait à aider les familles des membres tués ou faits prisonniers au cours des opérations. Afin de se protéger, ces Juifs marginaux créèrent un langage crypté composé de mots hébreux et judéo-allemands incompréhensible pour les chrétiens et les autorités de la société établie comme pour les autres Juifs. C'est ainsi que naquit un argot de métier qu'utilisèrent également les bandes de malfaiteurs non-juives.

La situation désespérée des « Juifs mendiants » reposait sur le fait qu'ils n'avaient droit de domicile nulle part et étaient obligés de quitter les communautés juives qui les accueillaient au bout d'un ou deux jours afin de ne pas mettre ces dernières en danger. Les familles de mendiants juifs qui erraient sur les routes se rassemblaient en groupes de 20 à 100 personnes pour se protéger des agressions. Les communautés juives tentaient de les aider. En l'an 1721 par exemple, la petite communauté du bourg de Harburg offrit en l'espace de quatre mois un logis provisoire et des soins médicaux à plus de 800 mendiants tandis que les 26 familles juives du village de Gochsheim apportèrent une aide analogue à 1 500 vagabonds et mendiants juifs au cours d'une seule année. Ces deux villages sont tous deux situés dans le Sud de l'Allemagne où se développa progressivement une classe de Juifs ruraux, sédentaires et productifs. En Prusse, par contre, les Juifs sans feu ni lieu furent impitoyablement chassés en vertu d'un décret royal. Selon une ordonnance du prince Anton Ulrich de Wolfenbüttel datée du 31 août 1712, les Juifs pris dans le duché de Brunswick étaient jetés durant dix à quatorze jours dans des cachots infâmes. Repris une seconde fois, ils étaient fustigés, marqués au fer et expulsés du pays. Une troisième arrestation signifiait la pendaison.

Paradoxalement, le vol et le brigandage permirent à plus d'un Juif de devenir un membre honorable de la société. Dès qu'il avait amassé assez d'argent liquide, volé ou reçu en échange de butins, il pouvait acquérir un droit de résidence et une lettre de protection dans un des comtés les plus pauvres ou s'établir dans une ville prospère en soudoyant les autorités communales. S'il poursuivait en secret ses activités de brigandage, il était même en mesure de payer les taxes énormes de résidence que devaient verser les familles comptant plus d'un enfant.

*

Au début du XVIIIe siècle, les Juifs d'Allemagne se répartissaient en trois groupes : la majorité faisait partie de la classe économiquement inférieure et marginale ; parmi la minorité, un groupe important appartenait à la classe moyenne prospère, tandis qu'une classe supérieure intégrait les riches marchands, les Juifs de Cour et un grand nombre de dirigeants communautaires, lesquels étaient aussi fréquemment, on l'a vu, maîtres talmudiques et commerçants. Le groupe marginal des voleurs et brigands était en butte au mépris des autres Juifs et officiellement exclu de la communauté par décret rabbinique.

L'entrée dans les couches supérieures de la société allemande, notamment au sein de l'élite culturelle, eut pour cadre privilégié la ville de Berlin.

Un grand nombre de Juifs, expulsés de Vienne et du reste de l'Autriche en 1670, trouvèrent en effet refuge dans de petites communes au Sud et à l'Ouest de l'Allemagne. En 1671, le Grand Électeur accorda un droit de séjour, fixé au départ à vingt ans, à cinquante riches familles juives.

Les immigrés n'apportaient pas seulement leurs fortunes et leur savoir dans les secteurs de la manufacture, mais s'intégraient aussi jusqu'à un certain degré dans la société allemande : ils s'habillaient comme les membres des couches supérieures ; leurs enfants ou petits-enfants étudiaient fréquemment dans les universités et connaissaient la littérature et les langues française et allemande. La troisième génération compta d'ores et déjà des érudits de grand renom. Ces Juifs privilégiés, qui payaient de lourdes taxes de résidence employaient du personnel juif qui, lui, ne bénéficiait pas du droit d'établissement permanent.

Moses Mendelssohn (1729-1786) fit partie de ces Juifs dépourvus de droits. À l'âge de 14 ans, le jeune garçon pauvre et bossu avait quitté Dessau pour suivre son maître de Talmud à Berlin. Il fut autorisé à demeurer à Berlin en qualité de précepteur des enfants d'un fabricant de soie. Il acquit plus tard la célébrité comme philosophe allemand de l'*Aufklärung* (« Les Lumières ») ainsi que pionnier et symbole de l'émancipation et assimilation des Juifs en Allemagne. Mendelssohn était un Juif orthodoxe dans la vie privée. Sa croyance en l'intégration des Juifs dans la culture et la société allemande fut mise à l'épreuve lorsqu'un de ses admirateurs, le théologien suisse Lavater le somma, dans une lettre ouverte, de tirer les conséquences de ses postulats philosophiques et de réfuter le christianisme ou de prendre le baptême. Dès lors, Mendelssohn se consacra toujours davantage à des thèmes juifs. Avec l'aide de ses amis, il traduisit, notamment à l'usage de ses enfants, les cinq Livres de Moïse et les Psaumes en allemand (1783). Il recommandait que tous les Juifs reçoivent une instruction allemande de manière à devenir des membres précieux de la société. Il travailla également à l'« amélioration » de la situation juridique de ses coreligionnaires, encourageant son ami non-juif, le conseiller aux armées et archiviste Christian Wilhelm von Dohm, à rédiger l'ouvrage : *Pour une amélioration de la situation des Juifs dans la société* (1781-1783). Les propositions de réformes de Dohm furent prises en compte aussi bien par les partisans de l'émancipation des Juifs de France à l'Assemblée nationale que par les réformateurs prussiens sous Hardenberg.

Mendelssohn ne comprenait pas plus qu'il n'appréciait les formes de vie traditionnelles des communautés juives. Il ne s'intéressait pas à la culture particulière du judaïsme polonais et ne cherchait aucunement à développer un judaïsme vivant en Allemagne. C'est de cette époque – comme on le dira plus tard – que date le divorce entre les Juifs de l'Est et ceux de l'Ouest. Pour les générations suivantes, Mendelssohn incarna l'image du Juif qui se voulait citoyen à part entière et dont la croyance religieuse appartenait à la sphère privée. Ils se considérèrent comme des citoyens allemands de confession juive longtemps encore après que le nationalisme et le racisme eurent évincé l'humanisme et les Lumières.

À Berlin, les salons de Henriette Herz, Rahel Varnhagen et des Beer devinrent des cercles culturels où se rencontraient les intellectuels allemands et l'aristocratie cultivée. Le théologien Schleiermacher, le prince Louis-Ferdinand de Prusse, les frères Humboldt, Brentano, les frères Schlegel, Dorothea Schlegel, Tieck, Schadow, le comte Alexandre Dohna, qui demanda vainement la main d'Henriette Herz alors veuve, Heine et Börne ne sont que quelques-uns de ceux qui fréquentèrent ces salons. Néanmoins, Rahel Varnhagen raconte dans ses *Mémoires* que ni elle, ni aucun Juif baptisé ou non ne furent jamais invités aux réceptions de leurs hôtes aristocrates.

À l'époque de Mendelssohn, la majorité des Juifs allemands était influencée par les représentants intellectuels du siècle des Lumières. En revanche, les Juifs de la campagne restaient attachés au judaïsme traditionnel. Après une longue période de stagnation, ce judaïsme traditionnel fut renforcé par les Juifs polonais résidant dans les nouvelles provinces prussiennes.

*

Les Juifs avaient longtemps frappé aux portes de la modernité, qui commencèrent enfin à s'ouvrir devant eux. Les idées du siècle des Lumières, les révolutions en Amérique et en France et l'ère napoléonienne conduisirent à une ouverture des ghettos physiques et spirituels dans lesquels avaient été enfermés les Juifs d'Europe centrale et occidentale. Vingt ans après la France, l'édit du roi Frédéric-Guillaume III, daté du 11 mars 1812 déclarait les Juifs de Prusse : « compatriotes et citoyens prussiens », mais avec toutefois deux restrictions. Les Juifs se voyaient interdire l'accès aux fonctions publiques. D'autre part les dispositions de l'édit ne furent pas appliquées dans les régions nouvellement acquises ou reconquises. De ce fait, la Prusse compta des Juifs avec et sans droits de citoyens jusqu'en 1848.

Après la création de la Confédération germanique, la majorité des 39 États y appartenant revinrent sur les concessions de 1812. La Bavière catholique avait d'ores et déjà introduit de nouvelles restrictions avant le Congrès de Vienne. Une de ces mesures particulièrement pénible et discriminatoire fut ce qu'on appela l'obligation du matricule : seul le fils aîné héritait du matricule de sa famille, à savoir du droit de résidence. Pour pouvoir fonder une famille et s'établir, les autres fils devaient attendre qu'un matricule fût vacant, soit parce qu'une autre famille s'était éteinte, soit parce qu'elle avait émigré. Il pouvait ensuite acquérir son matricule à un prix très élevé : un État chrétien interdisait pratiquement à des êtres humains de se reproduire.

Une vague de lois et publications anti-juives en Prusse engendra une période d'abattement parmi la population juive. Dans un État chrétien tel que le concevaient les rois prussiens Frédéric-Guillaume III et Frédéric-Guillaume IV, il ne pouvait y avoir d'égalité pour les Juifs, à moins que ceux-ci ne prennent le baptême. Un grand nombre de Juifs cultivés abandonnèrent un combat qui paraissait sans espoir et, forcés à l'opportunisme, se convertirent au christianisme. Parmi eux, citons le célèbre juriste Eduard Gans, l'avocat Heinrich Marx (père de Karl Marx), les poètes Ludwig Börne et Heinrich Heine ainsi que le peintre Karl Bendemann.

Presque tous les Juifs qui se firent baptiser – dans la religion protestante pour la plupart – appartenaient à la classe supérieure. La majorité des Juifs habitant les petits villes et les campagnes ne songèrent jamais à renoncer à leur identité religieuse. Beaucoup d'entre eux émigrèrent aux États-Unis, où ils pouvaient vivre en toute liberté et égalité.

*

La rencontre décevante des jeunes Juifs avec les Lumières allemandes et le nationalisme qui déferla ensuite sur le pays fut à l'origine chez les Juifs d'un mouvement de profonde réflexion intérieure sur le problème de la définition de la judaïté dans le monde moderne.

En 1819, année des émeutes « Hep-Hep », de jeunes scientifiques et écrivains fondèrent à Berlin le *Verein für Cultur und Wissenschaft des Judentums* (« Société pour la Culture et la science du judaïsme »). Son objectif était un renouveau du judaïsme sur la base de sa valeur historique. Le Verein considérait que sa démarche s'intégrait dans le mouvement général de culture et de progrès.

Eduard Gans, étudiant en droit, fut nommé président de la société. Leopold Zunz, historien de la littérature et éditeur à partir de 1828 de la *Zeitschrift für die Wissenschaft des Judentums* (« Revue pour la science du judaïsme ») en était le secrétaire et l'âme. La société ne compta jamais qu'une cinquantaine de membres parmi lesquels on trouvait Moses Moser, disciple de Hegel et linguiste, son ami Heinrich Heine qui enseigna également quelque temps à l'académie de la société, le pédagogue Immanuel Wohlwill de Hambourg et l'orientaliste Salomon Munk. Ils combattaient autant un rabbinisme figé que la faiblesse de ceux qui s'étaient assimilés à n'importe quel prix. La société a été dissoute au bout de quatre ans, notamment en raison de la politique culturelle gouvernementale qui détruisait tout espoir d'égalité réelle.

Leopold Zunz (1794-1886), fondateur de la science du judaïsme, fut le seul à ne pas se laisser détourner de sa voie. « Homme d'action, il a écrit et produit alors que d'autres rêvaient et s'abandonnaient au découragement », déclara Heinrich Heine. Combattant acharné pour l'émancipation des Juifs, Zunz exigeait « le Droit et non des droits ». Les recherches de Zunz et de ses amis englobaient tous les domaines du judaïsme : son développement historique, l'histoire du peuple juif, la littérature rabbinique, la philosophie religieuse, la littérature, la poésie, le folklore et la musique liturgique. Ils mirent au jour des trésors oubliés depuis longtemps tels que l'hymne au Printemps du poète hébreu Nachum (XIIIe siècle), traduit en 1845 par Michael Sachs, rabbin réformateur et traducteur de la Bible.

Outre Leopold Zunz, Abraham Geiger (1810-1874) fut un des pionniers de la réforme du judaïsme à cette époque et la principale figure de proue de la science du judaïsme. Avec Ludwig Philippson, il fut l'initiateur spirituel de l'académie – plus tard université – de la science du judaïsme, créée en 1872. Ses recherches touchaient notamment à la Bible et la Mishna ainsi qu'à l'ensemble de la littérature médiévale juive.

Heinrich Graetz (1817-1891) de Breslau fut le premier historien issu du cercle des savants du judaïsme à écrire une œuvre importante en onze volumes intitulée *Geschichte der Juden von des ältesten Zeiten bis auf die Gegenwart* (« Histoire des Juifs depuis les premiers temps à l'époque contemporaine ») (1853-1875). C'était la première fois qu'un ouvrage décrivait l'histoire des Juifs dans son intégralité et articulait le présent dans le courant de cette histoire. La passion de Graetz pour le judaïsme et son style descriptif captivant apportèrent une contribution décisive (en dépit de certains préjugés et erreurs) à l'éveil de la conscience juive.

Entre 1810 et 1850, des conflits internes opposèrent les orthodoxes juifs aux adeptes du mouvement réformé. Les réformateurs adaptèrent les offices à ceux du culte protestant avec des sermons et des livres de prières en langue allemande, de la musique d'orgue, des chœurs et une nouvelle tenue pour les rabbins qui était même rehaussée de parements.

Le succès du mouvement réformé entraîna une modernisation de l'orthodoxie sous l'impulsion notamment du rabbin Samson Raphael Hirsch (1808-1888) à Francfort-sur-le-Main et d'Esriel Hildesheimer (1820-1899) à Berlin.

Ils tenaient à conserver un judaïsme fidèle à la Loi, mais préconisaient l'utilisation de la langue nationale dans l'instruction religieuse (mais non dans les offices), une éducation également séculière et le port de vêtements modernes.

Les deux mouvements se propagèrent en Angleterre et aux États-Unis, où ils devinrent les courants prédominants au sein du judaïsme, le mouvement réformé étant accepté, à l'instar de l'Allemagne, dans sa forme libérale la plus mesurée.

*

1848, année de la révolution, vit la création de plusieurs journaux juifs dont quelques-uns s'attaquèrent avec bravoure à la politique des États allemands, réclamant égalité et liberté pour les Juifs. Par ailleurs, des publicistes juifs s'attachaient à élucider les questions inhérentes à un nouvel élan du judaïsme.

Gabriel Riesser (1803-1863) fut un des pionniers inflexibles dans le combat pour l'émancipation ainsi qu'un ardent défenseur de l'unité allemande. Il trouva des soutiens parmi des Juifs résolus tels que Johann Jacoby et Isaac Jost, mais aussi parmi des politiciens libéraux non-juifs. En 1848, Riesser était élu à l'Assemblée Nationale, qui accorda enfin aux Juifs allemands la plénitude de leurs droits civiques. Vice-président de l'Assemblée, il fit partie de la délégation qui proposa en vain la couronne d'empereur à Frédéric-Guillaume IV de Prusse. L'échec de la révolution, marqué par la dispersion de l'Assemblée en 1849, bouleversa profondément le député juif.

Les droits reconnus aux Juifs par le Parlement de Francfort furent annulés durant la période qui suivit l'échec de la Révolution de 1848. Néanmoins, des Juifs s'élevèrent à des positions de premier plan de la vie économique et politique d'une l'Allemagne alors en pleine industrialisation. Citons parmi eux Ferdinand Lassalle, co-fondateur et président de l'Association générale des ouvriers allemands (*Allgemeiner Deutscher Arbeiterverein*), fondée en 1863 et berceau de la social-démocratie, Eduard Lasker, une des figures de proue du libéralisme allemand, Ludwig Bamberger, membre du parti libéral depuis 1881, adversaire de la politique colonialiste et protectionniste de Bismarck et conseiller de l'empereur Frédéric III.

C'est durant cette époque que les Juifs allemands apprirent à ne plus prendre les Droits de l'Homme pour de généreux cadeaux qu'on leur offrait parce qu'ils contribuaient à la culture et l'économie de leur pays au même titre que les protestants, catholiques, agnostiques et athées. Leur identité en tant que Juifs et Allemands à la fois s'affirma en dépit d'un antisémitisme latent ou manifeste. Parmi les adversaires de l'émancipation politique juive figurait Friedrich Julius Stahl (1802-1861), un Juif converti dont les activités furent lourdes de conséquences. Le fondateur du conservatisme prussien était président du parti conservateur et membre de la Chambre haute prussienne. Ses thèses déterminèrent la politique des conservateurs en Allemagne jusqu'au début de la Première Guerre mondiale. Tous les citoyens avaient les mêmes droits civils dans l'État chrétien tel que se le représentait Stahl, mais les droits politiques devaient être réservés aux pratiquants de la religion d'État. Il fallait donc écarter les déistes, les athées et les Juifs des charges publiques. Néanmoins, le luthérien Stahl ne partageait pas les opinions de Luther sur la dépravation et l'entêtement des Juifs.

L'Empire

Le 3 avril 1869, la Prusse et les États de l'Alliance nord-allemande votaient finalement une loi accordant l'émancipation aux Juifs. Cette loi fut étendue à toute l'Allemagne après la création de l'Empire en 1872.

*

La liberté de travailler dans le commerce et l'industrie à partir de 1848 et une quasi-émancipation ouvrirent toutes les portes de la vie publique aux Juifs, à l'exception de celles de l'armée et de la fonction publique. Ils occupèrent bientôt des positions clés dans les secteurs bancaire, des transports et de la presse. Dans l'industrie, des Juifs tels Aron Hirsch, Emil Rathenau et Albert Ballin créèrent des entreprises en pointe grâce à l'introduction d'une gestion et de techniques modernes et la création de nouveaux produits. Les Juifs jouèrent également un rôle prépondérant dans le développement des grands magasins, de la confection, des industries du tabac, du cuir et de la fourrure ainsi que dans la nouvelle industrie cinématographique. Dans la vie intellectuelle, un nombre important de Juifs (y compris ceux qui se convertirent pour obtenir des chaires universitaires) devinrent des figures de proue dans le domaine des sciences et surtout du droit, continuant ainsi la lignée de leurs ancêtres exégètes de la Bible et du Talmud. Alors que jadis, près de la moitié de la population juive était constituée de chiffonniers et de mendiants, en 1895, 12 % seulement des 600 000 habitants juifs d'Allemagne étaient cantonnés dans ces activités.

Par le passé, la majorité des chrétiens considérait l'assimilation des Juifs dans la société comme la condition de leur émancipation. Après qu'ils furent assimilés et, qui plus est, déclarés patriotes allemands, une nouvelle vague d'antisémitisme balaya le pays, antisémitisme de facture inédite, fondé sur une théorie raciale pseudo-scientifique qui affirmait la supériorité du sang germanique. Les instigateurs et propagateurs de ce mythe allemand ne tenaient bien sûr nullement compte du fait que les tribus germaniques dont est issu le peuple allemand s'étaient mélangées à du sang italien, français, espagnol, tchèque, hongrois, polonais et juif depuis l'époque des Romains.

La majorité des Juifs banalisait ce courant d'hostilité à leur égard. Or, la nouvelle forme d'antisémitisme s'infiltrait par bien des voies dans la société, notamment dans les classes supérieures et la petite bourgeoisie. En prononçant sa phrase tristement célèbre : « les Juifs sont notre malédiction », l'historien Heinrich von Treitschke introduisit un antisémitisme de salon dans les cercles intellectuels et militaires.

Convertis ou non, il n'était pas rare que les Juifs assimilés aient honte de leurs origines. Ils attaquaient alors le judaïsme et les « Juifs » pour prouver leur appartenance à la majorité. Paradoxalement, ces Juifs qui se désavouaient, tels Karl Marx, Karl Kraus ou Kurt Tucholsky étaient loués ou attaqués sur la base de la « judéité » dans leurs œuvres.

Les ouvrages antisémites pseudo-scientifiques de Paul de Lagarde, Houston Stewart Chamberlain, gendre de Richard Wagner, et autres personnages ne manquèrent pas de provoquer des répercussions. La revue familiale *Die Gartenlaube*, fondée en 1853 par Ernst Keil, de pensée libérale puis nationale-libérale, se montra favorable envers les Juifs durant des années. Or, en 1874/1875, la revue publia toute une série d'articles diffamatoires, à peine censurés par l'éditeur, sur des spéculateurs et boursiers juifs prétendument escrocs. L'auteur, Otto Glagau, était un antisémite notoire.

Des érudits tels Theodor Mommsen et Rudolf Virchow s'opposèrent à l'antisémitisme d'un Treischke. Néanmoins, Mommsen conseillait aux Juifs de s'assimiler rapidement et de renoncer à leur judaïté. Dans son livre, « Humain, trop humain », Friedrich Nietzsche écrit sur la question juive :

« En passant : tout le problème des Juifs n'existe que dans les États nationaux, en ce sens que là, leur activité et leur intelligence supérieure, le capital d'esprit et de volonté qu'ils ont longuement amassé de génération en génération à l'école du malheur, doit arriver à prédominer généralement dans une mesure qui éveille l'envie et la haine, si bien que dans presque toutes les nations d'à présent – et cela d'autant plus qu'elles se donnent des airs de nationalisme – se propage cette impertinence de la presse qui consiste à mener les Juifs à l'abattoir comme les boucs émissaires de tous les maux possibles publics et privés. Dès qu'il n'est plus question de conserver ou d'établir des nations, mais de produire ou d'élever une race mêlée d'Européens aussi forte que possible, le Juif est un ingrédient aussi utile et aussi désirable qu'aucun autre reliquat national. Toute nation, tout homme a des traits déplaisants, même dangereux : c'est barbarie de vouloir que le Juif fasse une exception. »

À la même époque, la vie juive connaissait un nouvel essor, aussi bien chez les orthodoxes, les libéraux, que chez les adeptes du judaïsme réformé.

La doctrine d'une Renaissance juive – le retour à la terre des ancêtres – prônée par Moses Hess, trouva surtout des partisans parmi les jeunes intellectuels. Ce fut Theodor Herzl qui – sans avoir lu Hess – structura finalement cette doctrine en fondant le mouvement sioniste. Les Juifs d'Europe de l'Est suivirent Herzl avec enthousiasme. En contrepartie, hormis quelques intellectuels, la grande majorité des Juifs allemands resta sceptique à l'égard du sionisme politique.

La plupart des Juifs allemands croyaient encore à une fusion avec le peuple allemand sans avoir à renoncer à leur judéité. Aussi l'idée d'un retour en Palestine fut-elle souvent combattue par les publicistes, industriels et hommes politiques juifs allemands et parfois tournée en dérision comme le faisaient les satires de Karl Kraus dans les cabarets de Vienne. Quoiqu'il en soit, le 1er Congrès mondial du Sionisme eut lieu à Bâle en 1897 et l'État d'Israël allait voir le jour à peine cinquante ans plus tard.

La République de Weimar

Lors de la Première Guerre mondiale, plus de 12 000 soldats juifs allemands tombèrent pour leur patrie. Ceci ne suffit pas à convaincre l'opinion publique de l'amour des Juifs pour leur pays. En 1916, le ministère de la Guerre faisait le « recensement des Juifs » pour tenter de prouver que, proportionnellement à la population mâle globale, le nombre des Juifs « embusqués » dépassait celui des non-Juifs. Ce recensement apporta la preuve contraire et ne fut donc pas rendu public.

Durant la révolution de 1918 et dans les années qui suivirent, un nombre relativement élevé de Juifs jouèrent un rôle de premier plan dans les partis de gauche, notamment à Berlin et à Munich. Kurt Eisner, premier ministre bavarois, la socialiste Rosa Luxemburg, Gustav Landauer et plusieurs autres politiciens juifs périrent assassinés ; Eugen Leviné, président du pouvoir exécutif de la deuxième *Räterepublik* (« République des Conseils en Bavière ») fut traduit devant une cour martiale, condamné à mort et fusillé.

Durant la République de Weimar, les Juifs furent pour la première fois des citoyens à part entière devant la loi. Un grand nombre d'entre eux devinrent des figures publiques dans les domaines de la culture, de l'industrie et de la politique. Walther Rathenau, fils et successeur d'Emil Rathenau, devint ministre des Affaires étrangères et soutint la politique d'acceptation des clauses du Traité de Versailles (*Erfüllungspolitik*), ce qui lui valut d'être assassiné par des membres de l'organisation nationaliste Consul.

Les Juifs allemands pensaient que leur travail et leurs mérites contribuaient au bien-être de la communauté. Or, beaucoup de non-Juifs voyaient dans leurs efforts les signes d'une prise de contrôle et d'une « judaïsation » de l'Allemagne. Ce qu'une nation sûre d'elle comme les États-Unis considérait comme un enrichissement souleva en Allemagne haine et aversion. Plus d'un Juif ressentait profondément cette contradiction et souffrait de sa double identité. Max Reinhardt, le grand homme de théâtre, Juif autrichien assimilé, écrivait ainsi dans un poème adressé à Sonja Kornfeld en décembre 1895 : « Nous restons les Juifs errants/Étrangers sur la terre/Nous célébrons les fêtes chrétiennes/Mais ne serons jamais chrétiens. »

L'autocritique parfois justifiée à laquelle se soumettaient bien des Juifs, s'inscrivait dans la construction psychologique du judaïsme allemand. Les Juifs faisaient fréquemment de l'humour à leurs dépens sans pour autant entamer leur loyauté envers le judaïsme. Albert Einstein, qui aimait à composer des vers lors de réceptions ou de conférences ennuyeuses, écrivit un jour : « Les Juifs, quand je les vois/Ne me font pas sauter de joie/Mais si j'observe les autres/Je ne veux rien être d'autre. »

Analysant une traduction de Pindare faite par le poète Rudolf Borchardt qui, reniant tout lien avec le judaïsme, se proclamait allemand dans toutes les fibres de son corps, Max Brod écrivit au critique littéraire Werner Kraft : « Nul n'est perdu parmi les hommes… S'il n'a honte de son sang… montre bien que Borchardt n'est nullement conscient du conflit à la base de sa vie. Il le refoule si radicalement que le parallèle ne lui est pas venu à l'esprit lors de la traduction. Sinon, il n'aurait pu traduire ce passage aussi bien. Il aurait peut-être même choisi un autre hymne de P.[indare] pour Hesperus I. Il a opéré son assimilation en toute naïveté, la seule que je connaisse à être presque réussie. Presque !... »

Le mouvement sioniste se propageait en Allemagne. Comités, sociétés d'étudiants, clubs de sport, groupes de jeunes étaient fondés dans de nombreuses communautés. Ses partisans, dont le philosophe Martin Buber, avertissaient du danger de chercher à s'assimiler à tout prix en renonçant aux valeurs juives plutôt que de les cultiver et les offrir en retour. Goethe pressentait d'ores et déjà la situation lorsqu'il critiqua l'ouvrage : « Poèmes d'un Juif polonais » (1772) d'Isachar Bär Falkensohn, dont le contenu n'avait rien à voir avec le titre. « Tout d'abord, nous assurons que le titre nous a fait une impression très favorable... De quels sentiments est-il animé, de quelles impressions fera-t-il part, lui, à qui tout est nouveau ?... Nous espérions, mais ce n'était que – du vent. Un joli jeune homme se met en scène, poudré, le menton glabre, en habit vert aux parements d'or... » Un Juif polonais donc qui « ne fait pas mieux qu'un étudiant chrétien en belles-lettres... ».

Plusieurs écrivains qui recouraient à la langue hébraïque vécurent et travaillèrent en Allemagne pendant la République de Weimar. Citons les poètes Hayim Nahmane Bialik et Saul Tchernikhovski, le futur prix Nobel Samuel Joseph Agnon, Schneour Zalman Shazar qui deviendra président de l'État d'Israël et des figures de proue du sionisme tels Shmaryahu Levin, Haïm Arlosoroff et Leo Motzkin.

Dans les années qui précédèrent et suivirent le premier conflit mondial, une nouvelle vague de Juifs de l'Est était arrivée en Allemagne. 70 000 travaillèrent dans l'industrie de guerre allemande ; 30 000 d'entre eux ne purent ou ne voulurent émigrer vers d'autres pays. Ils renforcèrent le nombre déclinant des Juifs allemands. À partir de 1918, les émigrés d'Europe de l'Est, leurs enfants ou petits-enfants constituèrent un cinquième environ des Juifs en Allemagne. Cette vague d'immigration souleva crainte et aversion parmi la population non-juive conservatrice, mais aussi chez les Juifs allemands ; des craintes que ne partageait pas la classe ouvrière.

La majorité des Juifs allemands appartenait ou s'identifiait à « l'Union centrale des citoyens allemands de religion juive » (*Centralverein deutscher Staatsbürger jüdischen Glaubens*). À l'instar de Moses Mendelssohn, ils se voyaient en premier lieu comme Allemands, membres – croyants ou non-croyants – de la communauté juive. La popularité du « Centralverein » reposait sur la certitude qu'il était possible de s'assimiler tout en conservant ses origines et sa culture juives, une revendication que l'on proclamait bien haut. La lutte contre la diffamation antisémite s'inscrivait parmi les activités majeures du Centralverein. Or, l'antisémitisme, que la plupart des Juifs allemands, mais aussi de nombreux non-Juifs ne prenaient pas au sérieux, s'avéra plus puissant que les moyens mis en œuvre pour le combattre. Cependant, en dépit de l'accroissement du chômage et de la pauvreté, les Juifs allemands considérèrent la République de Weimar comme un âge d'or dans l'histoire du peuple juif.

Pourtant, en 1923, Hitler avait tenté un putsch à Munich pour prendre le pouvoir et son mouvement proliféra durant les années de crise économique mondiale. À partir de 1933, les nationaux-socialistes au pouvoir instaurèrent leur régime de terreur avec l'assentiment tacite de la majorité des citoyens allemands. Les Juifs, d'abord humiliés, privés de leurs droits et expulsés de la société, furent finalement exterminés.

PROLOGUE

L'époque romaine

Les débuts de la diaspora

En haut : la destruction du Temple de Jérusalem par les Romains en l'an 70. Gravure sur cuivre tirée de « La République des Hébreux » de Jacques Basnage, Amsterdam, 1713.

En l'an 70, après deux années de siège, les troupes du général romain et futur empereur Titus (il régna de 79 à 81) détruisirent Jérusalem, capitale de l'État juif et centre religieux du peuple juif.

Dès l'époque du Deuxième Temple (538 av. J.-C. - 70 ap. J.-C.), plus de la moitié du peuple juif vécut en diaspora : en Syrie et en Babylonie, en Perse, en Asie mineure, en Égypte, le long des côtes nord-africaines jusqu'à Carthage, en Espagne et dans la France actuelle. Des communautés juives s'étaient également créées en Grèce et en Italie. Le prosélytisme augmenta la taille de nombreuses communautés. Le rabbin Gamaliel II et l'apôtre Paul, qui mentionne le grand-père du rabbin comme son maître, en visitèrent plusieurs.

Le messianisme connut un renouveau politique dans le peuple en raison de la destruction de Jérusalem et de la dispersion des Juifs. Dès le IIe siècle avant notre

À gauche : les objets de culte du Temple de Jérusalem sont exhibés dans le cortège triomphal de Titus. Représentation sur le mur intérieur de l'arc de triomphe de Titus à Rome, érigé par l'empereur Domitien (81-96) en l'honneur de son frère. Gravure sur cuivre, XVIIIe siècle.

À droite : Ésaïe 49, 17. Fragment d'un rouleau de la Bible (milieu du IIe siècle ap. J.-C.) découvert dans les grottes du ouadi Qoumrân, près de la mer Morte.

À droite : l'empereur Hadrien (117-138) fit reconstruire Jérusalem après la révolte des Juifs conduite par Bar Kochba (132-135), donna à la ville le nom d'Aelia Capitolina et y interdit la pratique de la religion juive. Buste en pierre de l'époque.

Ci-dessus, en haut : pièces de l'empereur Vespasien (69-79) gravées de l'inscription « Judaea Capta ». À gauche, un Juif aux mains liées, à droite, une femme en pleurs.

Ci dessus, en bas : pièce juive frappée vers 133 ap. J.-C. durant la révolte menée par Bar Kochba contre les Romains. La pièce montre l'entrée du Temple de Jérusalem avec l'inscription « Porte belle ». Le revers porte l'inscription : « Sauvetage de Jérusalem. »

ère, l'exégète Jésus Sirach évoqua l'espoir du rassemblement du peuple juif sur la terre d'Israël : Jérusalem serait la ville dédiée à la gloire de Dieu, la profession de foi de tous les hommes de la terre envers le Dieu unique tout-puissant. Dans les siècles qui suivirent, le messianisme politico-religieux n'allait cesser d'illustrer l'espoir inébranlable des Juifs.

Entre 132 et 135, les Juifs de Palestine tentèrent une dernière révolte sous le commandement de Bar Kochba, le « Fils des étoiles ». Cette insurrection fut réprimée dans le sang par les Romains.

L'empereur Hadrien (117-138) chercha à détruire ce qui restait de l'État juif. Il interdit la pratique de la religion juive sous peine de mort, défendit aux Juifs de résider à Jérusalem, désormais rebaptisée Aelia Capitolina. Près de la moitié des 1,3 million d'habitants furent tués ou vendus comme esclaves. Cependant, nombre de survivants retrouvèrent la liberté plus tard et devinrent des citoyens romains.

En 212, l'empereur Caracalla (211-217) accorda la citoyenneté à part entière aux habitants juifs de l'Empire romain. Un grand nombre de Juifs entrèrent dans l'armée, notamment des esclaves affranchis qui avaient été faits prisonniers durant les guerres en Palestine et amenés en Italie. Des Juifs, commerçants, artisans et médecins accompagnèrent les légions durant leurs campagnes sur le Rhin et en Grande-Bretagne. La situation légale et économique des Juifs ne se détériora qu'à partir de 325, lorsque le christianisme commença à s'établir comme religion d'État.

Si les Juifs avaient perdu leur État, ils demeurèrent une communauté religieuse homogène dont la Bible était le pilier. Ils constituaient désormais une nation spirituelle sans pays qui vivait en diaspora, mais ils ne perdirent jamais l'espoir de retourner un jour chez eux, en Eretz Israël (sur la Terre d'Israël).

Le Talmud naquit dans les maisons des érudits de Babylonie et de Judée au cours des cinq premiers siècles de notre ère. Greffé sur la Bible, le Talmud fut d'abord un recueil d'enseignements, d'opinions rabbiniques souvent contradictoires, de récits, de paraboles et de légendes auxquels vinrent s'ajouter les commentaires des exégètes talmudistes au cours des siècles suivants. La Bible et le Talmud devinrent les armes qui allaient aider le peuple juif à survivre. Cet « État religieux portable » garantissait la vitalité et le développement de la Torah (la Loi), d'autant plus que la plupart des Juifs savaient lire et écrire, ce qui était rarement le cas des populations parmi lesquelles ils vivaient. L'étude des textes saints était également très répandue dans la société juive laïque et il existait un échange permanent d'idées entre les nombreuses écoles de Talmud.

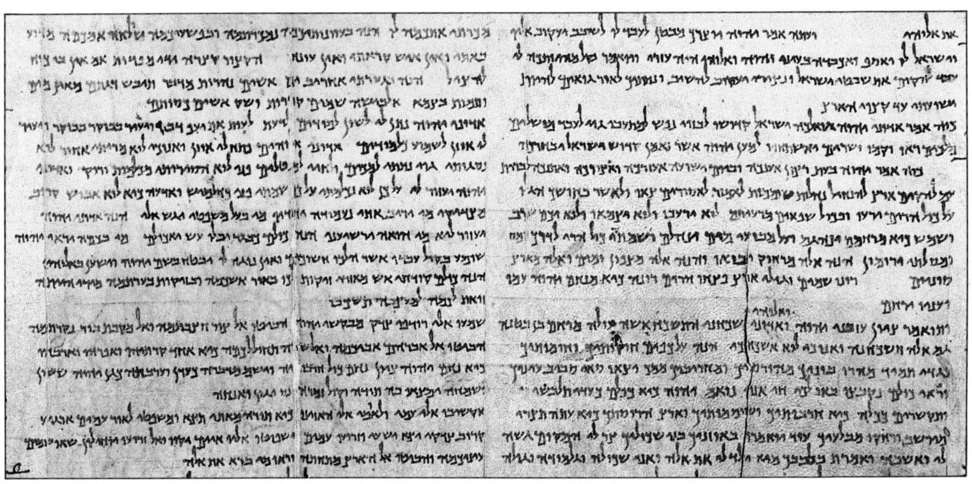

Les premières communautés sur le Rhin

À gauche : représentation du chandelier à sept branches du Temple de Jérusalem sur une lampe à huile datant du IIIe s., trouvée à Trèves.

En bas : édit de 321 envoyé par l'empereur Constantin à la décurie de Cologne. Ce document est le plus ancien témoignage écrit de l'existence d'une communauté juive dans une région de langue allemande.

Nous ignorons la dimension des premières communautés sur le Rhin aux Ier et IIe siècles après notre ère. Mais nous savons que Cologne par exemple comprenait un établissement juif important au début du IVe siècle, car l'empereur Constantin (306-337) en fait état dans un écrit dont l'original est aujourd'hui conservé à la Bibliothèque vaticane. Ce document révèle que cette communauté colonaise existait déjà bien avant la date à laquelle l'empereur rédigea l'édit de 321.

Constantin fut le premier empereur romain à privilégier le christianisme aux dépens des autres religions. Les Juifs furent désormais considérés comme des ennemis de l'État. Dans un décret du 18 octobre 321, Constantin ordonne par exemple que les Juifs qui attaqueraient un Juif converti au christianisme « avec des pierres ou autres moyens malfaisants, soient livrés immédiatement aux flammes ainsi que leurs complices. En outre, toute personne qui rallierait leur religion abo-

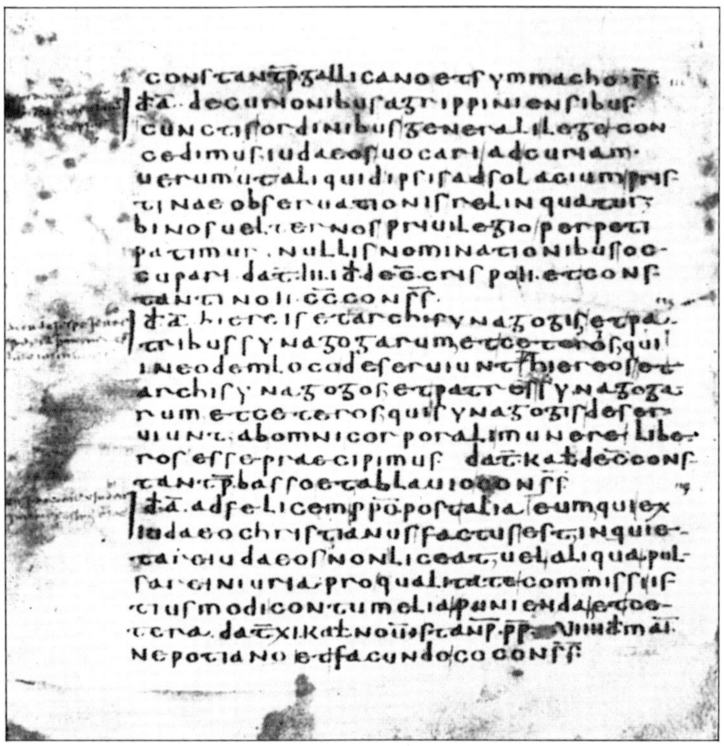

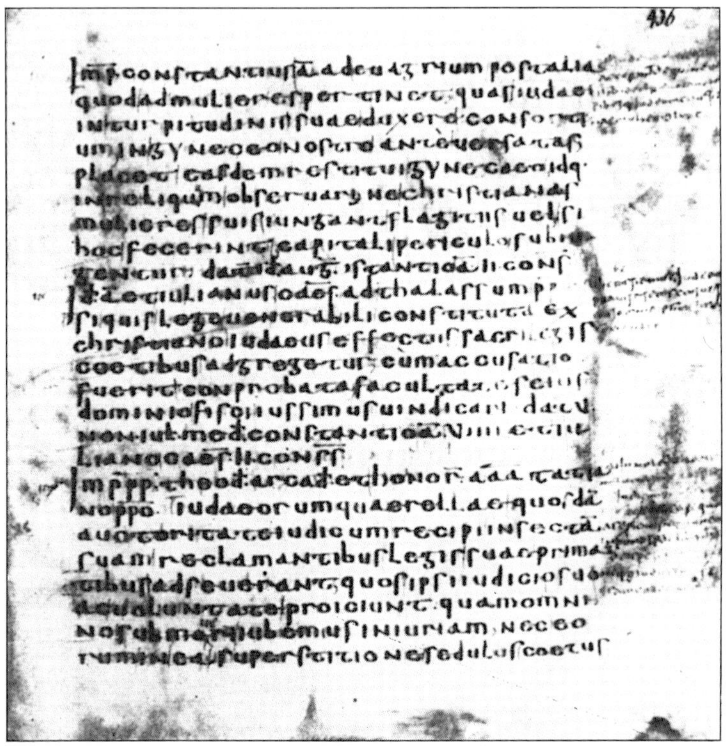

minable et participerait à leurs pratiques subira la peine encourue. »

Le 11 décembre de la même année, l'empereur envoyait ce document à l'administration romaine de Cologne : « Nous autorisons légalement toutes les autorités à citer les Juifs devant la Curie... » Les curies étaient responsables des finances et chargées de soutirer des impôts élevés à la population pour l'édification de Constantinople, la nouvelle capitale de « l'empereur pillard ». Ceux qui devaient s'en acquitter, Chrétiens ou Juifs, tentaient d'échapper à l'honneur d'aider l'Empire romain en déclarant des revenus modestes. Par contre, un autre édit impérial du 1er décembre 331 fait mention des personnes « exemptées de contributions personnelles : les rabbins... les patriarches de la synagogue et tous ceux... remplissant une fonction à la synagogue. »

En général, les Juifs jouissaient de l'estime de leurs concitoyens. Or, cette situation changea à mesure que le pouvoir de l'Église s'amplifia. Usant de son influence auprès des autorités et des puissants, l'Église développa un système visant directement ou indirectement à abaisser les Juifs humainement et juridiquement. Ce système fut l'œuvre des Pères de l'Église du IVe siècle, qui propagèrent notamment la thèse que le peuple juif avait assassiné le Christ. Des sanctions s'allièrent aux humiliations sous les empereurs Théodose II (408-450) et Justinien Ier (527-565). Le 31 janvier 439, Théodose ordonnait qu'« on ne confère ni fonction publique ni dignité aux Juifs... Il leur est interdit de participer à l'administration et à la défense de la ville. Ce serait commettre un péché que d'autoriser les ennemis du souverain céleste et de la législation romaine à être les exécuteurs de nos lois... Pour la même raison, nous interdisons à toute synagogue de construire de nouveaux édifices... »

Ces décrets impériaux dévoilent que les Juifs avaient jusqu'alors occupé des fonctions publiques et des dignités, participé à la défense des villes et édifié de nouvelles synagogues.

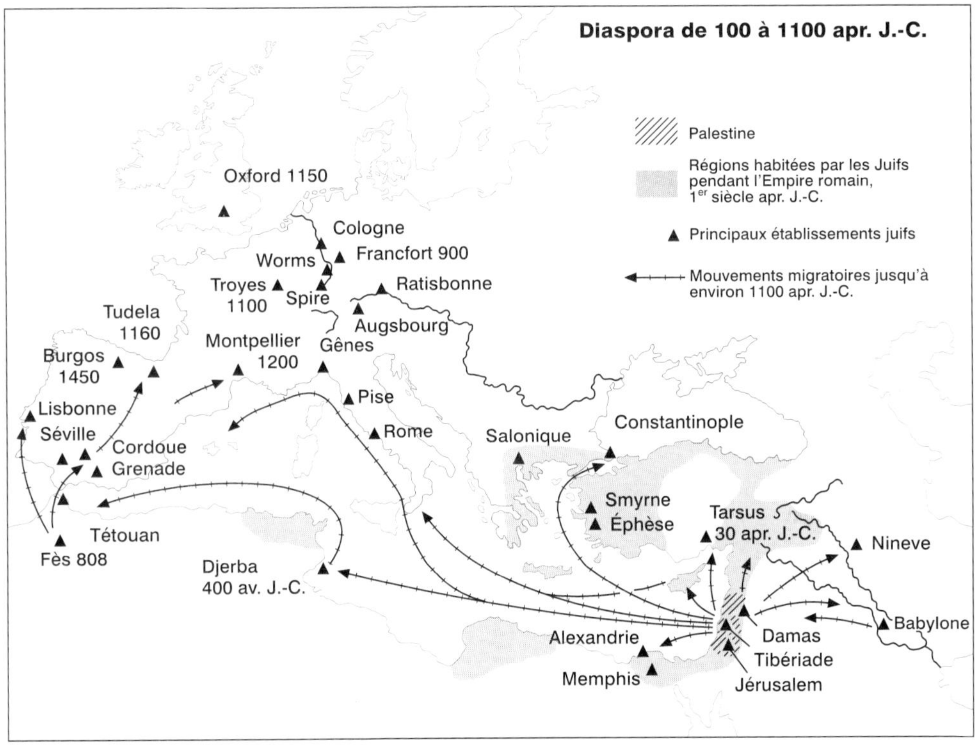

Les principales communautés et zones de peuplement juives de 100 à 1100 ap. J.-C.

LE MOYEN ÂGE

Survie dans un univers chrétien
et épanouissement culturel

Le royaume franc de Charlemagne

Charlemagne. Portrait de l'époque.
Détail d'une mosaïque de l'ancien palais de Latran à Rome, vers 800.

Peu de documents datant de l'époque des migrations barbares ont été conservés. Ainsi n'est-ce que par déduction que l'on est en mesure d'établir l'existence d'importantes communautés juives dans les anciens territoires romains du royaume franc. Lorsque Pépin le Jeune (751-768), père de Charlemagne, conquit Narbonne en 759, alors le dernier fief des Arabes en royaume franc, il donna la moitié de la ville aux Juifs en remerciement de leur contribution pour les achats d'armes.

Charlemagne (768-814) qui christianisa les païens à la croix et à l'épée, autorisa les Juifs à conserver leur religion puisqu'ils étaient le peuple de la Bible. En règle générale, sous son règne, les Juifs jouirent de la même considération que les chrétiens.

À l'instar des autres groupes de la société, les Juifs étaient placés sous la tutelle de Charlemagne, auquel ils avaient promis en retour obéissance et fidélité. Leur vie, leur dignité, l'exercice de leur culte religieux, leur droit de propriété et la liberté de commercer, bénéficiaient de la protection impériale. Par ailleurs, les Juifs avaient le droit de régler leurs litiges devant leurs propres juridictions, ce qui donna naissance à une autorité communautaire qui perdurera jusqu'au XIXe siècle.

La population juive du royaume franc, qui s'étendait des Pyrénées à l'Elbe, jouissait d'une situation économique favorable. Les Arabes musulmans avaient été écartés du commerce des pays chrétiens d'Europe après leur défaite à Poitiers (732) et la victoire de Pépin près de Narbonne. La plupart des caravanes et des flottes marchandes à destination de l'Orient, de la Palestine, de la Perse, de l'Inde et de la Chine étaient désormais entre les mains de commerçants et navigateurs juifs. De fait, presque tous les membres de ces expéditions étaient juifs, depuis les archers qui les protégeaient des attaques jusqu'aux artisans, tels que les charpentiers de marine, les dinandiers et les voiliers.

Dans un récit datant des années 870, l'écrivain arabe Abu'l Qasim Obbaidallah Ibn Khordadbeh mentionne les convois de marchands juifs qui traversaient le Tabaristan, dont son père était gouverneur. Ils les appellent ar-Rhadaniya ou Radanites : « Outre l'hébreu, les marchands parlent l'arabe, le persan, le latin, la langue franque, l'espagnol et le slave. Ils voyagent de l'Occident vers l'Orient et de l'Orient vers l'Occident, parfois sur terre, parfois sur mer. De l'Occident, ils emportent des eunuques, des femmes esclaves, de jeunes garçons, des brocarts, du ricin, des peaux de martres et autres fourrures et des épées. Ils rejoignent le royaume franc par bateau et voguent vers Farama (Péluse). Là, ils chargent leurs marchandises sur des chameaux et se rendent à Suez, éloignée de 25 farsaks. Ils s'embarquent à al-Kolzom (Suez) sur la mer Rouge pour al-Jar (le port de Médine) et Djeddah (le port de la Mecque). Ils voguent ensuite vers le Sind, l'Inde et la Chine. Revenant de Chine, ils rapportent du musc, de l'aloès, du camphre, de la cannelle et autres produits de l'Orient à al-Kolzom et retournent à Farama pour reprendre la route de la mer d'Occident (Méditerranée). D'aucuns se dirigent vers Constantinople pour vendre leurs marchandises aux Latins tandis que d'autres vont les proposer au roi des Francs. Parfois, ces marchands juifs partent du pays des Francs et voguent sur la mer d'Occident jusqu'à Antioche à l'embouchure de l'Oronte. De là, ils se rendent à al-Jabiah, sur l'Euphrate, où ils arrivent après trois jours de marche. Ils remontent l'Euphrate jusqu'à Bagdad puis le Tigre jusqu'à al-Obolla, où ils embarquent pour l'Oman, le Sind, l'Hindoustan et la Chine...

Quelquefois, ils se rendent au pays des Slaves, via Rome, jusqu'à Khamli, la capitale des Khazars [au VIIe siècle, les Khazars possédaient un empire puissant qui s'étendait entre la Volga inférieure et le Don. Leur souverain et presque toute la population s'étaient convertis au judaïsme vers 740]. Ils voyagent par bateau depuis le lac de Jorjan jusqu'à Balkh, traversent l'Oxus (fleuve Amou-Daria) et poursuivent leur route jusqu'en Chine via Yourt et Toghuzghuz. »

Les marchants juifs rapportaient également en Europe des produits tels que l'ivoire, la soie, le riz, le sucre, les oranges, les parfums, l'huile de rose, les pierres précieuses, les perles, le cuivre, les verreries d'art ainsi que des soieries du Sud de l'Italie et des ouvrages des souffleurs de verre vénitiens.

En 801/802, Charlemagne envoya une délégation au calife Haroun al Rachid, à Bagdad. Un Juif, Isaac, en faisait partie ainsi que le relatent les *Annales regni Francorum* : « On a annoncé que le Juif Isaac envoyé par l'empereur il y a quatre ans au roi de Perse avec ses émissaires Sigismond et Lantfrid a rapporté des cadeaux somptueux. Lantfrid et Sigismond sont morts au cours du voyage. En octobre de cette année, le Juif Isaac est revenu d'Afrique avec un éléphant. Il a débarqué à Porto Venere, un port du golfe de La Spezia et a passé l'hiver à Vercelli, les Alpes étant infranchissables en raison de la neige. Le 20 juillet de cette année (802), Isaac est arrivé à Aix-la-Chapelle et a remis à l'empereur l'éléphant appelé Abulabaz ainsi que les autres cadeaux offerts par le roi de Perse. »

La couronne impériale allemande, sans doute réalisée en 962 pour Othon le Grand sur l'île de Reichenau.

En avant, sous la croix, le bas de la couronne représente le plastron des grands prêtres du temple de Salomon. Les 12 sortes de pierres précieuses évoquent les 12 tribus d'Israël. Les deux médaillons représentent les rois bibliques Salomon et David, archétypes des rois justes dans la tradition desquelles se plaçaient les empereurs allemands.
La couronne est conservée dans la Salle du Trésor à Vienne.

La majeure partie du commerce intérieur sur le Rhin était entre les mains des Frisons qui, à l'instar des Juifs, jouissaient de la protection impériale. Des marchands et savants anglo-saxons, scandinaves et italiens venaient également spontanément ou étaient appelés à la cour de l'empereur. Parmi eux, il y eut sans doute Rabbi Kalonymos ben Mose, venu de Lucques, l'ancêtre de la famille juive germano-italienne Kalonymos dont sont issus quelques-uns des plus illustres érudits juifs des siècles suivants. D'après les annales de cette famille, l'écrivain Karl Wolfskehl (voir p. 290) et la poétesse Else Lasker-Schüler (voir p. 393) sont des descendants des Kalonymos.

Un âge d'or aux Xᵉ et XIᵉ siècles

À gauche : représentation d'un rabbin, cathédrale de Troyes, XIIᵉ-XIIIᵉ siècle.

À droite : représentation de Juifs portant le chapeau pointu selon le décret du pape Innocent III du concile du Latran de 1215 (XIIIᵉ siècle).

Les Juifs continuèrent de jouir de la protection impériale sous les Ottoniens, successeurs des Carolingiens en Germanie. Ils étaient pratiquement émancipés dans les territoires gouvernés par les Arabes. En Espagne musulmane, les savants, philosophes, médecins et diplomates juifs et maures travaillèrent de concert à la création d'une culture très évoluée qui allait s'épanouir durant des siècles.

Néanmoins, le centre de l'enseignement talmudique se déplaça des pays arabes en Lotharingie, dans l'actuel Nord de la France et dans la région du Rhin. De même, Spire, Worms et Mayence devinrent les centres spirituels des Juifs d'Europe centrale.

Les érudits juifs de ces régions rédigèrent des compléments et commentaires du Talmud connus sous le nom de tosafot. Aujourd'hui encore, ces écrits, tel le commentaire du savant Rachi de Troyes (1040-1105), sont considérés comme indispensables à la compréhension de la Bible et du Talmud.

À l'essor culturel correspondit un essor économique ainsi qu'une période assez longue de sécurité juridique. Louis le Pieux, qui régna de 814 à 840, avait notamment accordé une protection juridique aux individus et groupes dépourvus de droits en raison de leur non-appartenance à la religion chrétienne. Cela valut à l'empereur d'être vilipendé par les archevêques de Mayence et de Lyon. Mais, au fil du temps, de plus en plus d'évêques attirèrent des Juifs dans leurs évêchés afin d'accroître la prospérité de leurs villes. L'un d'eux fut Rüdiger de

Chapiteau d'un pilier de la synagogue de Worms, XIIe siècle. L'inscription en lettres hébraïques signifie : « Il a réalisé la décoration de perles des deux colonnes d'une main sûre, de même que les "chapiteaux ronds" où il a accroché les "lampes" » (chronogramme des années 1174/75).

À gauche : ruelle du quartier juif de Worms longeant la synagogue (photo prise avant la destruction du quartier durant la Seconde Guerre mondiale).

Ci-dessous : l'école talmudique « Rachi » à Worms.

Spire qui concéda en 1084 le droit de cité au hameau de Spire : « Moi, Rüdiger... lorsque j'ai fait une ville du hameau Spire, j'ai voulu accroître la dignité de notre cité en y associant les Juifs... Je les ai entourés d'un mur afin de les abriter des tracasseries du bas peuple. » L'évêque accorda aux Juifs une entière liberté dans la ville, le droit d'être défendus et de défendre la ville et leur donna un endroit pour y établir un cimetière – « Des lois... dont ne bénéficie aucune population juive dans n'importe quelle autre ville de l'Empire. » Les visiteurs juifs étaient également exemptés de péage.

L'empereur Henri IV (1056-1106) confirma cette charte de protection en 1090 et en renforça la valeur en recevant une délégation de trois membres dont l'un appartenait à la très respectée famille Kalonymos.

Cette magnanimité dans le traitement des Juifs n'était cependant pas la règle. Ainsi, la majorité de la population juive de Mayence, qui comptait environ 2 000 âmes, fut-elle chassée de la ville en 1012. Ce fut la première expulsion de Juifs connue en Allemagne.

Néanmoins, des communautés juives prospères naquirent dans les villes de Cologne, Bonn, Mayence, Trèves, Metz, Coblence, Strasbourg, Bingen, Spire, Worms, Andernach et dans d'autres localités situées entre le Rhin et la Moselle. Au XIIe siècle, le marchand juif cosmopolite Benjamin, originaire de Tudela, évoque ces établissements dans son œuvre *Au pays d'Allemagne*. Il mentionne en outre Münster, Bamberg, Freising et Ratisbonne. « On trouve beaucoup de

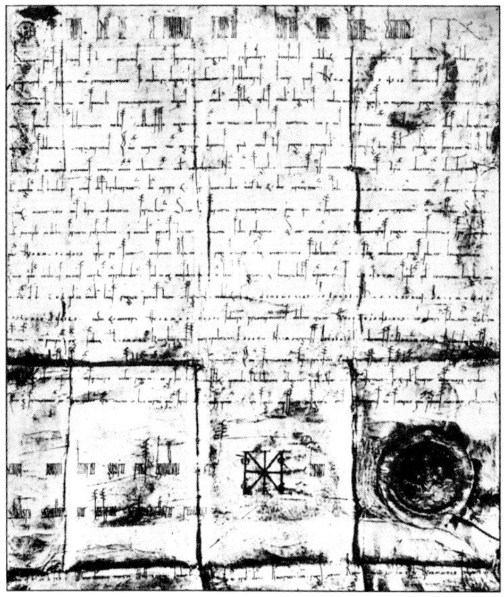

En haut : privilège de l'empereur allemand Henri IV pour les Juifs de Worms, 1074.

Établissements juifs en Allemagne avant 1238. D'après *Germania Judaica*

Juifs dans ces villes ; des gens possédant sagesse et fortune. » La synagogue de Worms, un édifice roman au style épuré bâti en 1174/1175 sera incendiée huit siècles plus tard, durant la nuit de Cristal, le 9 novembre 1938.

Dans la vie quotidienne, les Juifs parlaient le moyen haut allemand ; ils utilisaient l'hébreu pour les prières, l'étude, mais aussi pour les documents de droit civil.

Également à cette époque, les érudits occupaient la position la plus élevée dans la société juive ; la majorité des érudits, souvent chefs des communautés, étaient issus de familles fortunés. C'est ainsi que les plus importantes communautés de la région rhénane virent se développer aux Xe et XIe siècles des écoles supérieures talmudiques qui – liées aux écoles talmudiques françaises – allaient bientôt égaler et même devancer les écoles créées des siècles auparavant en Espagne, en Afrique du Nord, en Palestine et en Babylonie. L'école des « Ashkénazes », nom donné aux « Allemands » dans la littérature rabbinique, devint pour plus de 500 ans le principal centre du judaïsme. Depuis, hormis les Juifs d'Espagne et du Portugal, le terme « Ashkénaze » englobe tous les Juifs d'Europe, y compris ceux des régions reculées de Russie.

Un échange continu de maîtres et d'enseignements unissait tous ces centres d'études. À Troyes enseignait le plus illustre maître de la Bible et du Talmud du Moyen Âge, Rabbi Salomon ben Isaac surnommé Rachi (contraction de Rabbi Chlomoh ben Isaac). Celui-ci avait étudié à Mayence et à Worms. Worms abrite encore la légendaire « chapelle de Rachi », restaurée ultérieurement. Ses commentaires sont partie intégrante de l'enseignement de la Bible et du Talmud et, donc, de l'instruction religieuse jusqu'à aujourd'hui.

Prédécesseur de Rachi, Rabbi Gerchom ben Yehoudah (960-1028), appelé « Lumière de l'Exil » travailla et enseigna également à Mayence. Autorité incontestée du judaïsme ashkénaze à cette époque, il interdit entre autres la polygamie (encore tolérée jusque-là) et le divorce sans le consentement de l'épouse. Il introduisit également le secret épistolaire.

Grâce aux écoles juives, notamment celles de Worms, Spire et Mayence, les interprétations ashkénazes du Talmud eurent force de loi dans de vastes parties

Ci-dessus : décorations kabbalistiques du mot « Melech » (roi, roi des cieux) dans un livre de prières datant du XIIIe siècle.

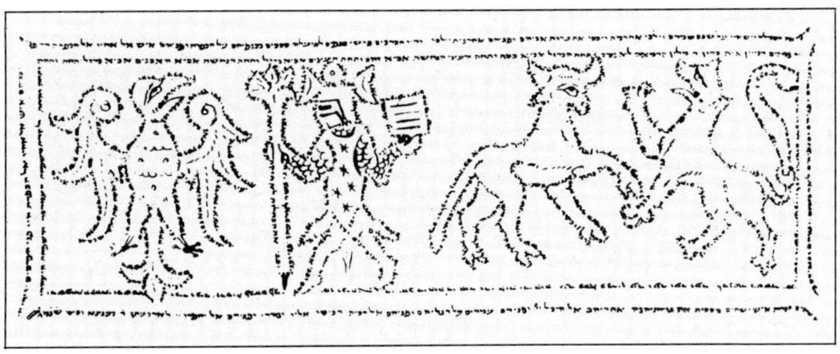

Ci-dessus : représentation en microécriture des quatre créatures (chayot) des visions du prophète Ezéchiel : le lion, le bœuf, l'homme et l'aigle. Allemagne, XIIIe siècle.

Süsskind von Trimberg, troubadour juif en Allemagne. Miniature du manuscrit « Manessische Handschrift » (1300-1340).

Ci-contre : pierre tombale de Meschullam ben Kalonymos à Mayence, vers 1020. L'inscription signifie : « Ici repose/Rabbénou Meschullam/fils du Rabbénou Rabbi/Kalonymos/ Que son âme rejoigne le groupe des élus à la vie (éternelle). »

de l'Europe. Des membres de la vaste famille Kalonymos exerçaient alors une influence capitale. Aux XIIe et XIIIe siècles, quelques-uns se distinguèrent comme les plus éminents représentants du hassidisme allemand, un mouvement ascétique mystique qui, très longtemps, modela et guida les préceptes de la piété juive.

La Bible, le Talmud, les commentaires ainsi que d'autres textes hébraïques étaient décorés d'enluminures et d'illustrations artistiques. Un art musical ashkénaze basé sur la lecture musicale de la Bible et la mise en musique des prières se développa et perdura également durant les massacres qui frappèrent les communautés juives dès le début des croisades.

Dans la fosse aux lions – l'époque des croisades

À gauche : Daniel, vitrail de la cathédrale d'Augsbourg, vers 1130. Un Juif a sans doute servi de modèle ainsi que l'indique le chapeau.

Ci-dessus : croisés. Enluminure d'un manuscrit. France, XIIIe siècle.

La condition des Juifs en tant qu'individus ou communautés s'était stabilisée aux Xe et XIe siècles en dépit de conversions forcées et autres persécutions sporadiques. Ils pratiquaient de nombreuses métiers, dont ceux d'artisans et de vignerons. Par ailleurs, les seigneurs et souverains appréciaient et encourageaient le rôle important qu'ils jouaient dans le commerce local, régional et international.

Cette situation ne changea guère lorsque le pape Grégoire VII édicta une bulle en l'an 1078 interdisant toute fonction publique aux Juifs dans les pays de la chrétienté après que Henri IV se soit humilié devant lui à Canossa.

Or, les Juifs n'étaient en fait que tolérés et donc continuellement exposés au danger ainsi qu'en témoignent les massacres qu'ils allaient subir quelques années plus tard lors de la première croisade (1096- 1099). Venus de France, des milliers de paysans, d'artisans appauvris et de mendiants conduits par Pierre d'Amiens, envahirent la région rhénane où ils massacrèrent les Juifs et s'emparèrent de leurs biens.

D'Italie, où il séjournait, l'empereur germanique Henri IV tenta de mettre fin aux excès en promulguant un édit de protection des Juifs. Mais cet édit ne produisit pourtant pratiquement aucun effet. Les

Frédéric Ier Barberousse en croisé.
D'après une miniature de 1188.
Seul portrait contemporain du souverain.

Juifs qui refusaient le baptême étaient exterminés. Plus tard, l'empereur autorisa les convertis de force à retourner au judaïsme.

Les Juifs se défendaient dans leurs quartiers ou dans les évêchés où ils s'étaient réfugiés. Parfois, quand la situation était désespérée, les membres des communautés se réunissaient pour réciter la profession de foi (Shema Israël) et se tuaient mutuellement plutôt que profaner le nom de Dieu, agissant selon la tradition du « Kiddoush Ha-Shem », la « Sanctification du Nom ».

Évacués à temps, les Juifs de Spire eurent « seulement » onze morts à déplorer. À Mayence, l'archevêque finit par livrer la communauté juive qu'il avait d'abord prise sous sa protection. 1 300 personnes furent massacrées dont Meschullam ben Kalonymos, leur porte-parole, qui avait appelé l'empereur Henri IV à l'aide. Des carnages et suicides collectifs eurent également lieu à Xanten, Trèves, Strasbourg, Verdun et Worms.

Bernard de Clairvaux, initiateur de la seconde croisade (1147/1148) ayant combattu l'extermination des Juifs, beaucoup moins de meurtres furent perpétrés au nom du Christ lors de cette seconde expédition.

Durant cette époque, un grand nombre de Juifs se réfugièrent dans les forêts ou prirent la route de la Pologne. Ils apportèrent leurs capacités d'artisans et de commerçants dans leur nouvelle patrie ainsi que leur langue, le moyen haut allemand parlé dans les régions franques et rhénanes qui, additionné de termes hébreux, polonais et russes allait devenir le yiddish.

Sitôt les croisés partis et les dangers écartés, de petits groupes qui s'étaient enfuis dans les forêts regagnaient leurs quartiers détruits, souvent sur les instances des seigneurs et magistrats des villes.

Les persécutions renforcèrent le mouvement des « Pieux en Allemagne » et le désir ardent de l'arrivée du messie. Des nombreux hymnes de deuil et élégies datant du XIIIe siècle, le plus célèbre est le « Maoz tsour » chanté à la fête de Hannoukkah : « Puissant Rocher de notre salut... » qui implore la délivrance des ennemis et l'espoir messianique de la reconstruction du Temple telle qu'elle fut réalisée par les Maccabées au IIe siècle avant notre ère. La fête de Hannoukkah commémore l'indépendance nationale et religieuse retrouvées. Ce chant évoque également en termes voilés les persécutions musulmanes et chrétiennes, la sixième strophe faisant allusion à Admon le Rouge, l'empereur Barberousse :

« [Dieu] Révèle ta puissance sacrée
et viens enfin à notre secours.
Venge le sang de tes serviteurs
en châtiant le peuple cruel.
Il y a si longtemps que nous attendons
ton soutien.
Notre malheur n'a pas de fin.
Repousse Admon dans l'ombre
Et apporte-nous les sept Bergers. »

Les piliers du judaïsme

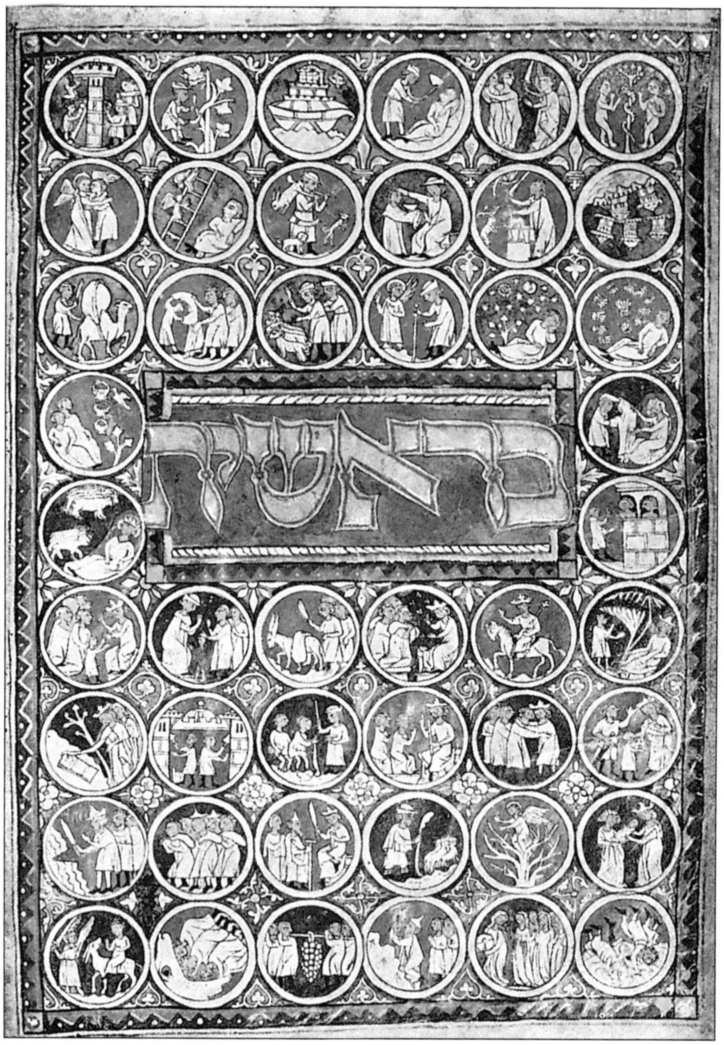

À gauche : première page de la Bible de Schocken. Ce manuscrit sur parchemin enluminé fut réalisé vers 1300, sans doute dans la région de Coblence. 46 médaillons entourent le premier mot de la Bible, « Berechit » (au commencement). De la droite vers la gauche et de haut en bas, ils illustrent chronologiquement des événements tirés des 5 livres de Moïse.

Page du plus ancien manuscrit intégralement conservé du « Talmud babylonien » datant de 1334. La Mishnah est écrite en grandes lettres, la Gemara en petites lettres.

Après la destruction de Jérusalem, les Juifs transportèrent leur richesse spirituelle en exil : leurs textes saints, en l'occurrence la Bible, parole d'un « seul et unique Dieu » et la tradition orale transmise par le Talmud dont la rédaction fut achevée aux Ve et VIe siècles.

La Bible comprend :

1. La Torah (enseignement, loi) : les cinq premiers livres de la Bible appelés Livres de Moïse ou Pentateuque. En un cycle annuel, un passage de la Torah est lu à chaque sabbat dans la synagogue, où une assemblée d'au moins dix hommes de 13 ans révolus (minyan) doit être présente.

2. Les Prophètes : les récits historiques de Josué jusqu'aux Rois, les grands prophètes Isaïe, Jérémie, Ezéchiel et le livre des douze prophètes. Un passage des Prophètes suit la lecture de la Torah durant le Sabbat.

3. Les Hagiographes, qui s'ouvrent par les Psaumes.

Les Écritures saintes et notamment le Pentateuque servirent de manuel de lecture aux enfants dès la création de l'école, avant la destruction du Deuxième Temple. C'est encore le cas aujourd'hui.

Les livres de la Torah furent développés et codifiés dans un recueil, la Mishnah (répétition), par Rabbi Yehouda Ha-Nassi vers l'an 200. Sur la Mishnah se greffèrent d'innombrables explications, préceptes et prescriptions des maîtres de Palestine et de Babylonie, d'abord transmis oralement puis rassemblés dans la Gemara (explication ultime) dont la compilation finale fut achevée vers 500 de notre ère. La Mishnah et la Gemara constituent le Talmud qui est donc une exégèse de la Loi orale (Mishnah) accompagnée de nombreux commentaires, interprétations, paraboles, fables et récits auxquels s'ajoutent des traités d'ordre pratique en psychologie, astronomie, médecine et hygiène. Le Talmud, qui contient des lois en matière de droit civil, de droit pénal et de droit économique ainsi que des prescriptions rituelles, est également la source fondamentale de la Halakha, la jurisprudence rabbinique.

Du début du Moyen Âge à nos jours, le Talmud de Babylone a toujours réglé la vie des Juifs orthodoxes vivant en diaspora. Cependant, le judaïsme ashkénaze s'écarta de l'école hiérarchisée et autocratique de Babylone dès le Moyen Âge pour suivre davantage les fondements plus démocratiques trouvés dans la Mishnah. Les livres de prières pour jours ouvrables et jours fériés et la *liturgie* vinrent compléter le Talmud et la Bible. Le mahzor (cycle) est le livre de prières destiné aux fêtes.

Les prières culminent dans la profession de foi « Shema Israël... Écoute Israël, le Seigneur est notre Dieu, le Seigneur est Un » (1 Moïse ou Deut. 6, 4). Le Juif croyant prie ensuite pour son bien-être, pour le bien de la communauté, pour l'arrivée prochaine du messie et pour la paix dans le monde.

Les Juifs emportèrent les piliers de leur religion dans les pays d'exil, une armure spirituelle qu'ils conservèrent et façonnèrent au gré de leurs besoins.

Le Séfarade Moïse ben Maïmon, surnommé Maïmonide (Cordoue 1135, Fustat 1204), médecin attitré de l'illustre sultan Saladin en Égypte, fut le plus célèbre des philosophes et théologiens juifs du Moyen Âge. Autorité rabbinique suprême, il correspondait avec les communautés juives établies au Yémen, en Syrie et dans le Sud de la France, qu'il conseillait dans les domaines philosophiques, théologiques et juridiques.

Ses œuvres fondamentales sont le *More Newuchim* (Guide des égarés) et le *Mishnah Torah* (synthèse monumentale de la Torah). Dans le Mishnah Torah, il rassembla les traditions et les expériences des Juifs en un hébreu clair et compréhensible suivant le système aristotélicien et réalisa une nouvelle codification formelle de l'ensemble des textes de la Loi.

L'œuvre de Maïmonide devint partie intégrante de l'étude religieuse juive en Allemagne en dépit des objections soulevées par certains maîtres contre l'influence aristotélicienne dans sa philosophie.

Asher ben Yehiel (vers 1250-1327), autorité ashkénaze de l'interprétation du Talmud, fit partie du groupe d'exégètes qui, contrairement à Maïmonide, refusaient d'inclure la philosophie dans l'étude religieuse. Il exerça d'abord ses activités à Coblence, Cologne et Worms.

Commentaire de Rachi sur le livre de Daniel, écrit par Salomon ben Samuel de Würzburg, 1233.

Page d'un livre de prières (Mahzor de Worms) qu'utilisait l'officiant. Mayence, vers 1272. Le chameau, l'éléphant et leurs gardiens n'ont aucune connexion avec le texte. Il s'agit peut-être d'un élément décoratif figurant l'éléphant Abulabaz que le Juif Isaac offrit en cadeau à Charlemagne au nom de Haroun al Rachid. Dans une apostille (absente de l'image) on peut lire : « Moi, Simcha bar [Fils de] Yehoudah le scribe écrivit [cela] en 1272 pour mon oncle, Rabbi Barouch bar Isaac... »

Lors des pogroms de Rindfleisch en 1298 (voir p. 50), il intercéda pour sa communauté auprès des autorités chrétiennes. Il échappa aux massacres mais s'enfuit d'Allemagne en 1303 pour ne pas subir le même sort que son maître Rabbi Meïr ben Baroukh de Rothenbourg ob der Tauber (1212-1293). Celui-ci fut arrêté en 1286 sur ordre de l'empereur Rodolphe Ier alors qu'il tentait d'émigrer en Palestine et emprisonné à Mayence puis à Ensisheim jusqu'à sa mort, ayant, en accord avec les communautés juives, refusé qu'une rançon faramineuse soit payée pour prix de sa liberté.

Des textes enluminés d'Asher ben Yehiel et autres maîtres contemporains ont été conservés jusqu'à nos jours. Ils illustrent le raffinement de l'art livresque juif à cette époque.

Église et Synagogue

En haut à gauche :
Ecclesia armée d'une lance et d'un bouclier et Synagoga tenant une épée (à droite).
Relief en ivoire de la reliure d'un évangéliaire de Saint-Godehard, Hildesheim, vers 1160-1200.

Dès que le christianisme fut déclaré religion d'État de l'Empire romain au IVe siècle, il fut investi de moyens politiques et juridiques lui donnant pouvoir d'opprimer les autres confessions. Saint Augustin (354-430) définit la position du christianisme à l'égard du judaïsme en affirmant que les Juifs étaient collectivement coupables de la mort de Jésus, notion qui perdura bien au-delà du Moyen Âge.

Il fut sans cesse prouvé que cette allégation monstrueuse était fausse car elle ne s'appuyait sur aucune base historique et participait encore moins de l'éthique religieuse juive. Mais cela ne servit à rien. Augustin écrivait dans le 18e livre de son ouvrage *La Cité de Dieu* : « Les Juifs qui le tuèrent et refusèrent de croire qu'il devait mourir pour ressusciter ensuite furent bien plus durement châtiés que lui

À gauche : tiré d'un livre de prière du XIIIe siècle : parodie de la représentation habituelle d'Ecclesia (l'Église catholique) et de Synagoga (le Judaïsme).
Une femme couronnée, Ecclesia, est assise devant un adolescent portant le chapeau juif. Ici, c'est Ecclesia et non Synagoga qui porte un bandeau sur les yeux.

Ci-dessous :
le « sale Juif » martyrise Jésus sur la Croix.
Détail du vitrail du Christ de la Minoritenkirche, à Ratisbonne, vers 1360.

Ecclesia et Synagoga, cathédrale de Strasbourg, vers 1230.

par les Romains. Chassés de leur pays où ils vivaient d'ores et déjà sous domination étrangère, exterminés et dispersés dans tous les pays – ils sont partout – ils sont obligés d'attester aujourd'hui par leurs Écritures que nous n'avons pas inventé la prophétie du Christ. » Cette accusation d'Augustin suscita de nombreuses représentations théologiques dans la littérature et dans l'art montrant l'Église victorieuse et la Synagogue humiliée.

Une allégorie de ce thème apparaît déjà avant le XIe siècle, sans toutefois que l'Église soit représentée comme triomphant de la Synagogue : la Synagogue se détourne de la Croix, les yeux grand ouverts et portant fièrement la lance ou la bannière. Dans son hymne à Dieu, Walther von der Vogelweide écrivait : « Ils LE servent tous, Chrétiens, Juifs et Païens. » C'est seulement après que l'oppression religieuse, sociale et économique des Juifs se fut intensifiée, conséquence notamment des décrets du IVe Concile du Latran en 1215, que la Synagogue fut représentée la lance rompue et les yeux bandés, ainsi qu'en témoigne la statue de la cathédrale de Strasbourg.

Les représentations très populaires des mystères reprirent également cette accusation de culpabilité collective, renforçant le sentiment antisémite des masses. Dans le mystère de la Passion de Donaueschingen datant de la seconde moitié du XVe siècle, Christiana, figure allégorique de l'Église (Ecclesia militans), s'adresse à Judaea, allégorie de la Synagogue :

« Pour montrer que vous êtes tous aveugles
et suivez une fausse croyance,
je bande tes yeux et romps ta lance. »

Le célèbre mystère de la Passion d'Oberammergau, remanié en 1850/1860 par Joseph Aloïs Daisenberger, reprenait également ce thème de la responsabilité du peuple juif. C'est seulement à la fin des années 1970 que le conseil municipal de la ville décida de retirer l'accusation absurde du texte.

Un livre de prières juif du XIIIe siècle présente une illustration satirique très intéressante montrant l'Église et la Synagogue dans des rôles inversés : l'Église reconnaissable à sa couronne ornée d'une croix démesurée porte un bandeau tandis que la Synagogue, de plus petite taille, se dresse devant elle. Si les Juifs subissaient une vive oppression dans les sphères sociale et juridique, ils affirmaient théocratiquement leur supériorité religieuse à l'instar des chrétiens et des musulmans : convaincus d'être le seul vrai peuple monothéiste, ils n'acceptèrent jamais que la Synagogue se prosterne devant une autre religion. Cependant, l'Église, forte de sa puissance temporelle, put imposer sa supériorité religieuse, du moins dans les aspects de la vie séculière.

Les accusations de l'Église

Berthold de Ratisbonne en prédication. Dessin à la plume colorié, XVe siècle.

« Judensau » : la truie en allégorie du judaïsme dans la cathédrale de Ratisbonne, XIIIe siècle (gravure sur bois, XIXe siècle).

Les accusations d'hérésie proférées par le pape Innocent III eurent des répercussions désastreuses pour les Juifs. Le IVe Concile du Latran, en 1215, leur interdit l'exercice des métiers artisanaux, les acculant ainsi au rôle de prêteurs sur gages, changeurs d'argent et prêteurs à intérêts – des activités qui les exposaient à l'attention générale et les rendaient souvent haïssables aux yeux de la population. Le bas peuple dans les villes et les paysans s'appauvrissaient tandis que l'Église amassait des richesses : « Certains enfants de Dieu sont si pauvres qu'ils vont pratiquement nus », clamait Berthold de Ratisbonne dans ses sermons (vers 1220-1272).

Les coupables étaient les « riches ». Mais les pauvres étaient impuissants contre les chrétiens riches, leurs seigneurs laïcs ou ecclésiastiques, et le clergé ne voulait rien entreprendre contre ces riches-là. Aussi la haine du peuple retombait-elle sur les Juifs qui, en raison de leur métier, ne vivaient pratiquement que de l'usure. Les chrétiens n'avaient pas le droit de prélever un intérêt, interdiction qui ne fut levée qu'en 1435.

« Le Juif » devint l'instrument et le bouc émissaire d'une économie capitaliste naissante. Ceux qui l'initièrent et en profitèrent, les véritables usuriers, appartenaient aux grandes familles de négociants ainsi qu'à l'Église elle-même et à certains de ses ordres dont les Templiers. Or, ces faits restèrent ignorés du commun des mortels. Les systèmes bancaires des Templiers tiraient par exemple d'énormes profits des pèlerinages en Terre sainte, dont ils participèrent autant à la conquête qu'à la perte. Aujourd'hui encore, « The Temple » à Londres et « le Temple » à Paris rappellent l'emplacement des trésors de l'ordre. Pour remplacer les intérêts interdits par l'Église, les Templiers prêtaient des sommes d'argent aux princes remboursables par paiements échelonnés. Le total de ces remboursements dépassait largement les fonds empruntés. C'était de l'usure déguisée, mais personne ne traitait les Templiers de voleurs et d'usuriers, qualificatifs qu'on réservait aux prêteurs juifs. Les Juifs ont certes leurs qualités,

Le pape Innocent III (pontificat de 1198 à 1216) imposa le port du chapeau juif et interdit le prêt à intérêts aux chrétiens, ce qui limita les activités des Juifs au commerce de l'argent et à l'usure. Fresque, XIIIe siècle, du Sacro Speco à Subiaco.

Une tuile du toit de l'église de Ravensburg, ornée d'une tête de Juif (XIVe siècle). On ignore s'il s'agit d'une figure repoussoir ou si elle commémore le massacre des Juifs de 1348.

reconnaissait le moine franciscain Berthold de Ratisbonne, le plus illustre prédicateur de l'époque, lorsqu'il s'adressait aux foules : ils étaient pieux, possédaient une rigueur religieuse et des mœurs matrimoniales exemplaires. Néanmoins, il fallait bien admettre qu'ils étaient des brigands et des voleurs et avaient vendu leur âme au diable à l'instar des païens et des hérétiques.

À partir des croisades, le commandement : « Tu ne tueras point » fut effacé du code moral, du moins en ce qui concernait les Juifs. Dans l'esprit du peuple, ils devinrent des hors-la-loi tandis que les prêteurs étaient rabaissés au rang de voleurs sans scrupules. Quant au clergé, s'il n'assimilait pas les Juifs aux païens, il les considérait comme des hérétiques à moins qu'ils n'acceptent le baptême.

Le judaïsme dans l'art chrétien

Puisque les protagonistes de l'Ancien Testament, les Écritures saintes juives, préfigurent le Nouveau Testament dans le dogme catholique, ils furent traités avec bienveillance dans la littérature et dans l'art. Cela ne s'applique pas aux Juifs présents dans le Nouveau Testament. À l'exception de Jésus, de sa famille, de onze de ses disciples et de ses adeptes, ils sont déformés, souvent représentés avec des visages hideux – forme précoce de caricature utilisée comme moyen de propagande.

L'art médiéval figure fréquemment les personnages de l'Ancien Testament par des représentations de Juifs en costumes contemporains. Les femmes portent la coiffe traditionnelle et les hommes le chapeau pointu. Les traits des visages et les vêtements sont souvent très figuratifs, notamment sur les miniatures de livres et dans les œuvres d'art naïf.

Des règles imposées par les communautés juives comme chrétiennes dictaient le port des vêtements. Au XIIIe siècle par exemple, les consistoires des communautés juives de Spire, Worms et Mayence – appelées SCHUM d'après les premières lettres de leurs noms hébreux *sch*in, waw = *u* et *m*em SCHUM – ordonnaient entre autres : « Personne n'a le droit de se coiffer de façon non-juive ou de couper sa barbe... Personne ne doit entrer dans la synagogue sinon revêtu d'une cape ou d'un manteau. » Au IVe concile du Latran convoqué en 1215 par Innocent III fut édictée sur ordre papal la loi canonique numéro 68 décrétant que tous les Juifs et Sarrasins devaient porter un habit qui les distinguerait visiblement des chrétiens, afin d'empêcher « le risque d'un contact impur entre eux et les chrétiens. » C'est de cette époque que date le port obligatoire – du moins en théorie – de signes juifs tels que la rouelle jaune et le chapeau pointu.

Ces mesures furent jugées discriminatoires ; en de nombreux endroits, les autorités séculières suivirent si peu ou à

À gauche : tête d'un prophète sur la tour nord-ouest de la cathédrale de Bamberg, vers 1240.

À droite : les Juifs traversent la mer Rouge, relief sur un baptistère de la cathédrale de Hildesheim, bronze.

Josué part en campagne (Josué 10, 12) : « Josué dit devant les yeux d'Israël : "Soleil, sois immobile sur Gabaon et lune, sur la basse plaine d'Aijalon." » Tiré de la « Weltchronik » de Rudolf von Ems, vers 1250.

contrecœur les ordonnances papales que l'Église devait sans cesse les répéter.

Le chapeau pointu, aussi ridicule qu'inconfortable, rencontré sur de nombreuses images, n'était pratiquement pas porté dans la vie courante. À Augsbourg par exemple, le conseil municipal attendit 1434 pour ordonner le port de la rouelle sur le manteau, de la barbe et du chapeau juif sous une forme modifiée. Nuremberg et Bamberg suivirent en 1451 et Francfort-sur-le-Main en 1452. Le style vestimentaire avait d'ores et déjà été prescrit dans les années antérieures.

Sur les peintures gothiques et de style Renaissance de la fin du Moyen Âge, les Juifs de « l'ancienne alliance » sont souvent figurés avec des physionomies et des vêtements non-juifs. Par contre, les Juifs du Nouveau Testament ont gardé leur apparence hideuse. C'est ainsi que l'art chrétien donna naissance au stéréotype iconographique du « sale Juif ». Sa laideur extérieure devait refléter son esprit : les Juifs étaient les meurtriers de Jésus.

Ci-dessus : fiançailles de Marie. Décoration d'un psaltérion, début du XIIIe siècle.

Ci-dessous : la fuite d'Égypte. Tiré de la « Weltchronik » de Rudolf von Ems.

Situation juridique durant le haut Moyen Âge

En haut : sceau de l'empereur Frédéric II (1212-1250).

À gauche : l'empereur germanique Henri VII (1308-1313) reçoit une délégation juive devant les portes de Rome et confirme les anciens droits. Miniature tirée du Codex Balduinensis.

À compter de l'époque des Carolingiens, les grands commerçants juifs reçurent des privilèges particuliers qui les distinguaient de leurs coreligionnaires et les rapprochaient du statut légal des chrétiens. Lorsqu'un de ces privilèges s'étendait à une communauté juive – la première fois fut la Paix publique de Mayence en 1103 – les Juifs ne jouissaient certes pas du droit des gens en vigueur pour les chrétiens, mais, peut-être en réaction aux atrocités commises durant les croisades, étaient intégrés aux groupes dépourvus d'armes, les moines et les femmes, nécessitant donc une protection. Celle-ci, plus ou moins restreinte selon les régions, fut assurée jusqu'au XIIIe siècle, du moins en théorie, aux Juifs qui avaient survécu aux massacres des croisades.

Certains évêques entretenaient des relations avec les Juifs pour des raisons économiques, sinon culturelles. Des princes séculiers, des patriciens, des maîtres artisans, des paysans et des gens simples du peuple fréquentaient également les Juifs. Des enlumineurs chrétiens illustraient par exemple des livres juifs, ce qui est autant un témoignage de relations culturelles que de relations humaines.

En l'an 1236, l'empereur Frédéric II (1212-1250) concéda un privilège à ses sujets juifs en les plaçant sous sa protection impériale. Cela signifiait protection sur les routes et les chemins, liberté de circulation, liberté de résidence et affranchissement des taxes de péages et douanes que les Juifs avaient à payer aux princes ou aux villes.

La sécurité de l'existence des Juifs semblait ainsi assurée. Mais, en contrepartie, l'empereur avait fait d'eux des serfs de la chambre (servi camerae), c'est-à-dire qu'il les considérait comme sa propriété personnelle, à l'égal de ses terres ou de son bétail, dont il pouvait disposer selon son bon plaisir. Ils ne relevaient pas du droit commun et avaient besoin d'une protection particulière très onéreuse qu'ils devaient financer.

L'affaiblissement du système féodal au profit des corporations artisanales et marchandes citadines et du développement

À gauche :
sceau des Juifs d'Augsbourg, 1298.
Le sceau montre l'aigle impériale bicéphale et le chapeau juif au centre.

des villes en tant que plaques tournantes du commerce écarta virtuellement les Juifs du commerce intérieur et international comme du secteur financier, lequel fut à partir du XIVe siècle contrôlé par les monastères et les nouvelles sociétés de commerce créées par les villes.

Les prêteurs à intérêt juifs trouvaient désormais leur clientèle parmi les chevaliers appauvris et le bas peuple, notamment parmi les paysans pauvres qui devaient acquitter, outre la dîme à l'Église, les taxes et la corvée auprès de leurs seigneurs.

Le commun des mortels voyait dans les prêteurs juifs des exploiteurs du peuple. La plupart des chrétiens ignoraient que la population juive était obligée de verser des sommes faramineuses à l'empereur, aux princes et aux villes. Lorsqu'ils étaient en difficulté financière ou devaient financer leurs guerres, les empereurs mettaient d'ailleurs en gage auprès des princes ou des villes les impôts que les juifs devaient leur payer pour leur protection. De leur côté, les princes et les villes finançaient des projets onéreux, comme la construction d'églises ou de résidences princières en accablant les Juifs de taxes supplémentaires. En dédommagement de ces taxes, les Juifs avaient le droit de porter les armes pour participer à la défense de la ville et recevaient même

À droite : la tour des Juifs à Constance, érigée au XIVe siècle par la population juive pour la défense de la ville.

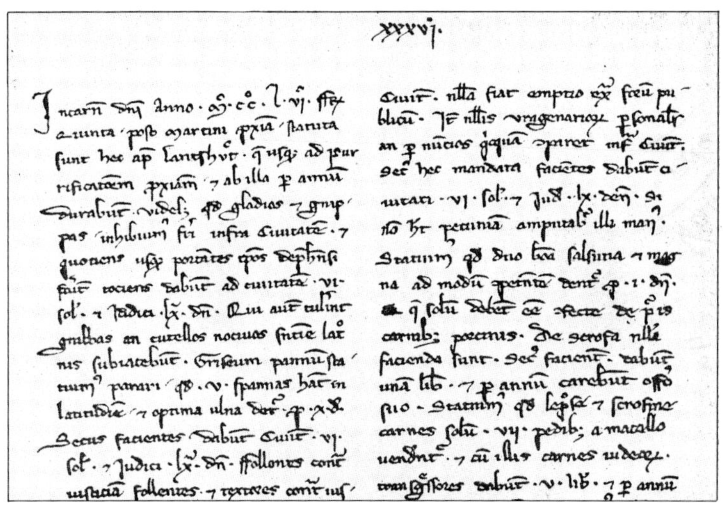

Passage du Code des marchands et artisans de la ville de Landshut, 1256. Paragraphe 12 : « La viande ladre ne peut être vendue qu'à une distance de sept pieds du marché à la viande. Il en va de même pour la viande des Juifs. Les contrevenants devront verser 5 livres et seront exclus du marché durant un an. »

Ci-dessus : « Feiselein, der Judenchunig ». Illustration d'un Juif en costume et chapeau juifs, un rouleau de la Torah à la main ; tiré de la Chronique de Landshut, 1361.

Le roi Salomon, archétype du souverain juste, entouré des représentants des différentes classes. Tiré d'un recueil de prières ; Sud de l'Allemagne, deuxième moitié du XIIe siècle.

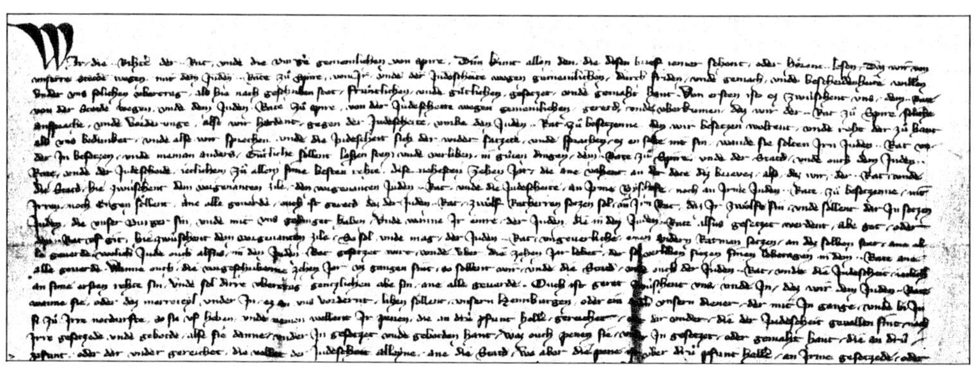

Acte de privilège de Spire pour la population juive, 1333. Le document énonce que les Juifs ont le droit d'élire leur conseil et leur « évêque juif » sans ingérence des magistrats de la ville.

parfois un statut temporaire de citoyen en échange d'un nouvel impôt supplémentaire.

La position juridique des Juifs est consignée dans les *Judenordnungen*, règlements des droits et devoirs des Juifs, qui firent force de loi du Moyen Âge jusqu'au XIXe siècle. À ce code s'ajoutaient d'autres prescriptions imposées par le seigneur ou les autorités des villes. Les communautés juives établissaient également des règles dictant la conduite à suivre à l'intérieur et au dehors de la communauté.

Certaines formes du *Judeneid* (serment du Juif) étaient particulièrement humiliantes. Par exemple, le règlement du *Schwabenspiegel* (Miroir de Souabe) imposait à un homme juif de prêter serment les pieds dans l'eau, les reins ceints d'une couronne d'épines et de cracher trois fois sur son membre en appelant la malédiction sur lui s'il commettait un parjure. D'autres règlements dont celui de Saxe obligeaient les Juifs qui faisaient un serment à se tenir debout sur la peau d'une truie qui avait mis bas au cours des quinze derniers jours.

Néanmoins, des relations culturelles étroites se développèrent entre Juifs et Allemands. C'est ainsi que des légendes telle celle de Gudrun et Artus, des poèmes et des chansons furent repris dans la langue populaire juive et transcrits en écriture hébraïque.

Süsskind von Trimberg (2e moitié du XIIIe siècle) est sans doute l'unique troubadour juif. Un manuscrit de chansons intitulé *Manessischen Liederhandschrift* (vers 1310/1330) le représente avec le chapeau juif et quelques-unes de ses ballades soulignées de la mention « Sueskint, le Juif de Trimperg ». Si aucun de ses poèmes gnomiques ne fait référence au culte de la Vierge, thème courant de la chanson courtoise du Moyen Âge, on y découvre par contre des réminiscences de la littérature biblique et rabbinique. Une de ses œuvres évoque :

« ... une longue barbe grise que je me ferai pousser.
Désormais je vivrai dans l'ancienne coutume juive
et irai doucement mon chemin.
Enrobé d'un long manteau, caché par mon chapeau,
j'irai désormais d'un pas soumis... »

Ci-contre et ci-dessous : représentation de Juifs dans le « Sachsenspiegel » d'Eike von Repkow, écrit entre 1220 et 1235.

Un Juif intègre de nationalité franque ou saxonne a le droit de porter sa plainte devant le comte, ce qui est refusé au Slave se tenant à gauche.

Les Juifs, les femmes, les moines et autres religieux sont placés sous la protection du roi qui montre le lis, symbole de paix.

Un chrétien tue un Juif puis est décapité en châtiment.

Un Juif est pendu après avoir commis un délit.

Les Juifs et religieux armés doivent être traités comme s'ils étaient désarmés puisqu'ils n'ont pas à porter d'arme pour la sûreté publique.

Rumeurs et accusations : sang, hosties et peste noire

À gauche : lettre du roi Conrad IV aux citoyens de Francfort dans laquelle il déclare renoncer au nom de son père aux dommages-intérêts qui auraient dû être versés pour le massacre des Juifs en 1241.

À droite : édit de l'empereur Rodolphe Ier contre l'accusation du sang, 1275.

Ci-dessous : Juifs sur le bûcher, 1318, gravure de l'époque.

Le fait d'utiliser le sang de personnes assassinées à des fins rituelles est une accusation qui exista dès le Ier siècle de notre ère : elle fut portée par les Romains contre les chrétiens.

Au XIIIe siècle, un écrivain juif de la région du Rhin relate que « par méchanceté et pour nous tourmenter, les chrétiens... » plantent des coups de couteau dans les rouleaux de parchemin des mezouzot. Les mezouzot sont des tubes en bois ou en métal, fixés au montant (mezouzah) droit des portes des maisons juives. Ils contiennent des rouleaux de parchemin portant les versets du Deut. 6, 4-9 et 11, 13-21 des Écritures saintes. C'est peut-être à cause de ce sacrilège qu'à leur tour les chrétiens prétendirent que les Juifs volaient et transperçaient des hosties. La tristement célèbre « accusation du sang » fit son apparition à la même époque : des Juifs auraient tué un enfant chrétien pour utiliser son sang dans la confection de la matsah, le pain azyme (sans levain) consommé durant Pessah.

L'empereur Frédéric II, qui avait exigé une enquête approfondie sur cette accusation, la qualifia d'absurde dans les lettres qu'il adressa aux évêques et aux autorités des villes.

Pour les Juifs, la consommation de sang est une abomination, une transgression impardonnable d'un commandement de Dieu. Il leur est strictement interdit de consommer des mets à base de sang animal. Bien que de nombreux papes, empereurs, érudits et juges aient sans cesse démenti ces accusations mensongères, elles servirent des siècles durant de moyens de diffamation qui n'exigeaient pas de preuves et dont les conséquences se révélaient souvent mortelles pour les Juifs.

En l'an 1298, un chevalier appauvri du nom de Rindfleisch propagea l'accusation de profanation d'hostie à Röttingen, en Franconie. Il affirmait avoir reçu un message personnel du Très-Haut : il était appelé à exterminer tous les Juifs. Six mois durant, Rindfleisch et une horde de brigands semèrent la terreur dans plus de 140 localités franconiennes et souabes, torturant, violant, brûlant des milliers d'hommes et de femmes juifs et tuant leurs enfants. À Rothenbourg ob der Tauber, une stèle commémorative rappelle encore le massacre de 1298 : « Une plainte amère issue d'une âme amère. Parce que nous avons oublié les afflictions passées, j'ai gravé dans la pierre les martyrs de Rothenbourg, assassinés et brûlés pour l'unicité de Dieu en l'an 5058, le 19 Tammouz. Dans le château fort de la cité, les citadins détruisirent, brûlèrent, exterminèrent. Nous fûmes tous décimés, petits et grands... » Les habitants d'Augsbourg et de Ratisbonne furent les seuls à protéger leurs concitoyens juifs. Un certain nombre de persécutés parvint à s'enfuir en Pologne et en Lituanie.

Les persécutions ultérieures frappèrent les communautés juives d'Alsace, de la Souabe voisine, et se propagèrent jusqu'en Autriche. En 1336, des paysans miséreux, des chevaliers pillards et des bandits de grand chemin se regroupèrent sous le commandement du « roi de la manche de cuir » (ils portaient un morceau de cuir autour du bras), se donnèrent le nom de « Judenschläger » (tueurs de Juifs) et décimèrent un grand nombre de communautés juives en dépit de la protection promise par l'empereur Louis de Bavière (1314-1347).

Une nouvelle vague de terreur éclata douze ans plus tard, en 1348, alors que la peste s'était abattue sur l'Europe, faisant 25 millions de victimes en deux ans. On sait aujourd'hui que les puces des rats transmettent la peste aux hommes. Mais à cette époque, on chercha un coupable. Le duc de Savoie fit torturer des Juifs de la région de Genève jusqu'à ce qu'ils « avouent » avoir empoisonné des fontaines. On avait trouvé un bouc émissaire responsable de la peste noire, considérée à cette époque comme un châtiment divin.

La nouvelle parvint en Allemagne via Strasbourg : « En ce samedi de la Saint-Valentin (le 14 février), on brûla les Juifs de Strasbourg sur un bûcher en bois érigé dans la cour de leur église. Toutes les obligations contractées envers les Juifs furent annulées, les gages et reconnaissances de dettes furent rendus. Le conseil municipal prit l'argent liquide des Juifs et le distribua aux artisans... C'est ainsi que les Juifs de Strasbourg furent brûlés, pareillement ceux de toutes les villes du Rhin, villes libres ou non, au cours de la même année... »

Ce passage est tiré de la chronique de Jakob Twinger de Könighoven. Des faits similaires se répétèrent dans plus de 200 villes et villages. Des Juifs furent même brûlés dans des régions comme la Silésie que la peste n'avait pas touchées. À défaut de Juifs, on amenait au bûcher des Juifs convertis au christianisme. À nouveau, cette folie meurtrière s'étendit jusqu'en Pologne.

À la fin des persécutions, les Juifs qui avaient survécu tentèrent de se reconstruire une existence et furent même fréquemment rappelés par les villes à la vie économique desquelles ils étaient indispensables. À compter de cette époque, ils vécurent près d'un siècle dans une relative sécurité. Ce n'est qu'au milieu du XVᵉ siècle que réapparurent des accusations de profanation d'hosties et de meurtres rituels d'enfants, suscitées notamment par la campagne diffamatoire et antisémite des Dominicains.

Ci-dessus : le roi polonais Casimir III (1333-1370) accueille les réfugiés juifs d'Allemagne à bras ouverts. Peinture du XIXᵉ siècle.

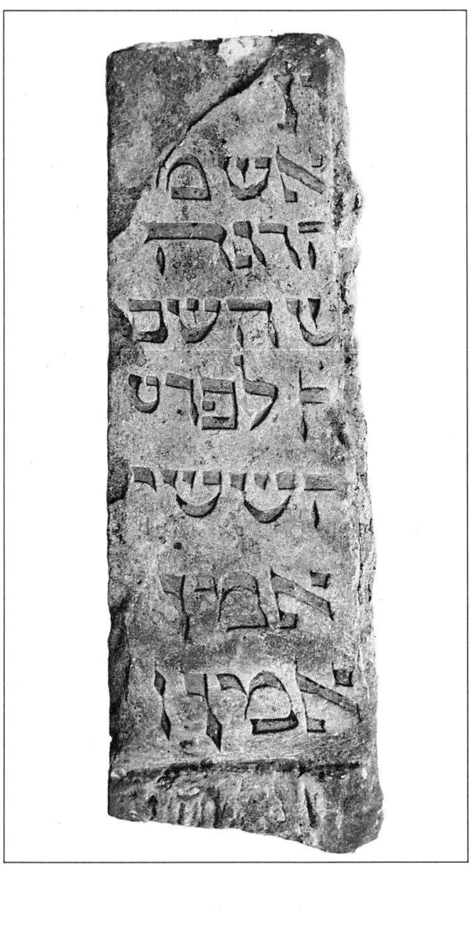

Ci-contre : pierre tombale d'une martyre, Trèves, 1348.

La survie dans les villes et les campagnes

Le Concile de Constance, 1414-1418 : en 1417, le pape Martin V reçoit une délégation de représentants des communautés juives et leur accorde des chartes de protection qui seront confirmées par l'empereur Sigismond.
Tiré de « La chronique du Concile de Constance » de Ulrich von Richenthal.

Dans toutes les parties de l'Empire, les populations juives des villes formaient des communautés dotées d'une autonomie locale.

Il a déjà été mentionné que les activités professionnelles des Juifs se trouvèrent considérablement restreintes à partir du début du XIIIe siècle. L'agriculture, l'artisanat et le commerce leur étant désormais interdits, il ne leur restait en fait que l'usure, à savoir le prêt à intérêt.

Le pape, l'empereur ou les conseils municipaux réglementaient rigoureusement les taux d'intérêts que les Juifs avaient le droit d'exiger. La vie d'un usurier était d'autant plus périlleuse que les sommes prêtées étaient importantes. Parfois, les prêteurs perdaient même tous leurs biens. Ainsi, le roi Venceslas IV (1378-1400) annula-t-il par deux fois, en 1385 et en 1390, les dettes que ses sujets chrétiens avaient envers les Juifs en échange de sommes moins élevées payées à son adresse. Dans la chronique de Limburg (vers 1400), on peut lire : « 16 septembre 1390... le roi a décidé en faveur des princes et des classes de l'Empire que quiconque aurait une dette envers un Juif, que ce soit capital ou intérêts, d'annuler cette dette et d'interdire toute réclamation qu'un Juif pourrait ou voudrait émettre envers un chrétien. »

Le duc de Bavière, l'évêque de Würzburg et le comte d'Oettingen payèrent 15 000 florins au roi en échange de cette grâce qui rapporta des sommes élevées aux deux parties. Les Juifs en furent pour leur argent.

En 1356, Charles IV vendit aux Princes-Électeurs le droit régalien d'accorder la résidence aux Juifs et de les imposer. Il ne garda pour lui que le « sou d'or », à savoir la capitation dont chaque Juif était

À gauche : un médecin juif et son patient. Tiré du « Plenarium » de Hans Schobser (imprimeur), Augsbourg, 1487.

À droite : Juif en costume traditionnel avec la « marque du Juif » : une rouelle sur l'épaule. Sud de l'Allemagne, XIVe siècle.

Ci-dessous : mendiants juifs. Détails d'une gravure sur bois d'après un dessin à la plume de Jérôme Bosch (vers 1450-1516).

redevable. Dès lors, les princes et les villes n'accordèrent plus de droit de résidence à des groupes, mais à des particuliers choisis en vertu de leurs moyens financiers. Cela entraîna le déclassement d'une multitude de Juifs, les plus pauvres, désormais condamnés à une vie de vagabondage et de mendicité. Un dessin à la plume (Albertina, Vienne) que Jérôme Bosch réalisa vers la fin du XVe siècle montre des vagabonds, mendiants et musiciens ambulants juifs, reconnaissables à leur couvre-chef.

En raison de leur situation juridique et sociale précaire, les Juifs vivaient dans l'insécurité et étaient exposés au chantage et à l'exploitation. Les princes, les villes et les commerçants avaient néanmoins

besoin d'eux en tant que prêteurs et contribuables. Plus d'une cathédrale allemande fut ainsi construite grâce aux taxes payées par les Juifs. L'histoire de la communauté juive de Constance révèle toute la précarité de leur situation. Au XIIIe siècle, ils jouissaient d'une certaine influence dans la vie économique de la ville. Mais le 2 janvier 1349, 330 Juifs subissaient le supplice du feu tandis que le reste de la communauté était chassé de la cité. Pourtant, le conseil municipal les rappela peu après. Les Juifs de Constance, aidés de coreligionnaires des environs, durent ensuite financer les coûts faramineux du Concile de 1414/1418. En l'an 1430, la ville leur imposa de régler ce qui restait des coûts du concile sous peine de subir le supplice du bûcher. Les communautés juives de Zurich et Schaffhouse aidèrent à rassembler les fonds exigés. De 1443 à 1448, les Juifs de Constance furent incarcérés sous prétexte de meurtre rituel. Il leur fallut quitter de nouveau la

Changeur d'argent juif, vers 1450 : « Écris mon nom et le nom de mon père sur la bourse (en garantie).

ville en 1448 et ce n'est qu'en 1847 que Constance leur rouvrit ses portes.

La séparation des Juifs de la population chrétienne se fit de plus en plus rigoureuse au fil du temps. C'est de la fin du XIIIe siècle que datent les quartiers exclusivement juifs, entourés de murs. En l'an 1267, le synode de Wroclaw décrétait : « Nous ordonnons que les résidents juifs de ce diocèse n'habitent pas avec les chrétiens, mais soient isolés dans un quartier d'une ville ou une partie d'un village qui leur seront spécialement assignés. Une enceinte, un mur ou un fossé devront séparer le quartier des Juifs des habitations des chrétiens. » L'origine de cette politique d'isolement tient donc autant aux lois canoniques de l'Église qu'aux intérêts financiers des princes et des villes qui accordaient le droit de résidence.

Néanmoins, les murs signifiaient une certaine protection et l'isolement contribua à renforcer la vie communautaire juive.

Les Juifs et les chrétiens continuèrent toutefois d'entretenir des contacts dans certains domaines. En dépit des calomnies du clergé et de leurs concurrents chrétiens, les médecins juifs jouissaient par exemple d'une nombreuse clientèle chrétienne. La plupart d'entre eux avaient fréquenté l'université de Padoue, qui acceptait des étudiants juifs. Ils étaient ensuite revenus en Allemagne pour y devenir praticiens, chirurgiens barbiers des armées ou médecins ambulants. Un certain nombre de leurs coreligionnaires émigrèrent vers des pays aussi lointains que la Turquie. Plusieurs empereurs eurent également des médecins juifs. Sur son lit de mort, Frédéric III (qui régna entre 1440 et 1493) conseilla à son fils

Maximilien Ier de conserver son médecin, Jacob ben Yehiel Loans, lequel était également le professeur d'hébreu de l'humaniste Reuchlin.

Il y eut même plusieurs femmes médecins juives dont Zerlin, illustre spécialiste des yeux à Francfort-sur-le-Main (vers 1430). En 1419, la doctoresse Sarah reçut l'autorisation de l'évêque de Würzburg de pratiquer également à l'extérieur du ghetto.

Après les massacres des années 1348/1349, un grand nombre de villes avaient de nouveau accepté ou même rappelé les Juifs pour des raisons économiques. Mais, pour échapper aux persécutions périodiques, les Juifs s'installèrent de plus en plus fréquemment dans des localités plus petites ou dans les villages. Après le morcellement de l'Allemagne en une multitude d'États souverains plus ou moins importants, les Juifs qui étaient chassés d'une ville – Nuremberg par exemple – pouvaient trouver

Des paysans apportent la dîme à leur seigneur ecclésiastique. S'ils ne pouvaient payer, ils empruntaient souvent sur gage auprès des prêteurs juifs. Gravure sur bois, 1490.

refuge dans une localité voisine – comme Fürth – qui faisait partie d'un autre État.

Quelques villes telles que Francfort et Augsbourg, centres de commerce en plein essor, protégeaient leur population juive des agressions en appliquant rigoureusement les lois. À Pâques, période dangereuse pour les Juifs, notamment en raison des représentations de mystères de la Passion, les villes postaient des sentinelles devant les portes des quartiers juifs, cette protection étant naturellement payante. Malgré tout, l'attitude hostile de l'Église, responsable en particulier du rôle d'usurier imposé aux Juifs, avait légitimé la haine du Juif. Après des massacres perpétrés au prétexte de profanations d'hostie ou de meurtres rituels d'enfants chrétiens, le Français Pierre de Froissard écrivait en 1497 : « La haine des Juifs est si commune en Allemagne que même les hommes les plus paisibles entrent en agitation lorsqu'il est question des Juifs et de leur usure. Je ne serais pas surpris qu'une persécution sanglante ne s'abatte soudainement sur les Juifs dans le pays entier et ne leur fasse subir un sort pareil à ceux que plusieurs villes ont déjà expulsés dans la violence. »

Si la diffamation des Juifs encouragée par le pape Innocent III fut à l'origine de leur exclusion sociale et économique et de nombreux pogroms, elle ne conduisit jamais à des conversions massives au christianisme. Aux XIVe et XVe siècles, la majorité des Juifs qui avaient survécu aux persécutions en Allemagne s'enfuit ou émigra vers l'Est, notamment en Pologne, où ils bénéficièrent de la protection des souverains.

Le quartier juif

À gauche : le miqveh, établissement réservé aux bains rituels, comprenait un puits creusé jusqu'a la nappe phréatique afin de permettre aux pratiquants de se baigner en eau « vive ». Le puits du miqveh de Friedberg (Hesse) s'enfonçait de 30 mètres. Vers 1260.

Ci-dessus : « Noces ». Tiré de la deuxième Haggadah de Nuremberg, vers 1470. L'inscription évoque Ezéchiel 16,7 : « Tu as grandi et es entrée dans la période de maturité. »

Dans la plupart des villes, le quartier juif fut d'abord situé près de la cathédrale, du château ou du marché ainsi que l'indiquent les premières topographies d'Augsbourg, d'Aix-la-Chapelle, de Trèves, de Worms, de Brunswick et d'Hildesheim. Plus tard, les Juifs ne furent autorisés à vivre qu'à la périphérie de la ville, à l'écart de la vie citadine. Cela fut le cas pour Francfort-sur-le-Main, Mannheim, Berlin, Hanovre et Halberstadt. Parfois, ils étaient même relégués à l'extérieur de la ville comme à Magdebourg, Meissen ou Halle.

Dans ces communautés autonomes, le « magister Judeorum » était le délégué officiel auprès des autorités chrétiennes. Les rabbins, aidés des parnassim, les membres du conseil de la communauté, remplissaient fréquemment ce rôle.

Outre ses activités religieuses, le rabbin exerçait la fonction de juge de la communauté. Il était l'autorité suprême dans les litiges portés devant le tribunal arbitral interne. Au fil du temps, l'allemand devint langue juridique au même titre que l'hébreu.

La responsabilité de l'hôpital, de la maison d'accueil et de soutien aux pauvres revenait aux rabbins et aux parnassim. Une communauté abritait toujours un grand nombre de personnes démunies, étudiants en Talmud, réfugiés et mendiants qu'il fallait nourrir et aider.

Les rabbins réglementaient également l'ordonnancement vestimentaire à l'intérieur de la communauté. Une mise modeste était de rigueur. À l'extérieur du ghetto, elle était soumise à des décrets du conseil municipal qui n'étaient cependant pas toujours scrupuleusement appliqués.

La vie sociale était essentiellement centrée sur la famille et la « Schul » (synagogue). Le sabbat et la veille du sabbat constituaient l'événement principal de la semaine. Le repas de fête du vendredi soir réunissait la famille, des hôtes démunis et des étudiants en Talmud. Les propos profanes n'étaient pas permis durant le sabbat.

Un ouvrage, *Le petit Livre des Pieux* (1473) donne une idée de la vie quotidienne : « Élève toujours du bétail ou de

À gauche : « Juden Dantzhaus » (maison de danse des Juifs) à Rothenbourg ob der Tauber. On y célébrait les mariages et autres fêtes et on y tenait les assemblées. L'édifice en pierre date du XVe siècle.

la volaille dans ta maison et nourris tes bêtes le matin avant de passer toi-même à table... Ne moleste ni chien ni chat... Honore les livres et ne les laisse pas sur le lit ou la chaufferette... Bois avec modération... Ne sois jamais trop gai, sauf à Hanoukkah et Pourim où ton allégresse s'adresse à Dieu... Ne mange jamais dans la rue – même pas le fruit que tu viens d'acheter au marché... Efforce-toi d'abord d'obéir à ce qui est écrit dans les cinq Livres de Moïse, dans les prophètes et dans les Écritures... Que ta conduite soit pudique, modeste, pure, sainte et pieuse... Ne crois pas qu'il suffise de suivre simplement les Commandements, mais non pas les paroles des Sages... Sers fidèlement Dieu et n'épargne aucun argent : si un non-Juif t'a prêté de l'argent en toute bonne foi et l'a oublié, rappelle-le-lui et rembourse-le. Si tu as un gage de lui, ne lui compte pas un excédent de semaines pour augmenter la somme des intérêts, ne le trompe pas et ne lui mens pas... »

En cas de faute, les membres de la communauté étaient cités devant le tribunal

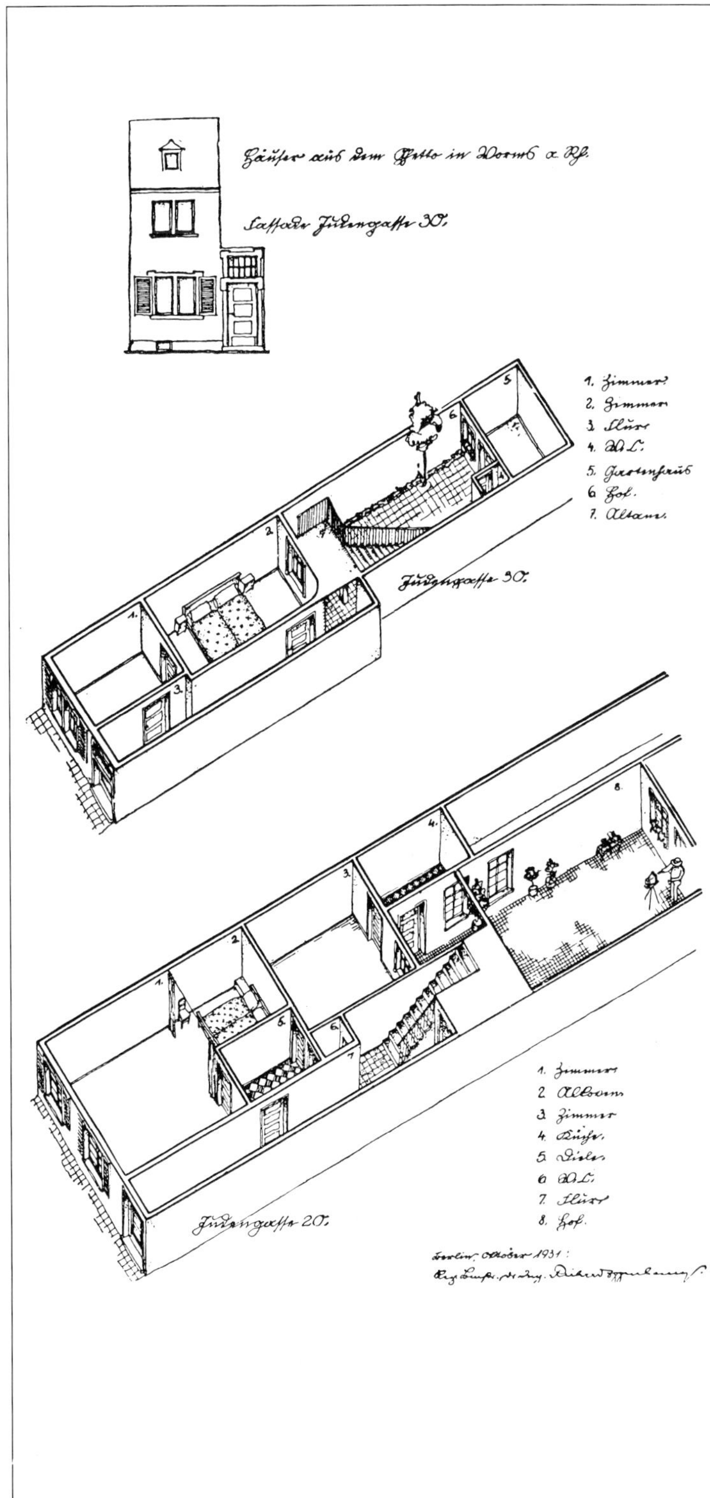

À droite : deux logis dans la quartier juif de Worms à l'époque médiévale. L'image montre le rez-de-chaussée et l'arrière-cour, qui était prolongée d'un autre bâtiment, élevé contre le mur de la ville. Des fenêtres dans ce mur s'ouvraient sur la campagne. Les maisons de 3,5 m à 6 m de largeur au maximum avaient une architecture très fonctionnelle.

rabbinique et devaient réparation. Les délits graves étaient punis du ban, c'est-à-dire de l'exclusion de la communauté.

Les joies comme les peines n'étaient pas vécues uniquement au sein d'une famille, mais partagées par l'ensemble de la communauté. On célébrait les mariages et autres fêtes avec des danses et de la musique dans la maison des mariages, appelée par les chrétiens « maison de danse des Juifs ». Presque toutes les communautés possédaient de petits orchestres, mais louaient parfois les services de musiciens ambulants. Il arrivait que des amis chrétiens participent aux fêtes, ce qui n'était pas bien vu des conseils municipaux. Peu avant l'expulsion des Juifs de Nuremberg en 1499, Martin Behaim, astronome illustre et deux patriciens, Sebald Tucher et Martin Paumgartner furent invités par les parents de la mariée et prirent part aux réjouissances en dépit de l'attitude hostile du conseil municipal envers les Juifs. Ils durent rendre des comptes au conseil qui les condamna respectivement l'un à huit jours, les deux autres à quatre jours de cellule.

Ci-contre : femme juive de Worms. La rouelle (marque des Juifs) sur sa cape indique qu'elle se trouve à l'extérieur du ghetto. (XVIe siècle).

En bas à gauche : rabbins étudiant la Torah. Peinture de l'école du Rhin moyen, XVe siècle.

En bas à droite : vue aérienne de Cologne : l'hôtel de ville et le quartier de la cathédrale. L'étoile de David marque le quartier juif. Plan d'Arnold Mercator, 1571.

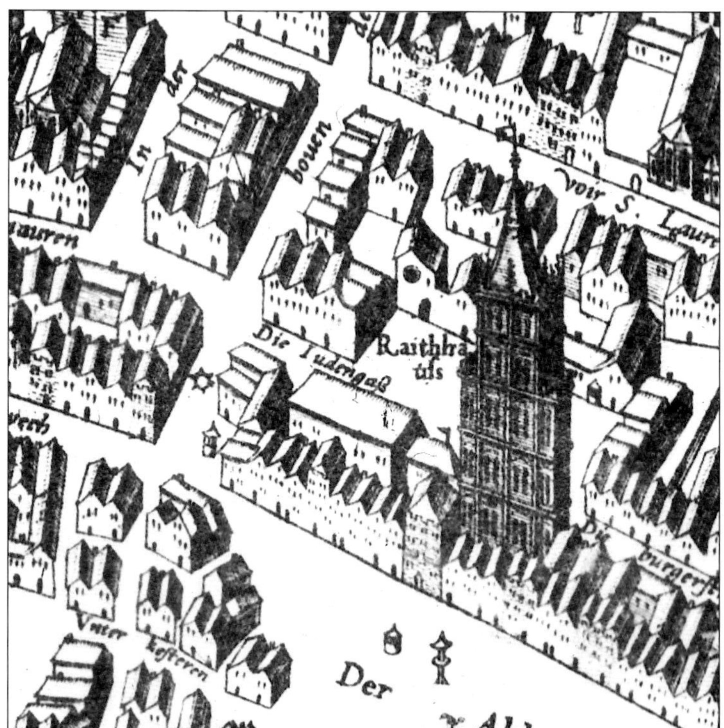

Ci-dessus : la synagogue de Ratisbonne, gravures sur cuivre d'Albrecht Altdorfer. Les inscriptions indiquent que la synagogue fut détruite en février 1519.

À droite : pierres tombales du rabbin Meïr ben Baroukh de Rothenburg et d'Alexandre ben Salomon Wimpfen de Worms (à droite). Meïr ben Baroukh fut la plus illustre autorité rabbinique de son temps. Il resta prisonnier de Rodolphe de Habsbourg de 1287 jusqu'à sa mort parce qu'il avait refusé que soit versée la rançon qui l'aurait libéré. 14 ans plus tard, Alexandre Wimpfen obtint qu'on lui remette le corps du rabbin contre une somme élevée.

La vie quotidienne

« À partir de l'an 1451, les Juifs durent désormais porter une rouelle jaune sur leurs vêtements... » Tiré de la Chronique de la ville de Landshut.

Le commerce de l'argent était, on l'a vu, le gagne-pain de nombreux Juifs. Une grande partie de la communauté dépendait des changeurs et prêteurs : le personnel domestique, les employés, les artisans, les maîtres talmudiques et autres personnes relevant de la synagogue, notamment les étudiants du Talmud – un nombre important des hommes jeunes de la communauté – auxquels s'ajoutaient les malades, les vagabonds, les réfugiés et les mendiants.

Tous les aspects de la vie quotidienne reposaient sur la religion. Le centre en était la synagogue appelée « Schul » (école) car elle avait également cette fonction. Les membres de la communauté venaient y prier deux fois par jour et participaient quotidiennement à un court séminaire. La synagogue abritait en outre le tribunal rabbinique où se réglaient aussi les litiges entre Juifs et chrétiens. Le miqveh, bain rituel pour hommes et femmes, était une autre institution de la vie communautaire.

Les communautés plus importantes possédaient non seulement une Schul, mais aussi une école talmudique dirigée par le rabbin qui participait souvent aux frais d'entretien de l'établissement. Les femmes remplirent également les fonctions de maîtres du Talmud à diverses époques. L'une des plus célèbres, Miriam Luria appelée Spira (du nom de la ville de Spire) vécut vers 1300. Les rabbins, qui ne recevaient aucune gratification, étaient fréquemment issus de familles fortunées. Les

Scène d'une circoncision, tirée d'un codex du XIII*e* *siècle.*

revenus de la communauté servaient en grande partie à financer les œuvres charitables.

La vie quotidienne était centrée sur l'étude religieuse tandis qu'on accordait juste le temps nécessaire au travail profane. Dans un règlement scolaire datant du XIIIe siècle, on peut lire : « Il incombe notamment aux Cohanim (prêtres) et aux Lévites de vouer un de leurs fils à l'étude de la Loi... Ceux-ci resteront sept ans dans la maison d'études. Ils seront logés et nourris gratuitement et ne perdront pas de temps à des choses frivoles. Chaque Juif doit verser 12 deniers par an destinés à l'entretien de la maison d'études [des élèves]... un impôt volontaire... afin que les étudiants se concentrent sans relâche à l'étude de la Loi au nom du peuple et que le royaume de Dieu ne recule pas... ». Une prescription concernant l'école élémentaire indique que : « Les maîtres ne devront enseigner qu'à un maximum de dix enfants à la fois... Les maîtres ne doivent pas enseigner aux enfants par cœur, mais utiliser les livres et apprendre aux enfants à traduire les Textes sacrés dans la

Scène d'école, fin du XIV*e* *siècle. Un sablier mesure le temps d'étude. Le fouet dans la main du maître est signe d'autorité. Les maîtres qui l'utilisaient trop souvent étaient démis de leurs fonctions. L'écolier lit la « Règle d'Or » écrite à l'époque talmudique par l'érudit Hillel : « Ne fais pas à autrui ce que tu ne voudrais pas qu'on te fît », règle impliquant également le maître.*

À gauche : deux voyageurs juifs se saluent (vers 1450).

Ci-dessous : repas des prisonniers – une scène tirée du « Parsifal » de Wolfram, manuscrit enluminé du XIVe siècle, réalisé à Heidelberg. L'homme portant la soupière est juif. L'alimentation et le rachat de prisonniers étaient un devoir religieux.

langue vernaculaire... Les enfants resteront sept ans à l'école. Deux années seront consacrées aux cinq Livres de Moïse, deux années aux Prophètes et aux Écritures, trois années à des traités [du Talmud]. » Des règlements dictaient de même la conduite à adopter durant la vie quotidienne et avec les non-Juifs. Vers 1220, la SCHUM, union des communautés de Spire, Worms et Mayence, prescrivait entre autres que :

« Premièrement : aucun Juif ne doit s'habiller à la façon des gentils. Il ne portera pas de manches reliées par des liens, il n'aura pas de coiffure non-juive et ne se coupera pas la barbe...

Treizièmement : quiconque ne peut s'adonner exclusivement à l'étude du Talmud le lira une demi-heure par jour selon ses possibilités ou apprendra quotidiennement des prescriptions, des midrachim, la Bible ou les passages de la semaine. L'important n'est pas d'apprendre peu ou beaucoup, mais de le faire volontairement...

Quatorzièmement : que chacun rejette la jalousie et l'envie en pénétrant dans la maison de Dieu : il n'est pas là pour jaser, mais pour servir notre Père aux cieux. »

Un autre guide de conduite, *Le livre des Pieux* fut écrit par le Rabbi Yehudah ben Samuel Hachassid (mort en 1217) qui dirigeait l'école supérieure de Talmud de Ratisbonne. Le paragraphe 702 énonce par exemple : « Pour sa sauvegarde, une femme juive a le droit de porter l'habit de nonne si elle craint d'être violée par des chrétiens lorsqu'elle sort, car cet habit protège des agressions. Si elle craint d'être violée par des ribauds juifs, elle a le droit de porter des vêtements de chrétienne, d'affirmer qu'elle est chrétienne et qu'elle dénoncera ses agresseurs. Elle a également le droit d'appeler à l'aide dans une situation menaçante au risque que les chrétiens qui accourent tuent les Juifs. »

C'est ainsi que le quotidien s'orientait sur la famille, les prières, l'étude des textes religieux, les activités professionnelles et la crainte des persécutions.

Juifs de Nuremberg au XVe siècle. Gravure sur cuivre d'après d'anciens documents tirés des « Historische Nachrichten » (Nouvelles historiques) de A. Würfel ; 1755.

Le judéo-allemand dans la langue et la littérature populaires

איין גרוסי צרה צו שטערבן אונ' זאלט איך זיין דר ביים געוועזן איך
העט קיין הנאה געהאט דר פון אזו וואול אז איצונדרט דא האב איך
דען אתרוג ניט וועלן פסול מאכן גאנצי זיבן טאג וויל ער צו מיינר
אלוה הט געהערט אבר איצונדרט אן הושענא רבה איז כון די אלוה
אויז דאך בין ניט געק צו עסן אונ' אזו וויניג הנאה אלז איך הב
פון דען שטיל אויז צו בייסן אזו וויניג העט איך געהאט פון דען
אפפיל הנאה דס דו האסט פר באטון. (ויהיו שניהם ערומים)

(דאס איז דאז מעשה פון אדם אונ' חוה)

« Ceci est le maase [l'histoire] d'Adam et Chawah (Ève). » Page du « Zena Urena » (Sortez et voyez), écrit en langue judéo-allemande en « allemand de femme » au XVIe siècle. Des quelque 200 éditions de cet ouvrage destiné aux femmes, la plus ancienne conservée jusqu'à nos jours fut imprimée à Hanau en 1622. Le « Zena Urena » est une version populaire du Pentateuque et d'autres livres bibliques, enrichie de commentaires et d'explications.

Les Juifs de l'Allemagne médiévale étaient bilingues. La langue littéraire, culturelle et scientifique était l'hébreu. Dans la vie courante et les affaires, ils utilisaient le parler des voisins chrétiens mêlé de mots empruntés à l'hébreu et au latin. Par exemple, le mot « bentschen » signifiant donner une bénédiction ou bénir le repas est dérivé de « benedicere ». Le judéo-allemand est issu de la langue vernaculaire, notamment du dialecte rhénan-franconien appartenant au moyen haut allemand.

Lorsque les Juifs furent chassés d'Allemagne durant et après les croisades (voir p. 34), ils se réfugièrent en Europe de l'Est, où ils continuèrent de parler le judéo-allemand, qui se transforma en yiddish au fil du temps. Quelque 12 millions de personnes parlaient le yiddish avant l'extermination des Juifs européens par les Nazis. Le yiddish puise ses racines dans le moyen haut allemand ; son vocabulaire comprend un huitième de mots hébraïques et un dixième de mots slaves.

Des textes rédigés en moyen haut allemand, tels que la Chanson des Nibelungen écrite vers 1200 furent traduits en yiddish moderne. Une comparaison des deux idiomes dévoile combien ils sont apparentés.

On trouve de nombreux mots ou expressions judéo-allemands et yiddish dans des dialectes allemands toujours en usage. Par exemple, les personnes âgées du village de Neroth dans la région de l'Eifel, employaient encore ces mots en 1981 :

Dialecte de Neroth	*Hébreu*	*Haut allemand*	*(Français)*
hakdul	hakol	alles	(tout)
mosseren	massor	angeben	(indiquer)
Teschuwe	teshuwa	Antwort	(réponse)
acherer	acher	anderer	(autre)
More	mora	Angst	(peur)
Meloche	melacha	Arbeit	(labeur)
Tobuche	tapuach	Apfel	(pomme)
Dalles	dalut	Armut	(pauvreté)
Ayn	Ayin	Auge	(œil)
Suss	suss	Pferd	(cheval)
toff	tov	gut	(bon)

De nombreuses expressions judéo-allemandes et des mots empruntés à l'hébreu entrèrent dans la langue allemande au niveau le plus bas de la société, par le biais des vagabonds, mendiants, voleurs, receleurs, bandits de grands chemins juifs et chrétiens qui vivaient et travaillaient ensemble. Ils créèrent une langue argotique secrète, incompréhensible pour le reste de la population juive ou chrétienne.

Plusieurs termes et expressions yiddish qui appartenaient à cet argot ont survécu aux siècles et sont passés dans l'allemand populaire moderne, comme « Tohuwabohu » (tohu-bohu), « Kaff » (patelin, bled), « Schnorrer » (mendiant), « Pleitegeier » (banqueroute), etc.

« Le livre des Fables » : « ... après avoir capturé et entravé l'âne, ils le portent sur une perche. » Les livres de fables en judéo-allemand étaient nombreux et sans cesse réédités. En 1697, Johannes Wüst de Francfort-sur-le-Main publia une édition illustrée du « Ku bukh » de Moshé Wallich qui réunissait des fables hébraïques, judéo-allemandes et allemandes. Les illustrations montrent quatre scènes de la fable intitulée « Histoire du père qu'on ne pouvait jamais satisfaire ».

Ducus Horant.

Es war im deutschen Reiche ein König weit
erkannt. Ein so kühner Degen,
Etten war er genannt. Er war milde
und schön. Er trug der Ehren Krone.
Ihm dienten gewaltig alle deutschen
Lande. Lombardien und Bologna standen zu seiner
Hand. Sizilien und Toskane mussten ihm
Untertan werden. In Dänemark trug er
die Krone und es stand gar in seiner Gewalt.
Auch mussten ihm dienen in herrliche Weise alle
Spanien-lande. Der König von Ungarn war ihm
Untertan. Und musste auch die Krone von
ihm haben; Die Herren vom Lande waren ihm
alle Untertan. Ihm dienten aus einem Walde
drei Furcht erregende Riesen. Der eine war
Witolt genannt. Der war ein kühner Held;
er trug eine stahlene Stange die
war zwölf Klafter lang. Damit bezwang er für den
mächtigen König Etten alle deutschen Reiche.
Er hatte einen Bruder, der hiess Asprian. Der
hatte Wunder getan: und Wate von den

dvxvs hvrnt.

ES vvs 'ın tvžn rıxn 'ıın kvnık vvıt
'rknt. 'ıın degn 'lz' kvn'
'ıtn' vvs er gnnt. er vvs mıld'
'vnḏ svn'. er trvk der 'ırn krvn'. [:]
'ım' dıntn gvvldklıxn 'l' tvž'
lnt. lvnprtn 'vnḏ pvln stvnt gn 'n zınr
hnt. żıżılıvn 'vnḏ tvskn. mvstn 'ım'
vvern 'vndr tn: żv dınmrktn trvk er
dı krvn' 'vnḏ stvnt gr 'n zınr hnt.
'vx mvstn 'ım' dınn svn' 'l' z
spngn-lnt. der kvnık v̄vn 'vngrn vvs 'ım'
'vndr tn. 'vnḏ mvst' 'vx dı krvn' v̄vn
'ı[m'] hn: dı hırn v̄vm' lnd' vvrn 'ım'
'l' ['vn]dr tn. 'ım' dıntn 'vs 'ıım'
vvld' drı rızn vrıışn. der 'ıın' vvs zıx
vvıtvlt gnnt. der vvs 'ıın kvnr vvıgnt:
der trvk 'ıın sthlın' stng' dı
vvs żvvlf klvftrn lnk.d' mıt' er dem'
rıxn kvng' 'ıtn' 'l' tvž' rıx' btvvnk.
er ht' 'ıınn brvdr der hıs 'sprıın.der
ht' vvnd[r]s <. . .> gtn: 'vnḏ vvt' v̄vn den

Quelques textes littéraires allemands rédigés avant le XV[e] siècle et transcrits en écriture hébraïque ont été conservés. Plusieurs légendes allemandes en font partie, comme les récits sur Dietrich de Berne (l'ancien nom allemand de la ville de Vérone) qui semblent avoir été beaucoup lus dans les foyers juifs, de même que le *Volksbuch von den Sieben Weisen Meistern* (Le livre des sept maîtres sages) maintes fois réédité en langue judéo-allemande jusqu'au XVIIIe siècle. Il existe encore un manuscrit datant de 1382 du « Ducus Horant », partie du cycle des légendes du « Gudrun-Lied » (chanson de Gudrun) écrit en judéo-allemand en caractères hébraïques alors que la plus ancienne version en allemand est postérieure d'un siècle.

De nombreux récits populaires allemands, transcrits en judéo-allemand, furent imprimés en caractères hébraïques après l'invention de Gutenberg. Des ouvrages de littérature religieuse parurent également en écriture hébraïque. En 1545, l'éditeur Israël Adelkind publia à Venise un livre des Psaumes en judéo-allemand et caractères hébraïques. Dans la préface de l'ouvrage, il explique qu'il a « germanisé » les Psaumes afin que les jeunes filles pieuses et les hommes qui n'ont guère appris d'hébreu dans leur jeunesse « passent leur temps durant le Sabbat et les Yom Tov (jours de fête) à lire des récits religieux et non des fables sur Dietrich de Berne ou des histoires

Première page du « Ducus Horant », épopée en judéo-allemand tirée du cycle des légendes de Gudrun-Hilde, 1382. Ci-contre : judéo-allemand en lettres hébraïques ; page 66 : le texte en haut allemand et la translitération au milieu. D'après L. Fuks, "The oldest known Literary Documents of Yiddish Literature", Leyde 1957. Le manuscrit du « Ducus Horant » se trouve à la bibliothèque de l'université de Cambridge. Le texte montre qu'il n'y avait pas de différences significatives entre le langage des Juifs et le haut allemand au XIVe siècle.

d'amour. » Des traductions de la Bible et du Livre des Prières en langue vernaculaire furent imprimées pour les personnes moins instruites, de même que des adaptations épiques de thèmes bibliques spécialement destinées aux femmes et aux jeunes filles. Ces textes lyriques accompagnés de commentaires du Talmud étaient imprimés en « écriture de femme », une version simplifiée de l'écriture hébraïque de Rachi.

Une transcription d'un ouvrage hébraïque, le *Livre des mœurs,* parut en 1542. Cet ouvrage ne contient aucun mot d'allemand hébraïsé ou de mots hébreux germanisés. « L'orthographe est parfaitement conforme à l'orthographe allemande. » Le chapitre XIV commence avec l'histoire d'un homme envieux : « Un jour, un roi était en chemin lorsqu'il croisa deux hommes qui le prièrent de leur donner quelque chose. Le roi les connaissait fort bien. L'un était un homme cupide, jaloux de tous et enviant le bien des autres... »

Le livre le plus répandu en langue judéo-allemande, imprimé avec les caractères hébraïques de « l'écriture de femme » avait pour titre *Zena Urena* (« Sortez et voyez », un verset du Cantique des Cantiques de Salomon), une adaptation populaire de la Bible accompagnée de commentaires, récits, proverbes et fables tirés du Talmud. Une centaine de gravures ornait l'ouvrage. Des illustrations figuraient également dans le livre de fables *Meschal ha'kadmoni (*Fables d'antan) d'Isaac ben Salomon ibn Sahula, imprimé pour la première fois en Italie vers 1490, et dans le *Ku bukh* de Moshé Wallich, un recueil de contes allemands et hébreux en langue judéo-allemande qui parut en 1697 chez Johannes Wüst à Francfort.

Elia Levita (1469-1549), qui était lié d'amitié avec des humanistes tels que Sebastien Münster et Johannes Reuchlin, fut un des plus illustres traducteur, adaptateur, grammairien, imprimeur et éditeur de son temps. Le roman anglo-français *Sir Bevis of Hampton* fait partie des œuvres qu'il traduisit en judéo-allemand. En outre, il publia à Isny, en 1542, une grammaire judéo-allemande et un dictionnaire judéo-allemand/hébreu que Paulus Fagius (1504-1549) traduisit en allemand et latin.

Il est intéressant de noter le nombre considérable de femmes parmi les écrivains judéo-allemands. En Pologne, Rebecca Tiktiner rédigea un livre de morale destiné aux femmes, tandis que Taube Pan était poétesse à Prague. Hanna Katz rédigeait des sermons. Rösl Levi-Fischl, de Hanovre, traduisit un livre des Psaumes.

Les Mémoires de *Glückel von Hameln* (1645-1724) sont encore édités aujourd'hui. Ils renferment des récits instructifs sur la guerre de Trente Ans et le tumulte que provoqua le faux messie Sabbataï Tsevi (voir p. 92) à Hambourg.

L'art et les livres – La Haggadah de Darmstadt

Enluminure dans un commentaire du Talmud du rabbi Acher ben Yehiel, XIVe siècle. Le personnage assis figure peut-être l'auteur lui-même.

Ci-dessous : détail d'une page d'un livre de prières utilisé pour les grands jours de fêtes, Ulm, 1460.

Le judaïsme a toujours accordé une haute valeur à la profession de scribe. Outre la Bible, on trouvait des manuscrits de tous genres dans les synagogues et les foyers juifs.

Un grand nombre de ces ouvrages, manuscrits puis imprimés à partir du XVe siècle, furent détruits au cours des persécutions. Citons l'autodafé qui se déroula à Paris en 1240, sous le règne de saint Louis. Quatorze (vingt-quatre selon certaines sources) charrettes remplies d'exemplaires du Talmud furent brûlées par décret du pape Grégoire IX.

Les illustrations du Mahzor et de la Haggadah étaient les plus appréciées. Le terme Haggadah est dérivé du mot hébreu « haged » qui signifie relater, raconter. La Haggadah contient le récit de la sortie d'Égypte et de l'Exode, entre-

coupé d'hymnes, de chansons populaires, de paraboles et de prières. Elle contient aussi le « Séder », nom donné à l'ordre de déroulement du premier soir de la fête de Pessah. Au cours de cette soirée, appelée également « Séder », le chef de famille conduit les rites, dont la lecture et le chant de la Haggadah, selon le commandement biblique : « Ce jour-là, tu expliqueras à ton fils ce qu'a fait l'Éternel pour moi quand je sortis d'Égypte... quittant l'esclavage pour la liberté ».

L'espoir de délivrance du peuple d'Israël, illustré par la formule « L'an prochain à Jérusalem ! », régit la célébration du Séder. Le Juif s'identifie à toutes les générations passées et à venir de son peuple au travers de « sa » sortie d'Égypte vers la liberté. Les Juifs de la diaspora projetèrent la fin de l'esclavage en Égypte sur le présent et l'avenir. À l'époque des mouvements messianiques, le peuple juif désespéra fréquemment de la réalisation de cet espoir et chercha des moyens de hâter ou de forcer la venue du messie. Des siècles durant, jusqu'aux Lumières, l'espoir messianique resta l'explication profonde de la force de survie des Juifs, qui leur permit de supporter toutes les persécutions jusqu'au martyre pour la « sanctification du Nom » (de Dieu).

La valeur cruciale de ces événements, depuis l'Exode d'Égypte jusqu'à l'arrivée du messager du messie explique qu'ils aient servi de thème aux illustrations de la Haggadah. « Israël le Scribe, fils de Meïr de Heidelberg » est l'auteur de l'une des plus belles Haggadah, un ouvrage de 57 feuilles de parchemin illustrées (24,5 x 35,5 cm) réalisé vers 1400. L'artiste vécut sans doute avant 1391 à Heidelberg, car tous les Juifs furent chassés de la ville cette année-là.

La majorité des illustrations de cette Haggadah présentent des scènes de la vie quotidienne. On y remarque le nombre important de représentations de femmes en train de lire. L'architecture imaginaire rappelle davantage des palais de style gothique que des demeures bourgeoises. Il se peut que les almanachs illustrés de la

Moïse reçoit les Tables de la Loi sur le Mont Sinaï et les apporte aux Israélites, Ratisbonne, vers 1300.

Illustration tirée de la « Haggadah de Darmstadt » : bénédiction pour la seconde coupe de vin bue lors du repas de Pessah.

Lecture de l'Exode. Les quatre animaux fabuleux caricaturent des figures humaines.

Hommes et femmes interprétaient et commentaient ensemble les textes sacrés.

noblesse et les livres d'heures enluminés français aient ici servi de modèle, car une partie de la communauté juive de Heidelberg était constituée de réfugiés originaires de France. Le style des illustrations de la Haggadah de Darmstadt dévoile l'influence de l'art de l'enluminure chrétienne.

Outre la Haggadah, de nombreux manuscrits illustrés du Livre des prières et de commentaires du Talmud datant de cette époque sont conservés.

Illustration humoristique d'une discussion sur la Haggadah lors du Séder.

L'une des illustrations en pleine page. À tous les étages du palais gothique, des hommes et des femmes lisent et interprètent la Haggadah. Le texte signifie : « Que de miracles n'as-tu (Seigneur) accomplis. »

L'imprimerie et la littérature hébraïque

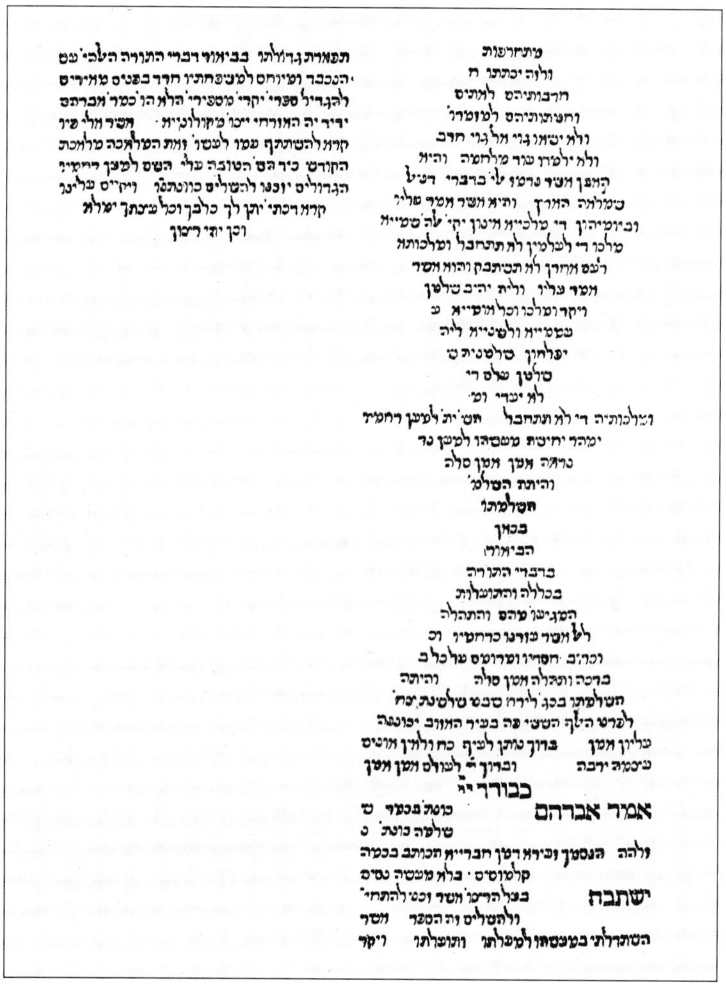

Ci-dessus : Levi ben Gerson : « Commentaire sur le Pentateuque », imprimé en 1476 par Abraham ben Salomon Conat et Abraham Yedidya ha-Esrakhi de Cologne : une édition incunable en hébreu réalisée à Mantoue par des imprimeurs juifs colonais. Les impressions hébraïques présentent souvent ce genre de mise en page à typographie ludique.

En haut à droite : page du livre de fables « Meshal ha'kadmoni » (Fables d'antan) écrit par Isaac ibn Sahula en 1281 et imprimé à Brescia en 1490 en écriture « Rachi » souvent utilisée dans la littérature profane.

Dès le début du XVe siècle, des inventeurs cherchèrent à découvrir de nouveaux procédés techniques pour imprimer et reproduire des textes à l'aide de caractères mobiles.

Vers 1444, un Juif nommé Davin de Caderousse étudia ce nouvel art en Avignon auprès du joaillier Waldvogel de Prague. Waldvogel aurait enseigné une méthode « d'écriture artificielle » à l'aide de caractères mobiles de plomb et de fer.

On ignore si Johannes Gensfleisch zur Laden – surnommé Gutenberg d'après le nom d'une propriété de sa mère au lieu-dit Judenberg [mont des Juifs] à Mayence – avait connaissance de ces travaux. Quoi qu'il en soit, l'imprimerie de Gutenberg fut fondée avant 1462, année de l'expulsion des Juifs de Mayence.

Un certain nombre de ces expulsés émigrèrent en Italie. Mayence rouvrit par la suite ses portes aux Juifs pour les en chasser définitivement en 1473. De nouveau, une partie retourna s'installer en Italie et même plus loin jusqu'à Constantinople. La fréquence du surnom « Mayençais » (« Mainzen ») laisse à penser que plusieurs de ces réfugiés apprirent l'imprimerie à Mayence. L'art de l'imprimerie devint bientôt le « couronnement de toutes les sciences » dans la fabrication des ouvrages juifs. On le prit même pour l'accomplissement de la prophétie d'Esaïe (11, 9) : « La terre sera assurément remplie de la connaissance de l'Éternel. » L'art de Gutenberg allait apporter une contribution décisive à la survie des textes religieux hébraïques.

Une famille de Spire qui se fit appeler Soncino, du nom de son lieu de refuge italien, fut la plus célèbre famille d'imprimeurs juifs en Europe durant trois générations, notamment grâce à la typographie admirable de ses impressions hébraïques. Le premier ouvrage sortit de l'imprimerie fondée par Josua Salomon Soncino en l'an 1483. Son neveu, Gerson ben Moses dit le Mayençais, imprima onze livres en hébreu durant la période des incunables, c'est-à-dire avant 1500. « Il a apporté l'art de l'imprimerie de son pays à Brescia », écrivait au XVIIe siècle l'abbé Giovanni de Rossi, hébraïste et bibliophile. Sa bibliothèque, qui se trouve à Parme, renferme l'une des deux plus anciennes éditions d'un ouvrage en hébreu : le Commentaire biblique de Rachi, imprimé en 1475 à Reggio de Calabre.

Cependant, le plus illustre imprimeur de textes hébreux fut Daniel Bomberg (1470/1480-1553), un Flamand chrétien qui avait ses ateliers à Venise. En collaboration avec des imprimeurs et correcteurs

מאימתי

Une page du Talmud édité par Daniel Bomberg, imprimé à Venise en 1520. Au centre, les textes de la Mishnah et de la Gemara en caractères traditionnels. À droite, le commentaire de Rachi qui sert de norme depuis le XIIe siècle, imprimé dans l'écriture de Rachi. À gauche, les tosafot, compléments et explications du Commentaire de Rachi, conçus pour la plupart dans les écoles françaises et allemandes de Talmud entre les XIIe et XIVe siècles.

Dans l'atelier qu'ils avaient fondé à Naples en 1487, Joseph ben Jacob Gunzenhauser Aschkenasi (l'« Allemand de Gunzenhausen ») et ses fils Asriel et Abraham imprimèrent entre autres l'ouvrage très populaire intitulé « Canon medicinae » écrit par Avicenne (980-1037) et traduit en hébreu dès le XIe siècle. Abraham ben Salomon Conat, médecin et imprimeur, et son épouse Estellina, ouvrirent un atelier d'imprimerie à Mantoue en 1475. Les caractères « conat », d'une beauté exceptionnelle, sont encore utilisés aujourd'hui dans les éditions de luxe. Les Conat donnaient une conception artistique aux pages qui annonce le style constructiviste moderne.

juifs, il édita plus de 200 œuvres en hébreu à partir de 1517. Ses principaux travaux furent les versions intégrales du Talmud babylonien et du Talmud de Jérusalem. Leur composition typographique fait encore aujourd'hui autorité auprès des maîtres du Talmud chargés des nouvelles éditions.

En dépit de toutes les persécutions et des autodafés de livres, le Talmud n'a jamais disparu et il doit sa survie tant à l'invention de Gutenberg qu'à l'œuvre de l'éditeur Daniel Bomberg.

À gauche : illustration très souvent reproduite de la Haggadah (XVe siècle). Le messie, comme annoncé par Élie, fait son entrée dans Jérusalem.

Persécutions, expulsions, assassinats

À gauche : le meurtre de Simon de Trente, 1475. Des illustrations du meurtre rituel qu'auraient accompli les Juifs circulèrent dans toute l'Europe et provoquèrent le massacre des populations juives. Gravure sur bois tirée de la « Weltchronik » de Schedel, 1493.

À droite : martyre des Juifs consécutif à la fausse accusation du meurtre rituel de Trente, gravure sur bois, vers 1475.

Des Juifs pleurent leurs morts au cimetière. Tiré d'un livre de prières, 1427.

Le roi Sigismond (1410-1437), couronné empereur en 1433, leva un impôt spécial sur les Juifs à l'occasion des célébrations de couronnement. Nous avons vu que les Juifs durent payer une grande partie des frais du Concile de Constance (1414-1418) et du Concile de Bâle (1431-1449) (voir p. 54). Exclus des activités professionnelles courantes, les Juifs ne tiraient pas assez de revenus du commerce de l'argent – le seul qu'il leur était permis d'exercer – pour payer les sommes faramineuses exigées en plus des redevances qu'ils devaient régulièrement verser aux princes, aux seigneurs ecclésiastiques et aux villes. En outre, les chrétiens avaient désormais le droit de percevoir des intérêts.

Il existait déjà des banques chrétiennes à Paris et Florence. Quant aux marchands des villes allemandes, ils s'adonnaient depuis longtemps au commerce de l'argent : des petites maisons de commerce aux grands financiers tels les Fugger et les Welser, tous prêtaient de l'argent en échange d'une part des bénéfices. Les affaires des Juifs s'en trouvaient réduites. Bientôt, la société juive s'appauvrit et ne fut plus en mesure de réunir ou de prêter des sommes d'argent importantes.

Une nouvelle vague de terreur déferla à nouveau sur Le Saint Empire romain-germanique. En 1421, le duc Albert d'Autriche faisait brûler plusieurs centaines de Juifs sur une rive du Danube près de Vienne sous prétexte de meurtres rituels. L'empereur Sigismond et le pape Martin V tentèrent d'empêcher les massacres, mais certains ordres de moines continuaient de prêcher la persécution des Juifs. Leurs prédicateurs étaient plus entendus dans les villes et les villages que les souverains et papes lointains. Cologne, Trèves, Strasbourg et plusieurs autres villes chassèrent leur population juive. Les religieux des régions alentour en recueillirent une partie, mais la majorité émigra en Pologne où les Juifs avaient le droit d'exercer des métiers artisanaux.

Johannes de Capestrano (1386-1456), moine franciscain et inquisiteur, le « fléau des Juifs ». Gravure sur bois de l'époque.

Le Franciscain Johannes de Capestrano (1386-1456) fut le plus grand prédicateur de son temps. Il prêcha d'abord contre les Hussites et autres hérétiques avant de s'attaquer aux Juifs. Sur ses instances, les Juifs de Bavière perdirent vers 1452 leurs droits de résidence et de protection, devenant ainsi hors-la-loi, tandis qu'à Wroclaw, des Juifs étaient torturés jusqu'à ce qu'ils « avouent » avoir profané des hosties avant d'être condamnés à subir le supplice du feu. En Pologne, le roi Casimir IV (1447-1492) résista longtemps à l'envoyé pontifical Capestrano mais finit par céder à ses pressions et mit les Juifs hors-la-loi, les livrant ainsi aux persécutions et aux massacres. « Je laisse aux instructeurs religieux le soin de décider si cela [faire subir la torture et le supplice du feu à des êtres humains parce qu'ils sont Juifs] est d'ordre divin ou non », écrivait avec prudence le chroniqueur Wroclaw en 1453.

En 1475, Simon, un jeune garçon de la ville de Trente, fut trouvé assassiné dans l'Adige. Après un sermon virulent du moine Bernard de Feltre, on tortura des Juifs « les meurtriers de Dieu » avant de massacrer presque toute la population juive de la ville malgré les protestations du duc du Tyrol et du doge de Venise. Peu de temps après, un homme nommé Enzo Hinderbach avouait avoir tué l'enfant au début de la fête de Pessah sur l'ordre de l'évêque.

Des illustrations du prétendu meurtre rituel de l'enfant de Trente circulèrent dans toute l'Europe, provoquant exactions et massacres dans de nombreuses régions. Mystères de la Passion, poèmes et almanachs propagèrent la fiction du « meurtre rituel de Trente », et des accusations analogues se répétèrent jusque pendant le XXe siècle.

La minorité juive sans défense se savait aux mains d'une puissance impossible à combattre. L'unique moyen de salut, le baptême, ouvrait en même temps les portes de l'ascension sociale et de l'émancipation, mais peu de Juifs choisirent cette voie. Ils se sentaient moralement supérieurs aux chrétiens, qui commettaient ou toléraient des atrocités au nom de leur religion.

Dès le début du XIIe siècle, un Juif avait osé exprimer cette pensée publiquement, mais après avoir reçu le baptême et être devenu un homme d'Église respecté : Hermann Judäus, qui sera prieur sous le nom de Hermann von Scheda : « Nous pouvons endurer stoïquement d'être bafoués et humiliés par les hommes si nous persévérons à suivre la Loi de Dieu et ses prescriptions divines car il vaut mieux tomber aux mains des hommes que renier la Loi de Dieu. »

La population juive s'enfuit d'une ville allemande. Gravure tirée d'un livre de prières, 1427.

La guerre du Talmud

Ci-dessus : controverse entre des érudits juifs et des religieux chrétiens. Les querelles théologiques revenaient toujours sur des thèmes comme : Jésus était-il le Messie attendu par les Juifs ? Le Talmud contient-il des passages anti-chrétiens ? Gravure sur bois, 1483.

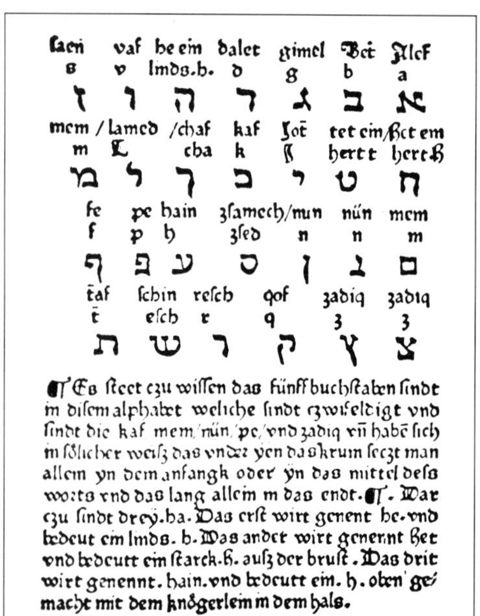

zaen vaf he ein dalet gimel Bet Alef
s v lmds.h. d g b a
ז ו ה ד ג ב א
mem / lamed /chaf kaf Jot tet ein/Het em
m L cha k J hert t hert H
מ ל ך כ י ט ח
fe pe hain zsamech/nun nün mem
f p h zsed n n m
ף פ ע ס ן נ ם
taf schin resch qof zadiq zadiq
t esch r q z z
ת ש ר ק ץ צ

¶ Es steet czu wissen das fünff buchstaben sindt im disem alphabet weliche sindt czwifeldigt vnd sindt die kaf mem/nün/pe/vnd zadiq vñ habẽ sich in sölicher weisz das vnder yen das krum seczt man allein yn dem anfangk oder yn das mittel desz worts vnd das lang allein in das endt. ¶. War czu sindt drey. ha. Das erst wirt genent he. vnd bedeut ein lmds. h. Was ander wirt genennt Het vnd bedeutt ein starck. H. ausz der brust. Das drit wirt genennt. hain. vnd bedeutt ein. h. oben ge/macht mit dem knögerlein in dem hals.

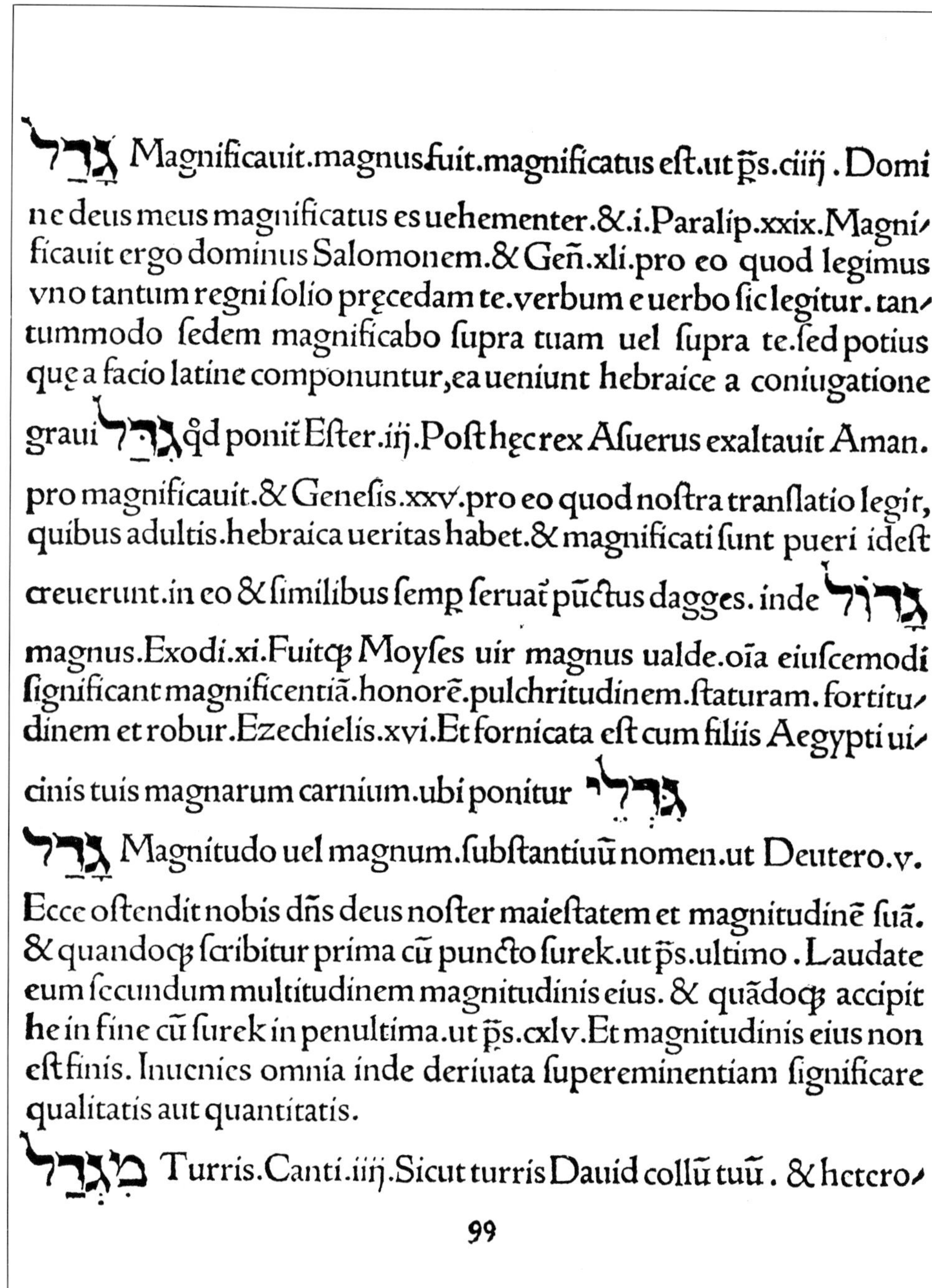

גדל Magnificauit.magnus fuit.magnificatus est.ut p̃s.ciiij. Domi ne deus meus magnificatus es uehementer.&.i.Paralip.xxix.Magni/ficauit ergo dominus Salomonem.& Geñ.xli.pro eo quod legimus vno tantum regni solio pręcedam te.verbum e uerbo sic legitur. tan/tummodo sedem magnificabo supra tuam uel supra te.sed potius quę a facio latine componuntur,ea ueniunt hebraice a coniugatione graui גדל q̃d ponit Ester.iij.Post hęc rex Asuerus exaltauit Aman. pro magnificauit.& Genesis.xxv.pro eo quod nostra translatio legit, quibus adultis.hebraica ueritas habet.& magnificati sunt pueri idest creuerunt.in eo & similibus semp seruat pũctus dagges. inde גדול magnus.Exodi.xi.Fuitq; Moyses uir magnus ualde.oĩa eiuscemodi significant magnificentiã.honorẽ.pulchritudinem.staturam. fortitu/dinem et robur.Ezechielis.xvi.Et fornicata est cum filiis Aegypti ui/cinis tuis magnarum carnium.ubi ponitur גדלי

גדל Magnitudo uel magnum.substantiuũ nomen.ut Deutero.v. Ecce ostendit nobis dñs deus noster maiestatem et magnitudinẽ suã. & quandoq; scribitur prima cũ puncto surek.ut p̃s.ultimo. Laudate eum secundum multitudinem magnitudinis eius. & quãdoq; accipit he in fine cũ surek in penultima.ut p̃s.cxlv.Et magnitudinis eius non est finis. Inuenies omnia inde deriuata supereminentiam significare qualitatis aut quantitatis.

מגדל Turris.Canti.iiij.Sicut turris Dauid collũ tuũ. & hetero/

99

À gauche : le premier alphabet hébraïque en caractères gothiques fut utilisé par l'apostat Petrus Nigri dans son livre Stern des Meschia (Étoile du Messie), 1477.

Ci-dessus : page de la grammaire hébraïque de Johannes Reuchlin, 1506. Réalisé avec l'aide d'érudits hébreux, l'ouvrage contribua à faire connaître la littérature hébraïque aux humanistes et réformateurs allemands.

Isaïe, représenté dans le costume d'un érudit juif du XVIe siècle. Gravure sur bois tirée de « Margarita philosophica », œuvre de Gregor Reisch, Strasbourg, 1508.

אבגד
ΑΛΦΑΒΗΤΟΝ
Alphabetum,
Ein A B C Büchlein/
Darauß man die vier Haupt-
Sprachen/als
Ebraisch/
Griechisch/
Lateinisch/
Deutsch &c.
Leicht buchstabieren vnd lesen lernen
kan/Allgemeiner Christlichen Jugend
zum besten angestellt.
Durch
Eliam Hutterum.
Mit Röm. Kay. Maj. Freyheit.
Gedruckt zu Nürnberg/durch Alexan-
der Dieterich.
Anno MDIIIC.

En bas à gauche : abécédaire pour la jeunesse chrétienne, Nuremberg, 1597.

Si les chrétiens respectèrent toujours l'Ancien Testament, œuvre de Dieu, ils ne cessèrent de s'attaquer au Talmud, sous prétexte que celui-ci renfermait des passages dans lesquels les érudits juifs condamnaient le christianisme. Ce reproche, lourd de conséquences, conduisit à des autodafés répétés du Talmud dans toute l'Europe (voir p. 68).

En 1505, Johannes Pfefferkorn, boucher juif de Cologne converti au christianisme et homme de paille des Dominicains, exigea dans des pamphlets virulents que le Talmud soit détruit dans tout le Saint Empire germanique. Cette haine du Talmud se retrouvait fréquemment chez des Juifs convertis qui cherchaient ainsi à prouver leur attachement à leur nouvelle croyance et leur rejet de l'ancienne.

Pfefferkorn finit par obtenir, par le biais de l'ordre des Dominicains, un mandat de l'empereur Maximilien l'autorisant à confisquer les livres des Juifs et notamment le Talmud, ce qu'il s'empressa de faire à Francfort-sur-le-Main ainsi que dans d'autres villes. Néanmoins, l'empereur, hésitant face aux protestations des Juifs de Francfort et de l'archevêque de Mayence, demanda l'expertise d'illustres érudits dont celle de l'humaniste Johannes Reuchlin (1455-1522).

Reuchlin avait étudié l'hébreu et lu le Talmud dans cette langue. Il publia une Bible en hébreu ainsi que des ouvrages sur la langue et la grammaire hébraïques. Dans son ouvrage : « Le Miroir des yeux » (Der Augenspiegel, 1511), il réfuta catégoriquement les allégations de Pfefferkorn et des Dominicains de la Faculté théologique de Cologne.

La dispute d'érudits qui s'ensuivit et fut portée à grand bruit jusque devant le pape évolua en un conflit fondamental entre le camp de l'Inquisition et des représentants de la scolastique médiévale et celui des adeptes des nouvelles sciences et doctrines humanistes. Le Concile du Latran qui se tint de 1512 à 1517 se prononça en faveur de Reuchlin.

Cela n'empêcha pas le pape Léon X de condamner le « Miroir des yeux » qu'il qualifia d'écrit hérétique. Cependant, la lutte pour un jugement équitable du Talmud se poursuivit en dépit de cette accusation. Dans leurs « Lettres à des obscurantistes » (Epistulae obscurorum virorum 1514/1515), Reuchlin et ses amis, dont l'humaniste Ulrich von Hutten, tournèrent publiquement en dérision l'hypocrisie et l'ignorance des Dominicains colonais et de leurs sectateurs.

On leva l'interdiction qui frappait le Talmud, sans pour autant mettre fin aux diffamations. En 1553 et 1554, le Talmud fut brûlé à Venise, à Rome et dans les États pontificaux sur ordre du pape Jules III.

L'humanisme et la controverse portant sur le Talmud avaient ravivé l'intérêt pour la littérature juive. Un grand nombre

À gauche : Johannes Reuchlin et Ulrich von Hutten (détail). Tiré de l'ouvrage Die war Historie von den vier Ketzern Predigerordens de Thomas Murner, Strasbourg, 1509.

Thalmut
Obiectiones in dicta Thal
mut seductoris Judeorum

À droite : première publication contre le Talmud contenant de nombreux passages falsifiés, Nuremberg, vers 1497.

Defensio

Beschyrmung Johannes Pfefferkorn
(den man nyt verbrant hat) zeygt menniglichen an. den
loblichen handell von ym geübt. zwyschen ym vnd wy
der Johan Reüchleyn/vnd der trülosen jüden züsambt
yren mithelffers. die wylche durch offenbaren smach bü/
cher. den aller vnflettigisten vnd vnfruchbarlichsten samē
in die welt aüß geworffen haben.

À droite : première version allemande du « Defensio » de Pfefferkorn, réponse à Reuchlin et ses partisans, 1516. L'image du haut montre le pape, l'empereur et leurs suites ; sur celle du bas, Pfefferkorn désigne Satan (Reuchlin) entouré des adeptes qu'il a subordonnés de force.

Doctor Johannsen Reuchlins
der K.M. als Ertzhertzogen zů Osterreich auch Chur
fürsten vnd fürsten gemainen bundtrichters im
Schwaben warhafftige entschuldigung
gegen vnd wider ains getaufften iuden
genant Pfefferkorn vormals ge
truckt vßgangen vnwarhaf
tigs schmachbüchlin

Augenspiegel

Am end diß büchlins findt man ain correctur etlicher wör/
ter so inn dem truck versehen sind im teutschen vnnd latin/bezaich
net durch die zal der bletter

Ci-contre : page de titre de la première édition du « Miroir de l'œil » dans lequel Johannes Reuchlin défend le Talmud et rétorque au « Judenfeind » (Ennemi des Juifs) de Pfefferkorn, Tübingen, 1511.

d'érudits chrétiens entreprirent d'étudier des textes juifs. On essaya même d'unifier des traditions kabbalistiques et des dogmes chrétiens. Le Juif converti Paulus Riccius, médecin de l'empereur Maximilien Ier, hébraïsant renommé et anobli avec le titre de baron von Sperzenstein, publia en 1516 à Augsburg « Les Portes de la Lumière » (Portae Lucis). Cette traduc-

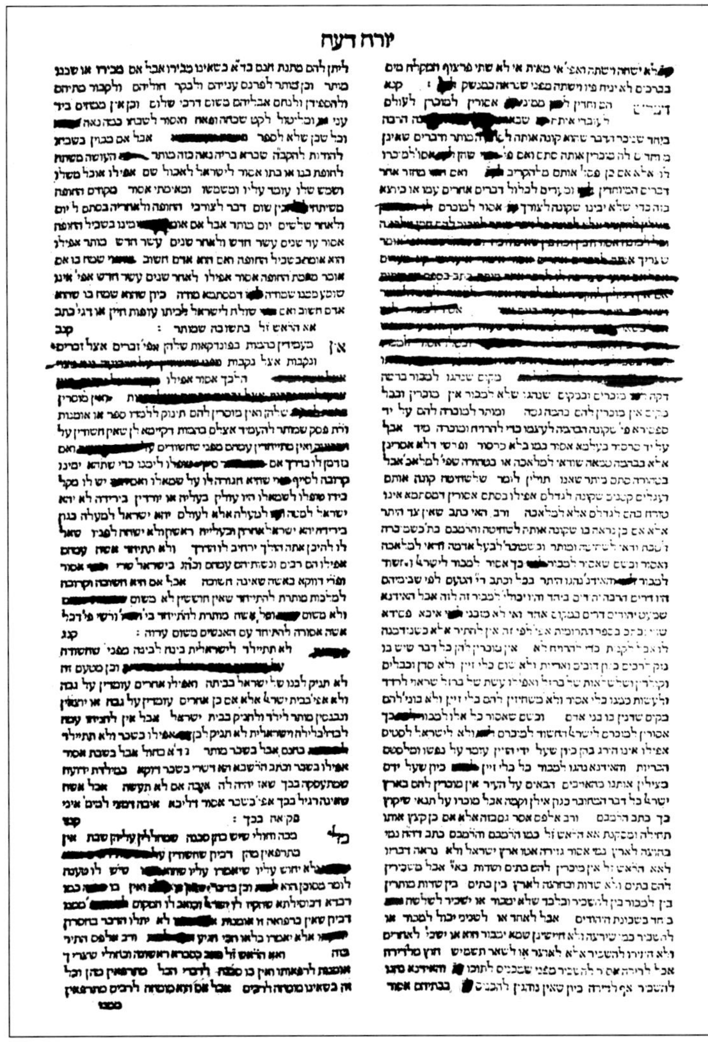

יורה דעה

[redacted]

Ci-dessus : « Epistolae obscurorum virorum », la célèbre Lettre aux Obscurantistes à l'adresse des Dominicains de Cologne, 1514/1515.

En haut à droite : commentaire censuré du Talmud. Page du « Arba Yoreh Deah » (Quatre passages) de Jacob ben Acher, imprimé par Soncino, 1516.

À droite : « Il voit la paille dans l'œil du voisin et ne voit pas la poutre dans le sien » (d'après l'Évangile). Gravure sur cuivre, XVIIe siècle.

tion latine de parties d'un ouvrage kabbalistique portant le même titre (Scha'arei Ora) influença d'autres érudits chrétiens. Riccius se référa à la Kabbale pour expliquer son cheminement vers l'apostasie. L'ouvrage « De arte cabbalistica » (1517) de Johannes Reuchlin devint l'œuvre de référence classique de la « Kabbale chrétienne ».

La kabbale chrétienne

La kabbale (du mot hébreu qabbalah signifiant tradition) est le nom d'un système théosophique juif, né aux XIe et XIIe siècles, dont l'ouvrage fondamental est le Zohar (Livre de la splendeur), publié en Espagne. La kabbale était la transmission orale secrète de ce système théosophique, depuis Adam, le premier homme aux patriarches et prophètes jusqu'à l'ère moderne.

Selon l'enseignement ésotérique de la kabbale, Dieu est infini, au-dessus et en dehors de Tout, même de l'Être et de la Pensée. Dieu est « En Sof », sans fin, insaisissable pour l'intellect. Mais pour se faire reconnaître, ce « En Sof », divinité dans son essence, doit révéler son activité créatrice. Il la manifeste à travers les dix émanations divines dont le monde est fait, appelées sefirot :

1. Couronne (la couronne suprême)
2. Sagesse
3. Intelligence
4. Grâce (l'amour, la grâce de l'amour)
5. Puissance et Justice
6. Beauté, Miséricorde
7. Éternité
8. Gloire
9. Fondement (du monde)
10. Royauté

Le « Zohar », texte fondamental de la kabbale, énonce entre autres : « Lorsque... le plus occulte prit une forme, il créa tout sous forme masculine et féminine puisque les choses ne peuvent se perpétuer sous aucune autre forme. C'est pourquoi Sagesse, la deuxième sefirah rayonnait... sous une forme masculine et féminine, car Sagesse se développa et Intelligence, la troisième sefirah, émana d'elle et c'est ainsi qu'on obtint le masculin et le féminin, à savoir Sagesse, le père et Intelligence, la mère. » Les autres paires de sefirot proviennent de l'union de Sagesse et Intelligence. Ces deux sefirot sont elles-mêmes des émanations de Couronne, la sefirah suprême, et forment avec celle-ci le triangle initial du système kabbalistique.

Les théories sur la symbolique des dix sefirot divergèrent considérablement. À la kabbale spéculative s'ajouta une kabbale pratique qui influença le sabbatianisme, le mouvement frankiste et le hassidisme. Pour tous les kabbalistes, le noyau essentiel est la relation de Dieu avec sa création, sans cesse animée de changements mystiques ; tous croient que les spéculations associée à une vie de piété ne suffisent pas pour approcher Dieu, mais qu'il faut rechercher la vérité dans des éléments secrets transmis dès l'origine de l'humanité.

Au contraire de la kabbale spéculative, la kabbale pratique intégra des éléments magiques tels que formules magiques, amulettes et autres superstitions qui se développèrent notamment dans les milieux populaires.

Ci-dessus : « Portae Lucis » (les portes de la lumière, œuvre du kabbaliste Joseph ben Abraham Gikatilla (1248-1305) fut traduite en latin par Paulus Riccius, médecin de l'empereur Maximilien, et imprimée à Augsbourg en 1516. La page de titre montre un homme tenant les dix sefirot dans la main.

Ci-contre : la « Cabbala denudata » (kabbale dévoilée) de Christian Knorr von Rosenroth, mystique et poète baroque, parut à Sulzbach en 1684. Rosenroth représenta la kabbale comme le soutien de la foi chrétienne.

Vers la fin du XVe siècle, un mouvement de théologiens et philosophes chrétiens se mit à associer des enseignements de la kabbale à des aspects de la théologie chrétienne dans le but de renforcer la mystique chrétienne. Ils trouvèrent une parenté entre la trinité formée des trois premières sefirot et la trinité du père, du fils et du Saint-Esprit sans toutefois prendre en compte les composants fondamentaux féminins des sphères de la kabbale.

Ce mouvement qui se basait sur des études sérieuses des textes originaux hébraïques avait son centre à l'académie platonicienne à Florence dont le chef spirituel était Pic de la Mirandole (1463-1494). Cet homme de génie affirmait que la magie et la kabbale renfermaient la preuve de la sainteté de Jésus. Si l'Église rejeta ses doctrines, celles-ci inspirèrent l'humaniste allemand Johannes Reuchlin, qui fut le premier gentil à publier deux ouvrages en latin sur la kabbale, après avoir longuement étudié les sources hébraïques : « la Parole magique » (De verbo mirifico) paru en 1494 et « la science de la Kabbale » (De arte cabbalistica) en 1517.

De larges cercles du monde des érudits chrétiens s'intéressèrent alors à la kabbale. Toutefois, des textes pseudo-scientifiques amenèrent souvent à confondre les idées kabbalistiques avec la numérologie ou les forces magiques.

Le philosophe protestant Jacob Böhmes (1575-1624) était proche par certaines de ses idées dans ses écrits théosophiques de divers aspects de la kabbale. Christian Knorr von Rosenroth (1636-1689), érudit chrétien et théosophe, fut le premier à présenter des textes originaux du Zohar et de la kabbale lurianique traduits en latin, dans son œuvre intitulée « Cabbala denudata » (la kabbale dévoilée). Isaac ben Salomon Luria (1534-1572) développa une idéologie kabbalistique nouvelle qui serait définitivement adoptée. L'expression « kabbale chrétienne » est due au Jésuite et historien Athanasius Kircher (1602-1680). Cette kabbale chrétienne exerça longtemps une influence ainsi qu'en témoigne par exemple un panneau unique en son genre dont la princesse Antonia de Wurtemberg fit don à l'église de Bad Teinach en Forêt-Noire : il représente les dix sefirot divines entourant le cortège de mariage de Sulamite, l'épousée du Cantique des Cantiques. L'illustre philosophe Gershom Scholem (1897-1982) décela des traces de la kabbale chrétienne dans les œuvres de Hegel et Schelling.

Panneau kabbalistique dans l'église de Bad Teinach (Forêt-Noire). Cette représentation visuelle de la kabbale chrétienne fut réalisée en 1663 pour la princesse Antonia de Wurtemberg.

Martin Luther – défenseur puis ennemi des Juifs

À gauche : Martin Luther lit un livre en hébreu. Peinture de Lucas Cranach le Jeune, 1560.

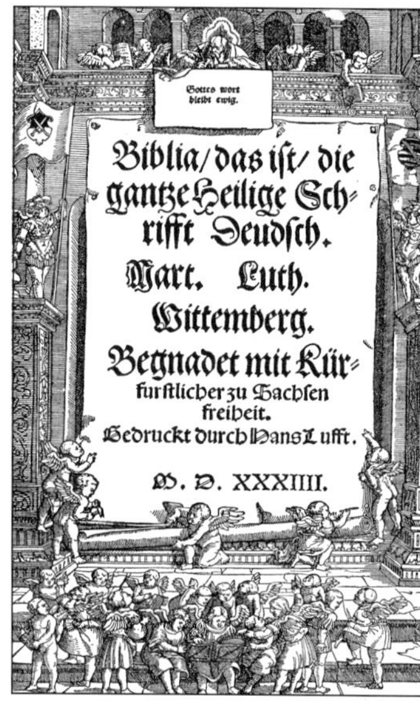

À droite : page de titre de la première édition complète de la Bible de Luther, 1534.

À gauche : « De ce que Jésus est né juif », 1523. Frontispice du texte pro-juif de Luther.

À droite : « Les Juifs et leurs mensonges », 1543. Frontispice du texte anti-juif de Luther.

Des raisons théologiques incitèrent Luther à prendre d'abord position pour Reuchlin et les humanistes dans leur lutte contre le dogmatisme moyenâgeux de l'Église et la campagne de persécution des Juifs initiée par Pfefferkorn. Son combat contre la papauté éveilla chez les Juifs l'espoir que leur croyance serait enfin acceptée et qu'ils seraient traités avec humanité selon les principes chrétiens de Luther. Or, l'attitude de Luther ne reposait en fait que sur sa volonté de convertir les Juifs à la foi chrétienne.

Au départ, il rendit les persécutions cruelles de l'Église catholique responsables du nombre infime de conversions à la foi chrétienne chez les Juifs. Selon lui, les rares Juifs convertis n'avaient abandonné leur religion que pour se protéger ainsi que leurs familles des exactions, des tortures et de la mort. Luther espérait devenir le grand convertisseur des Juifs, plus encore de tout le judaïsme. C'est dans cet esprit qu'il rédigea en 1523 son texte « De ce que Jésus est né juif. » Les Juifs étaient des frères qu'il s'agissait d'amener à Jésus. Il réfuta les accusations de meurtres et de profanations d'hosties qu'il avait déjà entendues dans sa jeunesse et qui avaient conduit à d'innombrables exactions telles que tortures, autodafés et expulsions : « ... nous ne faisons que les traquer et les diffamer injustement... nous les rendons coupables de ne pas avoir de sang chrétien... et autres aberrations... Si nous voulons les aider, il faut pratiquer envers eux non la loi du pape, mais celle de l'amour chrétien, les accueillir amicalement, les laisser briguer un emploi et travailler avec nous afin qu'ils puissent se mêler à nous, entendre notre enseignement chrétien et voir notre vie chrétienne. »

C'était un ton nouveau dans le christianisme qui aurait pu conduire à une normalisation de la vie commune entre Juifs et chrétiens. Mais Luther exigeait en échange un prix élevé des Juifs : le reniement de leur religion. Ils associèrent en conséquence cet amour du prochain que professait Luther à une tentative de corruption religieuse qui serait gratifiée par des traitements humains. Luther sous-estimait la force de la foi des Juifs qui les soutenait sous la torture et face à la mort, leur interdisant de trahir Dieu, le Seul et l'Unique. Il sous-estima également la résistance des Juifs à la misère matérielle que la plupart d'entre eux enduraient depuis les débuts de la chrétienté. Les persécutions ne généraient chez les victimes qu'un mépris profond envers les oppresseurs armés, leur religion qui autorisait à tuer et les prêtres instigateurs sinon meneurs des mouvements meurtriers.

La déception que Luther éprouva devant l'échec de sa mission se transforma en un rejet implacable des Juifs. Il clama que les Juifs devaient être poursuivis jusque dans la mort à l'instar des « bandes de paysans séditieux ». Cette haine éclate notamment dans son texte : « Les Juifs et leurs mensonges » publié en 1542 : « Qu'allons-nous faire, chrétiens, de ce peuple juif maudit et réprouvé ?... Nous n'avons pas le droit de nous venger. Je veux être de bon conseil. Premièrement, que l'on incendie leurs synagogues et leurs écoles... Ensuite, que l'on détruise leurs

Hans Burgkmair (1473-1531) : « Les trois bons Juifs » (Josué, le roi David, Juda Maccabée) et « les trois bonnes Juives » (Esther, Judith, Jaël).

maisons de la même manière... » Luther exige également que les autorités confisquent les livres de prières et le Talmud, interdisent aux rabbins d'enseigner sous peine de mort et poursuit : « Je n'ai pas l'intention d'entrer en dispute avec les Juifs... Je songe encore moins à vouloir les convertir car cela est impossible... L'éducation qu'ils ont reçue depuis leur enfance ne laisse aucun espoir de conversion jusqu'à ce que leur misère rompe leur résistance et les oblige à reconnaître que le Messie est venu et qu'il est notre Jésus. »

La désillusion de Luther fut d'autant plus forte que des érudits humanistes dont certains étaient ses propres adeptes se mirent à suivre des tendances judaïsantes après avoir lu sa traduction de la Bible et des traductions du Talmud. Luther paradoxalement les y invita lui-même par ses explosions de haine si contraires à ses discours sur l'amour du prochain.

Luther était devenu un ennemi mortel des Juifs. En dépit de sa profession de foi « Nous n'avons pas le droit de nous venger », il affirmait qu'il fallait détruire ces Juifs qui refusaient d'être ses frères chrétiens. Il appela également les chevaliers pillards et autres bandits de grands chemins à soutenir sa cause et à agresser les Juifs qui erraient sur les routes. Il ne cessa d'enjoindre aux souverains de les chasser de leurs territoires comme en témoigne un sermon prononcé le 15 juillet 1546, seulement trois jours avant sa mort, à Eisleben, sa ville natale.

Johann Friedrich « Le Généreux », prince-électeur de Saxe, fut le premier souverain évangéliste à expulser les Juifs de Saxe sur les incitations de Luther. En 1543, il leur refusa même le droit de passage dans son pays et renouvela le décret qui énonçait que : « Aucun Juif ni Juive n'est autorisé à vivre, commercer, travailler, voyager dans le pays ou même le traverser. » Luther s'acharna contre les Juifs jusqu'à sa mort avec la même fureur qu'il avait mis à combattre le soulèvement des paysans en 1525 : « Qu'on les poignarde, qu'on les étrangle, qu'on les abatte... » Néanmoins, sa haine des Juifs semble avoir éveillé aussi peu de résonance dans le peuple que chez les humanistes. On savait que les Juifs errants, expulsés de partout, enduraient la même misère que les paysans errants chrétiens chassés de leurs masures.

La Bible de Luther permit à la population chrétienne de découvrir l'histoire et la religion juives qui lui était fermées jusqu'alors et restaient donc sources de crainte et de méfiance. Luther croyait à la véracité de « l'Ancien Testament » en dépit de ses lacunes en hébreu. Aussi, de nombreux chrétiens se sentirent-ils plus proches des Juifs après la lecture de la Bible de Luther. La conviction luthérienne selon laquelle l'homme chrétien devait être libre, tout comme les idées du courant humaniste influencèrent la société dans son ensemble. Les Juifs osèrent désormais revendiquer le droit à la vie sans avoir à craindre la torture ou la mort. L'un d'eux fut Josel von Rosheim, célèbre contemporain de Luther.

« La truie juive » dans l'église de Wittenberg. Gravure sur bois anonyme du XVIe siècle.

Josel von Rosheim, « Commandant du peuple juif »

À gauche : le thaler des trois empereurs. De gauche à droite : Maximilien Ier, Charles Quint et Ferdinand Ier.

À droite : Josel von Rosheim, commandant des Juifs de l'Empire. Gravure tirée d'un pamphlet satirique de l'époque.

L'empereur Frédéric III fut un des rares souverains qui se préoccupa de la protection des Juifs. Il ne le fit peut-être que pour des raisons d'ordre économique, mais leur conserva leurs droits impériaux dans les territoires de l'Empire.

Son fils et successeur, l'empereur Maximilien Ier qui régna de 1493 à 1519, pratiqua une politique ambivalente à l'égard des Juifs. S'il les fit chasser de Nuremberg ainsi que de Styrie et de Corinthie, il leur permit, moyennant de fortes sommes, de s'installer dans la province du Burgenland. De la même manière, il soumit le Talmud au jugement d'érudits après avoir d'abord autorisé sa confiscation, réclamée par Pfefferkorn et les Dominicains (voir p. 77).

C'est durant les dernières années de son règne et celui de Charles Quint (1519-1556) que Josel von Rosheim (vers 1478-1554) entreprit l'œuvre qui devait avoir de longues répercussions dans la population juive. Financier de profession, il devint dirigeant de la communauté juive d'Alsace avant d'assumer la direction de l'ensemble des Juifs du Saint Empire germanique. Personnage de grande autorité et auréolé du prestige que lui conférait sa fonction de porte-parole du judaïsme, reconnue par l'empereur, il s'opposa aux persécuteurs et écarta le malheur de bien des endroits.

Document datant de 1551 : accord entre Josel von Rosheim et le duc Albert.

L'empereur Charles Quint tenait Josel von Rosheim en haute estime. Lors de son couronnement à Aix-la-Chapelle en 1519, il lui accorda une charte de protection pour tous les Juifs des territoires allemands, en échange naturellement de contributions élevées destinées à financer ses campagnes.

En 1530, alors que la Diète d'Empire se tenait à Augsbourg, Josel von Rosheim rassembla dans cette ville les chefs des communautés juives de tout l'Empire aux fins d'élaborer un « Ordre honorable » qui serait reconnu par l'empereur et valable pour l'ensemble de la population juive des villes, bourgs et villages. L'un des règlements concernait par exemple les relations d'affaires entre Juifs et chrétiens. Les communes et leurs dirigeants devaient faire observer ces décrets sous peine de sanction sévères. En outre, von Rosheim avait le droit et l'autorité de conclure des pactes pour la communauté juive allemande et d'agréer des résolutions de la Diète d'Empire.

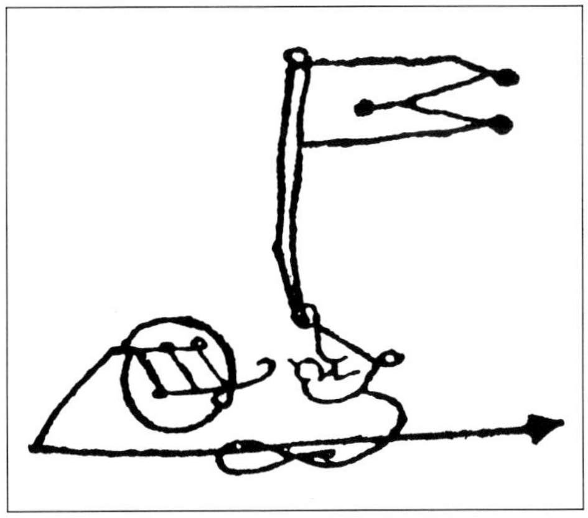

Marque en forme de drapeau de Salomon Molcho (vers 1500-1532), kabbaliste et fanatique qui se prenait pour un prédécesseur du messie. Il gagna le pape Clément VII à partager sa vision d'une conquête de la Palestine. En dépit de l'avertissement de Josel von Rosheim, il se rendit à la diète d'Empire de Ratisbonne, fut reçu en audience par Charles Quint, mais remis à l'inquisition italienne qui le condamna au bûcher en 1532.

Josel von Rosheim entretint des relations privilégiées avec Charles Quint durant le règne de ce dernier. Il défendit le judaïsme contre les attaques de Martin Luther, contre le prince-électeur Johann Friedrich de Saxe et contre le réformateur Martin Butzer dont les agissements mettaient les Juifs de Hesse en danger. À Würzburg, il parvint à convaincre les juges de l'absurdité d'une accusation de meurtre rituel qui aurait pu aboutir à un nouveau massacre. Une charte de protection impériale de 1548 énonce que : « Josel, Juif de Rosenheim, notre commandant de la juiverie du Saint Empire germanique s'est plaint à nous qu'en dépit de leurs libertés, privilèges, protections et escortes, les Juifs... sont maltraités dans leur chair et leurs biens, assassinés sur les routes de notre Empire et dans nombre de villes, bourgs et villages, dépossédés et chassés de leurs demeures ; leurs synagogues et écoles leurs sont interdites et détruites tandis que les taxes de douane et d'escorte sont de plus en plus lourdes à supporter... »

Écrit six ans après les incitations de Luther à persécuter les Juifs, ce document impérial éclaire également la situation sociale de la majorité d'entre eux. Beaucoup subsistaient comme fripiers, colporteurs ou mendiants. L'empereur ordonne dans cette charte que « pour éviter notre disgrâce et de lourdes peines... vous laissiez nos Juifs se déplacer sur les routes et faire du commerce en toute sécurité. »

De telles paroles prononcées par un empereur aussi puissant ne manquaient pas de poids. Josel von Rosheim s'opposa avec succès à l'« accusation du sang » proférée dans diverses régions de l'Empire et parvint à faire interdire la publication d'un pamphlet anti-juif de Luther à Strasbourg. Il intercéda auprès des princes, des conseils des villes et de la Diète d'Empire et obtint souvent gain de cause contre les accusations des catholiques, des protestants, des apostats et des corporations qui combattaient la concurrence juive. Après avoir œuvré pendant des dizaines d'années, il finit par obtenir en 1548 une meilleure position juridique pour la communauté : arguant du fait que Charles Quint se voulait le successeur légitime de César, il présenta à la Cour de justice la preuve que les Juifs possédaient les droits civiques en leur qualité de *cives romani* (citoyens romains). Josel von Rosheim tenta également d'ouvrir le débat avec Luther, mais le réformateur se refusa à toute discussion.

Décret de l'empereur Charles Quint pour la population juive de Ratisbonne, 1541. L'empereur confirme que les Juifs ont le droit de faire du commerce et se rendre dans les villes et les bourgs sans avoir à subir de contraintes ou persécutions.

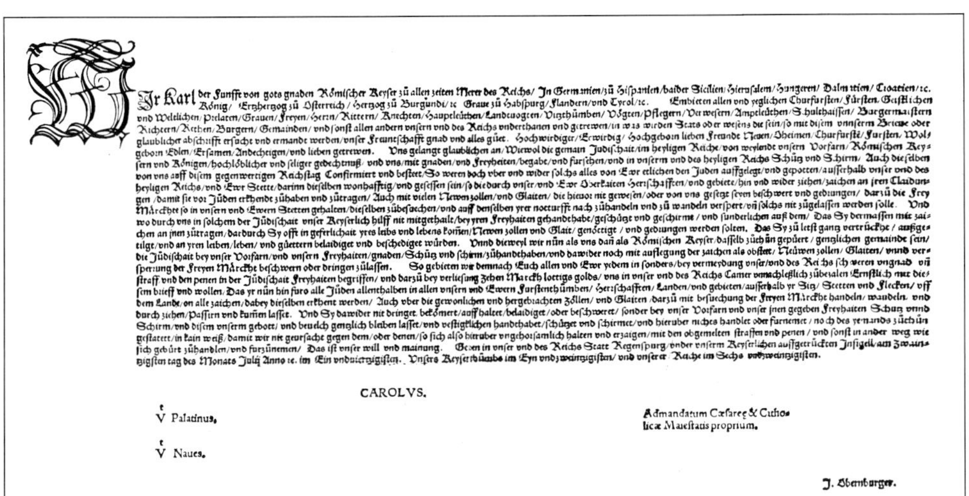

WIr Karl der Fünfft von gots gnaden Römischer Keyser zü allen zeiten Merer des Reichs/ In Germanien/ zü Hispanien/ baider Sicilien/ Hierusalem/ Hungeren/ Dalmatien/ Croatien/ etc. König/ Ertzhertzog zü Osterreich/ Hertzog zü Burgundi/ etc. Graue zü Habspurg/ Flandern/ vnd Tyrol/ etc. Embieten allen vnd yeglichen Churfürsten/ Fürsten/ Geistlichen vnd Weltlichen/ Prelaten/ Grauen/ Freyen/ Herrn/ Rittern/ Knechten/ Haupteleüthen/ Landtuogten/ Vitzthümben/ Vögten/ Pflegern/ Verwesern/ Ampteleüthen/ Schulthaissen/ Burgermaistern/ Richtern/ Rethen/ Burgern/ Gemainden/ vnd sonst allen andern vnsern vnd des Reichs vnderthanen vnd getrewen/ in was wirden Stats oder wesens die sein/ so mit disem vnnserm Brieue oder glaublicher abschrifft ersücht vnd ermandt werden/ vnser Freuntschafft gnad vnd alles güet. Hochwirdiger/ Erwirdig/ Hochgeborn lieben Freunde Neuen/ Oheimen/ Churfürste/ Fürsten/ Wolgeborn Edlen/ Ersamen/ Andechtigen/ vnd lieben getrewen. Vns gelangt glaublichen an/ Wiewol die gemain Jüdischait/ im heyligen Reiche/ von weylendt vnsern Vorfarn/ Römischen Keysern vnd Königen/ hochlöblicher vnd seliger gedechtnuß/ vnd vns/ mit gnaden/ vnd Freyheiten/ begabe/ vnd fursehen/ vnd in vnserm vnd des heyligen Reichs Schütz vnd Schirm/ Auch dieselben von vns auff disem gegenwertigen Reichstag Confirmiert vnd bestett/ So weren doch vber vnd wider solchs alles von Ewr etlichen den Juden auffgelegt/ vnd gepotten/ ausserhalb vnser vnd des heyligen Reichs/ vnd Ewr Stette/ darinn dieselben wonhafftig/ vnd gesessen sein/ so die durch vnser/ vnd Ewr Oberkaiten Herschafften/ vnd gebiete/ hin vnd wider ziehen/ zaichen an iren Claidungen/ damit sie vor Jüden erkhendt zühaben vnd zütragen/ Auch mit vielen Newen zollen/ vnd Glaiten/ die hieuor nit gewesen/ oder von vns gesetzt seyen beschwert vnd gedrungen/ darzü die Freyen Märckhet so in vnsern vnd Ewern Stetten gehalten/ dieselben zübesüchen/ vnd auff denselben yrer notturfft nach zühandeln vnd zü wandeln verspert/ vnd solchs nit zügelassen werden solle. Vnd wo durch vns in solchem der Jüdischait vnser Keyserlich hilff nit mitgethailt/ bey yren Freyhaiten gehandthabt/ geschützt vnd geschirmt/ vnd sunderlichen auß dem/ Das Sy dermassen mit zaichen an jnen zütragen/ dardurch Sy offt in geferlichait yres leibs vnd lebens komen/ Newen zollen vnd Glait/ genöttigt/ vnd gedrungen werden solten. Das Sy zü letst gantz vertrückht/ außgetilgt/ vnd an yren leiben/ leben/ vnd güettern belaidiget vnd beschediget würden. Vnnd dieweyl wir nün als vns dan als Römischen Keyser/ dasselb züthün gepüert/ genzlichen gemainde sein/ die Jüdischait bey vnser Vorfarn/ vnd vnsern Freyhaiten/ gnaden/ Schütz vnd schirm/ zühandthaben/ vnd dawider noch mit aufflegung der zaichen als obsteet/ Neüwen zollen/ Glaiten/ vnnd versperrung der Freyen Märckhe beschwern oder dringen zülassen. So gebieten wir demnach Euch allen vnd Ewr yedem in sonders/ bey vermeydung vnser/ vnd des Reichs schweren vngnad vnd straff/ vnd den penen in der Jüdischait Freyhaiten begriffen/ vnd darzü bey verliesung zehen Marckh lottigs golds/ vns in vnser vnd des Reichs Camer vnnachleßlich zübezalen Ernstlich mit disem brieff vnd wollen/ Das yr nün hin füro alle Jüden allenthalben in allen vnsern vnd Ewern Fürstenthümben/ Herschafften/ Landen/ vnd gebieten/ ausserhalb yr Sitz/ Stetten vnd Flecken/ vff dem Lande/ on alle zaichen/ dabey dieselben erkhent werden/ Auch vber die gewonlichen vnd hergebrachten Zöllen/ vnd Glaiten/ darzü mit besüechung der Freyen Märckht handeln/ wandeln/ vnd durch ziehen/ Passirn vnd kumen lasset. Vnd Sy dawider nit dringet/ bekömert/ auffhaltet/ belaidiget/ oder beschweret/ sonder bey vnser Vorfarn vnd vnser jnen gegeben Freyhaiten Schutz vnnd Schirm/ vnd disem vnserm gebott/ vnd beuelch genzlich bleiben lasset/ vnd vestigklichen handthabet/ schützet vnd schirmet/ vnd hierüber nichts handlet oder furnemet/ noch des yemands züthün gestattet/ in kain weiß/ damit wir nit geursacht gegen dem/ oder denen/ so sich also hieruber vngehorsamlich halten vnd erzaigen/ mit den obgemelten straffen vnd penen/ vnd sonst in ander weg wie sich gebürt zühandlen/ vnd fürzünemen/ Das ist vnser will vnd mainung. Geben in vnser vnd des Reichs Statt Regenspurg/ vnder vnserm Keyserlichen auffgetrückten Insigell/ am Zwaintzigsten tag des Monats Julij Anno etc. im Ein vnd viertzigisten/ Vnsers Keysertumbs im Eyn vnd zwaintzigisten/ vnd vnserer Reiche im Sechs vnd zwaintzigisten.

CAROLVS.

V Palatinus.

V Naues.

Ad mandatum Cæsareæ & Catholicæ Maiestatis proprium.

J. Obernburger.

La vie active dans un environnement chrétien

Ci-dessus : la vie économique dans la société chrétienne allemande au XVIe siècle. Détail d'une gravure sur bois de Jost Amman (1539-1591).

À droite : au marché de Nuremberg, XVIIe siècle. À droite, deux colporteurs juifs et un jeune garçon.

À gauche : marchands d'étoffes juifs, XVIIe siècle. Gravure sur cuivre d'après un dessin de Georg Strauch.

Les richesses qui affluèrent en Europe après la découverte des Amériques augmentèrent le désir de posséder de l'or et de l'argent, ce qui entraîna un essor de la navigation marchande et du commerce chrétiens dont les Juifs étaient exclus. Les princes laïcs et ecclésiastiques finançaient désormais leur luxe avec l'or et l'argent. Leur quête de pouvoir fit éclater l'ancien ordre économique et ce, également dans les campagnes.

Les domaines de l'Église et la dîme qui était payée en produits naturels ne jouèrent plus qu'un rôle secondaire. L'Église fit un pas décisif lorsqu'elle ajouta des rentrées d'argent au prélèvement de la dîme : elle se mit à vendre des privilèges, des fonctions et des prébendes – des barrettes de cardinal aux abbayes – contre des espèces sonnantes. La rémission des péchés contre de l'argent – les indulgences – fut une des plus grandes entreprises financières de ce temps. Ce nouvel ordre économique eut pour effet d'accentuer la pression financière sur les paysans et les artisans.

Ci-dessus : « Scène de village », de Hans Sebald Beham (1500-1550). À droite : « la tour des dettes » ; un Juif libère un débiteur juif des fers.

Ci-dessous : « Musiciens ambulants juifs » (kleizmorim), vers 1560, par Hans Bol.

Martin Luther et ses partisans se plaignaient amèrement de la passion pour le luxe et l'argent de l'Église aux dépens de l'homme du commun. Lorsqu'ils étaient endettés ou voulaient acheter une indulgence pour le salut de leur âme, les artisans et les paysans empruntaient de l'argent, notamment auprès des prêteurs à intérêts, des trafiquants d'argent et des boutiquiers juifs. Grâce aux intérêts qu'ils recevaient, certains d'entre-eux acquirent une certaine prospérité – en comparaison avec l'ensemble de la population, mais non pas avec les grands marchants chrétiens.

Au tournant du XVIe siècle, les Juifs furent de nouveau chassés de nombreuses régions et de la plupart des villes d'Empire lorsque les financiers et commerçants chrétiens gagnèrent en puissance en raison du nouveau développement économique. Les Fugger, Welser, Imhof, Hochstädter et autres grands négociants d'Augsbourg et Nuremberg avaient amassé des fortunes immenses en peu de temps et prêtaient de l'argent à l'empereur, aux princes et aux

« Le juriste et son livre/Le juif et sa requête/La femme et son jupon/Les trois ustensiles qui rendent le monde fou. » Gravure sur bois de Hans Wandereisen, 1520.

Des Juifs et des chrétiens échangent des pièces à haute teneur d'argent contre de nouvelles pièces à teneur inférieure. L'empereur Ferdinand II envoyait ses changeurs de pièces dans toute l'Europe. Gravure sur bois, XVIIe siècle.

villes qui leur versaient des intérêts ou des parts de bénéfices. À l'instar des Templiers et des Lombards, les puissants marchands allemands contournèrent ou ignorèrent tout simplement l'interdiction de l'Église en matière d'intérêts dès lors qu'ils eurent écarté les Juifs des affaires d'argent et obtenu leur expulsion grâce à leur influence politique. Une chronique de Lübeck datée de 1499 rapporte que tous les prêteurs à gages ou à intérêts étaient chrétiens puisqu'il n'y avait plus aucun Juif dans la ville.

Appauvris par les pillages, les expulsions et les impôts supplémentaires, les Juifs ne vivaient plus que de prêts sur gages aux paysans et artisans et du colportage dans les villages et aux abords des marchés. Ceux qui faisaient du commerce dans les villes étaient en butte à la jalousie de leurs concurrents chrétiens et fréquemment expulsés. « Si l'on peut parler d'un programme économique antisémite à la fin du Moyen Âge, il consistait à confiner les Juifs dans les activités les plus basses et les plus discréditées. C'est le programme que les moines mendiants avaient conçu au XIIIe siècle et qui fut repris plus tard par les réformateurs allemands [Luther et ses partisans] », écrit Fritz Jizchak Baer, historien du judaïsme médiéval dans son livre « Galut » paru en 1934.

Le métier de prêteur à intérêt imposé aux Juifs leur valut la réputation d'usuriers et de receleurs notamment auprès des classes sociales les plus démunies. Durant les troubles de la Réforme, la guerre des Paysans et plus tard la guerre de Trente Ans, les bandits de grands chemins de même que les serfs et les paysans s'emparèrent de butins qu'ils troquaient contre des espèces sonnantes, plus faciles à transporter, auprès des prêteurs à gages, des boutiquiers et des trafiquants d'argent juifs. Il est intéressant de noter que les valets de ferme et les paysans qui entretenaient des contacts étroits avec leurs partenaires juifs étaient rarement hostiles à la population juive. « Les paysans appréciaient beaucoup les Juifs et ne leur faisaient jamais subir la moindre humiliation », peut-on lire dans un texte en hébreu relatant la défense de Francfort par les troupes de Charles Quint en 1552.

Isachar Baer Teller, médecin de Prague. Gravure sur bois, vers 1637.

Néanmoins, sous l'influence du clergé, la croyance populaire associa la figure légendaire de Judas, l'apôtre qui trahit Jésus, à celle de l'usurier juif, âpre au gain, assoiffé d'argent et de pouvoir. Ce stéréotype s'imposa en dépit de maints écrits de l'époque qui accusaient les usuriers chrétiens de réclamer des intérêts souvent bien plus élevés que ceux des Juifs. Il fait partie des fondements de l'antisémitisme international.

Quant aux Juifs, ils observaient l'« Ordre et le statut honorables » que Josel von Rosheim avait fait adopter durant la réunion d'Augsbourg en 1530, respectant notamment les taux d'intérêts imposés par les autorités chrétiennes afin d'éviter des peines sévères.

La première prescription du Statut d'Augsbourg énonce : « Quand un Juif vend des marchandises à crédit à un chrétien, il n'a pas le droit de pratiquer l'usure ou de réclamer un prix plus élevé, même s'il lui faut attendre une année avant d'être remboursé. » Dans la deuxième prescription, on peut lire : « Quand un Juif prête une somme plus ou moins importante d'argent, il a le droit de demander les intérêts modérés autorisés par les privilèges impériaux. Mais il doit se garder, sous peine de lourdes sanctions, d'ajouter les intérêts de chaque trimestre ou semestre à la somme principale, ce qui enlèverait au pauvre homme tout moyen de subsistance. »

S'il s'avérait facile d'emprunter de l'argent aux Juifs, le rendre avec des intérêts était bien plus difficile, sinon impossible dans les années de mauvaises récoltes. Les obligations s'amoncelaient alors chez les prêteurs juifs et les paysans se retrouvaient dans des situations sans issue face au « Juif », à « l'usurier juif », au « Judas ». Les expulsions, pillages ou meurtres des Juifs effaçaient les endettements. Et la tentation de recourir à ces méthodes était d'autant plus grande que les prêteurs ne bénéficiaient pas de protection. Le roi Venceslas IV, d'autres princes puissants et quelques villes avaient donné l'exemple dans les siècles précédents.

Outre le commerce de l'argent et la friperie, les rares métiers que pouvaient exercer les Juifs étaient ceux de colporteurs sur les foires, de guérisseurs ou médecins et de musiciens ambulants appelés « kleizmer » (nom yiddish dérivé de l'hébreu *keli zèmer* – instruments de musique).

Jusqu'au XVIe siècle, les médecins juifs, hommes et femmes, pratiquaient en nombre dans les cours impériales et princières, dans les cloîtres et dans les villes. Peu de temps avant l'expulsion des Juifs de Ratisbonne, les médecins chrétiens de la ville se plaignirent que la majorité de la population allait se faire soigner chez des Juifs. La chirurgie notamment, que beaucoup de médecins chrétiens qualifièrent de charlatanerie jusqu'au XVIIIe siècle, était un domaine juif, en temps de paix comme en temps de guerre. Cependant, l'hostilité de l'Église et du corps médical chrétien décima le nombre des médecins juifs en Allemagne. En Espagne par contre, les marranes, Juifs convertis de force qui revinrent ultérieurement au judaïsme, produisirent des médecins célèbres. L'un d'eux fut Immanuel Rosales, élevé au titre de comte d'Empire par l'empereur Ferdinand III en 1647. D'autres médecins juifs payèrent le prix exigé par l'Église et se firent baptiser afin de poursuivre l'exercice de leur profession. Or, si beaucoup s'affirmaient chrétiens au vu de la société, ils restaient Juifs de cœur.

Le ghetto de Francfort-sur-le-Main

À la suite du Concile du Latran de 1215 et du Concile de Bâle (1431-1449), un décret de l'empereur Frédéric III ordonna l'expulsion des tous les Juifs du quartier de la cathédrale de Francfort. Les patriciens de la ville qui constituaient les deux tiers du conseil municipal entretenaient pour la plupart de bonnes relations avec les Juifs et refusèrent d'abord de les chasser de leurs demeures. Après une longue période d'indécision et malgré la résistance des Juifs qui exerçaient une certaine influence dans la ville libre d'Empire, les autorités municipales finirent par se plier à l'ordre impérial en 1462.

On créa une rue longue de 300 mètres en construisant un second mur face à l'enceinte de la ville. Cette ruelle, surnommée la « Nouvelle Égypte » par les Juifs, avait trois portes qui ne restaient ouvertes que pendant la journée.

La communauté juive en entier vécut dans cet espace jusqu'à l'arrivée des troupes de Napoléon. Prêteurs à gages, marchands d'art, boutiquiers, colporteurs, marchands de bestiaux, banquiers, érudits, bouchers, boulangers, tailleurs, cordonniers, adultes et enfants, malades et vieillards, tous vivaient ici. Les familles pauvres et les riches, les Baruch et les Rothschild, les Stern et les Schönberg formaient un petit univers dans deux rangées de maisons qui se dressaient vis-à-vis.

Une vie communautaire aussi intense qu'ordonnée se développa dans l'enchevêtrement des hautes maisons étroites aux logements entassés les uns sur les autres. La communauté, petite mais prospère, abritait une école, une maison des fêtes (« la maison de danse juive »), deux auberges, l'une pour les visiteurs, l'autre pour les étudiants, une boulangerie, un hôpital, un bain public et une synagogue. Très renommée dès le XVIe siècle grâce à ses érudits, elle prit la succession des établissements juifs qui s'étaient épanouis dans la région rhénane au Moyen Âge.

Der Juden zu Franckfurt Stättigkeit vñ Ordnung/
Wie dieselbe so wol von Vhralten Jahren hero/ als hernacher biß auff das Jahr 1613. gefunden worden.

« Der Juden Stättigkeit », décrets des autorités publiques et rapports, Francfort, 1614.

La « Judengasse » devint le cœur de la vie juive en Allemagne, de même que le lieu de rencontre des parnas (dirigeants de communautés juives) de l'Empire germanique. C'est ainsi que durant la foire d'automne de 1603, des rabbins se rassemblèrent aux fins de créer une association des Juifs du Sud et de l'Ouest de l'Allemagne, mais ce projet d'unification échoua en raison du particularisme de certaines communautés.

En haut à gauche : couple juif de Francfort vers 1700. Gravure sur cuivre de C. Weigel, Nuremberg, 1703.

Plan de la ville avec la rue aux Juifs. Gravure sur cuivre de Merian, 1624. La vue aérienne montre les 193 maisons de la rue qui s'étendait sur environ 300 mètres. La synagogue et la maison communale occupent un espace plus vaste.

Néanmoins, la réunion rabbinique donna naissance à des résolutions importantes telles que : « Aucun rabbin ne peut en Allemagne conférer l'ordination à un rabbin sans l'approbation de trois dirigeants d'écoles rabbiniques allemandes...

Nos communautés et établissements subissent maints malheurs à cause de délinquants juifs qui foulent la vérité aux pieds et trafiquent avec des pièces de monnaie neuves, sans valeur ou de moindre qualité qu'ils font passer pour de véritables pièces... À compter d'aujourd'hui, les fourbes exerçant de telles pratiques seront mis au ban... Cela doit avoir force de loi dans chaque région et pays...

Quiconque fait un emprunt auprès de non-Juifs ou ne paie pas ce qu'il a acheté à un non-Juif subira la sanction du ban. Aucun Juif ne fera d'affaires avec lui. S'il se retrouve en prison à cause de ses activités, aucun Juif ne doit l'aider financièrement ou intervenir en sa faveur... »

De nombreux receleurs juifs, mis au ban par leurs communautés, rejoignirent alors des bandes de voleurs et brigands non-juifs.

En 1463, 110 personnes vivaient dans la rue des Juifs. Leur nombre s'élevait à 250 en 1520, à 1200 en 1580 et passa à 2270 en 1610. Cela représentait une surface d'un mètre carré par personne. Les gens vivaient et travaillaient en utilisant chaque coin et recoin. Qu'une vie culturelle aussi florissante ait pu se développer dans cet entassement s'explique par une discipline exemplaire, autant individuelle que communautaire.

Il était interdit aux Juifs d'acquérir du terrain à la campagne ou en ville. Ils n'avaient pas le droit d'exercer un métier artisanal ni de faire le commerce des fruits, des armes et de la soie en dehors du ghetto. Il leur était également interdit de quitter la rue après dix heures du soir, durant les jours fériés chrétiens et les dimanches. Ils devaient porter une rouelle jaune sur leurs vêtements à l'extérieur du ghetto.

En 1612, lors du couronnement de l'empereur Matthias (1612-1619), les corporations de Francfort vinrent présenter leurs griefs contre les patriciens et les Juifs de la ville. Beaucoup d'artisans et de petits commerçants étaient endettés auprès d'eux. Ils réclamaient une réduction des intérêts de 12 à 8 % et l'expulsion des Juifs qui ne possédaient pas au moins 15 000 thalers. Comme c'était souvent le

Attaque du ghetto par la bande de Fettmilch, 1614. Gravure sur cuivre de Merian, 1628.

cas, on ne voulait pas se débarrasser des Juifs, mais seulement des Juifs pauvres et cinquante d'entre eux furent effectivement chassés de la ville. Néanmoins, l'abaissement des intérêts ne fut pas accordé. Deux ans plus tard, une bande d'artisans et de canailles de la ville, menée par le maître de corporation Vincenz Fettmilch prirent le ghetto d'assaut. Les Juifs furent parqués au cimetière après avoir résisté pendant cinq heures et perdu deux des leurs. Les émeutiers qui comptèrent une victime pillèrent le ghetto durant treize heures avant que le bourgmestre ne se décidât à intervenir. Quelque 1 400 Juifs purent quitter la ville sous la protection des soldats municipaux.

L'empereur sévit sévèrement cette fois-ci. Il mit Fettmilch au ban de l'Empire, le fit arrêter avec quatre autres meneurs et décapiter. Les Juifs furent reconduits dans leur quartier au son des fifres et des tambours, munis désormais d'une charte de protection écrite de la main de l'empereur qui fit apposer son sceau sur une des portes du ghetto.

L'émeute de Fettmilch marque un tournant dans l'histoire des Juifs d'Allemagne : ils avaient opposé une résistance et la législation avait été appliquée en leur faveur. Un climat de paix s'établit, alors que des circonstances similaires auraient précédemment entraîné une vague de pogroms. Les rapports des exactions dans les feuilles illustrées qui étaient alors source d'information de l'opinion publique, montrent également un changement capital : pour la première fois, les Juifs n'y étaient pas présentés avec mépris.

Süsskind Stern (1610-1687), qui vécut l'expérience traumatisante de l'émeute de Fettmilch alors qu'il était enfant, devint un des plus riches Juifs de Francfort : banquier, négociant en perles, administrateur des salines de Bad Orb, gérant bénévole de la boulangerie communale juive qui comptait cinq fours, membre actif d'une des deux confréries funéraires, philanthrope et père d'un érudit, ce qui rehaussait encore son prestige dans la communauté.

La majorité des descendants de Süsskind Stern, dont les Rothschild de Paris, restèrent juifs. Parmi ceux qui se convertirent, citons les Stern, famille de barons portugais et la lignée anglaise qui compte les lords Wandworth et Michelham ainsi que la famille de la comtesse Rosse, mère de Lord Snowdon, ex-époux de la princesse Margaret, sœur de la reine Élisabeth II de Grande-Bretagne.

Isaiah Horowitz (vers 1555-v. 1625) fut le rabbin de la communauté de Francfort jusqu'au forfait de Fettmilch. Son œuvre principale « Chené Luhot haBerit » (Deux Tables de l'Alliance), un compendium de la Loi et de ses commandements, contribua considérablement à propager la mystique juive dans les communautés juives allemandes, russes et polonaises.

L'espoir messianique – Sabbataï Tsevi

Quels liens unissaient aux XVe et XVIe siècles les marranes espagnols et portugais dont certains furent compagnons de voyage de Christophe Colomb, aux artisans juifs et aux rabbins de Pologne ? Qu'avaient en commun les Juifs de Cour dans l'Allemagne des XVIIe et XVIIIe siècles avec les porteurs d'eau et les forgerons juifs de la Grèce ou du Maroc ? Qu'est-ce qui au XIXe siècle rassemblait les collecteurs d'impôts et fabricants d'eau-de-vie juifs, les maîtres talmudiques lituaniens aux joailliers du lointain Yémen et aux rabbins cultivés d'Allemagne ?

Ils appartenaient tous à une minorité plus ou moins tolérée quand elle n'était pas persécutée. Ils priaient le même dieu dans la même langue et étudiaient la même Bible. Les mêmes règles religieuses régissaient leur vie quotidienne. Leurs rabbins et leurs dirigeants communautaires tiraient leurs prescriptions de la même tradition talmudique. Ils évoquaient les mêmes ancêtres depuis Abraham et avaient une histoire commune commencée à l'époque où leur peuple avait vécu libre dans son propre pays.

Ils avaient tous subi les mêmes exactions et l'humiliation d'être relégués dans des métiers indignes. Ils partageaient tous la même attente utopique d'être délivrés de la « Galout », de l'exil, et espéraient tous retourner en Erez Israël sous la conduite du Messie.

Nathan de Gaza, le prophète Sabbataï Tsevi. Gravure sur cuivre, 1665.

Ces espérances prirent une forme et un contenu nouveaux dans la tradition kabbalistique du rabbin Isaac Luria (1534-1572) qui vécut à Safed. Selon lui, la délivrance de l'exil ne relevait plus d'un acte unique de Dieu dans le cours de l'histoire du monde, mais du devoir historique du peuple juif. Il revenait à chaque individu juif d'apporter le salut à tous les peuples et à la terre entière. Par une observation minutieuse de la mitsvah (commandements de la Thora), de bonnes actions, des pensées et intentions salutaires, l'homme libère des « étincelles divines », c'est-à-dire contribue au processus cosmique qui corrige les imperfections de la création et aboutira à une unité divine parfaite.

La doctrine lurianique constitua le fondement de la vie de Sabbataï Tsevi (1626-1676), rabbin maniaco-dépressif qui se considérait comme le fils de Dieu durant ses phases maniaques d'« éveil » et luttait contre les démons lors de ses dépressions. En avril 1665, il quitta sa ville natale de Smyrne pour Gaza où il espérait trouver la « paix de l'âme » auprès de Nathan de Gaza (1644-1680), célèbre kabbaliste lurianique et visionnaire qu'il avait déjà rencontré à Jérusalem. Or, Nathan convainquit l'aliéné qu'il était le véritable Messie, se prit lui-même pour le prophète annonciateur de son arrivée et resta jusqu'à la fin de sa vie un fervent adepte et propagandiste du mouvement messianique de Tsevi.

À l'automne 1665, des rumeurs et écrits propagèrent la nouvelle de l'arrivée

du Messie que confirmaient des signes et des miracles. Le Messie s'était déclaré roi des Juifs à Jérusalem et commandait même au sultan.

Une euphorie générale atteignant parfois l'hystérie gagna les populations juives d'Europe et d'Asie occidentale, des plus petits villages aux grandes villes telles que Constantinople, Smyrne, Vienne, Amsterdam, Venise, Prague, Hambourg et Fürth, Vilnius et Pinsk. La frénésie s'étendit également au Maroc, à l'Algérie, à l'Égypte, au Yémen lointain et au Kurdistan.

Remplis de l'espoir messianique, les adeptes du mouvement sabbatéen se mirent à suivre une vie d'ascétisme et de pénitences qui exigeait entre autres de

Ci-dessus, à droite : « Portrait véritable de Sabetha Sebi, qui devait établir le royaume divin ». Gravure sur cuivre de l'époque.

Ci-contre : les Juifs viennois quittent Vienne pour la Terre Sainte. Feuille satirique sur le mouvement messianique de Sabbataï Tsevi, Nuremberg, 1666.

jeûner trois jours par semaine, seulement le lundi et le jeudi pour les femmes et les enfants. Dans une chronique de la communauté portugaise de Hambourg datée du Ier Tèvet 5426 (la Création marquant l'an I) qui correspond au 9 décembre 1665 de l'ère chrétienne, on peut lire le rapport suivant : « Remercions Dieu pour les nouvelles venues d'Orient, d'Italie et d'autres régions nous confirmant que, dans sa grâce et miséricorde, IL nous a donné dans le pays d'Israël un prophète en la personne du shasham (sage) rabbi Nathan de Gaza et un roi oint dans le rabbi sage Sabbataï Tsevi, élu par Dieu pour délivrer SON peuple du bannissement et honorer SON nom profané parmi les peuples. Nous croyons ces nouvelles en vertu des nombreux signes et miracles émanant du prophète et du Roi... Que le Dieu d'Israël fasse que cette nouvelle soit vraie et nous rende la possession de notre pays. Qu'IL fasse que nos yeux voient ce grand bonheur. »

À la même époque parurent des feuilles illustrées de graveurs sur cuivre et bois chrétiens qui diffusaient la nouvelle de l'arrivée du nouveau Messie, parfois d'une manière neutre, mais le plus fréquemment sous une forme satirique.

Une illustration de Paulus Fürst (1606-1666) graveur sur cuivre de Nuremberg, présente et décrit sur le mode ironique le départ des Juifs de Vienne vers la Terre Sainte où les attend le prophète Nathan de Gaza ; un dessin sinistre et prémonitoire, puisque les Juifs de Vienne furent effectivement chassés de la ville quatre ans plus tard alors qu'ils s'y croyaient en sécurité.

Si une minorité de Juifs sceptiques ne s'était pas jointe à l'exaltation collective, un nombre considérable avait négligé ou même cessé ses affaires pour se préparer au départ. La désillusion, voire le désespoir, n'en furent que plus grands. Sabbataï Tsevi fut arrêté à Constantinople et amené à la forteresse d'Abydos où il vécut en résidence surveillée comme un potentat, recevant même ses adeptes. Sommé le 15 septembre 1666 de choisir entre la mort sous la torture ou la conversion à l'islam, il opta pour la conversion ainsi que quelques-uns de ses partisans.

Dès lors, Sabbataï Tsevi vécut dans un isolement relatif, musulman en apparence, mais Juif de cœur. Il rédigea encore quelques textes kabbalistiques au cours

Ci-dessus : Sabbataï Tsevi sur le trône divin. Tiré d'un livre de prières imprimé à Amsterdam en 1666.

À droite : Sabbataï emprisonné au château d'Abydos dans les Dardanelles. Il y était détenu sur ordre du sultan, mais il n'occupait pas de cellule et recevait des visiteurs. Tiré d'une feuille illustrée allemande de l'époque.

de ses dix dernières années avant de mourir soudainement à l'âge de 50 ans.

La plupart de ses fidèles virent dans sa conversion à l'islam une effroyable trahison et la fin du rêve messianique. Néanmoins, son entourage proche fournit une explication à son apostasie : le « Messie » avait pris le mal sur lui aux fins de hâter l'arrivée de la délivrance. Nathan de Gaza fut le premier à interpréter l'apostasie de Tsevi comme un mystère mystique ; ses spéculations théologiques servirent de fondement à la secte des Sabbatéens qui, dans les 150 années qui suivirent, devinrent les principaux opposants des autorités rabbiniques au sein des communautés juives. Des groupes de Juifs orthodoxes en Pologne et Moravie suivirent l'exemple de Sabbataï Tsevi et se convertirent au catholicisme tout en appartenant à la secte secrète juive.

La majorité des Juifs allemands se résigna au fait que les temps n'étaient pas encore mûrs ainsi que l'exprime le roman de Jacob Wassermann « Les Juifs de Zirndorf » (le village de Sion), qui apprennent la trahison du Messie alors qu'ils sont en route pour se rendre auprès de lui. La Hambourgeoise Glückel de Hameln écrivit dans ses mémoires : « On ne peut décrire la joie immense ressentie quand on recevait des missives [évoquant Sabbataï]... Les jeunes employés portugais [Juifs venus du Portugal] revêtaient leurs plus beaux habits et plus d'un se parait d'un large ruban de soie vert – c'était la marque de Sabbataï. Tous allaient à la synagogue en jouant des timbales et en dansant. Ils étaient si heureux qu'ils lisaient les missives à haute voix pendant qu'ils puisaient l'eau. » Glückel raconte que son beau-père abandonna maison et meubles à Hameln et partit résider à Hildesheim pour se préparer à aller rejoindre le Messie en Palestine. « Mais ce n'était pas encore la volonté du Très-Haut...

Néanmoins, Seigneur, Tu nous donneras royalement et par ta grâce ce que Tu nous as promis ! »

Les sectes secrètes des sabbatéens et des frankistes

Ci-dessus : Jonathan Eybeschütz vers 1690-1767), grand rabbin d'Altona, Hambourg et Wandsbek. Il fut accusé d'appartenir à la secte secrète des sabbatéens.

Après l'effondrement du mouvement messianique de Sabbataï Tsevi (voir p. 92), un mouvement sabbatéen se créa dans divers pays ; il prit la forme d'une secte secrète et influença de nombreux rabbins orthodoxes ainsi que leurs adeptes.

Ce mouvement se fondait sur la croyance que si Sabbataï Tsevi n'avait pas été le véritable Messie, il en était le prédécesseur. Un certain nombre de hassidim en Pologne adoptèrent le mouvement ou y trouvèrent des traits communs à leur doctrine.

Les adeptes de la fraction ultra-orthodoxe, soupçonnés d'hérésie, formèrent un sabbatianisme souterrain. Selon eux, le fidèle se justifiait dans sa foi et ne devait donc pas obéir aux lois morales pour contribuer à la délivrance. Les sabbatéens radicaux affirmaient même que la désobéissance aux lois de la Thora pouvait être le point de départ de la Rédemption et qu'on obtiendrait sa pleine réalisation en invalidant la Thora. Les sectes secrètes des sabbatéens avaient des centres dans toute l'Europe, en Turquie, en Palestine et en Afrique du Nord. À Mannheim, les sabbatéens se réunirent de 1708 à 1725, date à laquelle ils furent mis au ban dans de nombreuses villes d'Allemagne, de même que dans d'autres pays.

Un des signataires de la déclaration d'excommunication fut le célèbre rabbin et kabbaliste Jonathan Eybeschütz (1690-1767) de Prague, qui devint plus tard le grand rabbin des communautés réunies d'Altona-Hambourg-Wandsbek. Le scandale n'en fut que plus considérable lorsque Jacob Emden (1697-1776), érudit de renom d'Altona, crut avoir démasqué Eybeschütz après que celui-ci eut distribué des amulettes kabbalistiques de nature sabbatéenne.

Caricature des idées hérétiques de Frank dans le livre « Séfer Ha' Chimmusch » que Jacob Emden écrivit en 1758-1762 pour lutter contre le sabbatianisme. L'allégorie à trois têtes montre de gauche à droite un musulman, un Juif et un chrétien.

Ci-contre : un faux mis en circulation par ses adversaires, montre le rabbin Jonathan Eibeschütz avec une amulette sabbatéenne.

Eybeschütz récusa l'accusation, mais selon ses adversaires il ne pouvait agir autrement puisque la loi fondamentale des sabbatéens interdisait à un fidèle authentique de révéler sa croyance. Le mouvement sabbatéen compta plusieurs rabbins et nombre d'adeptes jusqu'à la fin du XIXᵉ siècle.

Indépendamment de ces groupes de sabbatéens « orthodoxes », un mouvement hérétique se créa dont le chef était un autocrate charismatique du nom de Jacob (Leibowicz) Frank (1726-1791). Son hérésie, un amalgame de théories des sabbatéens turcs et des kabbalistes, concevait une trinité formée du « Premier », du « Saint Seigneur » et de la « Dame » ou « Vierge ». Frank se croyait l'incarnation du « Saint Seigneur » tandis que Sabbataï Tsevi était le « Premier ». Adversaire de toutes les religions, Frank exigeait de ses adeptes qu'ils entrent dans toutes les religions afin de les détruire de l'intérieur et d'accéder à la véritable liberté.

Jacob Frank (1726-1791), chef autocratique de la secte des frankistes.

Eva Frank (morte en 1817) succéda à son père au « château Frank » à Offenbach. Elle se faisait parfois passer pour la fille de la tsarine.

Frank, originaire de Czernowitz en Podolie, s'enorgueillissait de n'avoir que des rudiments d'instruction juive et prêchait une sorte d'évangile proclamant la transgression des lois morales religieuses, y compris dans la vie sexuelle. Il se convertit – sous réserve – au catholicisme, fut suivi par ses adeptes et jouit de la protection de l'évêque Dembowski, lequel utilisa le groupe à des fins de propagande anti-juive. Néanmoins, les frankistes continuèrent de se considérer comme Juifs. Ils ne se mariaient par exemple que dans des familles juives. En 1786, Jacob Frank transporta son quartier général à Offenbach où il résida dans un château, entouré d'une cour et d'une armée.

La secte dégénéra après sa mort. Ses trois enfants, qui avaient pris la succession de leur père, moururent dans la pauvreté. Sa fille Eva s'éteignit la dernière en 1817. Cependant, plusieurs grandes familles fortunées d'Europe conservèrent des liens avec la secte secrète durant plusieurs décennies.

Le « château du baron de Frank » à Offenbach. Frank, entouré de sa cour et sa garde, quitte l'édifice, soutenu par deux adjudants.

Vie familiale aux XVIIe et XVIIIe siècles

« Naissance » : amis, voisins et parents prient dans la chambre de la jeune accouchée et saluent le nouveau-né avec des bénédictions. Illustration tirée de « Cérémonial juif » de l'auteur chrétien P.C. Kirchner ; Nuremberg, 1734. Gravure sur cuivre de Jacob Jugendas.

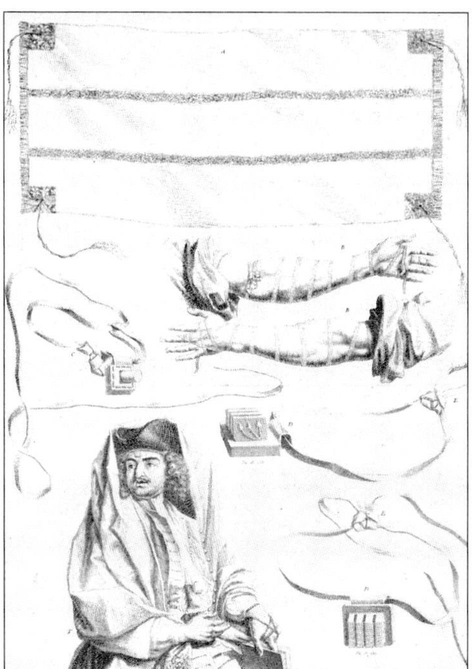

Représentation du tallit (châle de prières) et des tefillin (phylactères) qui se portent pour l'office du matin selon Ex. 13, 16. Les boîtes renferment des passages de la Torah écrits sur parchemin. Tiré de « Cérémonies et coutumes religieuses de tous les peuples du monde », B. Picart, Amsterdam 1723.

À droite : Fête des tabernacles célébrée par une famille riche et une famille pauvre. Gravure sur cuivre de Georg Paul Nussbiegel ; Nuremberg, 1738. D'après un dessin de Gottfried Eichler.

Les prescriptions religieuses et la croyance absolue en un seul et unique Dieu ont toujours déterminé la vie juive. Des rites, prières, bénédictions et traditions dictaient chaque phase de la vie quotidienne et le font encore dans les milieux orthodoxes.

Toute activité, depuis boire un verre d'eau jusqu'aux rapports dans les couples, commandait une louange à Dieu. Des prières émaillées de psaumes et textes de la Bible étaient et sont encore récitées trois fois par jour, après la toilette du matin, en fin d'après-midi et après le coucher du soleil. A partir de treize ans, le Juif orthodoxe revêt des phylactères (tefillin) pour l'office du matin. Les lanières portant des boîtes contenant des passages du Pentateuque écrits sur parchemin sont fixées au bras et sur le front. Dans la synagogue, il porte le tallit ou châle de prières. Il revêt également en dessous l'arba kanfot (quatre coins), un carré de tissu muni d'un trou pour passer la tête et décoré de franges (tsitsit) à chaque coin.

Le lavage des mains, accompagné d'une bénédiction, est obligatoire avant chaque repas. Le Juif pieux remercie toujours Dieu après le repas principal. Il récite une prière avant d'entreprendre un voyage, à l'apparition de la nouvelle lune, lors de phénomènes naturels tels qu'un orage et dans bien d'autres circonstances encore.

Des préceptes portant sur la sexualité, l'hygiène et l'éthique concernent particulièrement le bien-être des femmes et contribuent à l'équilibre de la vie familiale. Même si l'homme remercie Dieu de ne pas l'avoir créé femme dans les prières, les femmes ont de tous temps participé à la vie professionnelle et sont l'âme de la famille.

L'idée de luxure dans la sexualité est inconnue du judaïsme. Dans la kabbale, l'acte sexuel est même comparé à l'acte divin de la création du monde.

Le sabbat et autres jours fériés constituent les moments privilégiés de la vie familiale, notamment chez les Juifs orthodoxes.

Le sabbat commence le vendredi soir au coucher du soleil. La maîtresse de maison allume les bougies tandis que la famille récite des bénédictions. « Le vendredi à la nuit, chaque Juif est roi... et chaque Juive reine », raconte une vieille chanson folklorique. À la synagogue, le chef de famille accueille le sabbat comme une fiancée en chantant l'hymne traditionnel :

« Va mon ami,
au devant de la fiancée,
Nous voulons accueillir le sabbat... »

À la maison, le père bénit les enfants avant le repas et récite le kiddoush, bénédiction du vin, du pain et de la sanctification du jour de repos qui commence avec 2 Gen. 2,3 : « Ainsi furent achevés les cieux et la terre... Et Dieu bénit alors le septième jour et le consacra parce qu'en lui il se reposa de toute son œuvre qu'il avait créée par son action... »

En haut : le repas du Séder, premier soir de la fête de Pessah (Pâque juive), commence par ces mots, invitant à la bénédiction : « Rabosai, mir wellen benschen » (Messieurs, nous voulons bénir...). Le repas est émaillé de bénédictions et de la lecture de passages d'écrits saints. Le maître de maison est assis en face d'un invité, selon la coutume du Séder. Illustration du XVIIIe siècle.

Ci-contre : un mariage élégant à Fürth. Gravure sur cuivre de J.C. Müller, 1735.

Dans la communauté

Ci-dessus : séance du Conseil de la communauté juive de Francfort-sur-le-Main. Gravure sur cuivre, XVIIIe siècle.

Chaque communauté possédait une synagogue, une école, un cimetière, un hôpital et une auberge destinée aux étudiants talmudiques itinérants, aux réfugiés et aux pauvres de passage. La confrérie sainte ou hèvrah qaddisha avait la charge des enterrements. C'était un honneur que d'appartenir à l'association, composée de bénévoles choisis parmi les différentes classes sociales. La communauté employait divers fonctionnaires dont un couple qui s'occupait du miqveh, le bain rituel, des enseignants pour les enfants dont les parents ne pouvaient payer un précepteur, des bouchers rituels, des chantres et un « frappeur » qui cognait aux portes deux fois par jour afin d'appeler les hommes à la synagogue. L'heure des offices changeait selon le lever du soleil. Des musiciens ambulants étaient engagés lors d'événements exceptionnels tels que les mariages. Parfois, la communauté faisait venir des artistes d'autres régions et même d'autres pays pour décorer une nouvelle synagogue. Les ornements s'inspiraient de motifs issus de la flore et de la faune et reprenaient des textes de prières. Une fête célébrait toujours la fin des travaux. Des réjouissances se déroulaient également lorsqu'un copiste de la Thora avait achevé une transcription des cinq livres de Moïse. Ceint d'une couronne, comme un roi, le nouveau rouleau de la Thora était apporté à la synagogue un jour de sabbat et lu pour la première fois dans une atmosphère solennelle.

La lecture de la Thora s'effectue sur une tribune, appelée almémar ou bimah, qui s'élevait fréquemment au centre de la synagogue. L'arche renfermant les rouleaux sacrés est un coffre mobile ou encastré dans le mur. Elle se trouve toujours sur le mur oriental de la synagogue, tourné dans la direction de Jérusalem, vers laquelle les fidèles prient encore aujourd'hui. Les femmes suivaient les offices, soustraites aux regards des hommes, depuis une galerie, un balcon ou un côté de la salle fermé par une grille en fer forgé.

Au tournant du XVIIIe siècle, quelques rares villes d'Empire abritaient encore une ancienne qehillah, une communauté juive créée avant l'époque des expulsions. Ces établissements suivaient encore l'ordre communautaire transmis : ils étaient

Bain rituel des jeunes mères au miqveh. Gravure sur cuivre de J.C. Müller, vers 1730.

À gauche : boîte à aumônes, 1761, synagogue de Halberstadt. L'inscription souligne l'importance de l'anonymat.

À droite : l'apparition de la nouvelle lune est saluée par des prières et des bénédictions. Tiré d'un livre de prières, 1717.

Ci-dessous : la confrérie sainte (hèvrah qaddisha) procédait aux enterrements. Les membres riches de la communauté en faisaient aussi partie. Gravure sur cuivre de Jacob Jugendas ; Nuremberg, 1734.

dirigés par un petit nombre de familles prospères qui supportaient presque tout le fardeau des impôts et étaient ainsi habilitées à traiter avec les conseils municipaux.

Cependant, les juiveries disséminées dans les nombreux petits territoires, villes et villages avaient instauré une nouvelle forme d'ordre communautaire dès le XVIIe siècle. Tous les trois ans, un Landtag (congrès) rassemblait les chefs de familles privilégiés, à savoir ceux qui bénéficiaient d'un droit de résidence. Au cours de cette réunion, les dirigeants et délégués des communautés rendaient compte des années passées et fixaient la contribution que chaque membre d'une communauté devait verser pour payer les impôts dus aux autorités.

Le Landtag était placé sous le contrôle commun des autorités chrétiennes et du rabbin de l'endroit où avait lieu l'assemblée. Le Landtag désignait également les nouveaux rabbins et élisait par vote public les fonctionnaires des communautés pour les trois prochaines années, notamment le chtatlan du district, porte-parole et représentant auprès des autorités chrétiennes, à l'instar de Josel von Rosheim (voir p. 84), qui avait rempli ce rôle à un niveau national.

Les conflits entre les membres des classes aisées et des couches sociales plus démunies étaient également portés devant le Landtag. La détresse de la masse des Juifs dépourvus de droits de protection et résidences s'avérait un problème insoluble. Les privilégiés prenaient sous leur toit un ou même une famille entière de ces indigents et les employaient comme domestiques ou enseignants. Néanmoins, le nombre des mendiants juifs avait tellement augmenté depuis la guerre de Trente Ans et les massacres de Chmielnicki que les œuvres charitables ne suffisaient plus à les secourir.

La vie économique

Durant la guerre de Trente Ans, les Juifs qui avaient des contacts internationaux remplirent souvent les fonctions de fournisseurs et messagers auprès des chefs d'armées. En outre, ils changeaient les monnaies volées, achetaient les butins et vendaient toutes sortes de produits aux soldats et aux paysans.

Au traité de Wetsphalie de 1648, les souverains avaient signé des actes de tolérance concernant les catholiques, les luthériens et les réformés. Il s'agissait de reconstruire les villes et les villages dévastés et de consolider la sécurité retrouvée.

Les temps nouveaux, orientés vers le mercantilisme, apportèrent davantage de sécurité aux Juifs dans les villes, les villages et sur les routes. Le négoce et le commerce de l'argent ne furent plus des activités douteuses, mais au contraire enviables dès que l'on eut besoin de ceux qui les pratiquaient pour relever le pays. De nombreux Juifs purent ainsi abandonner la friperie et la brocante pour s'installer dans le commerce. Dans le secteur de la finance, ils remplirent notamment un créneau inédit en tant que pourvoyeurs de gros crédits. Plus d'un Juif de cour commença sa carrière en obtenant des emprunts internationaux pour les princes et les rois.

À la fin du XVIIe siècle, le nombre des participants juifs à la foire annuelle de Leipzig dépassait 750. Ils venaient d'Allemagne, de Pologne, d'Autriche et de Hongrie. Les Juifs devaient cependant continuer à verser des capitations et des droits de douanes élevés. Les taxes personnelles et de séjour prélevées aux Juifs constituaient une importante source de revenus supplémentaires pour les villes en développement et la trésorerie des princes. C'est ainsi qu'en 1669, sur la prière instante des bourgeois, le magistrat municipal de Nördlingen autorisa de nouveau le commerce de l'argent avec les Juifs et les encouragea à séjourner dans sa ville.

Wroclaw (Breslau) devint un centre économique important grâce au commerce avec l'Europe de l'Est. Dès 1630, le bourgmestre avait notamment incité les commerçants juifs polonais à venir s'installer en ville. À peine deux siècles plus tard, les descendants de ces Juifs joueraient un rôle crucial dans la vie économique, culturelle et scientifique de Berlin et d'autres cités allemandes. Aujourd'hui encore, des noms tels que ceux de Tucholsky, Warschauer,

Abraham Höchberg, Juif de cour de l'évêque de Würzburg et dirigeant de sa communauté. Peinture attribuée à Johann Kupetzky (1667-1740).

À gauche : prière pour le voyage. Illustration tirée d'un livre de prières ; Fürth, 1738. « Que ce soit ta volonté, Seigneur, notre Dieu et Dieu de nos Pères, de nous guider et d'accompagner nos pas dans la paix... »

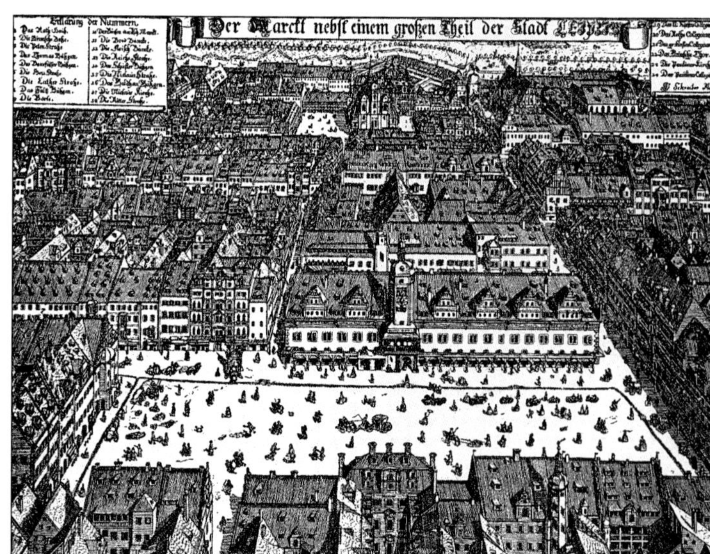

Ci-contre : la place du marché de Leipzig. Gravure sur cuivre de Johann Georg Schreiber, 1712. L'importation des cuirs, peaux et fourrures était en grande partie entre les mains de marchands juifs polonais et russes.

Permis de voyage pour un Juif allant à pied à la foire de Nördlingen, XVIIIe siècle.

Hochfürstlich und Hochgräflich
Oettingisch Gleit
Nördlinger Meß
auf fußgehende Juden.
15. Kr.
den Ao. 17

Marchands de chevaux. Gravure sur cuivre de Johann Heinrich Ramberg, 1805.

Von
Juden-Sachen.

No. I. Edict wegen der Pohlnischen Juden Arretirung auff denen Jahrmärckten ꝛc. Vom 20. August. 1650.

Nachdem Sr. Churfürstl. Durchl. zu Brandenburg, zu Magdeburg, in Preussen, zu Jülich, Cleve, Berge, Stettin, Pommern ꝛc. Hertzog ꝛc. Unser gnädigster Herr, uff einkommene vornehme Intercessionales, und dan auch auff ihr demüthiges Bitten, den Juden in Pohlen, das hiebevor wegen des handels in der Chur-Brandenburg gehabte Privilegium, wiederumb auff die nechstfolgende Sieben Jahr in Gnaden ertheilet, und darnegst befreyet, daß, vermöge der pacten zwischen der Crohn Pohlen und der Chur-Brandenburg, Sie, die Pohlnische Juden, uff den JahrMärckten und in Städten, wegen der Ausländischen, so sie zu besprechen haben mögen, nicht arrestabell seyn sollen, vielmehr aber einer den andern für seiner ordentlichen Obrigkeit zu belangen. Alß wird allen Magistraten in der Chur Brandenburg hiedurch befohlen, sich hiernach zu achten und solchem nachzukommen. Nichtes weniger werden auch alle Churfürstl. Zöllner und Geleides Leute ernstlich beschliget, keine ungewöhnliche Zölle von den Juden zu fodern, noch sie sonsten mit einiger Newerung zu beschweren, sondern wann sie das, was die Zoll Rollen besagen, erlegen, unaufgehalten passiren zu lassen, damit deshalb keine Klage einkomme, Urkundlichen unter Sr. Churfürstl. Durchl. Subscription und Pettschafft gedrucktem Secret, Geben zu Cölln an der Spree, am 20. August. 1650.

Fr. Wilhelm.

(L. S.)

No. II. Edict wegen auffgenommenen 50. Familien Schutz-Juden, jedoch daß sie keine Synagogen halten. Vom 21. May 1671.

Wir Friderich Wilhelm, von GOttes Gnaden, Marggraff zu Brandenburg, des Heil. Röm. Reichs Ertz Cammerer und Churfürst, ꝛc. Bekennen hiermit öffentlich, und geben einem jeden dem es nöthig, in Gnaden zuwissen, wie daß Wir aus sonderbaren Ursachen, und auff Unterthänigstes Anhalten, Hirschel Lazarus, Benedict Veit, und Abraham Ries, Juden, bevorab zu Beforderung Handels und Wandels bewogen worden, einige von andern Orten sich wegbegebende Jüdische Familien, und zwar funfftzig derselben, in Unser Lande der Chur- und Marck Brandenburg, und in Unseren sonderbaren Schutz gnädigst auf- und anzunehmen, thun auch solches hiemit und Krafft dieses auff folgende Conditiones:

1. Wollen wir ermeldten funfftzig Jüdischen Familien, derer Namen, und Anzahl von Personen, auch an was Ort sich jedweder niedergelassen, uns fordersichst durch eine richtige Specification kund gethan werden soll, in gedachte Unsere Lande der Chur- und Marck Brandenburg, auch in Unser Hertzogthum Crossen und incorporirte Landen hiemit auffgenommen haben, dergestalt und also, daß ihnen Macht gegeben seyn sol, in denen Oertern und Städten, wo es ihnen am gelegensten ist, sich niederzulassen, allda Stuben, oder gantze Häuser, Wohnungen und Commodität vor sich zu miethen, zu erkauffen oder zu erbauen, doch in der Masse, daß, was sie Kauffsweise an sich bringen, Widerkäuflich geschehe, und was sie erbauen, auch nach Verfliessung gewisser Jahre an den Christen wieder verlassen werden müsse, jedoch, daß ihnen die Unkosten davor restituiret werden.

2. Sol diesen Jüdischen Familien vergönnet seyn, ihren Handel und Wandel im gantzen Lande dieser Unser Chur- und Marck Brandenburg, Hertzogthumb Crossen und incorporirten Oertern, Unsern edicten gemäß zu treiben, wobey wir ihnen noch ausdrücklich nachgeben, offene Krahme und Buden zu haben, Tücher und dergleichen Wahren, in stücken zuverkauffen oder auch Ellenweise außzumessen, groß und klein Gewichte zu halten (doch daß sie dadurch keine Vervortheilung im Kauff oder Verkauff) noch auch denen Rahts-Wagen, oder wo der Magistrat das grosse Gewichte hat, etwas abgehe, mit Neuen und Alten Kleidern zu handeln, ferner in ihren Häusern zu schlachten, und was sie zu ihrer Nahtdurfft und ihrem Gesetze nach von dem geschlachteten nicht bedürfftig, solches zu verkauffen

V. Th. V. Abtheil. D

Édits du Grand Électeur, 1650 et 1671. L'édit n° 1 du 20 août 1650 interdit l'interpellation des Juifs polonais sur les marchés, de même que le prélèvement de taxes de douanes exceptionnelles et ordonne qu'on « les laisse passer sans encombre ». Dans l'édit n° 2 du 21 mai 1671, un souverain décrète que par la « grâce de Dieu » et à la requête de quelques Juifs du Brandebourg, il prend cinquante familles juives « sous sa protection spéciale aux fins d'encourager le commerce et les affaires ».

Kracauer ou Witkowski évoquent des racines judéo-polonaises.

Les villes accueillirent un nombre sans cesse croissant de Juifs ou du moins les acceptèrent durant les jours de marché en échange du paiement de taxes. Les marchands juifs furent désormais présents partout. Du lundi au vendredi, ils parcouraient les routes et les marchés, mais rentraient toujours dans leurs familles pour célébrer le sabbat.

Jusqu'au XVIIIe siècle, la responsabilité juridique au sein des communautés et auprès des autorités chrétiennes incomba au dirigeant de la communauté. Il était l'autorité reconnue par les magistrats municipaux, les princes et les évêques, qui le nommaient même parfois l'« évêque juif ».

Les Juifs portugais à Hambourg

À droite : Jacob Sasportas (1610-1698), rabbin séfarade revêtu de son habit de fonction.

Page de droite, en bas : « le rêve de Jacob ». Ornement sur une pierre tombale séfarade à Altona.

Depuis le XIVe siècle, les persécutions religieuses et conversions forcées de Juifs n'avaient cessé d'augmenter en Espagne. Les excès culminèrent en 1492 lorsque tous les Juifs non baptisés furent chassés du pays de Ferdinand d'Aragon et d'Isabelle la Catholique.

Des milliers d'entre eux se réfugièrent au Portugal voisin où ils furent baptisés de force cinq ans plus tard. C'est de cette époque que datent les « anousim », les « convertis de force », surnommés « maranos », « porcs » par les Espagnols, Juifs officiellement convertis au christianisme, mais restés juifs de cœur. S'ils tombaient entre les mains de l'inquisition, leur sort était la torture et le bûcher.

Un grand nombre de marranes, notamment ceux qui étaient prospères et occupaient des fonctions publiques, parvinrent à s'enfuir à l'étranger. Ils revinrent au judaïsme et fondèrent des communautés en Afrique du Nord, en Italie, en Grèce, en Angleterre, en Amérique du Sud et en Hollande.

Ceux qui vinrent s'installer à Hambourg furent d'abord considérés comme des « Portugais chrétiens » jusqu'à ce qu'ils professent publiquement leur judaïcité et soient autorisés en 1612 à demeurer à Hambourg grâce à la contribution qu'ils avaient apportée à la ville en tant qu'armateurs, médecins, joailliers, banquiers, importateurs de sucre, de tabac et autres denrées d'outre-mer. Ils développèrent également la chasse à la baleine et le commerce avec le Groenland. Vers 1600, la Hanse de Hambourg pouvait les remercier d'avoir brisé le monopole des Fugger, Welser et autres puissantes maisons marchandes du Sud de l'Allemagne, notamment dans les opérations de crédit et le commerce avec les pays lointains.

Les Texeiras sont l'exemple parfait d'une de ces grandes familles séfarades (portugaises) de Hambourg. Abraham Texeira (1581-1666), descendant d'une famille anousim, était le fils d'une dame de cour de la reine du Portugal. En 1643, il

Mariage dans une famille portugaise. Gravure du XIXe siècle. D'après une œuvre de 1725.

Ci-dessous : le livre d'Esther, lu lors de la fête de Pourim. Rouleau de parchemin illustré, milieu du XVIIIe siècle. L'écriture est séfarade (de Hollande) ; l'étui en argent provient d'Allemagne. Collection privée d'une famille séfarade allemande.

Henriette de Lemos à l'âge de 14 ans. Portrait d'Anna Dorothea Therbusch, 1778. La jeune fille devint plus tard célèbre sous le nom de Henriette Herz. Son père, médecin, appartenait à la communauté séfarade de Hambourg.

fut nommé représentant des affaires de la couronne espagnole aux Pays-Bas. Peu de temps après, il alla s'installer à Hambourg avec son épouse qui avait également repris la religion juive et se fit circoncire ainsi que son fils adulte. Abraham Texeira fonda une banque internationale en collaboration avec des Juifs séfarades d'Amsterdam et d'Angleterre et occupa à plusieurs reprises la fonction de dirigeant de la communauté juive hambourgeoise.

À partir de 1612, les Juifs avaient dû payer au Sénat une taxe annuelle d'installation et de séjour de 1 000 marks qui fut doublée en 1617. En 1697, les bourgeois de la ville obtinrent du Sénat que cette somme soit élevée à 6 000 marks en plus d'un versement « unique » de 20 000 marks et que les offices religieux des Juifs portugais fassent l'objet de sévères restrictions. Une partie d'entre eux refusèrent ces conditions humiliantes et émigrèrent à Amsterdam. Une commission impériale appelée à résoudre le conflit entre le Sénat et les bourgeois, né du départ d'un groupe aussi important pour l'économie, obtint en 1710 des statuts plus favorables pour les Juifs portugais. Ce nouveau règlement, approuvé par l'empereur, délivrait les Juifs de toute exigence monétaire. La puissance des Séfarades de Hambourg commença à décliner au XVIIIe siècle ; ils n'étaient plus qu'environ 200 dans les années vingt de notre siècle.

Les nombreux médecins séfarades de Hambourg étaient réputés ; plusieurs d'entre eux devinrent médecins attitrés de rois dès le XVIIe siècle. « Mon père était un Juif portugais dont le grand-père s'était enfui du Portugal avec un grand nombre de ses coreligionnaires pour ne pas tomber aux mains de l'inquisition », écrivait la célèbre Henriette Herz dans ses mémoires (voir p. 140).

Les miséreux

Scène des « Brigands », pièce de Schiller (1781). Au premier plan : Karl Moor et son compagnon juif Spiegelberg « le circoncis ». Gravure sur cuivre de l'époque.

La population de l'Allemagne tripla durant les 150 ans qui s'écoulèrent entre la guerre de Trente Ans et la fin du XVIIIe siècle. Quant au nombre de Juifs, il augmenta encore davantage .

La situation des Juifs pauvres ne fit qu'empirer. En raison de leur appartenance religieuse, ils n'avaient pas accès à la société productive et étaient exclus de l'armée et de la fonction publique. Ils n'avaient pas le droit de travailler comme manœuvres, ni d'apprendre un métier manuel ou de devenir cultivateurs. Surtout, ils ne recevaient de droit de résidence nulle part, hormis dans les villages appartenant à l'Alliance de la petite noblesse qui les acceptaient contre paiement de sommes faramineuses – la Hesse par exemple abritait 300 de ces villages. Ces sommes étant cependant moins élevées que dans les villes, plusieurs bourgs s'agrandirent de quartiers juifs tandis que leurs seigneurs acquéraient de fidèles serviteurs.

La classe inférieure juive englobait également les étudiants itinérants, les fils cadets de Juifs établis auxquels il était interdit de se marier et pour lesquels les familles n'avaient pas les moyens d'acheter des droits de résidence, ainsi que les vagabonds, les mendiants et la masse de réfugiés venant des régions de pogroms. Ces déclassés formaient un groupe « socio-économique » qui rejoignait les chrétiens marginaux, mais à l'encontre de ceux-ci, ils n'avaient aucun espoir de rentrer dans la société puisque les activités légales leur étaient fermées. Il ne leur restait que l'alternative d'être contre la société.

La vie était notamment dangereuse pour les hordes de mendiants juifs sans logis. Dans un édit daté du 31 août 1712, le duc Anton Ulrich de Brunswick ordonnait par exemple que « les juifs mendiants... soient la première fois jetés dans les cachots les plus infâmes pendant quatorze jours... la deuxième fois bastonnés et marqués au fer, et la troisième fois pendus haut et court ».

Une minorité de défavorisés trouva protection auprès des Juifs possesseurs de droits de résidence qui les gardaient sous leur toit en tant que domestiques, précepteurs quand ils étaient étudiants du Talmud ou préposés de la communauté. La plupart du temps, ces fonctions étaient factices car déjà remplies par des membres de la communauté. D'autres indigents survivaient comme saltimbanques ou musiciens ambulants.

Ci-contre : Schinderhannes et sa bande sont emmenés de Francfort-sur-le-Main à Mayence le 16 juin 1802. Le numéro 7 est Amschel Riederburg, Juif de Rödelheim. Gravure sur bois, 1802.

Cependant, la grande majorité des Juifs dépourvus de droits vivait de la mendicité. Des groupes de mendiants se déplaçaient de communauté en communauté où on les hébergeait deux jours dans l'hospice avant de les renvoyer sur les routes. En 1721, plus de 700 mendiants juifs passèrent dans la petite ville bavaroise de Harburg en l'espace de quatre mois : « Des groupes de dix, quinze ou vingt dorment sur la paille dans la maison d'un Juif », constata le bourgmestre de la localité qui obtint un édit interdisant d'héberger des Juifs mendiants.

Des bandes de voleurs et bandits de grands chemins juifs se formèrent parallèlement aux bandes de malfaiteurs non-Juifs. Quelques Juifs entraient dans des groupes non-juifs et vice-versa. C'est ainsi qu'Amschel Riederburg, un Juif de Rödelheim fut l'un des six membres de la bande du tristement célèbre Schinderhannes. Un Juif de la bande du Bavarois Hiasl a peut-être servi de modèle à Friedrich Schiller pour son personnage de

Spiegelberg dans les « Brigands » (1781). Dans une version de la deuxième édition, Spiegelberg dit à Moors : « Et si nous étions Juifs et reparlions du Royaume ? » Moors réplique : « Je comprends maintenant : tu veux démoder le prépuce parce que le barbier a déjà pris le tien. »

Les bandes de malfaiteurs juifs possédaient un langage secret émaillé de mots hébreux déformés, incompréhensible du reste de la population, y compris des classes sociales juives établies. Un grand nombre des mots et expressions de cette langue furent repris par les bandes de non-Juifs qui entretenaient des contacts étroits avec les délinquants juifs. C'est ainsi que se créa l'argot que policiers, écrivains et gens du peuple appelèrent « Rotwelsch ». « Rot » signifie moyen haut allemand et « Welsh » français, étranger ou incompréhensible. Les malfaiteurs avaient baptisé leur langue « Chochemer Loschn », à savoir langue uniquement comprise des initiés. En hébreu, « shoshem » signifie érudit et « lashon » langue.

Les Juifs vivant dans la criminalité étaient entièrement exclus des communautés juives. Un grand nombre d'entre eux continuaient cependant d'obéir aux règles alimentaires juives et de célébrer le sabbat. De même, la majorité des prisonniers se faisait plutôt pendre ou brûler que d'accepter le baptême. Les délinquants juifs capturés étaient fréquemment soumis à la torture et des rapports de police notent avec étonnement que presque tous supportaient les sévices sans vendre leurs complices.

Les bandes juives étaient parfaitement organisées. Chaque membre versait une partie de son butin dans une caisse commune qui servait à subvenir aux besoins des malades et des familles des membres emprisonnés. Ironie de l'histoire, le brigandage permit à plus d'un hors-la-loi d'intégrer la société bourgeoise. Les fruits de leurs rapines leur permettaient d'acquérir un droit de résidence auprès des burgraves. Ils menaient alors une vie en apparence bourgeoise et leurs enfants grandissaient dans un milieu normal.

Un juge qui avait présidé un procès contre une bande de malfaiteurs juifs écrivit : « C'est très étrange, mais presque tous les voleurs juifs se placent sous la protection de la petite noblesse. » Les bandes juives avaient une loi : elles n'exerçaient jamais leurs activités sur les territoires des seigneurs qui leur avaient donné asile.

En haut : Jonas Meier, voleur juif. Il refusa de recevoir la baptême, ce qui aurait allégé sa peine, d'où l'inscription « ennemi du Christ ». Il fut pendu par les pieds avec un chien qui le dévora. Gravure sur cuivre de Johann Christoph Böcklin d'après F.T. Delius, 1699.

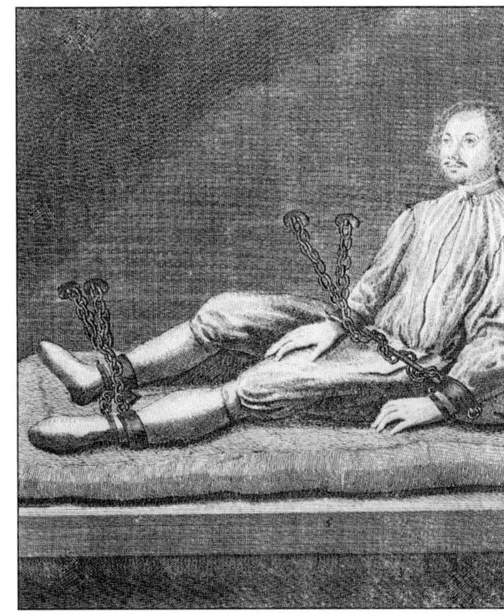

« Le voleur Hoyum Moyses, alias Johann Ingolstäter. » Gravure sur cuivre contemporaine, 1737.

Ci-dessous : exécution de voleurs juifs à Vienne, 1642. Un voleur baptisé, revenu au judaïsme avant sa mort, est pendu par les pieds au-dessus d'un bûcher.

La classe supérieure – Les Juifs de Cour

Au XVIIe siècle, une nouvelle classe supérieure se créa à côté de l'élite traditionnelle des docteurs de la Loi et des dirigeants de communautés. Cette classe comptait entre autres des médecins savants ainsi que les Juifs de Cour et facteurs de Cour au service des princes.

Les princes et autres seigneurs des nombreux petits États allemands recherchaient des financiers indifférents aux intérêts particularistes des différentes classes. Ils devaient témoigner une loyauté à toute épreuve envers leurs maîtres et n'avoir aucun lien d'intérêt avec les magistratures des villes, les corporations, les associations marchandes et l'Église. Les financiers juifs répondaient à ces exigences et étaient par ailleurs en mesure de se procurer ou d'écouler des produits et des capitaux à grande échelle grâce à leurs relations internationales.

Michael Gernsheim (vers 1705-1792), chef élu de la communauté autonome de Worms. Le magistrat de la ville lui conféra le titre d'« évêque des Juifs ». À l'instar de la majorité des dirigeants de communautés, Gernsheim était un homme d'affaires prospère, fondateur de la plus ancienne manufacture de cuir d'Allemagne.

Samuel Oppenheimer (1635-1703), de Heidelberg, financier des campagnes du prince Eugène. Léopold Ier le nomma « Facteur des armées et Juif de Cour impérial ».

Samuel Oppenheimer (vers 1635-1703), de Heidelberg, par exemple ne ravitailla pas seulement les armées autrichiennes du prince Eugène en vivres, armes et munitions, mais procura aussi les soldes durant la guerre contre la France et la Turquie. Il devint ainsi « facteur des armées et Juif de Cour de Sa Majesté impériale ». Son successeur, Samson Wertheimer (1658-1724), de Worms, grand rabbin de Hongrie, exerça la fonction de facteur de Cour sous Léopold Ier et Joseph Ier.

Jost Liebmann (vers 1640-1702), négociant en bijoux de Berlin et financier de la Cour, devint Juif de Cour du Grand Électeur qui lui accorda l'autorisation de construire une synagogue. En 1700, il

À gauche : Raphael Levi (1685-1779), mathématicien, secrétaire et ami de Leibniz. Il conçut entre autres une méthode de calcul simplifié du degré de longitude dans l'arpentage.

Ci-dessous : le docteur Gottschalk (1726-1795), de Geldern, grand-père de Heinrich Heine du côté maternel.

Ci-contre : Marcus Elieser Bloch (1723-1799), médecin de Berlin, ami de Moses Mendelssohn et ichtyologiste célèbre. Des centaines de gravures sur cuivre illustrent son « Histoire naturelle des poissons » en neuf volumes.

était le plus riche Juif d'Allemagne avec une fortune s'élevant à 100 000 thalers.

Quelques Juifs de Cour connurent cependant un triste destin. Elkan Fraenkel (1675-1720), dirigeant de la communauté de Fürth, devint Juif de Cour du margrave d'Ansbach-Bayreuth. Dénoncé par un Juif baptisé qui l'accusa entre autres de posséder des livres anti-chrétiens, il fut torturé et mourut après huit années de cachot.

Le sort de Joseph Süss Oppenheimer (1692-1738) a inspiré une nouvelle à Wilhelm Hauff, un roman à Lion Feuchtwanger et un drame à Paul Kornfeld et Eugen Ortner. Oppenheimer, facteur de Cour et conseiller financier du duc Alexandre de

„Umständliche Nachricht
Von der,
Von Seiner Hochfürstl. Durchl. zu Anhalt
etc. und Dero Durchlauchtigsten
Frau Gemahlin, auch sämmtlichen
Hochfürstl. Herrschafft
Des Hochfürstl. Güterbeschauers bei der Accise
wie auch Aeltesten bei der Judenschaft zu Dessau
Jacobs Sohn
Conrad Jacob als Bräutigam,
Und
Des Hochfürstlichen Hoff-Factors daselbst, wie auch
Aeltesten bei gedachter Gemeine Calman Eheleiblichen
Tochter
Bessgen Calman als Braut,
Gethanen reichlichen
Hochzeits-Ausstattung
Und darauf am 4ten Februar 1740
Beschehenen Trauung
Aus unterthänigster Erkäntlichkeit vor sothane
Hochfürstl. Hohe Gnade
Auch zum immer währenden Gedächtniss
dem Publico
In Druck überreichet
Von
Obbennannten neuen Ehe-Paar.

Faire-part de mariage : Conrad Jacob épouse Bessgen Calman, fille légitime de Calman, facteur de la Cour princière, au château du prince d'Anhalt à Dessau (4 février 1740).

Wurtemberg, était un esprit cultivé et un dandy arrogant. « Jud Süss », son sobriquet dans la langue populaire, usa de son talent génial pour assainir les finances du duché ruiné, mais en ignorant avec un mépris hautain les vieilles familles qui avaient jusqu'alors détenu le pouvoir. Oppenheimer se fit surtout des ennemis quand il créa un impôt de 5 % sur les salaires des fonctionnaires aux fins de rembourser les dettes et de remplir la caisse de l'État. Il institua également un monopole étatique sur le cuir, le sel, le vin et le tabac et fonda des manufactures de tabac, de soie et de porcelaine ainsi que la première banque du Wurtemberg. Il octroya le monopole de marchés lucratifs, se laissant parfois corrompre, à des coreligionnaires amis, ce qui renforça encore la haine des familles prospères chrétiennes. Pour sa part, il se bâtit une immense fortune en usant aussi de manipulations. À la mort du duc, il fut aussitôt arrêté, accusé d'escroquerie et autres méfaits sans preuve de culpabilité et condamné à mort en dépit des protestations du plus éminent juriste du pays.

Oppenheimer fut exposé dans une cage suspendue à une potence. Son exécution donna prétexte à une fête populaire dont l'apothéose devait être le moment où le protagoniste principal réclamerait le baptême en échange de sa vie. Mais Oppenheimer, homme de caractère et Juif croyant, gravit l'échelle en proclamant sa profession de foi au Seul et Unique Dieu. Le prêtre qui devait le baptiser le maudit.

Planche tirée d'un ouvrage médical de Tobia Kohen. Il compare le corps humain à une maison : la tête est le toit ; les yeux sont les fenêtres, la bouche est la porte d'entrée. Le buste est l'étage supérieur, les poumons sont les réservoirs d'eau, les jambes et les pieds les fondations.

À gauche : Joseph Süss Oppenheimer (1692-1738) en habit de cour.

À droite : Joseph Süss Oppenheimer écoute l'énoncé du jugement dans sa cellule. Sur l'inscription : « Le jugement est rédigé/suis irrévocablement condamné/et n'ai pas le droit de dire un mot en ma faveur. » Tiré d'un récit illustré contemporain, 1738.

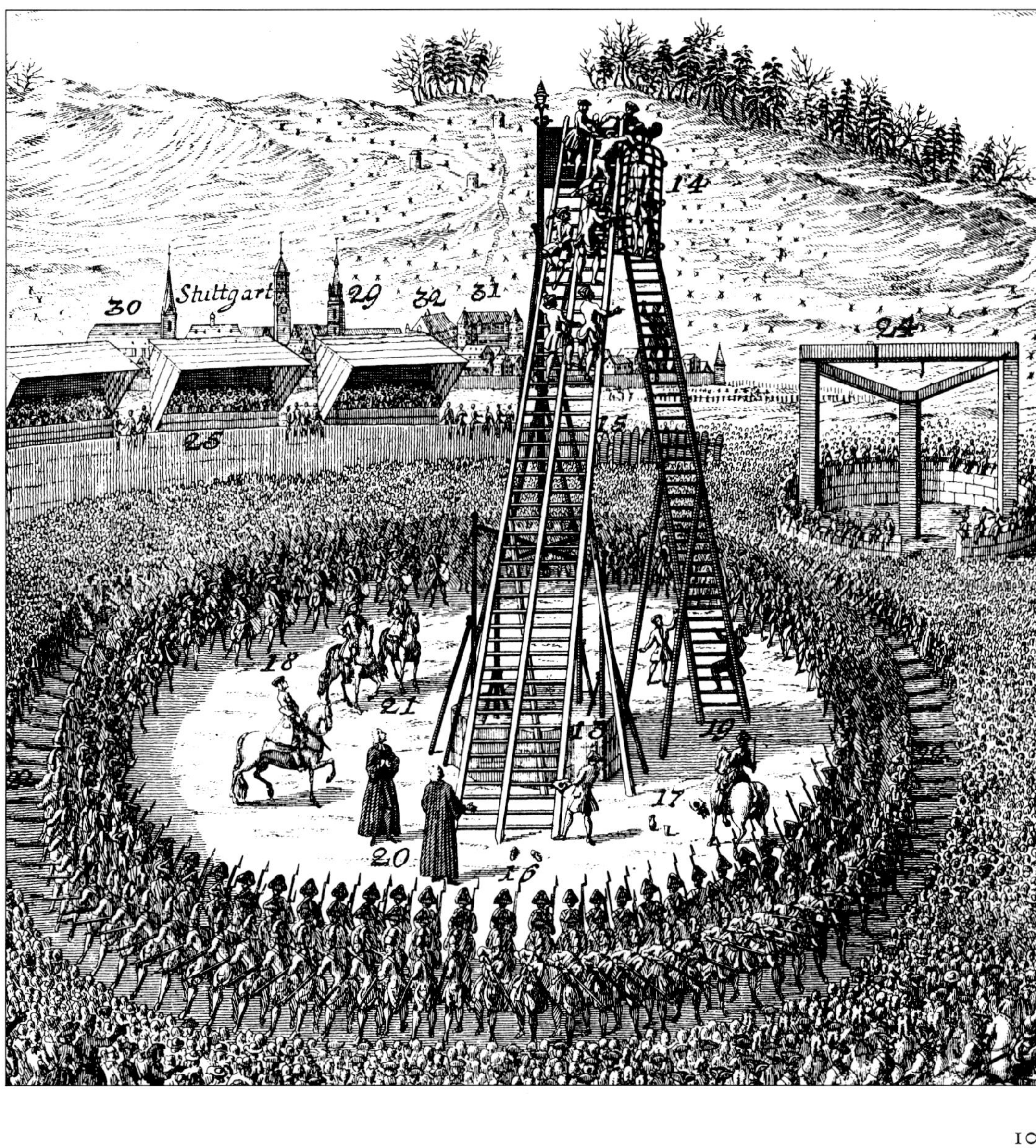

« Jud Süss » est suspendu dans une cage. Le cadavre fut laissé dans la cage pour « être dévoré par les corbeaux ». Tiré d'un récit illustré contemporain, 1738.

VERS LES TEMPS MODERNES

La lutte pour l'Émancipation

De Vienne à Berlin

Pour les Juifs d'Allemagne, les temps modernes commencèrent avec le mercantilisme au XVIIe siècle et l'époque des Lumières au XVIIIe siècle.

Le mercantilisme se développa entre autres à partir de la théorie selon laquelle la richesse et le pouvoir d'un État sont en corrélation avec le volume de ses réserves d'or et d'argent. Il s'agissait donc d'augmenter la production destinée à l'exportation et de réduire au maximum l'importation de marchandises.

À la fin de la guerre de Trente Ans, le Prince Électeur Charles-Louis du Palatinat (1617-1680) rentra à Heidelberg après avoir vécu en exil aux Pays-Bas. En Hollande, il avait observé combien les réfugiés juifs d'Espagne, du Portugal et de Pologne contribuaient à l'épanouissement du pays en raison du climat de tolérance à leur égard et de la grande liberté économique dont ils jouissaient. Il accorda les premières concessions aux habitants juifs de Mannheim en 1660. En échange, ces derniers devaient aider à la reconstruction du pays, qui impliquait entre autres l'édification de maisons à deux étages par des artisans juifs. Pour les Juifs concernés, ces exigences relevaient davantage d'un privilège que d'une obligation. Lemle Moïse Rheinganum, facteur de Cour et administrateur des salines princières, construisit par exemple une ferme modèle à Mülhau, près de Mannheim. À l'instar de la plupart des Juifs de Cour, il joua un rôle très actif dans sa communauté et créa également des fondations pour les déshérités qui perdurèrent durant des siècles.

L'entrée des Juifs dans les temps modernes se passa différemment dans le Brandebourg et à Berlin. Il commença avec l'installation en 1671 d'un petit groupe de cinquante familles d'émigrants juifs autrichiens qui étaient riches et représentaient une force économique. Sur les instances du clergé, l'empereur Léopold Ier avait ordonné l'expulsion totale des Juifs d'Autriche le 24 avril 1670. Un

Tapisserie des armoiries royales réalisée en 1590. Elle porte l'inscription : « Je crains Dieu en toutes choses ». Cadeau du roi Frédéric-Guillaume Ier lors de sa visite à la synagogue de Berlin en 1718. La bénédiction traditionnelle pour les rois y est brodée en écriture hébraïque : « Vive notre seigneur, le roi Frédéric-Guillaume – que sa gloire ne cesse de grandir. » L'ouvrage servait de rideau à l'arche de la Loi.

À droite : inauguration de la première synagogue publique de Berlin en 1714. Sa construction fut retardée en raison des conflits véhéments au sein de la communauté juive qui opposaient les partisans des synagogues privées et modestes à ceux des édifices plus solennels. Gravure sur cuivre de l'époque.

grand nombre trouva alors refuge dans les communautés juives de Bohème, de Moravie et de Bavière.

La Marche de Brandebourg avait expulsé sa population juive dès 1573. Le Grand Électeur Frédéric-Guillaume (1640-1688), réputé pour sa tolérance religieuse, pratiqua une politique démographique et économique qui ouvrit les portes de son pays, alors sous-développé, aux Huguenots français et aux Hollandais. Dans un décret du 21 mai 1671, il permit à cinquante familles juives fortunées qui avaient été chassées de Vienne de venir s'installer dans le Brandebourg, « aux fins d'encourager le commerce et les affaires. » Ces « Juifs protégés » reçurent un droit de résidence limité à 20 ans : une élite financière tolérée temporairement parce qu'elle était nécessaire au développement du pays et constituait une source de revenus appréciable en raison des taxes et cautions que l'on tirait d'elle. Sept de ces familles choisirent Berlin comme résidence.

Le nombre des familles juives du Brandebourg passa à 200 sous les règnes de Frédéric Ier, roi de Prusse en 1701 et de Frédéric-Guillaume Ier (1713 à 1740) qui succédèrent au Grand Électeur. La moitié de ces familles étaient composées de « Juifs protégés » ; les autres ne possédaient aucun droit et travaillaient pour la plupart au service de leurs coreligionnaires privilégiés.

Jusqu'en 1812, les lettres patentes ne furent accordées qu'à des Juifs possédant une fortune considérable : aux fournisseurs de la Cour, aux fabricants de monnaies, aux joailliers et aux financiers. Les

Joel (Jost) Liebmann. Ce « Juif protégé », sans doute originaire de Halberstadt et mort en 1702, était un conseiller intime du Grand Électeur. Avec une fortune s'élevant à 100 000 thalers, il était le plus riche Juif d'Allemagne vers 1700 et fut le premier Juif de Berlin à recevoir le droit de bâtir une synagogue privée. Peinture d'Anthoni Schoonjans.

Juifs n'étaient pas admis dans les corporations qui assuraient une existence matérielle à leurs membres. En 1716, un décret de la Guilde des marchands allemands et huguenots de Berlin interdit l'admission dans la guilde des « Juifs, meurtriers, blasphémateurs et voleurs. » Seules les branches sous-développées ou non encore exploitées de la production et du commerce étaient ouvertes aux Juifs. En tant que fabricants de monnaies ou financiers, ils allouaient des crédits destinés à financer les entreprises économiques et politiques des rois. Dès la deuxième moitié du XVIIIe siècle, les « Juifs protégés » de Berlin et du Brandebourg avaient créé et possédaient des fabriques de velours et de peluche, des ateliers de dentelles et des manufactures de soie et d'objets en argent et en or.

Cette petite classe de Juifs prospères mais discriminés au niveau social et politique aspirait à participer à la culture de son pays d'adoption et à obtenir les droits civiques. Daniel Itzig (1723-1799), fabricant de monnaies et banquier, acquit plusieurs propriétés dont un parc et un théâtre dans la Kopernikusstrasse à Berlin. Il fit construire une synagogue dans son hôtel particulier de même qu'un musée pour sa collection d'art qui comprenait des œuvres de Rubens, de Ter Borch, de Watteau et de Pesne. Wilhelm Friedemann Bach, un des fils de Jean-Sébastien Bach, trouva refuge dans le foyer des Itzig où il fut le précepteur de Sara, une fille de la famille, jusqu'à sa mort, en 1784.

Cette classe de Juifs parlait le haut allemand et le français en seconde langue. Elle cultivait la littérature et la musique contemporaine, discutait et intégrait les idées de l'Aufklärung (les Lumières) et s'écartait de la vie culturelle juive qu'elle jugeait figée. Elle nourrissait l'espoir qu'une tolérance éclairée lui ouvrirait les voies de l'assimilation et de l'émancipation.

À gauche : expulsion des Juifs de Prague sur l'ordre de l'impératrice Marie-Thérèse en 1745. Gravure d'époque.

À droite : édit de Frédéric-Guillaume Ier de Prusse daté de 1724, ordonnant l'expulsion des Juifs dépourvus de droits de résidence. Cet édit touchait également les enfants cadets des familles de Juifs protégés, puisque le droit de résidence n'était accordé qu'au fils aîné.

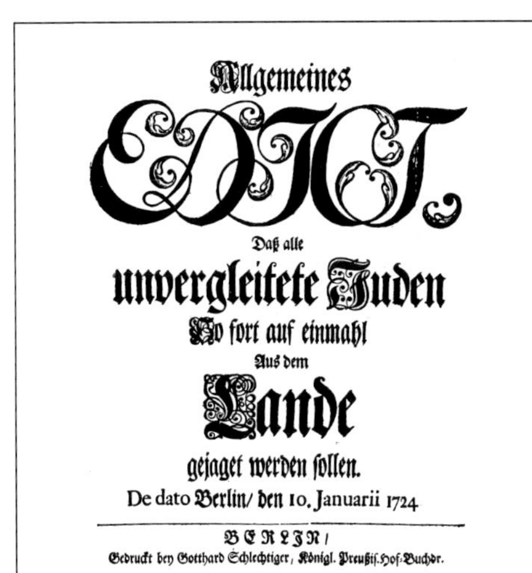

Allgemeines
EDICT,
Daß alle
unvergleitete Juden
So fort auf einmahl
Aus dem
Lande
gejaget werden sollen.
De dato Berlin/ den 10. Januarii 1724.

BERLIN/
Gedruckt bey Gotthard Schlechtiger/ Königl. Preußis. Hof-Buchdr.

Frédéric II et les Juifs prussiens

Ci-dessus : Daniel Itzig (1723-1799), fabricant de monnaies et président du Conseil des Juifs de Prusse. Frédéric le Grand lui accorda les droits d'un financier chrétien pour ses services rendus à l'État. Pastel de Joseph Friedrich August Darbes.

Ci-dessus : son épouse, Miriam Itzig, née Wulff. Pastel de Darbes.

Ci-dessous : l'hôtel particulier de la famille Ephraïm au Mühlendamm à Berlin. Gravure d'après un dessin de Stock ; vers 1830.

Frédéric II de Prusse (1740-1786) poursuivit la politique mercantile de ses prédécesseurs et agrandit son royaume par les guerres. Des Juifs prospères participèrent à sa politique économique et d'extension.

Sa tolérance envers les religions englobait également le judaïsme. Néanmoins, il se refusait à accorder des droits civiques aux Juifs. La législation qu'il leur appliqua dévoile à quel point il fut intransigeant et réactionnaire à leur égard.

Frédéric-Guillaume Ier avait déjà restreint la liberté de commerce des Juifs en interdisant par exemple la création de nouveaux magasins juifs. En 1730, il ignora les objections de ses ministres libéraux et promulgua le « General-Reglement », une loi qui limitait la natalité chez ses sujets juifs : le droit de résidence, donc de fonder une famille, n'était accordé qu'au premier-né des familles de Juifs protégés. Une autorisation de résidence pouvait être octroyée au cadet contre une

שיר

תודה ותפלה

Lobgesang und Gebet

על הבשורה הטובה · כי נתן יי את העיר

הבצורה שווידניץ

auf die

gute Bothschaft, daß der Herr die Stadt Schweidnitz

ביד

הודו אדוננו המלך החסד והאדיר (פרידריך) הגדול השני

מלך פרוסיא והגמון בראנדינבורג וגו׳ וגו׳ וגו׳

in die Hand Sr. Majestät, unsers Herrn,

des Allergnädigsten und Großmächtigsten Königs,

Friedrichs des Großen,

Königs in Preussen, und Churfürstens zu Brandenburg ꝛc. ꝛc.

wiedergegeben hat,

וילכוד

את העיר ואת העם אשר בה וישבבל איש שולף חרב וכל

איש מלחמה ופקידי החיל ושרי צבאו וכל כלי המלחמה

כ״ב לחדש הוא חדש תשרי

und Er sich der Stadt, und des Volcks, das darinnen war, bemächtigte; auch alle streitbare Männer, die das Schwerdt ausgezogen hatten, nebst vielen Generals, und andern Officiers, zu Krieges-Gefangenen machte, ingleichen alle Munition am 22sten des Monaths Tischri erbeutete.

Hier folgt die Jahr-Zahl in einem Text: Ezechiel 16. v. 12.

שנה ועטרת תפארת בראשך לפ״ק

und eine schöne Crone auf Deinem Haupte.

Berlin 1762.

Ci-dessus : hymne et prière juifs composés à l'occasion de la victoire de Frédéric le Grand à Schweidnitz, Berlin, 1762.

somme élevée ; les autres enfants devaient rester célibataires ou émigrer.

Le 17 avril 1750, Frédéric II édicta un « General-Privilegium-Reglement » qui avait été révisé et fut encore ultérieurement renforcé. Les Juifs étaient désormais divisés en six classes : les plus riches recevaient un privilège personnel qui les assimilait virtuellement aux citoyens à part entière ; leurs enfants avaient droit de résidence. Les Juifs protégés appartenant à la deuxième classe ne pouvaient s'installer que dans le lieu qui leur avait été imposé ; seul l'aîné de leurs enfants héritait du droit de résidence ; deux autres enfants pouvaient l'obtenir contre la somme de 1 000 thalers. Les droits des Juifs protégés de la troisième classe n'étaient pas héréditaires. Ce groupe comprenait notamment les professions libérales telles que médecins, avocats et artistes. Les trois premières classes supportaient le poids des impôts et autres taxes, constituant ainsi une source de revenus importante tant pour l'État que

Frédéric le Grand. Gravure sur cuivre de Salomon Bennet (1761-1838). Bennet, peintre et graveur, quitta Plotzk pour Berlin où il devint membre de l'Académie. Il acquit une grande réputation grâce à ses portraits de Frédéric II, de la reine Louise et d'autres personnages illustres. Néanmoins, il émigra en 1800 en Angleterre : « le pays de la liberté civique – également pour les Juifs ».

Frédéric le Grand visite la foire de Wroclaw, qu'il avait créée en 1742 pour faire contrepoids à la foire de Leipzig. Il autorisa les Juifs à y participer malgré les objections des commerçants chrétiens. Aquarelle de l'époque.

Le rabbin de Potsdam. Gravure de Georg Friedrich Schmidt, 1750.

pour la communauté juive. Aussi avait-on rendu leur émigration très difficile ; quiconque voulait quitter le pays devait d'abord verser un impôt spécial. La quatrième classe englobait les charges publiques telles que les rabbins et hauts fonctionnaires des communautés. Toute activité commerciale leur était interdite et ils ne jouissaient du droit de résidence que pour la durée de leur mandat. La cinquième classe comprenait les Juifs « tolérés », à savoir les enfants des Juifs des deuxième, troisième et quatrième classes qui, faute d'argent, ne pouvaient acquérir de droit de résidence. Ils ne possédaient aucun droit, ne pouvaient ni se marier ni créer d'entreprise ou de commerce et n'étaient tolérés qu'en tant que membres de la maison paternelle. La plupart des Juifs qui émigraient provenaient de cette cinquième catégorie. La sixième classe rassemblait les domestiques et employés des entreprises des Juifs protégés ; ils avaient seulement une permission de séjour tant qu'ils étaient en service. Moses Mendelssohn fit partie de cette classe jusqu'en 1763. À cette date, il était devenu si célèbre qu'il fut élevé à titre exceptionnel à la troisième classe et put alors se marier.

Aucune loi ne protégeait la masse des mendiants et vagabonds juifs qui étaient continuellement opprimés et expulsés du pays. Par ailleurs, il était interdit aux Juifs de vivre à la campagne, de pratiquer l'agriculture ou un métier artisanal.

En dépit de ce règlement, une véritable insulte à l'esprit de l'« Aufklärung », les Juifs tenaient Frédéric II en haute estime. Moses Mendelssohn glorifia même la guerre de Sept Ans : « Sans doute la campagne la plus remarquable qu'un grand sage ait jamais conduite. »

Daniel Itzig, banquier de la Cour et Veitel Heine Ephraïm, fabricant des monnaies royales, faisaient partie des Juifs protégés, proches du roi Frédéric II. Daniel Itzig (1723-1799) fils d'un riche marchand de chevaux et fournisseur des armées de Frédéric-Guillaume Ier, était président du Conseil des Juifs de Prusse. Le roi lui conféra les droits d'un financier chrétien pour services rendus à l'État. Mais lorsqu'un Juif prospère de Magdebourg demanda les mêmes droits, le roi écrivit en marge de sa requête : « Que ce Juif quitte Magdebourg sur-le-champ s'il ne veut pas en être chassé par le commandant ! ». D'autre part, Frédéric rappelait aux tribunaux que « les Juifs doivent être jugés de la même manière que les chrétiens. »

En 1763, après la guerre de Sept Ans, le roi enjoignit ses banquiers d'investir leurs profits dans des fabriques et des travaux publics. Itzig acheta une forge et une usine de cuir qu'il agrandit. Il avait presque entièrement financé les campagnes militaires du roi de Prusse de concert avec son cousin Veitel Heine Ephraïm (mort en 1775). Le banquier et le fabricant de monnaies avaient falsifié les pièces d'argent sur l'ordre secret du roi ; l'épisode engendra un dicton populaire :
« Argent à l'extérieur, étain à l'intérieur
Frédéric à l'extérieur, Ephraïm à l'intérieur. »

À l'instar de Daniel Itzig, Veitel Heine Ephraïm était l'un des dirigeants du Conseil des Juifs de Prusse, obéissait fidèlement aux lois et possédait également une synagogue privée dans un hôtel particulier. Ephraïm pouvait fournir le roi en argent provenant de Pologne et d'outremer grâce à ses contacts internationaux. Le roi lui confia également des affaires politiques dont le transfert de pots-de-vin en Turquie. Sur les instructions du roi, Ephraïm plaça une partie des bénéfices provenant de la falsification des monnaies dans des mines d'argent et des manufactures d'articles d'exportation. Il acquit l'hôtel particulier d'une famille berlinoise qu'il transforma en un des plus beaux palais baroques de la ville.

L'estime royale dont jouissaient ces Juifs privilégiés enraya pour un temps les agissements des ennemis des Juifs. Cependant, si le peuple ne se soulevait pas ouvertement contre eux, les Juifs n'en étaient pas moins soumis à des traitements humiliants, des sévices dans les rues au règlement appelé la « porcelaine des Juifs ». Selon un décret de Frédéric II, tout Juif ayant besoin d'un document officiel – pour un mariage, un changement de lieu de résidence, une nouvelle entreprise, etc. – ne le recevait qu'après avoir acheté une certaine quantité de porcelaine de la manufacture royale qu'il

Verordnung,
daß
die von Adel
auf ihren Güthern
sich weiterhin
keiner Juden
bey ihren
Oekonomien und Wirthschafts-Angelegenheiten
bedienen;
sondern
die in Schlesien tolerirte Juden
sich lediglich
mit dem Commercio und Handlung
beschäftigen sollen.

De Dato Potsdam, den 8. Martii 1780.

Breslau, gedrukt mit Grassischen Schriften.

Décret interdisant d'employer des Juifs dans les exploitations agricoles de Silésie ; Potsdam 1780.

devait revendre si possible à l'étranger. Une concession coûtait en moyenne 300 thalers ; un fossoyeur devait par exemple acheter pour 28 thalers de porcelaine. La « porcelaine des Juifs » rapporta 900 000 thalers à la manufacture royale entre 1763 et 1775. Les acheteurs forcés revendaient la porcelaine à perte, ce qui nuisait au commerce officiel.

Les Juifs protégés appartenant à la première classe tels que Marcus Levin, marchand d'or et père de Rahel Levin-Varnhagen (voir page 142), avaient le droit de s'habiller et de se raser à la mode des chrétiens. Mais lorsqu'un Juif du nom de Posner demanda l'autorisation de s'enlever la barbe puisqu'il remplissait les mêmes devoirs que ses coreligionnaires, le roi renvoya la requête de l'homme qui lui était inconnu avec cette boutade en marge : « Que le Juif Posner ne me rase pas et sa barbe non plus. » Les Juifs de l'époque devaient apprécier l'humour du roi, hormis peut-être Posner et d'autres offensés, car beaucoup lui vouaient une profonde admiration.

Moses Mendelssohn était un grand admirateur de Frédéric II, mécène et ami des arts et des sciences. Un sentiment que le roi ne semble pas lui avoir rendu. Il opposa son veto lorsque l'Académie prussienne des Sciences élut membre émérite « Moses Mendelssohn, le Socrate moderne ».

L'élite des Juifs prussiens s'attachait à donner une excellente éducation laïque à ses enfants, qui parlaient le haut allemand et étudiaient la littérature allemande contemporaine. L'hébreu faisait encore partie de l'instruction, mais jouait un rôle de plus en plus secondaire et n'était plus utilisé que dans la correspondance. Néanmoins, en dépit de leur attachement à la culture allemande, les Juifs n'étaient pas acceptés socialement et souffraient de cette situation. Pour les non-Juifs, ils constituaient un groupe plus ou moins hétéroclite aux coutumes religieuses et aux traditions étranges et provoquaient un malaise que l'on mettait sur le compte des « traits négatifs juifs ».

Partage de la Pologne entre la Russie, la Prusse et l'Autriche, 1772 : de nombreux Juifs orientaux furent ainsi incorporés dans les États russe, prussien et autrichien.

Moses Mendelssohn

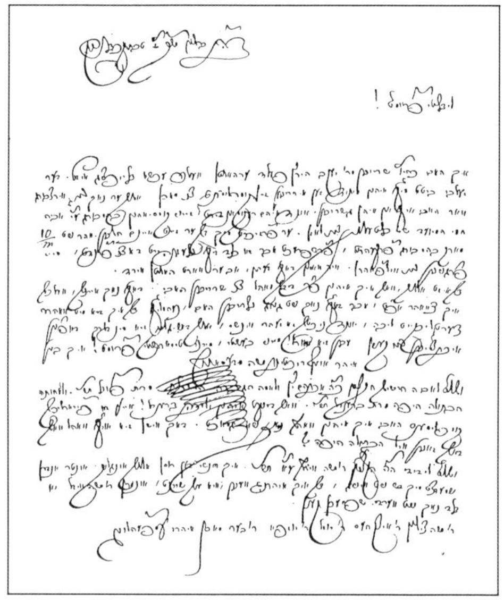

Ci-dessus : Moses Mendelssohn (1729-1786). Gravure sur cuivre d'après un tableau d'Anton Graff. Un des rares portraits réalisés du vivant de Mendelssohn.

En bas : Berlin, la Spandauer Strasse, où Moses Mendelssohn vivait avec sa famille.

Lettre de Moses Mendelssohn à son épouse, datée de 1762, l'année de leur mariage. La missive, rédigée en allemand avec des caractères et interjections hébraïques, commence ainsi : « Très chère Fromet ! J'ai reçu aujourd'hui des nouvelles de R. Jaakauw Herzfeld qui est en ce moment à Leipzig. Il me prie de vous envoyer ses compliments ainsi qu'aux vôtres... »

Fromet Mendelssohn (née Gugenheim), de Hambourg, épouse de Moses Mendelssohn. Miniature du « Dr R.S. », 1767.

Ci-dessus : trois enfants de Moses et Fromet Mendelssohn. Tiré de l'album généalogique Herz Homberg, vers 1773.

Gotthold Ephraïm Lessing (1729-1781), une des figures de proue de l'« Aufklärung » et ami de Mendelssohn. Gravure de Johann Friedrich Bause d'après un tableau d'Anton Graff.

Christoph Friedrich Nicolai (1733-1811), éditeur, pamphlétaire, adepte de la philosophie des Lumières, ami de Mendelssohn. Gravure sur cuivre de Johann Elias Haid d'après un dessin de Daniel Chodowiecki.

Le philosophe Salomon ben Josua (1753-1800) qui se faisait appeler Salomon Maimon en hommage à Maïmonide. Il s'installa à Berlin à l'âge de 26 ans et se fit un nom avec des études sur Maïmonide et Kant.

Moses Mendelssohn (1729-1786) – de son vrai nom Moses ben Mendel Heymann – naquit à Dessau dans une famille pauvre. La langue parlée dans la famille était le judéo-allemand, mais selon la coutume juive, le jeune Moses commença dès l'âge de quatre ans à apprendre l'hébreu, la langue des prières et des Saintes Écritures.

Dessau était alors un centre de la culture juive et abritait une imprimerie hébraïque réputée. Un cercle de Juifs parlant le haut allemand s'était également créé autour des familles des facteurs de Cour Calman et Jacob. Ces Juifs étaient tenus en si haute estime par le prince Léopold de Dessau, compagnon de guerre du Roi-Sergent, qu'il leur ouvrait même son château à l'occasion des mariages de leurs enfants et honorait les fêtes de sa présence.

En 1743, Moses ben Mendel, âgé de quatorze ans, suivit son maître David Frankel qui avait obtenu un poste de rabbin à Berlin. Dès lors, il n'entretint pratiquement plus de contacts avec ses parents, auxquels il ne rendit jamais visite. Néanmoins, il mentionne parfois dans sa correspondance l'origine distinguée de sa mère, descendante de Moïse Isserles (1510-1572) illustre érudit de Cracovie.

Karl Philipp Moritz (1756-1793), auteur du roman psychologique « Anton Reiser », ami et admirateur de Moses Mendelssohn.

À Berlin, le jeune Moses ben Mendel trouva un emploi de précepteur chez un fabricant de soie. En 1754, il occupait le poste de comptable de la manufacture de son employeur et devenait son associé quelques années plus tard. Il consacrait ses heures de loisirs à écrire et à apprendre des langues : le latin, le grec, le français, l'anglais et l'italien. Moses Mendelssohn, tel qu'il se nomma après avoir germanisé son nom, publia en 1754 son premier traité de philosophie et morale, écrit en langue hébraïque. Indépendamment des érudits et écrivains juifs, il fréquentait des représentants de la culture allemande dont Friedrich Nicolai et Gotthold Ephraïm Lessing, avec qui il se lia d'une profonde amitié (voir p. 128). Il entretenait également des contacts amicaux avec Herder, Wieland, Lichtenberg, Kant et les frères von Humboldt auxquels il enseigna l'hébreu. Mendelssohn était petit et contrefait, mais cela n'enlevait rien à son humour et sa sociabilité et encore moins au respect qu'il inspirait.

Lessing fit imprimer en 1755 le premier traité de Mendelssohn « Propos philosophiques » en langue allemande. Mendelssohn analysa l'esthétique dans d'autres écrits : selon lui, le sens de la beauté se trouvait dans son essence et non dans son usage. Il se sentait philosophe allemand et était reconnu comme tel. Juif orthodoxe pratiquant, il considérait que la religion participait du domaine privé. Il était convaincu que le monde chrétien évolue-

Gedichte

von

einem pohlniſchen Juden.

Mietau und Leipzig,

bey Jakob Friedrich Hinz.

1772.

68 Oden.

XXI.

An Herrn Mendelſohn.

den 15ten April, 1770.

Allauslöſchend verſchont, Mendelſohn, dich die Zeit,
Der du, ewig zum Ruhm von dem Unendlichen
Auserkohren, die Todsfurcht
Von den Menſchen vertilget haſt.

Welchen heiligen Troſt leiheſt du jeglicher
Seele, welche, zu ſtolz ſich mit vergänglichen
Erdengütern zu täuſchen,
Nach Unſterblichkeit ſtets ſich ſehnt?

Spielend nähert ſie ſich einem erquickenden
Quell auf einem, durch dich, blumenbeſäten Pfad,
Trinkt Unſterblichkeit ein, und
Segnet den, der den Weg gebahnt.

Laby-

À gauche : « Ode à Moses Mendelssohn ». Tirée du livre de poésie d'Isachar Bär Falkensohn « Poèmes sur un Juif polonais » (1772), les premiers poèmes d'un auteur juif publiés en langue allemande.

Vermuthlich kennſt du dieſe Silhouette? Ich kann dir's kaum verhelen! Sie iſt mir gar zu lieb! gar zu ſprechend! .... Kannſt du ſagen, kannſt du einen Augenblick anſtehen, ob du ſagen wolleſt: „Vielleicht ein Dummkopf! Eine rohe geſchmackloſe Seele!“ Der ſo was ſagen könnte, ertragen könnte, daß ein anderer es ſagte, der ſchließe mein Buch zu, werf' es von ſich — und erlaube mir, meinen Gedanken zu verwehren, daß ich nicht über ihn urtheile! Ich weide mich an dieſem Umriſſe! Mein Blick wälzt ſich von dieſem herrlichen Bogen der Stirne auf den ſcharfen Knochen des Auges herab .... In dieſer Tiefe des Auges ſitzt eine Sokratiſche Seele! Die Beſtimmtheit der Naſe; — der herrliche Uebergang von der Naſe zur Oberlippe — die Höhe beyder Lippen, ohne daß eine über die andere hervorragt, o wie alles dieß zuſammenſtimmt, mir die göttliche Wahrheit der Phyſiognomie fühlbar und anſchaulich zu machen. Ja, ich ſeh ihn, den Sohn Abrahams, der einſt noch mit Plato und Moſes — erkennen und anbeten wird, den gekreuzigten Herrn der Herrlichkeit!

rait vers la tolérance dans l'esprit de l'« Aufklärung » (les Lumières).

Mendelssohn se tint à l'écart des conflits religieux internes de la société juive. Il qualifiait le judéo-allemand et le yiddish de jargons démoralisants et ne s'intéressa guère au mouvement hassidique en Pologne, Lituanie et Russie, qui allait apporter des influences nouvelles au judaïsme de son époque. Par cette attitude, il contribua à créer le fossé qui allait séparer les Juifs de l'Est et de l'Ouest durant plus d'un siècle. Son idéal d'assimilation et d'émancipation engendra un processus de division en une identité juive dans la sphère privée et une identité allemande dans la vie civile et culturelle. Les enfants des Juifs « éclairés » s'écartèrent du judaïsme qui ne dictait plus formellement leur vie. Hormis quelques exceptions, les descendants de Moses Mendelssohn, des familles Itzig et Friedländer se convertirent à la religion d'État.

En 1763, le prix attribué par l'Académie des Sciences de Prusse pour la meilleure étude d'un sujet philosophique fut décerné à Mendelssohn. Son traité : « Dissertation sur l'évidence dans les sciences métaphysiques » l'avait emporté sur les ouvrages présentés par Kant et

Ci-dessous : psaume I de la traduction des Psaumes publiée par Mendelssohn en 1783.

1. Heil dem Manne, der nicht kömmt
In den Rath der Frevler:
Der nie betrat den Weg der Sünder:
Nie ſaß, wo Spötter ſitzen.

2. Den nur Gottes Lehre frommt,
Der Tag und Nacht ſie forſchet.

3. Er grünet, wie ein Baum am Bach,
Der Früchte trägt zur rechten Zeit,
Kein Blatt zu früh abwirft:
Und was er thut, gelinget.

4. So nicht die Frevler!
Die ſind wie Spreu, den jeder Wind verweht.

5. Die Frevler beſtehn nicht im Gerichte;
Sünder nicht vor der Gemeine der Frommen:

6. Denn gottgefällig iſt der Frommen Weg:
Der Sünder Weg verliehrt ſich.

En haut : ombre chinoise de Moses Mendelssohn dans l'ouvrage « Fragments physionomiques... » de Jean Caspar Lavater, 1775-1778. Les dernières lignes du texte sont une provocation à laquelle Mendelssohn ne répondit pas.

Hirschel Levin (1721-1800), grand rabbin de Berlin qui approuva la traduction de la Bible hébraïque en allemand faite par Mendelssohn. Gravure sur cuivre de Moïse Abramson le Jeune, d'après un dessin de J.A. Krüger.

Yessheskel Landau (1713-1793), rabbin de Prague, adversaire de la philosophie des Lumières. Il condamna la traduction de la Bible hébraïque réalisée par Mendelssohn.

autres philosophes réputés. Le roi lui accorda une lettre patente la même année. Un autre ouvrage majeur de Mendelssohn fut « Phaedon », écrit en 1767 : dans l'esprit d'un humanisme éclairé, il chercha à prouver l'immortalité de l'âme en s'opposant à la philosophie mécaniste et naturaliste.

La sérénité du philosophe allemand Mendelssohn fut troublée en 1769 lorsque Jean Casper Lavater, pasteur et théologien zurichois, lui rappela sa judéité dans une publication provocante. Lavater l'y sommait de réfuter la preuve que l'écrivain français Charles Bonnet avait apportée de la vérité de la religion chrétienne ou de se convertir au christianisme.

Ce défi engendra une violente polémique tant par lettres que par écrits publics qui atteignit profondément Mendelssohn. La pression prosélytique de Lavater indigna Georg Christoph Lichtenberg, physicien, astronome, satiriste et anticlérical. « Un Mendelssohn a plus de valeur que cent Lavater » écrivit Lichtenberg, qui refusait autant le christianisme que le judaïsme avant de prendre ouvertement position pour Mendelssohn dans son œuvre « Timorus » (1773), une satire contre Lavater. De même, Goethe exposa son courroux contre Lavater qui avait également tenté de le convertir, dans son œuvre « Poésie et Vérité ».

Mendelssohn répondit à Lavater dans un écrit prudent et courtois qui évitait toute controverse théologique. Néanmoins, il y proclamait qu'il était Juif croyant et fermement décidé à le rester. En outre, il y opposait la fièvre prosélytique chrétienne à l'enseignement juif de la tolérance. Il expliquait par ailleurs son refus d'une polémique religieuse en raison de sa position en tant que Juif de Prusse : « Membre d'un peuple opprimé dans un pays chrétien », il n'était pas habilité à remettre en cause la religion majoritaire du pays.

L'affaire Lavater marqua un tournant dans la vie et la pensée de Mendelssohn. Il se donna désormais pour vocation d'instruire certes les Juifs dans la culture allemande, mais de prôner également l'éducation juive en encourageant la renaissance de l'hébreu classique et de la bible hébraïque qui avaient été négligés dans les cercles de Juifs assimilés et même dans certains groupes traditionnels. En 1778/1779, il traduisit le Pentateuque suivi d'un commentaire en collaboration avec des érudits de Berlin et de Pologne. La traduction en allemand fut imprimée en caractères hébraïques pour être accessible aux lecteurs peu habitués à l'écriture allemande.

Mendelssohn ne cessa de s'engager pour « l'admission des Juifs dans la société civile » et leur émancipation. Dans son credo « Jérusalem ou Pouvoir religieux et judaïsme », paru en 1782, il se base sur la philosophie pour réclamer la séparation de l'État et de la religion, s'opposant conséquemment à l'autorité qu'exerçaient les rabbins au sein des communautés puisque le judaïsme interdisait la coercition religieuse. Christian Wilhelm von Dohm, conseiller des armées et archiviste prussien, soutint le combat pour les droits des Juifs de son ami Mendelssohn et écrivit un mémoire : « De la réforme politique des Juifs » (volume 1 en 1781, volume 2 en 1783), qui eut des répercussions bien au-delà des frontières allemandes.

Lorsque le projet d'un État juif en Palestine fut soumis à Mendelssohn, il le rejeta en arguant que les Juifs ne seraient pas capables de former un peuple autonome et développer l'esprit de liberté après avoir vécu dans l'asservissement pendant plus de 1 500 ans. La majorité d'entre eux était en outre trop pauvre et le nombre des nantis bien trop bas par rapport à la masse des démunis. Qui plus est, les Juifs riches possédaient beaucoup moins de capitaux que les classes supérieures des autres États européens.

La pensée philosophique de Moses Mendelssohn fut bientôt dépassée par les théories de Kant et de ses successeurs. Néanmoins, Mendelssohn restera pour la postérité un guide spirituel du judaïsme allemand. Il tenta d'intégrer les Juifs allemands dans la culture allemande et d'expliquer le bien-fondé de leur émancipation. Il crut à la synthèse du judaïsme et de la civilisation allemande, un espoir issu de l'esprit humaniste des Lumières qui allait constituer la base vitale des générations à venir de Juifs allemands.

pation et pour des réformes au sein de la communauté juive.

Itzig, nommé conseiller Royal pour l'urbanisme en 1791 par Frédéric-Guillaume II, fut un des premiers fonctionnaires juifs de Prusse. Néanmoins, sa
...ème que la pleine citoyen-
...uissait étaient une faveur
...ient aucun rapport avec la
... des autres Juifs. En dépit
...ociale de quelques Juifs et
... nombre considérable de
... les efforts entrepris aux
... émancipation échouèrent
... le Frédéric-Guillaume II.
... des figures de proue de
... et du mouvement de
...nt fidèles à leur religion,
... plus à l'idée d'un peuple

...lamith,
eine
...Beförderung der Kultur
...Humanität
...jüdischen Nation.
...ausgegeben
von
...nkel und Wolf.
...Jahrgang.
...ig 1806.
...Reinicke, Buchhändler.

...luqués dans l'ortho-
...s-parents, mais dans
...sophie déiste, leurs
...ent fréquemment le
...poir de s'assimiler

...t conscients de leur
...oyens à part entière.
...oliberaient pour les
...s idées des réforma-
...propagèrent d'Alle-
...ers la Pologne et la

Ci-contre : Naphtali Herz Wesel (1725-1805), auteur de poèmes en nouvel hébreu, ami et collaborateur de Mendelssohn qu'il aida dans sa traduction du Pentateuque. Adepte des Lumières et pionnier d'une éducation profane dans la langue vernaculaire, Wesel concrétisa ses idées en prenant le nom allemand de Hartwig Wessely.

À droite en bas : partie du « nouveau règlement » de la Jüdische Freischule Berlin, 1796.

Russie et donnèrent le jour à un mouvement juif des Lumières dans ces pays. Les adeptes de la Haskalah rompirent avec les formes traditionnelles pour instaurer une synthèse du judaïsme et du monde moderne. Mais au contraire des partisans juifs de la philosophie des Lumières en Allemagne, ils puisèrent autant dans la tradition juive que dans la culture laïque contemporaine qui, selon eux, apportait un enrichissement au judaïsme, à savoir l'idée de réconciliation des peuples de Schiller et la philosophie des Lumières de Kant. Ces deux doctrines influencèrent également le courant de la renaissance juive en Europe de l'Est.

Ci-contre à gauche : « Sulamith » (1806-1833), la deuxième revue du mouvement des Lumières juif, fut créée à Leipzig par David Fränkel et Joseph Wolf. La première revue juive éditée exclusivement en langue allemande préconisait un enseignement moderne des rabbins de même que des réformes radicales dans les offices religieux, telles que les sermons et prières en langue allemande.

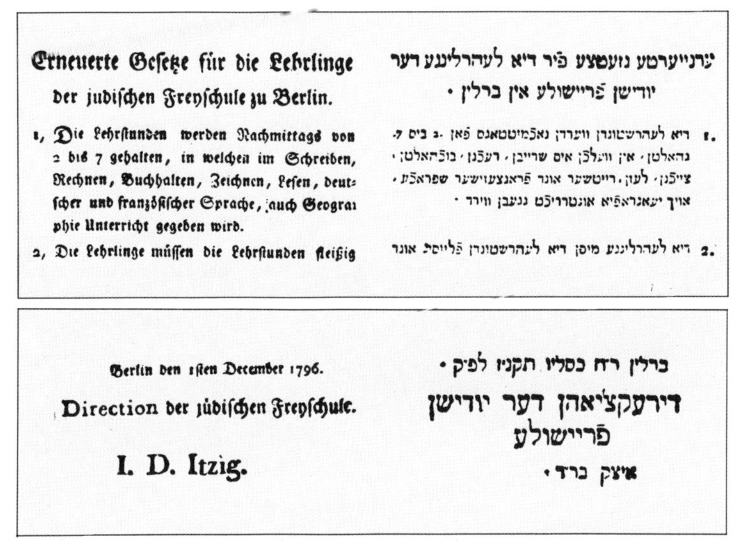

Erneuerte Gesetze für die Lehrlinge der jüdischen Freyschule zu Berlin.

1, Die Lehrstunden werden Nachmittags von 2 bis 7 gehalten, in welchen im Schreiben, Rechnen, Buchhalten, Zeichnen, Lesen, deutscher und französischer Sprache, auch Geographie Unterricht gegeben wird.

2, Die Lehrlinge müssen die Lehrstunden fleißig

Berlin den 1sten December 1796.
Direction der jüdischen Freyschule.
I. D. Itzig.

La grande bourgeoisie

Brendel (Dorothea) Mendelssohn, fille aînée de Moïse Mendelssohn, épousa le banquier Simon Veit en 1783 et se remaria à Friedrich Schlegel en 1804 ; elle se convertit au protestantisme en 1802 et au catholicisme en 1808.

Marcus Herz (1747-1803), médecin, professeur et conseiller de la Cour, époux de Henriette Herz.

La majorité des Juifs d'Allemagne ne prit guère part à l'évolution de la société juive de Berlin et Königsberg. Leur existence se poursuivit dans la tradition juive. La vie culturelle et sociale se déroulait au sein de la communauté et de la famille qui offraient également sécurité et chaleur humaine. Mais, à l'extérieur, on considérait encore les Juifs comme une classe en marge de la société puisque pratiquement dépourvue de droits. Les contacts avec l'entourage chrétien étaient limités au minimum indispensable. La plupart des Juifs vivaient dans la pauvreté, hormis un petit groupe qui s'était élevé dans la classe moyenne grâce au commerce du bétail et du blé.

À Berlin par contre, une élite intellectuelle était parvenue à entrer dans la société cultivée. Les familles Herz, Meyer, Beer et Levin faisaient partie de ce groupe privilégié.

Marcus Herz (1747-1803), fils d'un pauvre marchand « Juif non protégé » de Berlin, avait été envoyé chez des parents à Königsberg pour y apprendre le commerce. Il fréquenta les cours de Kant et devint un élève préféré du grand maître qui lui fit rencontrer Moïse Mendelssohn. Le philosophe le recommanda à son tour à David Friedländer, grâce auquel il put entreprendre des études de médecine. Herz devint un des médecins les plus réputés de son époque. Il dirigeait l'hôpital juif nouvellement fondé et donnait des cours de philosophie et de physique expérimentale auxquels le roi et Wilhelm von Humboldt vinrent assister. Frédéric-Guillaume lui attribua une chaire de professeur en 1787.

Herz fut un des précurseurs de l'émancipation des Juifs, qu'il rattachait à la culture allemande à l'instar de Mendelssohn et de David Friedländer. Herz, Juif pratiquant, fut le premier à qualifier dans un écrit satirique l'antisémitisme de certains Juifs de vengeance perverse destinée à avilir leurs coreligionnaires – mais qui en vérité se retournait contre eux-mêmes. Herz proclama en outre sa judaïcité en contribuant à la fondation de la société des amis de la langue hébraïque et du

Amalie Beer (1767-1854). Peinture de Carl Kretschmar.

journal « Ha-Meassef (le Collecteur). Son épouse, Henriette, était la fille de Benjamin de Lemos, illustre médecin portugais sefarade de Hambourg. Le couple créa un salon littéraire fréquenté par toute la société cultivée berlinoise. Amalie Beer (1767-1854) était la fille du banquier Liebmann Meyer Wulff. Sa maison fut un centre de la vie sociale et musicale de Berlin bien avant la mode des salons littéraires et le resta longtemps après leur disparition.

Jacob Herz Beer et son épouse Amalie eurent trois fils. L'aîné, Jacob Meyer Beer (1791-1864) prit plus tard le patronyme de Giacomo Meyerbeer sous lequel il acquit la célébrité notamment grâce à ses opéras. Son frère Wilhelm (1797-1850) devint astronome. En collaboration avec Mädler, il publia entre 1834 et 1836 de nombreux relevés télescopiques qui permirent de réaliser la première représentation complète de la partie visible de la lune. Il fut élu au parlement prussien en 1846 après s'être converti au christianisme. Michael (1800-1833), benjamin de

...sans des Lumières, de la réforme, ...ssimilation

...des Lumières devait favoriser ...on à une égalité politique et ...Juifs. C'est du moins ce que ...ourage de Moses Mendels... ...érait incorporer le judaïsme ...agne chrétienne en amenant ...langue, à la culture et aux ...mandes.

...s, seule une petite couche ...ive lisait et parlait l'alle... ...Jüdische Freischule » fut ...en 1778. Pour la première ...d et le français, de même ..., les mathématiques et la ...aient enseignés dans une ...côté des disciplines tradi... ...éducation juive – une voie ...ation à l'entourage ger... ...et vers l'émancipation tant ...quier de Cour Isaac Daniel ...806) et son beau-frère ...der (1750-1834) furent les ...s premiers professeurs de ...une famille estimée de ...ricant de soie et admira... ...ssohn, David Friedländer ...ie pour la modernisation ...est l'auteur du premier ...our enfants juifs » en ...e. Après Berlin, d'autres ...rmées se créèrent à tra... ... L'une d'elles, la « Phi... ... Francfort-sur-le-Main ...942.

...néro de « Ha-Meassef » ...arut en 1783 à Königs... ...ébraïque qui offrait une ...hèmes philosophiques, ...olitiques contemporains ...lement publiée en alle... ...périodiques du même ...s divulguaient les idées ...urageaient l'éducation ...mières.

...ne toucha d'abord ... couche de la société à Berlin et dans les autres grandes villes allemandes. L'orthodoxie et la tentative de renouveau religieux ne jouèrent pas de rôle vital parmi cette partie de la population juive. Pour parvenir à l'intégration dans la culture allemande chrétienne et à l'émancipation, Friedländer se déclara prêt à accepter une conversion au christianisme, mais avec une profession de foi modifiée « au nom de quelques Hausväter de religion juive ». Le terme « Hausvater » (« père de famille ») désignait les Juifs protégés de première classe, propriétaires de maisons. Cette suggestion souleva l'indignation chez la plupart des Juifs et fut rejetée du côté chrétien. Néanmoins, un certain nombre de Juifs adeptes de la philosophie déiste de Friedländer se

Ci-dessus : David Friedländer (1750-1834), fabricant de soie prospère, ami de Moses Mendelssohn et fervent défenseur de l'émancipation et de l'assimilation des Juifs en Allemagne. D'après une gravure de Caroline Bardua.

Ci-contre : page du « Ha-Meassef » (le Collecteur) avec une explication philosophique des mots « Or » et « Noa ». La revue fut fondée en 1783 à Königsberg (Kaliningrad) par un groupe d'écrivains juifs et exista jusqu'en 1811. Isaac Abraham Euchel (1758-1804), Moses Mendelssohn, David Friedländer et Hartwig Wessely font partie des grands noms qui y collaborèrent.

convertirent au christianisme dès cette époque.

Le roi Frédéric-Guillaume II (1786-1797), neveu et successeur de Frédéric II, annula en 1791 divers décrets humiliants que ses prédécesseurs avaient imposés aux Juifs. La communauté juive exprima ses « espoirs d'émancipation » dans une lettre de remerciement au souverain. Le roi supprima la taxe corporelle et l'acquisition forcée de « porcelaine des Juifs », un allégement pour lequel les Juifs durent toutefois verser de nouveau une somme élevée. En revanche, le roi n'autorisa pas l'accès inconditionnel des Juifs aux charges publiques et aux activités professionnelles. Le commerce n'était permis qu'aux Juifs fortunés et uniquement dans des secteurs négligés par les commerçants

Philosophische Erklärung

der Worte אור und נגה und der ihnen entgegengesetzten Worte חשך und אפלה.

אור (Or) ist das zuerst von Gott erschaffene Licht, (lux primigenia), welches nach der mosaischen Schöpfungsgeschichte am ersten Schöpfungstage entstanden ist (Gen. 1, 3.), und mit welchem die Sonne nur allein unmittelbar am vierten Schöpfungstage begabt worden, (Gen. 1, 14—19.). Da hingegen der Mond und die übrigen Planeten und Fixsterne erst dieses Licht durch Vermittlung der Sonne haben, und eigentlich nur corpora relucentia sind. Dieses erste Licht also und die Sonne werden in der heiligen Schrift unter dem Worte אור, wenn es als Subjekt eines Satzes und in absoluto steht, verstanden. Steht es aber mit einem andern Worte in statu constructo, als zum Beyspiel אור הלבנה (Jes. 60, 28.) אור נר (Jer. 28, 20.); so ist es nur von diesem אור abgeleitet, und als ein Prädikat des mit ihm verbundenen Wortes anzusehn, bedeutet alsdann das **Leuchten**, die **leuchtende Eigenschaft** des Körpers von dem die Rede ist. אור wäre daher ein objectives,

chrétiens. Par contre, les Juifs avaient désormais le droit de pratiquer l'agriculture sur des terres à défricher. Friedländer et Itzig, leaders du Conseil juif, refusèrent ce qu'ils qualifièrent de « don funeste » et de « faux avantages » : la nouvelle législation comportait autant sinon plus de restrictions humiliantes que les anciennes lois.

À l'instar d'Israël Jacobson, de Brunswick, Friedländer et son beau-frère Daniel Itzig ne cessèrent de lutter pour l'émanci-

En haut : Giacomo Meyerbeer, fils du banquier Jacob Herz Beer à l'âge de onze ans. Peinture de Friedrich Georg Weitsch, 1802.

Ci-dessus : soirée dansante à la « Goldene Kugel », Letzte Strasse à Berlin, où la jeunesse dorée juive et chrétienne se rencontrait. Gravure coloriée.

la famille, devint écrivain, auteur entre autres des pièces de théâtre « Struensee » et « Le Paria » qui connurent un vif succès.

Rahel et Ludwig, enfants du marchand d'or Markus Levin, appartenaient également à la société intellectuelle juive de Berlin. Rahel (1771-1833), instigatrice d'une « République de l'esprit libre », épousa à l'âge de 39 ans le diplomate et écrivain Karl August Varnhagen von Ense. Son frère, Ludwig Levin (1778-1832), qui se faisait appeler Ludwig Robert, était traducteur de drames français et auteur d'opérettes et de pièces de théâtre. Son œuvre « La fille de Jephté » (imprimée en 1820) fut représentée à Weimar en 1811 sur une recommandation de Goethe, mais n'obtint pas de succès. « Le pouvoir des relations » (publié en 1819) fut joué sur scène en 1815. Ce sont les deux premières pièces écrites par un Juif qui furent représentées en Allemagne.

Comme beaucoup d'autres jeunes Juifs de cette époque, Rahel et Ludwig ne voulaient rien d'autre qu'être allemands.

Ci-contre : la famille du banquier Kaulla de Stuttgart. Madame Kaulla est assise à gauche. Kaile Raphael Kaulla (1739-1809) fut une des rares femmes agents de Cour (à la banque du Wurtemberg). Gravure sur or de Goog, 1795.

La majorité orthodoxe

Rabbi Abraham Ticktin (1764-1820). Grand rabbin de Breslau. Comme ses ancêtres et ses descendants, il soutenait le judaïsme orthodoxe. Lithographie des quatre frères Henschel, 1812.

En dépit du mouvement de réforme actif notamment dans les villes, la majorité des Juifs vécut jusqu'au milieu du XIXe siècle selon les préceptes et coutumes transmises d'un judaïsme orthodoxe et conservateur. La croyance dans le message divin du Mont Sinaï, dans le Messie et dans le retour du peuple d'Israël en Terre promise constituait le cœur de la vie religieuse, de même que l'obéissance aux Dix Commandements et aux lois rituelles de propreté et d'alimentation. La circoncision des enfants de sexe masculin, huit jours après leur naissance, scellait l'Alliance avec Dieu (berit milah).

Les Juifs orthodoxes observaient à la lettre tous les commandements religieux, dont celui « d'apprendre » chaque jour. L'étude englobait les Écritures Saintes, les commentaires bibliques, le Talmud et les prescriptions rabbiniques qui régissaient le comportement dans la vie quotidienne. Les nouveaux courants spirituels et les changements sociaux avaient été assimilés jusqu'au XVIIe siècle. Mais les persécutions incessantes causant le déclin des écoles talmudiques avaient figé l'évolution de la société juive. Elle s'appuyait sur les traditions orthodoxes : l'observance des prières quotidiennes, du sabbat, des fêtes, des commandements et des lois alimentaires. Les colporteurs et marchands qui allaient de foire en foire et étaient absents du logis six jours par semaine suivaient également les lois : ils vivaient de pain et de fruits, aliments autorisés, lorsqu'ils étaient en route et ne prenaient des repas chauds de viande, ou de poisson que durant le sabbat, lorsqu'ils rentraient chez eux.

Les hommes se réunissaient pour les prières du matin et du soir quand ils pouvaient composer un minyan, l'assemblée de dix hommes au moins, minimum obligatoire pour toute prière communautaire.

La consommation de viande et de volaille n'était permise que si les animaux avaient été rituellement tués par les bouchers de la communauté. Le mélange du lait et de la viande était et est encore stric-

Circoncision d'un enfant mâle, signe de l'Alliance entre Dieu et la descendance d'Abraham. L'inscription signifie : « Nous te louons Seigneur notre Dieu, Roi du monde qui nous a sanctifiés par tes commandements et nous a ordonné la circoncision. » Illustration d'Uri Pheibusch, Hombourg, 1741.

tement prohibé selon le verset biblique : « Tu ne feras pas cuire un chevreau dans le lait de sa mère » (Ex. 23,19). Jusqu'à nos jours, l'interdiction de mélanger certaines substances conduit les Juifs ultra-orthodoxes à ne pas porter de vêtements faits par exemple d'un mélange de lin et de laine. Une autre institution strictement observée était le bain de purification dans une « eau vive », provenant donc d'une source ou d'une nappe aquifère.

La sexualité, considérée comme un élément naturel de la vie, était enseignée dès l'enfance par le biais de la Bible avec laquelle les enfants apprenaient à lire.

Samedi, jour du sabbat, scène devant la synagogue de Fürth. Les femmes portent des robes de style Empire, les hommes l'habit de fête des Juifs orthodoxes du Sud et de l'Ouest de l'Allemagne. Gravure sur cuivre coloriée, vers 1800.

Nathan le Sage et Shylock le Mauvais

En 1669, le théologien Theophilus Lessing avait écrit une thèse de doctorat intitulée « De religionum tolerantia ». Son petit-fils, Gotthold Ephraïm Lessing (1729-1781), né la même année que Moses Mendelssohn, fut également un adversaire ardent de l'intolérance et la bigoterie. Âgé de vingt ans, il raillait déjà l'arrogance chrétienne dans une pièce satirique intitulée « les Juifs ». Peu de temps après, il devenait ami et commençait une collaboration spirituelle avec Moses Mendelssohn qui allait durer jusqu'à sa mort.

Mendelssohn lui servit de modèle pour composer le personnage de son œuvre « Nathan le Sage », qu'il publia en 1779.

La pièce, conçue comme une œuvre didactique, souleva une vive controverse dès sa parution. La version remaniée par Schiller en 1801 a conservé jusqu'à aujourd'hui tout son impact. Au contraire de Shylock, le personnage équivoque de Shakespeare, le Nathan le Sage de Lessing soutient explicitement la tolérance en général, et notamment la tolérance envers les Juifs, en se basant sur des raisons éthiques universelles. « L'essence de la religion n'est pas dans la croyance, mais dans la façon dont elle est pratiquée. » Cette sentence de Lessing traduisait une maxime du judaïsme.

La pièce scandalisa les cercles bigots et même la société bourgeoise dite « normale », bien que Lessing ne fût pas allé jusqu'au bout des choses, ainsi que l'écrivit Ernst Simon : « Lessing veut certes germaniser et socialiser les Juifs par l'assimilation, mais il considère que le mariage mixte serait un moyen impropre pour y parvenir : il préfère que Recha reste chrétienne et même sœur du maître du temple ; il préfère ne pas dissiper la tension œdipienne de la scène finale ; il préfère achever

« Nathan et le maître du Temple ».
Gravure sur cuivre de Benedict Heinrich Bendix ; Berlin ; 1806. D'après une peinture de Johann Christoph Frisch. Bendix était le fils de Hirsch Nathan Bendig, Juif protégé berlinois. Le peintre Eduard von Bendemann était son neveu et le fils de Hirsch Aron Bendix qui prit le nom d'Anton Heinrich Bendemann.

le drame à thèse là où une tragédie humaine devrait commencer, plutôt que de recourir à un mariage mixte qui aurait été l'aboutissement logique et théâtral inéluctable. »

On reprocha à Lessing d'avoir été soudoyé pour camper positivement le personnage de Nathan. Cette tactique diffamatoire dévoilait une haine insondable qui se déchargea dans d'odieuses calomnies et des accusations infondées. Ici aussi, l'antisémitisme s'adressait au plus petit commun dénominateur. C'est peut-être le secret de son impact effroyable.

La campagne de dénigrement contre « Nathan le Sage », y compris les caricatures satiriques du personnage, ouvrirent la voie au persiflage du « Juif » dans les sphères dites cultivées. Iffland par exemple, l' un des grands comédiens de son temps, apprit le judéo-allemand parlé par les Juifs ruraux aux fins de le parodier, notamment dans une pièce de l'anglais Richard Cumberland où il composa une figure avilissante et ridicule du personnage principal juif. Lorsqu'on objecta que Cumberland faisait parler son héros dans un anglais distingué, il rétorqua que l'auteur s'était tout simplement égaré. Il créa ainsi un stéréotype risible de Juif qu'il utilisa également pour le personnage de Shylock aux dépens du Juif « judaïsant » de Venise.

Néanmoins, l'hymne à la tolérance de Lessing fut écouté par la plupart des gens instruits. Mendelssohn par exemple, le modèle de Nathan le Sage, jouissait de l'estime, sinon de l'admiration de la classe cultivée de son époque. Mais dans sa ville de Berlin, prétendument tolérante, il devait souvent endurer le mépris avec lequel on traitait les Juifs. Son amertume perce dans une lettre adressée en 1780 au Bénédictin Winkopp : « Dans ce pays soi-disant libéral, je vis dans des limites étroites en raison d'une intolérance extrême. Pour l'amour de mes enfants, je m'enferme toute la journée dans une fabrique de soie, comme vous dans un cloître. Dans la soirée, je vais parfois me promener avec ma femme et mes enfants. Papa, me demande l'innocent, que crient ces hommes après nous ? Que leur avons-nous fait ? Pourquoi nous jettent-ils des pierres ? Cher papa, dit un autre de mes enfants, ils nous poursuivent toujours dans les rues...

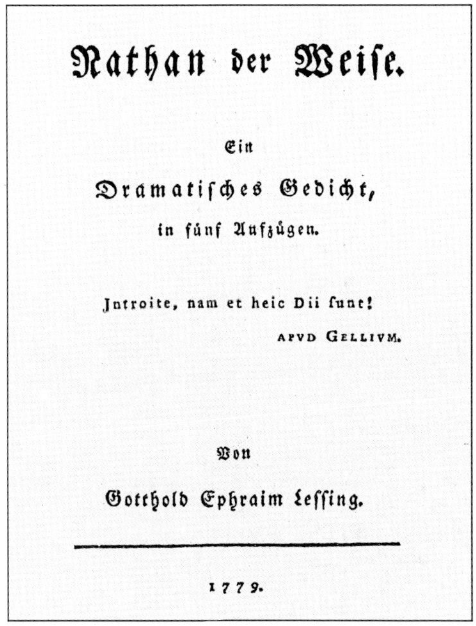
Nathan der Weise.

Ein

Dramatisches Gedicht,

in fünf Aufzügen.

Introite, nam et heic Dii sunt!

APVD GELLIVM.

Von

Gotthold Ephraim Lessing.

1779.

Ci-dessus : page de titre de « Nathan le Sage » de Lessing, 1779. L'inscription en latin signifie : « Entrez car les dieux sont aussi présents ici ! »

À droite : caricature de « Nathan le Sage » de Lessing. Gravure sur cuivre pour la page de titre de « Nathan le Sage travesti », farce en deux actes de Julius Voss. Berlin, 1804

À gauche : August Wilhelm Iffland (1759-1814), illustre comédien dans le rôle de Shylock, personnage du « Marchand de Venise », vers 1810.

Les précurseurs de l'émancipation

À gauche : le comte Honoré de Mirabeau (1749-1791). Le révolutionnaire et politicien réclama les pleins droits de citoyens pour les Juifs dans ses écrits et ses discours devant l'Assemblée constituante. Son ouvrage : « Sur Moses Mendelssohn, sur la réforme politique des Juifs et en particulier sur la révolution tentée en leur faveur en 1753 dans la Grande-Bretagne » parut à Londres en 1787.

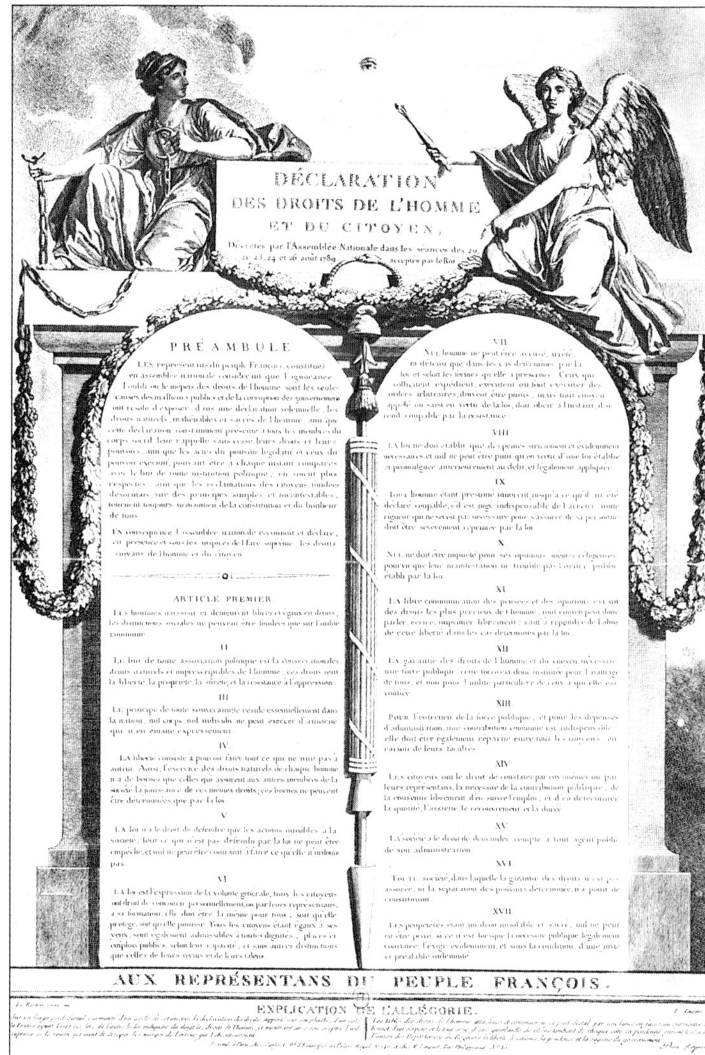

À droite : Déclaration des droits de l'homme et du citoyen décrétée par l'Assemblée nationale, 1789.

Les idées de la Révolution française influencèrent la pensée européenne bien au-delà des frontières de la France. Des dirigeants spirituels en France et en Allemagne impliquèrent logiquement les Juifs dans les thèses révolutionnaires de l'égalité pour tous les hommes, à savoir des droits égaux pour tous.

En 1781, huit ans avant le Révolution française, l'empereur allemand Joseph II avait promulgué des édits de tolérance à l'intention de ses sujets orthodoxes-grecs et juifs. Ces décrets amenuisaient quelques restrictions, notamment pour les Juifs prospères, mais ils avaient également une vocation prosélytique en incitant la conversion au catholicisme.

Une partie des Juifs, surtout dans les cercles assimilés, virent les édits de tolérance comme un pas vers l'intégration dans l'empire habsbourgeois. Un grand nombre applaudit les lois ordonnant l'instruction dans des écoles séculières et notamment l'admission dans les universités et les académies. Mais, en vérité, les édits de tolérance n'autorisaient pas de vie juive autonome et avaient pour objectif de dissoudre insidieusement le judaïsme. Néanmoins, le terme « tolérance » énoncé par un empereur ne pouvait avoir qu'un effet psychologique positif.

Christian Wilhelm von Dohm (1751-1820), conseiller d'État prussien, publia en 1781/1783 son mémoire retentissant « De la réforme politique des Juifs » : « Est-ce que de bons citoyens travailleurs devraient être moins utiles à l'État parce qu'ils sont originaires d'Asie et se distinguent par la barbe, la circoncision et une façon particulière d'adorer le Seigneur tout puissant qui leur a été transmise par les plus anciens de leurs ancêtres ? » Pour Dohm, la politique antijuive constituait « un vestige de la barbarie des siècles passés, une conséquence de la haine religieuse fanatique, indigne de la philosophie des Lumières de notre temps qui aurait dû faire disparaître cette politique depuis longtemps... Notre nation doit être un lieu d'accueil pour tout citoyen qui respecte les lois et contribue à enrichir l'État par son travail... Le Juif a égalément le droit jouir de la société... Il en est digne et ce n'est pas parce qu'il observe strictement sa religion qu'il ne peut être un très bon citoyen... Seulement la lie du peuple qui se croit permis d'abuser un Juif l'accuse d'avoir des lois destinées à tromper les citoyens des autres religions ; et

Danse autour de l'arbre de la liberté. Mayence, 1793. On lit sur l'inscription en haut de la gravure : « Un Juif de Cassel près de Mayence discute avec un homme féru de liberté au sujet de l'arbre de la liberté en janvier 1793. » On peut lire, dans les dernières lignes du texte : « … tant que l'arbre de la liberté durera. Après, nous verrons bien… »

À droite : page de titre de la première édition de : « Sur la réforme sociale des Juifs » (volume I, 1781) de Christian Wilhelm Dohm. L'ouvrage dans lequel Dohm réclame la pleine égalité civique pour les Juifs souleva l'enthousiasme chez les Juifs et les chrétiens « éclairés », mais il provoqua aussi des vagues de protestations.

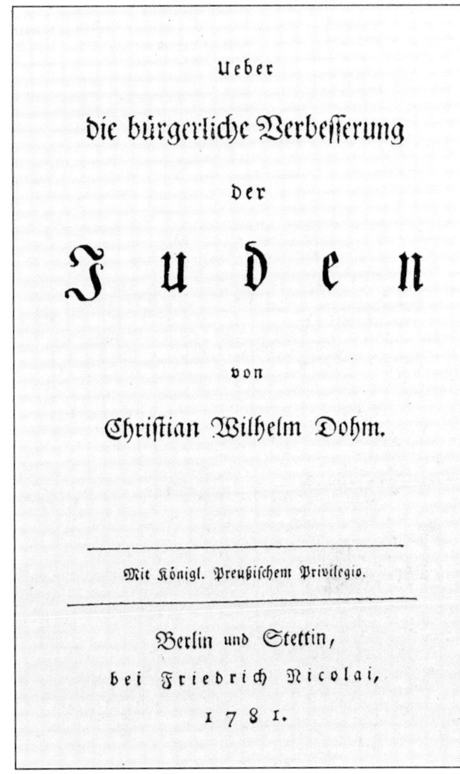
Ueber

die bürgerliche Verbesserung

der

Juden

von

Christian Wilhelm Dohm.

Mit Königl. Preußischem Privilegio.

Berlin und Stettin,

bei Friedrich Nicolai,

1781.

seulement des prêtres avides de persécutions ont amassé des préjugés fallacieux qui ne font que prouver les leurs. »

L'écrit de Dohm fit une grande impression sur le comte de Mirabeau (1749-1791), qui était porte-parole de l'Assemblée constituante depuis 1789. Mirabeau, un admirateur de l'œuvre de Mendelssohn, avait rencontré Dohm, Schleiermacher, les frères Humboldt et d'autres intellectuels allemands dans le salon berlinois de Marcus et Henriette Herz. Il rapporta les idées de Dohm en France.

Avec l'appui de l'abbé Grégoire « avocat des Juifs devant l'Assemblée », Mirabeau ne cessa de porter jusqu'en 1791 la question juive à l'ordre du jour de la Constituante. Tous deux étaient soutenus par le comte Stanislas de Clermont-Tonnerre qui réclama les pleins droits de citoyens pour les Juifs. La loi leur accordant la citoyenneté à part entière fut finalement promulguée à la séance du 27 septembre 1791. Une déclaration de Clermont-Tonnerre eut de lourdes conséquences pour l'évolution du judaïsme français : » Il faut tout refuser aux Juifs en tant que nation, mais tout leur accorder en tant qu'hommes ! »

Mirabeau avait envoyé un mémoire au roi Frédéric-Guillaume II dès 1786. Il recommandait instamment au roi prussien d'entreprendre des réformes qui conduiraient à la liberté des paysans, à la suppression de la censure et à l'égalité civique des Juifs. Mirabeau fut encore plus conséquent que Dohm en suggérant également que les Juifs soient admis aux fonctions publiques.

Cependant, des cercles influents en Allemagne firent opposition et empêchèrent la réalisation des idées d'émancipation des précurseurs chrétiens dont faisaient partie les frères Humboldt et bien d'autres figures de proue de l'élite intellectuelle allemande. Les Juifs de Prusse et d'autres États allemands n'obtinrent l'émancipation que des générations plus tard.

Napoléon apporte la libération

Ci-contre : « Napoléon restaure le culte des Israélites, 30 mai 1806 ». L'allégorie montre la plaque gravée des Dix Commandements de Moïse ; derrière se dressent les objets cultuels du Temple de Salomon et le Mont Sinaï. L'empereur tient « la Loi donnée à Moïse » dans la main droite. À gauche, le rabbin David Josef Sinzheim (1745-1812), président du Sanhédrin. Gravure sur cuivre. Paris, 1806.

Ci-dessous : deuxième Grand Sanhédrin, assemblée de notables juifs français, italiens et allemands, que Napoléon réunit à Paris le 9 février 1807. L'assemblée de 71 membres était composée de deux tiers de rabbins et d'un tiers de laïcs. Leur tâche principale concernait la séparation de l'État et de la religion, une des conditions majeures du courant d'assimilation. Lithographie ; Paris, 1807.

Le triomphe de l'armée française fut aussi le triomphe des idées de la révolution française. Pour la première fois dans l'histoire, les notions de liberté, d'égalité et de fraternité devaient également s'appliquer aux Juifs à moins de perdre leur sens. Cependant, ce ne furent pas les décrets de l'Assemblée de Paris ou la compréhension des chrétiens « éclairés », mais l'occupation par les armées de Napoléon qui apporta l'égalité civique aux Juifs des États allemands. Cela se passa pour la première fois en Westphalie, sous le règne de Jérôme, le frère de Napoléon. L'empereur avait déjà fait abattre les murs de ghettos dans les villes de l'Italie du Nord conquise en 1796.

Néanmoins, Napoléon montra une attitude très ambivalente envers les Juifs. En 1799, durant la campagne d'Égypte, une de ses proclamations à l'adresse des Juifs d'Orient appelait à la restauration d'un royaume juif. Cependant, il avait souvent des paroles méprisantes pour les Juifs parce qu'il avaient subi l'oppression des peuples chrétiens sans se défendre. A l'instar du comte de Clermont-Tonnerre, il croyait qu'il fallait les « libérer » de leurs caractéristiques « juives » et de leur assujettissement à la religion et nationalité juives en leur permettant de s'intégrer entièrement dans l'État. Il était également partisan des mariages mixtes en tant que moyen de dissoudre le judaïsme.

Le 30 mai 1806, Napoléon réunit une assemblée de notables juifs « dans le but d'éveiller les sentiments de morale civile affaiblis chez ce peuple en raison de la situation humiliante dans laquelle il a longtemps vécu et que nous ne voulons ni soutenir ni restaurer. » La création de cette assemblée releva d'une tactique politique magistrale grâce à laquelle l'empereur gagna tous les Juifs du monde.

En 1807, le Grand Sanhédrin – d'après sanhédrin ou synedrion, nom de la haute cour de justice juive à l'époque romaine et hellénistique – déclarait que les devoirs vis-à-vis de l'État avaient priorité sur les lois religieuses juives ; l'objectif était que les Juifs puissent enfin bénéficier des droits de l'homme et du citoyen. La résolution, qui avait été acceptée avec réserve, fut bientôt suivie du choc que provoqua le « décret infâme » édicté par Napoléon le 17 mars 1808 : il restreignait pour dix ans tous les droits des Juifs en matière de commerce, d'activités professionnelles et même de liberté de mouvement. Ce décret qui atteignait surtout les Juifs de condition modeste fut cependant boycotté par une résistance passive.

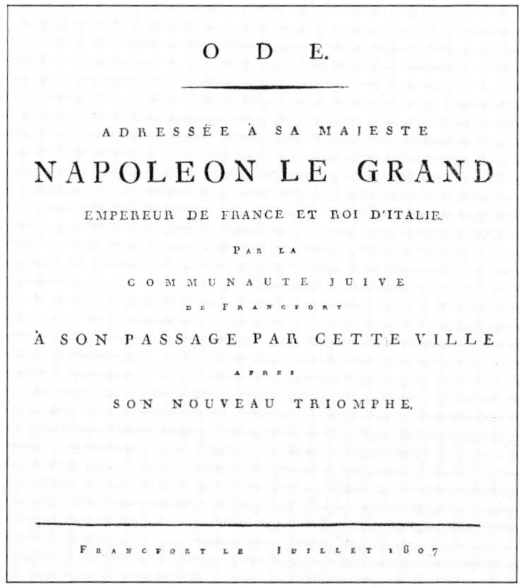
ODE.

ADRESSÉE À SA MAJESTE

NAPOLEON LE GRAND

EMPEREUR DE FRANCE ET ROI D'ITALIE.

PAR LA

COMMUNAUTE JUIVE

DE FRANCFORT

À SON PASSAGE PAR CETTE VILLE

APRES

SON NOUVEAU TRIOMPHE.

FRANCFORT LE JUILLET 1807

Page de titre d'une ode à Napoléon, rédigée en français, hébreu et allemand, que la communauté juive de Francfort envoya à Napoléon en 1807. Une strophe du poème énonce : « Quand du haut de ton trône, tu apportes le salut à tes peuples, Israël se réjouit/tu l'as relevé de la poussière et l'as soutenu /avec le bras puissant de la justice. »

Ci-contre : Moses Cahn abat le mur du quartier juif de Mayence, 11 septembre 1798. (D'après un dessin ancien).

L'émancipation dans le royaume de Westphalie

Le roi Jérôme (1807-1813), frère de Napoléon. Gravure de Ludwig Buchhorn d'après une peinture de Franziskus Kinson.

La Constitution du royaume de Westphalie (1807-1813) fut établie par des conseillers du roi Jérôme dont faisaient partie les Allemands Johannes von Müller et Christian Wilhelm von Dohm (voir page 130), qui était entré au service de l'État westphalien. Cette constitution garantissait la pleine égalité des droits aux Juifs.

Jérôme, roi de Westphalie et frère de Napoléon Ier croyait fermement à l'égalité des confessions devant la loi et déclarait ses convictions dès son entrée à Kassel le 10 décembre 1807 : « Ils [les Juifs] ne doivent pas seulement être des citoyens, mais ils doivent aussi être en droit d'occuper des charges publiques. » De telles paroles provoquèrent un étonnement heureux chez les Juifs d'Allemagne en dépit de l'animosité des Juifs berlinois pour Napoléon.

Une grande partie de la population et du corps des fonctionnaires réagit positivement à l'émancipation. Le comte Wentzel von Sternau, directeur du ministère de l'Intérieur dans le Bade voisin se faisait le porte-parole de son gouvernement en écrivant : « On a détaché les liens qui enfermaient les disciples de la loi de Moïse dans l'antichambre et plus souvent

À gauche : Löw Meyer Berlin (1738-1814) était membre du Consistoire israélite de Kassel. Le talmudiste et écrivain renommé défendait le courant conservateur orthodoxe. Portrait de Salomon Pinhas (1759-1837), peintre à la cour du prince électeur de Hesse.

À droite : Israël Jacobson (1769-1828), combattant intransigeant de « l'émancipation juive dans la patrie allemande » dirigeait le Consistoire israélite du royaume de Westphalie. Il fut aussi réformateur de l'enseignement scolaire et du service religieux juifs et fonda une académie d'enseignants juifs à Kassel. C'est à cette époque que furent créées des écoles modernes juives dans neuf villes d'Allemagne, dont l'école Jacobson à Seesen. Après la chute de Jérôme, Jacobson devint une figure de proue de la réforme juive à Berlin. Portrait de Salomon Pinhas.

encore dans les prisons de l'existence humaine... Donnez à l'homme le désir d'être bon, juste et utile et il le deviendra. Mais on a toujours imputé des intérêts opposés aux Juifs. »

Le 27 janvier 1808, Jérôme édictait un manifeste solennel proclamant les lois fondamentales de l'égalité civique et politique. Cette magna charta du judaïsme fut rendue publique le 9 février 1808 au cours d'une audience donnée aux Israélites westphaliens. Le discours de remerciement fut prononcé par Israël Jacobson (voir page 156), réformateur, pédagogue et fondateur d'école.

Un consistoire israélite fut créé selon un décret impérial du 17 mars 1808. Il avait pour vocation de contrôler la mise en œuvre des décrets impériaux issus du Sanhédrin, de certifier l'ordination des rabbins, de surveiller la gestion de leurs fonctions ainsi que l'administration des communautés et de la synagogue. Faisant fi du « décret infâme » promulgué par son frère, le roi Jérôme proclama sa joie de savoir que « la Constitution de son royaume en matière d'égalité devant la loi de toutes les religions répondait à ses convictions intimes. »

Israël Jacobson, combattant acharné de « l'émancipation juive dans la patrie allemande » était la tête énergique et autoritaire du Consistoire israélite de Westphalie. Facteur de Cour à Brunswick, réformateur de l'enseignement et du service religieux juifs, Jacobson avait également fondé une académie d'enseignants juifs à Kassel où se réunissait le consistoire. C'est à cette époque que des écoles juives modernes furent créées dans neuf villes d'Allemagne.

Après la chute de Jérôme, en 1813, Jacobson poursuivit ses activités dans les cercles réformateurs de Berlin. À l'instar du culte réformé, il introduisit la prédication en allemand et la musique d'orgues dans sa synagogue, comme il l'avait précédemment fait dans la synagogue de l'« École de religion et d'industrie » qu'il avait fondée à Seesen.

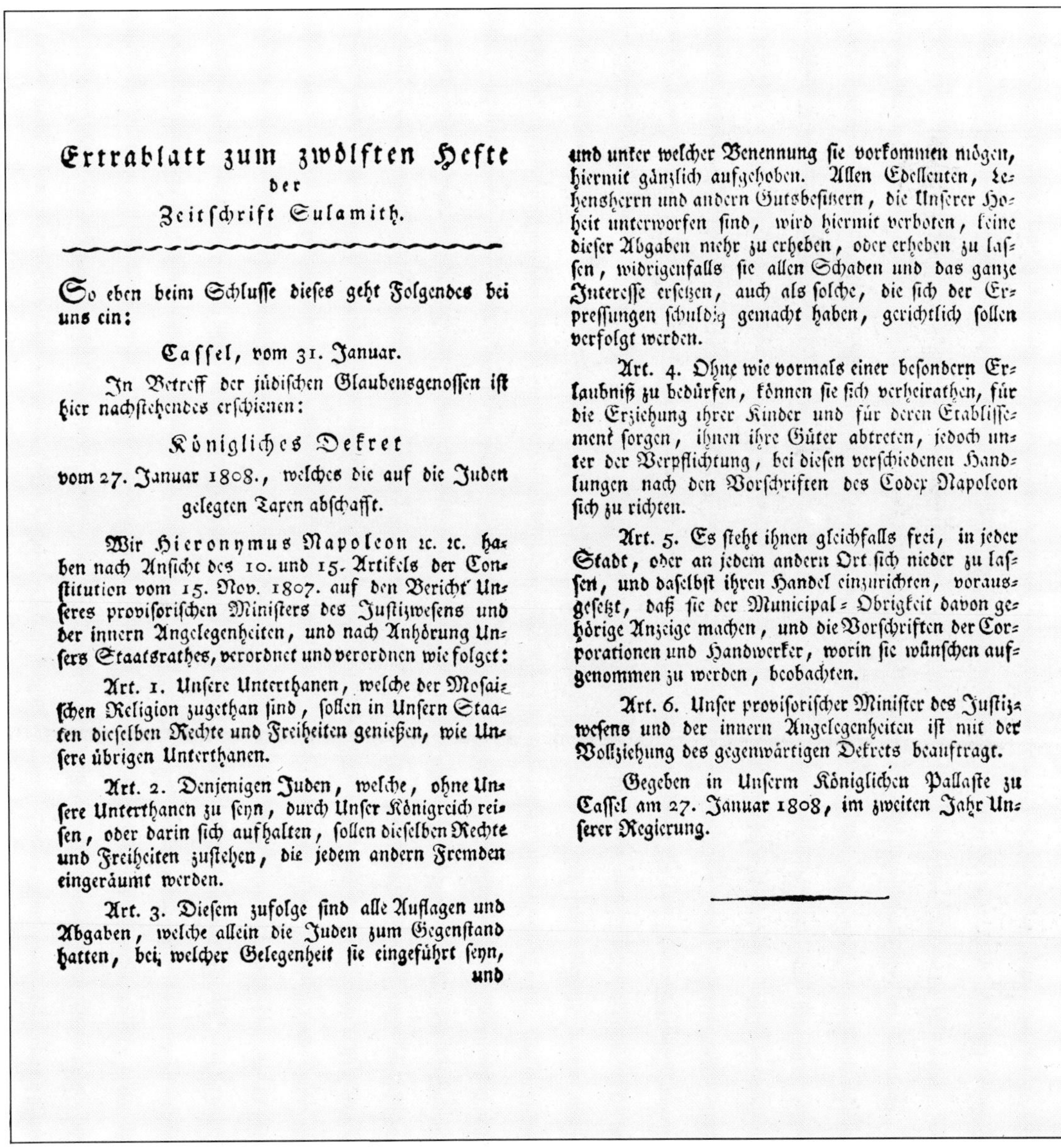

Extrablatt zum zwölften Hefte
der
Zeitschrift Sulamith.

So eben beim Schlusse dieses geht Folgendes bei uns ein:

Cassel, vom 31. Januar.

In Betreff der jüdischen Glaubensgenossen ist hier nachstehendes erschienen:

Königliches Dekret
vom 27. Januar 1808., welches die auf die Juden gelegten Taxen abschafft.

Wir Hieronymus Napoleon ꝛc. ꝛc. haben nach Ansicht des 10. und 15. Artikels der Constitution vom 15. Nov. 1807. auf den Bericht Unseres provisorischen Ministers des Justizwesens und der innern Angelegenheiten, und nach Anhörung Unsers Staatsrathes, verordnet und verordnen wie folget:

Art. 1. Unsere Unterthanen, welche der Mosaischen Religion zugethan sind, sollen in Unsern Staaten dieselben Rechte und Freiheiten genießen, wie Unsere übrigen Unterthanen.

Art. 2. Denjenigen Juden, welche, ohne Unsere Unterthanen zu seyn, durch Unser Königreich reisen, oder darin sich aufhalten, sollen dieselben Rechte und Freiheiten zustehen, die jedem andern Fremden eingeräumt werden.

Art. 3. Diesem zufolge sind alle Auflagen und Abgaben, welche allein die Juden zum Gegenstand hatten, bei welcher Gelegenheit sie eingeführt seyn, und unter welcher Benennung sie vorkommen mögen, hiermit gänzlich aufgehoben. Allen Edelleuten, Lehensherrn und andern Gutsbesitzern, die Unserer Hoheit unterworfen sind, wird hiermit verboten, keine dieser Abgaben mehr zu erheben, oder erheben zu lassen, widrigenfalls sie allen Schaden und das ganze Interesse ersetzen, auch als solche, die sich der Erpressungen schuldig gemacht haben, gerichtlich sollen verfolgt werden.

Art. 4. Ohne wie vormals einer besondern Erlaubniß zu bedürfen, können sie sich verheirathen, für die Erziehung ihrer Kinder und für deren Etablissement sorgen, ihnen ihre Güter abtreten, jedoch unter der Verpflichtung, bei diesen verschiedenen Handlungen nach den Vorschriften des Codex Napoleon sich zu richten.

Art. 5. Es steht ihnen gleichfalls frei, in jeder Stadt, oder an jedem andern Ort sich nieder zu lassen, und daselbst ihren Handel einzurichten, vorausgesetzt, daß sie der Municipal-Obrigkeit davon gehörige Anzeige machen, und die Vorschriften der Corporationen und Handwerker, worin sie wünschen aufgenommen zu werden, beobachten.

Art. 6. Unser provisorischer Minister des Justizwesens und der innern Angelegenheiten ist mit der Vollziehung des gegenwärtigen Dekrets beauftragt.

Gegeben in Unserm Königlichen Pallaste zu Cassel am 27. Januar 1808, im zweiten Jahr Unserer Regierung.

Décret du roi Jérôme de Westphalie daté du 27 janvier 1808 sur la suppression des impôts juifs ; la première véritable loi sur l'émancipation des Juifs en Allemagne.

Les Juifs berlinois vers 1800

À gauche : Aron Beer (1738-1821), chantre de la communauté berlinoise. Il porte une ombre de barbe sous le menton selon la tradition orthodoxe. La robe noire et le rabat blanc ressemblent à la tenue des pasteurs protestants. Mezzo-tinto de B. H. Bendix, 1808.

À droite : Abraham Wolff, mathématicien. Mezzo-tinto de B. H. Bendix, 1797

À gauche : Isaac Daniel Itzig, banquier de la Cour. Il fonda l'« école libre » de Berlin avec David Friedländer, son beau-frère. Gravure sur cuivre d'Anton Graff.

À droite : Blümchen Margaret Friedländer, sœur d'Isaac Itzig et épouse de David Friedländer. Gravure sur cuivre d'Anton Graff.

Ci-dessus : le quartier juif du Mühlendamm vu depuis le pont Kurfürstenbrücke.
Dessin de Leopold Ludwig Müller, 1804.

Quelque trois mille Juifs, deux pour cent environ de la population totale de la ville, vivaient à Berlin au tournant du XIXe siècle. Un petit nombre de familles avait acquis la prospérité sous le règne de Frédéric II et de son successeur. Toutefois, la plupart des Juifs vivaient dans la pauvreté. Ils travaillaient comme domestiques, fonctionnaires, enseignants ou bouchers dans la communauté ou tiraient leurs subsides de petits commerces et de métiers artisanaux tels que fabricants de cachets, joailliers et relieurs, qui n'étaient pas organisés en corporations. Seules les familles favorisées possédaient des droits civiques.

À droite : l'auberge juive
de la Rosenthaler Tor.
Dessin à la plume colorié
de Leopold Ludwig Müller, 1807.

C'est de ces familles que sont issus les savants, les écrivains et musiciens, les banquiers et les négociants qui furent des réformateurs et les précurseurs de l'émancipation.

Comme toute communauté juive, celle de Berlin abritait une auberge pour les immigrants et réfugiés de passage qui ne trouvaient pas asile auprès de parents ou d'amis, pour la gent ambulante tel que les musiciens et les colporteurs, pour les étudiants itinérants en quête d'un poste de précepteur, pour les vagabonds et les mendiants de même que pour les voleurs professionnels et les tire-laine.

Les auberges jouaient également un rôle important dans la vie sociale des couches inférieures juives. On y célébrait les fêtes et les mariages. Les gens de passage n'avaient le droit d'y rester que deux ou trois jours, hormis les femmes en couches que l'on accueillait plus longtemps.

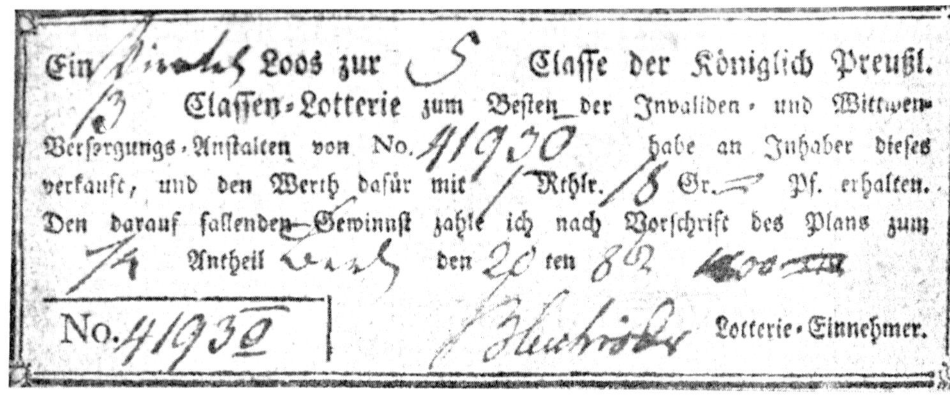
Ein Loos zur 5 Classe der Königlich Preußl. 13 Classen-Lotterie zum Besten der Invaliden- und Wittwen-Versorgungs-Anstalten von No. 41930 habe an Inhaber dieses verkauft, und den Werth dafür mit 1 Rthlr. 18 Gr. — Pf. erhalten. Den darauf fallenden Gewinnst zahle ich nach Vorschrift des Plans zum 1/4 Antheil den 20 ten 8

No. 41930 Lotterie-Einnehmer.

Billet de la loterie royale prussienne.

À Berlin, les Juifs étrangers devaient utiliser une certaine porte où l'on ne délivrait un laissez-passer qu'à ceux pour lesquels la communauté garantissait aux autorités que leur séjour serait bref ou qui avaient obtenu un emploi. Les autres étaient refoulés après avoir trouvé un court abri à « Judenherberge », l'« auberge juive ».

Ci-contre : l'ancien cimetière juif de Berlin, près de la Grosse Hamburger Strasse, où se trouve la tombe de Moses Mendelssohn. Tableau de Hermann Schnee.

Page de droite : plan de Berlin avec le quartier juif, 1778. Le cimetière juif est en haut à gauche. La Spandauer Strasse (au centre) abritait les demeures de Moses Mendelssohn et de Marcus et Henriette Herz. Le palais Ephraïm se trouvait au Mühlendamm.

Müntzstrasse
Lustgarten
Dom
Kön. Schloss
140. Schloss Platz
Burg Strasse
die Span dau er Stra sse
Post Strasse
Neue Markt
Kloster Strasse
die Stralau er Stra sse
breite Strasse
Rosstrasse
Fischerstrasse
48
63. La nds
176. Wassergа

Le salon de Marcus et Henriette Herz

Friedrich von Schlegel (1772-1829). Détail d'une gravure sur cuivre de Josef Axmann d'après un dessin d'Augusta von Buttlar.

David Friedrich Schleiermacher (1768-1834). D'après un dessin de Johann Heinrich Lips.

Au tournant du siècle, les salons de la haute société étaient le centre de la vie sociale et spirituelle de Berlin. La noblesse, la bourgeoisie cultivée et le monde intellectuel fréquentaient les salons d'Amalie von Imhoff ou de Bettina von Arnim. L'écrivain Ludwig Tieck et ses disciples, le jeune historien Ranke et Schinkel, architecte attitré du roi, étaient notamment des assidus du salon de Bettina von Arnim. Les familles juives Itzig, Ephraïm et Meyer tenaient également des salons. La société juive et non juive s'y rencontrait pour discuter d'art, de littérature et de politique et y échanger les derniers potins mondains. Par ailleurs, les salons remplissaient parfois le rôle d'« agence matrimoniale » pour les familles bourgeoises et nobles qui avaient des enfants à marier. Sarah, la ravissante fille de la famille Meyer, compta Goethe, Lessing et Herder parmi ses admirateurs.

Les salons d'Henriette Herz et de Rahel Levin étaient beaucoup moins mondains. On y cultivait d'autres aspirations. L'originalité, l'esprit et l'amitié primaient sur le rang, la position, la renommée littéraire ou scientifique. Adelbert von Chamisso, Ludwig Börne, Heinrich Heine et d'autres jeunes écrivains fréquentèrent ces deux salons bien avant que leurs noms ne soient connus du grand public.

Schiller, le comte de Mirabeau, Jean Paul et Madame de Staël ne manquaient jamais de rendre visite aux Herz et à Rahel Levin lorsqu'ils séjournaient à

Soirée musicale dans le salon d'Henriette Herz. L'hôtesse et assise derrière Abraham Mendelssohn au piano. Dessin de Johann Gottfried Schadow (1764-1850).

Le comte Alexandre zu Dohna (1771-1831). Il devint plus tard ministre de l'Intérieur de Prusse et directeur général de l'Aménagement du territoire de Prusse orientale. Peinture à l'huile.

Henriette Herz (1764-1847). Son salon était un lieu de rencontre de la société cultivée berlinoise. Dessin de Wilhelm Hensel, 1823.

Wilhelm von Humboldt en 1814. « Dès notre enfance, on nous considéra, mon frère Alexandre et moi, comme des protecteurs du judaïsme. » Dessin de P.E. Stroehling.

Berlin. Néanmoins les visiteurs ne témoignaient pas toujours de la déférence envers leurs hôtes ainsi que l'illustre une description de Rahel Levin faite par un de ses invités : « Une philosophe, charitable et très recherchée, mais qui m'effraie avec ses idée abstraites et son excentricité. Que dieu nous protège d'avoir des mères, des sœurs ou des filles semblables. » D'aucuns jugeaient Rahel Levin excentrique parce qu'elle était une fervente adepte de l'émancipation des femmes.

Henriette Herz (1764-1847) avait quinze ans lorsque sa famille la maria au philosophe et médecin Marcus Herz, avec qui elle eut une union heureuse jusqu'à la mort de ce dernier en 1803. Elle resta juive au contraire de la majorité des « belles Juives cultivées » des salons littéraires berlinois qui se firent baptiser et épousèrent des aristocrates. Sa demeure située d'abord dans la Spandauer Strasse puis plus tard dans la Neue Friedrich Strasse devint le prototype du « salon berlinois ». On y voyait souvent Friedrich Schleiermacher, théologien, prédicateur et philosophe, dont l'amitié étroite avec la maîtresse de maison « une belle âme paisible » ne manqua pas de donner lieu à des commérages. « Nous parlons des choses capitales du plus profond de notre âme » écrivait Schleiermacher qui nia ultérieurement cet aspect de leur relation. Il avait été présenté aux Herz par son ami le comte Alexandre zu Dohna qui fut plus tard ministre. Dohna était un fervent admirateur d'Henriette Herz. « Plus personne ne sera et je ne serai plus à personne ce qu'Alexandre a représenté pour moi durant dix ans », écrivait-elle à un ami commun en 1802.

Friedrich Schlegel (1772-1829), poète et historien de la littérature romantique, était un autre ami de la maison. L'auteur du roman « Lucinde », qui fit scandale à l'époque, modela son héroïne sur Brendel Mendelssohn (1763-1839). La fille de Moses Mendelssohn, qui s'appela Dorothea après son baptême, épousa Schlegel en secondes noces. Le couple, qui était devenu protestant se convertit plus tard au catholicisme, à la grande indignation des frères et sœurs de Brendel qui avaient choisi le protestantisme. Friedrich Schlegel et sa femme s'étaient rencontrés dans le salon des Herz. « Tout ce qui l'intéresse en ce monde est l'amour, la musique, l'humour et la philosophie. j'ai retrouvé ma jeunesse dans ses bras », écrivait Schlegel à sa belle-sœur Caroline.

Wilhelm von Humboldt, homme d'État, fondateur de l'université de Berlin et ami intime de David Friedländer et d'Abraham Mendelssohn, fils du philosophe, fut un autre admirateur fervent d'Henriette Herz dans sa jeunesse. Il lui adressait parfois des lettres en langue allemande, mais écrites en caractères hébreux.

Karl Philipp Moritz, auteur du célèbre roman psychologique « Anton Reiser », fit la connaissance de Moïse Mendelssohn chez Henriette et Marcus Herz, qui était son ami et son médecin.

Salomon Maïmon (1754-1800) fut une des figures les plus originales du salon d'Henriette Herz. Né en Lituanie, ce spécialiste du Talmud vint s'installer en Allemagne à l'âge de 26 ans et se fit remarquer grâce à des œuvres philosophiques sur Maïmonide et Kant. Karl Philipp Moritz, qui rencontra Maïmon également dans le salon d'Henriette Herz, publia son autobiographie en 1792, un document historico-culturel sur le judaïsme polonais de l'époque.

Rahel Levin-Varnhagen et son cercle

Rahel Levin-Varnhagen (1771-1833) était la fille de Marcus Levin, marchand d'or et facteur de Cour à Berlin. Dans ses résidences berlinoises de la Jägerstrasse, de la Französische Strasse et plus tard de la Mauerstrasse, « la femme la plus spirituelle de son temps créa une République de l'esprit libre dans son modeste salon. »

Rahel Levin devint l'âme d'un cercle homogène qui cultivait les idéaux de l'amitié et de l'individualité. Bien que grande admiratrice de Goethe dès sa jeunesse, elle ne cessa de s'intéresser aux nouveaux courants littéraires jusqu'à sa mort. Cette ouverture d'esprit lui valut d'être saluée comme un précurseur par les représentants de la « jeune Allemagne ». Chamisso, Friedrich et Wilhelm Schlegel, Henriette Herz, Dorothea Veit-Schlegel, Brentano, Schiller, Tieck et bien d'autres noms illustres comptaient parmi ses amis et fréquentaient son salon. « Rahel savait réunir et réconcilier tout le monde. Nous rencontrions chez elle des guerriers et des diplomates, des artistes et des savants ; elle ne se souciait pas du rang, de la position ou de la réputation de ses invités et amis, uniquement de leur personnalité et de leur authenticité ; elle ne se préoccupait de rien d'autre. Chez elle, nous rencontrions les nombreuses figures singulières qui composaient la crème de la société berlinoise entre 1789 et 1816 », écrivit Fritz Eberty dans son ouvrage : « Jugenderinnerung eines alten Berliners » (Souvenirs de jeunesse d'un vieux Berlinois, 1878).

Rahel Levin vécut des liaisons plus ou moins heureuses avec le prince Louis-Ferdinand et le comte Carl Finkestein avant d'épouser le diplomate Carl August Varnhagen von Ense à l'âge de 43 ans. Elle se convertit alors au protestantisme, qui était la religion d'État « officieuse » de la Prusse.

Jean Paul déclarait après une visite chez elle : « Levi(n), femme spirituelle et philosophe, [que] les Juives berlinoises possèdent

Rahel Levin (1771-1833). « La femme la plus spirituelle d'Allemagne » était une figure de proue de la haute société berlinoise, amie de personnages illustres tels que le prince Louis-Ferdinand, Heine, Tieck, Alexandre et Wilhelm von Humboldt, la famille Mendelssohn et Marcus et Henriette Herz.

Carl August Varnhagen von Ense (1785-1858), diplomate et écrivain, épousa Rahel Levin en 1814. À la mort de sa femme, il publia ses lettres dans un recueil de trois volumes, le « Buch des Andenkens » (Livre du souvenir). Dessin de Wilhelm Hensel.

si peu de l'Ancien Testament qu'elles se marient toujours dans le Nouveau ! »

Le sentiment de Rahel Levin d'avoir « été poignardée dans le dos et dans le cœur [à cause de son origine juive] » se transforma radicalement quand une nouvelle vague d'antisémitisme éclata après 1815. Elle affirma dès lors fièrement sa judaïcité, une évidence à laquelle elle « ne renoncerait à aucun prix. »

Rahel Levin-Varnhagen a également sa place dans l'histoire pour avoir été une des pionnières de la libération de la femme – elle défendit la cause de l'égalité civique des femmes, notamment célibataires.

La Mauerstrasse à Berlin, où Rahel Levin vécut et tint salon après son mariage avec Varnhagen von Ense. Gravure sur cuivre de Johann Georg Rosenberg, vers 1760.

Une soirée intime dans la société berlinoise. Aquarelle de Julius Schoppe, vers 1826.

Émancipation de courte durée en Prusse

L'émancipation en Prusse, même si elle ne fut que brève dans sa première phase, doit beaucoup, notamment, au mérite du prince Carl August Hardenberg, qui était chancelier d'État. En dépit de quelques restrictions, l'Édit royal du 11 mars 1812 fut une victoire capitale dans le combat pour l'égalité civile des Juifs. Cela, malgré la portée humiliante du paragraphe 9 de l'édit, dans lequel le roi se réservait le droit de veto en matière d'accès des Juifs à la fonction publique.

Les différents États allemands n'avaient pas traité de manière identique la question de l'émancipation juive. Dès 1809, le grand-duché de Bade s'était fait pionnier en promulguant une loi accordant la pleine égalité aux Juifs. Quelques États avaient conservé des lois et positions médiévales, tandis que d'autres défendirent des idées avancées, même après la réaction qui se manifesta 1815.

Les Friedländer, Dohm, Humboldt, Varnhagen, Jacobson, de même que la majorité des Juifs d'Allemagne étaient convaincus d'être enfin parvenus au but et d'obtenir bientôt leur pleine émancipation. Ils avaient dû se battre contre une montagne de préjugés et contre une hostilité enracinée depuis des siècles. Les

Ci-dessous : certificat de citoyenneté de « l'employé de commerce juif Sussmann Bleichröder » et de sa descendance. Potsdam, 30 août 1813.

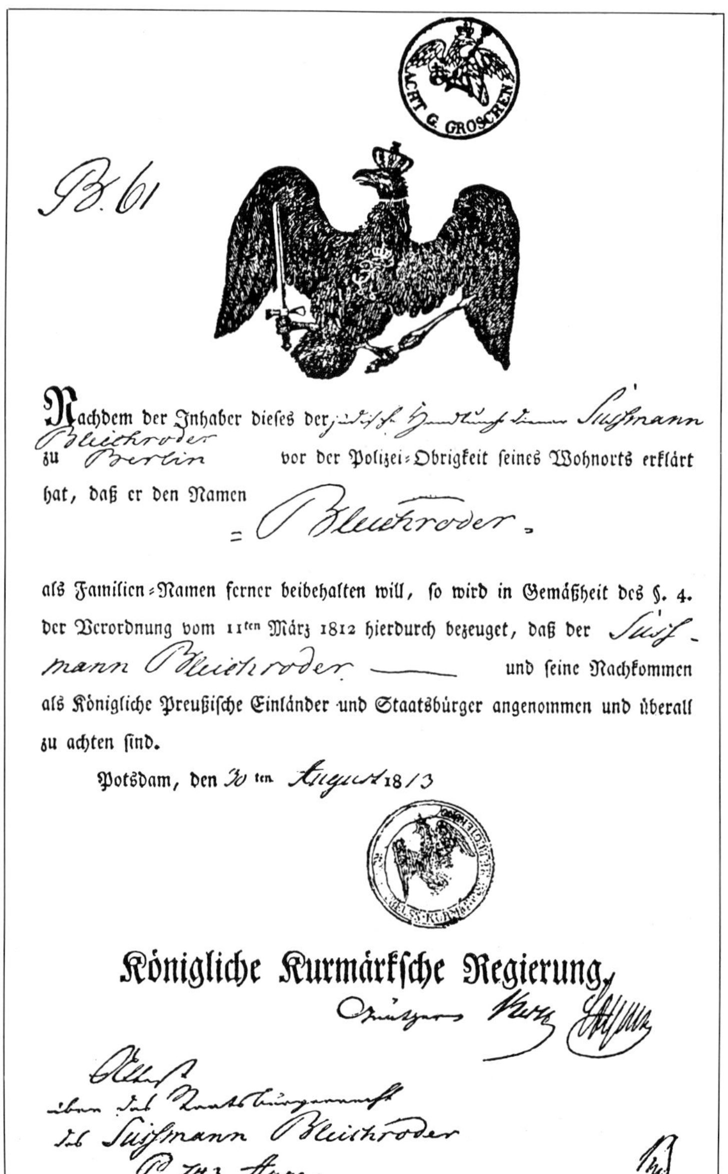

ACHT G. GROSCHEN

B. 61

Nachdem der Inhaber dieses der jüdische Handlungsdiener Sußmann Bleichroder zu Berlin vor der Polizei-Obrigkeit seines Wohnorts erklärt hat, daß er den Namen = Bleichroder = als Familien-Namen ferner beibehalten will, so wird in Gemäßheit des §. 4. der Verordnung vom 11ten März 1812 hierdurch bezeuget, daß der Sußmann Bleichroder und seine Nachkommen als Königliche Preußische Einländer und Staatsbürger angenommen und überall zu achten sind.

Potsdam, den 30 ten August 1813

Königliche Kurmärksche Regierung.

Carl August von Hardenberg (1750-1822), initiateur de l'émancipation juive en Prusse. Gravure sur cuivre de Johann Friedrich Bolt, 1815.

À droite : page de titre et première page de l'Édit d'émancipation de 1812.

préjugés étaient nés entre autres des métiers du colportage, du maquignonnage et de l'usure auxquels on les avait confinés. L'appréhension à l'encontre d'une minorité possédant une religion, des mœurs, une éducation inconnues et priant en langue étrangère dans ses temples, avait également nourri le climat de malaise. Alors que les Juifs avaient été exclus des métiers artisanaux et du travail de la terre des siècles durant, on leur reprochait désormais de n'être ni artisans ni paysans. Un cercle vicieux que seule une pleine égalité des droits civiques pouvait briser.

L'avancée irrésistible de l'industrialisation, qui mit fin aux corporations, s'avéra en fait une raison majeure de l'émancipation juive dans les pays européens. Le « Juif errant », le colporteur qui allait vendre sa marchandise de bourg en bourg perdit son utilité à l'heure du chemin de fer, du négoce à grande échelle naissant et des nouvelles méthodes de vente.

Les Juifs avaient pu survivre dans les temps d'oppression grâce à leur faculté d'adaptation et à leur ingéniosité. Ces qualités allaient leur servir à pénétrer les nouveaux domaines économiques et industriels. Ils avaient déjà prouvé leur valeur sur le plan économique lors de la reconstruction de la Prusse, après la défaite de 1807. Le pays, réduit de moitié, avait alors eu besoin de toutes les forces disponibles.

C'est ainsi que les nécessités économiques alliées aux idées sociales eurent une influence décisive lorsque le gouvernement prussien se préoccupa de l'émancipation des Juifs. L'édit de 1812 leur accorda finalement le plein droit de domicile et par là les droits civiques. Ils restaient toutefois exclus de la fonction publique tandis que les carrières dans l'armée était soumises à des restrictions.

Edikt
betreffend
die bürgerlichen Verhältnisse
der Juden
in dem Preußischen Staate.

De Dato Berlin den 11ten März 1812.

Breslau,
gedruckt bei Wilhelm Gottlieb Korn.

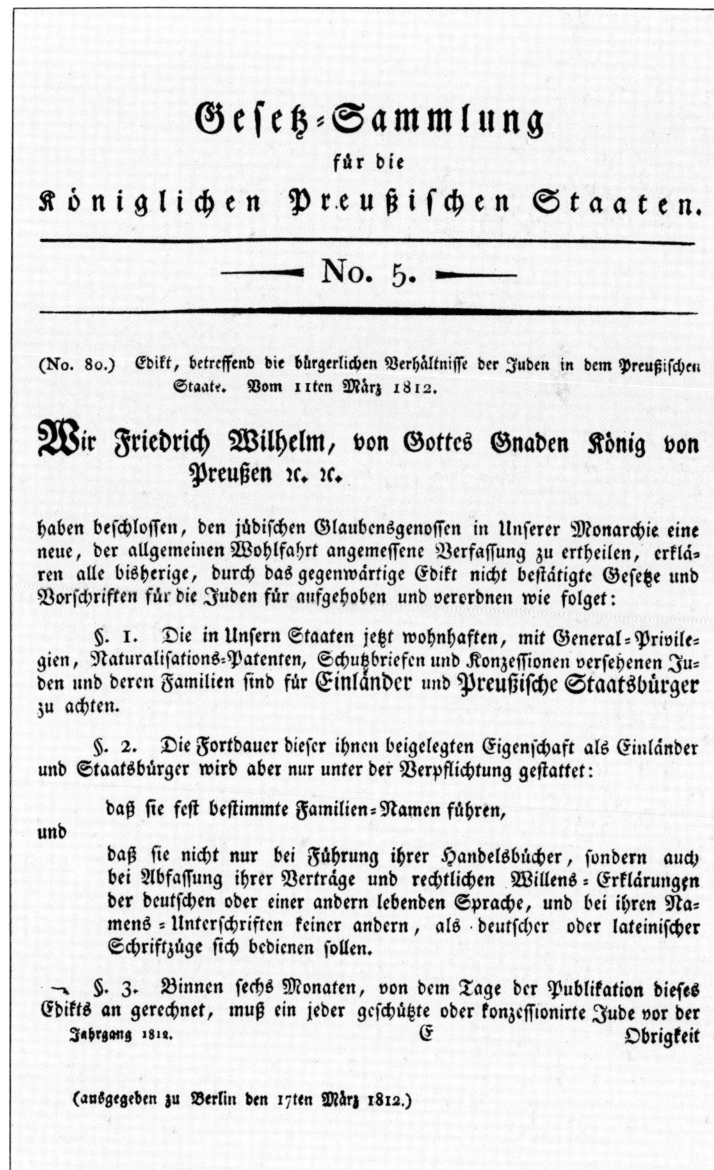
Gesetz-Sammlung
für die
Königlichen Preußischen Staaten.

No. 5.

(No. 80.) Edikt, betreffend die bürgerlichen Verhältnisse der Juden in dem Preußischen Staate. Vom 11ten März 1812.

Wir Friedrich Wilhelm, von Gottes Gnaden König von Preußen ꝛc. ꝛc.

haben beschlossen, den jüdischen Glaubensgenossen in Unserer Monarchie eine neue, der allgemeinen Wohlfahrt angemessene Verfassung zu ertheilen, erklären alle bisherige, durch das gegenwärtige Edikt nicht bestätigte Gesetze und Vorschriften für die Juden für aufgehoben und verordnen wie folget:

§. 1. Die in Unsern Staaten jetzt wohnhaften, mit General-Privilegien, Naturalisations-Patenten, Schutzbriefen und Konzessionen versehenen Juden und deren Familien sind für Einländer und Preußische Staatsbürger zu achten.

§. 2. Die Fortdauer dieser ihnen beigelegten Eigenschaft als Einländer und Staatsbürger wird aber nur unter der Verpflichtung gestattet:

daß sie fest bestimmte Familien-Namen führen,

und

daß sie nicht nur bei Führung ihrer Handelsbücher, sondern auch bei Abfassung ihrer Verträge und rechtlichen Willens-Erklärungen der deutschen oder einer andern lebenden Sprache, und bei ihren Namens-Unterschriften keiner andern, als deutscher oder lateinischer Schriftzüge sich bedienen sollen.

§. 3. Binnen sechs Monaten, von dem Tage der Publikation dieses Edikts an gerechnet, muß ein jeder geschützte oder konzessionirte Jude vor der

Jahrgang 1812. E Obrigkeit

(ausgegeben zu Berlin den 17ten März 1812.)

La ferveur pour la patrie allemande

Meno Burg (1787-1853). Le « général juif » enseigna aux académies des officiers d'artillerie de Dantzig et Berlin et était en même temps membre du Conseil de la communauté juive de Berlin.

Baruch Eschwege, cousin du peintre Moritz Oppenheim, représenté en uniforme de volontaire dans « Lützows wilder verwegener Jagd » (La bataille téméraire de Lützow), 1813. Tableau de Moritz Oppenheim.

Parmi les Juifs qui se portèrent volontaires du côté prussien durant les guerres napoléoniennes, un reçut l'Ordre pour le Mérite, 82 furent décorés de la Croix de Fer et 23 nommés officiers. 55 artilleurs juifs tombèrent à la bataille de Belle Alliance. Leurs veuves n'obtinrent pas de pension, car les volontaires juifs n'eurent pas droit à une aide de l'État après 1815.

Baruch Eschwege, cousin du peintre Moritz Oppenheim, fut un des nombreux Juifs enthousiastes et reconnaissants de pouvoir enfin servir le drapeau prussien. Moritz Jonathan Itzig, fils d'Isaac Daniel Itzig, Conseiller royal pour l'urbanisme s'engagea également. Le jeune homme, qui avait pu étudier l'agronomie grâce au rang de son père, tomba à la bataille de Lützen.

Meno Burg (1787-1853), un des premiers Juifs à choisir la carrière d'officier, enseigna aux Académies des officiers d'artillerie de Danzig et Berlin. Burg, surnommé le « général juif », faisait partie du conseil de la communauté berlinoise et resta fidèle au judaïsme jusqu'à sa mort. Il fut d'abord arpenteur dans l'armée car il avait été exclu de la Garde prussienne lorsqu'éclatèrent les guerres napoléoniennes en raison de sa judaïcité. L'intervention du prince August lui permit de se présenter aux examens d'officier d'artillerie. Il dirigea ensuite les mouvements des troupes prussiennes dans le Brandebourg et la région de Berlin durant les « guerres de libération » contre Napoléon. Son autobiographie « Geschichte meines Dienstlebens » (Histoire de ma vie à l'armée) parut en 1854, un an après sa mort.

Page de droite : « Le départ des volontaires ». Au premier plan, un couple juif fait ses adieux à son fils. Gravure sur bois de l'époque.

L'époque de la Réaction

L'Europe fut réorganisée au congrès de Vienne (1814-1815) après la chute de Napoléon. La Confédération germanique nouvellement créée avait son siège à Francfort-sur-le-Main. C'est dans cette ville que se réunissait le Parlement, une assemblée de délégués sous la présidence de l'Autriche.

L'émancipation juive fut également discutée au congrès de Vienne et les débats s'achevèrent sur la victoire des adversaires réactionnaires des Juifs qui comptaient notamment les représentants de la Bavière, de la Saxe, du Wurtemberg, de Hanovre, de Hambourg, de Brême et de Lübeck. Peu de temps après, la ville hanséatique de Lübeck expulsa même des Juifs qui étaient venus s'y installer durant la domination française. Hardenberg et Humboldt avaient tenté en vain de faire accepter l'Édit d'émancipation de 1812 à tous les États allemands. Mais en fin de compte, l'article 16 de la Constitution confédérale de 1815 dicta que les États encore dotés de l'ancienne constitution française n'étaient pas tenus de conserver les droits accordés aux Juifs. La version finale énonçait que « les droits d'ores et déjà accordés par les divers États seraient maintenus ». Le « par » avait remplacé le « dans » les États. Cela signifiait la suppression de tous les droits que les Juifs avaient possédés sous le règne des Français.

La majorité des États de la Confédération n'appliquèrent pas ou résilièrent après 1815 les droits civiques que les Juifs avaient obtenus par l'édit de Hardenberg. L'esprit allemand empreint de nationalisme germano-chrétien avait triomphé et une vague d'antisémitisme couronnée de pogroms locaux déferla à tous les niveaux de la société.

En Prusse, le ministre de la Justice se référa par exemple à la répugnance du roi d'admettre les Juifs décorés de la Croix de fer dans la fonction publique. La bravoure déployée au service de la patrie n'atténuait pas la « bassesse originelle de la morale juive ». Le roi Frédéric-Guillaume III (1797-1840), symbole des forces réactionnaires, porta un coup terrible aux universitaires juifs en leur fermant l'enseignement dans les écoles et universités. Les Juifs qui occupaient déjà des postes dans la fonction publique furent congédiés. Confrontés à l'interdiction d'exercer leur profession, de nombreux juristes juifs se convertirent au christianisme (voir pages 155 et 293).

Le nouvelle province prusse de Posen n'appliqua pas du tout les prescriptions de l'édit de 1812. C'est seulement en 1847 que les Juifs de Posen obtinrent les mêmes droits que leurs coreligionnaires des autres États prussiens, cela sur la requête pressante du « Oberpräsident », qui avait besoin des voix des Juifs partisans de la Prusse pour neutraliser la population polonaise catholique hostile à la Prusse (voir page 178).

Les Juifs de Westphalie et des provinces rhénanes engagèrent un long et difficile combat pour regagner en 1845 les droits qu'ils avaient perdus en 1815. Plusieurs

Le congrès de Vienne de 1815.
L'émancipation juive y fut également discutée.
Debout à droite : Gentz, secrétaire général du congrès et un délégué lisent un document.
Gravure sur bois de Jean Godefroy d'après un tableau de Jean-Baptiste Isabey.

Ci-dessus : émeutes Hep-Hep à Francfort, 1819. L'interjection est en réalité un appel des gardiens de chèvres. Elle devint une invective antijuive, également en allusion à la barbe que portaient les Juifs.

L'image est commentée par un texte qui justifie les émeutes en les comparant aux croisades. Leipzig, 1848.

Der Jude.

Periodische Blätter für Religion und Gewissensfreiheit.

In zwanglosen Abtheilungen herausgegeben von Dr. G. Riesser.

Dienstag, **1.** den 10. April 1832.

Eigenthum des Herausgebers. In Commission bei J. F. Hammerich in Altona.

Ankündigung.

Mit dem Wiedererwachen eines regsameren öffentlichen Lebens in Deutschland hat die periodische Literatur einen neuen Aufschwung genommen: edlere Kräfte und eine edlere Aufmerksamkeit haben sich ihr wieder zugewandt. Eine Zeit, die reich an Ereignissen, reicher an Hoffnungen, bedarf rascher Organe für ihren rasch wechselnden Inhalt, und diese Organe giebt die periodische Presse.

Der Herausgeber will in den Blättern, die er durch diese Ankündigung einleitet, den Versuch machen, ein fortgehendes Organ für ein Bestreben zu bilden, das seit einem Jahre mehr als früher zur Sprache gekommen und sich seinem Ziele genähert, für das Bestreben nach der bürgerlichen Gleichstellung der Bekenner der mosaischen Lehre in Deutschland. Ueber die Zweckmäßigkeit des Unternehmens kann nur die Ausführung entscheiden; das Folgende soll zur Bezeichnung des Geistes dienen, in welchem der Herausgeber dasselbe zu leiten gedenkt.

Wenn es das äußere, dem Gebiete des Rechts zugewandte Streben ist, das ihn veranlaßt hat, die periodische Form zu wählen, so wird doch das innere religiöse Element, das jenem Streben zum Grunde liegt, das ihm Leben und Bedeutung giebt, einen nicht minder gewichtigen Platz in diesen Blättern einnehmen. Wollte Gott, es wäre bald das einzige, das eines Ausdrucks bedürfte! Wollte Gott, der Glaube wäre bald aller Beziehung auf bürgerliche Verhältnisse überhoben, und könnte still und friedlich, erhaben über den Kampfplatz irdischen Vortheils und irdischer Leidenschaften, das fromme Auge unverwandt zum Himmel richten! Schwerlich würde dann die jetzt gewählte Form einem Inhalte anpassen, der nichts mehr gemein hätte mit der Bewegung der Tage. So lange aber der Glaube noch um Freiheit zu kämpfen genöthigt ist, so lange muß das zwiefache Moment, das religiöse und das rechtliche, sich einer gemeinsamen Behandlung unterwerfen. Beide haben sich Gottlob! der Gemeinschaft nicht zu schämen: denn Recht und Freiheit sind auch Himmelstöchter, und der Glaube hat oft genug in heißem Kampfe an ihrer Seite gestritten und gesiegt. Nur durch den heillosesten Mißbrauch, durch den schmählichsten Pfaffentrug ist es dahin gekommen, daß in unseren Tagen göttliches Recht und Despotismus gleichbedeutend worden. Fern sei von uns solche Lästerung! Die Freiheit ist das göttliche Recht, das die Höllenpforten der Gewalt zu brechen bestimmt ist; sie ist das ewige, das unvergängliche [illegible], das sich nicht forterbt, wie eine ewige Krankheit, das nie zum Unsinn, nie zur Plage wird, das hoch über der geschriebenen Satzung steht, wie das Wort Gottes über dem Werk der Menschen. Daß der Mensch nach dem

Ci-contre : page de titre du journal « Der Jude » du 10 avril 1832. Gabriel Riesser, précurseur de l'émancipation et éditeur du journal utilisa sciemment le terme « Jude » (Juif) qui était parfois considéré comme injurieux par ses coreligionnaires.

États allemands de la Confédération étaient prêts à faire avancer l'émancipation de leurs citoyens juifs. Mais la position à nouveau précaire de la population juive allait d'abord entraîner des actes de violence.

Des émeutes contre les Juifs éclatèrent dans de nombreuses régions d'Allemagne durant l'année 1819. « Notre cri de guerre est Hep Hep Hep !!! Mort aux Juifs... » clamait un pamphlet d'étudiants (Hep étant l'abréviation de « Hierosolyma est perdita » – « Jérusalem est perdue », une invective courante au XIXe siècle). Le quartier juif de Würzburg fut pillé et des Juifs tués. Ses quelque quatre cents habitants durent s'enfuir de la ville et vécurent pendant plusieurs jours sous des tentes ou se réfugièrent dans les villages environnants.

Néanmoins, les Juifs résistèrent aux attaques dans beaucoup d'endroits. Le chef de proue de la résistance intellectuelle fut Gabriel Riesser (1806-1863), de Hambourg, le plus illustre défenseur politique du XIXe siècle pour l'émancipation.

Le stéréotype du Juif inférieur

Durant l'époque de la Réaction, les Juifs furent en butte aux vexations incessantes des réactionnaires. Une brochure séditieuse intitulée « Wider die Juden » (Contre les Juifs) parut à Berlin en 1803. Son auteur, l'avocat Karl Grattenauer, y développait la thèse que les Juifs étaient incapables de s'assimiler en raison de l'hétérogénéité de leur culture.

La farce « Unser Verkehr » (Notre commerce) de Karl Borromäus Sessa fut jouée en 1819 malgré l'opposition du prince Hardenberg. Elle caricaturait les métiers juifs de même que le comportement et le langage de ceux qui les pratiquaient. Les Juifs étaient souvent ridiculisés en raison d'une prétendue manière « juive » de s'exprimer. Les pièces de théâtre sur ce thème remportaient toujours un vif succès.

Un des traits fondamentaux imputés aux Juifs, la soif de l'argent, éveillait un sentiment de supériorité morale chez le spectateur qui en fait projetait ses propres caractéristiques négatives sur une minorité. C'était aussi une vengeance tardive contre « Nathan le Sage » de Lessing.

Des feuilles illustrées, diffusées dans toute l'Allemagne, propageaient les représentations de stéréotypes juifs qui, au départ simplement satiriques, devinrent de plus en plus haineux et incendiaires au fil du temps.

Dans les années 1730, dix volumes bafouant le langage et la vie « des Juifs » obtinrent beaucoup de succès. L'auteur du persiflage malfaisant qui paraissait sous le pseudonyme d'Itzig Feitel Stern, était en réalité un certain baron Johann von Holzschuher. Il mélangea un patois des paysans franconiens au judéo-allemand et inventa un langage dénaturé,

Stéréotypes juifs d'après la farce « Unser Verkehr » de K. B. Sessa. Feuille illustrée publiée à Nuremberg, 1825. L'image est très intéressante du point de vue sociologique car elle dévoile le choix restreint de professions autorisées aux Juifs de la classe moyenne.

émaillé d'expression risibles de son cru (le « Manscheln »), qu'il fit passer pour la langue que parlaient et écrivaient les Juifs. Durant plus d'un siècle, c'est à ce niveau et dans ce genre de littérature que beaucoup de non-Juifs puisèrent la « connaissance » qu'ils croyaient avoir du judaïsme.

Un autre stéréotype développé par la campagne raciste antijuive était le « Juif de l'émancipation » ; une figure rabougrie, le nez tordu et les jambes torses, qui ne vivait que pour le profit et avait même la prétention de vouloir porter les armes – l'antithèse du jeune allemand blond, au corps musculeux, le Siegfried ressuscité qui incarnait l'idéal de la période romantique.

Ci-dessus : « Mendel Kohn rentre chez lui pour célébrer le sabbat. » Frontispice d'un livre de Johann von Holzschuher.

À droite : premier volume des « Gedichter, Perobeln unn Schnonkes fer unnere Leut » (poèmes, paraboles et histoires pour nos gens) d'Itzig Feitel Stern, 1830. Ce pseudonyme masquait le baron Johann von Holzschuher, qui inventa un dialecte risible et vulgaire « ludig kaudische » (langue sainte) qu'il fit passer pour du judéo-allemand. Les livres « humoristiques » de l'auteur antisémite trouvèrent un large public.

Les Juifs et les arts plastiques

À gauche : Jeremias David A. Fiorino (1797-1847) : miniature de son père D.A. Jeremias, vers 1830. Le père avait pris le nom Fiorino durant le règne du roi Jérôme. Fiorino fut l'un des miniaturistes les plus doués de son temps.

À droite : « La reine Louise » de Salomon Bennett. Gravure sur cuivre, 1797. La jeune reine de 22 ans d'une grande beauté, paraît songeuse et lointaine.

En Allemagne, le nombre des Juifs dans le domaine des arts plastiques resta longtemps très restreint et l'art qu'ils produisaient se modelait sur les courants culturels chrétiens. Ce n'est que dans la foulée de l'« Aufklärung » (les Lumières) que les arts plastiques prirent une place importante dans la société juive. Un style particulier se développa dans la décoration des synagogues.

La première génération d'artistes juifs, dans les débuts des temps de l'émancipation, compta surtout des épigones même si quelqu'un d'entre eux, graveurs, médailleurs et miniaturistes, étaient dotés d'un savoir-faire technique admirable.

Jacob Abraham (1722-1800) et son fils Abraham Abramson (1754-1811) furent des artistes renommés de leur époque. Jacob Abraham, médailleur de la cour de Frédéric le Grand, immortalisa les nombreuses victoires du roi. Il travailla durant des décennies pour les fabriques de monnaies prussiennes et réalisa avec son fils les médailles de nombreux personnages illustres, dont Moses Mendelssohn, Lessing, Wieland et Kant. Médailleur et fabricant de cachets sont des métiers traditionnels juifs depuis des siècles. Ils ont produit des noms réputés tels que Steinschneider, Diamant, Goldmann et Karfunkel. Les plus célèbres miniaturistes juifs des XVIIIe et XIXe siècles sont issus des familles Pinhas et Fiorino. Juda Löw Pinhas (1727-1793) était peintre à la cour du margrave d'Ansbach et Bayreuth. Il séjourna quelques mois à Sans-Souci, la résidence de Frédéric II, où il fit les portraits de la famille du souverain. Son fils Salomon (1759-1837) miniaturiste et graveur sur cuivre, réalisa de nombreux portraits connus de courtisans et de Juifs de la classe supérieure. David Fiorino (1797-1847), protégé par le prince électeur de Hesse, fut un autre portraitiste de renom.

Illustrations de « Poésie et vérité » de Goethe. Œuvre des frères Friedrich, August, Wilhelm et Moritz Henschel. Lithographies coloriées, 1819/1820.

« Le père Hirsch Henschel » des frères Henschel. Lithographie, vers 1825

Portrait de « Goethe », par les frères Henschel. Lithographie.

Les quatre frères Henschel de Breslau, peintres, lithographes et graveurs sur cuivre, ont laissé des scènes de la vie juive. Leurs premières œuvres font partie des incunables de la lithographie. Les frères, qui travaillèrent notamment à Berlin entre 1806 et 1826 réalisèrent entre autres les illustrations de « Wilhelm Meister » (1819), que Goethe apprécia beaucoup. Ces ouvrages montrent une forme d'art inédite s'éloignant de la gravure sur cuivre traditionnelle.

Salomon Bennet (1761-1838), Juif de Plozk en Pologne, étudia à Copenhague et Berlin. En 1796, il devint membre de l'Académie de Berlin, qui exposa ses œuvres. Peintre et graveur réputé, il quitta Berlin au bout de quatre ans parce que « la pression que subissent les Juifs [en Allemagne] est à vous dégoûter d'y séjourner. »

Eduard von Bendemann (1811-1889) réalisa en 1831 le tableau qui lui apporta la célébrité : « An den Wassern zu Babylon sassen wir und weineten wenn wir an Zion gedachten » (Assis près des eaux de Babylone, nous pleurions en songeant à Sion). L'artiste se convertit au christianisme en 1835 afin de pouvoir épouser la fille du sculpteur Schadow, dont l'épouse était elle-même juive. À la mort de Schadow, Bendemann, qui avait été anobli, succéda à son beau-père au poste de directeur de l'Académie des Arts de Düsseldorf.

Philipp Veit (1793-1877), et son frère aîné Jonas, fils de Brendel (Dorothea) Mendelssohn-Veit, furent des figures de proue du courant nazaréen. Veit réalisa de nombreuses œuvres pour les cathédrales de Francfort, Mayence et Naumburg ainsi que pour le Vatican. Les Veit représentaient un style de peinture religieuse imprégnée de nationalisme et de romantisme qui s'imposa dans l'art populaire religieux allemand.

« Assis près des eaux de Babylone, nous pleurions en songeant à Sion ». Gravure sur bois de Ferdinand Ruscheweyh, 1832. D'après le célèbre tableau peint à l'huile par Eduard von Bendemann.

Un courant novateur : la Société pour la Culture et la Science du Judaïsme

La lutte pour l'émancipation avait également activé un mouvement d'assimilation culturelle qui provoqua la création de groupes antagonistes au sein de la société juive. Les courants incluaient tant les adeptes d'une orthodoxie, figée à libérale, que ceux d'une assimilation extrême qui préconisaient une fusion totale avec la population chrétienne allemande.

De jeunes intellectuels et érudits issus de cercles de Juifs culturellement assimilés se regroupèrent en 1819 pour former le « Verein für Cultur und Wissenschaft der Juden » (Société pour la Culture et la Science du judaïsme). Bien que la société ne comptât jamais plus de cinquante membres, elle allait prévaloir dans l'établissement d'une culture judéo-allemande ou, plus exactement, allemande-juive, détachée de la tradition religieuse.

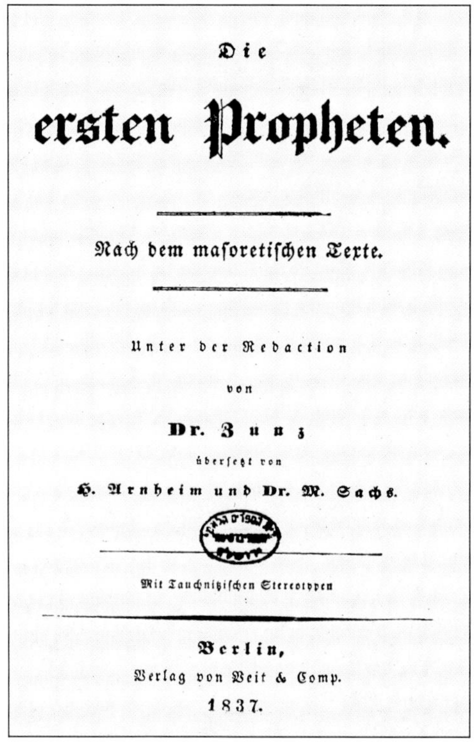
Die ersten Propheten.
Nach dem masoretischen Texte.
Unter der Redaction von Dr. Zunz
übersetzt von
H. Arnheim und Dr. M. Sachs.
Mit Tauchnitzischen Stereotypen
Berlin,
Verlag von Veit & Comp.
1837.

Eduard Gans (1798-1839), juriste et brillant hégélien, Moïse Moser (1796-1838), autre adepte de Hegel, et l'historien Leopold Zunz (1794-1886) firent partie des fondateurs. Ils s'étaient donné pour objectif de réformer le judaïsme en Allemagne par le biais de recherches scientifiques et de travaux didactiques, cette réforme se basant sur le monothéisme et les valeurs humanistes du judaïsme.

La société créa une école dont un des premiers enseignants fut Heinrich Heine. Elle avait également un programme de séminaires et conférences et publiait une revue à laquelle collaborait le septuagénaire David Friedländer, l'un des pionniers de l'émancipation.

La société se dissout prématurément au bout de quatre années d'activités intenses en raison de difficultés internes, mais aussi

Publications de Leopold Zunz.

Zur
Geschichte und Literatur.
Von
Dr. Zunz.
Erster Band.
Berlin.
Verlag von Veit und Comp.
1845.

Die
synagogale Poesie
des
Mittelalters.
Von
Dr. Zunz.
Zweite Abtheilung:
die Ritus.
Berlin 1859.
Verlag von Julius Springer.

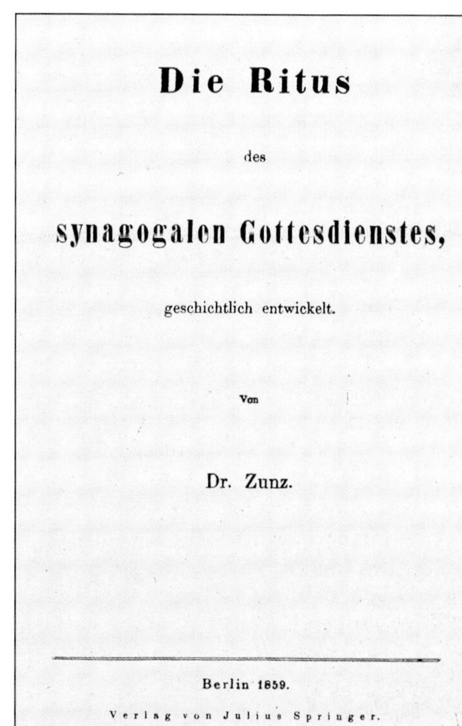
Die Ritus
des
synagogalen Gottesdienstes,
geschichtlich entwickelt.
Von
Dr. Zunz.
Berlin 1859.
Verlag von Julius Springer.

Eduard Gans (1798-1839), hégélien et professeur de droit. Lithographie de G. Küstner.

Leopold Zunz (1794-1886), fondateur du courant « Wissenschaft des Judentums » (science du judaïsme). Lithographie de Paul Rohrbach d'après un dessin de Julius Muhr.

en raison de la pression politique que subirent les Juifs après l'entrée en vigueur en 1823 d'une loi leur interdisant d'occuper des fonctions publiques. Cette loi dépossédait les travailleurs intellectuels juifs de leur réalité tant spirituelle que matérielle. Les juristes notamment, dont Gans et Heine, perdirent leurs moyens d'existence. Tous deux se firent baptiser en 1825. Gans reçut aussitôt une chaire à la faculté de droit de l'université de Berlin par décret royal.

Les membres de la société qui n'étaient pas juristes demeurèrent tous fidèles au judaïsme et poursuivirent leurs travaux de recherches sur des thèmes juifs. Citons notamment Leopold Zunz, un des grands érudits juifs de l'Allemagne du XIXe siècle. Sa thèse « Etwas zur rabbinischen Literatur (De la littérature rabbinique, 1818) fut le premier travail scientifique en langue allemande traitant de la culture juive au Moyen Âge. L'ouvrage de Zunz révélait l'épanouissement du judaïsme durant l'époque médiévale allemande à une classe cultivée de Juifs et de non-Juifs qui avaient oublié cette période. Son livre sur Rachi, éminent commentateur de la Bible et du Talmud au XIe siècle, ainsi que d'autres ouvrages scientifiques, preuves d'une œuvre intellectuelle exclusivement juive, donnèrent une nouvelle confiance en soi à une nouvelle génération.

Zunz fut un des fondateurs de la « Wissenschaft des Judentums » (la science du judaïsme), un courant scientifique qui se voua à la recherche sur l'histoire juive jusqu'à ce que les nationaux-socialistes ferment ses instituts en 1938. C'est avec Zunz que commença l'ère des publications juives critiques et dépourvues de perspective apologétique.

Zunz joua notamment un rôle politique actif durant l'époque du Vormärz (de 1815, congrès de Vienne, à 1848, année de la révolution). Il s'engagea autant pour l'émancipation des Juifs que pour le mouvement de libération des Allemands.

Réforme dans le culte

Un des objectifs majeurs des adeptes juifs-allemands réformateurs de la philosophie des Lumières fut d'adapter les pratiques du culte juif à celles du culte chrétien, en l'occurence protestant. Beaucoup d'entre eux voulaient également supprimer la croyance en la Révélation (révélation sur le mont Sinaï) et en la délivrance du peuple d'Israël et du monde fondée sur l'espoir messianique.

Après la publication de l'Édit d'émancipation de 1812 – qui fut de courte durée –, David Friedländer (voir page 122) revendiqua une future autonomie étatique pour les Juifs et la restauration de leur grandeur nationale. Par ailleurs, il considérait que les prières implorant l'arrivée du Messie s'avéraient superflues puisque les Juifs d'Allemagne avaient désormais une patrie et que l'allemand était leur langue naturelle.

Ci-dessus : le rabbin Naftali Frankfurter, de Hambourg, dans la tenue religieuse introduite par la réforme. Lithographie, vers 1845.

Le Nouveau Temple de Hambourg. Lithographie de Heinrich Jessen, vers 1844

Bien que partisan du judaïsme conservateur, Wolf Heidenheim (1757-1832), érudit, éditeur et imprimeur, retrancha tous les textes mystiques des livres de prières qui sortaient de son imprimerie et les publia également en langue allemande.

Israël Jacobson (voir page 135), président du Consistoire de Bâle depuis 1808 et plus tard réformateur actif à Berlin, où il disposait de sa propre synagogue, fut le premier à introduire en 1810 la musique d'orgue et les chœurs dans la synagogue qu'il avait fondée à Seesen en Westphalie. La tenue religieuse des rabbins fut également modifiée pour ressembler à celle des pasteurs protestants, avec barrette et rabats. Le prêche en chaire devait remplacer le cercle d'études : le prédicateur supplantait le rabbin.

Ces tendances réformatrices au sein des synagogues culminèrent en 1818 avec la fondation d'un temple réformé à Berlin. Or, si la réforme participait d'un adaptation du judaïsme à la vie moderne, elle représentait également une rupture avec le passé. Le succès du courant réformateur s'appuyait en grande partie sur les expériences antérieures : des siècles d'oppression avaient autant entravé le développement spirituel qu'économique et la plupart, sinon tous les centres d'études bibliques et talmudiques, avaient été systématiquement détruits lors des expulsions. Cela avait sclérosé la vie religieuse qui, en outre, restait fermée à nombre de Juifs puisque l'hébreu était devenue une langue uniquement parlée dans les cercles orthodoxes.

Les réformateurs s'étaient donné pour objectif de faire renaître les valeurs du judaïsme auprès de ceux qui n'y avaient plus accès. Ils furent âprement combattus par les cercles orthodoxes, qui les accusaient de renier les dogmes cardinaux de la religion juive et de profaner les textes saints par la récitation des prières en allemand.

À droite : page de titre d'un livre de prières en allemand destiné aux femmes, 1839.

Salomon Heine (1767-1844), banquier et philanthrope, oncle de Heinrich Heine, membre du Conseil de la communauté réformée de Hambourg. Lithographie d'Otto Speckter, 1842.

Orgue installé en 1854 dans le temple réformé de Berlin. L'orgue était une offense religieuse impardonnable pour les Juifs orthodoxes.

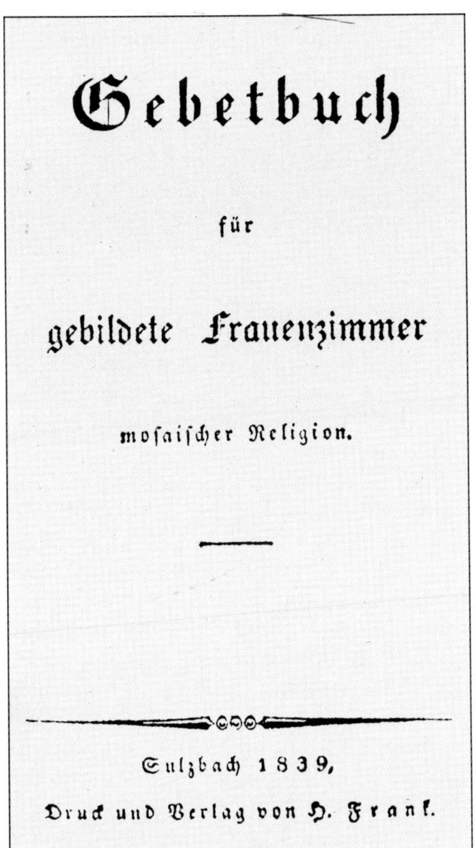

Gebetbuch

für

gebildete Frauenzimmer

mosaischer Religion.

Sulzbach 1839,

Druck und Verlag von H. Frank.

Le quartier juif de Francfort-sur-le-Main

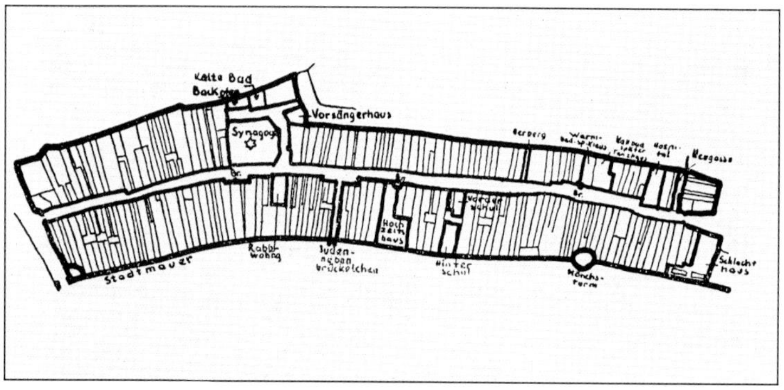

Ci-dessus : la rue aux Juifs (Judengasse) en 1711. D'après un plan de Merian.

À gauche : le « dernier » facteur juif de Francfort dans l'uniforme de la maison princière Thurn et Taxis. Aquarelle, début du XIXe siècle.

À droite: première page du registre des familles israélites, 1812.

Ci-dessous : scène dans la Judengasse (détail). Gravure, vers 1850.

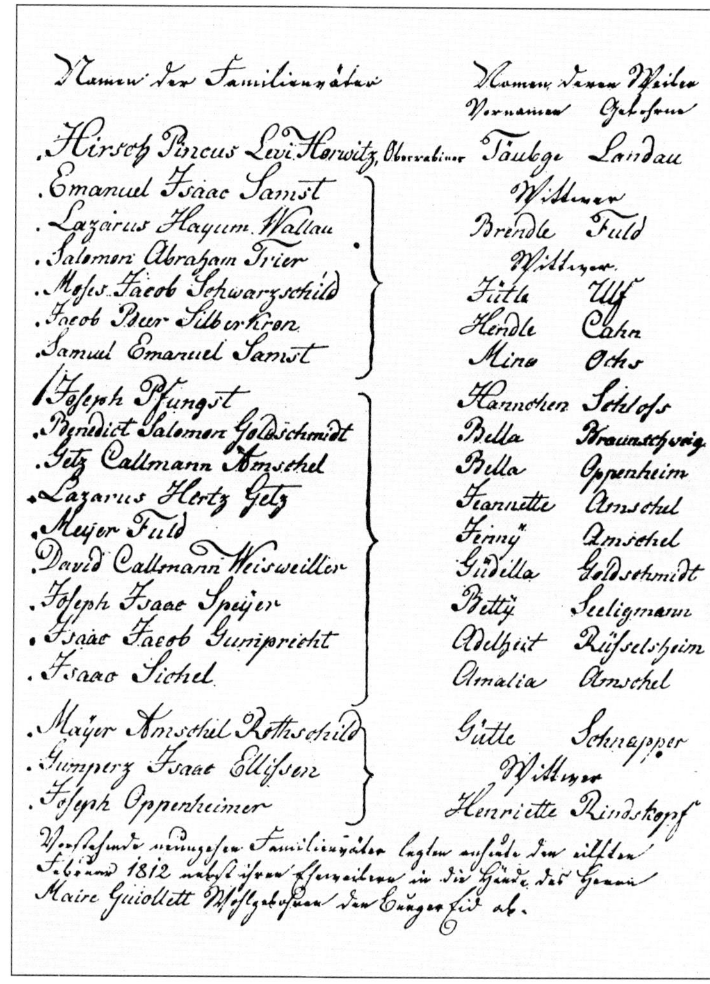

Namen der Familienväter — Namen deren Weiber, Vornamen, Geboren

Hirsch Pincus Levi Horwitz, Oberrabiner — Täubge Landau
Emanuel Isaac Samst — Wittwer
Lazarus Hayum Wallau — Brendle Fuld
Salomon Abraham Trier — Wittwer
Moses Jacob Schwarzschild — Jütle Ulf
Jacob Beer Silberkron — Hendle Cahn
Samuel Emanuel Samst — Mine Ochs
Joseph Pfungst — Hannchen Schloss
Benedict Salomon Goldschmidt — Bella Braunschweig
Getz Callmann Amschel — Bella Oppenheim
Lazarus Hertz Getz — Jeannette Amschel
Meyer Fuld — Jenny Amschel
David Callmann Weisweiller — Gudella Goldschmidt
Joseph Isaac Speyer — Betty Seeligmann
Isaac Jacob Gumprecht — Adelheit Rüsselsheim
Isaac Sichel — Amalia Amschel
Mayer Amschel Rothschild — Gütle Schnapper
Gumperz Isaac Ellissen — Wittwer
Joseph Oppenheimer — Henriette Rindskopf

Vorstehende neunzehn Familienväter legten am [illegible] den elften Februar 1812 nebst ihren Ehefrauen in die Hände des Herrn Maire Guiollett Wohlgeboren den Bürgereid ab.

Les protestations de la population juive de Francfort-sur-le-Main n'avaient pas empêché qu'un ghetto soit érigé en 1462 devant un ancien mur d'enceinte, dans une partie peu peuplée de la ville neuve (voir page 90).

Une loi communale interdisait aux Juifs de se promener en ville. S'ils devaient s'y rendre, ils n'avaient le droit de marcher qu'à deux de front. Une requête des Juifs de Francfort, datée de 1769, sollicite « la permission de se promener... les Juifs n'ont le droit de se promener nulle part. Le chemin autour des portes n'est interdit qu'à nous... » L'administration responsable répondit que cette pétition était une nouvelle preuve « de l'arrogance incom-

Ci-contre : la Judengasse avec la synagogue, après la démolition du côté occidental de la rue, vers 1870.

Ci-dessous : maisons dans une arrière-cour de la Judengasse. Dessin de Peter Becker, 1872.

Ci-dessous : peinture de la « truie juive » sous le pont de la Judengasse. Goethe évoque cette image dégradante dans « Poésie et vérité ». Tiré de « Jüdische Merkwürdigkeiten » de J.J. Schudt. Francfort-sur-le-Main/Leipzig; 1714-1717.

Vue intérieure de l'ancienne synagogue de Francfort. Aquarelle d'Oskar Pichler, 1855.

Ci-dessous : marché aux bestiaux dans la Judengasse de Francfort. Aquarelle de A. Burger.

mensurable de ce peuple qui profite de chaque occasion pour tenter d'égaler les habitants chrétiens ».

Ce n'est qu'après l'occupation par l'armée napoléonienne que les Juifs eurent le droit de se mouvoir en toute liberté dans la ville et non plus seulement dans la Judengasse. La rue des Juifs abritait de multiples boutiques. On y faisait le commerce des tissus, des fourrures, de la mercerie, de l'or, de l'argent, des bijoux, de l'étain, du cuivre, du cognac, du tabac, des fromages, de la bière, des livres, des pièces de monnaies et des antiquités. On y trouvait aussi des maisons de change florissantes. Quelques Juifs connurent la prospérité, un petit nombre d'entre eux amassa des fortunes immenses.

Des Juifs célèbres habitèrent cette rue : Mayer Amschel Rothschild (1744-1812), facteur de Cour auprès du prince électeur de Hesse et l'écrivain Löb Baruch (1789-1837), plus connu sous le nom de Ludwig Börne, qu'il prit après sa conversion.

Le quartier abritait plus de trois cent cinquante maisons vers 1750. Cependant, le conseil municipal refusa de recouvrir les canalisations d'eaux usées

sous prétexte que l'eau « est plus vite à portée de main en cas d'incendie. »

Ce n'est qu'en 1811, après la création du grand-duché de Francfort par Napoléon, que le prince libéral Karl von Dallberg passa outre les protestations de la municipalité et accorda le droit de citoyenneté aux Juifs de Francfort en échange d'une somme de 440 000 florins. Mais le magistrat résilia ces droits – sans rendre leur argent aux Juifs – après la Bataille des Nations de Leipzig en 1813.

Néanmoins, le judaïsme demeura très vivace à Francfort ; son développement au cours des siècles ne connut pas d'équivalent dans les autres villes d'Allemagne.

Mais quelle image avaient les visiteurs chrétiens de la Judengasse et de ses habitants ? Gœthe relate ses impressions dans son ouvrage « Poésie et vérité ».

Il évoque l'étroitesse, la saleté, le grouillement, les consonances d'une langue étrange qui créent une impression désagréable, même en restant à l'extérieur des portes...

Il se remémore avec effroi les vieilles légendes de cruauté des Juifs contre les enfants du Christ dont il regardait les illustrations horribles dans la chronique de Gottfried. Il observe la grande peinture injurieuse que l'on voyait encore sur une voûte d'une tour du pont. Quoique l'image des Juifs se fût améliorée à cette époque, cette scène était un témoignage humiliant et dégradant contre eux, car elle n'était pas l'œuvre d'un particulier mais avait été réalisée sur l'ordre des autorités publiques.

« Les Juifs restaient néanmoins le peuple élu de Dieu », poursuit Gœthe. « Des gens travailleurs et complaisants, qui méritaient notre estime malgré un attachement opiniâtre à leurs coutumes. Par ailleurs, leurs filles étaient belles... Je visitais souvent leurs écoles et pris part à une circoncision, à un mariage et à une fête des Tabernacles pour me faire une idée. Partout, je fus accueilli avec chaleur, régalé de bons repas et invité à revenir. »

מסכת ברכות

עם פירוש רש"י ותוספות ופסקי תוספות ורבינו אשר ופסקי הרא"ש
ופירוש המשניות מהרמ"בם ז"ל

כפי אשר כבר נדפס בשיעור דף על דף ממש לא נפל דבר מכל טוב תיקונן אשר היה מקדם ועם כמה
מעלות טובות רבו מלמנות אשר עדין לא היו וקצת מהן יבארו דרך כללות :

המעלה הא' · שהוגהו מכל ספרי הש"ס דקודמי' ומספרי כל המפרשים ה"ה חכמת שלמה וחכמת
מנוח חרושי הלכות ובפרטות מספרי הש"ס של המאור הגדול מופת הדור הזקן מוה"רר יוסף
שמואל בן החסיד מוה"רר צביזצ"ל אשר היה אב"ד ור"מ בק"ק פרנקפורט דמיין עיר ואם בישראל יע"א · שתיקן
כל מעות אשר היה בספרי הש"ס ובפרטות מסכת' נדרים ונזיר שרבת' בהן הטעיות והוגהו ע"י הה"ג החכם
הכולל מוה"רר שמואל שאטין כ"ץ זצ"ל עם סיעתו · וכה"ג ג' סדרים זרעים קדשים וטהרות
שאין דורש להם מרוב הטעיות שנמצאו בספרים וכאן נמצא הכל
נכון ומתוקן כאשר יראו עיני השכלות

הב' · שהובאו כל מראה מקומות ונתוסף עליהן כהנה ונתחדשו המראה מקומות ברש"י · עוד נתוסף הרבה בעין משפט ונתחדש בו
פסקי הדינים · גם נתוסף המראה מקום בהר"אש ובפסקי תוספות :

ויתר המעלות קורא סיריעה מהכיל · כאשר לנוכח מענד לדף יביטו עין כל · מלבד סיופי והסידור
אשר בזה נתעלו אלו על הכל :

ותהי ראשית ממלא"כתו לפרט קח נא את ברכתי

Masseches Berachos,

Opus, in quo de Benedictionibus, de gratiis Deo agendis, de orationibus, & divinis Laudibus agitur: Recognitum à *Marco Marino*, Brix. Can. Regul. D. Servatoris, & ab omnibus iis, quæ contra Religionem Christianam sunt, juxta Mentem *Concilii Tridentini* expurgatum: adeo, ut non modo citra Impietatem, verum etiam cum fructu legi possit. Nunc secundum Editionem *Basileensem*, prout jam ante hac alibi emissum fuit, denuo editum.

Cum Privil. Cæsar. Majest.

בפרנקפורט דמיין

נדפס אצל יוהאן קעלנר ·

Page de titre du Talmud d'Arie Loeb, imprimé par Johann Koelner, un chrétien en 1720/1723 à Francfort-sur-le-Main.

Les Rothschild

Guillaume IX (1743-1821),
landgrave de Hesse
(prince électeur Guillaume Ier à partir de 1803).
Mayer Amschel Rothschild était son conseiller et confident.

Mayer Amschel Rothschild (1744-1812)

Gutel Rothschild (1753-1849), née Schnapper, épouse de Mayer Amschel.

Ci-dessous : publicité dans le catalogue de monnaies de Mayer Amschel Rothschild ; 1770-1780.

Ci-dessous : les deux maisons des Rothschild dans la Judengasse de Francfort, vers 1870.

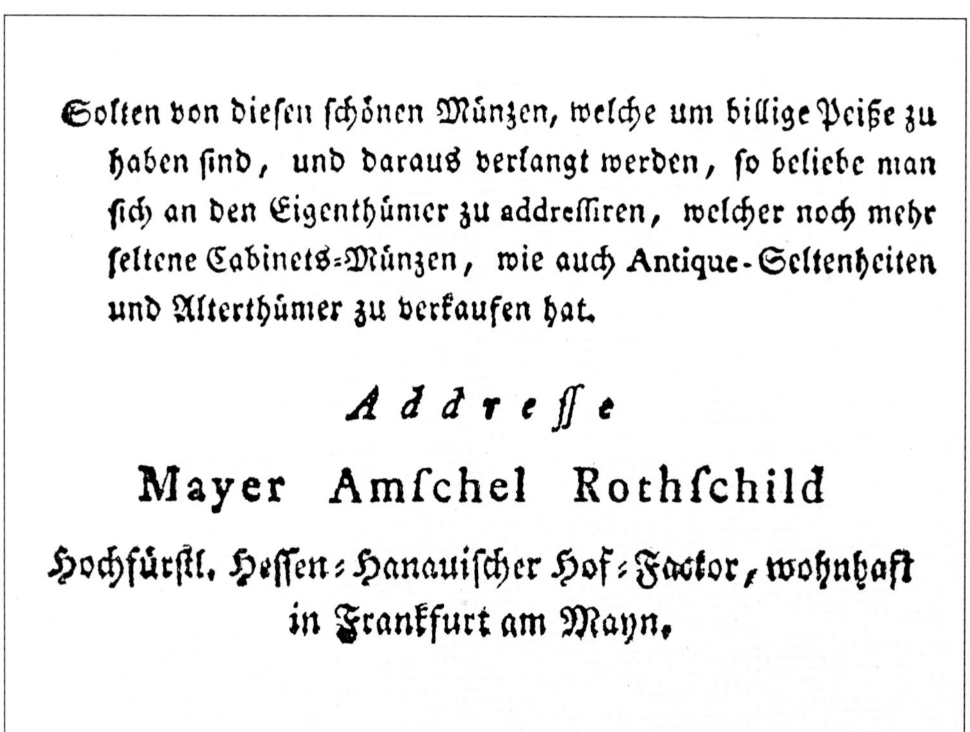

Solten von diesen schönen Münzen, welche um billige Peiße zu haben sind, und daraus verlangt werden, so beliebe man sich an den Eigenthümer zu addressiren, welcher noch mehr seltene Cabinets-Münzen, wie auch Antique-Seltenheiten und Alterthümer zu verkaufen hat.

Addresse

Mayer Amschel Rothschild

Hochfürstl. Hessen-Hanauischer Hof-Factor, wohnhaft in Frankfurt am Mayn.

Le premier ancêtre connu des Rothschild de Francfort fut Isaac Elchanan qui mourut en 1585. Sa maison portait le nom « Zum Roten Schild » (à l'enseigne rouge). Issu de la septième génération, Mayer Amschel (1744-1812) acheta la maison au numéro 148 qui s'appelait « Zum Grünen Schild » (à l'enseigne verte) ainsi que l'immeuble voisin d'une superficie au sol de cinquante mètres carrés. Il possédait la plus grande demeure de la Judengasse : cent mètres carrés occupés par une famille de sept personnes, les domestiques, une boutique de douze mètres carrés et des réserves.

Mayer Amschel Rothschild faisait le commerce de pièces de monnaie et d'antiquités. Ces activités le mirent en relation

Les cinq fils de Mayer Amschel Rothschild. En partant du haut vers la droite : Amschel Mayer (Francfort), Salomon Mayer (Vienne), James Mayer (Paris), Karl Mayer (Naples), Nathan Mayer (Londres).

avec le prince électeur Guillaume Ier de Hesse, qui lui accorda plus tard le titre de facteur de la Cour princière. Guillaume Ier de Hesse était un des princes les plus riches d'Allemagne et possédait une fortune estimée entre 20 et 60 millions de thalers. Il tirait ses ressources principales en vendant des mercenaires hessois à son grand-père, le roi George III d'Angleterre, un commerce que son père avait déjà pratiqué avant lui.

Rothschild, homme d'affaires judicieux, abandonna le commerce des pièces et se spécialisa dans les opérations de prêt et de change pour le Prince Électeur. Mayer Amschel devint bientôt l'homme de confiance du souverain, qui l'introduisit à la cour d'Angleterre.

Durant l'occupation napoléonienne, il cacha des caisses d'archives secrètes appartenant au prince. Les cinq fils Rothschild

Ci-dessus : Nathan Rothschild de Londres et sa famille. Tableau de William Armfield Hobday, vers 1830.

Inauguration du chemin de fer Ferdinand-Nordbahn. Gravure réalisée en l'honneur de Salomon Rothschild, 1839.

Le baron Carl von Rothschild, directeur de la banque de Francfort et membre du Parlement prussien.

furent anoblis en 1817 et reçurent le titre de baron de Guillaume Ier en 1822. Ils participèrent à la fondation du commerce bancaire international : Amschel Mayer (1773-1855) à Francfort-sur-le-Main, Salomon (1774-1855) à Vienne, Nathan (1777-1836) à Londres, Karl (1788-1855) à Naples et James (1792-1868) à Paris.

Les relations commerciales avec l'Angleterre commencèrent lorsque Nathan, le plus entreprenant des frères Rothschild, émigra dans ce pays en 1798. Il débuta en exportant des étoffes de Manchester vers l'Allemagne, mais le commerce du tissu ne fut qu'un épisode d'une carrière fabuleuse qui culmina avec la création de la banque Nathan Mayer Rothschild à Londres. Les descendants mâles de Mayer Amschel affirmèrent toujours leur judéité, fondant et soutenant dans de nombreux pays diverses institutions juives.

« Vénération des trois rois mages ». Caricature antijuive, 1848/1849.

Moritz Daniel Oppenheim

Ci-contre : « Les noces », peinture à l'huile, 1866.

Le peintre Moritz Oppenheim (1800-1882), originaire de la petite ville de Hanau près de Francfort-sur-le-Main, grandit dans une famille orthodoxe de petits bourgeois. Selon la coutume, il apprit dès l'âge de quatre ans le Séder, l'hébreu et les prières à l'école de la communauté. Dans ses mémoires, il écrit : « Un de mes souvenirs les plus anciens est d'avoir été emmené à l'école pour la première fois par Simon, mon frère aîné. L'école au fond d'une toute petite cour était un long bâtiment si bas que mon frère devait se courber pour franchir la porte. Des filles et des garçons – tous les enfants de la rue des Juifs – étaient assis sur un banc à ras de terre qui courait le long des murs. Le maître trônait dans un vieux fauteuil et les appelait les uns après les autres. Devant lui se dressait une table sur laquelle était posé un immense alphabet hébraïque. Nous devions monter sur un billot pour pouvoir le lire. Le maître, un petit homme qui bégayait, s'appelait Fälkelche, un double diminutif pour Falk. »

En 1806, le jeune Oppenheim assista à l'entrée triomphale de l'armée française, suivie peu de temps après de la destruction des murs du ghetto. Ses parents et son frère Simon encouragèrent son talent artistique qui le mena en 1820 au Städelsche Institut (Académie des Arts) à Francfort puis ultérieurement à Munich et à Paris, où ses études furent financées par son frère. Dès 1821, Oppenheim se rendit à Rome où séjournaient de nombreux peintres allemands, notamment le groupe des « Nazaréens » font faisaient partie Johann Friedrich Overbeck, Philipp Veit, fils de Dorothea Schlegel, Julius Schnorr et Wilhelm Hensel, un beau-frère de Félix Mendelssohn-Bartholdy. « Dans le premiers temps, je me sentais très seul au milieu de ce monde étranger. Aussi, lorsque les jours de fêtes juives approchaient, je recherchais davantage le ghetto où l'on cultivait les coutumes religieuses traditionnelles de la maison paternelle que le Vatican et tous ses trésors d'art », écrivit Oppenheim. Néanmoins, il s'intégra très vite dans le cercle de ses amis peintres dont plusieurs s'efforcèrent de le convertir au christianisme. « Je subis plusieurs tentatives de conversion qui restèrent naturellement sans succès. Au contraire, elles renforcèrent ma judaïcité et m'amenèrent à faire des comparaisons en faveur de ma religion. »

Oppenheim se distancia progressivement de l'école des Nazaréens et de leur idéologie pour prendre comme modèles les maîtres de la Renaissance, notamment les portraitistes.

Les Nazaréens « faisaient fi de leur apparence ; ils portaient des tenues négligées et étaient souvent mal peignés... Je rencontrai encore des épigones d'anciens champions de la foi (il fait entre autres allusion aux frères Veit avec lesquels il resta néanmoins ami) d'ex-protestants devenus des catholiques fervents. Ils arrivaient au café Gréco vêtus à l'ancienne mode allemande, la mine pieuse et les doigts croisés. Ils dessinaient et peignaient des images saintes dans un style grossier, lourd et raide, mais étaient convaincus d'y exposer leur sensibilité et de contribuer à un renouveau de l'Art. »

À gauche : Lessing écoute une discussion entre Moses Mendelssohn et Lavater, tandis que Frumet Mendelssohn apporte le café. Lithographie de S. Maier d'après une œuvre de Moritz Oppenheim, 1866.

À droite : « Le retour d'un soldat volontaire juif au foyer paternel ». Peinture de genre, 1834.

Ci-dessous : Oppenheim devant son chevalet, vers 1860.

Oppenheim revint s'installer à Francfort-sur-le-Main après un séjour de quatre ans à Rome. En 1839, au bout de neuf tentatives vaines, il finit par obtenir le droit de résidence permanent alors qu'il était déjà un peintre de renom, mais dut attendre douze autres années avant de se voir accorder les droits de citoyen de la ville.

Protégé par la famille Rothschild, il devint un portraitiste apprécié aussi bien des Juifs que des non-Juifs et compta parmi ses clients Gœthe, Börne, Heine, Riesser, Zunz ainsi que des membres de la famille Rothschild et de la haute société de Francfort.

À partir de 1833, Oppenheim réalisa une série de peintures de genre sur la vie familiale juive, dont l'un des premiers tableaux s'intitulait « Heimkehr eines jüdischen Freiwilligen zu den nach alter Sitte lebenden Seinen. » (Retour d'un volontaire juif dans le milieu familial traditionnel.)

L'artiste a sans doute vécu réellement cette scène à l'âge de quatorze ans dans la demeure de la famille Eschwege, car le soldat présente une forte ressemblance avec le portrait du volontaire Baruch Eschwege et le jeune garçon sur la droite du tableau pourrait être Moritz Oppenheim lui-même. Le titre emphatique marque une protestation contre le retrait des droits que subirent les Juifs, y compris les soldats volontaires, après la victoire sur l'armée napoléonienne. Sujet et titre figurent également le réconfort qu'apporte le retour au foyer paternel juif.

Plus tard, Oppenheim publia 24 scènes sur le thème de la vie de famille juive. Il peignit en grisaille les œuvres destinées à être reproduites photographiquement. Cette technique de camaïeu en gris permettait une reproduction précise des détails grâce aux plaques orthochromatiques utilisées à cette époque.

Ces images pour la plupart émouvantes sont des documents de l'histoire sociale judéo-allemande. Elles illustrent le désir de mener une vie fondée sur des valeurs juives qui seraient légitimement reconnues par l'entourage chrétien ; une dimension sans aucun doute à la base de l'immense succès d'Oppenheim. Gœthe faisait partie des nombreux admirateurs des œuvres de Moritz Oppenheim. C'est sur sa recommandation que le grand-duc de Saxe-Weimar attribua le titre de professeur à l'artiste. Au cours de la cérémonie, le célèbre poète décréta que « les titres et les décorations tiennent à distance dans la foule », une remarque qui reçut la confirmation amusée de Moritz Oppenheim.

Villes et villages

Tandis que le fossé séparant les riches des pauvres et le schisme entre orthodoxes, libéraux et adeptes de réformes extrêmes divisait les sociétés juives dans les grandes villes, les communautés des petites villes et des villages conservèrent largement leur homogénéité durant les XVIIIe et XIXe siècles.

Le personnage principal de la communauté était le rabbin ; outre son rôle religieux, il conseillait, aidait et arbitrait dans les problèmes privés ou dans les conflits d'ordre professionnel.

Les synagogues des communautés rurales étaient presque toutes traditionnelles et orthodoxes. À partir du XIXe siècle, la plupart des petites villes se dotèrent toutefois d'une seconde synagogue fréquentée par les adeptes du mouvement libéral. Chaque communauté juive possédait des œuvres de bienfaisance et une société d'enterrement

Ci-dessus : la place du marché de Fürth, où le quartier juif n'était pas isolé du voisinage chrétien. La maison de la famille Behrman se trouve au n° 4. Gravure sur cuivre de Johann Alexander Baener, 1704.

À gauche : des marchands de porcs du Bade concluent un marché. Dessin colorié de Sohn, vers 1850.

Ci-dessous : mendiant juif. Gravure sur bois coloriée, vers 1830.

Ci-dessus : « un maître talmudique de Varsovie ».
Dessin de Ludwig Emil Grimm, 1818.

En haut à droite : auberge de village juive en Franconie ; à gauche Keile, à droite Eleasar et Akiba Cahn. Aquarelle de M. D. Harmann, 1817.

En bas à droite : cimetière de Wolfenbüttel. Tombes de la familles Samson, XVIIIe siècle.

dans lesquelles les membres remplissaient des fonctions honorifiques.

Les enfants juifs et non-juifs fréquentaient les mêmes écoles primaires à partir de six ans. Les jeunes Juifs devaient en outre apprendre le Séder dès l'âge de quatre ans (voir page 36). Dans les campagnes, les différences entre Juifs et non-Juifs, jeunes et adultes, n'existaient pratiquement pas dans la vie quotidienne et professionnelle ou dans les relations de voisinage.

Dans le Nord et l'Est de l'Allemagne, les Juifs travaillaient surtout dans le petit commerce ; à l'Ouest et au Sud, ils étaient fréquemment marchands de bestiaux. La plupart de ceux qui vivaient dans le Sud-Ouest possédaient un bœuf, une chèvre, un jardinet et quelques poules pour leurs propres besoins ; parfois ils cultivaient également soit une vigne, soit quelques terres ou tenaient une modeste auberge.

Les habitants juifs des petites villes pouvaient exercer des métiers tels que joailliers, horlogers, lunetiers, relieurs ou imprimeurs, tandis que dans les villages, ils étaient le plus

Ci-dessus : Augsbourg, vue de la rue aux Juifs, vers 1800. Gravure sur cuivre de Karl Remshard.

À gauche : faïence pour la fête de Pessah, début du XIXe siècle.

souvent boulangers, tailleurs, employés de la synagogue ou maîtres d'écoles. Les communautés comprenaient également les prêteurs sur gage, les étudiants itinérants du Talmud, les colporteurs qui parcouraient les routes en semaine, de même que les vagabonds qui mendiaient l'hospitalité. Les musiciens, chanteurs et prestidigitateurs ambulants étaient également originaires du milieu rural.

Dans les villages et les bourgs, la vie commune des Juifs et des non-Juifs subissait moins les tensions politiques que dans les grandes villes. On se rencontrait dans la rue et au marché et l'on entretenait des contacts de bon voisinage. Les enfants grandissaient ensemble et parlaient le même dialecte.

La situation légale inférieure des Juifs n'influençait guère leur quotidien dans les villages ; par contre, elle se faisait davantage ressentir dans les petites villes où l'on trouvait des professions citadines modernes fermées aux Juifs. Néanmoins, la vie des Juifs des villages et des bourgs s'écoulait paisiblement, au rythme des saisons.

Le château de Thalheim sur le Neckar, surnommé « château des Juifs ». De 1778 à 1840, il fut habité par des familles juives qui versaient un impôt de résidence élevé.

Une ruelle du quartier juif de Haigerloch, Wurtemberg. Dans de nombreux villages du Wurtemberg, Juifs et chrétiens cohabitèrent en bon voisinage jusqu'à l'époque de Hitler.

Les terres cuites de Zizenhausen

Vers 1800, Anton Sohn, bourgmestre du village de Zizenhausen, entreprit de modeler des groupes en terre cuite. Il réalisa un grand nombre des ces statuettes polychromes mesurant environ 25 cm de haut, d'après des croquis et dessins d'artistes illustres tels que Jacques Callot et Hiéronymus Hess, mais développa également un style personnel qui exprimait une satire politico-sociale aussi acérée qu'elle restait humaine. Des colporteurs allaient vendre à travers le pays les figurines en terre cuite de Zizenhausen.

Les œuvres de Sohn qui caricaturaient des personnages ou des scènes de la vie juive se distinguaient de la masse des dessins et autres ouvrages satiriques antijuifs de l'époque ; elles étaient pleines d'humour et reproduisaient exactement les coutumes et l'habillement juifs. Ces œuvres furent exécutées entre 1815 et 1848, durant la période dite du « Vormärz », au cours de laquelle la condition des Juifs subit une importante dégradation. Nombre de petits bourgeois et paysans de Bade et du Wurtemberg étaient endettés auprès des prêteurs juifs en raison de la situation économique précaire de ces États. Dans les campagnes, la somme des intérêts à débourser s'accroissait à chaque pénurie de récoltes : les paysans empruntaient de l'argent en donnant

En haut à gauche : « Les enfants d'Israël ». Campagnards juifs du Sud-Ouest de l'Allemagne dans leurs vêtements caractéristiques.

À gauche : « Préparatifs du sabbat ». Le sabbat, célébré en famille, était le jour le plus important dans la vie de la communauté juive.

À droite : le colporteur juif, précurseur du commerçant tenant magasin. La 2e ligne de l'inscription est en français : « je vends en gros et en détail. »

leurs récoltes « sur pied » en gage, c'est-à-dire avant les moissons. Les risques du prêteur, mais aussi la dette du paysan augmentaient si l'année avait été mauvaise.

Le bourgmestre Anton Sohn connaissait bien la vie de ses villageois, de même que celle des Juifs qui étaient maquignons, petits commerçants, colporteurs, artisans, maîtres d'école, prêteurs sur gages, bouquinistes, mendiants, musiciens ambulants, vignerons et, à l'instar de n'importe quel habitant frontalier, faisaient aussi de la contrebande de denrées alimentaires avec la Suisse proche.

C'est ainsi qu'en dépit de leurs traits caricaturaux, les terres cuites de Sohn révèlent une image intime de la vie des familles juives modestes dans le Sud-Ouest de l'Allemagne au début du XIXe siècle.

Le commis voyageur : « Blauschild, commis voyageur pour toutes les branches du commerce. »

Ci-dessous à droite : « Je vous jure qu'elle donne deux seaux pleins… » Les campagnards juifs possédaient souvent une vache et parfois un champ.

Petits métiers

Jusqu'au XVIIIe siècle, la majorité des Juifs restèrent cantonnés dans les métiers qu'on leur avait imposés : le colportage, la brocante, la friperie, l'usure et le prêt sur gages, le commerce des bestiaux et des céréales. La privation des droits civiques conduisait parfois à des infractions aux lois. On rencontrait des colporteurs, des marchands de bestiaux et des maquignons honnêtes et malhonnêtes, de même que de vrais commis voyageurs et des escrocs.

Les Juifs bénéficiaient néanmoins d'un peu plus de liberté depuis l'époque du mercantilisme. Dans quelques régions, ils

« La bourse juive » à Hambourg, milieu du XIXe siècle.

Troupe de forains juifs dans une fête populaire à Cannstatt. Lithographie, 1835.

Marchand de bestiaux juif. Gravure à l'eau-forte de Johann Adam Klein, 1811.

Fripier. Gravure sur cuivre de Chodowiecki, 1780.

étaient autorisés à pratiquer de petits métiers tels qu'horlogers, lunetiers et joailliers, travaillaient dans les manufactures de textiles et de tabac ou dans le commerce des étoffes et possédaient même parfois un magasin. Dès le XVIIIe siècle, les Juifs avaient eu le droit de participer à la foire de Leipzig moyennant des redevances particulières telles que l'octroi. Ils y présentaient quelque mille étals, toutefois relégués dans les arrière-cours. Les Juifs de Pologne et de Russie y faisaient le commerce des fourrures, du cuir, des soies de porcs, des textiles, des articles en laine et des bijoux. C'est grâce aux marchands juifs des pays de l'Est que la foire de Leipzig devint le premier marché de fourrures du monde, un exemple qui amorça la transition des métiers marginalisés à un monde du travail qui s'ouvrirait peu à peu complètement aux Juifs. Ils prirent le monopole de la fabrication du velours et de la dentelle. Le commerce dans les régions rurales étant devenu une branche économique encouragée par l'État, les colporteurs, les commis voyageurs, les brocanteurs et les fripiers juifs s'établirent et ouvrirent des magasins. La libéralisation des activités économiques des Juifs devança leur émancipation civique et politique.

Magasin de livres et de musique Bock sur Unter den Linden à Berlin, vers 1850.

Magasin de mode de la Schlossfreiheit à Berlin, peinture de 1830.

Marchand ambulant de cannes juif à Hambourg. Gravure sur cuivre coloriée de Christoph Suhr, vers 1808.

Brocanteur juif à Lübeck. Dessin naïf à l'encre de chine, vers 1830.

Ci-dessous : affiche du lunetier ambulant Aron Jacob de la région d'Ansbach. Lübeck, 1809.

Ci-dessous à droite : scène durant la foire de Leipzig. Dessin de Georg Emanuel Opiz, 1825.

Mit gnädigster Bewilligung.

Unterzeichneter Optiker aus dem Ansbachischen hat die Ehre einem hohen Adel und verehrungswürdigen Publikum von seiner Ankunft, wie auch daß er verschiedene optische Gläser verfertiget, Nachricht zu geben.

Erstens sind bei ihm verschiedene Conservations-Gläser zu bekommen. Seine Brillen sind nach Verschiedenheit des Augenmaaßes eingerichtet, sowohl für Kurz- als Nahsichtige, als auch für solche Augen, die nicht in der Nähe, sondern nur in der Ferne scharf sehen. Diejenige Brille, welche den Augen, je nachdem sie beschaffen sind, am angemessensten und wohlthätigsten ist, wird sogleich nach den Regeln von ihm bestimmt, sobald er die Augen gesehen hat.

Licht und deutliche Unterscheidung der Gegenstände wird unfehlbar einem jeden, über das Gefühl seiner hergestellten Sehkraft mit Freude erfüllen, wobei niemand besorgen darf, daß die Augen angegriffen, und noch mehr geschwächt werden. Diese Besorgniß findet bloß bei Vergrößerungsgläsern statt. Vielmehr zeigt sich, wie schon gesagt, das Gegentheil, daher diese Brillen nicht nur Conservations- sondern auch Rostaurations-Brillen heissen sollten.

Ferner sind zu haben: Verschiedene Perngläser; Microscope composita, wie auch Microscope solara, welche von 10 bis hunderttausendmal vergrössern; Camerae obscure, wo man einen grossen Gegenstand auf einen Viertelbogen Papier aufnehmen kann; kurze und lange Perspective, welche mit doppelten Objektiv-Gläsern verfertigt sind, und die Sonnenstrahlen verwerfen; Camerae clarae, welche alle Gegenstände im Kleinen präsentiren; Brenn- und Hohlspiegel, mit welchen man viele Experimente durch die Sonne machen kann; Cones et prismata; verschiedene Laternen Magica, welche kleine auf Glas gemahlte Figuren in Lebensgröße an der Wand präsentiren. Auch wer etwas Schadhaftes von solchen Waaren zu repariren hat, kann um einen billigen Preis hier bedient werden.

Wer von dergleichen Gegenständen Etwas zu repariren hat, empfiehlt sich Unterzeichneter zu Dero Diensten.

Logirt im wilden Mann am Kornmarkt, in der ersten Etage Nr. 10.

Aron Jacob.
aus dem Ansbachischen.

Posnanie, Prusse-Orientale et Dantzig

À gauche : Baer Loew Monasch (1801-1876), imprimeur, relieur et éditeur à Krotoschin, Posnanie. Pastel des frères Henschel, 1839.

À droite : Mathilde Monasch-Wiener, son épouse. Pastel des frères Henschel, 1839. La fille du couple épousa l'historien juif Heinrich Graetz.

Vers 1800, quelque 37 000 Juifs vivaient dans la province de Posnanie, à savoir 6 % de la population globale de la Prusse. À cette époque, le nombre des Juifs égalait à peu près celui des chrétiens dans les métiers artisanaux.

La population juive était passée à 65 000 âmes lorsque la province et quelques autres districts furent annexés à la Prusse en 1815, après l'intermède de l'époque napoléonienne. Dès lors, les Juifs « dépourvus de fortune et d'instruction suffisantes » subirent d'importantes restrictions qui ne furent abolies qu'en 1847. Jusqu'à cette date, ils restèrent des Juifs « protégés » sans droits civiques, même si la majorité d'entre eux faisait partie d'une classe qui s'était assimilée à la culture allemande dans la langue et l'éducation, se distinguant ainsi du reste de la population aux racines polonaises. La naturalisation ultérieure des Juifs de Posnanie les assimilant à ceux de l'ancienne Prusse releva d'une action politique destinée à empêcher une majorité polonaise aux élections communales. Les Juifs de Posnanie s'étaient très tôt ralliés au mouvement d'Émancipation et soutenaient la culture allemande face aux habitants issus du milieu polonais catholique, avec lesquels ils entrèrent plusieurs fois en conflit.

Les conditions économiques et politiques défavorables des Juifs entraînèrent des vagues d'émigration vers Berlin et l'Amérique, notamment lorsque l'antisémitisme des fonctionnaires prussiens de Posnanie s'amplifia dans la deuxième moitié du XIXe siècle. Plusieurs Juifs originaires de Posnanie allaient devenir d'illustres personnalités du monde scientifique et culturel de Berlin. Lorsque la Posnanie revint à la Pologne au traité de Versailles de 1919, la plupart de ses résidents juifs optèrent pour l'Allemagne et émigrèrent à l'Ouest.

En 1756, 300 Juifs environ demeuraient à Königsberg, la capitale de la Prusse-Orientale. La communauté s'agrandit rapidement avec l'arrivée de coreligionnaires émigrés de la Russie voisine. Un grand nombre de ses membres adhérèrent au mouvement de « l'Aufklärung » (rationalisme), influencés notamment par Kant, professeur à l'université de la ville. La revue *Ha-Meassef*, organe des Juifs éclairés (voir page 122) était éditée à Königsberg qui, après la création en 1783 de la « Gesellschaft zur Förderung der hebraïsche Sprache » (Société pour la promotion de la langue hébraïque), devint un centre de la « Auklärung » juif comptant des personnages de renom tels David Friedländer et Marcus Herz. La capitale de la Prusse-Orientale fut aussi le berceau des premières tentatives de réformes liturgiques. Une des figures de proue de la petite colonie très influente d'intellectuels judéo-russes était Abraham Mapu (1808-1867), dont les œuvres en hébreu traitant de thèmes bibliques et contemporains furent traduites en allemand, yiddish, anglais et arabe. Mapu fait aujourd'hui partie des classiques de la littérature moderne hébraïque.

Dantzig, capitale de la Prusse Occidentale jusqu'en 1919, fut dès le Moyen Âge une plaque tournante du commerce international et une ville libre d'Empire. Non-

Ci-contre : Rabbi Akiba Eger (1761-1837) et deux coreligionnaires sur la place du marché de Poznan (capitale de la Posnanie). Eger était le rabbin de la ville et la plus grande autorité talmudique de son temps. Détail d'une peinture de Julian Knorr, vers 1835.

Ci-dessous : scène sur la place du marché de Poznan. À droite au premier plan : un groupe de Juifs avec des membres de la famille Heymann Saul. Détail d'une peinture de Julian Knorr, vers 1835.

Ci-contre, à gauche : Dantzig, la Breitegasse. La maison natale du banquier Carl Fürstenberg (1850-1933) est le quatrième édifice à partir de la gauche. Aquarelle, milieu du XIXe siècle.

obstant l'opposition des guildes, les Juifs y étaient largement acceptés en raison de leur contribution à l'essor de l'économie. Johanna Schopenhauer passa son enfance et une partie de sa vie de jeune femme – de 1766 à 1793 – à Dantzig. Dans ses mémoires, la mère de l'illustre philosophe écrit : « Je préfère laisser de côté les trafiquants polonais juifs, sales et braillards, que ni les taxes corporelles imposées, ni l'oppression et le mépris qu'ils subissaient des chrétiens n'empêchaient de pratiquer leur misérable commerce à tous les coins de rues.

Mais il y avait d'autres descendants d'Israël, des figures empreintes de dignité qui contribuaient à apporter une diversité intéressante à la vie citadine. De riches marchands juifs de Varsovie, Cracovie, Poznan et autres villes polonaises, portant leurs costumes nationaux et venus à Dantzig pour affaires : des hommes de belle taille au regard noir flamboyant et aux traits orientaux, à mille lieues de la canaille en guenilles. La longue barbe soignée, souvent blanche comme neige, se répandant sur la poitrine, la haute toque de zibeline, la tunique noire aux plis esthétiques leur conféraient une ressemblance évidente avec les plus belles représentations de prophètes et d'apôtres dans les arts plastiques.

Leurs épouses les accompagnaient parfois. Ces dernières portaient des vêtements autrement excentriques, qui leur donnaient une apparence des plus étranges : des jupes de lourd brocart imprimé de larges fleurs, un manteau de même étoffe, descendant jusqu'aux genoux et ourlé de zibeline. Elles portaient une coiffe dorée et avaient le front ceint d'un large bandeau de plusieurs rangs de grosses perles baroques ne laissant dépasser aucun cheveu. De lourdes chaînes en or de style démodé et des bijoux sertis de toutes sortes de pierres précieuses complétaient la toilette de ces filles de Sion et rehaussaient l'éclat des visages au teint mat et aux yeux noirs, du moins tant qu'elles étaient jeunes. »

Dantzig devint prussienne en 1793 après avoir vécu une longue histoire mouvementée et accorda le droit de citoyenneté à quelques commerçants juifs.

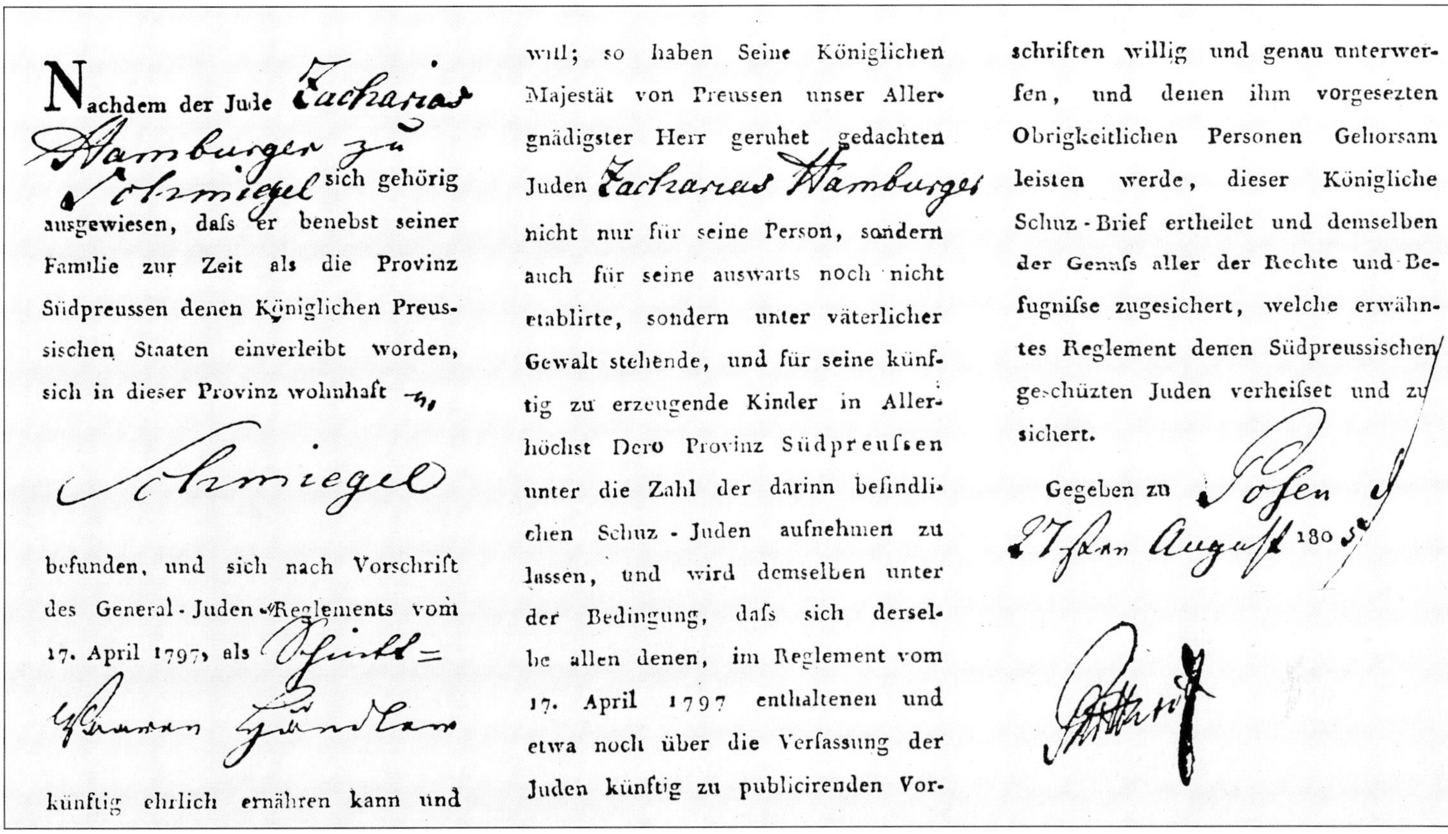

Nachdem der Jude Zacharias Hamburger zu Schmiegel sich gehörig ausgewiesen, dafs er benebst seiner Familie zur Zeit als die Provinz Südpreussen denen Königlichen Preussischen Staaten einverleibt worden, sich in dieser Provinz wohnhaft zu Schmiegel befunden, und sich nach Vorschrift des General-Juden-Reglements vom 17. April 1797, als Schnitt= Waaren Händler künftig ehrlich ernähren kann und will; so haben Seine Königlichen Majestät von Preussen unser Allergnädigster Herr geruhet gedachten Juden Zacharias Hamburger nicht nur für seine Person, sondern auch für seine auswarts noch nicht etablirte, sondern unter väterlicher Gewalt stehende, und für seine künftig zu erzeugende Kinder in Allerhöchst Dero Provinz Südpreufsen unter die Zahl der darinn befindlichen Schuz-Juden aufnehmen zu lassen, und wird demselben unter der Bedingung, dafs sich derselbe allen denen, im Reglement vom 17. April 1797 enthaltenen und etwa noch über die Verfassung der Juden künftig zu publicirenden Vorschriften willig und genau unterwerfen, und denen ihm vorgesezten Obrigkeitlichen Personen Gehorsam leisten werde, dieser Königliche Schuz-Brief ertheilet und demselben der Genufs aller der Rechte und Befugnifse zugesichert, welche erwähntes Reglement denen Südpreussischen geschüzten Juden verheifset und zusichert.

Gegeben zu Posen 27ten August 1805

Ci-dessus : sauf-conduit pour le Juif Zacharias Hamburger, résident à Schmiegel (province de Prusse Méridionale).

Durant et après la Première Guerre mondiale, des émigrés venus de l'Est vinrent grossir la communauté juive qui connut dès lors un nouvel essor culturel.

Ci-contre : le vieux cimetière juif de Königsberg. Lithographie de W. Behnigson, vers 1890.

En Silésie

Ci-dessus : le comte Carl Georg von Hoym, ministre de la province de Silésie. Ami des Juifs et expert en littérature hébraïque, il s'employa à améliorer la condition des Juifs en les faisant bénéficier d'une constitution établie dans l'esprit du rationalisme.

De même qu'en Prusse Orientale, en Prusse Occidentale et en Pologne, les premiers habitants juifs de Silésie furent des réfugiés qui avaient fui devant les hordes meurtrières au temps des croisades. Une partie d'entre eux s'installa comme paysans dans les environs de Breslau.

Un nombre considérable de Juifs de Breslau furent assassinés durant l'époque de la peste noire, vers 1348. L'empereur Charles IV fit don de leurs maisons et synagogues à la ville. Les descendants des Juifs qui avaient survécu furent rappelés à Breslau (Wroclaw) au début du XVe siècle et y créèrent une communauté prospère. Ils en furent de nouveau chassés à l'époque des sermons antijuifs du Franciscain Johannes de Capestrano (1386-1456) (voir page 75). En 1630, le magistrat rouvrit les portes de la ville à quelques familles juives afin de stimuler le commerce avec la Pologne. La population juive s'accrut d'une masse de réfugiés juifs polonais après les massacres de Chmielnicki en 1648. Des réfugiés formèrent également le noyau des autres établissements juifs de Silésie.

Au cours des siècles suivants, des communautés dont sont issus nombre d'érudits renommés se créèrent à Brieg, Glatz, Glogau, Görlitz, Liegnitz, Schweidnitz ainsi que dans une cinquantaine d'autres localités. À la fin du XVIIe siècle, une imprimerie hébraïque se créa à Dyhernfurt, près de Breslau. C'est ici que furent imprimés le premier journal en hébreu d'Allemagne et d'autres ouvrages, dont une édition du Talmud. Dyhernfurt resta un centre d'imprimerie de livres religieux jusqu'en 1834.

Les lois prussiennes discriminatoires entrèrent également en vigueur en Silésie après la conquête de la région par Frédéric II. Le régime concernant les Juifs s'adoucit sous le comte Hoym, ministre de la province durant le règne de Frédéric-Guillaume II. Hoym instaura notamment un système scolaire laïc et une constitution dans l'esprit du rationalisme. Il accorda les pleins droits civiques à 24 familles et des droits partiels à 160 familles.

Aux XVIIIe et XIXe siècles, la population juive de Silésie comportait trois classes : les

Ci-contre : place de Breslau, lieu de rencontre de la société juive, appelée la « bourse des Juifs » par plaisanterie. Gravure sur cuivre d'après un dessin de Friedrich Bernhard Werner, vers 1780.

habitants des campagnes formaient le groupe le plus important ; ils étaient pour la plupart métayers, marchands ambulants ou employés des communautés. Le deuxième groupe comprenait les commerçants, les négociants en import-export et les petits fabricants de Breslau, Glogau et Zülz. La classe supérieure cultivée qui constituait le troisième groupe occupait une position particulière ; elle était très prospère et bénéficiait de tous les privilèges. Ses membres apportèrent une contribution insigne au développement de la science et de la technique en Prusse.

Indépendamment de ces trois groupes, on trouvait une classe à part à laquelle appartenaient les rabbins, les érudits talmudiques et leurs élèves – orthodoxes et plus tard libéraux –, ainsi que les adeptes de la réforme.

Breslau fut très tôt et demeura jusqu'au XXe siècle un centre regroupant tant des érudits talmudiques orthodoxes que des réformés modérés. En 1854, Zacharias Frankel (1801-1875) fonda le séminaire théologique de Breslau où furent formés de nombreux rabbins libéraux. Ce courant religieux eut une influence profonde sur le développement du judaïsme moderne dans le monde occidental.

Les Juifs de Silésie jouèrent également un rôle de plus en plus important dans la vie culturelle allemande, notamment à partir de l'époque de l'émancipation. Ephraïm Moses Kuh (1731-1790) fut un des premiers poètes juifs de langue allemande, de même qu'Esther Gad-Bernard (1770-1820), petite-fille de Jonathan Eibesschütz (vers 1690-1764), illustre talmudiste et kabbaliste. Heinrich Graetz (1817-1891), premier historien juif des temps modernes, enseignait au séminaire théologique juif et à l'université de Breslau. C'est durant cette époque qu'il écrivit sa célèbre *Histoire des Juifs des temps anciens à l'époque contemporaine* en onze volumes (1835-1875).

Le politicien Ferdinand Lassalle (1825-1864), l'explorateur Eduard Schnitzer, connu sous le pseudonyme d'Emin Pascha (1840-1892) et Paul Ehrlich (1854-1915), père de la chimiothérapie et Prix Nobel 1908, étaient originaires de Silésie. Un grand nombre de scientifiques, écrivains et commerçants juifs quittèrent néanmoins Breslau pour Berlin à l'instar des quatre frères Henschel (voir page 152), les artistes les plus réputés de leur temps.

Au XXe siècle, un courant d'émi-gration réduisit le nombre des Juifs silésiens de 50 000 au tournant du siècle à 15 000 en 1939. La plupart de ceux qui étaient restés au pays furent tués au cours des années suivantes.

Salomon Pappenheim (1740-1814), écrivain de langue hébraïque, assesseur du rabbinat et dirigeant de sa communauté, soutint l'intégration du rationalisme dans l'orthodoxie.

Ci-dessous : le docteur Elias Henschel, de Breslau, oncle des frères Henschel. Lithographie, vers 1837.

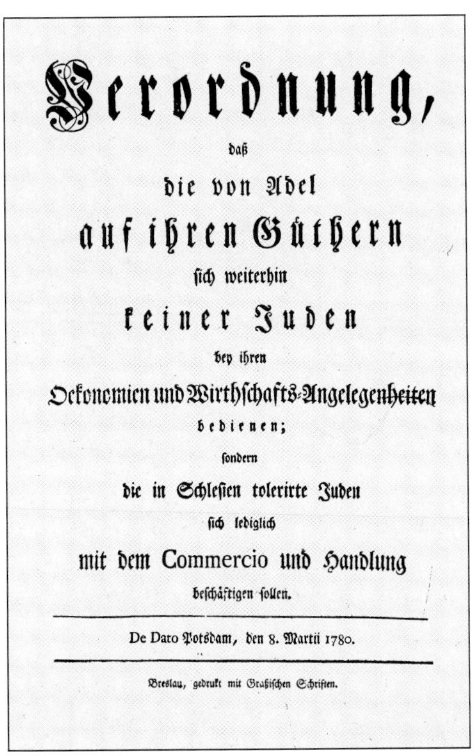

Verordnung,
daß
die von Adel
auf ihren Güthern
sich weiterhin
keiner Juden
bey ihren
Oekonomien und Wirthschafts-Angelegenheiten
bedienen;
sondern
die in Schlesien tolerirte Juden
sich lediglich
mit dem Commercio und Handlung
beschäftigen sollen.

De Dato Potsdam, den 8. Martii 1780.

Breslau, gedruckt mit Graßischen Schriften.

Ci-contre : page de titre du règlement concernant les Juifs protégés de Silésie. Potsdam, 8 mars 1780.

Architecture des synagogues vers 1800

Vers 1800, les synagogues étaient pour la plupart des édifices simples bâtis dans le style de la région. Celles des villages n'avaient pas d'étage et ressemblaient extérieurement à n'importe quel autre bâtiment utilitaire. Les synagogues des bourgs plus importants et des villes comportaient un étage comprenant une galerie réservée aux femmes.

Les murs et les plafonds restaient en principe nus, sauf quelques exceptions

À gauche : synagogue de Heidingsfeld près de Würzburg. Vue intérieure durant un office, vers 1780.

Ci-dessous : Harburg en Bavière. Devant l'église, la synagogue bâtie vers 1800 se dresse au milieu de l'ancien quartier juif.

rencontrées à Horb, Bechthofen et dans un petit nombre de synagogues de villages franconiens qu'Elieser Sussmann, de Brody, décora dans le style des synagogues en bois d'Europe orientale : ses peintures exubérantes associent des proverbes et des textes de prières à des ornements végétaux et des figures symboliques d'animaux tel que le lion de Juda. À Horb, un éléphant fait partie de la décoration tout comme dans le mahzor de Worms (livre de prière, voir page 36) ; un

Éléments de la synagogue de Horb (aujourd'hui au musée d'Israël à Jérusalem) :

À droite : détail d'une fresque du plafond. Une guirlande de fleurs entoure un éléphant.

Ci-dessous : vue du mur oriental. À gauche, une vue imaginaire de Jérusalem.

Almemor (tribune) et arche de la Loi dans la synagogue d'Ansbach en Bavière. L'arche porte l'inscription : « Sache devant Qui tu te trouves. »

élément qui semble insolite mais évoque peut-être l'éléphant Abulabaz (voir page 29) que le Juif Isaac offrit à Charlemagne au nom de Haroun al Rachid.

La plupart des synagogues furent édifiées dans un style baroque simplifié jusque dans les premières décennies du XIXe siècle, ce qui confère un aspect assez anachronique aux dernières constructions.

Un style néo-classique s'imposa à partir de 1840 dans les communautés réformées qui voulaient transformer les synagogues en « maisons de Dieu » à l'instar de l'Église chrétienne. Les édifices, imposants, étaient désormais appelés temples et marquent l'époque à laquelle la synagogue quitta sa situation « d'arrière-cour ».

Ci-contre : synagogue de Krumbach-Hürken construite en style baroque en 1819. L'horloge est un élément rare sur une synagogue.

Ci-dessous : synagogue à Mannheim, vers 1800.

Les jours de fête

La vie juive se déroule au rythme hebdomadaire du sabbat et des fêtes religieuses annuelles.

Bien que célébré chaque semaine, le sabbat est le jour de fête principal car « Dieu acheva au septième jour l'œuvre qu'il avait faite et il se reposa au septième jour de toute l'œuvre qu'il avait faite. Il bénit donc le septième jour et le consacra... »(Gen. 2, 1-3).

L'office du sabbat comprend la lecture psalmodiée d'un passage des cinq Livres de Moïse. Le Pentateuque se divisant en 52 sections, sa lecture complète prend une année. À la lecture de la Thora s'ajoute celle de passages tirés des Livres des Prophètes.

L'année juive est une année lunaire qui commence en septembre/octobre avec la fête de Rosh Ha-Shanah (le début de l'année). Cette célébration est marquée par un office religieux particulier. En ce jour, chacun passe en jugement devant Dieu et sera inscrit – ou non – dans le livre de vie.

Le destin de chacun, la vie ou la mort, est scellé dix jours plus tard à Yom Kippour, le jour de la purification, durant lequel un jeûne strict est imposé ; le fidèle reconnaît ses péchés, se repent et espère le pardon. Durant ces deux fêtes, le ministre officiant sonne le shofar lors des offices à la synagogue. La sonnerie de la corne de bélier appelle au repentir et à la prise de conscience, mais symbolise aussi le refus de Dieu d'accepter le sacrifice humain qu'Abraham était prêt à accomplir en lui offrant son fils Isaac. Un bélier – sacrifice animal – devait désormais remplacer le sacrifice humain.

Ci-dessus : Simhat Thora (joie de la Loi), le septième jour de Soukkot, les rouleaux de la Thora sont solennellement promenés dans la synagogue. D'après un tableau de Hugo Elkan.

Ci-contre : la bénédiction « Réjouissance devant l'Eternel » (d'après Lev. 23,4) durant la fête de Soukkot. Le bouquet est composé de branches de palmier, d'un cédrat, de brindilles de myrte et de branches de saule. D'après un tableau de Hermann Junker.

Soukkot est célébré en octobre quinze jours après Rosh-Ha-Shanah. La fête des Tabernacles ou des Tentes commémore les quarante années dans le désert des enfants d'Israël où ils vécurent sous des tentes durant leur marche vers la Terre promise (Lev. 23/42-43). Soukkot était sans doute à l'origine une fête des moissons dont deux symboles, la branche de palmier et l'etrog (cédrat) sont conservés jusqu'à nos jours. Durant les huit jours de la fête, les repas sont pris dans la soukkah, une cabane en bois couverte de branchages au travers desquels on doit voir le ciel.

Hanoukka (inauguration), la fête des Lumières, se célèbre durant huit jours en décembre. Elle rappelle la victoire des Maccabées sur les Grecs qui permit la reconquête de Jérusalem au IIe siècle avant notre ère et évoque aussi le miracle du pot d'huile sainte qui brûla durant huit jours lors de la nouvelle consécration du Temple alors qu'il ne contenait de l'huile que pour une journée. Chaque soir, on allume une des bougies du chandelier à huit branches jusqu'à ce qu'elles brûlent toutes le huitième jour. Ce rituel est le plus souvent effectué par les enfants car Hanoukka est une fête joyeuse.

Pourim, la « fête des sorts » qui a également un caractère d'allégresse – surtout pour les enfants – se célèbre en février/mars par des cortèges masqués, des jeux et des échanges de cadeaux en souvenir du salut des Juifs qui échappèrent au vizir perse Haman grâce à la reine Esther et à son père adoptif Mardochée. Le terme « sorts » se réfère aux dés lancés par Haman pour fixer la date propice au massacre des Juifs.

Pessah en mars/avril commémore la sortie d'Égypte, pays de l'esclavage (voir page 194). Pessah signifie passage : l'ange de la mort qui tua tous les nouveau-nés égyptiens passa par-dessus les maisons des Israélites, épargnant leurs enfants (Ex. 12,27).

La dernière fête du calendrier juif est Shavuot « Les semaines », célébrée en mai/juin en souvenir du don de la Loi à Moïse sur le mont Sinaï.

Ci-dessus : sonnerie du shofar à Yom Kippour. Tableau de Hermann Junker.

Ci-dessous : les kahanim (prêtres) bénissent la communauté, la tête recouverte du tallit. Tableau de Hermann Junker.

Religion et famille

Ci-contre : bar-mitzvah (fils du commandement). Un garçon atteint sa majorité religieuse à 13 ans et doit dès lors observer les commandements. Il est appelé pour la première fois à la lecture de la Thora durant le sabbat qui suit son anniversaire. Dans les communautés libérales, les filles célèbrent aussi leur bar-mitzvah (fille du commandement).

Jusqu'au XIXe siècle, la vie familiale de la majorité des Juifs d'Allemagne fut réglée ou du moins influencée par la tradition religieuse. Un enfant n'est juif que si sa mère et non pas son père est de souche juive. La fille fait partie de la communauté dès sa naissance, le garçon en devient membre après avoir été circoncis à l'âge de huit jours.

La Bible et le livre des Prières constituent les bases de l'éducation dans les familles juives traditionnelles. La nourriture quotidienne se prépare strictement selon les lois de l'alimentation tandis que le sabbat est formellement observé : c'est un jour de repos complet où les activités et les pensées matérialistes sont interdites.

Chaque repas commence par une bénédiction suivie de l'absorption d'un verre d'eau et d'une tranche de pain. Des bénédictions sont également récitées avant le lavage des mains ou un départ en voyage par exemple, ainsi qu'à l'occasion d'un phénomène naturel tel que l'apparition de la nouvelle lune ou d'un arc-en-ciel. La prière matinale fait partie du quotidien de tout Juif pieux, de même que la prière de l'après-midi et celle du soir.

Ci-contre : Hanoukka, la fête des Lumières, se célèbre en famille, notamment autour des enfants. Selon la tradition, on s'offre des cadeaux et on se réunit pour jouer à des jeux de société tels que les cartes, les dés, les dames ou les échecs.

Les fêtes religieuses ainsi que les anniversaires, qui n'ont toutefois qu'un rôle minime dans les milieux orthodoxes se célèbrent en famille. Les moments familiaux importants sont la veille du sabbat et la fête de Pessah (Pâque). Le repas solennel de Pâque s'accompagne de la lecture de l'histoire de l'exode d'Égypte, mais aussi de récits, de fables et de paraboles, de chansons enfantines et de chants entonnés en commun. Hanoukka, la fête des Lumières, célébrée en hiver, et Pourim au caractère carnavalesque sont aussi fêtés au sein de la famille de même que la fête des Tabernacles, pour laquelle on construit des huttes dans les jardins ou sur les balcons en souvenir des tentes « tabernacles » que les ancêtres habitèrent dans le désert (voir page 189).

Hermann Junker (1838-1899), peintre chrétien de Francfort, a immortalisé les fêtes familiales, les célébrations et offices religieux à la synagogue. Ses tableaux constituent une documentation fidèle à la réalité et illustrent les événements de la vie juive tels qu'ils se déroulent encore aujourd'hui dans les communautés orthodoxes.

Le Séder, premier soir de la fête de Pessah. Tableau de Hermann Junker.

Pourim est une fête joyeuse qui se célèbre par des jeux, des déguisements et des échanges de cadeaux. Tableau de Hermann Junker.

Objets du culte dans la synagogue

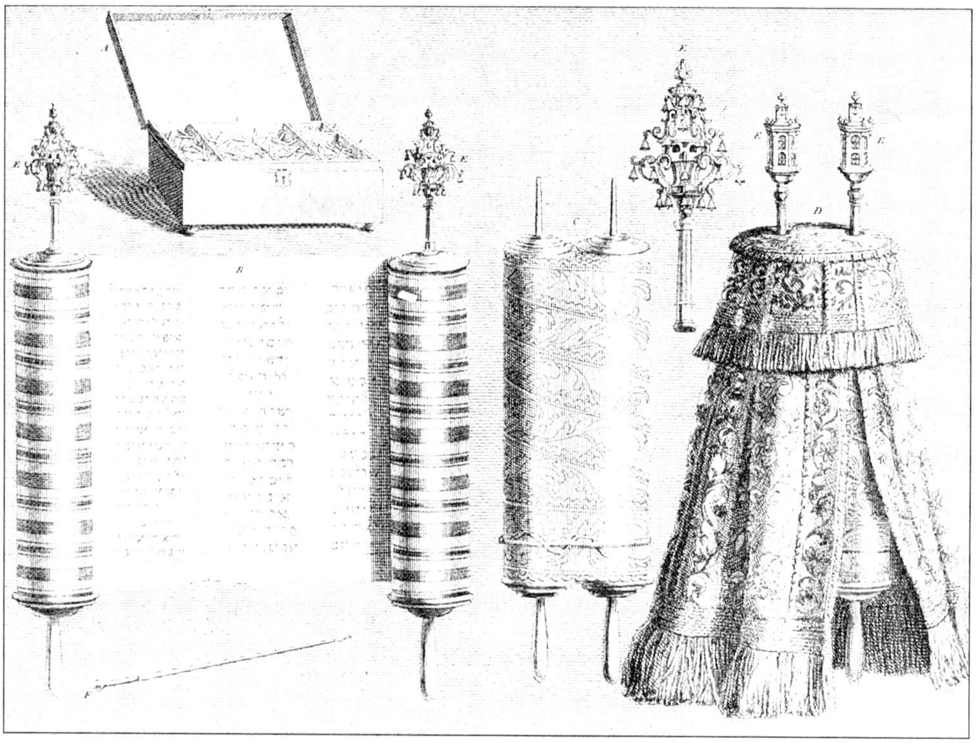

À gauche : plaque ornementale de la Thora. Berlin, 1790. Les plaquettes dorées portent les premières lettres des Dix Commandements ; en dessous, la plaquette amovible avec le nom du jour de fête concerné, ici « Pessah ».

Ci-dessus à gauche : rouleaux de la Thora avec leurs ornements. Gravure sur cuivre de B. Picart, 1725.

Ci-dessus : rideau d'une arche de la Loi, 1751. Un chandelier à sept branches est brodé dans la partie supérieure ; à gauche, la table des pains de proposition (tous deux objets cultuels du temple de Salomon). Les deux lions, symboles du royaume de Juda, entourent le trône qui symbolise le royaume de Dieu. Les deux colonnes figurent celles de l'entrée du temple de Salomon.

Ci-contre : couronne d'argent, partiellement dorée. Allemagne, fin du XVIIIe siècle. Les mains écartées symbolisent la bénédiction des prêtres sur la communauté.

Ci-dessous : shofar gravé (corne de bélier), instrument à vent des Juifs depuis les temps bibliques. Allemagne, XVIIIᵉ siècle.

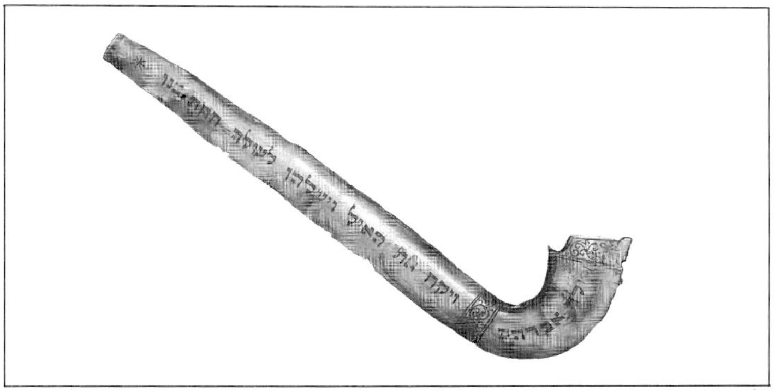

À droite : rouleau de la Thora ouvert et « yad », index de lecture.

Les divers objets de culte utilisés dans la synagogue sont souvent de véritables œuvres d'art, les plus remarquables étant les ornements de la Thora. La Thora, qui contient la Loi transmise par Dieu à Moïse sur le mont Sinaï, constitue la base et le bien le plus précieux du judaïsme. La vénération dont elle fait l'objet se révèle dans les soins avec lesquels on manie les rouleaux de parchemin. Il est interdit de toucher les textes manuscrits de la Thora, avec la main ; elle est conservée dans une armoire appelée arche, fermée par un rideau richement décoré et encastrée dans le mur oriental de la synagogue. Après la lecture, le ministre officiant ou un membre de la communauté renferme les rouleaux dans une housse confectionnée avec le lange de circoncision d'un bébé, décoré de broderies ou d'images peintes. Ils sont ensuite recouverts d'un manteau de soie ou de velours également brodé, sur lequel on dispose une plaque ornementale le plus souvent en argent qui contient parfois une plaquette amovible portant le jour de la prochaine lecture de la Thora. Le yad (main en hébreu), attaché au bout d'une chaîne, remplace les doigts qui profaneraient les manuscrits saints en les touchant. Le rouleau est attaché à des montants en bois surmontés d'une couronne ou de fleurons en métal appelés rimmonim, « grenades », parfois décorés de sonnettes. Presque tous ces ornements proviennent de dons offerts par les membres de la communauté.

Dans les synagogues traditionnelles, le shofar est sonné durant les jours de pénitence au mois d'Eloul (septembre/octobre), au nouvel an juif (Rosh Ha-Shanah) et au Jour du Pardon (Yom Kippour), appelant les fidèles au repentir et à la réflexion.

Ci-dessous : housse confectionnée dans un lange de circoncision. La Thora est d'abord enroulée dans la bande d'étoffe, décorée par la mère du bébé circoncis : ici une scène montrant le mariage heureux espéré pour l'enfant. Halberstadt, 1737.

Objets religieux à la maison

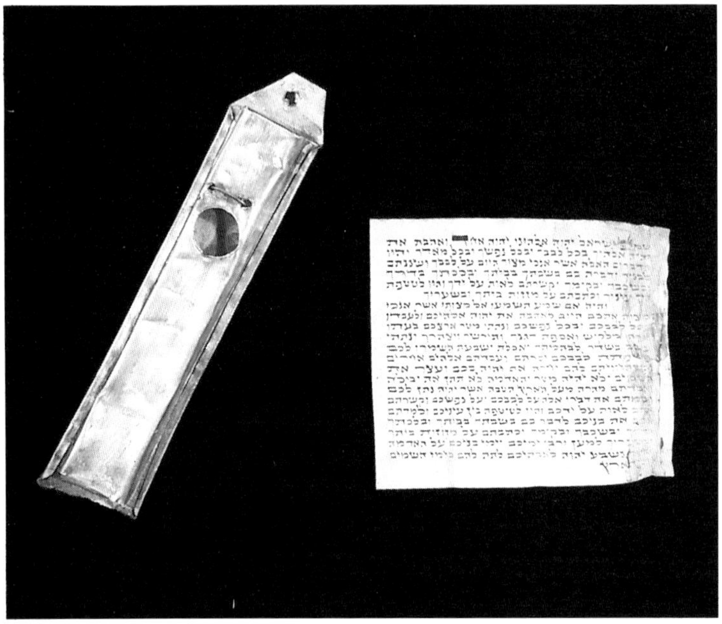

Ci-contre : une mezouzah. La petite boîte qui renferme un rouleau de parchemin sur lequel sont inscrits des passages bibliques est fixée sur le montant droit de la porte d'entrée d'une habitation juive.

Ci-dessous : plat de Séder, début du XIX*e* *siècle. En partant de droite, les figures de la Haggadah représentent le fils éveillé, le méchant, le naïf et celui qui ne sait pas interroger. Les mots hébraïques sur les bords indiquent les rites du Séder.*

Les foyers juifs possèdent toute une diversité d'objets religieux. Certains se rapportent aux événements de la vie, telles les amulettes fabriquées autrefois à l'occasion de la naissance d'un enfant. Une plaque accrochée au mur oriental de la salle de séjour indique la direction de Jérusalem, vers laquelle on doit prier. Une mezouzah est fixée sur le montant droit de la porte d'entrée du logis (voir page 50) en signe d'amour illimité pour le Seul et Unique Dieu.

La table du sabbat est toujours décorée de la menorah, chandelier le plus souvent en argent et du gobelet du kiddoush pour la bénédiction du vin. Si trois étoiles sont visibles dans le ciel le soir du sabbat, on met une boîte à besamim (odorante) sur la table. C'est une boîte à épices remplie de clous de girofle ou d'autres substances aromatiques. Le chef de famille prononce la prière clôturant le sabbat en respirant leur parfum.

Les objets utilisés lors du Séder, la veille de Pessah, ont une importance particulière. La célébration de Pessah commémore la sortie d'Égypte du peuple d'Israël. C'est un jour de fête majeur aux rites précisément fixés dans la Haggadah (voir page 69). Une vaisselle particulière, plus ou moins richement décorée, est utilisée durant le repas : le plat du Séder rempli de mets rituels symbolisant l'époque de l'Égypte, des assiettes pour les matsot – le pain azyme –, des gobelets à vin et selon la tradition, une coupe de vin spéciale pour le prophète Élie qui apportera la Rédemption. Fabriquées par des chrétiens dans les régions où les artisans juifs étaient interdits, les pièces anciennes sont ornées de motifs laïcs selon les styles des époques et ne révèlent leur qualité d'objets rituels juifs qu'aux inscriptions hébraïques ajoutées.

Le chandelier rituel appelé menorah possède une forme différente selon son emploi et fait partie des biens les plus précieux des familles. Une menorah a le plus souvent sept branches, mais le chandelier utilisé lors de la fête de Hanoukka en comporte huit. On retrouve ces candélabres à branches traditionnels dans les synagogues. Cependant, les chandeliers destinés aux cérémonies domestiques peuvent avoir des formes très variées selon les régions. Par exemple, les lampes en forme de banc et gravées de motifs religieux sont typiques de l'Europe de l'Est.

Ci-contre : chandelier de Hanoukka en forme de banc. Augsbourg, fin du XVIIIe siècle. La fête de Hanoukka commémore la nouvelle consécration du Temple de Jérusalem après la victoire des Maccabées sur le roi Antioche IV de Syrie.

En bas à droite : horloge avec un cadran en hébreu entre les deux colonnes du Temple de Salomon, vers 1830. La table des Lois est sous l'étoile de David. Inscription sur le cadran : « Tu aimeras ton prochain comme toi-même. »

En bas au centre : lampe de sabbat en laiton. Nuremberg, XVIIIe siècle.

Ci-dessous : boîte à besamim en argent. Nuremberg, 1790-1794. Utilisée lors des bénédictions le soir du sabbat, la boîte est remplie d'épices dont le parfum aide à chasser la tristesse éprouvée à la fin du sabbat.

L'imprimerie dans la vie juive

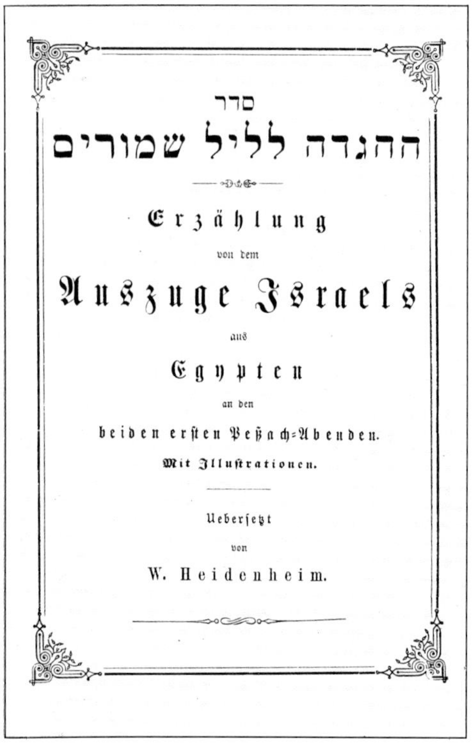

סדר

ההגדה לליל שמורים

Erzählung

von dem

Auszuge Israels

aus

Egypten

an den

beiden ersten Peßach-Abenden.

Mit Illustrationen.

Uebersetzt

von

W. Heidenheim.

À gauche : page de titre du livre « Histoire de la sortie d'Égypte du peuple d'Israël », traduit et imprimé par Wolf Benjamin Heidenheim à Rödelsheim, 1830. Des éditions remarquables de livres de prières, du Pentateuque et d'autres ouvrages hébraïques sont issues de son imprimerie.

À droite : le « Dyhernfurter privilegierte Zeitung » de 1771, premier périodique juif publié en Allemagne. L'imprimerie, fondée en 1688, était spécialisée dans les ouvrages hébreux destinés à la Pologne, la Lituanie et la Russie.

דיהרנ= פורטער

פריפילע= גירטע

ציי= טונג

Les érudits juifs contemporains de Gutenberg qualifièrent son invention de « couronnement de toutes les sciences » et l'art de l'imprimerie de « métier sacré » (voir page 73). Les imprimeurs allaient exercer une influence profonde sur la vie religieuse et culturelle juive : imprimée en hébreu ou en judéo-allemand (avec des caractères hébraïques), la Bible était désormais accessible à tous.

La première imprimerie juive du Saint Empire romain-germanique fut fondée à Prague et sortit des ouvrages en hébreu dès 1512. Des imprimeries se créèrent ensuite à Oels en 1530 et à Augsbourg en 1533/1534. En 1540, l'hébraïste chrétien Paulus Fagius et l'érudit juif Elia Levita (voir page 67) entreprirent d'imprimer des livres en hébreu et judéo-allemand d'abord à Isny, puis à Constance sur le lac de Constance.

Suite aux massacres du cosaque Chmielnicki en 1648 et aux pogroms de la guerre polono-suédoise durant desquels les imprimeries juives de Pologne orientale furent détruites, les centres de l'imprimerie hébraïque se déplacèrent vers Amsterdam, Offenbach, Dyhernfurt, Breslau, Dessau, Poznan, Francfort-sur-le-Main, Fürth et Rödelheim.

Dans quelques villes, dont Francfort-sur-le-Main, les Juifs n'avaient pas le droit d'exercer le métier d'imprimeur du fait de la pression des guildes ou des ordonnances municipales. Tous les ouvrages hébraïques étaient imprimés par des chrétiens. C'est ainsi que l'admirable édition du Talmud réalisée à Francfort entre 1720 et 1723 revient à Johann Koelner qui travailla sous le contrôle de l'érudit juif Arie Loeb.

Une édition du livre *Zena Urena* (voir page 67) fut imprimée à Berlin en 1713. Cette adaptation de la Bible (accompagnée de commentaires) écrite à l'intention des femmes, fut des siècles durant l'ouvrage le plus lu dans les foyers judéo-allemands. En l'an 1778, David Friedländer et d'autre adeptes du rationalisme fondèrent la maison d'édition de l'école libre juive (voir page 123). L'imprimerie y était une des disciplines enseignées. À partir de 1796, on y publia toute une série de livres sous le label des éditions de l'« Imprimerie orientale », un adjectif peut-être employé comme synonyme maladroit des termes « juif » ou « hébraïque ».

Au XIXe siècle, les imprimeries juives faisaient partie du paysage urbain de nombreuses petites et grandes villes d'Allemagne.

Page de droite : page de titre du « Derech Slulah » (le Chemin aplani), un résumé des cinq Livres de Moïse avec les explications d'auteurs célèbres, partiellement traduit en allemand. Fürth, 1801.

דרך סלולה
הוא
חיבור כולל
חמשה חומשי תורה
עם פי׳ רש״י , ותרגום אונקלוס , ותרגום אשכנזי , ובאור ותקון סופרים : והפטרות וחמש מגילות , גם אלו עם פירש״י , ותרגום אשכנזי , ובאור : והוגה על פי הומש של ר׳ איצק פרעמסלא הנדפס בא״ד :
תקסא לפק
בפיורדא
FÜRTH

Conflits entre tradition et réforme

À droite : Samson Raphael Hirsch (1808-1888), rabbin de la « communauté religieuse israélite » orthodoxe de Francfort-sur-le-Main à partir de 1851 et fondateur de l'école de la néo-orthodoxie. Lithographie de E. Schier d'après un daguerréotype de Biow, 1847.
Ci-dessous : séance du directoire de la synagogue réformée de Berlin, 1855. Debout au centre : Sigismund Stern, fondateur de l'Église judéo-allemande (photomontage).

Ci-dessus : étudiants du séminaire de théologie juive de Breslau, 1854. Premier en partant de la gauche : Joseph Perles (1835-1894), linguiste et archéologue, rabbin à Munich en 1871 ; premier en partant de la droite : Benjamin Szold (1829-1902), rabbin de la communauté « Oheb-Shalom » à Baltimore (États-Unis) à partir de 1859.

Ci-dessus : le grand rabbin Zacharias Frankel (1801-1875), premier directeur du séminaire de théologie juive de Breslau.

Les émeutes « hep-hep » de 1819 et les espoirs déçus dans de nombreux cercles de la population juive à l'époque de la Restauration (première moitié du XIXe siècle) provoquèrent des répercussions très différentes.

De nombreux intellectuels et membres des couches aisées acceptèrent le baptême aux fins de s'intégrer dans la société chrétienne allemande. Selon l'expression de Heine, le baptême constituait le « billet d'entrée dans la culture européenne ». À l'instar de nombreux Juifs, il considérait néanmoins que l'on pouvait être un représentant de la culture européenne sans pour autant disposer d'une attestation paroissiale. En même temps, la pression extérieure entraîna un retour aux valeurs du judaïsme que l'on mesura aux exigences du temps présent. Nombre de Juifs découvrirent avec surprise que les racines du judaïsme poussaient encore avec

vigueur, ce qui déclencha de puissants mouvements. Les décennies suivantes furent une époque de recherche intensive sur l'essence du judaïsme.

À Breslau (Wroclaw), Salomon Titkin (1791-1843) fut la figure de proue du judaïsme orthodoxe, que les émigrés originaires de l'Est n'avaient cessé de renforcer en Allemagne. Cette orthodoxie demeura l'orientation majeure dans les petites communautés de l'Ouest et du Sud du pays.

L'attitude intransigeante des rabbins orthodoxes affaiblit toutefois leur pouvoir dès lors que des courants influents au sein du mouvement réformiste ne considérèrent plus leur judaïcité en tant qu'affaire privée, mais comme un élément de leur citoyenneté. Leur représentant le plus influent fut Abraham Geiger (1810-1874), adepte des idées de réformes « sans toutefois arracher les racines anciennes ». Selon lui, l'essence véritable du judaïsme – religion révélée – résidait dans la forme et le contenu que les prophètes lui avaient conféré. Le peuple juif ne réaliserait ses espoirs d'un avenir national qu'à travers la notion d'un messie universel.

Le rabbin orthodoxe Samson Raphael Hirsch (1808-1888) s'inscrit parmi les acteurs éminents de cette époque durant laquelle un nouveau judaïsme cherchait à jaillir des anciennes sources (le rôle de Leopold Zunz sera évoqué dans un autre contexte).

Adversaire de la réforme, il professait une régénération basée sur le principe intangible de la Révélation : « Tu LE perçois dans la nature, dans l'histoire et dans la Loi qui t'a été révélée au mont Sinaï. » Il ne s'agissait pas de changer les commandements et les coutumes, mais de leur attribuer une nouvelle spiritualité. Hirsch préconisait l'association de la culture moderne et du judaïsme traditionnel ; une alliance qu'il jugeait complémentaire et non pas contradictoire. Néanmoins, la tradition devait prévaloir si l'on était confronté à des contradictions.

Aux aspirations de Hirsch s'opposaient les tendances d'assimilation radicales du rabbin Samuel Holdheim (1806-1860), partisan convaincu de la réforme et talmudiste émérite. Ses conceptions extrêmement libérales permirent à un petit groupe de la société juive de rester fidèle au judaïsme en dépit de son éloignement de l'orthodoxie, à laquelle il n'accordait plus aucune signification.

Ankündigung
eines
großartigen Centralblattes für das gesammte religiöse Deutschland,
und
Einladung zur Subscription.

In Frankfurt am Main, als dem Mittelpunkte sämmtlicher Staaten des deutschen Bundes, erscheint, auf der solidesten Basis materieller und intellectueller Begründung beruhend, mit dem Beginn des neuen Jahres 1837, bei Franz Varrentrapp:

Unparteiische
Universal-Kirchenzeitung
für
die Geistlichkeit und die gebildete Weltklasse
des
protestantischen, katholischen und israelitischen
Deutschlands.

In Verbindung mit
Mitarbeitern und Correspondenten,
und unter Assistenz der
Special-Redactoren

für die protestantische Abtheilung:	für die katholische Abtheilung:	für die israelitische Abtheilung:
Prediger Gollhard,	Direktor Grimm, Weltpriester,	Oberlehrer Dr. Heß,
Pfarrer Dr. Kirchner,	Professor Dr. Molitor,	Dr. Jost,

herausgegeben von
Dr. Julius V. Hoeninghaus,
Redacteur en chef.

Unter der erfreulichen Mitwirkung eines so glänzenden Vereins von ausgezeichneten Gelehrten und hochgestellten Würdeträgern — eines Vereins, der, als fortwährend in gedeihlichem Zunehmen begriffen, und weil hier der beschränkte Raum nicht die Nennung aller seiner Glieder gestattet, vollständiger noch im Blatte selbst erscheinen wird — kündigt sich hiemit dem gebildeten Deutschland ein literarisches Unternehmen an, welches in seiner umfassenden Anlage alles überbietet, was seither in dieser Sphäre geleistet worden ist.

Streng vom objectiven Standpunkte aus in organischer Allseitigkeit begründet, hat die Universal-Kirchenzeitung, im Gegensatze zu den seither a... dem

Ci-dessus : appel à souscrire au Journal religieux universel pour les classes cultivées protestantes, catholiques et israélites, 1837.

Ci-dessous : bandeau de titre du périodique « Der Orient », une revue culturelle dotée d'un supplément littéraire qui parut à Leipzig à partir de 1840.

Der Orient.
Berichte, Studien und Kritiken
für
jüdische Geschichte und Literatur.

Achter Jahrgang.

Das Abonnement auf ein Jahr ist 5 Thlr. Man abonnirt bei allen löbl. Postämtern und allen solid. Buchhandlungen auf ein Jahr.

Herausgegeben
von
Dr. Julius Fürst.

Von dieser Zeitschrift erscheinen wöchentlich das Literaturblatt mitgerechnet, zwei Bogen, und zwar an jedem Dienstag regelmäßig.

№ 35. Leipzig, den 27. August 1847.

Les Juifs à l'époque du « Vormärz »

En haut à droite : Ludwig Börne, peinture de Moritz D. Oppenheim, 1827.

La manifestation de Hambach, 1832 : « Vive la liberté – vive Siebenpfeiffer ! – Vive Ludwig Börne, combattant allemand de la liberté ! »

Vers 1840, l'Allemagne comptait quelque 350 000 Juifs dont 200 000 vivaient en Prusse et 150 000 dans les autres États allemands. La plupart d'entre eux se considéraient comme des sujets fidèles, respectant la « loi du pays » en vertu de la tradition talmudique. Néanmoins, on les avait convaincus que le terme « allemand » était synonyme de « chrétien », une notion dont l'apostat Friedrich Julius Stahl (voir page 294) ferait plus tard un dogme. Aussi ne voulaient-ils pas être des « Allemands juifs », mais des Juifs, fils loyaux envers la patrie et ceux qui les gouvernaient. Aux yeux de cette majorité, l'assimilation à laquelle aspiraient les juifs éclairés et réformateurs mettait l'autonomie juive en danger. Ce n'est qu'à partir de 1860 que la culture allemande s'intégra dans la vie spirituelle des Juifs, consécutivement à l'obtention de l'égalité civique.

À cette « majorité silencieuse » s'opposait une minorité combative, consciente de l'évolution de son époque et partisane de l'intégration culturelle. Certains militants tels que Johann Jacoby (1805-1877), Gabriel Riesser (1806-1863) et Salomon Ludwig Steinheim (1789-1866) réclamaient la pleine émancipation et l'égalité civique des Juifs en application logique du droit des citoyens. Ils appuyaient leur revendication sur le fait que les Juifs allemands constituaient une part intégrante de la population allemande qui, à l'instar des autres groupes de citoyens, pouvait exiger de maintenir son autonomie puisqu'elle remplissait les mêmes devoirs que les non-Juifs dans son pays.

Ce point de vue n'était pas seulement contesté par quelques théologiens chrétiens, mais aussi par des adeptes de l'émancipation, pour lesquels la judéité était une affaire privée.

À Hambourg, ville de Riesser, un groupe appartenant à cette tendance demanda au Sénat en 1832 que le mot « juif » soit classé comme terme injurieux. Cela incita Riesser, alors âgé de 24 ans, à fonder la revue *Der Jude. Periodische Blätter für Religion und Gewissensfreiheit* (*Le Juif. Périodique pour la liberté de pensée et de religion*), qui contribua à renforcer la conscience juive dans toute l'Allemagne.

Du fait de son appartenance au judaïsme, Riesser ne pouvait ni acquérir les droits de citoyen dans la province de Hesse, ni enseigner à l'université ou exercer la profession d'avocat à Heidelberg, sa ville natale. Il se donna pour objectif de faire obtenir aux Juifs ces droits fondamentaux dont jouissait n'importe quel autre citoyen.

Riesser attaqua les abus de pouvoir des plus nantis qui s'en prenaient à une minorité démunie sous couvert d'arguments religieux ou culturels. Si une petite élite juive avait acquis la prospérité, la situation économique de la majorité de leurs coreligionnaires restait bien en dessous de celle des non-Juifs. L'oppression exercée tant par les lois que par l'exclusion de nombreux secteurs de l'économie empêchait la liberté d'action. En 1831, Riesser publia un essai *Über die Stellung der Bekenner des mosaischen Glaubens in Deutschland* (*La position des fidèles de la religion israélite en Allemagne*) qui proclamait la tolérance religieuse, le libéralisme et l'égalité civique. L'écrit provoqua une foule de réactions tant positives que négatives. Riesser répliqua à une missive particulièrement haineuse : « Quiconque me conteste le droit d'appartenir à ma patrie allemande me conteste la liberté de penser, de ressentir, de m'exprimer, de respirer : je dois donc me défendre contre lui comme s'il était un meurtrier. »

Du point de vue religieux, Riesser soutenait autant le droit des réformateurs d'établir un nouveau mouvement que celui des orthodoxes de maintenir la tradition talmudique.

À l'instar de Riesser à Hambourg, le médecin et politicien Johann Jacoby s'engagea à Königsberg pour la pleine égalité civique des Juifs en tant que principe d'un État de droit. Il obtint que les étudiants de sa ville jouissent de la même égalité sociale que les étudiants chrétiens. Dans un écrit de 1833, *Über das Verhältnis des*

Königl.-Preussischen Oberregierungsrats Streckfuss zu der Emanzipation der Juden (de l'attitude du conseiller ministériel Streckfuss à l'égard de l'émancipation des Juifs), il réclama que l'émancipation soit immédiate et non progressive et tributaire de la prétendue générosité des donneurs ou de « bonnes notations ». Jacoby, qui resta toujours attaché à sa judaïcité, se consacra notamment à la politique allemande. Durant la période du « Vormärz », son combat contre la censure et la justice, subordonnée à l'État, lui valut trois ans de prison. Sous Bismarck, il fut arrêté et envoyé en forteresse pour avoir appelé à refuser de payer les impôts.

Dans les années 1860, le « théoricien du courant démocratique » rejoignit finalement les activistes du jeune mouvement ouvrier.

L'écrivain Berthold Auerbach (1812-1882), neuvième enfant d'une famille marchande de Nordstetten, était destiné à la profession de rabbin. Or, il choisit d'étudier le droit, puis la philosophie et l'histoire, et commença à écrire. En 1837, il fut incarcéré à la forteresse de Hohenasperg en raison de son appartenance à une corporation d'étudiants révolutionnaires. Adversaire de la Jeune Allemagne, il exposa ses idées dans sa première œuvre patriotique, une *Histoire de Frédéric le Grand* (1834-1836), mais connut la célébrité grâce à ses ouvrages *Histoires villageoises de la Forêt-Noire* (1843) et *Nu-pieds* (1856). Il participa également à la lutte pour l'égalité civique des Juifs en collaboration avec Zunz, Riesser et Geiger, se décrivant en ces termes : « Je suis un Allemand et ne pourrais rien être d'autre ; je suis Souabe et ne veux être rien d'autre ; je suis Juif – et cela a donné le juste mélange. » Au fil des années, Auerbach se mit néanmoins à douter que l'on pourrait jamais éliminer les préjugés des non-Juifs contre les Juifs par la raison.

Au contraire de Riesser, Jacoby et leurs nombreux partisans, deux figures illustres du « Vormärz » renoncèrent à la judéité quand elle devint une charge : Ludwig Börne (1786-1837) et Heinrich Heine (1797-1856). Dans la ville libérale de Hambourg, ils se joignirent au mouvement politico-littéraire de la « Jeune Allemagne », qui s'était formé autour de l'éditeur Julius Campe et devinrent avec Laube et Gutzkow les figures de proue, durant la période du « Vormärz », du combat contre l'arbitraire policier, la censure et la réaction Metternich-Gentz.

En haut à droite : Berthold Auerbach, auteur des « Schwarzwälder Dorfgeschichten » (Histoires villageoises de la Forêt-Noire) ; portrait réalisé vers 1842.

Illustration tirée de « Barfüssele » (Nu-pieds) d'Auerbach.

Ludwig Börne, qui avait onze ans de plus que Heine, était le fils d'une famille orthodoxe et avait grandi dans la Judengasse (rue aux Juifs) de Francfort. Heine avait ressenti à Hambourg les contrecoups des pogroms de Francfort, en 1819. Börne, officier de police mis à la retraite forcée parce que Juif, s'était converti au protestantisme (« le gaspillage insensé du baptême » selon ses paroles) dans l'espoir de pouvoir agir librement en politique. Il se considéra désormais comme un prophète de la liberté de pensée universelle, qu'il défendit dans des écrits, des pamphlets et des chroniques. Déçu dans son combat politique et enthousiasmé par la révolution de Juillet, il décida de se rendre à Paris où il vécut à partir de 1830. Il croyait que la liberté des Allemands garantirait également l'émancipation des Juifs. Bien que le judaïsme en soi ne l'intéressât guère, il écrivit que : « la haine des Juifs est un des marais Pontins empestant le beau printemps de notre liberté. Les amis de la patrie qui étaient le plus remplis d'espoir errent avec des visages pâles. Cette haine contre les Juifs est la pierre à aiguiser qui sert à affiler les lames émoussées et à affûter davantage les lames aiguisées. »

Combattant de la liberté, il participa à la manifestation de Hambach en 1832, où il fut acclamé au côté de Siebenpfeiffer par les citoyens et les étudiants. En ces journées mémorables, on se saluait avec les paroles : « Vive la liberté – vive Siebenpfeiffer ! – Vive le combattant allemand de la liberté Ludwig Börne ! »

Le mouvement « Jeune Allemagne » ne vécut pas longtemps. En 1835, les gouvernements des États allemands interdirent les livres de Gutzkow, Laube, Heine et Börne après avoir été influencés entre autres par les écrits antijuifs de l'historien Wolfgang Menzel. Heine et Börne réalisèrent alors que leurs nouveaux dieux n'avaient pas accepté leur sacrifice.

La haute société

Aux débuts de l'émancipation, certains cercles de la haute société juive continuèrent d'attacher un grand prix à leur appartenance à la religion et à la communauté juives ; ils chérissaient le mode de vie et la Foi donnés par leurs ancêtres.

Le baptême ne comportait aucun attrait pour ces Juifs qui se savaient représentants à part entière de la culture européenne. Cette assurance déterminait leurs relations avec les non-Juifs. De leur côté, les non-Juifs acceptaient et estimaient même l'attachement qu'ils montraient à leur judaïcité, d'autant plus peut-être qu'ils ne cherchaient nullement à prouver le fait qu'ils étaient allemands. Ce respect réciproque devait perdurer jusqu'à l'époque de la République de Weimar.

Les familles Rothschild et Warburg, l'éditeur Rudolf Mosse, les philosophes Hermann Cohen et Martin Buber, le politicien Oskar Cohn et Bertha Pappenheim, défenseur des droits de la femme, faisaient partie de cette classe de citoyens estimés, membres de la haute société, qui jouèrent fréquemment un rôle influent dans la vie publique de l'État.

Le roi Frédéric-Guillaume III décora Amalie Beer, mère du compositeur Giacomo Meyerbeer, de l'Ordre de la reine Louise pour ses mérites durant les guerres napoléoniennes. Une médaille spéciale fut fabriquée pour ne pas imposer le port d'une croix à une Juive. Dans « Paria », pièce en un acte présentée en 1823, le dramaturge Michael Beer, frère de Meyerbeer, transposa le destin des Juifs en Allemagne sur le continent indien. Il dut sans cesse se défendre contre des attaques personnelles en dépit de la reconnaissance sociale dont il jouissait, de l'admiration de Goethe et de Grillparzer et du soutien du roi Louis Ier de Bavière. Il ne considérait pas seulement les trois adversités « d'être Juif, Allemand et poète » comme un poids, mais aussi comme une distinction. Dans son désespoir, il s'adressa au Dieu injuste : « Pourquoi, Dieu, cette haine éternelle contre la souche malheureuse qui m'a fécondé ? ».

L'écrivain Michael Beer (1800-1833), frère de Giacomo Meyerbeer.

La famille Warburg faisait partie de la bonne société d'Altona. L'avocat Moritz Warburg (1810-1886), politicien très actif dans le Schleswig-Holstein, fut élu au Parlement allemand en 1870.

En collaboration avec Elias Marks, son beau-père, le docteur Alexander Haindorf (1782-1862) fonda à Münster en 1825 le « Verein zur Bildung von Elementarlehrern und zur Beförderung von Handwerkern und Künstlern für die Provinz Westfalen » (Société pour la formation des maîtres d'école et l'encouragement des artistes et artisans de Westphalie). Il fut le premier directeur de la fondation Marks-Haindorf, conservant ce poste jusqu'en 1845.

Le Juif orthodoxe Jacob von Hirsch auf Gereuth (1764-1841) était le banquier de la famille souveraine de Wittelsbach en Bavière avec laquelle il entretenait également des relations amicales.

Au château de Nymphenburg, à Munich, on peut encore admirer aujourd'hui le portrait de Nanette Kaula que

À gauche : le médecin Alexander Haindorf (1782-1862) avec ses petits-enfants Agnès et Robert Loeb. Haindorf prit part aux guerres de Libération contre Napoléon et fonda en 1825 la « Société pour la formation des maîtres d'école et l'encouragement des artistes et artisans de Westphalie » en collaboration avec son beau-père.

À droite : Jacob von Hirsch auf Gereuth (1764-1841), banquier de la Cour des Wittelsbach.

À droite : Karl Marx (1818-1883) alors qu'il était étudiant à Bonn, 1836.

À gauche : Nanette Kaula (1812-1876). Tableau de Joseph Stieler, 1829.

Joseph Stieler exécuta en 1829 pour la galerie des Beautés du roi Louis Ier de Bavière. Fille d'un fournisseur de la maison royale de Bavière, Nanette épousa Salomon Joseph Heine, négociant à Hambourg et parent de Heinrich Heine. Invitée d'honneur à l'inauguration de la Bavaria en 1850, elle fut de nouveau présentée au vieux roi Louis Ier qui ne la reconnut pas : « Votre Majesté ne se souvient plus de moi ? Vous avez fait faire mon portrait par Stieler pour votre galerie des Beautés ». « Je ne le ferais plus ! » rétorqua le roi, qui avait perdu de sa galanterie.

Le Juif converti Karl Marx (1818-1883) étudia à Bonn où il était membre de la Société des compatriotes de Trèves, sa ville natale. Devenu l'un des dirigeants de la corporation estudiantine, il fut mis en prison pour tapage nocturne, état d'ivresse et se battit en duel.

À l'occasion de la fête célébrée en 1840 en hommage au roi Frédéric-Guillaume IV de Prusse, parmi les personnalités invités dans la tribune d'honneur qui se dressait sur la place du Château à Berlin, on pouvait voir les frères Grimm, Alexandre von Humboldt, le philosophe Schelling, le banquier Abraham Mendelssohn et le compositeur Giacomo Meyerbeer.

À droite : célébration en hommage au roi Frédéric-Guillaume IV de Prusse sur la place du Château à Berlin, 1840. Détail d'une gravure sur bois d'après une peinture de Franz Krüger. À la tribune d'honneur, on reconnaît Alexandre de Humboldt, Schelling, Giacomo Meyerbeer et Abraham Mendelssohn.

La photo de famille

En 1839, deux procédés photographiques indépendants l'un de l'autre étaient rendus publics en France et en Grande-Bretagne. On pouvait désormais fixer par réaction chimique une image latente du monde extérieur captée dans une « camera obscura », une boîte carrée dotée d'une lentille au centre de la paroi antérieure. Le procédé de William Henry Fox Talbot (1800-1877) consistait à utiliser un négatif sur papier translucide qui permettait d'obtenir un nombre illimité d'images positives. Celui développé par Joseph Nicéphore Niepce (1765-1833) et Louis-Jacques Mandé-Daguerre (1787-1851) produisait une image positive, non translucide, fixée sur une plaque de cuivre argenté.

Le photographe juif Hermann Biow (vers 1804-1850) de Hambourg, fut un des meilleurs daguerréotypistes d'Allemagne, notamment dans le domaine du portrait.

Ce qui frappe encore aujourd'hui dans ses portraits sont les attitudes et expressions naturelles des modèles. Le photographe se concentre à reproduire une vérité objective sans prétention pseudo-artistique.

Biow réalisa quelques-unes de ses œuvres les plus célèbres au château de Berlin, où le roi Frédéric-Guillaume IV avait mis une vaste salle à sa disposition. Il y fit les portraits de la famille royale, de ministres, de gens de l'art tels que l'architecte Rauch et d'érudits comme Wilhelm von Humboldt. Le philosophe Schopenhauer et plusieurs membres du Parlement de Francfort de 1848 furent également ses modèles. Par ailleurs, c'est à lui que l'on doit la première photographie de groupe d'une famille juive.

La photographie devint un nouveau média, remplaçant le dessin ou la peinture, lesquels avaient jusqu'alors immortalisé les familles et fourni d'intéressants documents socio-historiques. Mais tandis que les tableaux et portraits photographiques de famille étaient très valorisés dans la bourgeoisie prospère et cultivée d'Europe et des États-Unis, les photographies de familles juives – hormis les portraits individuels – furent pratiquement inexistantes jusqu'à la fin du XIXe siècle.

Le daguerréotype de la famille Hahn pris à cette époque n'en est que plus remarquable. La composition montre la veuve Hahn trônant au milieu de ses enfants. Cette position matriarcale de la grand-mère dans la société juive est illustrée par de nombreuses photos de date ultérieure, dont celle de la famille Warburg (voir page 237).

Les photos de famille dévoilent la classe sociale et la perception subjective de leur rôle dans la société qu'ont les personnages. Celles représentant des individus ou des familles juives montrent en outre leur degré d'assimilation dans le monde non-Juif, révélé notamment par l'habillement.

Madame veuve Susanne Hahn, née Lazarus, avec sept de ses onze enfants. Daguerréotype de Hermann Biow, 1843.

Ci-dessus : la famille Samuel Ludwig Darmstädter, de Mannheim, vers 1858.

En haut à droite : Julius Joel et Mina Levy (née Bloch) avec leurs enfants. Möhringen, 1859.

Ci-contre : la famille d'Anselm Heinrich Dülken, de Deutz, vers 1860.

1848 – Année de libération

Ci-contre : l'Assemblée Nationale siégeant dans l'église Saint-Paul de Francfort en 1848. Lithographie de L. v. Elliot.

Ci-dessous : revendications du peuple allemand. Tract, 1848.

Forderungen

des deutschen Volkes.

Allgemeine Volksbewaffnung mit freier Wahl der Offiziere.

Ein deutsches Parlament, frei gewählt durch das Volk. Jeder deutsche Mann, sobald er das 21ste Jahr erreicht hat, ist wahlfähig als Urwähler und wählbar zum Wahlmann. Auf je 1000 Seelen wird ein Wahlmann ernannt, auf je 100,000 Seelen ein Abgeordneter zum Parlament. Jeder Deutsche, ohne Rücksicht auf Rang, Stand, Vermögen und Religion kann Mitglied dieses Parlaments werden, sobald er das 25ste Lebensjahr zurückgelegt hat. Das Parlament wird seinen Sitz in Frankfurt haben und seine Geschäfts-Ordnung selbst entwerfen.

Unbedingte Preßfreiheit.

Vollständige Religions-, Gewissens- und Lehrfreiheit.

Volksthümliche Rechtspflege mit Schwurgerichten.

Allgemeines deutsches Staatsbürger-Recht.

Gerechte Besteuerung nach dem Einkommen.

Wohlstand, Bildung und Unterricht für Alle.

Schutz und Gewährleistung der Arbeit.

Ausgleichung des Mißverhältnisses von Kapital und Arbeit.

Volksthümliche und billige Staats-Verwaltung.

Verantwortlichkeit aller Minister und Staatsbeamten.

Abschaffung aller Vorrechte.

La révolution de 1848 avait revendiqué trois choses d'importance primordiale pour les Juifs :

- la liberté de religion, d'opinion et d'éducation,
- la citoyenneté allemande,
- l'abolition de tous les privilèges.

L'abolition des privilèges signifiait que tous les domaines professionnels étaient désormais ouverts aux Juifs : artisanat, commerce, agriculture, professions libérales et fonction publique. L'inégalité était enfin supprimée légalement. Les lois et impôts spéciaux à la base de l'insécurité sociale et économique de la minorité juive n'existaient plus. Cette innovation se révélait cruciale car s'il existait un nombre minime de Juifs très riches et une petite classe moyenne prospère, la majorité des Juifs avait toujours été défavorisée dans la compétition économique, ce qui la rejetait dans la population pauvre, sinon miséreuse.

Une liberté totale de religion, d'opinion et d'éducation aurait servi à dissiper l'insécurité des Juifs, qui devaient sans cesse prouver leur valeur. La citoyenneté allemande à part entière aurait facilité le processus de normalisation. Ces considérations incitèrent le mouvement libéral de l'époque à intégrer l'émancipation des juifs dans sa démarche. Leopold Zunz (1794-1886), figure célèbre du combat politique juif, avait réclamé « le Droit et la Liberté » et non pas « des droits et des libertés » pour ses coreligionnaires. Sa condition de Juif l'obligeait encore en 1834 à solliciter une autorisation spéciale auprès du ministère de l'Éducation prussien afin de pouvoir donner des conférences publiques. L'accord qu'il obtenait était lié à l'obligation d'informer la police des dates des conférences.

Les Juifs crurent que l'année 1848 allait enfin leur apporter la liberté et l'égalité civique. Ils furent nombreux à s'engager dans la lutte pour la République, participant activement aux réunions, manifestations et combats sur les barricades.

En 1848, Leopold Zunz tint à Berlin un discours sur les victimes des combats du mois de mars qui eut un énorme retentissement. L'engagement personnel des Juifs au cours de cette période exprimait autant leur désir de liberté que leur sentiment d'appartenance au peuple allemand. Plusieurs Juifs avaient été élus députés au Parlement de Francfort. Gabriel Riesser devint le vice-président de la première Assemblée Nationale. La possibilité de s'exprimer à une tribune publique lui permit de riposter aux attaques antisémites de Moritz Mohl entre autres – ce qui provoqua un large écho dans toute l'Allemagne.

À gauche : Johann Gustav Heckscher (1797-1865), avocat de Hambourg converti au protestantisme en 1808. Membre de l'Assemblée nationale et du parti libéral Casino, ministre de la Justice, puis de l'Extérieur dans le premier « gouvernement confédéral allemand ».

À droite : barricades à Berlin, les 18/19 mars 1848. Gravure sur bois d'après un dessin de Johann Jacob Kirchhoff dans la revue « Leipziger Illustrierte Zeitung », 1848.

À gauche : Heinrich Simon (1805-1860), de Breslau, membre de l'Assemblée nationale et démocrate convaincu. Après l'échec de la révolution, il émigra en Suisse et fut condamné à la prison à perpétuité par contumace.

Ci-dessous : Johann Jacoby (1805-1877) à la tête d'une délégation de l'Assemblée nationale qui avait demandé audience au roi Frédéric-Guillaume IV le 3 novembre 1848. L'accueil royal fut discourtois et le renvoi brutal. Gravure sur bois tirée du « Leipziger Illustrierte Zeitung », 1848.

Ci-dessus : Gabriel Riesser (1806-1863) politicien et publiciste, vice-président de l'Assemblée nationale. Lithographie de Moritz Oppenheim, vers 1848.

Espoirs déçus

La dispersion du Parlement de Francfort en 1849 mit fin à tout espoir d'établir une constitution démocratique. Ces espoirs déçus furent d'autant plus vifs chez les Juifs que l'article 13 de la future constitution établissait les droits fondamentaux de l'homme qui leur auraient assuré la pleine citoyenneté.

Or, la situation des Juifs allait s'aggraver au cours des années suivantes. En Bavière, par exemple, les édits antijuifs de 1813 rentrèrent en vigueur en 1851, bien que le roi eût initialement promis d'alléger leur condition. Une vague de lois réactionnaires et une propagande de haine submergèrent de nouveau l'Allemagne en dépit de l'engagement des démocrates et des libéraux convaincus de la nécessité de l'émancipation juive.

En haut à gauche : « Isidorius Morgenlaender », caricature de Ludwig Braunfels (1810-1885), avocat et écrivain converti de Francfort qui appartenait au mouvement « Jeune Allemagne ». Dessin de Paul Herrlich parodiant le tableau « Goethe dans la campagne romaine » de Tischbein, 1849.

Ci-contre : après un long combat, Gabriel Riesser « traverse le mur » et finit par accéder à la Cour suprême de Hambourg. Il fut le premier juge juif d'Allemagne. Caricature contemporaine.

En mars 1849, une délégation de l'Assemblée nationale de Francfort conduite par le Juif converti Eduard von Simson, s'était rendue à Berlin pour demander au roi Frédéric-Guillaume IV (1840-1861) d'accepter la couronne impériale. Mais le roi refusa « un diadème imaginaire fait de boue et d'argile. » Il avait déjà brusqué la délégation venue l'informer de la situation politique, le 3 novembre 1848 (voir page 207). Son retrait brutal de la salle où avait lieu l'audience fit prononcer à Johann Jacoby, le député juif de Königsberg, la phrase désormais célèbre : « Le malheur des rois a toujours été de refuser d'entendre la vérité. »

Ci-dessus : l'émancipation juive en Bavière. Caricature contemporaine.

« Je battrai ton Juif si tu bats le mien. » Illustration d'un dicton, vers 1840.

Émigration vers le pays de la liberté

Ci-dessus : émigrés juifs dans la salle d'attente d'un bureau de voyage prussien. Détail d'une peinture à l'huile de Felix Schlesinger, 1857.

À droite : le banquier Otto H. Kahn (1867-1934) en tenue de Hussard de Mayence, vers 1888. Il émigra aux États-Unis en 1893 et fut président de la Metropolitan Opera Company de New York de 1903 à 1931.

L'émigration à grande échelle des Juifs commença en Allemagne dans les années qui suivirent 1848.

Citons la Bavière en exemple, région dans laquelle 12 000 familles juives représentant quelque 58 000 personnes vivaient à cette date. La majorité tirait ses ressources du commerce et un petit nombre de l'agriculture ou de l'artisanat, secteurs qui exigeaient des autorisations spéciales de travail.

À cette époque, la Bavière souffrait d'une grave crise économique qui obligea des milliers de ses habitants à émigrer en Amérique. Les Juifs souffraient moins de la récession que de l'attitude antijuive au sein de l'Église, du gouvernement et de la population. Les corps de métiers leur restaient fermés ; les apprentis et compagnons juifs ne trouvaient que rarement des maîtres-artisans prêts à les former ou à les employer dans leurs ateliers. En outre, l'édit humiliant du 10 juin 1813 qui limitait leur droit de résidence resta en vigueur jusqu'en 1861. Une de ses clauses dictait que « le nombre des familles juives établies ne doit pas se multiplier, mais au contraire être progressivement réduit s'il devient trop important. »

Le chef de famille juif devait acquérir le droit de résidence qui remplaçait désormais les lettres patentes et ne revenait qu'au fils aîné après sa mort. Les autres enfants mâles ne pouvaient fonder un foyer à moins d'obtenir ce droit en soudoyant un haut fonctionnaire. C'est ainsi qu'un État catholique imposait un contrôle des naissances à une minorité de ses sujets. La situation légale et économique sans issue des Juifs entraîna une vague d'émigration, notamment vers les États-Unis, le pays de la liberté.

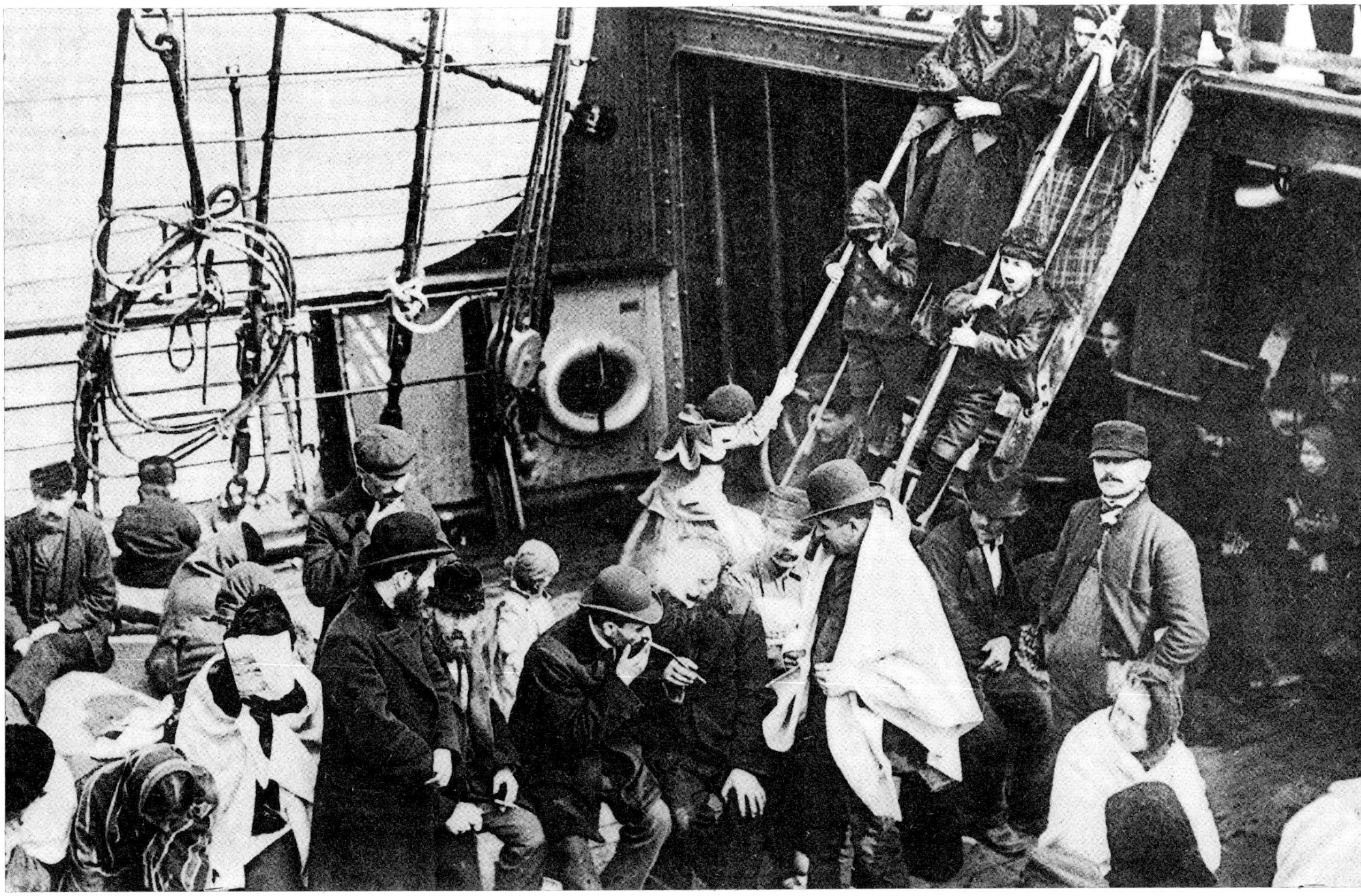

תפלה

מכל השנה

מנחה קטנה

להולכי דרך ולעוברי ימים להנוסעים

למדינת אמעריקא הנ״י.

איינע מיניאטור אויזגאבע

אויף פיינער פערל שריפט.

פיורדא

בשנת תר״ב לפ״ק.

Verlag von S. B. Gusdorfer.

Druck von J. Sommer.

Page de titre d'un livre de prières miniature « Pour les émigrés vers l'Amérique », taille réelle, 1860.

Ci-dessus : « À bord d'un steamer d'émigrés ». Carte postale, vers 1880.

À droite : passeport prussien pour le voyage vers l'Amérique, délivré à Marienwerder en 1866.

Nº 4083

Königlich Preußischer

Reise-Paß für das Ausland

Königliche Regierung, Abtheilung des Innern.

Pour la plupart des Juifs, la nouvelle vie en Amérique commença dans des conditions très dures : comme bûcherons, boutiquiers ou marchands ambulants à pied, puis plus tard en carriole, qui revenaient régulièrement au foyer pour le sabbat. Un grand nombre de ces derniers appelés « peddlers » fondèrent ensuite des commerces sédentaires. Quelques-uns devinrent prospères et créèrent de grands magasins ou s'établirent dans le négoce en gros, l'import-export et la banque. Les jeunes émigrés juifs choisissaient fréquemment les métiers de l'artisanat, l'élevage de bestiaux ou devenaient soldats. Nombre d'entre eux se joignirent aux convois de pionniers qui partaient pour l'Ouest.

Un fils de l'éditeur Baer Loew Monasch (voir page 178) émigra en Australie. Le petit-fils de l'ancien imprimeur de Krotoschin en Posnanie, ingénieur et membre actif de la communauté juive de Melbourne, était également officier de l'armée australienne et connut plus tard la célébrité sous le nom de Sir John Monasch (1865-1931), général commandant des armées australiennes et néo-zélandaises lors de la percée d'Amiens en mai 1918.

La famille Straus illustre exemplairement l'intégration juive sur le nouveau continent. En 1852, Lazarus Straus s'installa comme commerçant dans le Middle West ; deux ans plus tard, il avait gagné assez d'argent pour faire venir sa famille qui vivait à Otterberg, en Rhénanie-Palatinat. L'aîné de ses fils, Isidor (1845-1912) fit carrière dans les affaires et devint membre du Congrès américain. Philanthrope, il finança de nombreuses institutions non-juives new-yorkaises et le Séminaire de théologie juif de la communauté réformée. Il mourut dans le naufrage du *Titanic* en 1912. Le second fils, Nathan (1848-1931), également dans les affaires et philanthrope, était Commissaire pour la Santé à New York, où il créa un système d'aide et de santé pour les pauvres et des abris qui offrirent logis et nourriture aux démunis pour 5 cents la nuit durant les rudes hivers 1892/1897. Il consacra les deux tiers de sa fortune à subventionner

Marchand ambulant juif en Amérique. Gravure sur bois de C.G. Bush, vers 1860.

Adolph Sutro (1830-1898), originaire d'Aix-la-Chapelle. Après des études d'ingénieur à l'école de Haindorf, il émigra en 1850 aux États-Unis où il bâtit un tunnel de drainage et d'aération sous le Mont Davidson (1869-1879). Il fut élu maire de San Francisco en 1894 et fit don à la ville de sa bibliothèque de 200 000 volumes.

Julius Ochs (1826-1888), originaire de Fürth, s'installa à Louisville en 1845, combattit comme officier nordiste dans la guerre de Sécession et fonda la communauté juive de Chattanooga. Son fils Adolph (1858-1935) acheta le « New York Times » en 1896 et en fit un journal de réputation internationale.

des projets médico-sociaux en Palestine où la ville Nathania fut nommée d'après lui. Oscar Salomon (1850-1926), le benjamin de la famille, diplomate et écrivain, devint ambassadeur des États-Unis en Turquie. Anti-impérialiste et pacifiste, il s'engagea dans les années 1914/1918 pour la création de la Société des Nations, qui vit le jour après la Première Guerre mondiale.

Si peu d'émigrés juifs atteignirent une telle notabilité, un grand nombre d'entre eux se firent un nom dans les affaires et les professions libérales. Citons Felix Frankfurter, membre de la Cour suprême, les érudits de la famille Oppenheim, les banquiers Kahn, Warburg, Loeb et Kuhn, les magnats du commerce Straus et Altmann (chaînes de grands magasins) et Sulzberger, le fondateur du « New York Times » – tous des Juifs allemands qui cultivaient la pratique de l'allemand dans leur pays d'accueil et instaurèrent le judaïsme réformé dans leurs synagogues. Ils formèrent une classe aisée qui n'eut que peu d'affinités avec les émigrés venus plus tard des pays « non-allemands » de l'Europe orientale.

Dans leur nouvelle patrie, les Juifs possédaient les mêmes droits que tous les autres citoyens ; ils étaient membres à part entière de la société sans avoir à se convertir ou à dissimuler leurs origines, comme ils avaient été si souvent contraints de le faire en Allemagne.

Heinrich Heine – miroir de la problématique germano-juive

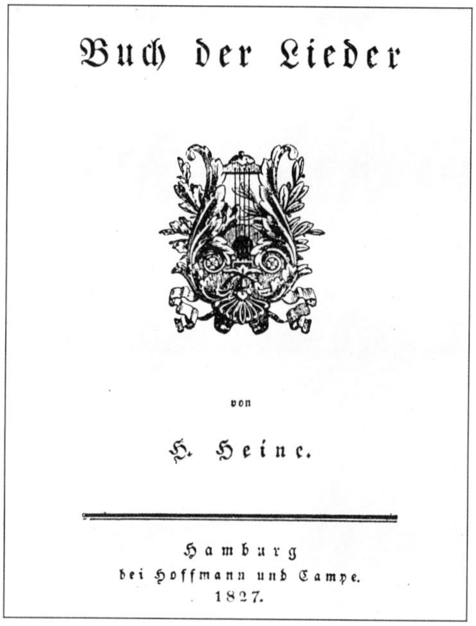

Buch der Lieder

von

H. Heine.

Hamburg
bei Hoffmann und Campe.
1827.

À gauche : couverture du « Buch der Lieder » (Le Livre des chants), 1827.

À droite : « Les deux grenadiers », couverture de la partition de Wagner d'après le poème de Heine sur les soldats de Napoléon.

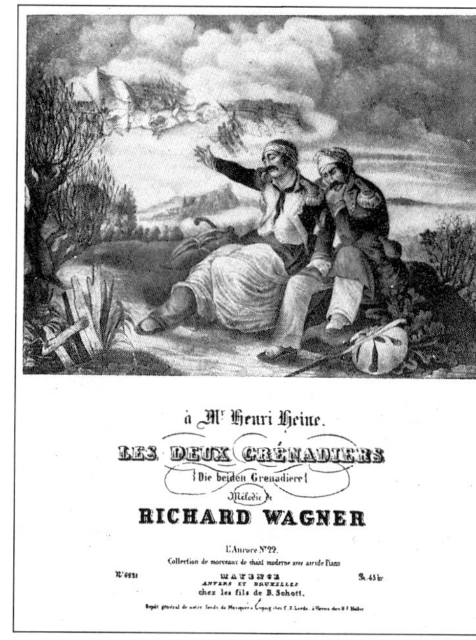

Ci-dessous à gauche : Les principales œuvres de Heine. Au-dessous, vignette représentant la Lorelei, extraite du « Livre des chants », 1827.

Ci-dessous : collage de partitions. Chants de Heine mis en musique par Mendelssohn-Bartholdy, Meyerbeer, Schubert, Liszt, Schumann.

Die Harzreise (1826)
Reisebilder (1826–31)
Buch der Lieder (1827)
Französische Zustände (1833)
Der Salon (1834–40)
Shakespeares Mädchen und Frauen (1839)
Über Ludwig Börne (1840)
Deutschland. Ein Wintermärchen (1844)
Atta Troll. Ein Sommernachtstraum (1847)
Romanzero (1851)

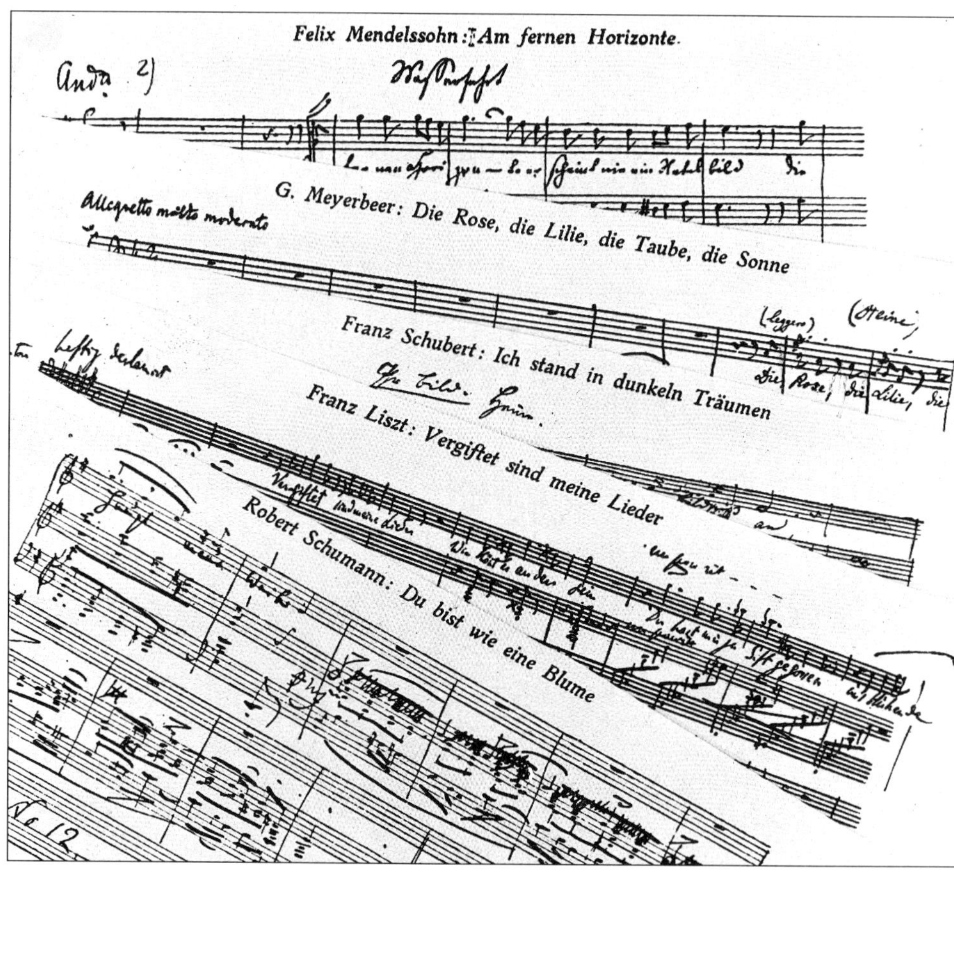

Heinrich Heine « Mon portrait, ce matin, le 6 avril 1829 ». Lithographie de Franz Theodor Kugler.

« Chez Heine, on sent battre le cœur du peuple allemand. » *(Nietzsche)*

Harry Heine (puis Heinrich) naquit en 1797 à Düsseldorf, où il passa son enfance et sa jeunesse dans une grande aisance matérielle, ce qui ne tempéra pas son goût de l'irrévérence. Interrogeant son père sur son grand-père, Heine eut droit à la réponse suivante : « Ton grand-père était un Juif de petite taille qui avait une longue barbe » (*Mémoires* de Heine). Élève dissipé, d'une curiosité insatiable, Heine fut impitoyablement battu par son maître, le père Dickerscheit, sans qu'il comprît pourquoi. C'était la première correction qu'il recevait. « Je ne l'ai jamais oubliée », écrivit-il plus tard.

Enfant, il assista à l'entrée de Napoléon en Rhénanie. « Une image à jamais gravée dans ma mémoire. Je le revois, à cheval, avec ces yeux éternels dans ce visage de marbre. L'empereur, impassible, dominait les soldats qu'il passait en revue. Il les envoyait alors en Russie et les vieux grenadiers, tout à sa dévotion, levaient le yeux vers lui. Ils avaient l'air grave, sachant ce qui les attendait. Ils étaient fiers de mourir bientôt – Te Caesar, morituri salutant ! » (Heine, *Tableaux de voyage IV, fragments anglais*). Il n'oublia jamais les roulements de tambour, l'appel de la liberté.

Heine apprit l'histoire des Juifs et l'hébreu. « Avec l'hébreu, je m'en sortais mieux car j'avais une préférence pour les Juifs, bien qu'ils aient jusqu'à présent rudoyé mon nom. Je n'ai pas réussi cependant à apprendre l'hébreu aussi bien que le fit ma montre qui fréquentait assidûment les prêteurs sur gages et qui, de ce fait, avait pris certaines habitudes juives. C'est ainsi que le samedi elle ne marchait pas ». (*Idées. Le Livre Le Grand*, 1826).

Heine lisait souvent la Bible. Il fut témoin des humiliations infligées aux autres et subit lui aussi bien des affronts pour le simple fait d'être Juif en Allemagne. Étudiant, Heine, qui écrivait déjà des poèmes, se lia d'amitié avec Börne, Rahel Levin-Varnhagen, Leopold Zunz et Eduard Gans (voir p. 154) et participa, en 1819, au « Verein für Cultur und Wissenschaft der Juden », un mouvement réformiste. Il se convertit pour ne pas être un paria dans son Allemagne bien-aimée. Mais « le billet d'entrée dans la culture européenne » ne lui fut d'aucun secours. La candidature de Heine à une fonction publique fut rejetée comme étant celle d'un Juif. En 1831, il s'établit à Paris. Quatre ans plus tard, ses écrits furent interdits dans les États de la Confédération germanique. Néanmoins, il fut bientôt le poète allemand le plus lu et la figure de proue de la « Jeune Allemagne ». Comme d'autres écrivains, Heine obtint en 1837 de l'État français une rente à vie qui lui assura une certaine indépendance financière et lui valut la haine de certains de ses compatriotes. Son oncle de Hambourg, le banquier Salomon Heine, qu'il avait souvent décrié, lui alloua lui aussi une somme mensuelle. Heine considérait souvent qu'il était en droit de profiter d'autant de largesses que possible pour pouvoir « tenir son rang » et vivre comme d'autres de leur travail et de leurs revenus. Avec ses frères et sœurs, il avait des relations amicales et espiègles.

De 1848 à sa mort en 1856, Heine fut cloué au lit par une paralysie progressive

Maximilian Heine (1807-1879), le frère cadet. Il était conseiller d'État de l'Empire russe et médecin personnel du tsar. Photographie, vers 1860.

Charlotte Heine (1800-1899), épouse Embden, la sœur du poète. Huile sur toile, anonyme.

Gustav Heine (1805-1886), autre frère du poète. Officier et journaliste autrichien. Directeur de publication du « Familienbaltt » de Vienne.

qui n'amoindrit jamais son énergie créatrice. Franz Grillparzer, Friedrich Hebbel (qui recevait une rente de l'État danois) et Richard Wagner étaient au nombre de ses visiteurs. Friedrich Nietzsche, Bismarck ainsi que de nombreux compositeurs de son temps lui vouaient une grande admiration.

Poète lyrique, plein d'insouciance, romantique donnant libre cours à ses émotions avec une grande sincérité d'accent, Heine savait aussi être sarcastique. Son ironie mordante transparaissait dans tout un poème ou se limitait à une seule strophe. Heine et son œuvre eurent beaucoup d'admirateurs et autant de détracteurs. À une époque placée sous le signe de la restauration et de la réaction, alors que de grands poètes comme Tieck et Novalis s'identifiaient avec leur peuple dans une Allemagne chrétienne, Heine, qui nageait à contre-courant, suscitait l'animosité et la haine.

Heine n'oublia jamais son judaïsme malgré ses sentiments mitigés à ce propos. C'est ainsi qu'il raillait et dénonçait le « comportement » des autres Juifs. Il écrivit également :

« (Moïse) fit un peuple de ceux qui n'étaient que des bergers, un peuple qui

Mathilde Heine (1815-1883), née Crescence Eugénie Mirat. Elle épousa Heine en 1841. Portrait datant des années 1845.

allait défier les siècles, grandir, devenir éternel, un peuple désigné par Dieu pour servir d'exemple à tous les autres, de prototype à l'humanité toute entière ». Et il ajouta : « Je m'en rends compte aujourd'hui. Les Grecs n'étaient que des éphèbes. Les Juifs ont toujours été des hommes forts et inflexibles, hier comme aujourd'hui, malgré dix-huit siècles de persécutions et de misère. Depuis, j'ai appris à mieux apprécier leurs mérites, et si la fierté due à la naissance n'était pas en totale contradiction avec les combats engendrés par la révolution et menés au nom des principes démocratiques, l'auteur de ces lignes pourrait s'enorgueillir d'avoir des ancêtres qui ont appartenu à la noble maison d'Israël, d'être un descendant des martyrs qui ont donné au monde un Dieu et une morale, qui se sont battus et ont souffert sur tous les champs de bataille de la pensée... Pour avoir vu leur barbe, on croit les connaître, mais d'eux, on n'a jamais rien vu d'autre et, au Moyen Âge comme aujourd'hui ils restent un secret ambulant. » *(Aveux)*.

Beaucoup de poèmes écrits par Heine ont pour sujet des thèmes empruntés au judaïsme ou les évoquent à mi-voix. Heine se désintéressa du judaïsme aussi

Heine malade.
Dessin de Charles
Gleyre.

Ci-dessous : « Le nouvel hôpital israélite de Hambourg » financé par Salomon Heine, oncle du poète, en souvenir de sa femme Betty.

Das neue israelitische Hospital zu Hamburg.

Ein Hospital für arme, kranke Juden,
Für Menschenkinder, welche dreifach elend,
Behaftet mit den bösen drei Gebresten,
Mit Armut, Körperschmerz und Judentume!

longtemps qu'il vécut à Paris. Néanmoins, il écrivit en 1842, dans ses « Mélodies hébraïques » : « ... que ma main droite se dessèche si je t'oublie, Jérusalem ! ».

Ses origines et son sentiment d'appartenance au judaïsme furent un obstacle à sa germanité :

« Le cœur allemand qui bat dans ma poitrine
S'est mis soudain à battre anormalement.
Le seul médecin qui puisse lui prodiguer ses soins,
Habite chez nous dans le Nord. »

C'est sur cette double identité de Juif et d'Allemand que se fonde sa tragédie personnelle.

Ses liens tragiques avec son pays natal, son comique d'autodérision qui se transforme en un rire moqueur à l'égard de sa propre sentimentalité, sa fierté intacte, l'acceptation pleine et entière de ses origines juives, son ironie mordante qui pouvait se muer en attaques injustes et sa résignation font de Heine l'illustration par excellence d'un problème germano-juif qui affecta beaucoup de Juifs après lui.

Les Juifs et la musique

Jusqu'au XIXe siècle, on distingua deux styles de musique juive : l'un synagogal, l'autre populaire.

La musique synagogale était dérivée des vieux psaumes traditionnels interprétés par les chantres. Ces psaumes, qui remontent aux temps bibliques, furent surtout chantés dans les pays de l'Est, d'où il influencèrent la musique liturgique allemande.

La musique populaire se propagea grâce aux kleizmorim, ces groupes d'instrumentistes juifs, connus en Allemagne dès le Moyen Âge, très actifs par la suite en Pologne et en Lituanie (voir p. 282). En Allemagne tout comme dans les pays de l'Est, ces musiciens itinérants jouaient à l'occasion de réjouissances publiques, de mariages, de fêtes foraines, mais aussi à la demande de chrétiens aisés ou appartenant à la bonne société. Le violon, la contrebasse, la flûte et les cymbales étaient et sont toujours leurs instruments de prédilection. Tout comme le jazz aujourd'hui, la musique des kleizmorim repose sur l'improvisation libre. Composé d'amateurs, le groupe Hachenberg de Darmstadt eut une certaine notoriété dans les années 1840-1860. Le banquier Beer, père de Giacomo Meyerbeer, donna des concerts à domicile avec le kleizmorim dont il était membre.

À l'époque médiévale, le chant synagogal exprimait une intention mystique. C'est sous l'influence des kleizmorim qu'aux XVIIe et XVIIIe siècles se développa une musique échappant aux règles traditionnelles et privilégiant les mélodies improvisées qui, souvent, rappelaient la musique baroque allemande. À partir du XVIIIe siècle, l'influence des mélodies hassidiques s'accentua. Après le rationalisme de l'époque des Lumières, cette musique visait à libérer l'âme de son enveloppe charnelle pour permettre à l'individu d'oublier son existence souvent misérable sur Terre et d'accéder à un monde spirituel, synonyme d'une forme de vie gratifiante. Les chants et les mélodies des prières hassidiques sont extatiques.

Une transformation fondamentale s'accomplit progressivement avec la réforme

Ci-dessus à gauche : Giacomo Meyerbeer (1791-1864), le compositeur d'opéras le plus apprécié de son temps.

Ci-dessus : Felix Mendelssohn-Bartholdy (1809-1847). Lithographie d'après un dessin de Dubois.

Ci-contre : « Élie », oratorio de Felix Mendelssohn-Bartholdy. Page de titre de la première édition, 1847. Lithographie de C. Hahn.

des synagogues, au début du XIXe siècle. Dans celle de Hambourg et dans d'autres synagogues réformées, on reprit et adapta des chœurs protestants. Le chantre et compositeur Louis Lewandowski (1821-1894) fut le premier à développer une autre conception de la musique liturgique, acceptée par les autres communautés juives. À partir de mélodies traditionnelles puisées dans la liturgie polonaise, il composa une musique de forme classique. Il renoua ainsi avec la tradition sans imiter pour autant d'autres musiques liturgiques. Également sous l'influence de compositeurs allemands contemporains, Lewandowski composa des chœurs et des chants pour solistes, pour des psaumes et des prières liturgiques. Sa musique fut surtout jouée dans les synagogues d'Allemagne et continue de l'être aujourd'hui dans celles d'Amérique.

Parmi les compositeurs juifs du XIXe siècle, Felix Mendelssohn-Bartholdy, Giacomo Meyerbeer et Jacques Offenbach sont restés les plus célèbres jusqu'à nos jours. Le violoniste Joseph Joachim (1831-1907) et le pianiste Ignaz Moscheles (1794-1870) furent des interprètes de renommée internationale. Hermann Levi (1839-1900), chef de l'orchestre de Louis II, à Munich, mérite également une mention particulière. Friedrich Gernsheim (1839-1916) était, lui aussi, un compositeur et un chef d'orchestre connu.

Petit-fils de Moses Mendelssohn, Felix (Jakob Ludwig) Mendelssohn-Bartholdy (1809-1847), accola à son nom celui de

Ci-dessus, à gauche : Jacques Offenbach (1819-1880) et sa famille, vers 1863.

son grand-père malgré la réprobation de son père. En 1821, alors âgé de 12 ans, il interpréta sa première composition devant Goethe qui avait 72 ans et « qui aimait beaucoup l'enfant ». À cette même époque, d'autres enfants le traitaient de « fils de Juifs » et lui lançaient des pierres. C'est parce qu'il était juif qu'il ne put devenir, en 1832, directeur du conservatoire de chant de Berlin. Malgré toutes ces humiliations, il ne ressentit pas d'amertume et ne se laissa pas aller au découragement, à l'instar de son grand-père.

Felix Mendelssohn-Bartholdy, que son père Abraham avait fait baptiser enfant, devint un homme très croyant. Il approuva aussi bien la foi juive que chrétienne, mais pas le ritualisme religieux. Adepte d'un christianisme épuré, tel que le concevait Schleiermacher, il s'identifia plus que son père Abraham au peuple de son grand-père Moses. Dans l'un de ses oratorios, il chante l'apôtre Paul. Son plus grand oratorio est dédié au prophète Élie.

L'amour de Mendelssohn-Bartholdy pour la musique allemande transparaît également dans sa redécouverte de Bach et de Haendel. Lui-même est considéré comme un important compositeur de l'école romantique classique. Dans certaines de ses compositions, on perçoit également ce que Romain Rolland décelait dans ses oratorios : « une sensibilité juive..., le souffle des vieux prophètes de sa race. »

En Angleterre aussi, Mendelssohn-Bartholdy jouissait d'une grande notoriété en tant que compositeur et chef d'orchestre. Il joua souvent à la cour de la reine Victoria et de son époux, le prince Albert. Il mourut en 1847, dans sa trente-huitième année.

Giacomo (Jakob Liebmann Meyer Beer) Meyerbeer était un descendant du maître-monnayeur Jost Liebmann (voir p. 106) et le grand-père de Leopold von Andrian-Werburg (1875-1951), poète autrichien, membre du cénacle de Stefan Georg, et futur diplomate. De son temps, il fut le compositeur d'opéras et de symphonies (« Robert le Diable », « Les Huguenots », « Le Prophète ») le plus joué en France et en Allemagne. On lui doit, dit-on, le « grand opéra » qui parvient à synthétiser la mélodie italienne, l'harmonie allemande et la déclamation française ce qui, dans un premier temps, lui valut l'admiration de Wagner.

Juif et se considérant comme tel toute sa vie durant, Meyerbeer réagit avec sarcasme aux insultes antisémites. Les louanges de Wagner puis les pamphlets antisémites que celui-ci lui adressa par la suite sous le pseudonyme de « Freigedank » ne lui firent ni chaud ni froid.

À droite : Ferdinand von Hiller (1811-1885), fondateur et directeur du Conservatoire de Cologne, dans sa salle de musique. Aquarelle de Georg Osterwald, 1867.

Jacques Offenbach (Jakob Eberscht, 1819-1880) était le fils du chantre Isaac Eberscht, d'Offenbach. C'est à Paris, où sa famille s'installa en 1844, qu'il se convertit pour épouser Hermine d'Accain. Il refusa toute sa vie d'emprunter un thème au judaïsme pour composer l'une de ses 102 opérettes, parmi lesquelles « Orphée aux Enfers », « La Belle Hélène », « La Vie Parisienne » et « La Grande-Duchesse de Gérolstein ». Son opéra fantastique, « Les Contes d'Hoffmann », est l'une des pièces maîtresses du répertoire lyrique français.

Joseph Joachim était le plus célèbre violoniste de l'école classique de son époque. Ce virtuose était avant tout un fidèle interprète. Bronislaw Hubermann et d'autres musiciens connus furent formés au conservatoire de musique de Berlin, dont Joachim était le directeur artistique et le principal professeur. Avec Brahms et d'autres musiciens, il dirigea ses attaques contre le nouvelle « musique d'avenir » prônée par Richard Wagner, contre ce qu'il est convenu d'appeler la « nouvelle école allemande ».

Ferdinand von Hiller (1811-1885) naquit à Francfort-sur-le-Main l'année où fut levée l'interdiction faite aux Juifs d'habiter à l'extérieur du ghetto. Compositeur d'oratorios, d'opéras, de lieder et de chœurs, il devint directeur du conservatoire de Cologne après s'être fait baptiser. Auteur d'un ouvrage de théorie musicale dont la 25e édition parut peu avant 1933, il faisait autorité en Allemagne de l'Ouest.

Richard Wagner et « le judaïsme dans la musique »

Ci-contre : réception chez Richard Wagner. Parmi les invités : Hermann Levi (au centre) et Franz Liszt au piano. Gravure sur bois de G. Papparitz.

« Fauteuil d'orchestre pour les Juifs », caricature extraite des « Berliner Wespern », 1876.

« Sans Meyerbeer, je ne serais rien. »
(Richard Wagner, 1841)

« Felix Mendelssohn-Bartholdy est le plus grand génie musical depuis Mozart. »
(Richard Wagner, avant 1850)

« C'est dans le chant, l'expression la plus vivante et la plus authentique de la sensibilité personnelle, que la singularité répugnante de la nature juive est naturellement la plus manifeste... » (allusion à Mendelssohn-Bartholdy).

« Ce compositeur trompeur (Meyerbeer)... sut, sans être artiste, acquérir une notoriété artistique. Le judaïsme moderne en musique peut être considéré historiquement comme la période d'improductivité complète, d'immobilisme dévoyé... (Les compositions de Mendelssohn-

Ci-dessus : Hermann Levi (1839-1900), célèbre chef d'orchestre de l'époque. Il dirigea entre autres la première de « Parsifal » à Bayreuth (1882).

À droite : « Ecce Caesar nunc triumphans ». Caricature des Juifs grands admirateurs de Wagner. Extraite de « Puck », Leipzig, 1876.

Bartholdy) montrent bien la décadence et le tragique de la propre impuissance. Un style sans relief, insipide, consistant en apparence – voilà pour l'ingérence du judaïsme en musique » (K. Freigedank, alias Richard Wagner, *Le judaïsme dans la musique*).

Avec ce pamphlet, Richard Wagner fit de l'antisémitisme en musique une affaire « allemande ». À leur apogée vers 1900, le culte de Wagner et le mouvement nationaliste s'amplifièrent sous le régime hitlérien. Selon Hartmut Zelinsky, Hitler voyait dans l'idéologie rédemptrice de Wagner, à la fois antisémite et germanique, un modèle politique.

Beaucoup de Juifs encouragèrent Richard Wagner, dont ils étaient de fervents admirateurs, ce qui leur valut d'être souvent tournés en dérision par des caricaturistes.

Hermann Levi (1839-1900) était l'un d'eux. Il dirigea la première de Parsifal, en 1882, à Bayreuth, contre la volonté de Wagner à la disposition de qui toutefois le roi Louis II de Bavière n'eût pas mis l'orchestre de la Cour sans son chef Levi. Outre Friedrich Nietzsche qui, en 1876, s'était brouillé avec Wagner à cause de son antisémitisme, Eduard Hanslick (1805-1904), un demi-Juif, était l'un des principaux détracteurs du compositeur. Pour se venger, Wagner le dépeignit sous les traits de Beckmesser dans « Les Maîtres Chanteurs ».

Thomas Mann vit en Bayreuth « une grotte miraculeuse pour la foi avide d'un monde décadent ».

Friedrich Wendel, sympathisant socialiste et critique culturel, donna une interprétation sociologique de l'antisémitisme de Wagner.

« Étrange lanterne rouge de l'aimable romantisme, Wagner avait donné des apparences germaniques à la sensibilité de la bourgeoisie capitaliste allemande. Tout ce qui était « völkisch » (populaire), au sens étroit donné à ce terme par le parti, était sacré. Il faut dire que tous les ingrédients étaient réunis : la mouture poétique d'une royauté « sociale », la malédiction de l'or dépravant, le châtiment aryen de la concurrence sémite. »

Moses Hess, Karl Marx, Ferdinand Lassalle, trois socialistes juifs

Moses Hess (1812-1875), fondateur du socialisme moderne sur une base éthique et précurseur du sionisme.

Moses (Moritz) Hess (1812-1875) était le fils d'un petit industriel de Cologne, également président de la communauté juive. Toute sa vie, il considéra l'éducation religieuse orthodoxe qu'il avait reçue de ses parents comme un facteur positif et déterminant.

Il refusa de faire une carrière commerciale et, à l'âge de 20 ans, se rendit à Paris contre la volonté de ses parents, pour se consacrer à une activité intellectuelle. Hormis quelques interruptions, il vécut une trentaine d'années à Paris, dans le plus grand dénuement. En 1861, une amnistie politique lui permit de revenir à Cologne.

Son premier livre, *L'Histoire sainte de l'humanité par un disciple de Spinoza* (1837), contient des éléments de réflexion communisante, prolongeant les principes de Babeuf. Hess prône la suppression de la propriété privée, à l'origine de tous les maux. Son credo social et messianique : le socialisme doit être l'objectif visé par le développement de l'humanité.

En 1840, dans la *Triarchie européenne*, il préconisa que l'Allemagne, la France et l'Angleterre forment le premier État européen pour faire contrepoids à la Russie, « ennemi de l'Ouest ». À cette époque, Hess, dit le « rabbin des communistes », gagna à son idée – le dépassement de l'hégélianisme de gauche par le communisme éthique –, Marx, Engels et Bakounine. Cofondateur du « Rheinische Zeitung », auquel collaborait également Marx, Hess en devint le correspondant à Paris à partir de 1842, car il eût été dangereux pour lui, vu ses opinions politiques, de rester en Prusse.

À Paris, il écrivit en 1847 un projet de manifeste communiste qui précéda de peu la rédaction du *Manifeste* de Marx, la même année. Dans cet ouvrage, il insista sur les lois de Moïse et le message des prophètes, bases éternelles de la justice et de l'égalité humaine, et conclut que l'égalité en droits et l'indépendance de tous les peuples et de toutes les races étaient impératives. Il dénonça la religion – également juive – comme facteur d'aliénation de l'homme. Marx et Engels se moquèrent de Hess, jugeant sa conception du communisme « sentimentale et idéaliste », mais s'inspirèrent de son programme pour formuler le leur. Hess, qui, à la dictature du prolétariat prônée par Marx, opposait une société sans classe, devint le « père du socialisme allemand » à tendance communiste.

Dans les années 1850, Hess décela l'importance majeure de la nationalité dans le développement futur du socialisme, d'où son intérêt pour la question juive, qu'il n'avait pas considérée jusque-là comme un problème particulier. Son livre *Rome et Jérusalem. La dernière question de nationalité* (1862) est une sorte de prélude au sionisme politique. Hess y compare la renaissance nationale de l'Italie avec celle à laquelle aspirait le peuple juif en Palestine, sa patrie : « ... avec la libération de la Ville éternelle commence celle de la ville sur le mont Moriah, avec la renaissance de l'Italie celle de la Judée. » Une renaissance à laquelle il s'identifiait : « Après vingt années d'aliénation, je me retrouve au milieu de mon peuple et participe à ses réjouissances et à ses deuils, partage ses souvenirs et ses espoirs, m'associe aux combats intellectuels qu'il mène en son sein et avec les autres peuples civilisés parmi lesquels il vit mais avec lesquels il n'a pu fusionner, malgré 2 000 ans de coexistence et d'efforts allant dans ce sens. »

Hess voyait dans l'association du socialisme économico-éthique et du conservatisme religieux traditionnel une possibilité réelle, d'où l'abandon de sa thèse première, à savoir l'effacement total de la judéité. « Le judaïsme est avant tout une nationalité, dont l'histoire millénaire est indissociable de celle de l'humanité », écrivit-il dans « Rome et Jérusalem ». Cependant, cette conception lui semblait inséparable de l'axiome selon lequel il y a égalité de tous les peuples et de toutes les races.

Hess confronta les Juifs allemands avec une vérité qui dérangeait : « Étant donné la haine qu'on nourrit contre lui, le Juif allemand s'efforce sans cesse de se défaire de tout ce qui l'identifie comme tel, il est toujours amené à renier sa race... Pas même le baptême ne lui épargne la haine qu'éprouvent pour lui les Allemands. Ces derniers haïssent moins la religion des Juifs que leur race, moins leurs croyances spécifiques que leur nez caractéristique. Ni la réforme ni le baptême, ni la culture ni l'émancipation n'ouvrent tout grand aux Juifs les portes de la vie sociale. Voilà pourquoi ils essaient de nier leurs origines. » Hess considérait de ce fait qu'une renaissance politique des Juifs dans leur pays, la Palestine, était par conséquent la seule solution envisageable.

Karl Marx qui, habituellement, commentait avec une ironie mordante les écrits de Hess, ne réagit pas à la publication de « Rome et Jérusalem ». Le judaïsme libéral désapprouva les thèses de Hess, le judaïsme orthodoxe mit en garde contre une anticipation séculière de l'avenir messianique.

Par refus de l'assimilation, Hess se prénomma désormais « Moses ». L'ironie veut que, par la suite, le prénom de Moritz, porté par de nombreux Juifs, fut souvent utilisé comme sobriquet pour les désigner. Hess l'aurait noté avec amusement et se serait senti confirmé dans ses opinions. Après la publication de son livre *Rome et Jérusalem*, Hess continua de s'engager politiquement. En 1867, il participa à la Ire Internationale en tant que représentant des ouvriers de Berlin.

Karl Marx (1818-1883) en 1875, durant sa période londonienne.

Karl Marx (1818-1883) était issu d'une famille qui comptait de nombreux érudits juifs et d'éminents rabbins, originaires de Galicie et d'Allemagne. Son père, dont le frère était rabbin, le fit toutefois baptiser. Après sa mort, Karl Marx, à qui sa mère refusait une rente régulière, eut de violentes altercations avec celle-ci. Elle devint pour lui le symbole de la cupidité juive, de la « lettre de change juive ».

En 1842, Marx était collaborateur du *Rheinische Zeitung*. Depuis 1843, il avait des relations suivies avec Moritz Hess, à Paris. C'est à cette époque que Hess développa sa thèse selon laquelle l'abolition de la société bourgeoise et la libération de l'humanité passent par l'élimination de la religion judéo-chrétienne.

Nr. 2. Der 1865.

Social-Demokrat.

Abonnements-Preis für Berlin incl. Botenlohn: vierteljährlich 15 Sgr., monatlich 5 Sgr., wöchentlich 1¼ Sgr.; einzelne Nummern 6 Pf.; für das übrige Preußen 15 Sgr., für das nichtpreußische Deutschland 20 Sgr. (fl. 1. 10. südd., fl. 1. österr. Währ.) pro Quartal.

Organ des Allgemeinen deutschen Arbeiter-Vereins.

Redigirt von J. B. v. Hofstetten und J. B. v. Schweitzer.

Inserate werden in der Expedition: Dresdenerstraße 85, 1 Tr. entgegengenommen und die dreigespaltene Petitzeile oder deren Raum bei Arbeiter-Annoncen mit 1 Sgr., bei sonstigen Annoncen mit 3 Sgr. berechnet.

Diese Zeitung erscheint drei Mal wöchentlich und zwar: Dienstags, Donnerstags und Sonnabends Abends.

Berlin, den 4. Januar.

Alle Königlichen Postämter und Zeitungs-Spediteure nehmen Bestellungen an.

Ihre Mitwirkung zu diesem Organe haben zugesagt unter Andern die Herren:
Bernhard Becker, Präsident des „Allgemeinen deutschen Arbeiter-Vereins“,
Joh. Ph. Becker zu Genf, F. Engels zu Manchester, Georg Herwegh zu Zürich,
M. Heß zu Paris, W. Liebknecht zu Berlin, Carl Marx zu London,
Oberst-Brigadier W. Rüstow zu Zürich und Professor H. Wuttke zu Leipzig.

Bandeau de titre du « Social-Demokrat », avec mention des principaux collaborateurs.

Marx connaissait ce texte lorsqu'il écrivit, la même année, un premier article « Sur la question juive », dans lequel transparaît une protestation émotionnelle contre ses origines juives. Dans un second article, son aversion se mua en rejet : « La traite » – peut-être s'agit-il là d'une allusion au conflit financier qui l'opposa à sa mère – « est le vrai Dieu des Juifs ». Et de poursuivre, en paraphrasant le deuxième commandement dans la traduction de Martin Luther (2. Moïse 20,3) « L'argent est le Dieu jaloux d'Israël en face duquel nul autre ne peut exister ». Il ajoute : « Le secret de la religion juive réside dans son culte temporel, le trafic, et dans son dieu séculier, l'argent ». Lorsqu'il écrit qu'« avec la société bourgeoise, le judaïsme est à son apogée », il colporte manifestement une inexactitude historique pour se distancer de ses origines et des Juifs.

Marx n'ignorait pas que le prêt à intérêts fut, pendant des siècles, pratiquement le seul moyen du subsistance que les chrétiens imposèrent aux Juifs humiliés. L'ironie voulut que, plus tard, des opposants dans le camp socialiste, comme Dühring et Bakounine, profèrent des injures antisémites contre Marx.

À l'époque, Marx commença à avoir des relations d'amitié avec d'autres Juifs et conseilla à sa fille préférée Eleanor, surnommée « Pussy », d'aller écouter des conférences sur les prophètes juifs. Tandis qu'Eleanor apportait son soutien aux Juifs de l'Est dans les quartiers pauvres, Jean Longuet, petit-fils de Marx, devint un sympathisant actif du mouvement sioniste.

C'est avec Ferdinand Lassalle, Eduard Lasker, Leopold Sonnemann et Ludwig

Bamberger que les Juifs s'imposèrent sur la scène politique.

Ferdinand Lassalle (1825-1864) était le fils d'Heyman Lasal, commerçant de textiles de Breslau. C'était tout à la fois un philosophe épris d'idéalisme, un politicien accompli, un écrivain talentueux, un orateur captivant et un clairvoyant organisateur de parti.

En 1848, il participa aux mouvements révolutionnaires en Rhénanie. Pendant un certain temps, il eut des échanges de vues fréquents avec Heine, Hess, Engels et Marx. En 1861, ce dernier fut onze jours l'hôte de Lassalle, dans son appartement de Berlin, « point de rencontre luxueux d'une société intéressante », ce qui ne l'empêcha pas, dans des lettres privées, de traiter Lassalle de « youpin » ou de « nègre juif ». « Comme le prouvent également la forme de sa tête et ses cheveux crépus, je suis persuadé maintenant qu'il comptait parmi ses ancêtres des nègres qui se sont joints aux Hébreux lors de la sortie d'Égypte sous la conduite de Moïse, à moins que sa mère ou sa grand-mère paternelle ne se soient croisées avec un nègre ». Après la mort de Lassalle, tué en duel, il écrivit toutefois « Lassalle, et ceci reste son mérite inoubliable, a "ramené" le mouvement ouvrier en Allemagne. »

Brillant orateur, comme en témoignèrent ses interventions lors d'assemblées ouvrières et devant les tribunaux, Lassalle fonda en 1863 l'Union générale des ouvriers allemands (Allgemeiner Deutscher Arbeiterverein), soustrayant définitivement la classe ouvrière à l'emprise des groupes et des partis libéraux. Son autre grand projet était la création de coopératives de production subventionnées par l'État, son troisième l'obtention du droit de vote à bulletin secret pour tous les citoyens.

Par ses tractations avec Bismarck, à qui il avait proposé le soutien des travailleurs en échange du droit de vote, il s'attira les foudres de Marx et d'Engels. « Une canaille de l'espèce la plus commune. Une trahison de la classe ouvrière livrée aux Prussiens » commenta Friedrich Engels.

Ferdinand Lassalle (1835-1864), fondateur de l'Union générale des ouvriers allemands (23 mai 1863).

En 1848, Lassalle, qui avait 23 ans, s'exprima avec enthousiasme à propos de son judaïsme : « Je serais prêt à risquer l'échafaud pour faire des Juifs un grand peuple estimé ». Bien que membre de la communauté juive, Lassalle se désintéressa du judaïsme par la suite.

Il mourut, tué en duel, en 1864. Marx commenta sa mort en ces termes : « Un manque de tact dont il était coutumier. »

« Loin d'avoir pris fin, les répercussions de cette vie continuent de s'amplifier pour tous ceux qui prennent à cœur les réformes sociales », écrivit de son côté Hermann Oncken, en 1920.

Participation au développement de l'industrie

Le développement de l'industrie et de la technique permit aux chefs d'entreprise juifs d'Allemagne d'acquérir, sans l'humiliation du baptême « volontaire », les droits politiques et économiques dont ils étaient privés jusque-là. Ils pouvaient désormais avoir des activités dans des secteurs de la grande industrie et des transports ouverts à la concurrence. C'est ainsi qu'ils entrèrent en compétition avec les autres industriels de l'ère capitaliste et qu'ils participèrent, eux aussi, à l'essor économique du pays. Certes plus modestes que ceux des Borsig, Thyssen, Kirdorf et Siemens, leurs établissements industriels étaient implantés pour la plupart en Haute-Silésie, une région agricole encore sous-développée. Ils y devinrent

Ci-contre : la fonderie Herminenhütte près de Laband (Haute-Silésie), 1860.

Ci-dessous : la gare de Wittenberge, terminus du train assurant la liaison avec Magdebourg. À droite, l'huilerie de Salomon Herz.

Der Bahnhof der magdeburg-wittenberger Eisenbahn in Wittenberge.

des capitaines de la grande industrie, tout comme Emil Rathenau (1838-1915) par la suite, à Berlin.

Au milieu du XIXe siècle, la production textile allemande faisait appel, d'une manière générale, à des travailleurs à domicile. C'est sur des métiers à tisser installés dans les maisons des familles ouvrières de Tannhausen que Meyer Kaufmann, qui tenait un petit magasin de blanc, démarra sa production, devenant l'un des fondateurs de l'industrie textile silésienne.

« J'ai bientôt constaté que nos produits étaient de qualité inférieure à ceux présentés par les Anglais » écrivit son fils Salomon à son retour de Londres, en 1851, où il avait visité l'Exposition Universelle. Aussi fit-il venir d'Angleterre deux cents métiers à tisser mécaniques. Il veilla également à ce que la situation sociale de ses ouvriers s'améliore en même temps que la production.

Les Hegenscheidt, Caro et Kern associèrent leur nom à l'essor économique et industriel de la Haute-Silésie. Heinrich et Aloys Kern développèrent la fonderie Herminenhütte près de Laband, à laquelle leurs neveux Georg et Oskar Caro étaient associés (voir p. 226). Issu d'une famille protestante, Wilhelm Hegenscheidt (1823-1891) créa près de Gleiwitz une tréfilerie. En 1887, il fusionna avec les fonderies Caro et Kern – la nouvelle entreprise fut à l'origine du développement de la sidérurgie silésienne.

Né à Bernburg en 1794, Salomon Herz était un autre pionnier de l'industrie. En octobre 1823, « on lui accorda le droit de conclure des actes de commerce, d'acheter une maison à Bernburg et de se marier moyennant le versement de la somme d'usage. »

Peu après, il se fixa à Berlin et ouvrit à Wittenberge, sur l'Elbe, une huilerie qui devint la plus importante d'Europe, assurant l'approvisionnement de Berlin et d'autres villes en huile de navette pour l'éclairage urbain et en huile végétale à usage domestique et technique.

Avec l'agrandissement de son entreprise, Herz devint le premier exportateur

Le conseiller commercial Josef Liebermann, pionnier de la construction mécanique. Tableau de 1842.

Ci-dessous : le procédé d'oléographie inventé par Liepmann en 1839 et présenté, en 1851, à l'Exposition Universelle de Londres.

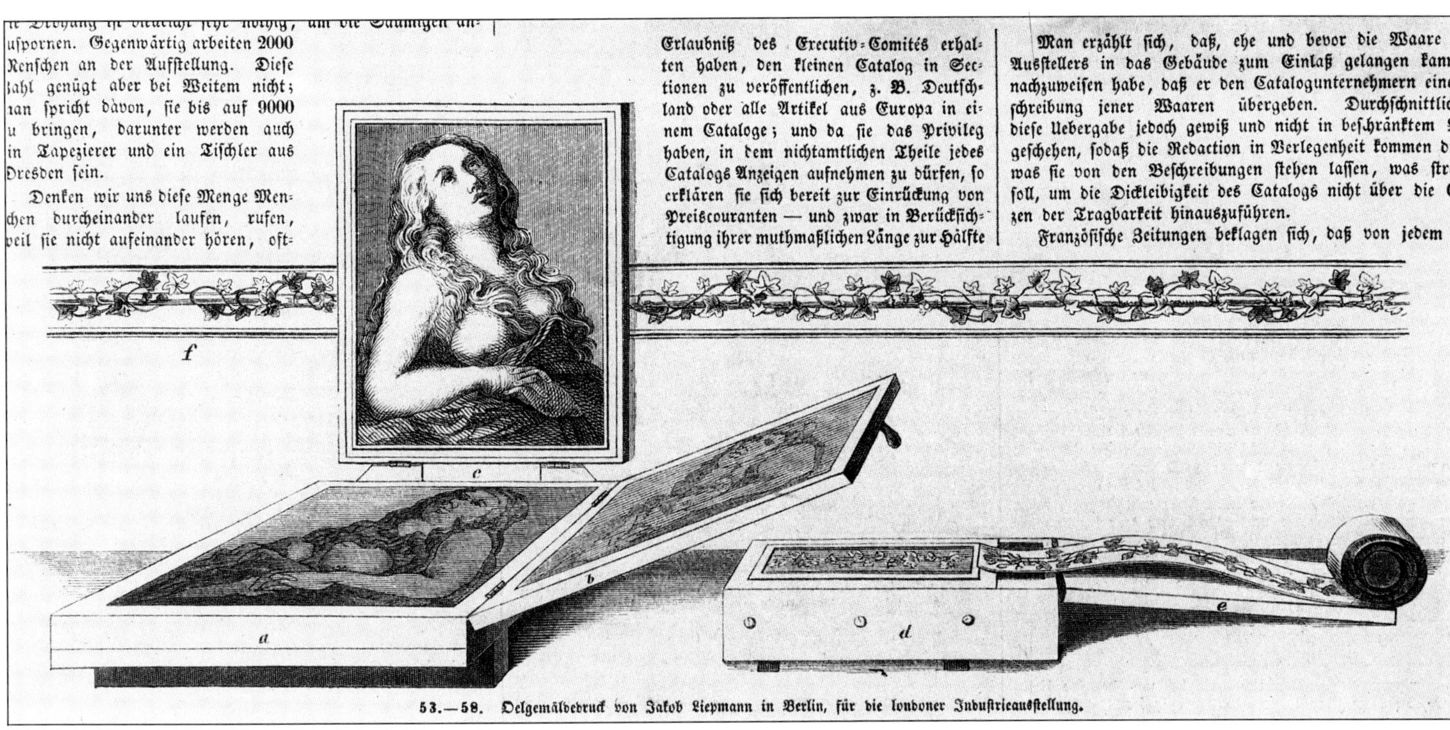

uſpornen. Gegenwärtig arbeiten 2000 Renſchen an der Aufſtellung. Dieſe zahl genügt aber bei Weitem nicht; nan ſpricht davon, ſie bis auf 9000 u bringen, darunter werden auch in Tapezierer und ein Tiſchler aus Dresden ſein.

Denken wir uns dieſe Menge Menſchen durcheinander laufen, rufen, weil ſie nicht aufeinander hören, oft-

Erlaubniß des Executiv-Comités erhalten haben, den kleinen Catalog in Sectionen zu veröffentlichen, z. B. Deutſchland oder alle Artikel aus Europa in einem Cataloge; und da ſie das Privileg haben, in dem nichtamtlichen Theile jedes Catalogs Anzeigen aufnehmen zu dürfen, ſo erklären ſie ſich bereit zur Einrückung von Preiscouranten — und zwar in Berückſichtigung ihrer muthmaßlichen Länge zur Hälfte

Man erzählt ſich, daß, ehe und bevor die Waare e Ausſtellers in das Gebäude zum Einlaß gelangen kann, nachzuweiſen habe, daß er den Catalogunternehmern eine ſchreibung jener Waaren übergeben. Durchſchnittlich dieſe Uebergabe jedoch gewiß und nicht in beſchränktem W geſchehen, ſodaß die Redaction in Verlegenheit kommen dü was ſie von den Beſchreibungen ſtehen laſſen, was ſtrei ſoll, um die Dickleibigkeit des Catalogs nicht über die G zen der Tragbarkeit hinauszuführen.

Franzöſiſche Zeitungen beklagen ſich, daß von jedem 2

53.—58. Oelgemäldedruck von Jakob Liepmann in Berlin, für die londoner Induſtrieausſtellung.

Ci-contre : le banquier Alexander Mendelssohn (1798-1871), fils de Joseph Mendelssohn, lui-même fils aîné de Moses Mendelssohn.

Ci-dessous : la famille Strousberg. Après un long séjour en Angleterre, Barthel Heinrich Straussberg prit pour nom Bethel Henry Strousberg et se fit baptiser. Il fonda plusieurs sociétés et dirigea la construction de réseaux ferroviaires en Allemagne, en Russie, en Hongrie et en Roumanie. Tableau de Ludwig Knaus.

allemand d'huile, notamment à destination de l'Amérique du Nord. Son fils Wilhelm (1823-1914) était membre du conseil d'administration de la Chambre de commerce de Berlin et obtint le titre d'« Excellence ».

Les entreprises de transport de deux Juifs berlinois étaient également remarquables, moins par leur taille que par leur conception et leur organisation. Israël Henoch introduisit à Berlin le fiacre. Le conseiller à la Cour Simon Kremser (1775-1851) obtint en 1825 la concession des transports berlinois par voitures hippomobiles parce qu'il avait été engagé volontaire dans les guerres de Libération. Au début du XXe siècle, les autocars d'excursion berlinois étaient encore appelés des « Kremser ».

Dans un autre domaine où il n'y avait ni guilde ni corporation, Jacob Liepmann fait figure d'inventeur. En 1840, il mit au point le procédé de l'oléographie. Auparavant, il avait élaboré un procédé mécanique de duplication d'images dont il se désintéressa car il le jugeait peu pratique. En fait, il venait de découvrir le procédé de fixation de l'image photographique dans la chambre noire.

Josef Liebermann, propriétaire d'une petite usine métallurgique à Sprottau, en Haute-Silésie, construisait des machines agricoles. Il employa pendant des années l'un de ses petits-fils, Emil Rathenau, « prolétaire en blouse bleue », tandis qu'un autre de ses petits-enfants, Max Liebermann, fréquentait les Beaux-Arts. Josef Liebermann fonda une usine de cotonnade et rapporta d'Angleterre un procédé d'impression mécanique de l'indienne. Lorsqu'il fut nommé Conseiller commercial, il se présenta au roi Guillaume IV en disant : « Je suis Liebermann, celui qui a chassé les Anglais du continent. » Il légua à ses petits-enfants non seulement beaucoup d'argent mais aussi son sens de l'humour.

Alors que toutes ces entreprises avaient été créées par des particuliers, le développement du chemin de fer nécessita des capitaux considérables qui ne purent être réunis qu'avec l'aide de consortiums et grâce à des montages financiers complexes ainsi qu'à des emprunts auprès des banques internationales. La banque Rothschild finança en particulier les chemins de fer autrichien et russe. Celui de Prusse fut construit essentiellement avec des capitaux anglais, sous la houlette du mandataire Bethel Henry Strousberg (1823-1884). Esprit aventureux, Strousberg, qui était né à Neidenburg, en Haute-Silésie, s'était fait baptiser à Londres où il publia un journal d'économie et de statistique. Établi par la suite à Berlin, il devint bientôt le bâtisseur de chemins de fer le plus actif et le plus réputé d'Europe. En 1870, sa société émit des actions pour une valeur de plus de 85 millions de thalers. En 1868, le roi de Roumanie avait donné au duc d'Ujest, à un comte Lehndorf et à Bethel Henry Strousberg la concession d'un réseau ferroviaire de 9 000 kilomètres. Strousberg devint membre du Reichstag d'Allemagne du Nord. Bardé de décorations, bouffi d'orgueil, immensément riche, adulé par la noblesse, encouragé par le ministre prussien du commerce, il émit un nombre d'actions supérieur au capital de sa société qui, finalement, fit faillite – un exemple d'escroquerie parmi tant d'autres en ces années de spéculation. « Le mauvais garçon des années de fondation de l'Empire » n'eut plus la possibilité de réaliser par la suite ses autres projets comme la construction du canal entre la mer du Nord et la mer Baltique.

Ci-contre : Josef von Hirsch (1805-1885), banquier à Munich. Il finança la construction de nombreuses lignes de chemin de fer en Bavière. Photo de Franz Hanfstaengl.

Ci-dessous : « Ainsi se rend-on à Charlottenbourg pour deux sous ». Véhicule hippomobile desservant, à l'initiative de Kremser, Berlin et sa banlieue, vers 1845 – le début des transports urbains.

L'égalité civile

(Nr. 319.) Gesetz, betreffend die Gleichberechtigung der Konfessionen in bürgerlicher und staatsbürgerlicher Beziehung. Vom 3. Juli 1869.

Wir Wilhelm, von Gottes Gnaden König von Preußen ꝛc.

verordnen im Namen des Norddeutschen Bundes, nach erfolgter Zustimmung des Bundesrathes und des Reichstages, was folgt:

Einziger Artikel.

Alle noch bestehenden, aus der Verschiedenheit des religiösen Bekenntnisses hergeleiteten Beschränkungen der bürgerlichen und staatsbürgerlichen Rechte werden hierdurch aufgehoben. Insbesondere soll die Befähigung zur Theilnahme an der Gemeinde- und Landesvertretung und zur Bekleidung öffentlicher Aemter vom religiösen Bekenntniß unabhängig sein.

Urkundlich unter Unserer Höchsteigenhändigen Unterschrift und beigedrucktem Bundes-Insiegel.

Gegeben Schloß Babelsberg, den 3. Juli 1869.

(L. S.) Wilhelm.

Gr. v. Bismarck-Schönhausen.

Loi du 3 juillet 1869 sur l'égalité des religions et des droits qui s'y rattachent.

Dans le grand-duché de Bade, qui s'appuyait sur une longue tradition libérale, l'émancipation complète des Juifs était acquise depuis 1862. C'est à Francfort-sur-le-Main, la ville où les patriciens notamment avaient de tout temps bravé les préjugés de la majorité, que l'assemblée du conseil municipal vota la « Loi organique », le 7 octobre 1864, celle-ci accordant « l'égalité civile aux citoyens de religion israélite ».

Cinq ans plus tard, le 3 juillet 1869, Bismarck fit promulguer une « loi sur l'égalité des confessions, aux plans civil et civique », qui s'appliquait à la Confédération de l'Allemagne du Nord. Contrairement à la « Loi organique » de Francfort, qui ne concernait que les « citoyens de religion juive », celle-ci avait un caractère général. Après la proclamation de l'Empire, en 1871, cette loi fut valable dans toute l'Allemagne.

Mais, dès 1870-1871, 12 000 Juifs, considérés comme des citoyens à part entière, d'où leur enthousiasme, participèrent à la guerre franco-allemande. Des vers de circonstance, des illustrations sentimentales ou encore le foulard représentant la célébration de Yom Kippour aux portes de Metz, rappellent les combats « pour libérer l'Alsace-Lorraine ».

« Et l'un salue l'autre, lui tendant une main fraternelle » – tel était désormais l'espoir que nourrissaient la plupart des Juifs.

Ils considéraient que leur citoyenneté allemande se basait tout naturellement sur une synthèse germano-juive. Une grande partie de la population et notamment de la bourgeoisie non-juive ne l'entendait pas de cette oreille. Pour les nationalistes et les antisémites, un Juif ne pouvait mourir pour la patrie, car l'image du Juif courageux et prêt à sacrifier sa vie pour sauver son pays cadrait mal avec leurs a priori. Néanmoins, l'émancipation devint une réalité, puisqu'elle avait été ordonnée « d'en haut ».

Meyer Dinkel (au centre) de Mannheim avec deux camarades, Albert Gautier et Peter Metz, durant la guerre de 1870.

Foulard en souvenir de la célébration de Yom Kippour aux portes de Metz pendant la guerre franco-allemande, 1870. (Se reporter également à la description p. 4).

SOUS L'EMPIRE

L'Allemagne est ma patrie, le judaïsme mon héritage

La bourgeoisie juive

À gauche : l'empereur Guillaume II : une micrographie en hébreu par le futur rabbin A. Niederland, 1908. Le père de l'auteur, rabbin dans une petite ville de Russie, avait reçu de l'empereur une somme destinée à la reconstruction de la synagogue après les pogroms de 1905.

À droite : page de titre de la publication intitulée « Portrait commenté de l'empereur », Königsberg, 1909.

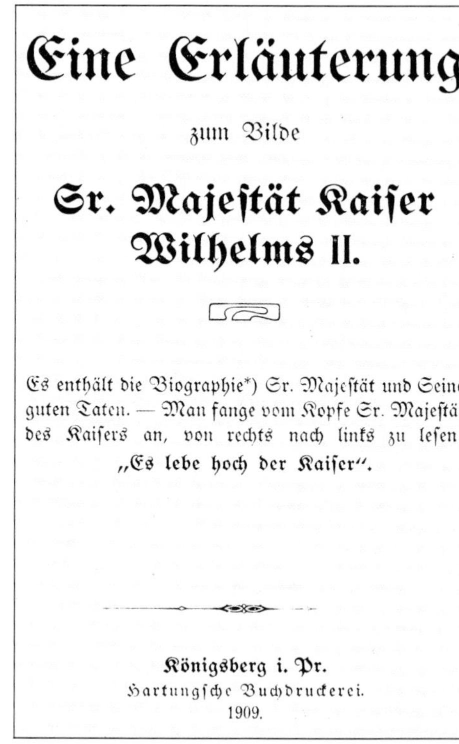

Eine Erläuterung

zum Bilde

Sr. Majestät Kaiser Wilhelms II.

Es enthält die Biographie*) Sr. Majestät und Seine guten Taten. — Man fange vom Kopfe Sr. Majestät des Kaisers an, von rechts nach links zu lesen: **„Es lebe hoch der Kaiser".**

Königsberg i. Pr.
Hartungsche Buchdruckerei.
1909.

À gauche : Henriette (« Jettchen ») Meyerstein, née Gebert à Berlin, et son mari, le fabricant de matelas Hugo Meyerstein (tous deux photographiés sur la banquette arrière d'une automobile en trompe-l'œil), vers 1898. Ami du couple, l'écrivain Georg Hermann avait intitulé son roman « Jettchen Gebert ».

Avec l'émancipation, officialisée par les lois de 1869/1871, les Juifs d'Allemagne semblaient avoir atteint leur objectif : être non plus des « Juifs en Allemagne » mais des « Juifs allemands ». Ces lois, qui leur permettaient d'accéder à l'égalité civile pour laquelle ils s'étaient si longtemps battus, se heurtèrent à une résistance

À droite : Friederike Josephy (1854-1916), dont le mari était marchand de grains et banquier. Tante de Walter Benjamin, elle intercéda en sa faveur auprès du père de ce dernier pour que son neveu puisse passer le baccalauréat. Elle encouragea le cénacle des jeunes expressionnistes réunis autour de Hoddis, Heym et Hiller. Photographie : vers 1880.

Ci-dessous : les Rosenberg, une famille de la grande bourgeoisie de Bromberg, vers 1890.

Ci-dessus : Georg Lichtheim, Juif de la bonne société berlinoise, vers 1880. Marchand de grains, il menait le train de vie d'un riche bourgeois et disposait de ses propres chevaux de selle. Son fils Richard, qui n'avait pourtant reçu aucune éducation juive, estima que l'assimilation n'était pas la bonne voie et devint l'un des leaders du sionisme.

moins vive que celle suscitée par le bref octroi de la citoyenneté, en 1812 et en 1848. La sécurité des Juifs, au sein et à l'extérieur de leur communauté, paraissait bien plus grande et bien plus durable que par le passé.

Sur les 600 000 Juifs, environ 6 000 travaillaient dès 1895 dans l'agriculture,

À gauche :
Le sergent-chef Walter Rathenau portant l'uniforme des cuirassiers, vers 1888. Il devint ministre des Affaires étrangères en 1922.

À droite :
Aniela Fürstenberg, femme de Carl Fürstenberg, « le plus spirituel des banquiers », vers 1890. Son mari était financier de l'industrie lourde allemande. Le couple appartenait à l'élite berlinoise. Tableau de Léopold Horovitz.

À gauche : représentation idéalisée des Juifs allemands. Illustration tirée de la plaquette commémorant le centenaire de la « Philanthropin », Francfort-sur-le-Main, 1904. Il s'agissait d'une école dont la vocation première était d'assurer la formation des enfants juifs défavorisés. Finalement, la « Philanthropin » devint un lycée avec une section pour les filles.

À droite : « Schmulchen Schievelbeiner », le Juif caricaturé par Wilhelm Busch.

le secteur d'activité dont ils avaient été le plus longtemps écartés. Pas moins de 130 000 Juifs tiraient leurs revenus de l'industrie et de l'artisanat, quelque 40 000 exerçaient des fonctions publiques ou une profession indépendante. Un peu plus de la moitié seulement – contre 90 % aux siècles précédents – faisaient du com-

Les Schulhoff et les Katzenstein, deux familles de la grande bourgeoisie, lors d'un mariage, vers 1910.

Ci-contre : les Warburg, famille de Juifs allemands de Hambourg, en 1884. La grand-mère est assise à la place d'honneur. Cette famille comptait parmi ses membres d'éminents banquiers, scientifiques et philanthropes (voir pp. 270 et 357).

› de Munich,
:. Les familles
nn s'y rencon-

rabbin orthodoxe
ur-le-Main,

Einstein.
ert Einstein
Jacobi.

Des Juifs allemands sur la scène politique

Leopold Sonnemann préside une réunion du conseil municipal de Francfort-sur-le-Main en 1880. En tant que député au Reichstag, il combattit les lois antisocialistes de Bismarck.

Bien qu'exigeant la pleine reconnaissance de leur judéité, au sens qu'en avait donné Leopold Zunz (voir p. 155), Gabriel Riesser et Johann Jacoby furent, en Allemagne, les premiers Juifs à entrer en politique. Après 1848, bien des Juifs tinrent un rôle dans la vie politique du pays.

L'égalité civile et politique que les Juifs avaient obtenue non sans peine fit d'eux des électeurs potentiels pour les partis libéraux. En effet, beaucoup croyaient trouver dans la famille libérale leurs attaches politiques. Le mouvement socialiste, en pleine ascension, comptait également des Juifs parmi ses leaders. Pourtant, une grande partie de l'électorat juif s'en méfiait car la social-démocratie fustigeait les démagogues, qui, pour détourner sur les Juifs la colère des ouvriers, tenaient des propos antisémites, mais luttait précisément contre le système économique qui permettait aux Juifs de créer leur entreprise et de trouver leur place dans la société.

Défenseurs des idées libérales, les députés juifs de tous les partis mettaient en avant les questions sociales.

Contrairement à Lassalle, Eduard Lasker (1829-1884), cofondateur du parti national-libéral, était un champion du libéralisme. À partir de 1865, il s'en fit le porte-parole devant le Landtag de Prusse, réclamant pour les Juifs allemands la citoyenneté qu'ils n'avaient toujours pas acquise. Après la fondation de l'Empire allemand, il joua un rôle important dans l'élaboration de la nouvelle législation. Député au Reichstag, il demanda l'abolition de la peine de mort et s'opposa vivement aux lois antisocialistes de Bismarck. Son frère Morris (1840-1916) se battit aux côtés des sudistes durant la guerre de Sécession et devint sénateur du Texas.

Banquier, patron de presse, mécène et homme politique partisan du libéralisme, Leopold Sonnemann (1831-1909) était viscéralement opposé à tout régime ou parti autocratique. Ce fut le plus illustre représentant des citoyens juifs de Francfort-sur-le-Main dans la seconde partie du XIXe siècle. Membre éminent du parti populiste démocratique, il en fut le porte-parole

…ésentant les Kulp
…l'arrière-plan,
…ıda Michael Kulp
…o et de ses gendres
…chmidt.

merce. Dans les petites villes notamment, de plus en plus de Juifs fréquentaient des chrétiens.

Par contre, les Juifs continuaient d'être tenus à l'écart ou exclus de la magistrature, de l'armée et de l'enseignement. À de rares exceptions près, ils ne pouvaient, à moins d'accepter le baptême, être professeurs, officiers, juges ou hauts fonctionnaires. Toutefois, ils commencèrent à associer leurs noms au théâtre, à la presse, aux arts plastiques et à la littérature.

Malgré l'antisémitisme qui s'empara des milieux politiques et universitaires et qu'exacerbèrent les thèses de Treitschke dans les violents pamphlets et les prêches de Stöcker et d'Ahlwardt, les Juifs se sentaient protégés en Allemagne. Entre-temps, beaucoup d'entre eux faisaient déjà partie de la moyenne bourgeoisie, certains vivant dans l'aisance. Grâce au progrès général, ils franchiraient, à n'en pas douter, les derniers obstacles auxquels ils se heurtaient sur le plan professionnel et social.

Caricature de Bismarck et d'Eduard Lasker.
Devant le Landtag de Prusse, Lasker,
l'un des fondateurs du parti national-libéral,
plaide pour l'émancipation des Juifs.

„Wollen wir constitutionell regieren, so bedürfen wir einer Majorität. Verweigern Sie sie uns, so ist die Regierung genöthigt, sich auf andere Parteien zu stützen, mit denen sie innerlich nicht so consolidirt ist."

Appel lancé aux membres de la social-démocratie par Paul Singer, expulsé de Berlin en vertu des lois antisocialistes.

Parteigenossen!

Nachdem ich Berlin verlassen habe drängt es mich, Euch **noch ein Wort des Abschieds** zu sagen.

Die Polizei hat mich auf Befehl des Ministers des Innern ausgewiesen.

Ich bin ausgewiesen, weil ich die Thätigkeit des Spitzelthums aufgedeckt habe und ich mußte dem Ausnahmegesetz zum Opfer fallen, weil man Leute, die ehrliche durchdringende Verbesserung der Lage des arbeitenden Volkes fordern und welche die **Scheinreform der Regierung** unerbittlich bekämpfen, die Haltlosigkeit derselben nachweisen, in Berlin nicht duldet.

Man zwingt mich, die Stätte meiner Wirksamkeit zu verlassen. Es ist nicht gelungen, mir das Vertrauen der Genossen zu rauben, es ist **trotz der gehässigsten Verläumdungen** nicht möglich gewesen, meine Wähler zu beeinflussen.

Parteigenossen! So wie Ihr stets darauf rechnen könnt, mich für die Befreiung der Menschheit von politischem und wirthschaftlichem Joch kämpfen zu sehen so rechne auch ich fest darauf, daß Ihr unserer Fahne treu und ergeben bleibt und daß Ihr mannhaft zusammensteht, wenn es gilt, unsere heilige Sache zu fördern.

Laßt Euch — dies rufe ich Euch warnend zu — **durch keine Provokationen, welche nicht ausbleiben werden, verleiten, den Gegnern gefällig zu sein, behaltet die Köpfe klar!**

Stets das erhabene Ziel im Auge, laßt die Frucht reifen, auch für uns kommt die Zeit der Ernte!

Bis dahin unaufhörlichen Kampf gegen die Feinde auf allen Gebieten; wir müssen und werden siegen unter dem Rufe:

Hoch die Sozialdemokratie!

Paul Singer.

Verlag und Druck
Schweizerische Genossenschaftsdruckerei Hottingen Zürich.

au conseil municipal de Francfort-sur-le-Main, de 1884 à 1904. En 1867, il devint propriétaire du *Frankfurter Zeitung* qui, sous sa direction, acquit une réputation mondiale. Sa devise : « Libéralisme, politique sociale toujours juste et soucieuse de réformes, volonté permanente de soutenir les économiquement faibles ». Par le biais du *Frankfurter Zeitung*, il combattit la politique de Bismarck, le « chancelier de fer », que Sonnemann, libéral et intransigeant, détestait.

Condamné à mort à l'âge de 25 ans pour sa participation aux soulèvements révolutionnaires de Bade et de Hesse, Ludwig Bamberger (1823-1899) réussit à s'enfuir en Suisse, où il reçut une formation d'économiste et de financier qu'il compléta par la suite à Paris. De retour en Allemagne en 1866, il soutint la politique bismarckienne. Membre du « parlement douanier » à partir de 1868, il fut député au Reichstag de 1871 à 1893.

Spécialiste des questions bancaires et monétaires, il fit autorité à l'échelon international. Bismarck le choisit comme conseiller. Cofondateur de la Reichsbank, il fut considéré comme « le père de la monnaie or ». Tout d'abord national-libéral, il s'opposa à partir de 1879 à la politique douanière de Bismarck. En tant que député au Reichstag, il dénonça également sa politique coloniale et militaire et se rapprocha de la gauche modérée. Lorsque les attaques antisémites se multiplièrent et qu'il fut confronté à « l'ingratitude de la patrie », Bamberger démissionna, en 1894, de ses fonctions publiques.

Partisan de Lassalle dans un premier temps, Ludwig Loewe (1837-1886) devint son secrétaire. Les deux hommes se séparèrent lorsque Lassalle s'orienta vers un socialisme réformiste à tendance nationaliste. À l'âge de 24 ans, Loewe se tourna vers la politique et fut bientôt élu conseiller municipal. Il réorganisa les finances de la ville et introduisit dans l'administration des idées modernes. Son plus grand mérite fut d'avoir réformé l'école primaire en la rendant accessible à tous les enfants, indépendamment de la situation financière, de l'appartenance sociale

Eduard Bernstein (1850-1932), théoricien du révisionnisme au sein de la social-démocratie allemande.

Paul Singer, social-démocrate et éditeur, député au Reichstag à partir de 1884.

Probenummer. Sonntag, den 30. März 1884. Probenummer.

Berliner Volksblatt.

Redaktion und Expedition Berlin SW., Zimmerstraße 44.

Titre du « Berliner Volksblatt », édité depuis 1884 par Paul Singer

№ 58. Erstes Blatt. Sonnabend, 9. März.

Volks-Zeitung.

Berlin. 1889. – 37. Jahrgang.

Organ für Jedermann aus dem Volke.

Titre du « Volkszeitung », fondé en 1852 par Aron Bernstein.

et des convictions religieuses de leurs parents.

Élu député au Reichstag en 1878, Loewe, membre du parti du Progrès, y combattit les lois antisocialistes de Bismarck. Avec Virchow, il orchestra à partir de 1884 une campagne pour dénoncer l'exploitation ouvrière. C'est dans ses propres usines qu'il mit en application ses idées socialistes. Après avoir produit des machines à coudre, Loewe se lança, en 1872, dans la fabrication en série de fusils, dénigrés par ses concurrents non-juifs et des journalistes antisémites comme « produits juifs ».

Membre actif de l'assemblée des représentants juifs de Berlin, Loewe dénonça au Reichstag les propos antisémites de Stöcker, prédicateur à la cour impériale.

Paul Singer (1844-1911), fabricant de manteaux pour dames, était le représentant le plus populaire du mouvement ouvrier berlinois. En 1878, lorsque le parti social-démocrate fut interdit par Bismarck, Singer, jusque-là libéral, s'y rallia et devint, avec August Bebel et Wilhelm Liebknecht, l'un de ses leaders. En 1884, il fonda le *Volksblatt*, le futur *Vorwärts*, organe du mouvement socialiste. La même année, il fut élu au Reichstag contre Stöcker.

Expulsé d'Allemagne en 1886 par les lois antisocialistes, il vécut quelques années en exil. Partisan inconditionnel d'une organisation socialiste de l'économie et de la société tout entière, il devint par la suite le social-démocrate le plus populaire de Berlin.

Le jour de son enterrement, plus d'un million de personnes se joignirent au cortège funèbre « de leur plein gré », comme le nota Lénine, hostile à son engagement en faveur du respect des droits individuels, de la liberté de penser ainsi que de l'indépendance des arts et des sciences.

Grand idéologue de la social-démocratie, Eduard Bernstein (1850-1932) était le fils d'un conducteur de locomotive et le neveu d'Aron Bernstein (1812-1884), écrivain et fondateur du *Berliner Volkszeitung*. Également contraint à l'exil par les lois antisocialistes, Eduard Bernstein publia à Londres *Die neue Zeit*. Son objectif : doter la politique social-démocrate d'une assise scientifique. Il revint en Allemagne en 1901.

Bernstein était farouchement opposé à la thèse marxiste de la lutte des classes. Il fut le théoricien du révisionnisme dont s'inspire, aujourd'hui encore, la social-démocratie dans les pays d'Europe occidentale. Après la Première Guerre mondiale, Bernstein fit siens les idéaux socialistes du mouvement sioniste.

La science du judaïsme

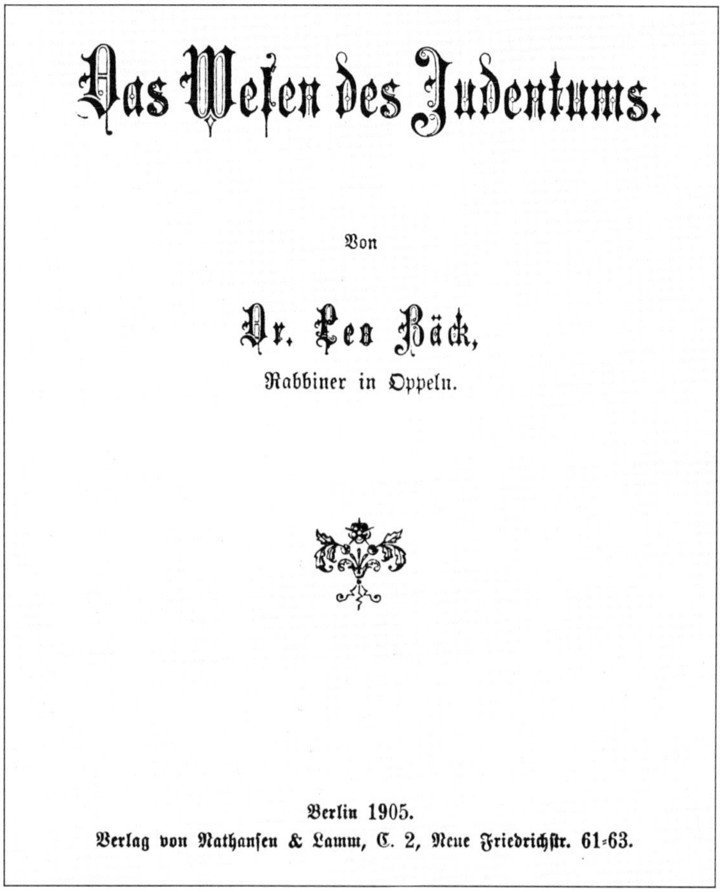
Das Wesen des Judentums.

Von

Dr. Leo Bäck,

Rabbiner in Oppeln.

Berlin 1905.

Verlag von Nathansen & Lamm, C. 2, Neue Friedrichstr. 61-63.

Page de titre de « l'Essence du judaïsme » de Leo Baeck, 1905.

Ci-dessous : un cabinet d'étude dans une école talmudique de Posnanie où, tout au long du jour et jusqu'à une heure avancée de la nuit, on s'absorbait dans la lecture des textes hébraïques.

Figure emblématique du mouvement libéral juif, Leopold Zunz (1794-1886) fut l'un des fondateurs de la « science du judaïsme ». Dans son premier ouvrage, paru en 1818, Zunz, alors âgé de 24 ans, en traçait déjà les axes de recherche. La publication, en 1832, des *Sermons synagogaux des Juifs (Die Gottesdientlichen Vorträge der Juden)* illustre sa volonté de faire de la science du judaïsme une discipline au sens scientifique du terme.

Chercheur sans concession, il fut précepteur, écrivain et prédicateur pour gagner sa vie. « Par la parole et l'action », écrivit Heinrich Heine à propos du quadragénaire, « il est intervenu et a réussi là où d'autres se contentaient de rêver ou se laissaient aller au découragement ».

La science dont il fut le fondateur est une synthèse des recherches dans des domaines aussi divers que la littérature talmudique, l'histoire de la littérature, la linguistique, la liturgie, l'islam, la philosophie, la statistique et l'économie, qui permettent d'éclairer tous les aspects du judaïsme.

L'importance de Zunz et de ses disciples tient au fait qu'ils remontèrent aux sources littéraires et historiques du judaïsme et se livrèrent à une analyse critique de ses multiples apports.

On a reproché à la science du judaïsme son caractère réducteur : elle se contenterait de répertorier et de transfigurer les textes significatifs du judaïsme, alors qu'elle aurait dû jouer le rôle d'un soutien actif, voire combatif aux côtés des Juifs. Elle fit l'impasse sur des thèmes importants, jugés inconvenants, comme par exemple les escroqueries et le brigandage juifs aux XVIIIe et XIXe siècles. Elle exclut également d'autres phénomènes pourtant essentiels comme la mystique juive, la kabbale, le sabbatianisme et le hassidisme, les jugeant irrationnels, inexpliqués et, de ce fait, secondaires. Par la suite, le sionisme aborda ouvertement ces thèmes. Gershom Scholem, en particulier, fut partagé entre la critique et l'admiration pour les travaux de Léopold Zunz, le principal représentant de la science du judaïsme.

Avec le séminaire de théologie juive de Breslau, le judaïsme conservateur se dota d'un centre de recherches. Fondé en 1854 par Zacharias Frankel (1801-1875), le séminaire assura jusqu'en 1938 la formation de rabbins et de docteurs de la Loi qui, en Allemagne, aux États-Unis et dans d'autres pays, développèrent des centres où était enseignée la religion juive des temps modernes.

Les principaux résultats des chercheurs paraissaient dans la revue *Monatsschrift für Geschichte und Wissenschaft des Judentums*, créée en 1851 et publiée jusqu'en 1939. Un enseignement de la science du judaïsme (sous la forme d'une école supérieure à partir de 1922) ouvrit ses portes en 1872 jusqu'en 1942, la dernière génération d'érudits juifs ayant fui l'Allemagne à cette date ou ayant été déportée dans les camps de concentration, comme ce fut le cas du rabbin Leo Baeck.

Alors que les Juifs libéraux se sentaient abaissés intellectuellement et essuyaient de cruelles humiliations dans leur lutte pour la reconnaissance sociale, les Juifs orthodoxes ignoraient ces attaques qui visaient à démontrer leur prétendue infériorité. Sourds aux injures antisémites de tout bord, ils trouvaient le réconfort dans les rituels qui commandent la vie juive et constituent la plus grande exigence éthique imposée aux croyants. L'épithète « moyenâgeux » qu'employaient à leur adresse les Juifs réformés ne leur semblait pas péjorative, dans la mesure où, au Moyen Âge, le judaïsme orthodoxe (le seul qui existât à l'époque) s'était distingué sur le plan intellectuel.

De nombreuses communautés avaient leurs instituts d'enseignement. Outre les centres de formation des rabbins orthodoxes (yeshivot), il existait dans beaucoup de villes des salles de prière pour les Juifs de l'Est, où érudits et simples croyants se réunissaient pour une étude commune de la Bible et du Talmud.

Esriel Hildesheimer (1820-1899), le plus prestigieux leader intellectuel de l'orthodoxie juive, avait obtenu son doctorat à l'université de Halle. Il croyait pouvoir concilier les sciences profanes, longtemps réprouvées, avec l'étude du Talmud. Il fut avec Samson Raphael Hirsch (1808-1888) le fondateur de la néo-orthodoxie, qui eut une résonance bien au-delà des frontières de l'Allemagne. Rabbin dans la petite ville autrichienne d'Eisenstadt, il créa en 1851 une yeshiva – en dépit de l'opposition acharnée des « vieux orthodoxes » – où l'on enseignait des matières profanes. En 1869, Hildesheimer accepta une poste de rabbin à Berlin, où il créa en 1873 le séminaire rabbinique.

Ci-dessus à gauche : Esriel Hildesheimer (1820-1899), chef de file de la néo-orthodoxie en Allemagne, fondateur et directeur du séminaire rabbinique de Berlin.

Ci-dessus : Heinrich Graetz (1817-1891), auteur de la première « Histoire des Juifs des temps les plus reculés à la période contemporaine », exhaustive, en 11 volumes parus entre 1853 et 1875. Il enseigna au séminaire de théologie juive de Berlin et fut professeur à l'université de Breslau.

Geschichte der Israeliten

von

ihren Uranfängen

(um 1500)

bis zum

Tode des Königs Salomo

(um 977 vorchr. Zeit).

Nebst synchronistischen Zeittafeln.

Von

Dr. H. Graetz,

Professor an der Universität Breslau.

Leipzig,

Oskar Leiner.

Page de titre de « l'Histoire des Israélites » de Heinrich Graetz, 1853.

Nouvelles synagogues

Jusqu'au début du XIXe siècle, l'Allemagne compta peu de grandes synagogues. Dans la plupart des villes, le culte était célébré dans de petites synagogues et des lieux de prière. L'assimilation progressive fit naître chez les Juifs le besoin de disposer d'édifices religieux dignes de ce nom, à l'exemple de ceux des chrétiens.

Presque toute l'architecture de la deuxième moitié du XIXe siècle au début du XXe siècle manque d'originalité, se contentant d'imiter les formes du passé. C'est ainsi que les édifices de l'époque, comme les églises, les théâtres, les musées, les hôtels de villes et les gares, étaient généralement de style néo-gothique ou néoroman.

Les synagogues reproduisaient également l'architecture passée et empruntaient des éléments décoratifs aux styles byzantin, roman ou maure, ce dernier étant considéré comme typiquement "juif". Par opposition aux édifices sacrés des chrétiens, le style maure devait en effet mettre en évidence la tradition architecturale "juive".

La nouvelle synagogue de Francfort-sur-le-Main, consacrée le 23 mars 1860. Des portraits de Joseph II et de Léopold II figurent de chaque côté. Lithographie, 1864.

Ci-dessus à gauche : la nouvelle synagogue de Berlin, au 30, Oranienburger Strasse. Conçue par Eduard Knoblauch, qui en établit les plans de 1857 à 1859, elle a été construite de 1859 à 1866 sous la direction d'August Stüler. Gravure sur bois tirée de « Über Land und Meer », 1866.

Ci-dessus à droite : l'extérieur de la synagogue de Berlin, Oranienburger Strasse. Gravure de J. Kolb, 1883.

La nouvelle synagogue de Dresde, construite de 1838 à 1840 par Gottfried Semper.

Jusque-là les synagogues et les lieux de prière avaient été aménagés dans des rues latérales. On se mit à leur attribuer des emplacements centraux, notamment dans les grandes villes. Leur façade principale était tournée vers la rue. Ces modifications reflètent le nouveau sentiment de sécurité et l'assurance puisée par les Juifs dans l'émancipation.

L'intérieur des nouvelles synagogues était construit soit dans un style mauresque soit ressemblait à s'y méprendre à celui des églises protestantes : nef centrale toute en longueur, stricte ordonnance des rangées de sièges pour les fidèles, arche de la Thora et pupitre de lecture dans l'abside accessible par des marches. Par le passé, le pupitre pour la lecture de la Thora occupait un emplacement central, conforme à son importance dans la célébration du culte. La plupart des synagogues ont été conçues par des chrétiens, les architectes juifs étant rares jusqu'au XIXe siècle.

Plus ancienne que celle de Hambourg, la synagogue de Dresde, dont la construction

Ci-dessus : la synagogue principale de Munich, 1887, d'après les plans d'Albert Schmidt.

La synagogue de Berlin, Fasanenstrasse. Architecte : Ehrenfried Hessel, 1912.

Ci-dessus : la synagogue de Francfort-sur-le-Main, Börneplatz, vers 1925.

Ci-dessus à droite : Wilhelm Cremer et Richard Wolffenstein lors du 25ᵉ anniversaire de la fondation de leur bureau d'architecture, Berlin, 1917. On leur doit, entre autres, les synagogues de Königsberg (1896) et de Poznau (1907).

Ci-contre : la synagogue principale de Essen, consacrée le 25 septembre 1913. Architecte : Edmund Körner.

avait été autorisée par le roi de Saxe en 1837, a été conçue par Gottfried Semper, qui s'inspira d'exemples du passé : façade de style roman, éléments mauresques à l'intérieur. La disposition des sièges, l'emplacement de la Thora et de la galerie réservée aux femmes s'inscrivent dans la tradition juive. La synagogue fut consacrée en 1840.

Une autre grande synagogue, celle de Francfort-sur-le-Main, fut construite de 1855 à 1860, en remplacement de celle située dans la Judengasse, rebaptisée plus tard Börnestrasse.

La conception architecturale des synagogues reflète, comme les autres bâtiments de l'époque, l'absence d'originalité de l'architecture wilhelminienne. Certes les édifices étaient solennels et majestueux, mais ils manquaient de cette chaleur et de cette intimité propres aux synagogues et aux lieux de prière en milieu rural qui, par leur architecture et leur ornementation, surent, pour la plupart, s'inscrire dans la tradition juive.

Attachement à la communauté

Ci-dessus : école et mairie israélites d'Öhningen, quartier de Wangen. Dessin, vers 1870.

À droite : feuillet commémorant le 25e anniversaire de l'entrée en fonction du rabbin Marcus Horowitz, Francfort-sur-le-Main, 1903.

ואתה ה׳ מגן בעדי וכבודי לפק
וירם פארי גאוני וכבודי לפק
לוח
לשנת תרסה לפ״ק
והיא שנת
תהרם קמיך
חמשת אלפים ושש מאות
וששים וחמש לבריאת עולם
הקביעות זשה מעוברת
ט למחזור גדול רג לחמה
ג למחזור קטן רצט ללבנה

Landrabbinatlich bestätigter
Hannoverscher
Kalender
für Israeliten
auf das Jahr der Welt
5665 (1904/05)
Überzähliges Schaltjahr von 385 Tagen.
(10. Sept. 1904 bis 29. Sept. 1905.)
Begründet von weil. S. E. Blogg in Hannover.
79. Jahrg. 79.
(Neue Folge 17. Jahrgang.)
אהב עמו ישראל
Herausgeber M. Gottlieb in Hannover. Selbstverlag.

Zur Erinnerung
an
die Feier der 25 jährigen Amtsthätigkeit
Seiner
Ehrw. des Herrn Dr. Marcus Horowitz
als Rabbiner der Gemeinde Frankfurt a. M.
14 Sept. 1903.

Gewidmet von der Kunstanstalt Rosenblatt, Frankfurt a. M.

À gauche : couverture du « Calendrier de Hanovre destiné aux Israélites », 1904/1905.

Après la fondation de l'Empire, en 1871, on reconnut les communautés juives et on les encouragea à s'administrer sur le plan local. Néanmoins, l'intégration des Juifs dans l'État ne fut que graduelle et s'accompagna de restrictions. L'Union des communautés israélites allemandes, ou consistoire, qui date de 1869, ne fut autorisée par l'État qu'en tant qu'association de droit privé.

La vie au sein de la communauté était généralement bien organisée. Pauvres ou riches, orthodoxes ou partisans du judaïsme

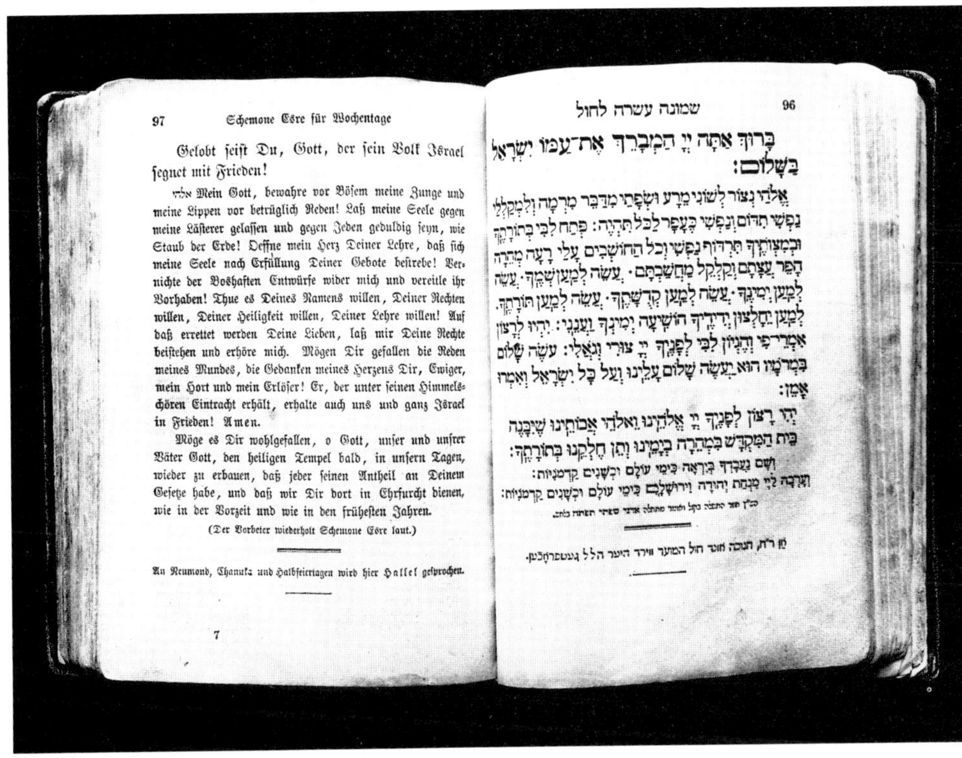

Un livre de prière bilingue (allemand et hébreu) couramment utilisé en Allemagne.

Ci-dessous : transport de deux rouleaux de la Thora jusqu'à la nouvelle synagogue de Künzelsau, 1907. Le jour de la consécration, toutes les maisons de la petite ville étaient pavoisées. Le rabbin et le président de la communauté portent les rouleaux de la Thora dans leurs bras : « L'épouse d'Israël est conduite dans sa maison ».

À gauche : après la célébration du culte dans la synagogue de la Levetzowstrasse, à Berlin-Moabit, vers 1912.

Ci-dessous : pose, le 23 mars 1905, de la première pierre de la synagogue de la Bornplatz, à Hambourg. Outre le grand rabbin et les membres de la nouvelle communauté synagogale, ceux de toutes les autres synagogues et institutions juives participent à la cérémonie.

Jüdische Rundschau.
Organ der Zionistischen Vereinigung für Deutschland.
Erscheint jeden Freitag.
No. 8. Berlin. 20. Februar 1903. 23. Schebat 5663. VIII. Jahrgang.

№ 9. 1903. Die jüdische Presse. 43 Jahrgang.
Organ für die Gesammtinteressen des Judenthums.
Berlin, den 27. Februar 1903.

Israelitische Wochenschrift
Zeitschrift für die Gesamtinteressen des Judentums.
Nebst dem Beiblatt: Jüdisches Litteraturblatt.
Nr. 7. Berlin, 13. Februar 1903. Jahrgang XII.

Ost und West.
Illustrierte Monatsschrift für modernes Judentum.
Herausgegeben unter Mitwirkung von Künstlern, Gelehrten und Schriftstellern von Leo Winz.
Heft 3 März 1903 III. Jahrg.

Nr. 10. Garantirte Auflage jeder Nummer 19000000000 Exemplare. 6. Jahrgang.
Israelitisches Familienblatt
Verbreitetste israelitische Zeitschrift Europa's.
Hamburg, 5. März 1903.

44. Jahrgang. № 18.
Der Israelit.
Ein Central-Organ für das orthodoxe Judenthum.
Begründet von Dr. Lehmann in Mainz.
Donnerstag, den 6. Adar 5663 / 5. März 1903.

67. Jahrgang. Nr. 2. Berlin, 9. Januar 1903
Allgemeine Zeitung des Judenthums.
Ein unparteiisches Organ für alles jüdische Interesse.
Begründet von Rabbiner Dr. Ludwig Philippson-Bonn.

Ci-dessus : la « salle de lecture juive » de Berlin, en 1905.

Ci-contre : quelques titres de la presse juive en Allemagne.

réformé, la plupart des membres faisaient preuve d'une grande fidélité envers leur communauté, bien que leur adhésion fût volontaire et s'accompagnât d'efforts financiers relativement importants.

Les membres de la communauté synagogale étaient unis par des liens étroits. Des associations sportives et scolaires, des chorales mais surtout de très nombreuses structures caritatives qui s'efforçaient d'aider les Juifs et d'appuyer leurs revendications éthiques en matière d'égalité sociale favorisaient la solidarité entre les gens.

« Les Juifs sont notre malheur »

« La chanson des Juifs félons » d'après le « Kreuz-Zeitung », publication reprise par les « Berliner Wespen », 1875.

Comme toutes les minorités, les Juifs d'Allemagne ont souvent été perçus comme un facteur d'insécurité par le reste de la population. La méfiance a fréquemment fait place à l'hostilité et s'est même muée en haine en période de crise économique.

L'aspiration des Juifs à l'égalité civique et à la reconnaissance sociale se heurta notamment à la réaction nationaliste qui voyait en eux un redoutable « corps étranger ». Les Juifs étaient suspects parce que différents, redoutés parce que souvent considérés comme particulièrement habiles et rusés.

Le ressentiment envers les Juifs fut attisé par les nombreuses banqueroutes qui assombrirent la fin des années 1870. Les chaires devinrent la tribune d'un antisémitisme motivé par des considérations religieuses, socio-politiques, économiques et raciales. Prédicateur à la cour impériale, Adolf Stoecker (1835-1909) fonda en 1879 le parti social-chrétien des travailleurs, qui devint la première association antisémite d'Allemagne et d'Europe. Le mot de « travailleurs » passa bientôt à la trappe : le parti n'avait pas eu la résonance escomptée auprès de cette catégorie de population et Stoecker fut battu lors de l'élection qui l'opposa au leader ouvrier juif Paul Singer.

Heinrich von Treitschke (1834-1896), titulaire de la chaire d'histoire à l'université de Berlin, fervent patriote prussien originaire de Saxe, était le chef de file des antisémites issus de milieux pourtant éclairés mais nationalistes. Dans ses interventions en tant que député (1871-1874) et dans ses publications, il désigne « les Juifs » comme les vecteurs des idées démocratiques qu'il abhorre, comme les leaders de la social-démocratie « ce mouvement bestial de la populace qui dérange le concept germano-chrétien, voulu par Dieu, des maîtres et des sujets ». Treitschke exigeait des Juifs davantage d'humilité. Il leur reprochait d'être arrogants et de dénigrer le christianisme.

Theodor Mommsen (1817-1903), l'éminent historien allemand, fustigea Treitschke et Stoecker : « Je suis d'avis que la Providence a compris bien mieux que Monsieur Stoecker pourquoi le métal germanique sans l'alliage juif ne serait pas ce qu'il est. » Mommsen, pour qui « les paroles creuses » de Treitschke étaient susceptibles de provoquer une guerre civile, de pousser la majorité à s'en prendre à une minorité, conseilla aux Juifs d'accepter le baptême pour parfaire leur assimilation à la nation allemande.

Ci-dessous : « Automobile brevetée Schmul : coûts de fonctionnement minimes, absolument sans danger ! »

Ci-dessus : « Stoecker, le patron des chahuteurs », extrait de « Der wahre Jakob », 1880.

À droite : appel aux électeurs du parti chrétien-social, 1903.

Wahlaufruf.

Zu den Waffen! Am 16. Juni finden die Reichstagswahlen statt. An den deutschen Reichstagswählern liegt es, mit dem Stimmzettel in der Faust eine Aenderung der trostlosen und unhaltbaren Zustände in Deutschland anzubahnen und den energischen Willen kundzugeben, daß unser Volk aus den Klauen des Kapitalismus, des internationalen Ausbeutertums gerettet und die Ketten gesprengt werden, mit welchen das Judentum und dessen Dienstmann, „der Judenliberalismus", in schmählicher Gemeinschaft, mit allen Mitteln der Hinterlist und feigen Grausamkeit unser Volk gefesselt.

Wer noch ein Freund des vaterländischen Bodens, deutscher, christlicher Kultur ist, und wer nicht zugeben will, daß Deutschland zum Versuchskarnikel freihändlerischer, sozialdemokratischer und internationaler Phantasten und Theoretiker herhalten soll, wem es darum zu tun ist, die schaffenden Stände vor dem nahestehenden, vollkommenen Ruin zu retten, wer der reellen, nationalen und produktiven Arbeit den gebührenden Lohn sichern will, der kann nur den Kandidaten der christlich-sozialen Partei seine Stimme geben.

Katholiken und Protestanten! Vereinigt euch in brüderlicher Liebe gegen den Todfeind des Deutschtums, den Judenkapitalismus und die asiatische Geldmoral! Zeigt den Mut des stolzen Germanen, indem Ihr Alle, die Ihr unter der skrupellosen Konkurrenz des Judentums und der furchtbaren Geißel des Großkapitals leidet, am 16. Juni für diejenige Partei eintretet, von welcher das fremde Parasitenvolk mit Entschlossenheit und nach Gebühr bekämpft wird.

Christlich-sozial muß jeder Arbeiter, Bürger und Bauer, jeder Künstler, Litterat und Lehrer, jeder Richter, Offizier, Arzt und Rechtsanwalt, jeder Staatsbeamte und Bedienstete, Kaufmann und Handwerker, jeder Kleriker, Philosoph und Forscher sein, der arischen Blutes ist und der seine Muttersprache und seine Heimat liebt!

Nieder mit allen Schwächlingen und Humanitätsduslern, die dem Freiheitskampf des deutschen Volkes hinter dem Ofen zusehen wollen!!

Nieder mit denjenigen Parteien, welche zur Schutztruppe des Judentums herabgesunken, mit derselben in volksverräterischen Beziehungen stehen oder liebäugeln!!

Nehmt Euch Alle ein Beispiel an dem Heldenmut der Christlich-sozialen Wiens und deren Feldherrn, und sorgt dafür, daß von den Frauentürmen Münchens am 16. Juni das christlich-soziale Banner weht!

Zu den Waffen!

Das Programm der Christlich-sozialen Partei

Presque tous les Juifs s'en offusquèrent, estimant qu'il dénigrait ainsi leurs mœurs et leurs convictions religieuses.

L'historien juif Heinrich Graetz, dont l'*Histoire des Juifs des temps les plus reculés à la période contemporaine* (*Geschichte der Juden von den ältesten Zeiten bis auf die Gegenwart*), en onze volumes (1853-1875) avait, entre autres, servi de prétexte aux débordements antisémites de Treitschke, répondit à ce dernier sur un ton qui n'admettait pas de réplique, en rectifiant sur le ton de l'ironie les erreurs historiques du prédicateur. D'autres, comme le philosophe Hermann Cohen (1842-1918), eurent une réaction apologétique. Bismarck garda le silence. Le chancelier, qui n'était pourtant pas antisémite, comprit en quoi les Stoecker et Treitschke pouvaient lui être utiles dans son combat contre les libéraux et les sociaux-démocrates.

Mais Treitschke, qui soutenait la thèse de la supériorité raciale, fit école. Ses idées et celles de ses disciples furent relayées par des générations d'antisémites, parmi lesquels des hauts fonctionnaires, des juges, des gens cultivés qui allaient jouer un rôle clé dans la future Allemagne. Seule la classe ouvrière social-démocrate, « mouvement bestial de la populace », ainsi que la qualifiait Treitschke, ne fut guère réceptive aux arguments antisémites.

Tiré à plus de 300 000 exemplaires, *Die Gartenlaube* (*la Tonnelle*), l'hebdomadaire le plus lu, publia également des articles dont l'antisémitisme larvé était d'une bassesse répugnante. Le contenu du journal se partageait dans un premier temps entre des histoires à l'eau de rose comme celle d'Eugenie Marlitt « Goldelse » (1867) et des articles politiques, écrits par des libéraux, parmi lesquels des Juifs, le tout accompagné d'illustrations. Le libéral Ernst Keil (1816-1876), son fondateur, poursuivait à l'origine des objectifs didactiques. Dans les années 1870, cet ancien quarante-huitard épousa les idées de son temps, devenant national-libéral tout en se voulant « philosémite » pour donner l'exemple. Il avait pourtant, dès les années 1860, toléré la publication dans son hebdomadaire d'attaques sournoises contre les Juifs. La parution, en 1874 et 1875, d'une série d'articles signés Otto Glagaus (1834-1892) sur les escroqueries boursières et autres malversations à Berlin, montra que l'hebdomadaire s'engageait de toute évidence dans l'antisémitisme. Les diatribes les plus violentes de Glagaus furent néanmoins censurées par Keil, soit que celui-ci n'ait pas renié toute conviction libérale, soit qu'il n'ait pas voulu choquer sa belle-fille juive.

Sous l'influence de Treitschke et de publications concurrentes comme *Die Gartenlaube* et *Daheim* (*Chez nous*), l'antisémitisme devint bientôt l'idéologie d'un nationalisme raciste dont une grande partie de la société allemande – classes supérieure et moyenne, mais aussi petite bourgeoisie – se fit l'écho.

La caricature du Juif : Simplicissimus

Ci-contre : « Meyer ne s'embarrasse pas de scrupules. Soit je fais de lui mon associé, soit je le dénonce au procureur. Caricature d'Albert Engström, parue dans « Simplicissimus », 1907.

Ci-dessous : l'hospitalité : « Reprenez donc une part de gâteau, Madame Cohn ! ». « Merci bien, j'en ai déjà pris une ». « Vous voulez dire deux, mais vous pouvez en prendre une troisième ». Caricature d'Adolf Münzer, « Simplicissimus », 1899.

Les Juifs étaient représentés comme des individus différents et inquiétants, par les romanciers comme par les caricaturistes allemands dont le nationalisme agressif était exacerbé par le sentiment qu'ils risquaient de contaminer dangereusement la société.

C'est ainsi que l'image du Juif hideux, aux jambes arquées et torses, au nez crochu, qui ne pense qu'à s'enrichir par des procédés malhonnêtes (« ça se lit dans leurs yeux ») et à séduire d'innocentes blondes, devint un stéréotype pour beaucoup d'Allemands même si - ou précisément parce que - ils ne connaissaient personne de semblable.

Le mot de « Juif » était systématiquement associé à quelque chose de malsain et de méprisable – une projection en quelque sorte des propres défauts de chacun sur les membres d'une minorité dont l'impuissance face à ceux qui les stigmatisaient ainsi jouait un rôle plus grand encore qu'une quelconque particularité.

Comme dans *Soll und Haben* (*Doit et avoir* ; 1855) de Gustav Freytag et *Ein Kampf um Rom* (*Combattre pour Rome* ; 1876) de Felix Dahn, la négativité du Juif contrastait avec la noblesse de l'Allemand, représentant de la race germanique, confronté, en affaires, aux ruses et à la fourberie des Juifs, alors que lui-même était guidé par de grands idéaux.

C'est à Wilhelm Busch, le génial humoriste, que l'on doit la caricature « bon enfant » de Schmulchen Schievelbeiner. Il ne lui serait jamais venu à l'idée de croquer des Allemands avec le racisme qui transparaît dans le portrait du Juif. Largement diffusée, cette caricature a influencé l'image du Juif dans l'esprit de nombreux Allemands. Bon nombre de lecteurs juifs ont, quant à eux, souri de cette caricature qui, à leurs yeux, était celle d'autres Juifs. Dans la revue humoristique « Fliegende Blätter » et dans d'autres publications, on trouvait régulièrement ce genre de caricatures stéréotypées.

Simplicissimus (à partir de 1896), l'hebdomadaire satirique qui était apprécié pour ses qualités artistiques et dans lequel on pouvait lire des articles de Thomas Mann mais aussi de Rainer Maria Rilke, Hermann Hesse et d'autres écrivains, publia également des caricatures racistes, avilissantes et parfois obscènes, qui présentaient le Juif sous des traits répugnants.

Les dessinateurs de *Simplicissimus* ne ménageaient pas non plus la bohème munichoise. Ils tournaient en dérision des peintres modernes tels que Paul Klee, Franz Marc, Vassily Kandinsky, Auguste Macke - pour ne citer que les plus célèbres – qui vivaient et travaillaient, eux aussi, à Munich. Les peintres ripostèrent du tac au tac, reconnaissant le talent des dessinateurs, mais déplorant la façon dont ils l'exerçaient.

Simplicissimus prit également pour cible le clergé et les « Prussiens », mais alors son humour corrosif n'avait rien de vulgaire ni de diffamatoire, contrairement aux caricatures des Juifs. Les grands caricaturistes de l'hebdomadaire se contentaient souvent de traiter les Juifs avec le même humour décapant que d'autres groupes dont ils soulignaient les travers. On ne pouvait pas en dire autant d'Eduard Thöny ou d'écrivains comme Heinrich Heine et de victimes des pogroms tsaristes, dont Th.(omas) Th.(eodor) Heine (1867-1948). De père juif, celui-ci semblait vouloir cacher ses origines par des moqueries ouvertement racistes à l'égard de ses coreligionnaires.

Lorsqu'au printemps 1933, *Simplicissimus* se mit, par opportunisme, comme il l'avait fait en 1914, à hurler avec les loups, Th. Th. Heine fut soudain considéré comme juif et chassé de la rédaction par ceux qui, des années durant, avaient été ses collègues et amis. Il s'enfuit d'Allemagne et, via Prague, se rendit à Oslo où il se terra pendant neuf mois pour ne pas être assassiné par les hommes de main du gouvernement allemand, à l'instar du philosophe et écrivain Theodor Lessing (1872-1933). De là, il parvint à rejoindre la Suède.

D'un goût douteux, les caricatures des Juifs valurent à *Simplicissimus* des abonnements supplémentaires et de nouveaux lecteurs dans les différentes couches de la société. La politique commerciale de l'éditeur, Albert Langen, et de ceux de ses collaborateurs et partenaires financiers ne fut pas étrangère à cette augmentation des ventes. Les annonces, qui représentaient souvent un tiers de la publication, autorisent certaines déductions sur les lecteurs. Elles vantaient régulièrement des appareils photo et des bicyclettes, mais aussi des produits synonymes de prouesses sexuelles, des pilules digestives pour lutter contre l'obésité, des livres et des cartes postales érotiques, des lotions pour développer le système pileux, la moustache de Guillaume II forçant l'admiration. Seules les annonces concernant le champagne occupaient des pages entières. *Simplicissimus* fit ses choux gras de la présentation ignominieuse des pratiques commerciales et des perversions sexuelles dont on soupçonnait les Juifs.

Les caricatures d'officiers prussiens (qui représentaient un grand nombre d'abonnés) s'accompagnaient, certes, de légendes critiques et satiriques, mais du lieutenant au plus haut gradé, tous inspiraient la sympathie et avaient des traits nobles.

À l'opposé une caricature nous présente un Juif qui, s'adressant à l'une de ses jeunes employées, déclare, en écorchant l'allemand « Je ne suis pas satisfait de votre travail ». Et de poursuivre, dans un allemand parfait, à l'adresse de la jeune fille déconcertée « Vous serez certainement la première à être licenciée. Venez chez moi ce soir et vous saurez quelle est ma décision. » « Le Juif », personnage repoussant à la prononciation incongrue, profite, dans le cas présent, de la dépendance économique de son employée pour assouvir ses pulsions sexuelles. Cette forme de perversion du Juif était dénoncée régulièrement par *Simplicissimus*, parfois de façon critique et satirique, souvent avec une certaine délectation. Dans les mêmes circonstances, les « profiteurs ariens » étaient, quant à eux, présentés sans exception comme des messieurs distingués appartenant à la bonne société.

Monsieur le directeur : « Je ne suis pas satisfait de votre travail. Vous serez certainement la première à être licenciée. Venez chez moi ce soir et vous saurez quelle est ma décision. » Caricature d'Adolf Münzer, « Simplicissimus », 1899.

En 1918, avec la disparition de la caste des officiers prussiens, le nombre d'abonnements à « Simplicissimus » baissa, passant de 65 000 à 30 000. L'hebdomadaire, qui savait tirer son épingle du jeu, afficha alors un républicanisme modéré et employa de nouveau des collaborateurs juifs.

En avril 1933, les dessinateurs et les propriétaires de *Simplicissimus* rencontrèrent Julius Streicher et virèrent de bord, assurant ainsi la pérennité de l'hebdomadaire qui devint un organe de propagande sous le IIIe Reich.

Dans le dernier tiers du XIXe siècle, l'essor économique avait mis une sourdine à l'antisémitisme sans pour autant l'éradiquer au sein de la classe moyenne, notamment parmi les officiers et les fonctionnaires. Ce sont ces abonnés que visaient les caricatures du Juif publiées dans *Simplicissimus*. Outre les dessins similaires qui paraissaient sporadiquement dans d'autres journaux, elles opéraient la jonction entre les théories diffamatoires d'un Treitschke et l'appel au meurtre du *Völkischer Beobachter* et du *Stürmer*.

La parade aux attaques

Im deutschen Reich.

Zeitschrift

des

Centralvereins deutscher Staatsbürger jüdischen Glaubens.

Der „Central-Verein deutscher Staatsbürger jüdischen Glaubens" bezweckt, die deutschen Staatsbürger jüdischen Glaubens ohne Unterschied der religiösen und politischen Richtung zu sammeln, um sie in der tatkräftigen Wahrung ihrer staatsbürgerlichen und gesellschaftlichen Gleichstellung sowie in der unbeirrten Pflege deutscher Gesinnung zu bestärken. (§ 1 der Satzung des Vereins.)

XXI. Jahrg. Berlin, März-April 1915. Nr. 3/4.

« Im Deutschen Reich », revue du « Centralverein deutscher Staatsbürger jüdischen Glaubens. »

Duel entre les membres de deux associations coiffées par un « Kartell Convent », Berlin, 1912.

L'antisémitisme pénétrait toujours plus profondément les milieux estudiantins à travers les associations et les corporations. À tous les préjugés défavorables s'ajouta celui de lâcheté de l'étudiant juif. Le premier, l'historien Ludwig Quidde s'insurgea contre cette affirmation dans un texte qui resta anonyme *Die Antisemitenagitation und die deutsche Studentenschaft* (*L'agitation antisémite et les étudiants allemands*).

La première association d'étudiants juifs, fondée en 1886, fut celle de l'université de Breslau. Voici ce que l'on peut lire dans le premier manifeste de la « Viadrina » (du nom de l'université de Breslau) : « L'antisémitisme semble à l'agonie. Ce mouvement, qui, pendant près d'une décennie, a déchaîné les passions de la masse de façon incroyable, qui a instillé la haine, la jalousie et le mécontentement dans la population, est apparemment en perte de vitesse et même moribond... Les apôtres de l'intolérance (allusion faite à Stöcker) ont renoncé à prédire le racisme devant des assemblées populaires, sous les applaudissements de la populace. Si les vices et la dépravation de ceux qui sont à l'origine de ce mouvement (certains d'entre eux avaient été condamnés à des peines d'emprisonnement pour sévices sexuels et autres) sont bien la preuve de la vilenie de leur propagande, l'antisémitisme ne devrait plus appartenir qu'à l'histoire des aberrations humaines... Mais, la réalité, semble-t-il, est différente. L'idée a germé et s'est enracinée dans le peuple allemand... Les Juifs, et c'est indéniable, sont méprisés, haïs par de larges couches de la population ou, pour le moins, considérés comme des étrangers, des citoyens de deuxième catégorie... Les échanges constants entre la jeunesse et ses éducateurs favoriseront l'accoutumance au racisme... ; les tensions se multiplieront qui pourraient, un jour, se muer en une violence élémentaire dont nous serions les victimes ».

Pour échapper aux humiliations dans les universités, certains étudiants juifs, selon le manifeste de la Viadrina, taisent leurs origines, évitant même leurs coreligionnaires pour « ne pas se faire remarquer. Toutefois, un nombre restreint d'associations estudiantines acceptent les Juifs. Mais, la conséquence de ces rapports malsains est aussi indéniable que regrettable : avec le temps, les membres juifs s'opposent eux-mêmes à l'adhésion de leurs coreligionnaires pour ne pas compromettre leur association par la présence envahissante d'éléments juifs... preuve qu'ils en ont honte. C'est le préjudice fondamental, nuisible à la vigueur du judaïsme... Le remède à cette situation : créer une association d'étudiants juifs, qui sera l'embryon du judaïsme indépendant. » Des phrases semblables à celles qu'écrivit quelques années plus tard l'étudiant Theodor Herzl.

L'assurance, la confiance en soi, l'estime de soi-même étaient les objectifs avoués qui guidaient cette première association d'étudiants juifs. Dès la seconde année, les étudiants, formés au maniement du fleuret dans la salle d'escrime, pouvaient, comme le prévoyait le code de l'honneur estudiantin, proposer le duel à ceux qui avaient proféré des injures antisémites.

Ce ne fut plus leur lâcheté mais son contraire que l'on reprocha alors aux Juifs. Les membres de la Viadrina devinrent d'agressifs bretteurs, mais ils mirent par là même pratiquement fin aux provocations antisémites. En 1894, lorsque la supériorité des duellistes juifs sur les étudiants chrétiens fut établie, la Viadrina fut dissoute par les autorités universitaires, sans aucune explication quant aux motifs de cette décision. Les étudiants juifs fondèrent aussitôt à Breslau une autre association. Le 8 août 1896 marqua la création d'un « Kartell Convent », sorte de coordination entre les cinq associations d'étudiants juifs, qui, entre-temps, avaient vu le jour dans d'autres universités.

En 1890, des non-juifs créèrent à Berlin une « Association pour la lutte contre l'antisémitisme ». L'appel lancé en faveur de cette initiative fut signé, entre autres, par Gustav Freytag, Paul Heyse, Theodor Mommsen et Hermann Sudermann.

Le 26 mars 1893, les nombreux « Kartell Convents », entre-temps constitués, s'associèrent à la fondation de « l'Union centrale des citoyens allemands de confession juive » (Centralverein deutscher Staatsbürger jüdischen Glaubens). Son objectif : « rassembler les citoyens concernés, indépendamment de leurs pratiques religieuses et de leurs convictions politiques, et les encourager dans leurs efforts pour sauvegarder efficacement leurs droits au sein de l'État et de la société, et dans leur adhésion inébranlable aux valeurs allemandes ».

Le Centralverein était opposé à l'idée d'une nation juive, considérant le judaïsme uniquement comme l'appartenance à une communauté religieuse. Sa tâche essentielle consistait à combattre l'antisémitisme, à l'exemple de Gabriel Riesser (voir p. 200). Les Juifs étrangers ne pouvaient y adhérer, leur religion et leur origine ne suffisant pas à en faire des « compagnons de route ». L'information systématique devait guérir les gens de leur antisémitisme maladif. De la fière déclaration de la Viadrina, en 1886, ne subsista qu'une annonce de parade apologétique.

1. Wir sind nicht deutsche Juden, sondern deutsche Staatsbürger jüdischen Glaubens.

2. Wir brauchen und fordern als Staatsbürger keinen anderen Schutz, als den der verfassungsmässigen Rechte.

3. Wir gehören als Juden keiner politischen Partei an. Die politische Anschauung ist, wie die religiöse, die Sache des Einzelnen.

4. Wir stehen fest auf dem Boden der deutschen Nationalität. Wir haben mit den Juden andrer Länder keine andere Gemeinschaft, als die Katholiken und Protestanten Deutschlands mit den Katholiken und Protestanten anderer Länder.

5. Wir haben keine andere Moral, als unsere andersgläubigen Mitbürger.

6. Wir verdammen die unsittliche Handlung des Einzelnen, wes Glaubens er sei; wir lehnen jede Verantwortung für die Handlung des einzelnen Juden ab und verwahren uns gegen die Verallgemeinerung, mit der fahrlässige oder böswillige Beurtheiler die Handlung des einzelnen Juden der Gesammtheit der jüdischen Staatsbürger zur Last legen.

Six points du programme tiré de « Schutzjuden oder Staatsbürger ? » (Juifs protégés ou citoyens à part entière ?) de Raphael Löwenfeld, Berlin, 1893.

En bas, à gauche : couverture du « procès-verbal de la première assemblée du Centralverein, Berlin, 1893.

En bas : Moritz Lazarus (1824-1903), ethno-psychologue, homme politique et vigoureux détracteur de l'antisémitisme.

Bericht

über die

erste General-Versammlung

des

Centralvereins

deutscher Staatsbürger

jüdischen Glaubens

am 30. December 1893

im Saale der „Gesellschaft der Freunde"

W. Potsdamerstrasse 9.

BERLIN W.

Kronenstrasse 22.

La concurrence commerciale

Dans le dernier quart du XIXe siècle, l'Empire allemand connut un essor économique aussi rapide que soutenu. L'expansion de certains secteurs fut même prodigieuse.

Avec l'élévation du niveau de vie, la consommation des ménages augmenta et se diversifia. Jusqu'au milieu du siècle, l'approvisionnement fut assuré exclusivement par le petit commerce de détail. Avec l'évolution des structures économiques apparut une nouvelle forme de distribution concurrentielle : les grands magasins.

Les premiers furent ouverts en France et aux États-Unis par des non-Juifs. En Allemagne, les Juifs furent les premiers à adopter ce concept et à faire preuve d'esprit d'entreprise. Parmi eux, les familles Tietz, Israel, Wertheim et Gerson dont la réussite fut exceptionnelle.

*Ci-dessus : publicité pour les cigarettes Manoli (*Man*delbaum* ol/i, *sa femme).*

Annonces d'entreprises juives, vers 1900.

Ci-dessus à gauche : la papeterie Liebmann de Berlin : le prince héritier et son secrétaire sortent du magasin où ils ont fait des achats.

En haut : poupées et têtes de poupées commercialisées par l'entreprise Hermann Landshut & Co. Waltershausen, en Thuringe, 1904.

Ci-contre : voiture électrique de livraison du grand magasin Gerson, Berlin.

Magasins juifs de S. H. Landshut, Israel et Cohn, sur la Place du marché à Neumark (Prusse occidentale). Photo prise un jour de marché, en 1916.

Ci-dessous : intérieur du grand magasin A. Wertheim, Berlin.

Propriétaires depuis 1882 d'un magasin de blanc à Gera, les frères Hermann (1837-1907) et Oskar Tietz (1858-1932) avaient acquis de l'expérience à New York et Paris. Avec un capital alloué par la famille, ils ouvrirent un grand magasin à Munich, puis deux autres à Cologne et à Berlin.

Dans la confection également, ce furent surtout des Juifs qui passèrent du vêtement cousu main à la production mécanisée, secteur qui nécessitait l'application des méthodes révolutionnaires, de la conception à la fabrication des tissus, de l'étude à la réalisation des modèles, et jusqu'à la distribution des vêtements. Et c'est ainsi que se développa un nouveau secteur économique : la confection pour dames, qui valut bientôt à l'Allemagne une position dominante sur le marché mondial.

Ce nouveau secteur d'activité qui fournissait du travail à des milliers de personnes se concentrait à Hausvogteiplatz, à Berlin. Aussi bien les Juifs que les non-Juifs de la classe supérieure se moquaient des confectionneurs qu'ils considéraient comme des parvenus à moitié incultes.

Par contre, ce furent des Juifs qui, avec l'argent que leur rapportait la confection, se risquèrent dans un domaine où rien n'était gagné d'avance : le cinéma, avant de se lancer dans la production cinématographique, en Allemagne et à Hollywood où elle avait vu le jour également grâce à Carl Laemmle (1867-1939), originaire de Laupheim.

Les premiers agriculteurs et artisans juifs

En 1909, la fondation Simon créa à Steinhorst, près de Celle, une exploitation chargée de former de futurs agriculteurs juifs.

Ci-dessous : pépinière d'Ahlem près d'Hanovre, une fondation juive d'utilité publique, 1896.

Depuis des temps bibliques, les habitants de Palestine, dans leur grande majorité, étaient agriculteurs et éleveurs. Encore aujourd'hui, de nombreuses fêtes ont pour origine celles que célébraient les agriculteurs dans la Palestine d'autrefois ou s'en inspirent. Le mot hébreu « Mikne », qui signifie « propriété », désigne également le troupeau. À l'origine, le commerce était une activité qui, sur le plan social, valait à celui qui l'exerçait d'occuper, dans l'échelle sociale, un rang inférieur à celui de l'agriculteur, de l'éleveur ou de l'artisan.

Du fait de la législation ecclésiastique, les Juifs de la diaspora furent exclus de l'agriculture, de l'élevage et de l'artisanat, et contraints de pratiquer le commerce de l'argent (voir p. 40).

Du début de leur établissement en Allemagne jusqu'au règne des Carolingiens et des Othon, empereurs tolérants, certains Juifs furent agriculteurs et vignerons. Les croisades firent péricliter ces activités. Il fallut attendre des siècles pour que quelques Juifs, dans le cadre de leur combat pour l'émancipation, tentent de tirer leurs revenus de l'agriculture.

C'est ainsi que l'école Jacobson de Seesen (voir p. 135), de même que la pépinière israélite d'Ahlem, fondée près de Hanovre en 1893, formèrent des agriculteurs. Toutefois, la structure du village allemand fit obstacle à leur intégration dans la communauté rurale. Devenu baron et ministre de l'Intérieur de Bade, Ernst Philip Sensburg, aussi réactionnaire en politique que dans sa façon de traiter les Juifs, minimisa les exactions dont ces derniers avaient été victimes en 1819, montrant comme la population avait été outrée par leur revendication de ne plus être exclus de l'agriculture et de l'artisanat. Il n'empêche que des villageois juifs de Bavière, de Bade et du Würtemberg réussirent à rattacher à leurs habitations une parcelle qu'ils cultivèrent. Depuis le début du XXe siècle, il existait également quelques propriétaires terriens juifs qui accueillaient et formaient leurs coreligionnaires.

Ci-dessus à droite : plantation d'arbres fruitiers à Ahlem, 1901.

Atelier de menuiserie à Ahlem, 1910.

La grande industrie

Ci-contre : Wilhelm Herz (1823-1914), industriel, premier président de la Chambre de commerce de Berlin et membre de la direction de la communauté juive.

Ci-dessous : les usines de laiton et de cuivre fondées en 1820 par Aron Hirsch (1783-1842), à Halberstadt.

De nombreux industriels juifs contribuèrent à l'expansion de l'économie allemande, notamment après la fondation de l'Empire.

Créées en 1820 par le marchand de métaux Aron Hirsch, les usines de cuivre et de laiton qui portaient son nom, devinrent, sous la direction de ses fils, les plus importantes du genre en Europe. Elles restèrent la propriété de cette famille orthodoxe jusqu'en 1933.

Éminent industriel à qui l'on doit le développement du coke en Allemagne, Fritz von Friedländer-Fuld (1858-1917) était à la tête d'un grand groupe silésien, appelé par abréviation « Oberkoks », composé d'importantes entreprises. Friedländer-Fuld décela très tôt la nécessité de mettre en place un réseau d'activités internationales.

L'industrie pétrolière était étroitement liée à la précédente. Né en 1883, M. Melamid, qui a donné son nom à des procédés de transformation du pétrole destiné à des usages techniques, joua un rôle majeur dans ce secteur de production.

Georg von Caro (1849-1913) fut le fondateur de la sidérurgie silésienne (Caro-Hegenscheidt). Son frère, Oskar Caro (mort en 1931) donna une impulsion décisive au développement de l'industrie allemande de l'émail (voir également p. 227). Moritz van der Porten, qui dirigea les usines d'aluminium « Vereinigte Aluminiumwerke », contribua largement à l'essor de ce secteur de production en Allemagne. Dans les années 1880, Carl Reichstein implanta sur la rive de la Havel, dans le Brandebourg, une usine de bicyclettes qui fut bientôt la plus importante du genre en Allemagne.

L'étroite association du commerce et de la production donna un essor décisif à la société Ludwig Loewe u. Co. A.G. Dirigée par Ludwig Loewe (voir également p. 242), elle produisit dans un premier temps des machines à coudre, puis des armes. Obtenu par l'intermédiaire d'Isidor Loewe (1848-1910), frère du directeur, le fabuleux contrat d'armement de l'armée turque fut exécuté avec l'entreprise Mauser.

De nombreux industriels juifs furent promus à de hautes responsabilités, récompensés pour leurs mérites et anoblis. À la cour de Guillaume II, certains d'entre eux n'étaient pas appréciés uniquement pour leur rôle de conseillers. Parmi les « juifs de l'empereur », citons l'armateur Albert Ballin, le banquier de Hambourg Max W. Warburg et Emil Rathenau, fondateur de la société AEG (Allgemeine Elektrizitäts-Werke) où d'autres Juifs étaient à des postes clefs. Rathenau avait installé le premier téléphone à Berlin. La Société AEG et les établissements Siemens devinrent les trusts allemands de l'électricité. Walter Rathenau (1867-1922), fils d'Emil, contribua dans une large mesure à l'essor d'AEG, dont il fut le président. Toutefois, c'est l'homme politique qui a inscrit son nom dans l'histoire. Devenu ministre des Affaires étrangères en 1922, il fut assassiné par des militants nationalistes peu après son entrée en fonction (voir également p. 326 et suivantes).

Connue dans le monde entier, la manufacture de porcelaine de Selb fut créée par Philipp Rosenthal (1855-1937), qui réorganisa la Foire de Leipzig après la Première Guerre mondiale et fut considéré comme son second fondateur.

Ci-dessus : parcours d'essai d'un train électrique dans l'enceinte de l'entreprise AEG.

Ci-dessus à gauche : Emil Rathenau (à gauche) et Thomas Alva Edison à la centrale électrique AEG, 1911.

Centrale de transport de courant à longue distance Oberspree, avec la câblerie AEG.

Albert Ballin

Albert Ballin et l'empereur Guillaume II pendant la « Semaine de Kiel », 1913.

Ci-dessous : émigrants sur un paquebot de la compagnie Hapag. Photo de Joseph Byron, vers 1908.

Albert Ballin (1857-1918) joua un rôle majeur dans l'essor de la flotte commerciale allemande. Jeune homme, il fit preuve d'une grande perspicacité et dirigea, avec un sens aigu de l'observation, le service des passagers de la ligne maritime Hambourg-Amérique (Hapag). Il développa également le transport du fret. Nommé directeur général d'Hapag en 1899, il en fit la plus grande compagnie de transports maritimes d'Europe.

L'empereur vit en Ballin un homme susceptible de contribuer au rayonnement mondial de l'Allemagne dans le secteur maritime. Souvent invité à la Cour, il eut toute la confiance de l'empereur qui le chargea de missions politiques en raison de ses relations internationales. Peu avant la Première Guerre mondiale, dont il essaya d'éviter le déclenchement, Ballin fut envoyé à Londres pour des entretiens

confidentiels. Lorsqu'il mit en garde l'empereur contre les conséquences d'une guerre sous-marine, il tomba en disgrâce. Ballin se suicida le 10 novembre 1918, jour de la fuite de l'empereur en Hollande. Ballin ne put supporter l'effondrement de l'Empire et la fuite déshonorante de l'empereur, qu'il tenait en haute estime.

Albert Ballin était juif et ne s'en cachait pas. Contrairement à certains universitaires et scientifiques qui, même après 1869/1871, durent se convertir pour ne pas être pénalisés dans leur vie professionnelle, la majorité des commerçants, des artistes, des médecins, des banquiers et des avocats restèrent fidèles à leurs convictions religieuses. Ils réussirent à faire carrière sans accepter le baptême, que Heine qualifiait de « billet d'entrée dans la culture européenne ».

À droite : annonce de la compagnie Hapag, parue en 1913 dans le journal « Ost und West » vantant les traversées de l'« Imperator », « le plus grand navire du monde ».

Banquiers

Le banquier Carl Fürstenberg (1850-1933), financier de l'industrie lourde.

Le banquier Max M. Warburg (1867-1946), Hambourg.

Gerson von Bleichröder (1822-1893), conseiller de Bismarck et banquier de l'empereur Guillaume Ier.

Depuis leur établissement en Allemagne, les Juifs ont joué un rôle – plus ou moins important selon les époques – dans les échanges de marchandises et les mouvements de fonds. Au XVIIIe siècle, ceux que l'on appelait les Juifs de Cour devinrent les fournisseurs des princes, leurs financiers et battirent pour eux la monnaie (voir également p. 106), frayant la voie aux banquiers indépendants du XIXe siècle. Sous l'incidence conjuguée de l'expérience, du talent, des liens familiaux et des relations d'affaires qu'ils entretenaient dans de nombreux pays, beaucoup de Juifs tinrent une place éminente dans la finance.

Ceci explique la proportion particulièrement importante de banquiers juifs en Europe et en Amérique du Nord dans la seconde moitié du XIXe siècle. En Allemagne, les plus connus avaient pour nom Oppenheim, Bleichröder, Wertheim, Heine, Mendelssohn, Arnhold, von Hirsch, Fürstenberg, Rothschild et Warburg, un seul s'étant converti au christianisme.

Citons comme exemple de cette réussite celle de Gerson von Bleichröder (1822-1893), petit banquier devenu financier international au milieu du XIXe siècle.

Il était le conseiller financier et l'homme de confiance de Bismarck. Les liens étroits qui unissaient l'homme d'État allemand au banquier juif sont attestés par leur correspondance. De nombreuses lettres témoignent de leurs contacts souvent journaliers sur une très longue période, depuis le combat de la Prusse pour l'hégémonie jusqu'à la fondation de l'Empire et même au-delà. Néanmoins, dans les innombrables études consacrées à Bismarck, l'activité de Bleichröder est passée sous silence ou évoquée en marge. Bismarck et son entourage profitèrent des conseils du talentueux financier tout en taisant cette relation. Bleichröder sombra dans l'oubli. Bismarck ne le mentionne qu'une fois dans ses mémoires, même s'il n'omit jamais de le consulter pour gérer son patrimoine personnel, mais aussi pour financer la guerre ou établir le budget de l'État.

En 1871, Bleichröder fut ainsi consulté sur le montant des réparations exigées de la France vaincue et sur les modalités de paiement. Les versements furent d'ailleurs effectués auprès de la banque S. Bleichröder de Berlin, par l'intermédiaire de la banque Rothschild de Paris.

Bleichröder fut anobli sans avoir à se convertir. Dans sa somptueuse demeure – un véritable palais –, il donnait de fastueuses réceptions auxquelles étaient conviées toutes les personnalités éminentes de l'époque. Mais, resté juif, il ne fut pas considéré comme un des leurs par les membres de la « bonne société ». Il répondit aux humiliations par du mépris pour ces nobles dont l'hypocrisie le rebutait. Les attaques antisémites dont il devint la cible assombrirent les dernières années de sa vie. Il mourut amer et déçu.

Même les Juifs les plus influents furent socialement rejetés. L'exemple de Gerson von Bleichröder montre bien que, malgré l'émancipation et l'assimilation, la question juive continuait de se poser en

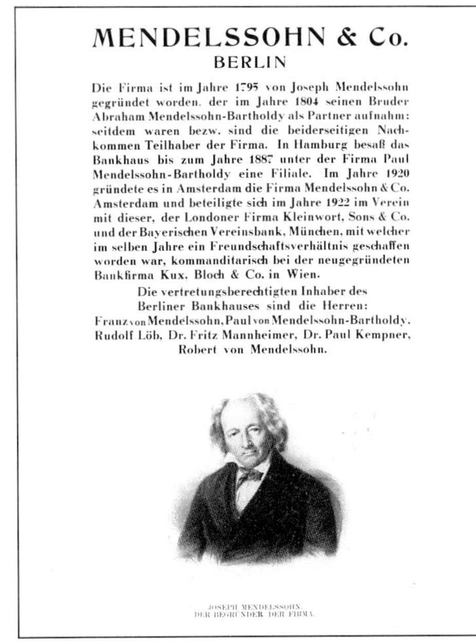

MENDELSSOHN & Co.
BERLIN

Die Firma ist im Jahre 1795 von Joseph Mendelssohn gegründet worden, der im Jahre 1804 seinen Bruder Abraham Mendelssohn-Bartholdy als Partner aufnahm: seitdem waren bezw. sind die beiderseitigen Nachkommen Teilhaber der Firma. In Hamburg besaß das Bankhaus bis zum Jahre 1887 unter der Firma Paul Mendelssohn-Bartholdy eine Filiale. Im Jahre 1920 gründete es in Amsterdam die Firma Mendelssohn & Co. Amsterdam und beteiligte sich im Jahre 1922 im Verein mit dieser, der Londoner Firma Kleinwort, Sons & Co. und der Bayerischen Vereinsbank, München, mit welcher im selben Jahre ein Freundschaftsverhältnis geschaffen worden war, kommanditarisch bei der neugegründeten Bankfirma Kux, Bloch & Co. in Wien.

Die vertretungsberechtigten Inhaber des Berliner Bankhauses sind die Herren: Franz von Mendelssohn, Paul von Mendelssohn-Bartholdy, Rudolf Löb, Dr. Fritz Mannheimer, Dr. Paul Kempner, Robert von Mendelssohn.

JOSEPH MENDELSSOHN.
DER BEGRÜNDER DER FIRMA

Annonce de la banque Mendelssohn & Co., Berlin.

Allemagne. « Il se peut que nous soyons le sel dans la soupe des peuples », déclara plus tard un sioniste allemand qui avait de l'esprit, « mais il arrive souvent que les peuples trouvent cette soupe trop salée. »

« Je regrette vivement que votre père ne puisse faire partie de notre club. Mais que lui importe, puisqu'il reçoit tous ses membres chez lui chaque soir ».
Le club de la noblesse berlinoise tourné en dérision.
Le père de la demoiselle en était exclu, par contre les membres acceptaient volontiers ses invitations à dîner et profitaient de sa largesse.
Dessin d'Eduard Thöny, « Simplicissimus », 1905.

Ullstein, Mosse, Reuter

En haut à gauche : Rudolf Mosse (1843-1920). Tableau de Karl Stauffer-Bern, 1882.

En haut à droite : annonce publicitaire pour le « Berliner Tageblatt », 1904.

Ci-dessus : la maison d'édition et l'imprimerie Rudolf Mosse à Berlin, vers 1910.

L'essor rapide du commerce, de l'industrie et des transports accentua le besoin de communication.

Fils d'un fabricant de papier établi à Fürth, Leopold Ullstein (1826-1899) décela très tôt les signes des temps et fonda, en 1867, une maison spécialisée dans l'édition de journaux. Dix ans plus tard, il rachetait le *Berliner Zeitung* devenu insolvable. L'empire Ullstein était né. En 1887, il lança le *Berliner Abendpost* et eut l'idée de proposer des abonnements à la semaine pour un prix très bas, 10 pfennige, ce qui permit au journal d'atteindre rapidement un tirage de 200 000 exemplaires. En 1894, il créa le *Berliner Illustrierte Zeitung*, puis acquit en 1914 un journal de renom, le *Vossische Zeitung*. La maison d'édition de livres qui, en 1907, vint s'ajouter au groupe de presse, proposait des romans distrayants et des collections illustrées qui innovaient par leur présentation. Cinq des fils Ullstein participèrent au développement de l'entreprise. Tous les Ullstein étaient des démocrates et pour eux la question juive ne se posait pas. D'ailleurs, ils se détachèrent du judaïsme ou se firent baptiser.

Rudolf Mosse (1843-1920) était l'autre grand éditeur juif de journaux. En 1867, ce fils de médecin créa, avec son ami Emil Cohn, un bureau d'annonces qui compta bientôt 275 filiales dans le monde entier, reléguant au second plan les agences anglaises, jusque-là premières du marché.

En 1872, Rudolf Mosse fonda le journal libéral *Berliner Tageblatt*. Son neveu, le rédacteur Theodor Wolff (1868-1943), en fit le titre allemand par excellence. Le *Berliner Volkszeitung*, le *8-Uhr-Abendblatt* et le *Berliner Morgenzeitung* appartenaient aussi au groupe de presse qui publiait, en outre, des annuaires d'adresses et de téléphones, des ouvrages de vulgarisation scientifique ainsi que des livres en espéranto et en russe. Rudolf Mosse était membre de la communauté juive réformée. Il acheta le *Allgemeine Zeitung des Judentums* de Ludwig Phillipson, qu'il publia, par la suite, sous le titre de *C.V. Zeitung*.

Son gendre Hans Lachmann-Mosse (1885-1944) entra dans le groupe en 1910 et joua un rôle non négligeable dans son expansion. Il confia la modernisation de la maison mère de la Jerusalemer Strasse au jeune architecte Erich Mendelsohn pour qui ce fut la première commande importante. En 1933, les nazis confisquèrent le groupe d'édition Mosse.

Les informations suprarégionales étaient transmises aux journaux notamment par les agences télégraphiques. La plus importante d'entre elles sur le plan international – concurrente de l'agence française Havas – avait été fondée à

Londres en 1851 par Paul Julius Reuter. De son vrai nom Israel Beer Josaphat, il était né à Kassel, en 1816, et s'éteignit à Nice, en 1899. Employé temporairement chez Havas, Reuter mit sur pied sa propre agence en utilisant des pigeons voyageurs pour transmettre des informations, de Paris à Bruxelles et à Aix-la-Chapelle. C'est sur son initiative et avec sa participation financière que fut installé en 1865 le premier câble téléphonique entre l'Europe et l'Amérique en collaboration avec la Société anglo-américaine de télégraphie.

Agence neutre de son vivant, il arriva par la suite qu'elle serve temporairement d'instrument de propagande au gouvernement anglais. Durant la guerre franco-allemande de 1870, Reuter soutint toutefois la Prusse et influença l'opinion mondiale en conséquence. Le duc de Saxe Coburg-Gotha lui en fut reconnaissant et l'anoblit. Dès lors, ce dernier se fit appeler baron de Reuter. Il n'aimait pas se rappeler ses origines – une fâcheuse ironie du sort selon lui.

Outre le *Vossische Zeitung* (Ullstein) et le *Berliner Tageblatt* (Mosse), le *Frankfurter Zeitung* figurait parmi les huit ou dix quotidiens influents d'Allemagne. Libéral et réputé, ce journal, qui appartenait à des Juifs, avait été créé en 1856 par Leopold Sonnemann (voir p. 240).

Ci-contre : réclame pour le « Berliner Illustrirte Zeitung »

À droite : Israel Beer Josaphat (1816-1899), devenu Paul Julius Reuter après son baptême. Caricature parue dans « Vanity Fair », Londres, 1896.

Affiches du « B.Z. am Mittag » (fondé en 1904) et du « Berliner Morgenpost » (fondé en 1898).

Inventeurs

qu'en 1935 seulement), fut à l'origine d'un certain nombre d'innovations dans le secteur de la transmission de l'information. Ses deux ouvrages majeurs sur la téléphotographie *Elektrische Fernphotographie* (1904) et *Bildtelegraphie* (1923) ont été des jalons

À gauche : le physicien Heinrich Hertz (1857-1894), à qui l'on doit la découverte des ondes hertziennes.

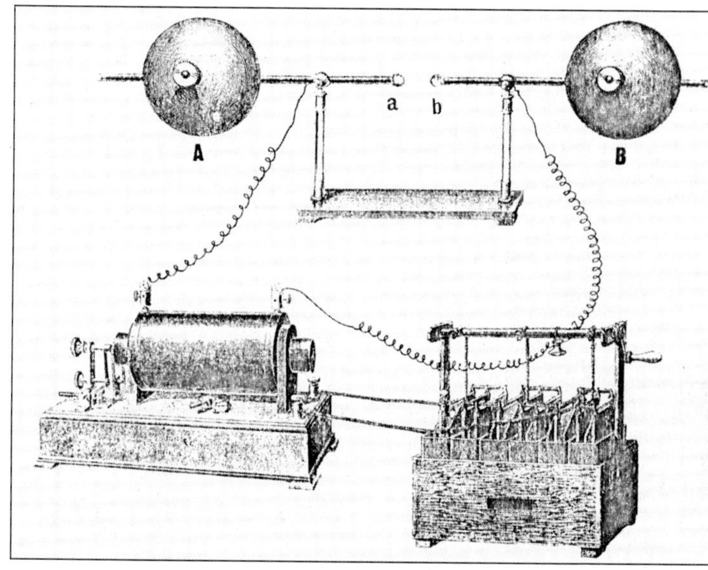

À droite : l'appareil avec lequel Hertz prouva, en 1886, l'existence d'ondes électromagnétiques longues (à la base de la radiodiffusion).

Peu après leur émancipation, les Juifs surent développer leur génie propre dans tous les domaines.

Si certains jouèrent un rôle de premier plan dans la vie économique, d'autres nous ont légué de remarquables inventions. Siegfried Marcus (1831-1898) fut un des pionniers du secteur automobile. Aujourd'hui encore, on peut admirer au Musée technique de Vienne la voiture à moteur qu'il construisit en 1875. Non moins important, David Schwarz (1845-1897) mit au point un aérostat rigide qui, en 1897, s'éleva pour la première fois au-dessus de Berlin. Son brevet fut acheté après sa mort par le comte Zeppelin.

Les inventions que l'on doit aux Juifs allemands sont particulièrement nombreuses dans le secteur des techniques de communication. Heinrich Hertz (1857-1894) découvrit les ondes électriques, à la base de la télégraphie sans fil.

De mère juive, le comte Georg Wilhelm A. Arco (1869-1940) contribua au développement de la T.S.F. De 1903 à 1931, il fut en effet directeur de la société berlinoise de télégraphie sans fil, la « Gesellschaft für drahtlose Telegraphie m.b.H. System Telefunken ».

Arthur Korn (1870-1945), qui enseigna aux universités de Munich et de Berlin (jus-

Ci-dessus : voiture à moteur de Siegfried Marcus, 1875.

Ci-dessus à droite : Emil Berliner (Hanovre 1851 - Washington 1929), électrotechnicien, inventeur du disque et d'un microphone pour le téléphone.

Ci-contre : le premier phonographe à disque. C'est Emil Berliner qui inventa le disque en 1887.

essentiels dans la mise au point de la transmission d'images par l'intermédiaire d'un courant électrique. L'ingénieur Edmund Rumpler (1872-1940) se distingua en tant qu'avionneur. Il est l'inventeur de ce qu'il est convenu d'appeler le « Rumper-Taube »,

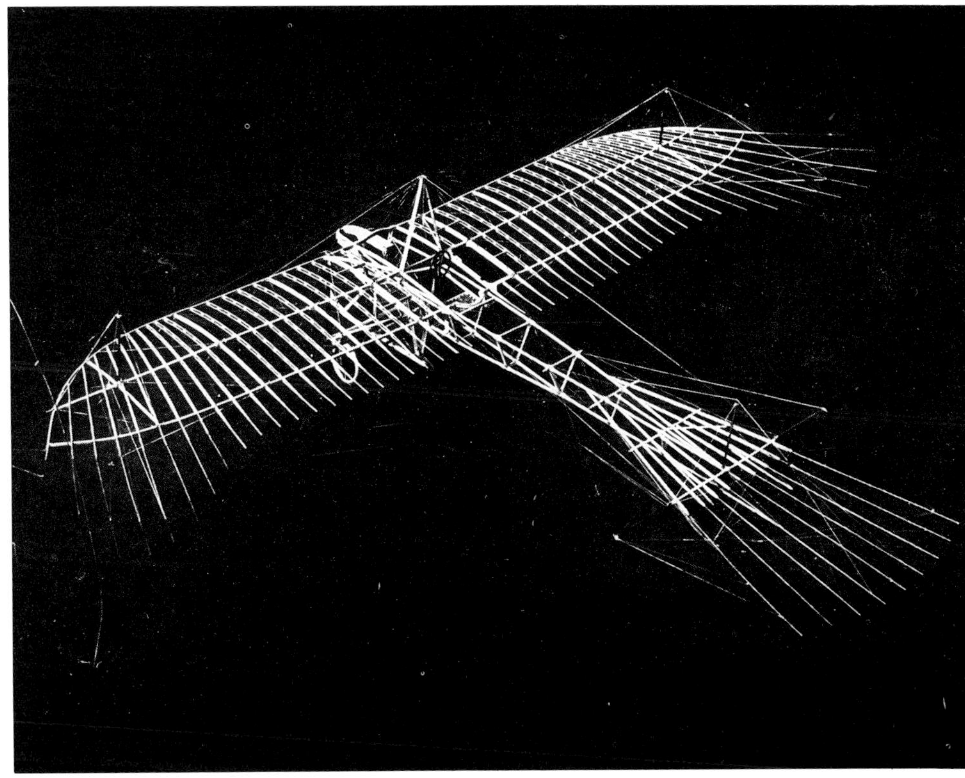

Ci-dessus à gauche : Edmund Rumpler (1872-1940), ingénieur et constructeur d'avions.

Ci-dessus : modèle du Rumpler-Taube, 1910. C'était le principal avion allemand durant la Première Guerre mondiale.

Ci-contre : l'aérostat rigide, avec moteur à essence, de David Schwarz, peu avant qu'il ne s'élève au-dessus du Tempelhofer Feld à Berlin, le 3 novembre 1897.

l'appareil le plus important de l'aviation allemande durant la Première Guerre mondiale.

L'ingénieur Rheinhold Rüdenberg (1883-1961) joua un grand rôle dans le domaine de la science et de l'enseignement. Ses deux ouvrages sur les dynamos à courant continu *Kommutation in Gleichstromdynamomaschinen* (1907) et les commutations électriques *Elektrische Schaltvorgänge* (1923) devinrent des manuels d'enseignement fondamentaux. Il inventa, entre autres, le microscope électronique.

Emil Berliner (1851-1929), électrotechnicien et industriel, fréquenta la célèbre école Samson de Wolfenbüttel. En 1870, il se rendit aux États-Unis où il inventa le phonographe, le disque et le microphone. Il encouragea son frère Joseph à fonder, à Hanovre, la Deutsche Grammophon-Gesellschaft. Il s'illustra également dans d'autres domaines comme la stérilisation du lait. Cet inventeur de génie, l'un des plus prolifiques de son époque, mourut à Washington en 1929.

Dans un autre domaine technique, citons Benno Strauss (1873-1944). Nommé professeur en 1912, devenu l'un des directeurs de Krupp AG en 1921 – fonction qu'il exerça jusqu'en 1934 –, il prit une part déterminante dans l'élaboration de l'acier inoxydable.

Explorateurs

Emin Pacha portant l'uniforme allemand, 1891.

Ci-dessous : Emin Pascha contenant une révolte dans la province équatoriale turque. Illustrated London News, *1888.*

Au XIIe siècle, Benjamin de Tudela, le plus important des explorateurs juifs de jadis, partit d'Espagne à la découverte de différents pays du bassin méditerranéen, d'Afrique du Nord et du Nord-Ouest, du Proche-Orient mais aussi du continent indien, rédigeant des rapports détaillés sur les communautés juives qu'il y rencontra.

Tobia Kohen (1653-1729), médecin originaire de Metz, parcourut la Chine vers 1700. Heinrich A. Bernstein (1828-1865), natif de Breslau, explora en 1865 la Nouvelle-Guinée et les Moluques, où il s'éteignit.

Explorateur des régions polaires, Emil Bessels (1847-1888), de Heidelberg, participa en 1871, à l'expédition de l'Américain Charles Francis Hall qui échoua dans sa tentative d'atteindre le pôle arctique au départ du nord du Groenland.

D'abord médecin au service de la Turquie puis de l'Égypte, Eduard Schnitzer (1840-1892) devint gouverneur de la province équatoriale en 1878. Après sa conversion à l'islam, il prit pour nom Mehmed Emin Pacha, écrasa la révolte des mahdistes près de Dufili et explora de vastes régions d'Ouganda et d'Arabie. Partout où il le put, il combattit le commerce des esclaves. Emin Pacha n'ayant plus donné signe de vie depuis un certain temps, le journaliste américain H. M. Stanley organisa une expédition pour lui porter secours. Il publia le récit de leurs aventures dans des journaux et dans un livre intitulé *Avec Emin Pacha au cœur de l'Afrique*, qui parut en 1894.

En 1890, Emin Pacha fut chargé par l'Allemagne d'explorer la région des lacs dans l'Est africain et d'y établir une colonie allemande. Celui que l'empereur Guillaume II appelait « l'illustre fils du pays » fut assassiné au Congo par des négriers en 1892.

Franz Boas (1858-1942) fut un précurseur de l'anthropologie moderne. Professeur à l'université Columbia de New York, il étudia, lors de ses voyages, les tribus des Indiens d'Amérique du Nord et publia des conclusions fondamentales quant à l'influence de l'environnement sur la morphologie, réfutant ainsi la théorie de la hiérarchie des races.

Quatre expéditions en Arabie du Sud permirent à Eduard Gläser (1855-1908) d'étudier l'histoire d'anciens royaumes, ceux des Sabéens, des Minéens et du Qataban.

Max von Openheim (1860-1946), spécialiste de la préhistoire, ethnologue et fondateur de l'Institut allemand d'Orient, devint célèbre en découvrant les ruines de Tell Halaf en Syrie.

Originaire de Baiersdorf, le géographe et alpiniste Gottfried Merzbacher (1843-1926) explora des régions du Caucase, d'Arabie, de Perse, d'Inde et du Tien-shan, où une chaîne de montagnes porte son nom.

Le Berlinois Hermann Burchardt (1859-1909) partit à la découverte de l'Afrique du Nord-Est, du Moyen-Orient et de l'Asie centrale. Il s'intéressa aux légendes populaires des peuples musulmans, photographia leurs monuments et des scènes de leur vie quotidienne. Ses photographies ont aujourd'hui une valeur de documentaire pour la recherche historique. Il mourut assassiné en 1909, lors d'un voyage au Yémen.

Ci-contre : Sanaa au Yémen. Photo prise par Hermann Burchardt lors d'une expédition scientifique en 1904.

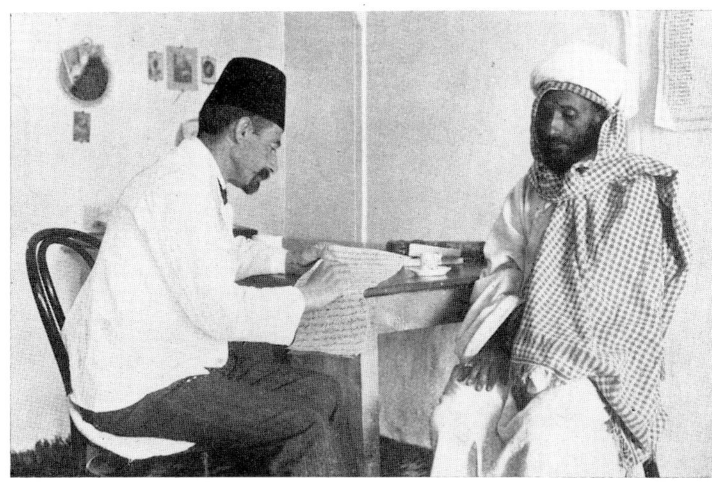

Ci-contre : Hermann Burchardt avec son guide arabe à Sanaa, 1904. Photo prise par Hermann Burchardt.

Ci-dessous : des juifs yéménites sortant de la synagogue. Photo de Hermann Burchard, 1905.

Les sciences physiques et naturelles

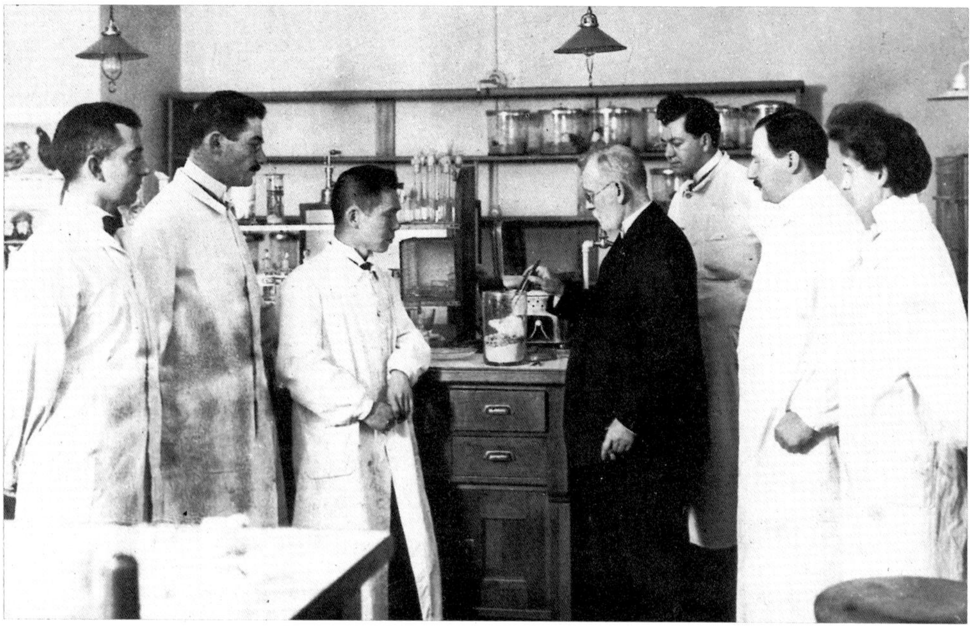

Ci-dessus : Paul Ehrlich (1854-1915), chimiste et bactériologiste, dans son laboratoire de Francfort-sur-le-Main vers 1914.

Ci-dessus à droite : l'anatomiste Jacob Henle (1809-1885) qui eut pour élève Robert Koch.

À gauche : le chimiste et prix Nobel Otto Wallach (1847-1931).

Ci-contre : le chimiste et prix Nobel Fritz Haber (1868-1934) devant le schéma d'un avertisseur de grisou.

Les Juifs commencèrent à s'illustrer dans tous les domaines des sciences physiques et naturelles, dès qu'ils en eurent la possibilité, c'est-à-dire à partir de la seconde moitié du XIXe siècle. Il se peut que l'obligation séculaire d'étudier et le goût de l'abstraction, cultivé depuis de nombreuses générations, leur aient permis

Die Grundlage der allgemeinen Relativitätstheorie

von

A. Einstein

Leipzig :: Verlag von Johann Ambrosius Barth :: 1916

À gauche : page de titre du livre d'Einstein « Die Grundlage der allgemeinen Relativitätstheorie » (Fondements de la théorie de la relativité restreinte et généralisée), Leipzig, 1916.

À droite : Albert Einstein vers 1925.

Ci-dessous : Nikodem Caro (1871-1935) qui, en collaboration avec Adolf Frank, élabora un procédé de fabrication de la cyanamide calcique.

de développer des dons particuliers dans des domaines de la connaissance autre que religieuse.

De tous les grands scientifiques juifs que compta l'Allemagne, nous nous bornerons à en citer quatre.

Le chimiste et bactériologiste Paul Ehrlich (1854-1915) dont les travaux de recherche furent tout aussi importants que l'impulsion qu'il donna à ces sciences. Avec Weigert, il découvrit une méthode pour colorer les cellules sanguines. Celle-ci est employée depuis pour déceler des cellules malades lors d'analyses de sang. L'hématologie se fonde sur les résultats de ses travaux. La patience et la ténacité dont il fit preuve dans la poursuite de ses recherches, des années durant, étaient proverbiales. Ses collègues d'institut ne disaient-ils pas : « Ehrlich colore et ne s'en lasse pas ».

Avec deux autres chercheurs, il contribua à la naissance de la chimiothérapie, traçant la voie à la pharmacologie moderne. Il découvrit le premier remède efficace contre la syphilis : le Salvarsan. En 1908, il se vit décerner le prix Nobel de médecine. En 1905, il était devenu membre du comité d'honneur de l'université hébraïque que l'on se proposait d'ouvrir à Jérusalem.

C'est à Albert Einstein (1879-1955) que l'on doit la théorie de la relativité, fondement de la science moderne dans son ensemble. Ses expériences de jeunesse firent de lui un pacifiste, les invectives antisémites au lycée de Munich (Altes Realgymnasium) le confortèrent dans son attachement au judaïsme. Les grandes convulsions de l'histoire dont il fut témoin forcèrent son intérêt pour le sionisme. Ami et bienfaiteur de la Palestine juive, il refusa, en revanche, d'être candidat aux élections présidentielles après la mort de Weizmann.

En collaboration avec Adolf Frank, Nikodem Caro (1871-1935) élabora en 1899 un procédé de fabrication de la cyanamide calcique qui porte leur nom. Caro fut nommé directeur des usines de produits azotés de Trostberg en Bavière. En 1933, il émigra en Suisse.

Alors qu'il était étudiant, Fritz Haber (1868-1934), qui se destinait à la chimie, s'était converti au protestantisme sous l'influence de Theodor Mommsen (voir p. 254). En 1911, il intégra l'Institut Kaiser-Wilhelm de chimie physique de Berlin-Dahlem qui, sous sa direction, devint le plus important du genre. En collaboration avec Robert Bosch, il mit au point le premier procédé de synthèse industrielle de l'ammoniac, permettant ainsi à l'Allemagne de ne plus être tributaire d'importations d'engrais chimiques durant la Première Guerre mondiale. Il reçut le prix Nobel de chimie en 1918.

En 1933, il demanda à prendre sa retraite, invoquant « son ascendance juive, par ses parents et ses grands-parents ». Il conseilla à tous ses collègues juifs d'émigrer et quitta l'Allemagne après leur avoir procuré un poste dans des universités étrangères. Il constata que l'émancipation et l'assimilation avaient profité à l'Allemagne, mais affaibli les Juifs. Malgré son attachement indéfectible à la culture allemande, il en tira les conséquences et émigra.

Les sciences humaines

Sigmund Freud (1856-1939) dans son cabinet de travail. Eau-forte de Max Pollak.

Ci-dessous : le divan dans la salle de consultation de Sigmund Freud à Vienne, Berggasse 17.

Nombreux sont les Juifs allemands qui ont associé leur nom aux sciences humaines.

Hermann Cohen (1842-1918) refusa l'opposition kantienne entre la sensibilité et l'entendement. Instigateur du néo-kantisme, il devint le chef de file de l'école de Marbourg, du nom de la ville où il enseigna de 1873 à 1912. Il fut l'un des rares universitaires juifs à obtenir une chaire avant 1918, ceci malgré ses origines qu'il revendiquait. Dans les dernières années de sa vie, il donna des cours de philosophie juive à l'école supérieure de Berlin, un établissement libéral où était enseignée la science du judaïsme (Hochschule für die Wissenschaft des Judentums).

Pour Cohen, la nation juive était l'incarnation du monothéisme sur terre, mais elle n'avait pas besoin d'un État, tel que le concevait le sionisme. Ernst Cassirer (1874-1945), son disciple le plus brillant, enseigna à l'université de Hambourg de 1919 à 1933, puis de New York, à partir de 1934.

Edmund Husserl (1859-1938), qui se convertit au catholicisme à l'âge de 27 ans, fut professeur à Göttingen et à Fribourg-en-Brisgau où Martin Heidegger fut parmi ses élèves. Celui-ci lui succéda à l'université de Fribourg avant d'en devenir le recteur, le 27 mai 1933. Sympathisant d'Hitler, il devait supprimer de son ouvrage majeur *L'Être et le Temps* (*Sein und Zeit*), paru en 1927, sa dédicace à Husserl, à partir de la cinquième édition (1941). Pour Husserl, la phénoménologie – une manière « de revenir des discours et opinions aux choses mêmes » – est le fondement de « la Philosophie comme science rigoureuse », elle-même s'appuyant sur ses « Recherches logiques ».

Julius Guttmann (1880-1950), qui critiqua vivement Heidegger, était un représentant du néo-kantisme.

Moritz Lazarus (1824-1903) prit une part décisive dans le développement de la psychologie. Avec son beau-frère Heymann Steinthal (1823-1899), il publia de 1859 à 1890 une revue d'ethnopsychologie et de linguistique (*Zeitschrift für Völkerpsychologie und Sprachwissenschaft*) qui fut le prolongement de ses travaux. Dans son ouvrage majeur, en trois tomes, *Das Leben der Seele in Monographien über seine Erscheinungen und Gesetze* (*La vie de l'âme à travers des monographies sur ses manifestations et ses lois*), il interpréta les phénomènes culturels dans une perspective psychologique.

Personnalité influente dans les milieux intellectuels juifs de l'époque, il fut au nombre des fondateurs de l'école supérieure où était enseignée la science du judaïsme dont il partageait l'attachement vis-à-vis de la tradition juive et le libéralisme à l'égard de l'orthodoxie. Il considérait qu'il était de son devoir d'encourager « le rapprochement de l'intellect allemand et de l'intellect juif pour les rendre indissociables ». En 1864, il devint doyen puis recteur de l'université de Berne. Comme il voulait vivre en Allemagne, en tant que « citoyen allemand », il revint enseigner à Berlin où il n'obtint jamais de chaire. Son ouvrage majeur sur l'éthique du judaïsme (Ethik des Judentums) parut en 1898.

Heymann Steinthal (1823-1899) était professeur de linguistique à l'université de Berlin. Son livre « l'Origine de la langue » (Der Ursprung der Sprache) était considéré comme une référence en la matière. Il consacra d'autres ouvrages à des commentaires de la Bible et à une réflexion sur le monde des idées dans la religion juive. À la Hochschule für die Wissenschaft des Judentums, il enseigna la Bible et la philosophie de la religion.

Originaire de Moravie, Moritz Steinschneider (1816-1907) fit autorité, en tant que bibliographe, spécialiste de la littérature et de la culture juives, du Moyen Âge et de l'époque moderne. Les lois autrichiennes sur les Juifs lui interdisant de s'inscrire à l'Institut d'études orientales de Vienne, il se fixa à Berlin où il fut considéré comme le « père de la bibliographie juive ». On lui doit les catalogues des manuscrits hébraïques des bibliothèques de Leiden, Munich, Hambourg et Berlin. Il montra, documents à l'appui, quelle avait été la contribution des Juifs dans le développement des sciences profanes (mathématiques, sciences naturelles, philologie, philosophie) et dans la culture générale du Moyen Âge. Occultés au fil des siècles, ces faits prouvaient la continuité des travaux de recherches des érudits juifs dans des secteurs profanes.

Le philosophe et sociologue Georg Simmel (1858-1918), dont les parents étaient convertis, devint maître de conférences à l'université de Berlin en 1885. Malgré la considération dont il jouissait, il lui fallut attendre 15 ans avant d'y obtenir une chaire. En 1908, lorsque Max Weber et Eberhard Gothein le recommandèrent à l'université d'Heidelberg, l'avis émis par un élève de Treitschke et transmis au ministre de la Culture de Bade était ainsi rédigé : « Il (Simmel) est… israélite de tout son être, par son physique, sa présentation et sa tournure d'esprit ». La candidature de Simmel fut rejetée. C'est finalement en 1914, alors qu'il était âgé de 56 ans, que Simmel fut nommé professeur à Strasbourg, une façon de se débarrasser de lui en l'envoyant en province. On lui prêtait pourtant un véritable magnétisme vis-à-vis des étudiants. Ses livres *Introduction à la science de la morale* (*Einleitung in die Moralwissenschaft*), 1892/1893, *Philosophie de l'argent* (*Philosophie des Geldes*), 1900, *Sociologie* (*Soziologie*), 1908, *Goethe*, 1913, *Rembrandt*, 1916, et d'autres encore font de lui, jusqu'à ce jour, l'une des figures de proue de la sociologie allemande, un philosophe et un écrivain respecté.

Simmel est l'auteur de *La religion*, l'une des monographies parues dans la collection « Die Gesellschaft » dirigée par Martin Buber. La religiosité, selon lui, était la force vive de la religion : « Jusqu'à présent, la religiosité a toujours survécu aux religions, comme l'arbre à la cueillette répétée de ses fruits ».

L'indologue Theodor Benfey (1809-1881), traducteur du Veda et pionnier en matière d'interprétation des contes.

Le philosophe Edmund Husserl (1859-1938) est à l'origine de la phénoménologie.

Le bibliographe Moritz Steinschneider (1816-1907).

Le philosophe et sociologue Georg Simmel (1858-1918), en 1918.

Pour expliquer la proportion élevée de juristes juifs, on a parfois évoqué leur tradition d'érudition. C'est ainsi que l'on prête à Hillel l'Ancien (environ 30 av. J.-C.-10), éminent érudit de la période du Second Temple, les paroles suivantes : « Ce qui t'es odieux, ne l'inflige pas aux autres. Voici tout le contenu de la Thora. Le reste n'est que commentaire. Va et apprends ». Jusqu'à ce jour, l'œuvre littéraire et religieuse du judaïsme repose sur le Pentateuque ou « loi de Moïse », divisée en cinq livres. Les commenter, également dans une perspective juridique, était la vocation des érudits juifs. Néanmoins, un nombre particulièrement élevé de juristes Juifs demandèrent le baptême pour pouvoir enseigner le droit dans les universités allemandes. Ce fut le cas de Georg Jellinek (1851-1911 ; science politique), de Heinrich von Friedberg (1813-1895 ; code pénal du Reich et de l'armée ; ministre prussien de la Justice) ; de son neveu Emil Friedberg (1837-1910 ; droit canon), d'Edgar Loening (1843-1919 ; droit administratif), d'Eduard Rosenthal (1853-1926 ; droit politique) et de Paul Laband (1838-1918), auteur de l'ouvrage juridique fondamental de l'Empire : le droit constitutionnel allemand (Deutsches Staatsrecht).

Le philosophe Hermann Cohen (1842-1912) entouré de ses élèves, à l'université de Marbourg. Dessin de Leonid Pasternak.

Hermann Staub (1856-1904), auteur d'importants commentaires sur le droit commercial, ne renia pas ses convictions religieuses et ne fut jamais nommé professeur. Tel fut également le cas de Philipp Lotmar (1850-1922) dont l'ouvrage majeur *Le contrat de travail* (*Der Arbeitsvertrag*) est à la base de la législation allemande du travail. Lotmar se rendit en Suisse, où il obtint une chaire à Berne. Hermann Makower (1830-1897) qui fut juge à Berlin de 1856 à 1866, puis exerça, à partir de 1870, la fonction de président de la communauté juive de Berlin, rédigea en 1862 les commentaires du Code général du commerce. Il fut le premier Juif en 1876 à devenir membre de la commission d'examen des étudiants en droit, mais ne put jamais enseigner.

La musique

Joseph Joachim, l'un des plus grands violonistes classiques, photographié vers 1890 par D. Downey.

À droite : Louis Lewandowski (1821-1894), chef de chœur et compositeur, rénovateur de la musique synagogale.

Ci-contre : Otto von Bismarck et Pauline Lucca en 1864. Pauline Lucca qui, depuis 1861, se produisait à l'Opéra royal de Berlin, était une cantatrice adulée de l'époque. (Photo studio Adèle, Bad Ischl).

Expression de la ferveur et de l'émotion qui s'empare de l'âme, la musique joua un rôle essentiel dans la liturgie et la vie juives. En Europe de l'Est, d'innombrables chansons populaires – notamment interprétées par les « kleizmorim », des groupes d'instrumentistes juifs (voir p. 218), étaient indissociables de la vie des Juifs.

L'un des membres les plus connus de ces groupes était le Russe Michael Josef Gusikov. Il donna des concerts à Kiev, Odessa, Vienne et Leipzig. Felix Mendelssohn-Bartholdy qui, en 1836, eut l'occasion de l'applaudir, écrivit à sa mère : « C'est vraiment un phénomène... à égalité avec tous les virtuoses du monde... Il y a longtemps que je n'avais pas pris autant de plaisir à écouter un concert, car l'homme est un génie. »

Les kleizmorim restèrent très populaires en Europe de l'Est. Par contre, en Allemagne, ils disparurent progressivement, conséquence de l'émancipation et de l'assimilation, son corollaire. Le « Hertzsche Quartett », un kleizmorim connu et apprécié du public, fut l'un des derniers à se produire à Darmstadt et dans les environs, au milieu du XIXe siècle.

Le compositeur et chef d'orchestre Gustav Mahler (1860-1911) est originaire de Bohême où, durant son enfance et son adolescence, la tradition des kleizmorim était encore bien vivante. Fêté en Autriche et en Allemagne, puis dans le monde entier, Mahler était, selon Oswald Jonas, « le compositeur à la croisée du passé et de l'avenir... l'interprète fidèle et accompli de tous les opéras et de toutes les symphonies, de Gluck à Richard Strauss. Ses compositions sont le chemin de croix d'un esprit créateur, d'un cœur tourmenté par l'héritage des siècles, de cette âme profondément juive dans ses émotions. »

Louis Lewandowski est resté, à ce jour, le compositeur de musique synagogale (voir p. 218) le plus influent en Europe occidentale et en Amérique. En 1871, il publia *Kol rinna utefilla* (*Voix de la jubilation et de la prière*), un recueil de chants

À gauche : « symphonie d'enfants » chez le peintre Sophie Koner (au premier plan, à droite), épouse du portraitiste Max Koner. Au milieu du groupe, les sœurs Wolffenstein, penchées sur leurs partitions ; entre elles, Otto Klemperer, âgé de 11 ans. C'était le fils d'un médecin du voisinage, le Pr Otto Klemperer. Photo datant d'environ 1910.

Ci-dessus à droite : Gustav Mahler (1860-1911), compositeur et chef d'orchestre.

inspirés de mélodies traditionnelles, pour chantre et chœur. « Lecho Dodi » (va, mon ami), l'hymne de Salomo Halevi (vers 1540), est encore chanté en famille, dans tout l'Occident, le vendredi soir, quand la maîtresse de maison allume deux bougies, au début du sabbat.

Outre Hermann Levi (voir p. 221), Leo Blech (1871-1958) fut au nombre des grands chefs d'orchestre juifs, sous l'Empire. Converti au catholicisme, il intégra l'Opéra royal de Berlin, en 1906, et fut promu premier chef d'orchestre en 1913. Son influence sur la politique de la capitale en matière d'opéras fut décisive aussi bien sous l'Empire que durant la République de Weimar.

Élève de Joseph Joachim, Bronislaw Hubermann se rendit célèbre en 1902, en ravissant le vedette à la cantatrice Adelina Patti qu'il accompagnait au violon. Il n'avait que 10 ans. Encouragé par cette dernière et par Brahms, l'enfant prodige allait devenir un virtuose inspiré

Parmi les interprètes juifs, célèbres dans le monde entier, citons la soprano Pauline Lucca (1841-1908), inoubliable notamment dans le rôle de Carmen, et le baryton-basse Friedrich Schorr (1888-1953) natif de Nagy-várad en Hongrie. Interprète de Wagner, Schorr fut acclamé à Berlin, Prague, New York et Bayreuth, dans le rôle de Wotan.

Mahler, chef d'orchestre à l'Opéra de Vienne, 1897. Silhouettes d'Otto Böhler.

Le nouveau théâtre

Pas d'attitude théâtrale mais des gestes naturels, pas d'emphase mais une intonation qui reflète la tension de l'âme – voilà ce qui comptait pour les rénovateurs du théâtre au tournant du siècle. Des metteurs en scène d'origine juive, comme Otto Brahm et Max Reinhardt en particulier, imposèrent cette nouvelle façon de jouer dont dépendait l'interprétation des pièces naturalistes d'Ibsen et d'Hauptmann.

Otto Brahm (1856-1912) fut critique de théâtre avant de devenir metteur en scène. Directeur de la « Freie Volksbühne » à partir de 1889, il y présenta des auteurs alors inconnus, comme Strindberg, Hauptmann et Ibsen. Décrié par l'empereur et « la classe dirigeante », il persista dans sa programmation, à la tête du Lessing Theater de 1894 à 1912. Bassermann, Irene Triesch, Max Reinhardt (le rival de Brahm par la suite), et bien d'autres grands acteurs ont été formés à l'école naturaliste de Brahm qui marqua de son sceau la dramaturgie allemande et le jeu des acteurs de l'époque.

Né en Hongrie, Ludwig Barnay (1842-1924) devint une figure centrale de la célèbre troupe « Meininger », considérée à Berlin, mais aussi à Londres et à Saint-Pétersbourg comme la compagnie théâtrale allemande par excellence avant la période naturaliste. C'est à son initiative que fut créée la société coopérative du personnel des théâtres allemands. En 1888, il fonda le Berliner Theater. À partir de 1906, il dirigea le théâtre royal (Königliches Schauspielhaus) de Berlin et, de 1908 à 1912, le Hoftheater d'Hanovre, qui firent référence en matière de « théâtre de cour ».

Max Reinhardt (1873-1943) était le « magicien du théâtre allemand, l'incarnation magique de l'être et du paraître, celui qui métamorphosa et maria le geste, le mot, la musique et les décors ». Il sut présenter avec brio des scènes collectives, véritables mouvements de foule sur fond musical. Certains critiques comparaient le jeu des acteurs qu'il dirigeait à celui de

En haut à droite : la comédienne Irene Triesch (1877-1964), remarquable interprète d'Ibsen.

À droite : Max Reinhardt, le « magicien du théâtre allemand », 1913.

Ci-contre : Otto Brahm et Gerhart Hauptmann caricaturés par Wilhelm Schulz dans « Simplicissimus », 1904.

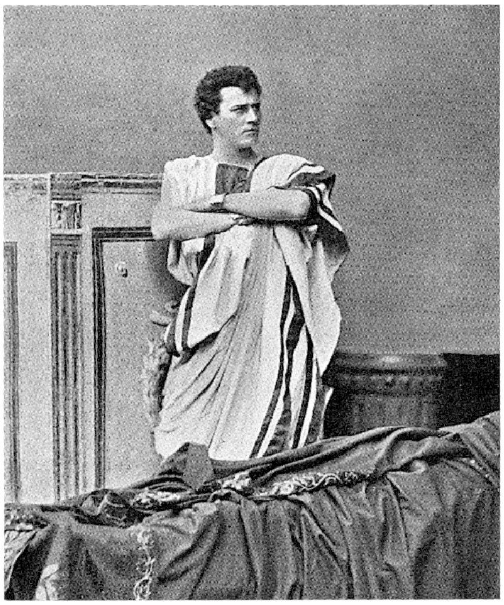

À droite : Fritzi Massary (1882-1969), la grande soubrette d'opérette, avec Joseph Gianpietro.

À gauche : l'acteur Ludwig Barnay interprétant le rôle de Marc Antoine dans « Jules César » de Shakespeare, au « Berliner Theater », en 1909.

saltimbanques, mais s'avouaient néanmoins séduits (voir également p. 386).

Irene Triesch (1877-1964) fut engagée au Deutsches Theater par Otto Brahm en 1902. Sous la direction de ce dernier ainsi que sous celle de Max Reinhardt, elle devint la grande interprète d'Ibsen et de Strindberg. Elle excella dans le rôle d'Iphigénie de Goethe, de la Pucelle d'Orléans de Schiller et de Lady Macbeth de Shakespeare. En 1933, elle émigra en Suisse.

Né à Constantinople, Rudolf Schildkraut fut très applaudi en Allemagne en tant qu'interprète des drames de Shakespeare, d'Ibsen et d'autres. En 1918, il partit pour l'Amérique où il devint directeur – et acteur principal – d'un théâtre yiddish. Il termina sa carrière à Hollywood.

Max Pallenberg (1877-1934) interpréta avec la même intensité explosive – un mélange savamment dosé de tragique et de comique – le brave soldat Svejk, le père Schimek, Tartuffe, le Malade imaginaire et des rôles dans les opérettes de Jacques Offenbach. Il fut l'inoubliable roi Ménélas – dans une mise en scène de Max Reinhardt – aux côtés de sa femme Fritzi Massary, dans le rôle de la belle Hélène.

La plupart des critiques de théâtre de Berlin étaient eux aussi juifs. Ils étaient influents comme ceux de toutes les autres villes du monde où le théâtre avait sa place. À Berlin, et de ce fait en Allemagne, Gerhart Hauptmann, Frank Wedekind et bien d'autres auteurs dramatiques dénoncèrent, à travers leurs œuvres, la société de leur temps.

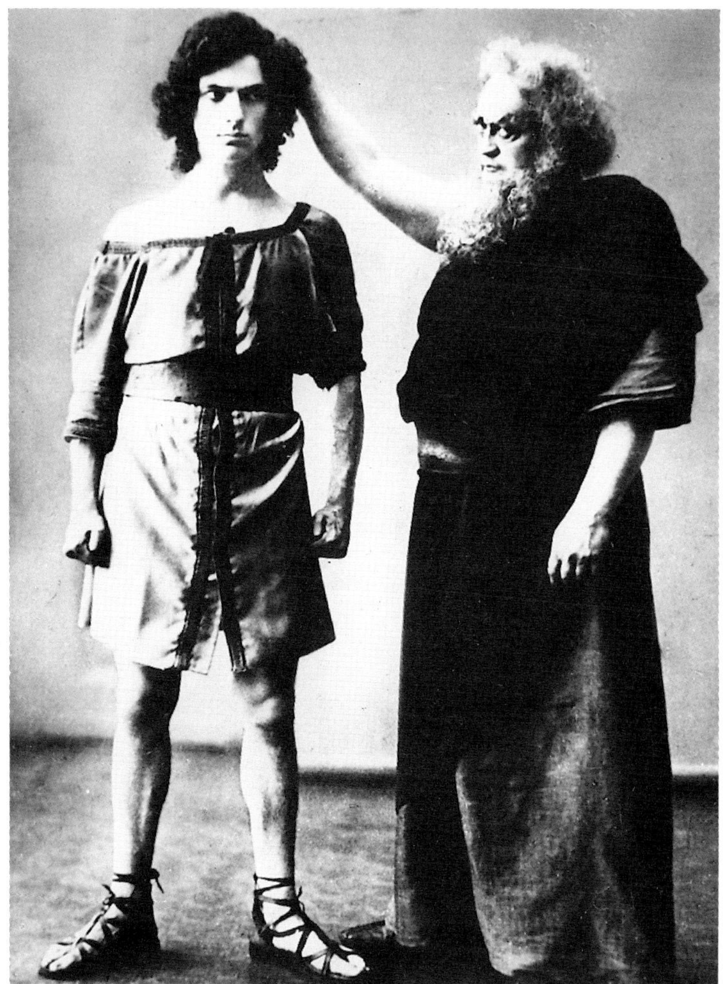

Josef et Rudolf Schildkraut dans « Der verlorene Sohn » (L'enfant prodigue) d'Erich Schmidtbonn.

Peintres et sculpteurs

Ci-dessus : « Job », huile de Max Liebermann, vers 1905.

À gauche : « Jérémie » de Lesser Ury, 1902.

À droite : Max Liebermann âgé, sous le portrait de ses parents, dans sa maison de Berlin, Pariser Platz, en mai 1931. Photo Dr. Erich Salomon.

À la fin du XIXe siècle, durant les années 1890, Max Liebermann (1847-1935) fit découvrir à l'Allemagne les impressionnistes français et devint l'un des pourfendeurs de la peinture historique telle que la concevait l'Académie des beaux-arts de Berlin, dont il était membre. Illustre représentant de ce que l'on appelle « l'impressionnisme » allemand, il a formulé son credo en ces termes : « Toute renaissance dans le domaine artistique... ne peut que se fonder sur le naturalisme. »

Lorsque le président de l'Académie, Anton von Werner, décida la fermeture d'une exposition consacrée aux œuvres d'Edvard Munch, Liebermann et d'autres qui partageaient sa réprobation démissionnèrent. En 1894, ils fondèrent la Sécession en collaboration avec le marchand d'art Paul Cassirer, permettant ainsi à des peintres tels que Lovis Corinth, Max Slevogt, Hans Baluschek, Lesser Ury, de présenter leurs travaux et d'être reconnus par le public.

Tant par le choix de sujets bibliques que par les tonalités sombres de ses tableaux qui s'inspirent de la vie du peuple, Liebermann fut réaliste à ses débuts. Son tableau intitulé « Jésus devant les scribes » déclencha un scandale. Liebermann avait choisi comme modèles des pensionnaires des hospices catholiques de Munich. On pouvait lire dans un compte rendu : « Liebermann a représenté le Juif au nez le plus laid que l'on puisse imaginer. Ce tableau fait offense à notre personne et à notre nez. » Il y eut des protestations au Landtag et le tableau dut se contenter d'une autre place, moins exposée aux regards.

Liebermann avait été profondément surpris et vexé par ces réactions. Il renonça dès lors à peindre des thèmes tirés des Évangiles. Célèbre pour son humour et son esprit de répartie propre aux Berlinois, il eut une réaction cinglante : « Bien que je sois, hélas, souvent convaincu du contraire, je continue de croire – comme l'énonce la Constitution – que tous les citoyens sont égaux devant la loi. »

Douze ans plus tard, il exposa de nouveau à Munich. « La femme à la chèvre » lui valut la grande médaille d'or et l'État de Bavière acheta la toile pour sa collection.

Entre-temps, l'empereur Guillaume II était convaincu, lui aussi, de l'importance de Liebermann. « Mais, c'est quand même un anarchiste ! » déclara-t-il.

Liebermann devint le portraitiste de la grande bourgeoise libérale, qu'il n'épargna pas de ses sarcasmes. Un gros industriel se plaignant un jour de son portrait qu'il ne jugeait pas ressemblant, s'entendit répondre : « Il n'est pas ressemblant, dites-vous. Il est tellement ressemblant qu'il en est écœurant ! »

« Toute ma vie, écrivit-il un jour, je me suis senti allemand, sans que mon appartenance au judaïsme n'en soit moins forte pour autant... » Liebermann mourut en 1935. Sa veuve se suicida en 1943 pour échapper à la déportation dans un camp de concentration.

La vie de Lesser Ury (1861-1931), dessinateur et peintre originaire de Birnbaum en Posnanie, ne fut pas comparable à celle de Liebermann. Guère apprécié du public jusqu'à un âge avancé, souvent désargenté, il est considéré, entre-temps, comme l'un des maîtres de l'« impressionnisme ». Il peignit également des personnages et des motifs bibliques : Adam et Ève, Jérusalem, Moïse, Jérémie, David, Ruth et Booz. Les dessins, les estampes et les peintures qui nous restituent les paysages de la Marche de Brandebourg, chers à Fontane, et le Berlin de l'époque avec ses cafés et ceux qui les fréquentent, ses calèches et ses automobiles qui se reflètent sur les pavés mouillés, dans la lumière blafarde des réverbères, ont aussi contribué à sa renommée internationale.

Ci-dessus : « Tiergarten, Berlin » de Lesser Ury, 1922.

À droite : Hugo Kaufmann : mémorial de l'Union à Francfort-sur-le-Main.

Ci-contre : « Sulamith » de Mose Lilien. Dessin, vers 1905.

Ernst Oppler, Eugen Spiro, Jakob Nuflbaum, Jakob Steinhardt, Joseph Budko, Emil Orlik, Ephraim Mose Lilien, Hermann Struck, Laser Segall et Max Oppenheim furent, eux aussi, de grands peintres et dessinateurs. Le peintre Hans von Marées et le sculpteur Adolf von Hildebrandt (1847-1921) à qui l'on doit la fontaine des Wittelsbach à Munich, étaient d'origine juive par l'un de leurs parents (voir également p. 295).

Natif de la Hesse, le sculpteur Hugo Kaufmann (1868-1919) est l'auteur de nombreuses figures réalistes que l'on peut encore voir dans certaines villes allemandes : à Munich, par exemple, « L'Art » (fortement endommagée durant la Deuxième Guerre mondiale) sur le Ludwigsbrücke, le bronze de la fontaine de Mercure (aujourd'hui à Tal), les statues de pierre au-dessus du portail du musée bavarois des Armées ; à Augsbourg, la fontaine des orfèvres.

Écrivains allemands d'origine juive

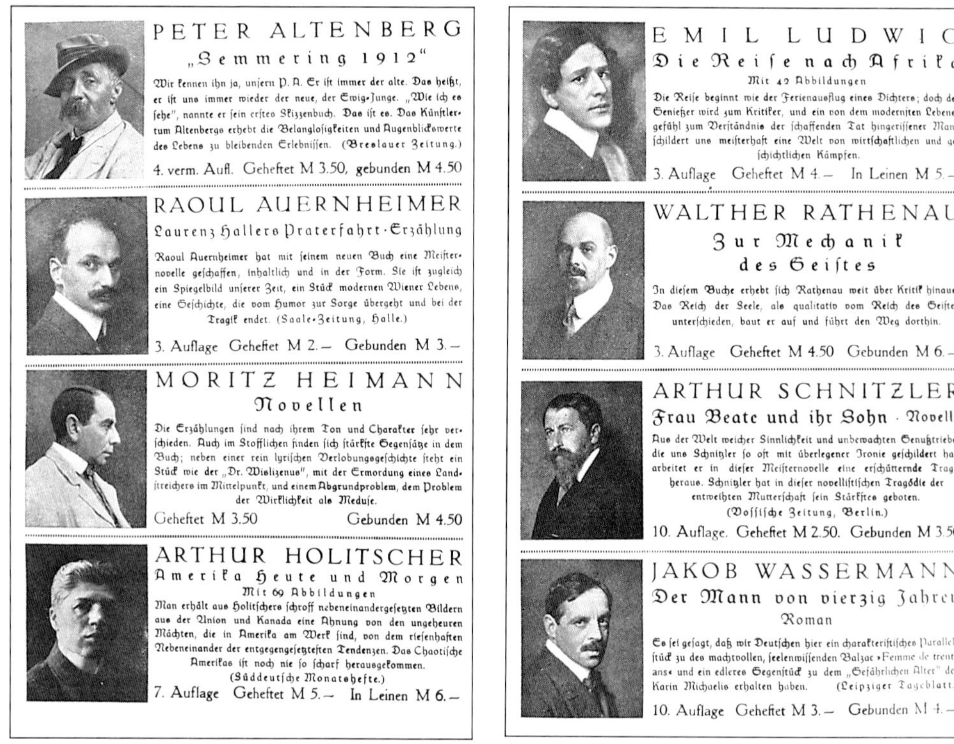

PETER ALTENBERG
„Semmering 1912"
Wir kennen ihn ja, unsern P. A. Er ist immer der alte. Das heißt, er ist uns immer wieder der neue, der Ewig-Junge. „Wie ich es sehe", nannte er sein erstes Skizzenbuch. Das ist es. Das Künstlertum Altenbergs erhebt die Belanglosigkeiten und Augenblickswerte des Lebens zu bleibenden Erlebnissen. (Breslauer Zeitung.)
4. verm. Aufl. Geheftet M 3.50, gebunden M 4.50

RAOUL AUERNHEIMER
Laurenz Hallers Praterfahrt · Erzählung
Raoul Auernheimer hat mit seinem neuen Buch eine Meisternovelle geschaffen, inhaltlich und in der Form. Sie ist zugleich ein Spiegelbild unserer Zeit, ein Stück modernen Wiener Lebens, eine Geschichte, die vom Humor zur Sorge übergeht und bei der Tragik endet. (Saale-Zeitung, Halle.)
3. Auflage Geheftet M 2.– Gebunden M 3.–

MORITZ HEIMANN
Novellen
Die Erzählungen sind nach ihrem Ton und Charakter sehr verschieden. Auch im Stofflichen finden sich stärkste Gegensätze in dem Buch; neben einer rein lyrischen Verlobungsgeschichte steht ein Stück wie der „Dr. Wislizenus", mit der Ermordung eines Landstreichers im Mittelpunkt, und einem Abgrundproblem, dem Problem der Wirklichkeit als Meduse.
Geheftet M 3.50 Gebunden M 4.50

ARTHUR HOLITSCHER
Amerika Heute und Morgen
Mit 69 Abbildungen
Man erhält aus Holitschers schroff nebeneinandergesetzten Bildern aus der Union und Kanada eine Ahnung von den ungeheuren Mächten, die in Amerika am Werk sind, von dem riesenhaften Nebeneinander der entgegengesetztesten Tendenzen. Das Chaotische Amerikas ist noch nie so scharf herausgekommen. (Süddeutsche Monatshefte.)
7. Auflage Geheftet M 5.– In Leinen M 6.–

EMIL LUDWIG
Die Reise nach Afrika
Mit 42 Abbildungen
Die Reise beginnt wie der Ferienausflug eines Dichters; doch der Genießer wird zum Kritiker, und ein von dem modernsten Lebensgefühl zum Verständnis der schaffenden Tat hingerissener Mann schildert uns meisterhaft eine Welt von wirtschaftlichen und geschichtlichen Kämpfen.
3. Auflage Geheftet M 4.– In Leinen M 5.–

WALTHER RATHENAU
Zur Mechanik des Geistes
In diesem Buche erhebt sich Rathenau weit über Kritik hinaus. Das Reich der Seele, als qualitativ vom Reich des Geistes unterschieden, baut er auf und führt den Weg dorthin.
3. Auflage Geheftet M 4.50 Gebunden M 6.–

ARTHUR SCHNITZLER
Frau Beate und ihr Sohn · Novelle
Aus der Welt weicher Sinnlichkeit und unbewachten Genußtriebs, die uns Schnitzler so oft mit überlegener Ironie geschildert hat, arbeitet er in dieser Meisternovelle eine erschütternde Tragik heraus. Schnitzler hat in dieser novellistischen Tragödie der entweihten Mutterschaft sein Stärkstes geboten. (Vossische Zeitung, Berlin.)
10. Auflage. Geheftet M 2.50. Gebunden M 3.50

JAKOB WASSERMANN
Der Mann von vierzig Jahren
Roman
Es sei gesagt, daß wir Deutschen hier ein charakteristisches Parallelstück zu des machtvollen, seelenwissenden Balzac »Femme de trente ans« und ein edleres Gegenstück zu dem „Gefährlichen Alter" der Karin Michaelis erhalten haben. (Leipziger Tageblatt.)
10. Auflage Geheftet M 3.– Gebunden M 4.–

Montage paru dans un catalogue des éditions S. Fischer, Berlin 1913.

Nul n'a vécu de façon aussi dramatique que Jakob Wassermann les problèmes existentiels posés par une double identité de Juif et d'Allemand. C'était le fils d'un négociant de Fürth, en Haute-Franconie, une région dont il décrivit souvent et avec amour les paysages.

En 1897, il publia son premier ouvrage *Les Juifs de Zirndorf* (Die Juden von Zirndorf). Vers 1660, des Juifs, en pleine euphorie messianique, vendirent ce qu'ils possédaient pour se rendre en Terre promise et rejoindre Sabbataï Tsevi (se reporter p. 92). Dans la région de Fürth, certains d'entre eux apprirent effarés que celui-ci s'était converti à l'islam. Ils décidèrent de ne pas aller plus loin et fondèrent le village de Zionsdorf qui, par la suite, prit le nom de Zirndorf.

Le conflit intime de Wassermann, son combat pour la justice et contre « l'apathie du cœur » prennent leur dimension réelle dans son récit autobiographique *Mon itinéraire d'Allemand et de Juif* (*Mein Weg als Deutscher und Jude*), 1921. « La solution ? Mettre fin à ses jours ? Une vie entre chien et loup, dans l'angoisse et sans joie ?... Mieux vaut ne pas y penser. » Et d'ajouter : « Je suis allemand et je suis juif. Autant l'un que l'autre et sans dissociation possible ». Il avait souvent une opinion négative des « autres Juifs » et il lui arriva d'employer des arguments antisémites et de faire des « Juifs de l'Est » les responsables de l'animosité dont étaient victimes les Juifs allemands. Privé de la citoyenneté allemande en 1933, un an avant sa mort, il fit des conférences, parlant « des Juifs allemands sur la scène allemande » qui, pour la plupart de ses auditeurs, des coreligionnaires dont certains originaires de l'Est, était leur patrie naturelle et bien-aimée. Dans les années 1920, notamment, Wassermann fut l'un des romanciers les plus lus. Thomas Mann l'appelait « la star mondiale du roman ».

Dans ses romans populaires, *Jettchen Gebert* (1906) et *Henriette Jacoby* (1908), Georg Hermann (1871- mort à Auschwitz en 1943) idéalisa quant à lui la vie familiale des Juifs dans le Berlin de l'époque Biedermeier. Désespérément amoureuse d'un chrétien, Jetten met fin à ses jours.

Sûr de son héritage intellectuel, ancré dans le monde des prophètes de l'Ancien Testament, Alfred Mombert (1872-1942) fut un poète d'une grande force mystique. Pour lui, la poésie était « une manifestation permanente de l'intellect, une manifestation répétée de l'harmonie avec le monde qui nous entoure ».

Pour Else Laske-Schüler (1876-1945), les sentiments et les choses vécues, les religions et les événements devinrent le canevas de rhapsodies enthousiastes. Née de parents orthodoxes à Elberfeld, elle fit de l'avant-garde littéraire allemande sa famille d'élection. Elle termina sa vie à Jérusalem, mais continua de se plonger dans son univers fait des récits bibliques entendus dans son enfance et utilisés en toute candeur, d'amours et d'amitiés, de vives sympathies et d'antipathies tenaces. On disait d'elle qu'elle était une poétesse allemande de langue hébraïque – dont elle ne comprenait pas le moindre mot – ou encore une poétesse orientale de langue allemande, exprimant à travers celle-ci la beauté et l'amertume de sa vie.

Contrairement aux Juifs d'Allemagne, les écrivains juifs de Vienne et de Prague, qui faisaient partie d'un milieu culturel austro-allemand composé d'une mosaïque de peuples, avaient le sentiment – à l'exception de Kafka et de Brod – d'appartenir à « une minorité, comme d'autres encore, à la différence toutefois qu'ils avaient moins de droits ». Pour Arthur Schnitzler (1862-1931), le Juif considéré isolément était sans cesse menacé dans sa situation d'Autrichien et de citoyen du monde. Dans son roman *Le chemin vers la liberté* (*Der Weg ins Freie*), 1908, et dans *Professeur Bernardi*, un drame écrit en 1912, il montre la situation de l'intellectuel juif et de la bourgeoisie juive dans un environnement non-juif. Il décrit également les Viennois de la fin de l'empire austro-hongrois, l'atmosphère teintée d'érotisme, à la fois enjouée et élégiaque de la capitale autrichienne.

Jakob Julius David (1859-1906) était un « Dostoïevski morave » pour beaucoup de lecteurs (*Am Weg sterben*, 1899 ; *Der Übergang*, 1903). Peter Altenberg (1859-1919) et Alfred Polgar (1873-1955) pratiquèrent le genre court. Le premier, quelque peu monomaniaque, cultivait son moi, livrant ses pensées telle une gerbe d'étincelles. Avec ce sentiment de supériorité propre aux hommes du monde, Alfred Polgar, quant à lui, s'adonnait à des considérations philosophico-sarcastiques et écrivait des critiques de théâtre. Tous deux considéraient qu'être juif tenait du hasard. Pour Egon Friedell (1878-1938), acteur et historien d'art (*Kulturgeschichte der Neuzeit*, 1927-1932) et pour Karl Kraus (1874-1936), poète et critique connu pour son style satirique étincelant, être juif était un stigmate qu'ils tentèrent d'effacer en s'en prenant aux autres Juifs.

Étrangers parmi les trois peuples de Prague, Franz Kafka (1883-1924) et son ami Max Brod furent les seuls de tous les écrivains précités à connaître la littérature juive et à s'intéresser au mouvement sioniste. Il ressort du *Journal* de Kafka que l'héritage populaire juif, symbolisé par la troupe de comédiens yiddish, sous la direction de Jizchak Löwy, a durablement impressionné l'auteur. L'idée d'un monde sans rédempteur, transformé en tribunal permanent, et l'univers onirique de Kafka traduisent incontestablement l'influence de la littérature rabbinique et du hassidisme.

Felix Salten (1865-1945) est connu principalement pour ses histoires d'animaux. C'est ainsi que *Bambi* est devenu un célèbre film de Walt Disney. Salten écrivit également des romans pour adultes, dont *Josephine Mutzenbacher*, un classique du genre érotique.

Ci-dessus : le poète Richard Beer-Hofmann (1866-1945).

À droite : le poète Alfred Mombert (1872-1942), tableau de Carl Hofer, vers 1913.

Ci-dessous : Franz Kafka (à gauche) en compagnie d'Albert Ehrenstein, d'Otto Pick et de Lise Kaznelson au Prater, à Vienne, 1913.

Aristocrate parmi les écrivains viennois, Richard Beer-Hofmann (1866-1945), interpréta l'avenir du judaïsme en partant de ses origines (et des siennes) dans *Le rêve de Jacob* (Jaakobs Traum), *Le jeune David* (Der Junge David) et dans *Berceuse pour Mirjam* (Schlaflied für Miriam), 1919 :

« Tu dors, Miriam ?
Miriam, mon enfant.
Seuls toi et moi somme des rives.
Et, en nous. coule le sang de ceux qui ont été,
de ceux qui seront,
le sang de nos pères, tourmentés et fiers.
Nous les portons tous en nous. Qui se sent seul ?
Tu es leur vie – leur vie est tienne,
Miriam, ma vie,
Dors mon enfant. »

Le cénacle de George

Ci-dessus : George entouré de ses disciples. De gauche à droite : Wolfskehl, Schuler, Klages, George, Verwey. Photo de K. Bauer, Munich, 1902.

Ci-dessus à droite : Friedrich Gundolf, spécialiste de l'histoire de la littérature, vers 1904.

Ci-contre : sur l'escalier d'un parc de Heidelberg, vers 1920. Percy Gothein, Norbert von Hellingrath, Edgar Salin, Friedrich Gundolf, Max Kommerell et Ernst Bertram étaient au nombre des disciples de George. Ernst Bertram, comme quelques autres, salua en Hitler le sauveur de l'Allemagne en 1933.

Un certain nombre de jeunes Juifs vivaient et travaillaient avec Stefan George (1868-1933), dont ils étaient les fervents disciples. La plupart d'entre eux « ne se sentaient plus juifs ». Ils étaient en quête d'un nouvel Absolu et peut-être même d'une nouvelle divinité. Karl Wolfskehl (1869-1948) qui, sa vie durant, fit l'apologie du Maître, était pourtant fier de sa longue ascendance toscane et rhénane, et se considérait comme « l'un des gardiens de l'esprit allemand ». « Par son ardeur et son amour de la vérité, il faisait plutôt penser aux prophètes de sa race, abreuvés du vin de la Sainte Colère », écrivit Karl Wolters, l'un des intimes de George.

Chose inexplicable : le cénacle réunit pendant des années des Juifs mais aussi des antisémites tels Ludwig Klages et Alfred Schuler, qui adhérèrent au « Cercle cosmique », durant la période munichoise. Ces quelques lignes de George offrent peut-être une explication :

« Blonds ou bruns,
nourris au même sein,
Frères tout en l'ignorant,
se cherchant et se détestant,
Toujours s'égarent
et jamais ne s'accomplissent. »

Margarete Susmann (1874-1966), femme de lettres et poétesse juive, prit ses distances avec ce cercle, « parce que le dionysiaque y fait place au démoniaque, à la vieille traîtrise germanique… Je me suis souvent demandé en quoi la traîtrise germanique se différenciait de celle de Judas. Ma conviction est la suivante : des Chansons des Nibelungen à la Bataille d'Hermann de Kleist et jusqu'au national-socialisme, l'Edda germanique symbolise non seulement l'approbation mais aussi la glorification de la traîtrise, alors que Judas se pend, pris de remords. »

Friedrich Gundolf (1880-1931), spécialiste de l'histoire de la littérature, son frère Ernst, de même que l'historien Ernst Kantorowicz (1895-1963) formaient le cercle des intimes. Autres disciples très proches de George : Heinrich Friedemann, Pery Gothein, Edith Landmann, Gertrud Kantorowicz, Ernst Morwitz et Richard Perls. Le Berlinois Georg Bondi était l'éditeur des livres de Stefan George et des *Blätter für die Kunst* (créées en 1892), la revue imprimée avec une police de caractères imaginés par George. Edgar Salin (1892-1974), économiste et spécialiste de Platon, faisait partie, lui aussi, du cercle qui s'était formé à Heidelberg. Il est l'auteur du livre intitulé *Autour de Stefan George* (1948).

Les poèmes de George eurent une grande résonance dans les mouvements de jeunesse juifs.

Ida Coblenz, la seule femme qui joua un rôle dans la vie de George. Elle épousa plus tard le poète Richard Dehmel.

Ci-dessous à gauche et au centre : couverture de « Saul », 1905, le livre de Karl Wolfskehl et la dédicace de l'auteur au club des étudiants sionistes « Jordania » de Munich, 1906.

Ci-dessous à droite : page de titre du livre d'Ernst Kantorowicz « Kaiser Friedrich der Zweite » (L'empereur Frédéric II), 1931.

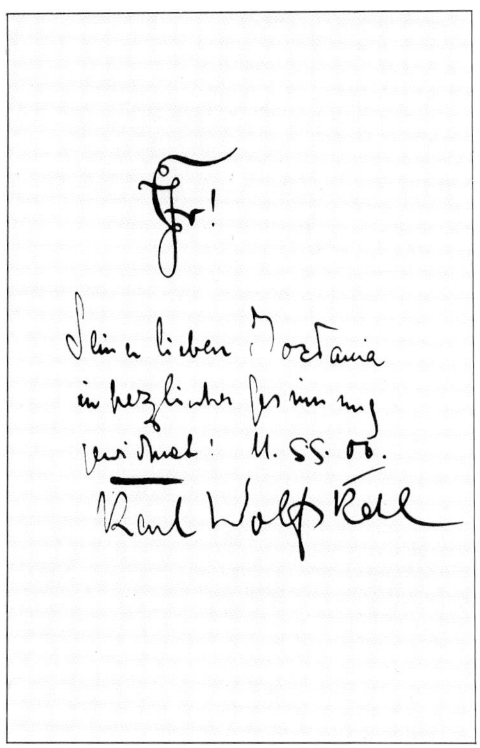

Rupture avec le passé

Ci-dessus à gauche : Julius Eduard Hitzig (1780-1849), conseiller judiciaire et éditeur. Lithographie d'après un dessin de Franz Krüger, 1837.

Ci-dessus : Friedrich Julius Stahl (1802-1861), porte-parole des conservateurs prussiens. Lithographie contemporaine.

Ci-contre : Eduard von Simson (1810-1899), président de l'Assemblée nationale (1848/1849), à la tête de la délégation impériale reçue par Frédéric-Guillaume IV, le 3 avril 1849. Gravure sur bois de l'« Illustrierte Zeitung » de Leipzig.

Theodor Mommsen (voir p. 254) estimait qu'en fusionnant avec le peuple allemand, les Juifs d'Allemagne avaient enrichi sa culture.

L'appartenance au peuple allemand, une évidence pour les non-Juifs, qu'ils soient chrétiens, agnostiques ou athées, supposait de la part des Juifs qu'ils acceptent le baptême. Mommsen avança l'idée d'une conversion de masse pour une meilleure intégration des Juifs dans la société. Aussi louables qu'aient été ses intentions, elles montrent bien que Mommsen a sous-estimé la conception positive que la grande majorité des Juifs avaient du judaïsme, comme l'atteste la remarque de l'historien Heinrich Graetz, selon laquelle l'apport des Juifs à la culture européenne avait été tout aussi important que celui des non-Juifs.

Il est cependant indéniable que les conversions se multiplièrent à partir de l'époque des Lumières. La plupart des Juifs, qui demandèrent le baptême, étaient devenus indifférents au judaïsme et avaient fait leurs les idéaux des Lumières. Il est manifeste que les Lumières, le déisme et la volonté d'assimilation ont favorisé la conversion à la religion dominante, conversion largement considérée par l'État allemand et chrétien comme la condition à remplir pour obtenir l'égalité sociale et professionnelle.

La conversion au christianisme aidait ceux qui épousaient les idées de Mendelssohn, précurseur et théoricien de l'émancipation, à ne plus considérer la loi juive révélée comme la seule qui fasse autorité sur le plan métaphysique, moral et humanitaire. Les idées des Lumières et la pression exercée par l'État (voir p. 148) amenèrent les Juifs à considérer le baptême comme une simple formalité qui leur épargnerait les préjugés de la majorité. Herschel Marx, le père de Carl Heinrich (futur Karl) Marx, devint un avocat réputé sous le nom d'Heinrich Marx. Le juriste Eduard Gans, président de l'Association pour la défense de la culture et de la science juives, prônait l'unification de l'Allemagne sous la conduite de la Prusse. Sa conversion, en 1825, lui permit de devenir professeur titulaire et doyen de la faculté de droit de Berlin. « L'État n'exige de moi qu'un geste pour la forme », déclara-t-il.

Heinrich Heine, ami de Gans, écrivit à un « renégat » :

Le théologien Johann August Neander (1789-1850). Lithographie d'après un dessin des frères Henschel.

« Le nouveau Pierre d'Amiens et les croisés » et le nouveau « Kreuzzeitung » caricature publiée dans « Kladderadatsch », 4 novembre 1849.

Le peintre Franz Marc (1880-1916), descendant de Moses Nathan Marcus, intendant à la Cour du comté de Waldeck.

« Et tu as rampé jusqu'à la croix,
cette croix que tu méprisais,
que tu voulais fouler aux pieds
il y a quelques semaines.

Voilà ce qu'il advient,
À force de lire Schlegel, Haller, Burke.
Hier encore un héros,
Aujourd'hui un scélérat. »

Ce reproche s'adressait à Gans tout autant qu'à lui-même. L'année où il l'écrivit, Heine se convertit en effet pour obtenir un emploi de juriste.

Un petit nombre de Juifs demanda le baptême par conviction. Ce fut le cas notamment de Neander et de Stahl.

Une fois baptisé, en 1806, David Mendel (1789-1850) se fit appeler Johann August Wilhelm Neander. En 1813, Schleiermacher lui proposa une chaire de théologie à l'université de Berlin. Neander signa deux ouvrages de référence de la théologie protestante : *Histoire générale de la religion et de l'Église chrétiennes* (*Allgemeine Geschichte der christlichen Religion und Kirche* ; 1826 et années suivantes) et *La vie de Jésus* (*Das Leben Jesu* ; 1837).

Après sa conversion au protestantisme, le juriste et politicien Julius Schlesinger (1802-1861) se fit appeler Friedrich Julius Stahl. Professeur de droit constitutionnel et de droit canon à l'université de Würzburg et d'Erlangen depuis 1832, Stahl obtint en 1840 une chaire de droit à Berlin, l'université la plus prestigieuse d'Allemagne, succédant ainsi à Eduard Gans.

Haut fonctionnaire prussien de l'Église protestante, membre de la Chambre haute et porte-parole des conservateurs, il défendit dans ses écrits la royauté de droit divin et exigea que l'enseignement soit placé sous la tutelle de l'Église. Il n'y avait pas de place pour les Juifs dans l'administration de l'État chrétien tel qu'il le concevait. Les idées de Stahl eurent une grande résonance dans les milieux conservateurs de Prusse et d'Allemagne après la fondation de l'Empire.

Le poète et prix Nobel Paul Heyse (1830-1914), d'après un tableau de Franz von Lenbach.

Beaucoup de Juifs convertis conservèrent des attaches affectives avec le judaïsme. Ce fut le cas de Felix Mendelssohn-Bartholdy, du peintre Eduard von Bendemann ou du compositeur Jacques Offenbach, qui refusa de parodier sur scène un thème en rapport avec la religion de ses ancêtres. D'autres, comme Julius Stahl ou Karl Marx, devinrent des détracteurs du judaïsme, soit pour mieux cacher leur véritable identité, soit par haine d'un père ou d'une mère responsable d'une origine qui faisait d'eux des êtres inférieurs aux yeux de leur entourage. La dissimulation de leur origine peut être interprétée de cette manière. Au fil des générations, certains finirent par oublier ou occulter leur ascendance juive, surtout lorsque leurs ancêtres avaient changé de nom, soit volontairement, soit par le biais du mariage. Ils se confondirent avec les non-Juifs.

C'est ainsi que les peintres Hans von Marées et Franz Marc (qui avait pour ancêtre Moses Nathan Marcus, intendant à la Cour du comté de Waldeck) étaient des descendants de Juifs. Felix von Bendemann (1848-1915), fils du peintre Eduard von Bendemann, devint chef d'état-major de l'amirauté allemande. Quelle ne fut pas sa déception lorsque sa belle-fille, Margarete Susmann, écrivain et poétesse juive connue, refusa le baptême.

Tous les descendants de Daniel Itzig, monétaire à la Cour (voir p. 114), étaient baptisés. Un certain nombre d'entre eux épousèrent de grands aristocrates.

Au XIXe siècle, quelque 30 000 Juifs se convertirent sur un total d'environ 530 000 en 1875.

Adolf von Baeyer (1835-1917), chimiste, prix Nobel et inventeur de l'indigo synthétique.

Ci-dessous à gauche : « Darwinisme », extrait de « Der Schlemiel », janvier 1904.

Ci-dessous à droite : Hans von Marées (1837-1887, au premier plan), peint par son ami Franz von Lenbach, 1863 (détail). Née Sussmann, sa mère était originaire d'Halberstadt.

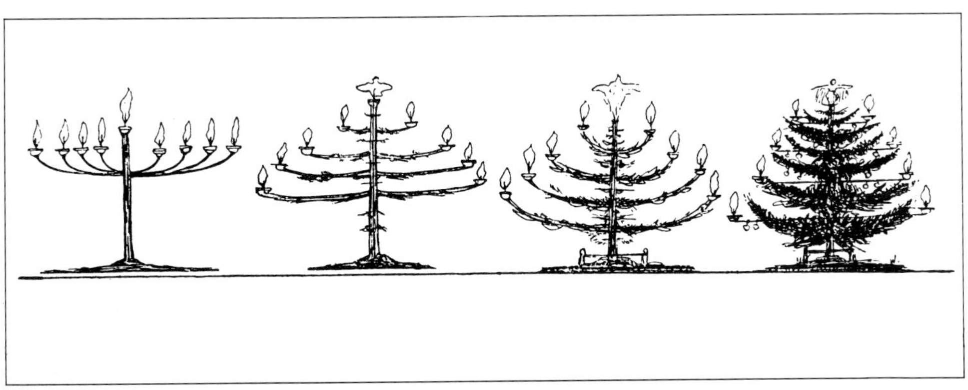

« On ne récitera pas le kaddish »

À gauche : la tombe de Heine au cimetière Montmartre à Paris.

À droite : « L'hommage de "mère Germania" au poète Heinrich Heine ». Dessin d'Olaf Gulbransson paru dans « Simplicissimus », 1906, pour le cinquantenaire de la mort du poète.

Nul autre poète allemand ne suscita une polémique aussi passionnée qu'Heinrich Heine. Pour la plupart, il fut et resta un grand poète dont l'attachement indéfectible à l'Allemagne transparaissait même dans ses critiques les plus acerbes. Pour d'autres, il fut un homme de compromissions, à la botte des Français, un Juif perçu comme un étranger, qui chantait les louanges de Napoléon dans « Les Grenadiers », bref un traître à la patrie.

Ci-dessous : « Je ne sais pas ce que cela signifie... » interprété par une chorale allemande, sur la tombe d'Heinrich Heine au cimetière de Montmartre en 1901.

Page de droite : dessin et poème de Wilhelm Schulz pour le cinquantenaire de la mort d'Heinrich Heine, « Simplicissimus », 12 février 1906.

Otto von Bismarck, admirateur de ce « traître », écrivit : « Si j'avais été à sa place, je n'aurais guère agi autrement. Si, comme Heine, j'avais été juif, aurais-je apprécié la fermeture, à huit heures du soir, des portes de la ville réservée aux Juifs, les lois d'exception d'une extrême sévérité envers les Juifs ? Dans l'homme qui introduisit la législation française en

Rhénanie, qui abrogea toutes les lois d'exception, un Heine doit naturellement glorifier celui qui mit fin au martyre… Les gens oublient-ils que Heine était un poète lyrique à côté duquel seul Goethe peut être cité et que la lyrique est précisément une forme spécifique de la poésie allemande ? » « On ne récitera pas le kaddish… » – la prière en souvenir des défunts –, écrivit Heine en anticipant sa propre mort.

Ce fut un tollé général lorsqu'on voulut installer à Düsseldorf, la ville natale de Heine, la fontaine réalisée à sa mémoire en 1897 par le sculpteur Ernst Herter (1846-1917). Elle fut finalement érigée dans un parc de New York. Le sénat de Hambourg refusa de placer dans la ville la statue du Danois Louis Hesselries, représentant le poète assis et absorbé dans ses pensées. L'impératrice Élisabeth d'Autriche la fit installer aux portes de son château sur l'île de Corfou. Indigné, l'empereur Guillaume II exigea qu'on l'enlève lorsqu'il racheta la propriété à la mort d'Élisabeth. La statue fut placée dans le jardin des Campe, les éditeurs de Heine, à Hambourg. C'est seulement sous la république de Weimar qu'elle fut placée sur une place publique d'Altona, de 1928 à 1933.

La statue de Georg Kolbe (1877-1947) représentant Heine adolescent souleva une tempête de protestations dans les milieux antisémites et nationalistes. Néanmoins, elle trouva sa place dans un parc de Francfort. En 1934, le poète Georg Binding la préserva de la destruction.

Adolf Bartels (1862-1945), spécialiste de l'histoire de la littérature et antisémite notoire, ne s'entendit avec Karl Kraus (1874-1936), le poète juif connu pour son style satirique, que pour dénigrer Heine. Toutefois, la grande majorité des intellectuels allemands, de Nietzsche à Gerhart Hauptmann, furent des admirateurs et des défenseurs d'Heinrich Heine. *Simplicissimus* rendit hommage au poète en 1906, lors du cinquantenaire de sa mort.

Les Juifs de l'Est en quête de travail et de liberté

À gauche : la famille Eisen, de Galicie. Les trois frères venaient d'une famille de boulangers. Le cadet devint marchand de textiles, un autre orientaliste, le dernier spécialiste de l'histoire de l'art. Munich, 1907.

À droite : programme d'une manifestation organisée en 1908 à Berlin par le Jüdischer Kunstverein (Association juive pour la promotion de l'art). Dans toutes les grandes villes d'Allemagne, il y avait des associations culturelles juives. Le conférencier du jour, Emanuel Reicher (1849-1924), avait quitté la Galicie en 1887. Il devint un grand interprète d'Ibsen et de Hauptmann sous la direction d'Otto Brahm.

Jüdischer Kunstverein.

(Verein zur Förderung jüdischer Kunst).

Saison 1907—1908.

4. Veranstaltung

Dienstag, den 28. April 1908, 8½ Uhr abends

in den

Sophien-Sälen, Sophienstrasse 17/18.

Jüdische Dichtung

Vortragender: Emanuel Reicher (Leſſing-Theater).

Programm:

J. L. Perez: Die Kabbaliſten. (Skizze.)

A. Coralnik: Der rote Schnee. (Drama in 1 Aufzug.)

Pause.

Ludwig Auguſt Frankl: Der letzte Hoheprieſter. (Ged.)

Jehuda Halevy: Der Seeſturm. (Ged.)

Braudes: Wie der Pumpianer Rabbi die soziale Frage löſte. (Humoreske.)

Karten à 4, 3, 2 und 1 Mk. bei Bote & Bock, Leipzigerſtraße, A. Wertheim, Leipzigerſtr., Louis Lamm, Neue Friedrichſtr. 61-63, M. Lilienthal, Friedrichſtr. 101 und an der Abendkasse.

Einſchreibegebühr 2 Mk., Jahresbeitrag 6 Mk.

Für Mitglieder 1 Karte à 2 Mk. frei, für deren Angehörige je 1 Mk. Ermäßigung.

An unsere russischen Leser!

Wir sind in der Lage, unsere verehrten **Abonnenten in Russland** von folgendem Entgegenkommen der **Kaiserlich-russischen Post-Direktion** in Kenntnis zu setzen:

Nach einer uns soeben zugegangenen, vom 23. November (5. Dezember) datierten Mitteilung des **Kaiserlich-Russischen Ministeriums des Innern** werden vom Januar 1902 ab

sämtliche Central-Postämter in Russland

Abonnements auf **„Ost und West"** entgegennehmen, und zwar:

St. Petersburg, Moskau, Warschau, Odessa, Riga, Wilna, Kiew, Charkow, Nishny-Nowgorod No. I, Kasan *und* ***Tiflis.***

Ci-contre : « À l'attention de nos lecteurs russes » – annonce publicitaire pour « Ost und West ». L'allemand fut le vecteur d'une culture juive dans les pays de l'Est, jusque dans le Caucase.

Après les massacres de Chmielnitski, en 1648, l'histoire se répéta. Les pogroms, dont les Juifs de Russie furent victimes en 1881/1882, déclenchèrent le premier exode massif du XIXe siècle. La plupart des émigrants – plus de 2,5 millions entre 1880 et 1914 – se rendirent en Amérique via Hambourg et Brême. Une partie d'entre eux s'installa en Angleterre. Certains s'établirent en Allemagne, malgré l'attitude des autorités qui se voulaient dissuasives. Pour beaucoup de Juifs de l'Est, le pays de Schiller, héraut de la fraternité universelle, était synonyme de libéralisme. Il cristallisait leur aspiration à une vie digne et libre. Certains étaient venus à la demande d'industriels qui recherchaient des ouvriers professionnels pour développer de nouveaux secteurs de fabrication. D'autres trouvèrent du travail dans les mines ou les fonderies. Des étudiants purent s'inscrire dans les universités allemandes.

En 1910, 614 000 personnes, membres de communautés juives, vivaient en Allemagne. 79 000 d'entre elles étaient nées en Europe de l'Est. Les « Juifs de l'Est » compensèrent la diminution du nombre de Juifs allemands (due à la baisse de la natalité, aux conversions et à l'émigration). Ils eurent une influence régénératrice et vitalisante sur le judaïsme allemand.

Les premiers émigrants étaient, pour la plupart, des artisans et des travailleurs indépendants. Beaucoup furent embauchés dans l'industrie du cuir d'Offenbach, les manufactures de tabac et de cigarettes de Berlin, Dresde et Munich, ainsi que dans les ateliers de fourrure de Leipzig. Grâce aux Juifs de l'Est – ouvriers, commerçants, importateurs et exportateurs –, Leipzig devint le centre mondial du négoce de la fourrure et des soies pour la fabrication de brosses et le resta jusqu'en 1933. Certains de leurs compatriotes contribuèrent au développement des importations de fer, de bois et de cuir ou favorisèrent l'exportation de produits allemands vers les pays de l'Est.

Beaucoup de Juifs, totalement démunis à leur arrivée, subsistèrent tout d'abord grâce à de petits métiers – brocanteurs, charretiers – ou en travaillant au noir. La population allemande, contrairement à celle d'Amérique, n'appréciait guère leur esprit d'entreprise et leur curiosité intellectuelle. Autre pierre d'achoppement : la soif de culture des émigrants. Dès la deuxième génération, beaucoup renoncèrent à faire du commerce ou à exercer une activité artisanale et se tournèrent vers des professions libérales ou réclamant une formation universitaire.

Parmi les artistes et les écrivains, on retrouve les noms du violoniste Bronislaw Hubermann, du pianiste Arthur Schnabel (1882-1951), du graphiste Ephraim Mose

Un fourreur russe installé avec sa famille à Munich en 1905. Un des fils exerça le même métier que le père. Un autre étudia la biologie et devint un grand reporter photographe. Un autre encore – l'auteur de ce livre – fit une carrière d'historien et de reporter photographe. Le dernier émigra en Israël où il fut ingénieur en chef dans une brigade de sapeurs-pompiers. Après son mariage, la fille ouvrit avec son mari un magasin de fourrures. Photo prise en 1917.

Association scientifique judéo-russe, Berlin, 1889. Le groupuscule d'étudiants judéo-nationalistes se sépara de « l'Association des étudiants russes » qui, bien que tous juifs, se désintéressaient du judaïsme. La nouvelle association comptait parmi ses membres Leo Motzkin, Schemarja Levin, Haïm Weizmann et Heinrich Loewe, le seul à être allemand. Tous furent des leaders du sionisme.

Lilien (1874-1925), du compositeur et poète Arno Nadel (1878-1943), ainsi que des traducteurs Alexander Eliasberg et Berthold Feiwel. Efraim Frisch (1873-1942), issu d'une famille orthodoxe de l'Est, devint l'éditeur de la revue littéraire *Der neue Merkur* (*le Nouveau Mercure*), tandis que Samuel Saenger (1864-1944) fit carrière comme rédacteur en chef de *Die neue Rundschau* (*la Nouvelle Revue*), un important mensuel littéraire. Samuel Fischer (1859-1934), d'une famille assimilée de Liptó Szent Miklós (aujourd'hui Liptovský Mikulás), en Slovaquie, fonda les Éditions S. Fischer. Paul Nikolaus Cossmann (1869-1942), fils d'un violoncelliste juif originaire de l'Est installé à Francfort-sur-le-Main, publia les très influents et conservateurs *Süddeutsche Monatshefte* (*Cahiers mensuels d'Allemagne du Sud*). Il se convertit au catholicisme et demeura un patriote et nationaliste convaincu tout au long de la Première Guerre mondiale. Paul Cossmann mourut dans le camp de concentration de Theresienstadt.

Ci-dessus : Lydia Rabinowitsch-Kempner (1871-1935). Née à Kovno, elle devint bactériologiste. Première femme nommée professeur en Prusse, en 1912, elle collabora avec Robert Koch. Son fils, Robert Kempner, fut l'un des procureurs américains au procès de Nuremberg.

Les étudiants formaient un petit groupe, très actif cependant sur le plan culturel. Exclus des universités de Russie et de Pologne par le numerus clausus, ils firent leurs études à Berlin, Heidelberg, Munich et dans d'autres villes. Ce fut le cas du futur prix Nobel Samuel Josef Agnon (1888-1970), originaire de Galicie, des poètes de langue hébraïque Chajim Nachman Bialik (1873-1934) et Saul Tschernichowski (1875-1943), de Haïm Weizmann, premier président d'Israël, et du publiciste Zalman Schazar (1889-1974), troisième président de ce même État.

Les révolutionnaires juifs de Pologne et de Russie – certains avaient émigré après l'échec de la révolution russe de 1905 – se rallièrent aux socialistes allemands. C'est ce que firent Rosa Luxemburg, Eugen Leviné et Leo Deutsch.

Né à Aleksotas en Lituanie, Hermann Minkowski (1864-1909), mathématicien et théoricien des nombres, devint professeur à l'université de Göttingen en 1902. Avec Lorenz et Einstein, il établit les fondements mathématiques de la théorie de la relativité. Son frère Oskar (1858-1931), professeur à Breslau, contribua par ses travaux de recherche à la découverte de l'insuline.

Originaire de Vienne, Martin Buber (1878-1965) avait trois ans quand sa famille s'installa à Lemberg. Il grandit dans la maison de son grand-père, un savant talmudiste, puis alla faire ses études en Allemagne. Âgé, Buber se définissait lui-même comme un « Juif polonais » (*Gog et Magog*, 1957).

C'est de Russie, de Pologne, de Galicie, de Hongrie et de Roumanie que vinrent les leaders sionistes Viktor Haïm Arlosoroff, Nahum Goldmann et Shmaryahu Levin, les acteurs Alexander Granach, Kurt Katsch, Wladimir Sokoloff, Maria

Ci-contre : les fondateurs du « Jüdischer Verlag » (Éditions juives), Berlin 1902. En partant de la gauche : Berthold Feiwel (assis), écrivain morave, Ephraïm Mose Lilien, graphiste de Galicie, Haïm Weizmann, éminent chimiste originaire de Russie et président de l'Organisation sioniste mondiale, Martin Buber (assis), qui grandit en Pologne, et Davis Trietsch, d'origine russe, qui devint un leader du mouvement sioniste.

Orska, Elisabeth Bergner, Rudolf Schildkraut, les chanteurs Friedrich Schorr, Hermann Jadlowker, Alexander Kipnis, Josef Schmidt et bien d'autres. Originaire de Visznevo en Lituanie, Nahum Goldmann (1894-1982) s'installa en Allemagne avec sa famille en 1902. Avec Arlosoroff et Ben Gourion, il fut longtemps un militant actif de l'aile radicale du mouvement sioniste. Après le départ des Anglais de Palestine, en 1947, il prôna la création immédiate d'un État juif. Par la suite, il devint président du Congrès juif mondial dont il était le fondateur et, après 1948, de l'Organisation sioniste mondiale. Brillant orateur, également lorsqu'il s'exprimait en yiddish, il déclara, alors âgé, se sentir « Allemand et Juif ». L'un de ses principaux mérites fut d'avoir obtenu gain de cause pour les demandes de réparations des Juifs d'Allemagne.

Dans les décennies qui suivirent la première vague d'émigration, les différentes communautés n'eurent guère de contacts, si ce n'est au sein des associations estudiantines ou sionistes. Les Juifs installés de longue date étaient souvent hautains et méprisants à l'égard des Juifs « étrangers ». Les Juifs de l'Est se regroupèrent par nationalité. Ils fondèrent leurs écoles, leurs communautés de prière et leurs cercles conviviaux. Par la suite, les associations caritatives, les chorales, les clubs sportifs, les mouvements de jeunesse sionistes et orthodoxes, les cénacles artistiques et littéraires favorisèrent le rapprochement des communautés.

Les Juifs de l'Est – à de rares exceptions près – se heurtèrent à la bureaucratie. Quelques-uns seulement réussirent à se faire naturaliser. Les expulsions étaient fréquentes. Au sein des communautés juives, les ressortissants de l'Est se virent longtemps refuser le droit de vote. Ils étaient exclus eo ipso de l'Association centrale des citoyens allemands de religion juive. Les rapports avec les non-Juifs – ouvriers, classes moyennes, artistes, hommes de lettres – étaient souvent chaleureux. Peut-être cela était-il dû au fait que les Juifs de l'Est ne cherchaient pas à cacher leurs origines. Les interlocuteurs se savaient différents, d'où une probable absence de rivalité.

L'arrivée des Juifs de l'Est se traduisit par un enrichissement spirituel du judaïsme, grâce à l'apport des rabbins, des enseignants, d'hommes comme Martin Buber et Jakob Klatzkin (1882-1948), écrivain et philosophe, mais aussi grâce à la création du « Jüdischer Verlag », qui édita le Talmud, des livres d'histoire et des nombreux auteurs venus de l'Est, comme Itzhak Leibush Peretz (1852-1915) et Scholem Alejchem (1859-1916).

Ci-dessus : Rosa Luxemburg, fondatrice, en 1917, de la ligue Spartakus avec Karl Liebknecht. La phrase qui la rendit célèbre : « La liberté uniquement pour ceux qui soutiennent un gouvernement, uniquement pour les membres d'un parti – aussi nombreux soient-ils – n'est pas la liberté. La liberté, c'est pouvoir penser autrement, non pas par souci de justice proche du fanatisme, mais parce que ce qu'il y a d'instructif et de purificateur dans la liberté politique dépend de ce principe et ne produit plus aucun effet lorsque la liberté devient un privilège. »

Ci-contre : Max (Marcus) Harmelin (à gauche) et son père Joachim (à droite), originaires de Russie, dans l'entrepôt de leur entreprise, la plus grande d'Europe à importer et à exporter des soies pour la fabrication de brosses, Leipzig 1905.

Renaissance nationale

Depuis la destruction de Jérusalem par Titus, en 70, et l'interdiction de la religion juive par Hadrien, en 135, les Juifs de la diaspora ont toujours cru d'une foi inébranlable à leur retour sur la terre de leurs ancêtres. « L'année prochaine à Jérusalem » est la promesse faite aujourd'hui encore lors de la célébration de Pessah, la Pâque juive.

Les difficultés économiques, l'hostilité persistante à l'égard des Juifs, notamment en Russie où les pogroms étaient encouragés par les tsars, le combat pour l'émancipation, qui s'était soldé par un échec en Autriche, en Hongrie et en Allemagne, amenèrent les Juifs, vers la fin du XIXe siècle, à essayer de concrétiser de façon séculière leur aspiration messianique – le retour à Sion.

Le projet de s'installer en terre d'Israël prit corps. Les nouvelles publications hébraïques en Russie encouragèrent cette initiative et contribuèrent à un éveil national et culturel.

Rome et Jérusalem (1862) de Moses Hess et *Auto-émancipation ! – l'exhorta-*

Rabbi Zwi Hirsch Kalischer (1795-1874), théoricien du sionisme religieux.

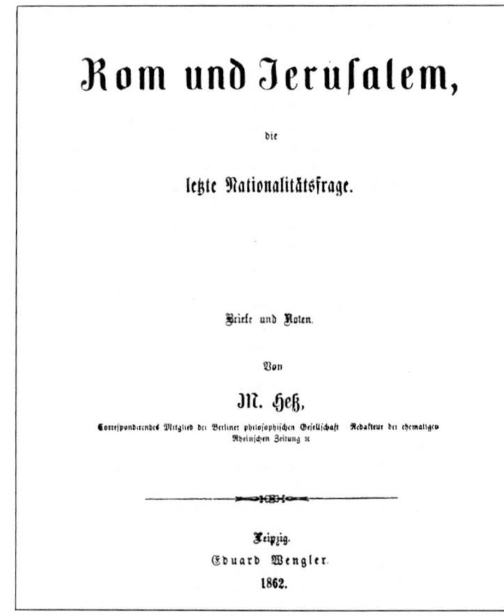

Rom und Jerusalem,

die

letzte Nationalitätsfrage.

Briefe und Noten.

Von

M. Heß,

Correspondirendes Mitglied der Berliner philosophischen Gesellschaft Redakteur der ehemaligen Rheinischen Zeitung ꝛc

Leipzig.

Eduard Wengler.

1862.

Page de titre de « Rome et Jérusalem » de Moses Hess, 1862.

En bas : la conférence des « Amants de Sion » à Katowice, 1884.

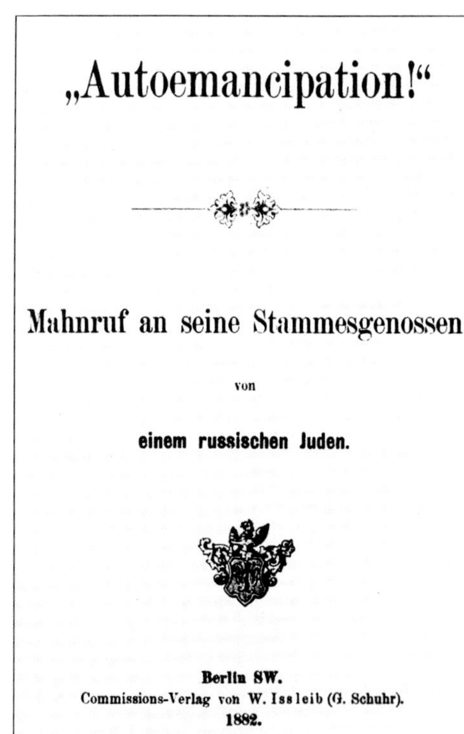

„Autoemancipation!"

Mahnruf an seine Stammesgenossen

von

einem russischen Juden.

Berlin SW.

Commissions-Verlag von W. Issleib (G. Schuhr).

1882.

Ci-dessous : « Auto-émancipation ! – l'exhortation d'un Juif russe à ses frères », par Yehouda Leib Pinsker (1821-1892), Berlin 1882.

Isaak Rülf (1831-1902), rabbin à Memel et auteur de textes philosophiques. Les thèses de Pinsker sur « L'Auto-émancipation » l'amenèrent, en 1883, à prôner le retour en Terre promise.

Nr 2. I. Jahrg.

Zion

Monatsschrift für die nationalen Interessen des Jüdischen Volkes.

Expedition und Verwaltung: Berlin NO. 18, Große Frankfurterstraße 64.

Eingetragen unter Nr. 3452. 1895 der Postzeitungsliste.

Redaktionelle Zuschriften sind ausschließlich an Dr. Heinrich Loewe, Berlin N., Auguststr. 70, zu richten.

Unfrankierte Briefe werden nicht angenommen, Manuskripte nicht retourniert.

Berlin, den 15. März 1895 (19. Adar 5655).

Inhalt: Der Nationalismus. (Schluß). — Der Statutenentwurf der „Machzikê-hadath". — Archiv zu einer künftigen Geschichte der national-jüdischen Bewegung: 1. Eine Diskussion zur Judenfrage aus dem Jahre 1840. — Nachrichten aus Palästina. — Sprechsaal. — Die nationale Bewegung. (Monatsschau.) — Chronik. — Inserate.

À gauche : « Zion », le mensuel pour la défense des intérêts nationaux du peuple juif, publié par Heinrich Loewe, à partir de 1895.

Ci-dessous : éminents participants au deuxième congrès sioniste de Bâle, en 1898. En partant de la gauche : Max Bodenheimer, Theodor Herzl, Max Nordau et David Wolffsohn. L'avocat colonais Max Bodenheimer (1865-1940) et le commerçant Wolffsohn (1856-1914) avaient fondé en 1893 « L'Association colonaise pour le développement de l'agriculture en Palestine ».

tion d'un juif russe à ses frères (1882) de Yehouda Leib Pinsker furent les fondements intellectuels de ce mouvement séculier.

Zwi Hirsch Kalischer (1795-1874), rabbin et savant talmudique de Posnanie, publia dès 1861 un livre intitulé *Drischat Zion* (la Nostalgie de Sion), dans lequel il présenta l'installation de paysans juifs en Palestine comme un commandement religieux.

En 1864, Kalischer fonda à Berlin un comité central pour l'établissement de colonies juives en Palestine. En 1870, il créa, en collaboration avec le philanthrope français Charles Netter (1826/1882), une école d'agriculture *Miqveh Israël* (L'Espoir d'Israël) à proximité de Jaffa. Cette école existe toujours. En un siècle, elle a formé des milliers d'agriculteurs.

Kalischer était un précurseur du sionisme d'inspiration religieuse. C'est surtout après les pogroms de 1881/1882 que des groupes de *Chowewe Zion* (Amants de Sion) se formèrent dans de nombreuses

DER

JUDENSTAAT.

VERSUCH

EINER

MODERNEN LÖSUNG DER JUDENFRAGE

VON

THEODOR HERZL

DOCTOR DER RECHTE.

LEIPZIG und WIEN 1896.

M. BREITENSTEIN'S VERLAGS-BUCHHANDLUNG

WIEN, IX., WÄHRINGERSTRASSE 5.

Page de titre de « L'État juif, essai d'une solution moderne du problème juif », de Theodor Herzl, 1896.

Ci-dessus : Theodor Herzl (1860-1904), photo d'Ephraïm Mose Lilien.

Ci-dessus à droite : le grand-duc Friedrich de Bade, favorable aux idées sionistes.

Ci-contre : délégation sioniste reçue par le grand-duc de Bade lors du IIe congrès sioniste, en 1898.

localités de Russie, de Roumanie, de Galicie, et, à une échelle moins importante, en Pologne, en Allemagne et en Angleterre. Un certain nombre d'étudiants « Amants de Sion » allèrent en Palestine (alya = immigration des Juifs en terre d'Israël) pour y fonder des colonies agricoles, sans avoir été préparés à cette tâche. Ce mouvement trouva sa justification intellectuelle dans le livre déjà cité de Yehouda Leib Pinsker (1821-1891), qui venait d'être publié en allemand, à Berlin. Or, de nombreux Juifs des pays de l'Est lisaient l'allemand, sans compter ceux qui étudiaient dans des universités allemandes. Le livre était un appel lancé aux Juifs du monde entier pour qu'ils forment de nouveau une nation avec tous ses attributs intellectuels, culturels et politiques.

À l'initiative de Pinsker, une conférence organisée à Katowice en novembre 1884, réunit des Juifs de Russie, de Pologne, d'Angleterre et d'Allemagne. Le premier village juif « Rishon le Zion » (Le premier à Sion) avait été fondé en Palestine en 1882 par des pionniers russes, des étudiants pour la plupart, avant même la tenue de cette conférence.

En 1889, la première association d'étudiants sionistes fut créée à Berlin. Les futurs chef de file du mouvement sioniste, tels que Leo Motzkin (1867-1933), Shmaryahu Levin (1867-1935), Haïm Weizmann et Heinrich Loewe (1869-1950), Juif allemand, en faisaient partie.

Il s'agissait en fait d'initiatives isolées. C'est au charismatique Theodor Herzl (1860-1904) que l'on doit l'affirmation du sionisme politique, et la réunion à Bâle (1897) du premier congrès constitutif de l'Organisation sioniste mondiale. Il fut entendu notamment des masses juives d'Europe de l'Est. Le « Programme de Bâle » constitua en quelque sorte la grande charte du peuple juif : « Le sionisme a pour but la création en Palestine d'un foyer pour le peuple juif, garanti par le droit ».

À la suite de ce premier congrès sioniste, Herzl écrivit dans son journal, en novembre 1897 : « Aujourd'hui, j'ai fondé l'État juif ». Dans son roman *Altneuland* (*Terre ancienne, terre nouvelle*), il s'adressa aux Juifs en ces termes : « Il ne tient qu'à vous que ce ne soit pas un rêve ». L'indépendance de l'État d'Israël fut proclamée une cinquantaine d'années plus tard, en 1948.

En haut : la « Hatikva » (Espoir), l'hymne du mouvement sioniste, composé par Naftali Herz Imber (1856-1909). « Tant qu'au plus profond de notre cœur/vit une âme juive/ et garde les yeux tournés vers l'Est/vers Sion/…nous ne perdrons pas espoir/ l'espoir ancestral/de retourner au pays de nos ancêtres/ patrie de David. »

„Das muss ein schäbig Volk sein,
das mir den Durchgang neidet
Und keinen fremden Mann
auf seinem Boden leidet."

(Waltharilied des Ekkehard v. St. Gallen.)

À droite : caricature parue dans le journal humoristique « Der Schlemiel » (1903-1905 ; 1919-1921).

Theodor Herzl procédant à l'ouverture du IIe congrès sioniste à Bâle, en 1898.

Le sionisme en Allemagne

C'est au XIXe siècle que le mouvement d'inspiration religieuse et politique prônant le retour des Juifs sur la terre de leurs ancêtres (voir également p. 302), commença à se développer en Allemagne. En 1893, avant l'entrée en scène de Theodor Herzl, l'avocat Max Isidor Bodenheimer (1865-1940) et le négociant David Wolffsohn (1856-1914), originaire de Lituanie, avaient fondé « l'Association colonaise pour le développement de l'agriculture en Palestine ». Après la mort d'Herzl, Wolffsohn présida l'Organisation sioniste mondiale de 1905 à 1911.

Après le congrès de Bâle, en 1897, l'Association sioniste d'Allemagne publia sa première brochure *Le sionisme*, dans laquelle il était écrit : « Le sionisme vise une solution durable de la question juive, par la création d'un foyer garanti par la loi publique pour ceux des Juifs qui ne peuvent ou ne veulent rester dans le pays où ils sont nés. Le sionisme a pour but de permettre à une grande partie des Juifs de redevenir agriculteurs, sur le sol historiquement consacré de la Palestine. »

Page de gauche : des oliviers, offerts à l'occasion de cérémonies solennelles, ont largement contribué au reboisement de la Palestine.

À droite : « Die Welt », titre de l'organe central du sionisme.

Ci-dessous à droite : l'association sportive sioniste « Bar Kochba », Berlin 1904.

Ci-dessous : la mise en œuvre de la colonisation de la Palestine fut décidée lors du VIe congrès sioniste, en 1903. La direction des travaux nécessaires fut confiée (en partant de la gauche) à Selig Soskin, Otto Warburg (président de l'Organisation sioniste mondiale de 1911 à 1920, directeur de l'Institut d'agriculture de Rehovot depuis 1921, professeur à l'université hébraïque de Jérusalem depuis 1925) et à Franz Oppenheimer, théoricien de la réforme de l'agriculture.

DIE WELT

BERLIN W15, SÄCHSISCHE STR. 8. ERSCHEINT JEDEN FREITAG

ZENTRALORGAN DER ZIONISTISCHEN BEWEGUNG

Nr. 31 BERLIN, 31. Juli 1914 ברלין, חי אב א׳ תתמ״ה לגלותנו XVIII. JAHRG.

Le sionisme vise la renaissance de l'identité juive, l'affirmation des idéaux juifs, la transmission de la littérature et de l'histoire juives, l'éducation des jeunes dans l'esprit du peuple juif…

« Assimilez-vous et votre vie sera métamorphosée – voilà ce qu'on nous disait d'un ton emphatique. Nous l'avons fait, nous nous sommes assimilés jusqu'au bout du nez. Nous avons aveuglement copié les mœurs et les coutumes d'autres peuples. Nous avons oublié les nôtres et négligé notre culture. À quoi cela nous a-t-il servi ? Aux yeux des peuples, nous sommes restés juifs, non pas des êtres distincts des autres par leur religion, mais par leur origine… Pendant suffisamment de temps, nous avons essayé de nous faire accepter par les peuples aryens, renonçant même à notre dignité pour y parvenir. Mais, cette dame est farouche. Plus nous nous humilions pour elle, moins nous lui plaisons… »

Le sionisme allemand fut considéré d'emblée comme l'antithèse de l'assimilation, la voie choisie par la majorité des juifs allemands et autrichiens. Le Centralverein deutscher Staatsbürger jüdischen Glaubens,

Geste symbolique de Max Bodenheimer, président de l'Association sioniste d'Allemagne, plantant un olivier en 1904, lors de la visite d'une communauté en Palestine.

Aller s'établir en Palestine et s'y accomplir en devenant notamment ouvriers ou paysans, tels étaient les objectifs visés par l'Union des étudiants sionistes et les mouvements de jeunesse « Blau Weiss », « Bar Kochba » (une association sportive) et « Hechaluz » (Le pionnier).

Si, pour les Juifs qui vivaient dans les pays d'Europe de l'Est et pour la plupart de ceux qui en étaient originaires, le sionisme était l'aboutissement d'une vie vécue dans la tradition, les Juifs allemands qui adhérèrent au mouvement renouèrent quant à eux avec un judaïsme vide de sens pour beaucoup de leurs parents. C'est ainsi qu'en Allemagne, du fait de l'évolution du judaïsme allemand, le mouvement sioniste prit une autre forme qu'en Europe de l'Est et en Amérique ; les aspects émotionnels et affectifs y furent déterminants.

Dans un premier temps, les sionistes qui mirent leurs idées en pratique et se rendirent en Palestine ne furent qu'une minorité. La force du sionisme était de nature

Photo de groupe de sionistes allemands lors de leur premier voyage en Palestine, 1913. On reconnaît Nahum Goldmann (sans chapeau), au dernier rang à droite et Arthur Ruppin (portant des lunettes), assis au premier rang.

par exemple, estimait que la colonisation de la Palestine n'était qu'une tâche philanthropique tout à fait louable pour sauver les Juifs des pays de l'Est, en butte à l'hostilité de leurs compatriotes. La plupart des Juifs allemands qui avaient si longuement combattu pour leur émancipation craignaient que le sionisme ne remette en question leur position sociale. Aussi le combattirent-ils avec acharnement, soutenus par les rabbins libéraux que les sionistes appelaient « les rabbins contestataires ». Ils s'opposèrent au déroulement du premier congrès sioniste à Munich. Néanmoins, le mouvement obtint peu à peu le soutien de ceux qui avaient reçu une formation universitaire et d'étudiants qui en furent plus tard les leaders.

À gauche, le juriste Felix Rosenblüth (1887-1978), cofondateur du mouvement de la jeunesse sioniste Blau-Weiss (1912) ; installé en Palestine depuis 1921, ministre de la Justice de l'État d'Israël de 1948 à 1961 sous le nom de Pinhas Rosen.

À droite : jeunes filles faisant partie du mouvement de la jeunesse sioniste Blau-Weiss, Breslau, 1913.

Ci-dessous : extraits d'un prospectus du « Judischer Verlag », 1920.

intellectuelle. En redonnant aux Juifs une identité, le sionisme leur permettait de retrouver confiance en eux. C'est ce que pensaient notamment Kurt Blumenfeld (1884-1963) et Robert Welsch (1891-1982), rédacteur de l'hebdomadaire *Die Jüdische Rundschau*. Secrétaire général de la l'Association sioniste d'Allemagne (Zionistische Vereinigung für Deutschland) depuis 1911, Blumenfeld en devint le président à partir de 1924. Il exerça une influence décisive, aussi bien intellectuelle que politique, notamment sur la génération la plus jeune, avant et après la Première Guerre mondiale. Martin Buber fut en quelque sorte l'éducateur de cette génération. Son journal *Der Jude* devint la plate-forme intellectuelle du judaïsme allemand.

Placée sous la direction de Robert Welsch, de 1919 jusqu'à son interdiction en 1938, la revue *Die Jüdische Rundschau* était un forum politique qui intervint de façon déterminante dans la dénonciation de l'assimilation. Dans les années 1930, le sionisme fut un réconfort moral pour les Juifs allemands et la Palestine une terre d'accueil pour des dizaines de milliers d'entre eux.

Die Geschichte des Jüdischen Verlags

1902 Eine jüdische Hochschule. — Jüdischer Almanach 5663. — Palästina. Zeitschrift. Jahrgang I.

1903 Palästina. Zeitschrift. Jahrgang II. — Acher, Mathias: Achad-Haam. Ein Denker und Kämpfer der jüdischen Renaissance. — Herzl, Theodor: Der Judenstaat. — Jüdische Künstler: Herausgegeben von Martin Buber. — Judt, J. M.: Die Juden als Rasse. — Junge Harfen. — Lublinski, S.: Die Entstehung des Judentums. — Jüdische Statistik.

1904 Schechter, Salomon: Die Chassidim, eine Studie über jüdische Mystik. — Toldt: Judenmassakres in Kischinew. — York-Steiner, Heinrich: Der Talmudbauer und Anderes.

1905 Achad-Haam: Am Scheidewege. — Dubnow, S. M.: Die Grundlagen des Nationaljudentums. — Herzl, Theodor: Zionistische Schriften. — Jung Israel. — Loewe, Heinr.: Eine jüdische Nationalbibliothek. — Moses. — Perez, J. L.: Erzählungen und Skizzen. — Pinski, David: Eisik Scheftel. — Protokoll des VII. Zionistenkongresses.

1907 Protokoll des VIII. Zionistenkongresses.

1909 Grünau, Heinrich: Unterwegs. — Kann, J. H.: Erez Israel, das jüdische Land. — Kann, J. H.: Erets Israel. Französische Ausgabe. — Nordau, Max: Zionistische Schriften.

1910 Boehm, Adolf: Der jüdische Nationalfonds. — Eisler, Max: Von jüdischer Kunst. (Joseph Israels.) — Die Judenpogrome in Rußland. — Jüdischer Almanach 5670. — Protokoll des IX. Zionistenkongresses.

1911 Besser, Dr. Max: Die Juden in der modernen Rassentheorie. — Bialik, Ch. N.: Gedichte. — Loewe, Heinrich: Die Sprachen der Juden. — Nordau, Max: Das Judentum im 19. und 20. Jahrhundert. — Pasmanik, D.: Die Seele Israels. — Ruppin, Dr. Arthur: Die Juden der Gegenwart. — Zionistisches Merkbuch.

Die Geschichte des Jüdischen Verlags

1912 Auerbach, Dr. Elias: Palästina als Judenland. — Der zionistische Student. — Hebräische Wandkarte von Palästina. — Loewe, Heinr.: Die Juden in der katholischen Legende. — Trietsch, Davis: Palästina-Handbuch. — Protokoll des X. Zionistenkongresses — Zlocisti, Theod.: Am Tor des Abends. — Die jüdische Gemeinschaft, Heft 1: Moritz Goldstein, Begriff und Programm einer jüdischen Nationalliteratur. Heft 2: Alexander Schueler, Der Rassenadel der Juden. — Vom alten Stamm. Nr. 1. Asch, Schalom: Im Lande der Väter. Nr. 2. Gorelik, Sch.: Die liebe Provinz.

1913 Achad-Haam: Am Scheidewege. Band 1 der neuen Ausgabe. — Kisselhoff, S.: Das jüdische Volkslied. (Die jüdische Gemeinschaft Nr. 3.) — Perez: Volkstümliche Geschichten. (Vom alten Stamm Nr. 3.) — Denkwürdigkeiten der Glückel von Hameln. — Tschlenoff: Fünf Jahre der Arbeit in Palästina.

1914 Chad Gadja, das Pessachbuch. — Herrmann, Leo: Nathan Birnbaum. (Die jüdische Gemeinschaft Nr. 4.) — Asch, Schalom: Kleine Geschichten aus der Bibel. — Friedemann: Das Leben Theodor Herzls. — Blau-Weiß-Liederbuch. — Oppenheimer, Dr. Franz: Gemeineigentum und Privateigentum an Grund und Boden (Nationalfondsbibliothek Nr. 1). — Protokoll des XI. Zionistenkongresses. — Ruppin, Dr. Arthur: Zionistische Kolonisationspolitik. — Scholem Alejchem: Die verlorene Schlacht. (Vom alten Stamm Nr. 4.)

1916 Achad-Haam: Am Scheidewege. Band II. — Buber, Martin: Die jüdische Bewegung. — Das Buch von den polnischen Juden. — Dreibuch. — Erez Israel. Nr. 1. — Meyer, Ludwig Franz: Gedichte. — Treue.

1917 Autoemanzipation. (Die jüdische Gemeinschaft Nr. 5.) — Erez Israel. Nr. 2. — Jontefflieder. Heft I und II. — Oettinger, Ing.-Agr. Jakob: Methoden und Kapitalbedarf jüdischer Kolonisation in Palästina. (Nationalfonds-Bibliothek Nr. 3.)

1918 Agnon, S. J.: Und das Krumme wird gerade. — Eliot, George: Daniel Deronda — Jiskor. — Jontefflieder. Heft III–XI. — Hatikwah. Dort wo die Zeder. — Hebräisches Quartettspiel. — Moaus-Zur, ein Chanukkahbuch. — Statistik der Juden. — Zum Nationaljüdischen Jugendtag.

La politique allemande concernant la Palestine

L'Allemagne wilhelminienne mena une politique active pour sauvegarder ses intérêts politiques, économiques et culturels au Moyen-Orient. Le projet ferroviaire de Bagdad et l'ouverture de filiales bancaires dans l'Empire ottoman en sont les illustrations les plus significatives. À cela s'ajoutèrent la création d'une Banque de Palestine et la mise en service d'une ligne maritime reliant Jaffa à Beyrouth. L'empire finança aussi des écoles de langue allemande, des églises et des missions en Palestine. C'est en présence de Guillaume II que l'on procéda à la consécration de l'église (protestante) de la Rédemption, dans la vieille ville de Jérusalem, et à la pose de la première pierre d'une église catholique, sur le mont Sion. Le château de l'impératrice Auguste Victoria, qui ressemblait à une forteresse, fut érigé à un endroit stratégique, sur la colline Skopus.

L'intérêt de Guillaume II pour le sionisme avait été éveillé par son oncle, le grand-duc Frédéric Ier de Bade. Au cours du voyage qui le mena en Orient, en 1898, l'empereur fut sollicité par Theodor Herzl, qui lui demanda d'intervenir auprès du sultan en faveur des colonies juives de Palestine. Un premier entretien positif eut lieu entre les deux hommes à Constantinople. Il fut suivi d'une rencontre décevante à Jérusalem. Le chancelier von Bülow, lui-même influencé par des banquiers, des journalistes et des rabbins opposés au sionisme, avait conseillé la neutralité à l'empereur. Le tout ne fut qu'un épisode dans l'histoire du sionisme.

Néanmoins, l'Allemagne joua un rôle essentiel pour les Juifs de Palestine à une période critique.

La Turquie était l'alliée de l'Allemagne durant la Première Guerre mondiale. Richard Lichtheim (1885-1963), représentant de l'Organisation sioniste mondiale à Constantinople, sut convaincre le gouvernement allemand de prendre la défense des Juifs de Palestine, menacés d'expulsion et des pires exactions par le gouverneur militaire Djemal Pacha.

Ci-contre : l'arc dressé par la communauté juive de Jérusalem pour recevoir le couple impérial. « Bénis soit celui qui vient ! Au nom de l'Éternel, nous vous saluons de la maison de l'Éternel ». (Psaume 118, 26).

Ci-dessous : l'empereur Guillaume II et sa suite près de l'étang du sultan, dans la vallée d'Hinnom. À l'arrière-plan, le mur d'enceinte de Jérusalem. Photo : American Colony, 1898.

Des fils de colons juifs, engagés volontaires dans l'armée germano-turque, 1915.

Avec l'accord du ministère des Affaires étrangères, l'ambassadeur allemand von Wangenheim intervint auprès du gouvernement central turc de Constantinople, ce qui permit d'éviter le pire, même si beaucoup de Juifs furent déportés en Égypte. En collaboration avec les ambassadeurs d'Allemagne et des États-Unis à Constantinople, Lichtheim obtint une aide alimentaire et médicale de la part des Américains. Les Juifs de Palestine n'avaient plus à craindre ni la famine ni les épidémies.

Ci-dessus : Richard Lichtheim (1885-1963), représentant de l'Organisation sioniste mondiale à Constantinople, durant la Première Guerre mondiale, avec sa femme et leur enfant.

Ci-contre : Theodor Herzl accueille le chancelier à son arrivée à l'école d'agriculture Mikwe Israel, le 28 octobre 1898.

Le succès des offensives alliées et la déclaration Balfour, en 1917, mirent fin au rôle politique de l'Allemagne au Proche-Orient. En 1919, le nouveau gouvernement allemand, qui n'avait plus à se soucier des intérêts turcs, se déclara favorable à la concrétisation du projet sioniste en Palestine.

La Première Guerre mondiale

Lorsqu'éclata la Première Guerre mondiale, les associations juives, sionistes ou non, demandèrent à leurs membres de s'engager comme volontaires, ce que firent bon nombre d'entre eux. Au total, 100 000 Juifs, soit 17 % de l'ensemble des Juifs allemands en âge de se battre, répondirent à l'appel. 1500 reçurent la Croix de Fer de première classe, 12 000 tombèrent au champ d'honneur.

Le « Reiterlied » de Hugo Zukermann (né en 1881, tué en 1914), sioniste et engagé volontaire dans l'armée autrichienne, était l'une des chansons souvent chantées par les soldats :

« Là-bas, à la limite du pré,
attendent deux choucas.
Que je tombe au bord du Danube,
Que je meure en Pologne,
Qu'importe.
Avant qu'ils ne s'emparent de mon âme,
J'aurai combattu comme cavalier.
Avant qu'ils ne s'emparent de mon âme,
J'aurai combattu comme cavalier.

Là-bas, au crépuscule,
On voit voler deux corbeaux.
Quand viendra la mort
Pour nous faucher ?
Je n'aurai pas de regret
Si je vois nos drapeaux
Flotter sur Belgrade.
Si je vois nos drapeaux
Flotter sur Belgrade. »

Ludwig Frank (né en 1874), député social-démocrate au Reichstag, fut l'un des premiers volontaires. Précurseur du mouvement de la jeunesse prolétarienne, favorable à une entente franco-allemande, il tomba à Lunéville, le 3 septembre 1914.

En octobre 1916, le ministre allemand de la guerre Adolf Wild von Hohenborn décida, à la demande d'un député antisémite, de procéder à ce qu'il est convenu d'appeler un « recensement des Juifs ». On voulait prouver, statistiques à l'appui, qu'il y avait moins de Juifs que de non-Juifs au front et bien plus de Juifs que de non-Juifs parmi les embusqués. Dans l'ar-

Extraits d'appels à la mobilisation lancés par différentes associations juives et par le « Jüdische Rundschau » (en bas).

An die deutschen Juden!

In schicksalsernster Stunde ruft das Vaterland seine Söhne unter die Fahnen.

Daß **jeder deutsche** Jude zu den **Opfern an Gut und Blut bereit ist, die** die Pflicht erheischt, ist **selbstverständlich.**

Glaubensgenossen! Wir rufen Euch auf, **über das Maß der Pflicht hinaus** Eure **Kräfte dem Vaterlande** zu widmen! **Eilet freiwillig zu den Fahnen!** Ihr alle — Männer und Frauen — stellet Euch durch **persönliche Hilfeleistung** jeder Art und durch **Hergabe von Geld und Gut in den Dienst des Vaterlandes!**

Berlin, den 1. August 1914.

Verband der Deutschen Juden.
Centralverein deutscher Staatsbürger jüdischen Glaubens.

Deutsche Juden!

In dieser Stunde gilt es für uns aufs neue zu zeigen, dass wir stammesstolzen Juden zu den besten Söhnen des Vaterlandes gehören.

Der Adel unserer vieltausendjährigen Geschichte verpflichtet.

Wir erwarten, daß unsere Jugend freudigen Herzens freiwillig zu den Fahnen eilt.

Deutsche Juden!

Wir rufen Euch auf, im Sinne des alten jüdischen Pflichtgebots mit ganzem Herzen, ganzer Seele und ganzem Vermögen Euch dem Dienste des Vaterlandes hinzugeben.

Der Reichsverein der Deutschen Juden — **Zionistische Vereinigung für Deutschland**

Wir schließen uns dem Aufruf des Reichsvereins der Deutschen Juden und der Zionistischen Vereinigung für Deutschland an.

Wir vertrauen, daß unsere Jugend, durch die Pflege jüdischen Bewußtseins und körperliche Ausbildung in idealer Gesinnung und Mannesmut erstarkt, sich in allen kriegerischen Tugenden auszeichnen wird.

Das Präsidium des Kartells Jüdischer Verbindungen
Der Ausschuß der Jüdischen Turnerschaft

Wir deutschen Juden kennen trotz aller Anfeindungen in den Zeiten des Friedens heute keinen Unterschied gegenüber andern Deutschen. Brüderlich stehen wir mit allen im Kampfe zusammen.

Wir wissen aber auch, daß der Sieg des Moskowitertums jüdische und zionistische Hoffnungen und Arbeit vernichtet. Wir wissen, daß unser Interesse wie im Frieden, so noch mehr jetzt in dem wilden Weltkriege ausschließlich auf deutscher Seite liegt. Denn auf deutscher Seite ist Fortschritt, Freiheit und Kultur. Uns gegenüber stehen härteste Tyrannei, blutigste Grausamkeit und finsterste Reaktion.

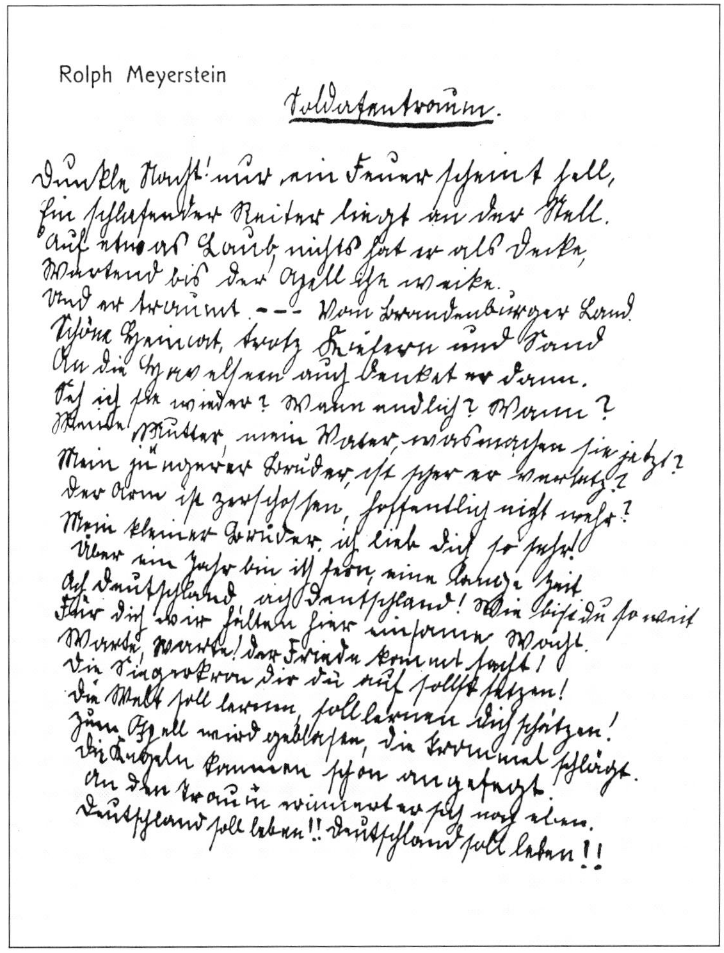

Rolph Meyerstein

Soldatentraum.

Umfang: 16 Seiten.

IV. Jahrgang. Nr. 48 — 122. Kriegsnummer — 26. November 1916. Einzelpreis 10 Pfg.

Das Illustrierte Blatt

Verlag der Frankfurter Societäts-Druckerei G. m. b. H. Frankfurt am Main

Leutnant Wilhelm Frankl,

der bisher 16 feindliche Flugzeuge abgeschossen hat und damit nach Boelckes Tod unser erfolgreichster Flieger ist

Ci-dessus : scène de mobilisation sur l'avenue berlinoise Unter den Linden en 1914. Un couple prend congé d'un ami. Fritz et Emma Schlesinger se reconnurent sur cette photo lorsqu'elle fut présentée à Nabaria (Israël) où ils vivaient alors. Le cavalier s'appelait Ludwig Börnstein. Il mourut à Tel Aviv, en 1989, à l'âge de 100 ans.

Ci-contre : le lieutenant d'aviation Wilhelm Frankl, 1916. Après sa conversion, il obtint la médaille « Pour le Mérite » (Il trouva la mort en 1917 lors d'une mission au cours de laquelle son avion fut abattu).

Rolph Meyerstein : « Rêve de soldat ». Agriculteur dans le Brandebourg après la guerre, il s'installa par la suite près de Jérusalem où, aidé d'un garçon de ferme, il exploita un troupeau de 60 vaches laitières. Il se chargea lui-même de la vente du lait aux ménages de Jérusalem. Meyerstein est un petit-fils de Jeannette (Jettchen) Gebert (voir p. 234) et de Friederike Josephy (voir p. 235).

mée, on s'en prit alors aux Juifs, ce qui eut pour effet d'attiser l'antisémitisme dans tout le pays. Les résultats ne furent pas rendus publics par le ministre de la Guerre lorsqu'il fallut constater que, selon toute vraisemblance, les Juifs qui se battaient au front n'étaient proportionnellement pas moins nombreux que les autres et qu'il y avait plus de planqués parmi les non-Juifs que parmi les Juifs.

À la suite de l'appel du commandement en chef des armées « Zu di Jidn in Poilen » (Aux Juifs de Pologne), on assista à une terrible répression antijuive en Russie. Plus de 500 000 Juifs de tous âges, soupçonnés de « collusion avec l'ennemi », furent alors déportés de Biélorussie vers l'intérieur du pays, où ils furent nombreux à périr. (note : la Pologne faisait alors partie de l'empire tsariste et constituait la principale zone de résidence obligatoire pour la population juive.)

Environ 35 000 Juifs polonais et lituaniens acceptèrent d'aller travailler en Allemagne pour l'industrie de guerre et

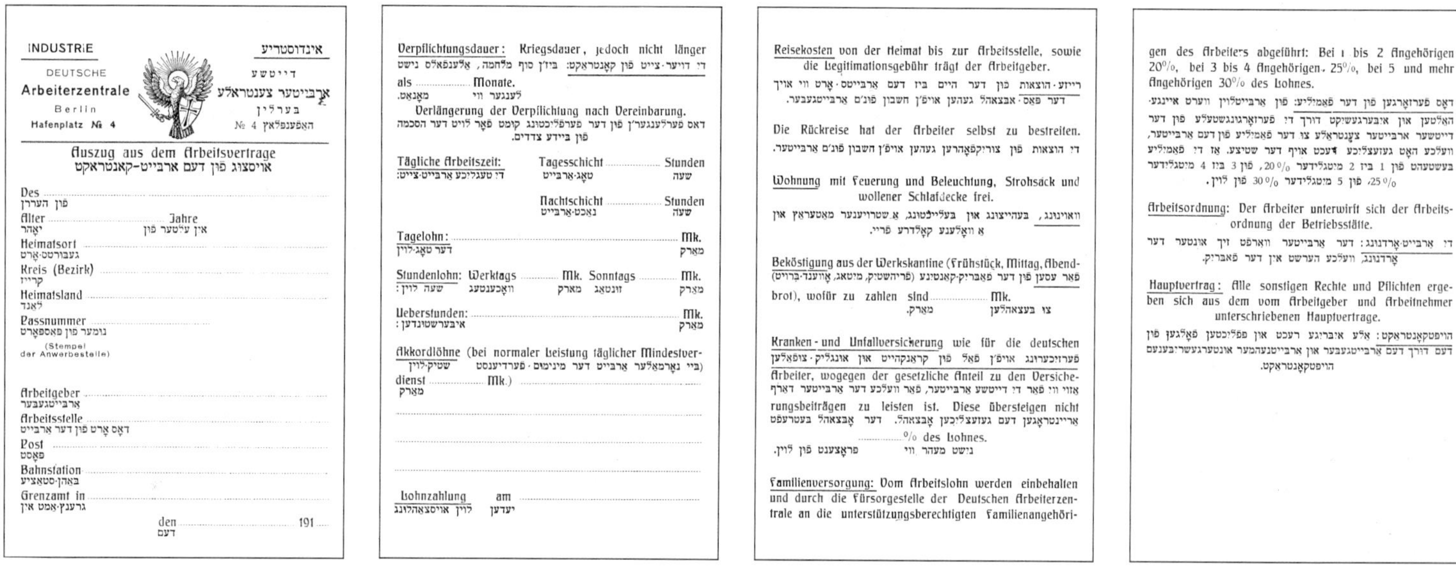

INDUSTRIE — אינדוסטריע

DEUTSCHE
Arbeiterzentrale
Berlin
Hafenplatz № 4

דייטשע
אַרבייטער צענטראַלע
בערלין
האַפּענפּלאַץ № 4

Auszug aus dem Arbeitsvertrage
אויסצוג פֿון דעם ארבייט-קאָנטראַקט

Des ...
פֿון העררן

Alter ... Jahre
אין עלטער פֿון ... יאָהר

Heimatsort ...
געבורטס-אָרט

Kreis (Bezirk) ...
קרייז

Heimatsland ...
לאַנד

Passnummer ...
נומער פֿון פּאַספּאָרט

(Stempel der Anwerbestelle)

Arbeitgeber ...
אַרבייטגעבער

Arbeitsstelle ...
דאָס אָרט פֿון דער אַרבייט

Post ...
פּאָסט

Bahnstation ...
באַהן-סטאַציע

Grenzamt in ...
גרענץ-אַמט אין

den ... 191 ...
דעם

Verpflichtungsdauer: Kriegsdauer, jedoch nicht länger als ... Monate.
די דויער-צייט פֿון קאָנטראַקט: ביז'ן סוף מלחמה, אַלענפֿאַלס נישט לענגער ווי ... מאָנאַט.

Verlängerung der Verpflichtung nach Vereinbarung.
דאס פֿערלענגער'ן פֿון דער פֿערפּליכטונג קומט פֿאַר לויט דער הסכמה פֿוןביידע צדדים.

Tägliche Arbeitszeit: / די טעגליכע אַרבייט-צייט:	Tagesschicht ... / טאָג-אַרבייט	Stunden / שעה
	Nachtschicht ... / נאַכט-אַרבייט	Stunden / שעה

Tagelohn: ... Mk.
דער טאָג-לוין ... מאַרק

Stundenlohn: Werktags ... Mk. Sonntags ... Mk.
שעה לוין: וואָכענטעג ... מארק זונטאַג ... מאַרק

Ueberstunden: ... Mk.
איבערשטונדען: ... מאַרק

Akkordlöhne (bei normaler Leistung täglicher Mindestverdienst ... Mk.) ...
שטיק-לוין (ביי נאָרמאַלער אַרבייט דער מינימום-פֿערדיענסט ... מאַרק)

...

...

...

Lohnzahlung am ...
לוין אויסצאָהלונג יעדען

Reisekosten von der Heimat bis zur Arbeitsstelle, sowie die Legitimationsgebühr trägt der Arbeitgeber.
רייזע-הוצאות פֿון דער היים ביז דעם אַרבייטס-אָרט ווי אויך דער פּאַס-אבצאהל געהען אויפֿ'ן חשבון פֿונ'ם אַרבייטגעבער.

Die Rückreise hat der Arbeiter selbst zu bestreiten.
די הוצאות פֿון צוריקפֿאָהרען געהען אויפֿ'ן חשבון פֿונ'ם אַרבייטער.

Wohnung mit Feuerung und Beleuchtung, Strohsack und wollener Schlafdecke frei.
וואוינונג, בעהייצונג און בעלייכטונג, אַ שטרויענער מאַטראַץ און אַ וואָלענע קאָלדרע פֿריי.

Beköstigung aus der Werkskantine (Frühstück, Mittag, Abendbrot), wofür zu zahlen sind ... Mk.
פֿאַר עסען פֿון דער פֿאַבריק-קאַנטינע (פֿריהשטיק, מיטאג, אָווענד-ברויט) צו בעצאהלען ... מאַרק.

Kranken- und Unfallversicherung wie für die deutschen Arbeiter, wogegen der gesetzliche Anteil zu den Versicherungsbeiträgen zu leisten ist. Diese übersteigen nicht ... % des Lohnes.
פֿערזיכערונג אויפֿ'ן פֿאַל פֿון קראַנקהייט און אונגליק-צופֿאַלען אַזוי ווי פֿאַר די דייטשע אַרבייטער, פֿאַר וועלכע דער אַרבייטער דאַרף אַריינטראָגען דעם געזעצליכען אָבצאהל. דער אָבצאהל בעטרעפֿט נישט מעהר ווי ... פּראָצענט פֿון לוין.

Familienversorgung: Vom Arbeitslohn werden einbehalten und durch die Fürsorgestelle der Deutschen Arbeiterzentrale an die unterstützungsberechtigten Familienangehörigen des Arbeiters abgeführt: Bei 1 bis 2 Angehörigen 20%, bei 3 bis 4 Angehörigen 25%, bei 5 und mehr Angehörigen 30% des Lohnes.
דאָס פֿערזאָרגען פֿון דער פֿאַמיליע: פֿון אַרבייטלוין ווערט איינגעהאַלטען און איבערגעשיקט דורך די פֿערזאָרגונגשטעלע פֿון דער דייטשער ארבייטער צענטראַלע צו דער פֿאַמיליע פֿון דעם אַרבייטער, וועלכע האָט געזעצליכע רעכט אויף דער שטיצע. אַז די פֿאַמיליע בעשטעהט פֿון 1 ביז 2 מיטגלידער 20%, פֿון 3 ביז 4 מיטגלידער 25%, פֿון 5 מיטגלידער 30% פֿון לוין.

Arbeitsordnung: Der Arbeiter unterwirft sich der Arbeitsordnung der Betriebsstätte.
די אַרבייט-אָרדנונג: דער אַרבייטער וואַרפֿט זיך אונטער דער אָרדנונג, וועלכע הערשט אין דער פֿאַבריק.

Hauptvertrag: Alle sonstigen Rechte und Pflichten ergeben sich aus dem vom Arbeitgeber und Arbeitnehmer unterschriebenen Hauptvertrage.
הויפּטקאָנטראַקט: אַלע איבריגע רעכט און פּפֿליכטען פֿאָלגען פֿון דעם דורך דעם אַרבייטגעבער און אַרבייטנעהמער אונטערגעשריבענעם הויפּטקאָנטראַקט.

dans les mines de charbon, où il furent traités comme des forçats. D'autres, par dizaines de milliers, furent requis et envoyés dans des camps de travail entourés de barbelés. L'écrivain Arnold Zweig

Ci-dessus : carte de travail des Juifs de l'Est. Ils furent environ 30 000 à travailler pour l'Allemagne pendant la Première Guerre mondiale.

Ci-contre : Schlomo et Karl Ettlinger, de Karlsruhe, radiotélégraphistes d'une unité de l'armée de l'air.

Ci-dessous à gauche : couverture du livre de Julius Berger « Travailleurs juifs de l'Est durant la guerre », 1919.

Ci-dessous au centre : couverture du livre publié par le Reichsbund jüdischer Frontsoldaten et intitulé « Lettres écrites pendant la guerre par des Juifs allemands morts au combat ».

Ci-dessous à droite : tract du Reichsbund jüdischer Frontsoldaten contre la diffamation des Juifs en Allemagne : « 12 000 Juifs sont tombés au champ d'honneur. »

Ostjüdische
Arbeiter im Kriege

Ein Beitrag zur Arbeitervermittlung unter Juden

Von

Julius Berger

Berlin 1919

Sonderdruck aus „Volk und Land", jüdische Wochenschrift für Politik, Wirtschaft, und Palästina-Arbeit, herausgegeben von Davis Trietsch

Ci-dessus à gauche : Ludwig Frank (1874-1914), député social-démocrate au Reichstag à partir de 1906. Volontaire, il tomba près de Lunéville en septembre 1914.

Ci-dessus, au centre : Egon Popper, quartier-maître dans la marine de guerre royale et impériale, 1915.

Ci-dessus à droite : l'ingénieur et combattant du front Leo Loewenstein (1879-1956). Fondateur et premier président de l'Union impériale des soldats juifs envoyés au front (1919). Il sortit vivant de Theresienstadt.

Ci-contre : Juifs fuyant les combats entre Allemands et Russes.

(1887-1968), affecté au quartier général de Ludendorff, écrivit à ce propos : « Nous avons parlé avec les nôtres qui portaient encore l'uniforme allemand. Ils nous ont dit : "Votre système est écœurant. Vous réglementez et brimez comme bon vous semble. Vous battez des êtres innocents lors d'interrogatoires. Vous confisquez et volez, vous nous scandalisez par votre mépris. Vos bataillons de forçats constituent une sorte de Sibérie en plein cœur du pays. Vos décrets ont pour but de faire mourir de faim les plus faibles d'entre nous, de nous décimer par des maladies contagieuses que nous ne connaissions pas auparavant. Nous vivions mieux sous les tsars. Si seulement les Russes revenaient !..." » (Das Ostjüdische Antlitz, 1919/1920).

À la suite d'énergiques protestations, le secrétaire général de l'Association sioniste d'Allemagne, Julius Berger, devint l'homme de confiance de la Centrale allemande des ouvriers, à Varsovie, qui institua une « section juive » destinée à s'occuper spécifiquement de leurs problèmes. Il put compter sur l'aide notamment de députés juifs sociaux-démocrates, de Robert Schmidt, secrétaire général de la commission syndicale, et du peintre Hermann Struck. En collaboration avec toutes les associations juives, un « bureau d'aide sociale ouvrière des organisations juives d'Allemagne » fut créé en 1918 pour s'occuper, de façon semi-officielle, des travailleurs de l'Est.

Berger, qui réclamait que ces travailleurs soient traités de façon digne et humaine, publia son témoignage sur les sévices qui causèrent la mort de nombreux travailleurs juifs étrangers ou les rendirent infirmes.

Après la guerre, la plupart des travailleurs juifs de l'Est, qui n'avaient plus de patrie et dont la famille avait été victime des pogroms ou avait succombé à la faim et à la maladie, restèrent dans un premier temps en Allemagne.

SOUS LA RÉPUBLIQUE DE WEIMAR

L'illusion féconde d'une synthèse germano-juive

Un autre univers, celui des Juifs de l'Est

Ostjuden

Adolf Friedemann / Bedeutung der Ostjuden für Deutschland
Kaplun-Kogan / Geschichte der Juden in Polen
Lazar Abramson / Der ostjüdische Rabbiner
Alexander Eliasberg / Der Chassidismus
Heinrich Loewe / Die jüdischdeutsche Sprache
Franz Oppenheimer / Autonomie für die Ostjuden
M. J. Bodenheimer / Einwanderungsbeschränkung
Silvio Broedrich (Kurmahlen) / Juden in Kurland
Eugen Lewicky / Juden in der Ukraine
S. M. Melamed / Juden in Amerika
Hans Rohde / Jüdische Kolonisation Palästinas
Walter Levin / Zionismus und türkisch-deutsche Zukunft
Julius Hirsch / Wirtschaftliche Lage in Polen
J. Turoff / Jüdische Landwirtschaft in Rußland
Abramson / Ehe, Scheidung und Totenkultus
Seligmann / Jüdische Kleinstadt und Literatur
Karl Schwarz / Die Ostjuden als Künstler
Alexander Eliasberg / Die heiligen Schriftzeichen
Nachum Goldmann / Psychologie der Ostjuden
Die litauischen Juden
Kriegstagebuch eines polnischen Juden
J. L. Perez / Ein Zwiegespräch. Erzählung
Eugen Fuchs / Jüdische Organisationen in Deutschland
Zur Statistik der Juden in Polen

Rundschau

München und Leipzig, Süddeutsche Monatshefte, Februar 1916
Vierteljahr 4 M — Einzeln 1.50 M

Ci-dessus à gauche : le lieutenant Robert Weltsch, rédacteur du « Jüdische Rundschau », s'entretenant avec un Juif de l'Est dans un shtetl.

Ci-dessus : soldats juifs allemands dans un village de Lituanie.

Ci-contre : numéro spécial des « Süddeutsche Hefte » consacré aux « Juifs de l'Est », Munich, février 1916. Par cette publication, l'Allemagne voulait gagner l'estime de la Pologne conquise par les Austro-Allemands.

En se battant sur le front de l'Est, dans les premières années de guerre, beaucoup de Juifs allemands découvrirent un autre univers : ce fut leur premier contact direct avec un judaïsme vivant. Il arriva que leurs relations avec les Juifs de l'Est soient chaleureuses et que l'estime l'emporte sur les préjugés.

On peut en dire de même pour les non-Juifs. Les lithographies du peintre Max Unold (1885-1964) par exemple, dont la sensibilité n'est égalée que par celles d'Hermann Struck (1876-1944), nous restituent des scènes de la vie des Juifs de l'Est avec une grande intelligence des choses. Pour la majorité des soldats juifs allemands dans la Pologne et la Lituanie occupées, la première rencontre avec leurs coreligionnaires fut un choc salvateur, une expérience saisissante qui les marqua à jamais.

C'est ainsi que les étudiants sionistes présents parmi les soldats, furent confrontés à une réalité qui tranchait avec l'idée qu'ils s'étaient faite des Juifs de l'Est et du hassidisme à travers une littérature le plus souvent hagiographique.

Malgré leur pauvreté inimaginable, les Juifs de l'Est étaient habités par une foi inébranlable et un grand idéalisme. Même leur humour témoignait de leur grande sagesse. La misère n'avait eu raison ni de leur vitalité ni de leur optimisme. « La structure sociale est bien plus naturelle... qu'en Allemagne où les Juifs ne sont plus que des bourgeois et des intellectuels. Leur judéité et leur attachement aux traditions sont bien plus prononcés », écrivit aux siens un Juif allemand qui, comme tant d'autres, redécouvrit le judaïsme à la suite de cette expérience. Les étudiants juifs furent nombreux à rapporter en Allemagne un peu de ce judaïsme qu'ils avaient découvert sur le front de l'Est.

Fritz Kaufmann (1888-1921), issu d'une famille berlinoise assimilée, fut l'un d'eux. Sous le nom de Fritz Mordechai Kaufmann, il publia des chansons populaires chantées par les Juifs de l'Est. À

Hassidim dans une petite ville de Galicie.

Ci-dessous : des membres d'une délégation de Juifs allemands et des officiers de police allemands stationnés à Varsovie rencontrent des rabbins de l'Est. À l'arrière-plan, à la droite des officiers, le rabbin allemand Alexander Carlebach.

Berlin, il aida ceux qui avaient émigré à s'intégrer dans la société.

En 1916, Martin Buber fonda avec des amis *Der Jude*. Ce mensuel, de même que *Ost und West*, journal fondé en 1901, les représentations de la troupe hébraïque « Habima » et du « Théâtre yiddish » de Moscou, les efforts faits par les immigrants et leurs associations culturelles, firent découvrir aux Juifs allemands le monde de leurs coreligionnaires de l'Est : leur culture, leur littérature, les tendances politiques et les phénomènes sociaux de leurs pays d'origine, mais aussi leur univers religieux et spirituel – rabbinisme, hassidisme, mouvement des Lumières –, leurs chansons populaires yiddish et leur humour, notamment ce goût de l'autodérision qu'ils cultivaient en philosophes désabusés.

On retrouve dans certaines anecdotes racontées par les Juifs de l'Est ce sens de l'absurde cher à Karl Valentin (1882-1948), comique et écrivain. Deux amis

Ci-dessus, à droite : « Les plus belles chansons des Juifs de l'Est », réunies par Fritz Mordechaï Kaufmann.

Ci-contre, à droite : « Écoute ma belle, écoute donc. Pourquoi vas-tu faire ce long chemin ? » « Pour passer dans toutes les ruelles et demander s'il y a du linge à laver. Rien que pour être avec toi. » Extrait du recueil de chansons publié par l'association de gymnastique et de sport Bar Kochba, Berlin, 1930.

Ci-contre, à droite : couverture de la « Grammaire pratique du yiddisch », de Nathan Birnbaum, 1916.

À gauche : la corvée de l'eau dans le shtetl, *lithographie de Max Unold, 1918.*

s'entretiennent : « Toi qui es instruit, dit l'un, explique-moi comment les choses fonctionnent. Ce matin, à 9 h 12, ma tante a adressé de Lemberg un télégramme à mon père qui le recevait à Varsovie, à 9 h 13. Comment les lettres sont-elles véhiculées par le fil télégraphique ? C'est bien simple, répond l'autre. Imagine un long chien dont la tête est à Varsovie et la queue à Lemberg. Quand ta tante lui tire la queue, le chien aboie à Varsovie. C'est ça la technique moderne. Fabuleux ! Fabuleux ! Mais, dis-moi, j'ai lu quelque chose d'autre. Il était question de télégraphie sans fil. Comment ça marche ? Tu ne comprends vraiment rien à la technique moderne. Ça fonctionne de la même façon. Sauf qu'on n'a pas besoin de chien. » Lorsque l'auteur du présent ouvrage raconta l'anecdote à Karl Valentin, celui-ci lui dit : « L'histoire pourrait être de moi. Vous savez, c'est mon histoire. Ces deux Juifs me l'ont chipée ». « Mais, il y a deux minutes, vous ne la connaissiez pas ». « Disons que vous m'avez pris de vitesse. »

Quelques mots d'esprit qui témoignent de la sagesse populaire des Juifs de l'Est : « Si un homme pauvre mange un poulet, soit l'homme soit le poulet est malade ». « Quand on a honte, on n'a pas d'enfant ». « Il ne faut pas plaisanter avec Dieu. Premièrement, c'est interdit. Deuxièmement, il ne le tolère pas ». « Si l'Éternel ne veut pas nous délivrer, qu'il délivre au moins les goys ».

Ci-dessus : « Fillette » d'Hermann Struck, 1915.

En haut à droite : « Garçonnet » d'Hermann Struck, 1915.

À gauche : « Cocher juif » d'Hermann Struck, 1915.

« Vendeur de journaux », B.Z. am Mittag, *Hermann Struck, 1915.*

La révolution

Ci-contre : le premier cabinet de la République allemande, session du 13 février 1919 à Weimar. En partant de la gauche : Ulrich Rauscher (chef du service de presse), Robert Schmidt (Alimentation, SPD), Eugen Schiffer (Finances, DDP), Philipp Scheidemann (chancelier, SPD), Otto Landsberg (Justice, SPD), Rudolf Wissell (Economie, SPD), Gustav Bauer (Travail, SPD), comte Ulrich von Brockdorff-Rantzau (Affaires extérieures, sans parti), Eduard David (sans portefeuille, SPD), Hugo Preuss (Intérieur, DDP), Johann Giesberts (Postes, centre), Johannes Bell (Transports et Colonies, centre), Georg Gothein (sans portefeuille, DDP), Gustav Noske (Armée, SPD). Il manque Matthias Erzberger (sans portefeuille, Centre).

À gauche : Kurt Eisner, qui conduisit la révolution bavaroise de 1918, se rend au Landtag. À gauche, sa femme, à droite le ministre Hans Unterleitner.

7. Extraausgabe Sonntag, den 10. November 1918.

Vorwärts

Berliner Volksblatt.

Zentralorgan der sozialdemokratischen Partei Deutschlands.

Die Einigung

zwischen den beiden sozialdemokratischen Parteien ist vollzogen.

Ebert Haase
Scheidemann Dittmann
Landsberg und Barth

werden die neue Regierung bilden.

An die Arbeiter- und Soldatenräte!

Das Volk muß verhungern, wenn der Bahntransport gestört wird. Das geschieht aber durch jeden Eingriff unzuständiger Stellen in den Bahnbetrieb und die Bahnverwaltung.

Gestern sind an verschiedenen Orten von Arbeiter- und Soldatenräten solche Eingriffe vorgenommen worden, z. B. in dem Betrieb von Rangierbahnhöfen und in die Kassenverwaltung von Bahnstationen. **Das darf nicht wieder vorkommen!** Wiederholungen müssen zur Arbeitsverweigerung unserer braven Eisenbahner und zum Stillstand jedes geregelten Bahnverkehrs führen.

Berlin, am 10. November 1918.

(gez.) Ebert.

À droite : numéro spécial du « Vorwärts », 10 novembre 1918.

Malgré l'émancipation, en 1871, les Juifs d'Allemagne avaient continué à souffrir d'humiliantes restrictions apportées à leur intégration dans l'État et la société, et peut-être plus encore de l'ostracisme dont ils étaient toujours victimes. Le fait qu'ils aient été relativement nombreux parmi les figures de proue de la révolution de novembre 1918, après l'effondrement militaire, l'abdication de Guillaume II puis sa fuite en Hollande, inquiéta plus qu'il n'enthousiasma les autres Juifs qui, pour la plupart, appartenaient à la classe moyenne et soutenaient les partis libéraux-conservateurs. La République, proclamée par Scheidemann, le 9 novembre 1918, était pour les Juifs la promesse d'une entière égalité qui leur fut définitivement octroyée par la Constitution de 1919. Toutefois, les révolutionnaires furent considérés comme « typiquement juifs » et les contre-révolutionnaires, les « Juifs capitalistes », devinrent pour les mêmes détracteurs de droite représentatifs de tous les autres.

Kurt Eisner (1867-1919), (Rosa Luxemburg (1870-1919), Hugo Haase (1863-1919), Gustav Landauer (1870-1919), tous morts assassinés, Oskar Cohn (1859-1934) et Otto Landsberg (1869-1957) furent au nombre des Juifs qui luttèrent pour l'avènement d'une république socialiste. Landsberg et Haase étaient membres du Conseil des représentants du peuple, le premier gouvernement républicain qui vit le jour après la chute du pouvoir impérial. En 1919, Landsberg fut nommé ministre de la Justice. Député du parti démocrate et professeur de droit constitutionnel, Hugo Preuss, le principal rédacteur de la Constitution de la République de Weimar, exerça les fonctions de ministre de l'Intérieur de février à juin 1919.

La majorité des Juifs orthodoxes, conservateurs ou originaires des pays de l'Est, réprouvèrent la révolution. En Bavière, bon nombre d'entre eux restèrent longtemps fidèles au roi.

La révolution devait inspirer ce commentaire désabusé à l'hebdomadaire « Im Deutschen Reich », publié par le Centralverein deutscher Staatsbürger jüdischen Glaubens (Association centrale des citoyens allemands de confession juive), et qui avait le plus gros tirage : « La ruine des espérances – Hindenburg se retrouve seul ».

Le journal sioniste *Jüdische Rundschau* salua en revanche la révolution : « Pour nous autres Juifs, c'est la promesse et l'espoir d'un nouveau système démocratique qui reconnaîtra nos exigences et garantira leur satisfaction. La démocratie et l'égalité sous le signe desquelles le peuple allemand entre dans une ère nouvelle sont des avantages dont nul ne peut nous priver. »

À droite : Hugo Preuss (1860-1925), professeur de droit constitutionnel, ministre de l'Intérieur en 1919 et principal rédacteur de la Constitution de la République de Weimar.

À gauche : Hugo Haase (1863-1919), membre du Conseil des représentants du peuple, premier secrétaire de l'USPD.

À gauche : l'avocat Bernhard Falk (1867-1944), commandant de bataillon durant la Première Guerre mondiale ; député DDP à l'assemblée nationale en 1919. Il s'enfuit en Belgique en 1933.

Les journaux orthodoxes, eux, y étaient fondamentalement opposés : « Le pouvoir l'emporte sur le droit... » titraient les *Jüdische Monatshefte* du mois de mai 1918.

L'historien Hans Delbrück, « conservateur éclairé » qui réfuta la légende du « coup de poignard dans le dos », fit la constatation suivante : « Maintenant, l'Allemagne est tout aussi peu gouvernée par "le prolétariat" et "les Juifs" qu'elle l'était auparavant par "les junkers" et les corporations d'étudiants... Il est compréhensible que les Juifs, jusque-là tenus à l'écart et confinés dans les recoins de la société, soient nombreux aujourd'hui à passer au premier plan. Mais, la réaction ne se fait pas attendre. L'antisémitisme croît de jour en jour ». Dès le 13 décembre 1918, la publication *Israelitisches Gemeindeblatt* de Cologne titrait « Ambiance de pogroms à Berlin ». « Mais on ne maltraite que les Juifs qui ne se défendent pas. On ne méprise que ceux qui ne respectent pas leur judéité. Pour notre part, nous resterons fidèles à ce que nous sommes jusqu'à notre dernière goutte de sang... Le judaïsme n'a pas à baisser pavillon devant quelque nation culturelle que ce soit. Nous sommes juifs et voulons le rester éternellement. »

La République des conseils de Bavière

Le 21 février 1919, Kurt Eisner, né à Berlin, fut assassiné à Munich par le comte Anton Arco-Valley, de mère juive, alors qu'il se rendait au Landtag pour annoncer sa démission, après avoir été pendant plus de trois mois le leader de la coalition gouvernementale en Bavière. Membre fondateur de l'USPD – Unabhängige Sozialdemokratische Partei Deutschlands –, Eisner avait proclamé la République sociale et démocratique de Bavière le 8 novembre 1918, lors d'une manifestation pacifique.

Pour les communistes, Eisner était le suppôt de la bourgeoisie. Pour la droite, c'était un bolcheviste juif, un « sale Prussien ». En fait, Eisner était totalement indifférent au judaïsme.

Tel n'était pas le cas de Gustav Landauer. Nommé commissaire provisoire du peuple, délégué à l'instruction publique, lors de la première République des conseils de Bavière, dont les sociaux-démocrates majoritaires avaient pris leurs distances, socialiste mais opposé au marxisme, initiateur de la première coopérative de consommateurs de Berlin, cofondateur de la Volksbühne de Berlin, il était philosophe, interprète des œuvres de Shakespeare et ami de Martin Buber. Landauer fut le seul de tous les révolutionnaires munichois à se sentir proche du judaïsme.

La Première République des conseils de Bavière qui avait pour leaders des

Ci-dessus : Gustav Landauer (avec barbe et bonnet de fourrure), lors de la manifestation du 16 février 1919, sur la Theresienwiese, à Munich.

Ci-dessus, à droite : Eugen Leviné, figure de proue de la Deuxième République des conseils de Bavière. Condamné pour « résistance à la force publique », il fut exécuté le 6 mai 1919.

Ci-contre : c'est à cet endroit que Kurt Eisner, leader de la coalition gouvernementale de Bavière, fut assassiné, le 21 février 1919, par le comte Anton Arco-Valley, de mère juive.

membres de l'USPD et des anarchistes tel Erich Mühsam (1878-1934) – il fut torturé et retrouvé pendu dans les latrines du camp de concentration d'Oranienburg –, ne dura que six jours. Le 14 avril, après l'échec de la tentative de coup d'État de la garnison munichoise, les communistes proclamèrent la Deuxième République des conseils, à laquelle participèrent également des Juifs.

Gustav Landauer (« Le marxisme est la peste de notre temps ») se démit de ses fonctions le 16 avril. Après l'écrasement de la République des conseils par les troupes demeurées fidèles au gouvernement démocratique d'Hoffmann, il fut arrêté et sauvagement assassiné le 2 mai. « Nous lui avons tiré quatre balles dans le cul », chantaient ses assassins.

Eugen Leviné (1883-1919) fut, avec Levien et Axelrod, membre du comité qui présida à la destinée de la Deuxième République des conseils : celle-ci ne dura que 15 jours. Né dans une famille de la grande bourgeoisie juive russe, Eugen Leviné avait participé à la Révolution russe de 1905, puis s'était rendu en Allemagne où il avait fait des études de droit aux universités de Heidelberg et Berlin et obtenu un doctorat d'économie politique en 1914. Naturalisé allemand, il s'était battu pour sa nouvelle patrie durant la Première Guerre mondiale. Communiste comme Rosa Luxemburg et Karl Liebknecht, ses amis, il fut membre de la République des conseils de Bavière qui se termina dans un bain de sang. Condamné pour « résistance à la force publique », il fut exécuté le 6 mai 1919.

Sonderblatt.

№ 53. München, 15. Mai 1919.

Bayerisches Polizeiblatt.

Herausgegeben von der Polizeidirektion München.

3040.

10000 Mark Belohnung.

Wegen Hochverrats

nach § 81 Ziff. 2 des RStGB. ist Haftbefehl erlassen gegen den hier abgebildeten Studenten der Rechte und der Philosophie

Ernst Toller.

Er ist geboren am 1. Dezember 1893 in Samotschin in Posen, Reg.-Bez. Bromberg, Kreis Kolmar, Amtsger. Margonin, als Sohn der Kaufmannseheleute Max u. Ida Toller, geb. Kohn.

Toller ist von schmächtiger Statur und lungenkrank; er ist etwa 1,65—1,68 m groß, hat mageres, blasses Gesicht, trägt keinen Bart, hat große braune Augen, scharfen Blick, schließt beim Nachdenken die Augen, hat dunkle, beinahe schwarze wellige Haare, spricht schriftdeutsch.

Für seine Ergreifung und für Mitteilungen, die zu seiner Ergreifung führen, ist eine Belohnung von

zehntausend Mark

ausgesetzt.

Wenden!

Ci-contre : mandat d'arrêt d'Ernst Toller, 15 mai 1919.

Die Juden

sollen an Allem schuld sein,

so tönt es heute aus hinterhältig verbreiteten Flugblättern,
so reden es verhetzte Leute auf der Straße nach.
Wir Juden sollen schuld sein, daß der Krieg kam, aber in der Regierung und Diplomatie, in der Rüstungsindustrie und im Generalstab saßen

keine Juden.

Wir sollen auch schuld sein, daß der Krieg vorzeitig abgebrochen wurde.
Wir sollen schuld sein an allen Uebeln des Kapitalismus und zugleich an den Leiden der Revolution, die diese Uebel beseitigen will.
Was ein paar Führer jüdischer Herkunft gewirkt haben zum Guten und zum Bösen, haben sie selbst zu verantworten,

nicht die jüdische Gesamtheit.

Wir lehnen es ab, die Sündenböcke abzugeben für alle Schlechtigkeit der Welt.

Wir fordern unser Recht, wie bisher friedlich weiter zu arbeiten in unserem deutschen Vaterland, mit dessen Gedeihen in Zeiten der Macht wie der Niederlage auch unser Wohl unauflöslich verbunden ist.

Die Ortsgruppe München
des Centralvereins deutscher Staatsbürger jüdischen Glaubens.

Druck von B. Heller, München.

Ci-contre à droite : tract du Centralverein contre la vague d'antisémitisme, 1919.

Collaborateur d'Eisner et membre de l'USPD, Ernst Toller (1893-1939) qui, avant de devenir pacifiste, avait été engagé volontaire et combattant au front, négocia avec le gouvernement officiel social-démocrate d'Hoffmann la dissolution pacifique de la République des conseils. Commandant de l'armée rouge durant la Deuxième République des conseils, il justifia sa démission, le 26 avril 1919, en ces termes : « Je considère que le gouvernement actuel est un désastre pour le peuple laborieux de Bavière ». Après son arrestation, Thomas Mann et Max Halbe intervinrent, entre autres, en sa faveur. Le député au Reichstag Hugo Haase assura sa défense. Toller fut condamné à cinq ans d'emprisonnement. Les poèmes et les drames dont il est l'auteur influencèrent notamment la jeune génération sous la République de Weimar.

En politique, tout comme dans le domaine de l'art ou de la littérature, ce sont précisément les Juifs assimilés qui tentèrent de faire passer un message éthique et social par le biais de la révolution. Nombre de ces Juifs révolutionnaires, détachés du judaïsme, luttèrent pour trouver de nouvelles affinités électives. Enfant, Ernst Toller considérait par exemple sa judéité comme « quelque chose de douloureux ». En 1914, il fut volontaire et risqua sa vie pour prouver qu'il était « Allemand, rien qu'Allemand ». Après 1933, il se demanda si « tout n'avait pas été vain ». C'est la question que s'étaient également posée avant lui Rahel Varnhagen, Berthold Auerbach, Kurt Tucholsky, Maximilian Harden et tant d'autres. Il finit par se suicider en 1939.

Beaucoup de Juifs contestèrent à leurs coreligionnaires, en tant qu'infime minorité en Allemagne, le droit d'exercer un rôle politique de premier plan. Dans le mensuel *Der Jude,* Martin Buber écrivait ainsi en novembre 1918, à propos du rôle des Juifs dans la révolution allemande : « De tout temps, ils ont cru à un renouveau, à un "devenir ", à une "terre nouvelle", à la transformation de tout ce qui les entoure. Assurément, ils se méprennent souvent, ils doivent se méprendre, et ne cesseront de se méprendre que lorsqu'ils auront appréhendé leur vérité sur leur propre sol et avec leur propre nation. D'ores et déjà..., nous saluons néanmoins la révolution non pas en tant que bénéficiaires, mais comme acteurs et protagonistes. »

Haine des Juifs et assassinat

L'Allemagne avait perdu la guerre : « l'empereur s'était enfui, les généraux étaient restés ». Ils rejetaient sur d'autres la responsabilité de ce qui échappait à leur entendement : sur les partis républicains, sur les partis révolutionnaires, sur leurs leaders, dont une minorité de ces Juifs qui leur avaient toujours inspiré de la méfiance.

Walther Rathenau, fils du fondateur de la société AEG dont il fut le successeur, avait été nommé ministre des Affaires étrangères, le 21 janvier 1922. Dans un article intitulé « Écoute Israël » (1897), il mettait en garde les Juifs, leur conseillant « de ne pas trop sortir du rang ». Comme d'autres Juifs qui, avant et après lui, crurent devoir prendre leurs distances par rapport à leurs coreligionnaires, il n'avait pas conscience d'être précisément en sa qualité de magnat de l'industrie, mais aussi d'organisateur de l'approvisionnement en matières premières de l'Alle-

Ci-dessus : troupe de choc d'Hitler, Munich 1923.

Ci-dessous : réunion du NSDAP avec Hitler comme orateur, 17 février 1922.

À droite : « Rathenau assassiné », « Vorwärts », 24 juin 1922

Nationalsozialistische
Deutsche Arbeiter-Partei

Freitag, den 17. Februar 1922
im Bürgerbräukeller, Rosenheimer Straße
eine große **Volksversammlung** ab.
Es wird sprechen:
Herr **Adolf Hitler** über:

„Volksrepublik oder Judenstaat"

Beginn der Versammlung 8 Uhr abends. **Juden ist der Zutritt verboten.**
Zur Deckung der Saal- und Plakatunkosten M. 1.— Eintritt.
Kriegsbeschädigte frei.
Der Einberufer: Für die Parteileitung A. Drexler.

Sonder-Ausgabe.

Vorwärts
Berliner Volksblatt
Zentralorgan der Sozialdemokratischen Partei Deutschlands

Sonnabend, den 24. Juni 1922

Rathenau ermordet!

Um ½12 Uhr teilte der Reichskanzler den in der Wandelhalle des Reichstags versammelten Abgeordneten mit, daß vor etwa einer halben Stunde der Außenminister Dr. Rathenau ermordet worden sei.

Als Dr. Rathenau heute vormittag 11 Uhr sein Automobil vor seinem Hause in der Königsallee im Grunewald bestiegen hatte, näherte sich von der entgegengesetzten Seite ein elegantes Privatautomobil, das den Wagen des Ministers bis zur Königsallee, Ecke Wallotstraße, verfolgte.

Hier überholte das Privatautomobil, in dem sich drei Leute mit dunklen Brillen befanden, das Automobil des Ministers.

In demselben Augenblick, als das Auto in die Wallotstraße einbog, erhob sich einer der bebrillten Leute und warf eine Handgranate in das Auto des Ministers. Die Granate explodierte. Rathenau richtete sich einen Augenblick auf und brach dann zusammen. Der Chauffeur fuhr mit dem sterbenden Minister sofort in dessen Wohnung zurück, während einige Passanten die Verfolgung des flüchtigen Autos aufnahmen.

In der Wandelhalle des Reichstags sind jetzt die deutschnationalen Abgeordneten nicht zu erblicken, sie haben sich zurückgezogen, um den Verwünschungen und Drohungen der übrigen Abgeordneten zu entgehen.

Ueber die Täter ist Näheres noch nicht bekannt.

Massen, haltet Euch bereit!

Ci-contre : affiche antisémite lors des élections du Reichstag en 1920.

Ci-dessous : Walter Rathenau (à gauche), ministre des Affaires étrangères, se rendant à la conférence de Gênes, mai 1922.

magne en guerre et plus tard de ministre des Affaires étrangères, le Juif le plus en vue.

Il reconnut pourtant la dimension tragique de cette négation identitaire lorsqu'il écrivit : « Dans sa jeunesse, tout Juif allemand vit un instant douloureux qu'il n'oubliera jamais, cet instant où il prend conscience d'être venu au monde en tant que citoyen de deuxième classe, ce qu'il sera toujours quels que soient sa valeur et ses mérites ». Des années plus tard, en décembre 1917, Rathenau écrivit à Gertrud Wilhelmine von Hindenburg, belle-sœur du maréchal : « ... même si mes ancêtres et moi-même avons servi notre pays de notre mieux, je suis, comme vous le savez, un citoyen de deuxième classe. Je ne pourrais pas exercer de fonction dans les grands corps de l'État, ni même être lieutenant en temps de paix. » En tant que Juif, il avait dû se contenter du grade de sergent-chef dans un régiment de cuirassiers. Rathenau refusa néanmoins le baptême : « Je suis resté membre de la communauté juive parce que je n'ai voulu me soustraire à aucun reproche et à aucune récrimination. Et j'en ai suffisamment entendu à ce jour. »

Inopportune et immorale, la politique de la Prusse à l'égard des Juifs, était, à ses yeux, la plus grande offense faite à une catégorie de population. « Dans les pays réellement civilisés que sont l'Angleterre, la France, l'Italie et l'Amérique, ils (les Juifs) font partie des éléments nationaux les plus positifs ». Il n'empêche que sur les façades des maisons berlinoises, on pouvait lire en 1922 : « Walter Rathenau, maudit Juif, on aura ta peau ». Le 24 juin 1922, il fut assassiné par de « jeunes Allemands nationalistes ».

Plus tard, Golo Mann écrivit : « Le désarroi moral et la dépravation provoqués par la défaite, l'appauvrissement total de millions de gens déclassés par l'inflation, des événements incompréhensibles pour la plupart d'entre eux, ont pour la première fois amplifié le cri "Les Juifs sont notre malheur". J'oserais prétendre que les passions antisémites n'ont jamais été aussi violentes en Allemagne que dans les années 1919 à 1923. C'était l'époque du premier grand succès du national-socialisme. À peine l'inflation était-elle jugulée que les masses caressèrent de nouveau l'espoir de vivre dignement et que l'antisémitisme perdit de sa virulence. »

Le Comité d'assistance des Juifs allemands

À gauche : distribution de soupe par le Hilfsverein aux Juifs de l'Est candidats à l'émigration vers les États-Unis, Hambourg, 1905.

À droite : Paul Nathan (1857-1927), homme politique libéral, adversaire du sionisme et membre du comité directeur du Centralverein.

Ci-contre : école de formation des maîtres créée par le Hilfsverein, Jérusalem, 1911. L'enseignement y fut longtemps dispensé en allemand.

Fondé en 1901, à Berlin, par des hommes d'affaires et des philanthropes, le Comité d'assistance des Juifs allemands (Hilfsverein der deutschen Juden) avait pour mission « de favoriser le progrès moral, intellectuel et économique des coreligionnaires, notamment en Europe de l'Est et en Asie. » Il s'agissait, parallèlement à l'Alliance Israélite Universelle , créée à l'initiative de Juifs français, de disposer d'une organisation d'aide germanophone qui veillerait à la défense et au développement des intérêts culturels allemands.

La première grande action humanitaire en faveur des blessés et des sans-abri eut lieu en 1903-1905 après les pogroms de Russie et de Roumanie. Le Hilfsverein négocia également avec les autorités russes et roumaines pour demander – sans grand succès – que des droits soient accordés aux Juifs afin que cessent les persécutions.

En Palestine, le Hilfsverein mit en place un vaste réseau d'écoles, de jardins d'enfants et de centres de formation d'enseignants. Dans d'autres parties de l'Empire ottoman, il développa également le système éducatif et sanitaire au profit des Juifs. De 1904 à 1914, ses antennes régionales de Brême et de Hambourg prirent en charge plus de 200 000 Juifs de l'Est,

Un jardin d'enfant du Hilfsverein à Jérusalem, 1907.

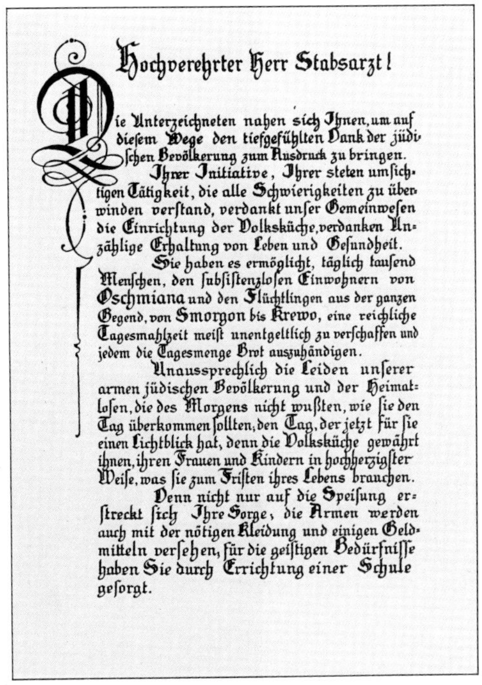

Hochverehrter Herr Stabsarzt!

Die Unterzeichneten nahen sich Ihnen, um auf diesem Wege den tiefgefühlten Dank der jüdischen Bevölkerung zum Ausdruck zu bringen.

Ihrer Initiative, Ihrer steten umsichtigen Tätigkeit, die alle Schwierigkeiten zu überwinden verstand, verdankt unser Gemeinwesen die Einrichtung der Volksküche, verdanken Unzählige Erhaltung von Leben und Gesundheit.

Sie haben es ermöglicht, täglich tausend Menschen, den subsistenzlosen Einwohnern von Oschmiana und den Flüchtlingen aus der ganzen Gegend, von Smorgon bis Krewo, eine reichliche Tagesmahlzeit meist unentgeltlich zu verschaffen und jedem die Tagesmenge Brot auszuhändigen.

Unaussprechlich die Leiden unserer armen jüdischen Bevölkerung und der Heimatlosen, die des Morgens nicht wußten, wie sie den Tag überkommen sollten; den Tag, der jetzt für sie einen Lichtblick hat, denn die Volksküche gewährt ihnen, ihren Frauen und Kindern in hochherzigster Weise, was sie zum Fristen ihres Lebens brauchen.

Denn nicht nur auf die Speisung erstreckt sich Ihre Sorge, die Armen werden auch mit der nötigen Kleidung und einigen Geldmitteln versehen, für die geistigen Bedürfnisse haben Sie durch Errichtung einer Schule gesorgt.

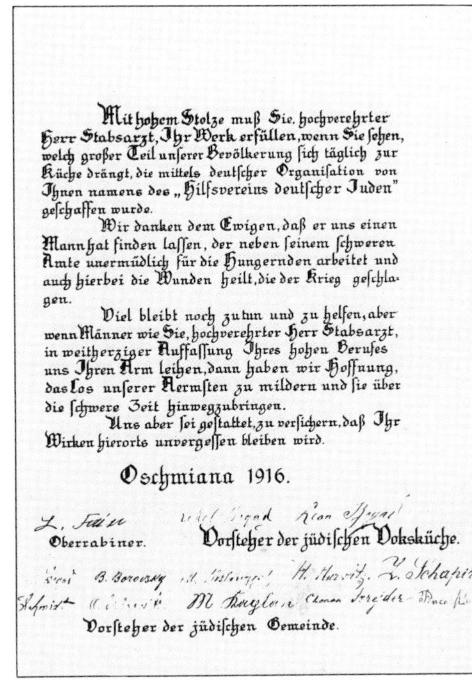

Mit hohem Stolze muß Sie, hochverehrter Herr Stabsarzt, Ihr Werk erfüllen, wenn Sie sehen, welch großer Teil unserer Bevölkerung sich täglich zur Küche drängt, die mittels deutscher Organisation von Ihnen namens des „Hilfsvereins deutscher Juden" geschaffen wurde.

Wir danken dem Ewigen, daß er uns einen Mann hat finden lassen, der neben seinem schweren Amte unermüdlich für die Hungernden arbeitet und auch hierbei die Wunden heilt, die der Krieg geschlagen.

Viel bleibt noch zutun und zu helfen, aber wenn Männer wie Sie, hochverehrter Herr Stabsarzt, in weitherziger Auffassung Ihres hohen Berufes uns Ihren Arm leihen, dann haben wir Hoffnung, das Los unserer Aermsten zu mildern und sie über die schwere Zeit hinwegzubringen.

Uns aber sei gestattet, zu versichern, daß Ihr Wirken hierorts unvergessen bleiben wird.

Oschmiana 1916.

Oberrabiner.

Vorsteher der jüdischen Vokskküche.

Vorsteher der jüdischen Gemeinde.

organisant leur émigration vers les États-Unis.

Pendant la Première Guerre mondiale, une aide importante fut apportée aux Juifs dans les territoires russes et polonais occupés par les troupes allemandes. Après la guerre, son action se poursuivit, en collaboration avec des organisations américaines, et s'intensifia lorsque les Juifs furent à nouveau victimes de pogroms.

Après 1918, le Hilfsverein continua de secourir les émigrants en Allemagne et de soulager la détresse des Juifs dans d'autres pays.

Ci-dessus à gauche : durant la Première Guerre mondiale, le médecin militaire F. Meyer dirigea des opérations menées par le Hilfsverein pour venir en aide aux Juifs dans la partie russe de la Pologne.

Ci-dessous : après le pogrom de Kiev, en 1917 ; enfants dans un camp du Hilfsverein.

Ci-dessus : lettre de remerciement adressée par la communauté juive d'Oshmiana à Ludwig F. Meyer, 1916.

En bas : des réfugiés dans une synagogue de Brest-Litovsk, 1922. Le Hilfsverein et l'organisation américaine Joint Distribution Committee aidèrent à reconstruire le quartier juif dévasté.

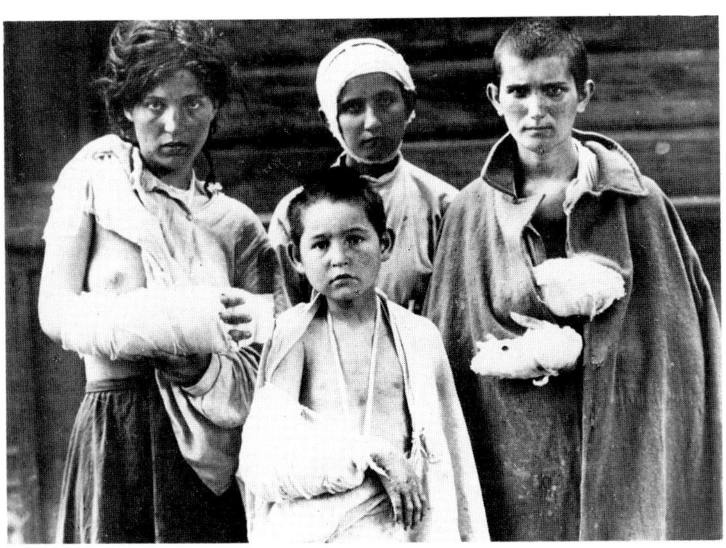

Chefs spirituels

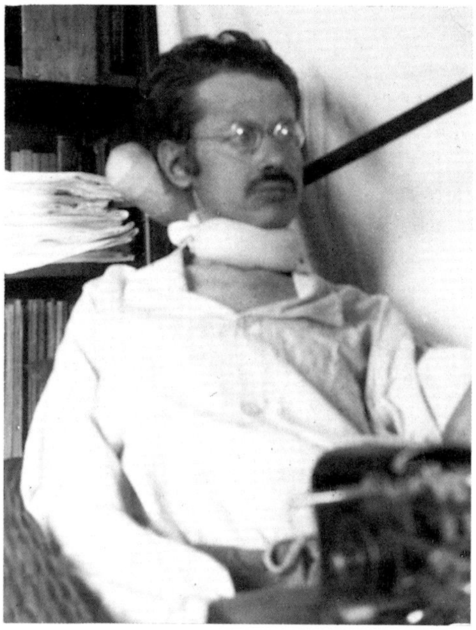

Le philosophe et pédagogue Franz Rosenzweig (1886-1929) était gravement malade depuis 1922 (photo de 1929).

Leo Baeck (1873-1956), le dernier grand rabbin allemand. Tableau de Max Westfeld.

La renaissance intellectuelle et religieuse qui avait vu le jour sous l'Empire s'accentua au début du XXe siècle, l'expérience de la guerre et le désarroi qu'elle avait engendré obligeant à reconsidérer bien des choses. À cet égard, l'état d'esprit des Juifs sous la République de Weimar était semblable à celui du reste de la population.

Des Juifs orthodoxes tels que Nehemia Nobel, des théologiens comme Franz Rosenzweig et Martin Buber, des penseurs et des pédagogues tels que Robert Weltsch et Ernst Simon essayèrent de trouver des réponses aux questions que se posait notamment la jeunesse sur le sens de l'existence.

Franz Rosenzweig (1886-1929), théologien et pédagogue, est l'auteur de *Hegel et l'État* (1919) et de *L'Étoile de la Rédemption* (1921). Il traduisit en allemand des poèmes de Yehoudah ha-Lévi et la Bible à partir de 1926 en collaboration avec Martin Buber. Issu d'une famille juive assimilée dont il se détacha dès sa jeunesse, à la recherche d'une religion vivante, il décida, en 1919, de passer une ultime journée de kippour dans une synagogue alors qu'il était sur le point de se convertir au christianisme. « Étant donné ce que je suis, cela n'est plus possible. Je resterai Juif », écrivit-il à un ami. En 1921, il fonda à Francfort-sur-le-Main un établissement juif d'enseignement pour adultes (Freies Jüdisches Lehrhaus). « Devenir Juif ou pas », telle était la décision à laquelle Rosenzweig confrontait ses élèves et auditeurs. Il était d'avis que l'assimilation ne devait pas avoir un caractère immuable. Il devint une référence éthique pour des milliers de jeunes qui cherchaient le sens de leur judaïsme à l'époque moderne.

Fils d'un rabbin orthodoxe de Hongrie, Nehemia Nobel (1871-1922) était enfant

Martin Buber lors d'un séminaire.
En haut, à gauche, son ami Ernst Akiba Simon, l'un des grands chefs spirituels de la jeunesse juive. En 1928, il devint professeur à l'Université hébraïque de Jérusalem.

Enseignants à la Hochschule für die Wissenschaft des Judentums, Berlin. Assis à droite : Leo Baeck. Debout à côté de lui, le professeur Ismar Elbogen (1874-1943). Entre eux, le rabbin et philosophe Max Wiener (1882-1950).

Kurt Blumenfeld (1884-1963), président de l'Association sioniste d'Allemagne, chef spirituel des étudiants sionistes

Salman Schoken (1877-1959), propriétaire d'une chaîne de grands magasins et fondateur, en 1931, de la maison d'édition qui porte son nom, et dont les publications constituèrent jusqu'en 1943 un soutien intellectuel pour les Juifs d'Allemagne face aux persécutions.

lorsque sa famille s'établit à Halberstadt. Après avoir soutenu son doctorat sur la théorie de l'esthétique chez Schopenhauer, il devint, en 1910, rabbin de la grande communauté unifiée de Francfort-sur-le-Main. À travers ses prêches, l'enseignement du Talmud et les conférences publiques qu'il donna à la Lehrhaus fondée par Rosenzweig, il exerça une grande influence sur la communauté toute entière. Acquis aux idées de Theodor Herzl dès son jeune âge, Nobel fut l'un des fondateurs du parti national religieux « Misrachi ». C'est en prévision de la création d'un État juif en Palestine qu'il prit certaines décisions relatives à la loi juive, comme l'ordination des femmes au rabbinat.

Professeur de théologie juive et d'éthique à l'université de Francfort de 1924 à 1933, directeur de la Jüdisches Lehrhaus de cette même ville et d'un institut pour la formation des adultes, Martin Buber (1878-1965) est surtout connu en Occident comme l'auteur des *Propos sur le judaïsme* (1911), de *Je et Tu* (1923) et des *Récits hassidiques* (1949). Dans l'Allemagne hitlérienne, de 1933 à 1938, il fut un détracteur de la résistance morale à travers la formation des adultes. Buber visait la renaissance culturelle du judaïsme, dans l'esprit de la Bible et des livres sur le message religieux du hassidisme.

Il préconisait également une entente entre Juifs et Arabes, dans un souci de réalisme politique. Il s'agissait d'une exigence imposée au peuple et à l'État d'Israël pour que ce dernier, dans la concrétisation du sionisme, conserve sa position au sein des nations. La relation de dialogue qui transparaît dans ses écrits modifia l'approche générale de la philosophie, de la pédagogie mais aussi de la psychologie et de la théologie.

Originaire de Neutra en Slovaquie, Salomon Breuer (1850-1926) fit ses études dans des yeshivot hongroises. Il fut nommé rabbin de la communauté orthodoxe de Francfort-sur-le-Main en 1889. Il y suivit la voie tracée par son beau-père Samson Raphaël Hirsch, dont le programme d'enseignement peut se résumer ainsi : « La Thora est un engagement dans le monde ». Breuer, quant à lui, mit à nouveau l'accent sur l'étude de la Thora et du Talmud. Il fonda une yeshiva et fut un partisan déterminé de l'organisation orthodoxe Agoudat Israël, antisioniste de son vivant. Par la suite, certains des leaders de cette organisation prirent une part active au développement de la Palestine juive.

Né à Prague, Robert Weltsch (1891-1982), grand publiciste sioniste qui s'exprimait en allemand, en anglais et en hébreu, préconisa, comme son ami Buber, une entente entre Juifs et Arabes dans le but de créer un État « où les deux peuples auraient la possibilité d'un libre épanouissement ». Depuis la création de l'Institut Leo Baeck (1955), Weltsch avait rédigé 22 numéros du *Jahrbuch*, consacré à l'analyse de tous les aspects de l'histoire des Juifs allemands, depuis l'époque de Moses Mendelssohn jusqu'au XXe siècle.

Fils d'un rabbin conservateur de Lissa en Posnanie, Leo Baeck (1873-1956) fut l'un des chefs de file du libéralisme modéré. Il considérait que « les fondements du monothéisme éthique » étaient immuables, mais que les formes liturgiques pouvaient être adaptées aux exigences de l'époque. Son ouvrage majeur *L'Essence du judaïsme* (1905) était une réponse à Adolf von Harnack, auteur de *L'Essence du christianisme* (1900). Il y exprimait ce que Moses Mendelssohn n'avait osé répliquer lorsque le pasteur suisse Lavater l'avait défié de défendre publiquement ses opinions à l'égard du judaïsme. Baeck réfutait la vérité du christianisme. Pour lui, face au christianisme, foi « romantique » par excellence, le judaïsme en tant que religion « classique » œuvre à l'amélioration de ce monde. Rabbin à Berlin depuis 1912, enseignant à la Hochschule für die Wissenschaft des Judentums et président de l'Association des rabbins allemands (Deutscher Rabbinerverband) depuis 1921 et de la « Reichsvertretung der deutschen Juden », l'organisme représentatif du judaïsme allemand, depuis sa fondation jusqu'à son interdiction en 1933. Leo Baeck resta le premier représentant des Juifs allemands même après sa déportation, en 1943, au camp de concentration de Theresienstadt.

Publications juives

Fondée en 1832, la maison d'édition I. Kauffmann Verlag de Francfort-sur-le-Main existait encore en 1933, époque à laquelle elle était la plus ancienne maison d'édition juive. Elle publiait des livres de prière et des textes religieux comme par exemple *Le trésor de la Bible et du Talmud*, qui rencontra un grand succès d'estime.

Créé par l'Association sioniste d'Allemagne, le Jüdischer Verlag édita les œuvres de Theodor Herzl, Martin Buber et Max Nordau, mais aussi le *Lexique juif* en cinq tomes et *L'histoire des Juifs*, en dix volumes, de Simon Dubnow, de même que la traduction allemande du *Talmud babylonien*, en neuf tomes, de Lazarus Goldschmidt (1871-1950).

L'Akademie Verlag de Berlin inscrivit à son programme des ouvrages sur la science du judaïsme ; l'Eschkol Verlag (fondé par Nahum Goldmann et Jakob Klatzkin) publia l'*Encyclopaedia Judaica* (sur les vingt tomes prévus, seuls dix étaient parus en 1933). En collaboration avec le Centralverein deutscher Staatsbürger jüdischen Glaubens, le Philo-Verlag assura la publication d'écrits apologétiques, du mensuel *Der Jude*, des ouvrages de Franz Rosenzweig et du célèbre *Philo-Lexikon* (1934). Le Benjamin Harz Verlag se spécialisa dans les belles-lettres.

Propriétaire de grands magasins et mécène, Salman Schocken (1877-1959) fonda en 1931 sa propre maison d'édition, la plus prolifique dans les années qui suivirent. On lui doit, entre autres, la publication de la Bible traduite par Buber et Rosenzweig, celle des œuvres complètes de Martin Buber et de Franz Kafka, des commentaires de la Genèse de Benno Jakob, des études de Gershom Scholem et d'autres érudits du judaïsme, sans oublier la « Schocken Bücherei », la collection destinée notamment aux jeunes. Du fait de son engagement, le nom de Salman

Détail de la couverture du livre de Franz Rosenzweig « L'Étoile de la Rédemption », 1921.

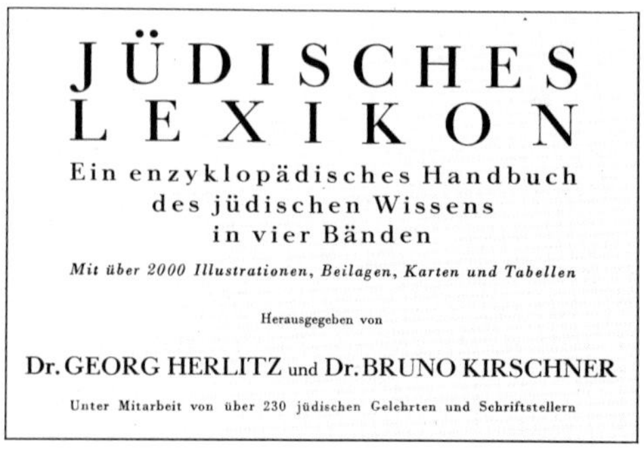

« Lexique juif », tome 1, 1927. Annonce de la maison d'édition.

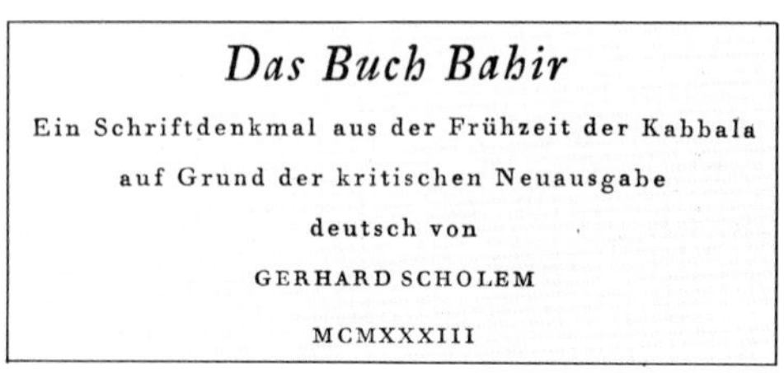

Annonce pour « Le Livre de Bahir », traduit et publié par Gerhard Scholem, 1929. Ci-dessous : « Propos sur le judaïsme » de Martin Buber, 2ᵉ édition, 1932, (titre de la page de garde).

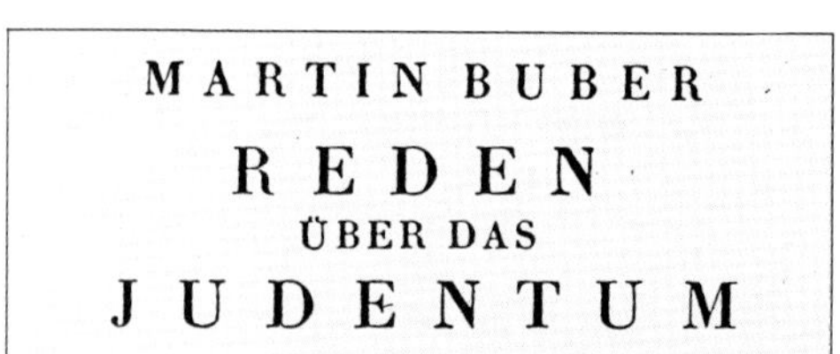

Annonce du Jüdischer Verlag, Berlin.

Couverture du mensuel « Der Jude », 1923.

Schocken est indissociable de la vie intellectuelle des Juifs dans l'Allemagne d'après 1931.

Ci-contre : détail de la couverture du mensuel « Jeschurun », 1927

Ci-dessous, à droite : couverture de « Der Morgen », une revue paraissant tous les deux mois, 1931.

Couverture de la revue « Zeitschrift für die Geschichte der Juden in Deutschland ».

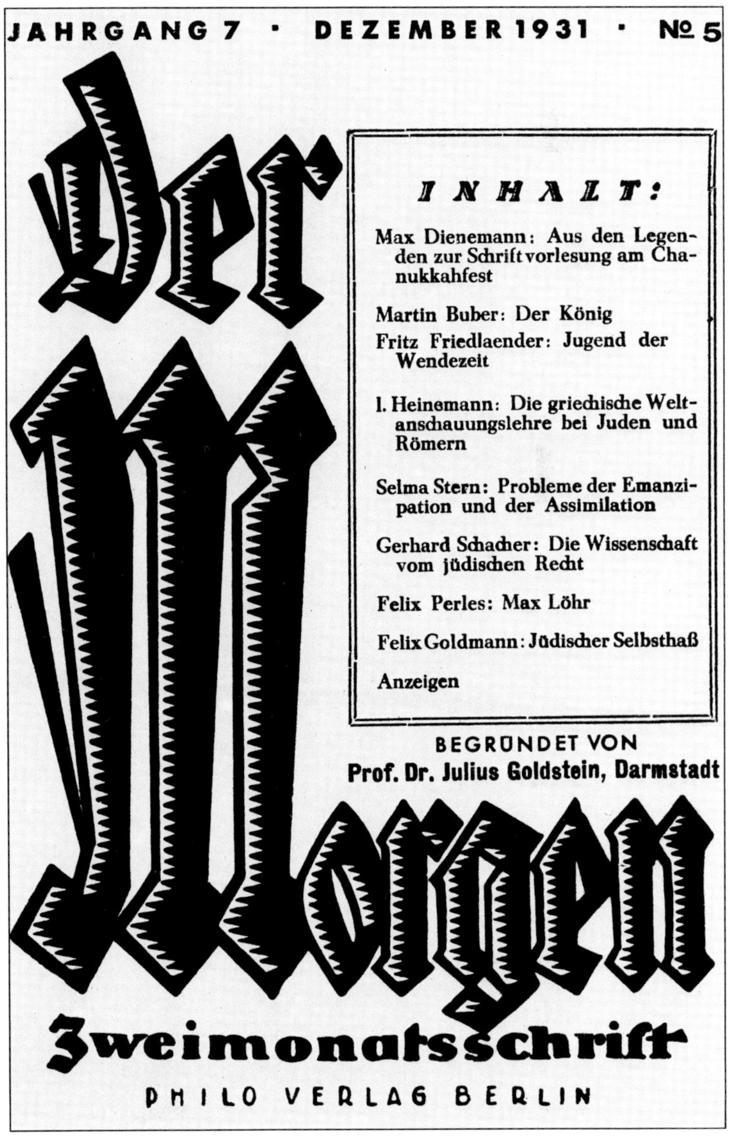

Album d'une famille de Stettin

Ses parents avaient une boucherie à Mayence... Mais Nathan Marx (1873-1929) n'aimait pas le métier qu'exerçait son père, aussi devint-il coursier dans une banque en 1890. Mais il souhaitait avoir une activité indépendante. Et c'est ainsi qu'il choisit d'être représentant de commerce pour un fabricant de boutons et de doublures de costumes. Jeune marié, il s'installa à Stettin où, grâce à ses économies, il fonda une entreprise pour fabriquer non plus de la doublure blanche ou noire, mais de la doublure imprimée dont les motifs étaient créés dans ses propres ateliers. L'entreprise employa bientôt trente personnes et confia l'étude des motifs à des sous-traitants.

Nathan Marx connut avec le temps une grande prospérité matérielle et s'acheta une maison dans un quartier résidentiel de Stettin. Il devint président de la communauté juive et de nombreuses associations caritatives. Avec sa femme Grete, il

Ci-dessus, à gauche : la villa de la famille Marx.

Ci-dessus : Nathan Marx avec des employés devant son magasin.

Ci-contre : la salle de séjour avec le portrait du père peint par Max Liebermann.

Ci-dessous : les cinq enfants. En partant de la gauche : Lotte, Eva, Hans, Ruth et Ernst.

Ci-dessous : les enfants déguisés pour la fête de Pourim.

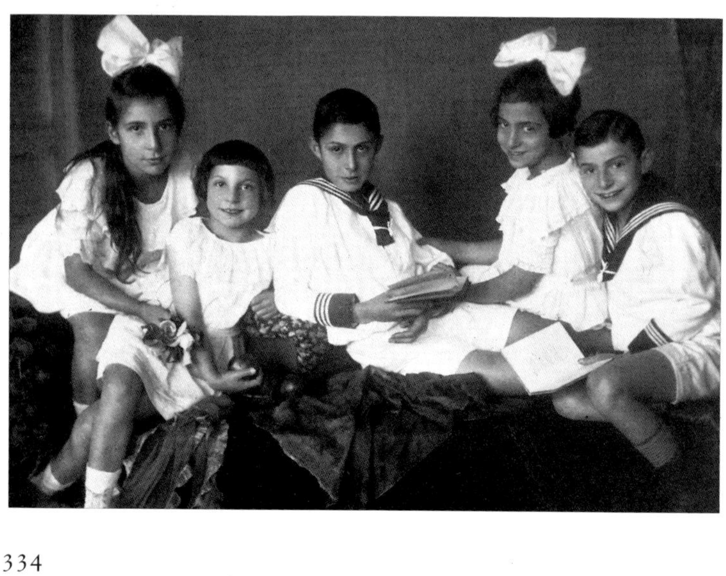

collectionna des estampes d'Hermann Struck, de Josef Budko, de Jacob Steinhardt et surtout de Käthe Kollwitz, et aida financièrement Lesser Ury en lui achetant des tableaux. Nathan Marx fit exécuter son portrait par Max Liebermann.

La famille Marx était au nombre des quelques sionistes que comptait la communauté de Stettin. Les cinq enfants Marx étaient membres du mouvement de la jeunesse sioniste et de l'association sportive Bar Kochba. Le fils aîné et l'une de ses sœurs émigrèrent en Palestine en 1933 où ils s'intégrèrent respectivement à une communauté rurale et à un kibboutz.

Ci-contre : fête de famille pour la bar mitsvah de Hans, le 13 octobre 1923.

Ci-dessus, à gauche : le salon.

Ci-dessus, à droite : la chambre des enfants.

À gauche : excursion en famille.

À droite : Hans (X), membre de l'association sportive Bar Kochba, 1929.

Les mouvements de jeunesse

Groupe Blau-Weiss de Breslau : les débuts du mouvement furent romantiques

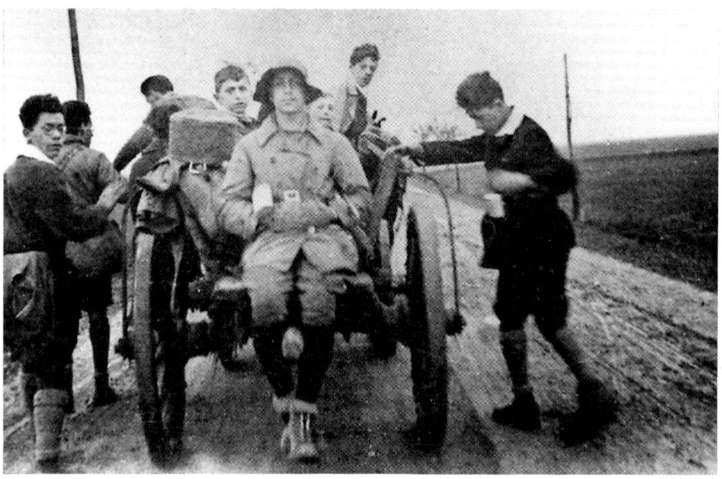

Randonnée par tous les temps. Un groupe Blau-Weiss de Munich se rend en Franconie, 1923. Photo de Walter Goldstern, Londres.

Feu de camp. Groupe Blau-Weiss de Francfort, 1924

En 1912 l'étudiant Josef Markus créa à Breslau avec quelques amis le « Wanderbund Blau-Weiss », les deux couleurs retenues dans l'appellation officielle, à savoir le bleu et le blanc, étant celles du drapeau sioniste. Avec plus de 3 000 membres, elle devint la plus importante association de jeunesse juive en Allemagne, abstraction faite des années de guerre durant lesquelles la plupart des jeunes dirigeants du mouvement furent mobilisés. Felix Rosenblüth, adhérent de la première heure, et qui devait devenir ministre de la Justice du nouvel État d'Israël, énonça en ces termes les objectifs du mouvement : « Les jeunes... sont entourés d'adultes qui pensent et agissent en matérialistes, d'êtres sceptiques, ironiques, désobligeants et éloignés de la nature. Ils ont grandi dans une atmosphère où les Juifs parlent d'eux-mêmes avec dérision. Le Wanderbund Blau-Weiss veut désormais les rapprocher de la nature et espère compenser dans une certaine mesure les erreurs commises par de mauvais éducateurs, transmettre aux enfants une conception de la vie à l'opposé de celle de leurs parents, pas des principes juifs... »

Les membres du Wanderbund Blau-Weiss s'insurgèrent contre la bourgeoisie assimilée, à savoir contre la génération de leurs parents. Le conflit des générations, l'appartenance à un peuple, revendiquée haut et fort, les randonnées en pleine nature, l'esprit de communauté, les chants populaires – autant de points communs au Wanderbund Blau-Weiss et à un autre mouvement de la jeunesse, celui-là nationaliste et largement antijuif, le Wandervogel. Outre les chansons allemandes, les complaintes des serfs du Moyen Âge et les canons de Mozart, les jeunes du mouvement Blau-Weiss inscrivirent à leur répertoire avec le temps des chants hébreux. « Knulp » et « Siddharta » de Hesse, les « Récits populaires » et « Guerre et Paix » de Tolstoï, « Henri le Vert » de Keller, « Les Vieilles Chansons de la Potence » de Morgenstern, les poèmes d'Hölderlin, de Whitman et de George faisaient partie de leurs lectures tout comme les *Propos sur*

2. |: Wir kamn vor Siebentod, :| da hättn wir weder Wein noch Brot. Stram-pe-de uſw.
3. |: Wir kamen vor Friaul, :| da hättn wir alleſamt groß Maul. Stram-pe-de uſw.

Po b'erez.

Hier im Lande der Sehnsucht der Väter werden alle Hoffnungen verwirklicht werden. Hier wollen wir leben, hier wollen wir schaffen ein Leben in Reinheit, ein Leben in Freiheit. Hier soll Gottes Glanz weilen, hier soll auch der Thora Sprache blühen. Zieht Furche auf Furche! Singt Lied auf Lied! Seid freudig, froh! Schon schimmern die Blüten. Zieht Furche auf Furche! Singt Lied auf Lied! Seid freudig, froh! Bald werden auch Früchte kommen.

Wer je die flamme umschritt
Bleibe der flamme trabant!
Wie er auch wandert und kreist:
Wo noch ihr schein ihn erreicht
Irrt er zu weit nie vom ziel.
Nur wenn sein blick sie verlor
Eigener schimmer ihn trügt
Fehlt ihm der mitte gesetz
Treibt er zerstiebend ins all.

Ci-dessus et ci-contre : chansons chantées par les jeunes du mouvement Blau-Weiss.

Ci-dessous : camp de jeunesse près d'Elpertshofen, été 1924. Photo de Saul Syman.

Ci-dessus à gauche : le domaine de formation agricole Blau-Weiss d'Halbe, dans la marche de Brandebourg, 1922.

Ci-dessus : le fanage au domaine d'Opladen, en Rhénanie, 1923.

Ci-contre : groupe Blau-Weiss lors de la traversée Trèves-Jaffa, mars 1924.

Ci-dessous, à gauche : arrivée à Jaffa, avril 1924.

le judaïsme de Martin Buber ou les récits d'Itzhac Leibouch Peretz.

Dans l'idéologie de l'association Blau-Weiss, il n'y avait pas de place pour le credo nationaliste et la mystification romantique chers au Wandervogel. La virilité du corps masculin n'y était pas idéalisée comme dans de nombreux groupements non-juifs ou plus tard sous le IIIe Reich. On ne concevait pas que le rôle des filles puisse se limiter à celui de femme au foyer ou de mère.

En 1923-1924, environ 400 membres « Blau-Weiss » effectuèrent un stage dans des écoles d'agriculture ou dans des ateliers municipaux de formation artisanale.

Grâce à cette association, toute une génération de jeunes Juifs découvrit l'histoire de son peuple, les problèmes particuliers au sein de la diaspora et ceux liés à la renaissance nationale, soit comme fondement d'une existence juive en Allemagne, soit comme justification d'un départ pour la Palestine.

Le mouvement Blau-Weiss et d'autres associations juives contribuèrent à l'épanouissement de jeunes qui, à de très rares

Ci-dessus : la prière du matin à la fontaine. Photo de Walter Goldstern.

Ci-dessus, à droite : membres du groupe Kadima lors d'un voyage à Prague, 1932. Photo de Tim Gidal.

Ci-contre : danse de la Horah lors d'une rencontre fédérale Kadima-Habonim, 1932. Photo de Tim Gidal.

Ci-dessous, à droite : des jeunes jouent au ballon lors d'une rencontre de la Kadima à Altmühltal. Camp de la Pentecôte, 1926. Photo de Tim Gidal.

exceptions près, étaient indifférents à l'apologétique. Conscients de l'importance à accorder à leurs propres valeurs juives, ils devinrent indifférents au jugement d'un entourage hostile, en prirent connaissance avec détachement, raillant souvent ceux qui voulaient les offenser.

Vers 1922-1923, quelques groupes Blau-Weiss émigrèrent en Palestine. D'autres firent de même dans les années 1930. Leurs membres s'installèrent dans des kibboutz ou créèrent des ateliers sur une base privée. Le rapprochement idéologique avec les travailleurs ayant échoué et la récession économique s'en mêlant, certains furent déçus et retournèrent vivre en Allemagne. Les leaders du mouvement décidèrent la dissolution du mouvement. Un autre lui succéda aussitôt : la Kadima.

Outre l'association Blau-Weiss, il existait un grand nombre de mouvements de jeunesse juifs. Le Jung-Jüdischer Wanderbund (fondé en 1923 ; environ 1 300 membres) se considéra d'emblée comme le successeur du mouvement des travailleurs socialistes de Palestine et fusionna par la

suite avec une autre association sympathisante et une partie de la Kadima, donnant ainsi naissance au Bund Habonim qui préparait ses membres à devenir agriculteurs ou artisans en Palestine. En 1929, certains d'entre eux fondèrent avec des amis d'Italie et de Tchécoslovaquie le kibboutz Giwat Brenner, aujourd'hui le plus grand kibboutz isarélien par le nombre de ses habitants (1 600).

Ci-contre : « L'Aventure au Tonkin », une pièce de Martin Luserke jouée par des amateurs lors de la rencontre du « Bund Jüdischer Pfadfinder », Munich, 1926. Photo de Tim Gidal.

Ci-dessous : un groupe colonais de « Falken », mouvement national-allemand, vers 1930.

La section allemande de l'Haschomer Hazaïr fut créée en 1931. Socialiste mais anticommuniste, ce mouvement était une synthèse des idées pédagogiques de l'Allemand Gustav Wyneken et de la culture juive de l'Est. Ses membres s'initiaient également aux travaux des champs et à des tâches manuelles, en prévision de leur installation en Palestine.

Fondé en 1919, le Bund der Kameraden réunissait différentes associations juives de sport, de gymnastique et de randonnée. Dans ses statuts, il exigeait de tous ses membres « une réflexion profonde sur toutes les valeurs religieuses, morales et éthiques du judaïsme ». Tous devaient « se reconnaître dans la patrie et le peuple allemands, se plonger dans le monde des idées, s'imprégner de l'état d'esprit allemand et combattre inlassablement toutes les tentatives d'organisation judéo-nationales des Juifs allemands. »

Dès le premier rassemblement national, en 1921, les « Kameraden » apparurent divisés. Après une visite de Franz Rosenzweig (voir p. 330), un groupe se forma pour lequel la renaissance du judaïsme comptait davantage que celle d'une « Allemagne se nourrissant de l'esprit du Moyen Âge, de Goethe et de Stefan George ».

La recherche d'une identité juive se traduisit progressivement par une religiosité, au sens de force spirituelle, dans l'esprit de Franz Rosenzweig et de Martin Buber. Un de ces groupes fit scission et prit le nom de « Werkleute ». Son engagement sioniste se concrétisa par la création du kibboutz Hasorea à Megiddo, non loin de la forteresse du roi Salomon. Ce kibboutz à vocation agricole et industrielle est actuellement l'un des plus prospères d'Israël.

« Esdras », le mouvement de la jeunesse juive orthodoxe (du nom d'un prêtre-scribe qui ramena un groupe d'exilés juifs de Babylone à Jérusalem en 458 av. J.-C.) comptait un millier de membres. Un agriculteur orthodoxe les initia à leurs futures tâches. En Palestine, le mouvement créa des kibboutz orthodoxes.

En 1930, les différentes associations de la jeunesse juive, y compris les associations sportives, totalisaient environ 40 000 membres.

Les « Kameraden » du groupe Oppeln lors d'une randonnée.

L'émancipation féminine

Alice Salomon (1872-1948), spécialiste de politique sociale, directrice de la Soziale Frauenschule de Berlin, de 1908 à 1924.

Rahel Hirsch (1870-1953), la première femme à obtenir une chaire de médecine en Prusse (1913). Photo d'Alice Matzdorff, 1917.

Bertha Pappenheim (1859-1936), fondatrice du Jüdischer Frauenbund en 1924 (connue en tant que « Anna O. » dans l'histoire de la psychanalyse).

Rahel Levin-Varnhagen (voir p. 142) fut l'une des premières, si ce n'est la première femme d'Allemagne à exiger que la femme soit traitée comme l'égale de l'homme sur le plan social et qu'elle ait les mêmes droits. Elle refusait la domination de la société par les hommes.

Peu avant sa mort, elle reçut la visite de Fanny Lewald (1811-1889), alors âgée de 20 ans. Comme en témoigne son premier roman, « Clementine », Fanny Lewald, originaire de Königsberg, fut influencée par les idées de Rahel Levin-Varnhagen sur l'émancipation des femmes, qu'elle mit en parallèle avec celle des Juifs et l'amélioration des conditions de vie des ouvriers. Elle y dénonçait également le mariage de raison. En 1870, elle publia un manifeste « Pour et contre les femmes » dans lequel elle réclamait une complète égalité.

Un an auparavant, Friederike Kempner (1836-1904), native d'Opatov en Posnanie, avait réclamé, dans un opuscule, qu'il soit mis fin à l'isolement des prisonniers. Jeune fille, elle avait déjà protesté contre la vivisection. Elle s'était battue, avec succès, pour la création de morgues afin d'éviter que des personnes tenues pour mortes ne soient directement inhumées et pour que l'emprisonnement à perpétuité ne s'accompagne pas d'un isolement cellulaire. Son engagement dans le domaine social et sa lutte contre l'antisémitisme furent toutefois éclipsés par sa réputation de « rossignol silésien ». Elle est l'auteur de poèmes ironiques et drôles parus dès 1873.

Le critique littéraire Werner Kraft ne manqua pas de souligner la « puissance » poétique de certains de ses vers. Il n'est pas exclu qu'elle ait été consciente du comique de ses poèmes et qu'elle les ait publiés sciemment pour agacer ses proches, des bourgeois compassés qui voyaient en elle un bas-bleu émancipé.

Friederike Kempner était la tante du célèbre critique berlinois Alfred Kerr, qui utilisait consciemment des éléments comiques dans ses poèmes. Lorsqu'un jour Brecht écrivit que le comique volontaire et contrefait de Kerr était le legs de

sa tante, muse du vrai comique involontaire, Kerr répondit dans le *Berliner Tageblatt* : « La nuit, au-dessus du cimetière, s'élève parfois un hi-han. Si l'âne est à court d'idées, ma tante lui vient à l'esprit. »

Native de Vienne, Bertha Pappenheim (1859-1936) fut une grande figure du féminisme et de l'éducation sociale. Descendante de Glückel von Hameln (voir p. 93), elle créa en 1904, à Francfort, le Jüdischer Frauenbund, très proche du mouvement féministe allemand. À la suite des voyages qui la conduisirent en Roumanie, en Russie et en Pologne, elle s'employa à combattre la prostitution mais aussi la discrimination dont étaient victimes les enfants illégitimes. Près de Francfort, elle ouvrit un foyer pour les prostituées, les mères célibataires et pour les femmes qui avaient enfreint les lois. Bertha Pappenheim était opposée au sionisme, estimant que ce mouvement qui encourageait les jeunes à aller en Palestine disloquait les familles. Elle mourut en 1936, après un interrogatoire par la Gestapo.

Alice Coblenz-Bensheimer (1864-1957) était la collaboratrice de Gertrud Bäumer, figure de proue du mouvement féministe. Pendant 25 ans, elle fut la secrétaire du Bund Deutscher Frauenvereine. Autre grande féministe juive, Alice Salomon (1872-1948) fut très influente : de 1908 à 1924, elle dirigea l'École sociale des femmes (Soziale Frauenschule), de 1925 à 1933 l'Académie pour le travail social et pédagogique des femmes à Berlin. Cofondatrice du mouvement allemand pour la protection des mères et des futures mères, Henriette Katzenstein-Fürth fut très active dans le domaine de l'aide sociale juive.

À gauche : l'écrivain et philanthrope Friederike Kempner (1836-1908), tante d'Alfred Kerr et la « Muse du comique involontaire ».

À droite : féministes allemandes, presque toutes juives. En partant de la gauche : Elisabeth Altmann-Gotheiner, Alice Coblenz-Bensheimer, secrétaire du Bund Deutscher Frauenvereine, Gertrud Bäumer (non juive), Emma Ender.

Sport

À gauche : *Erich Levi, champion allemand de boxe poids lourd chez les amateurs, en 1924. Il était entraîneur de l'Hakoah d'Essen, une section Makkabi.*

Ci-contre : Leo Ledermann, recordman d'endurance en natation, vers 1900.

Permettant aux uns de s'affirmer, aux autres de parfaire leur intégration, la gymnastique et le sport jouèrent un rôle non négligeable à partir de la fin du XIXe siècle, dans les années qui correspondent à la renaissance juive.

81 athlètes participèrent aux premiers Jeux olympiques de l'époque moderne qui eurent lieu à Athènes, en 1896. Alfred Flatow, l'un des cinq champions olympiques allemands, fut médaille d'or aux barres parallèles et médaille d'argent à la barre fixe. Avec son équipe, dont faisait partie son cousin Gustav, il remporta également les épreuves de gymnastique sportive.

Créée en 1898, « Bar Kochba », première association sportive juive (du nom

Ernst Emanuel Simon, membre du Bar Kochba, Berlin. Coureur de demi-fond (800 m), il remporta les championnats brandebourgeois de 1918 et de 1919, de même que le championnat munichois de 1921. Il pratiqua la médecine du sport en Palestine à partir de 1924 et fut ensuite directeur du service sport et gymnastique en Israël.

Section Bar Kochba lors d'une fête sportive à Berlin en 1930.

du chef des insurgés juifs qui combattirent les Romains et s'emparèrent de Jérusalem en 132-135 de notre ère), s'inscrivait dans le cadre de l'incessante activité sioniste qui suivit le Congrès de Bâle (1897). L'association joua un rôle important dans la vie communautaire en favorisant le rapprochement entre les Juifs allemands et ceux qui étaient originaires des pays de l'Est. Fondé en 1903, le club des gymnastes « Jüdische Turnerschaft für Deutschland » était idéologiquement neutre. Son objectif : mobiliser les Juifs assimilés qui se heurtaient à une certaine animosité dans des clubs de sport non juifs. L'association sportive juive qui comptait le plus grand nombre d'adhérents fut créée à Varsovie, en 1915, sous l'occupation allemande.

Encore aujourd'hui, la Fédération Makkabi (1921), du nom des Maccabées, qui défirent les généraux syriens et reconquirent Jérusalem, coiffe toutes les associations sportives juives. De nombreuses activités culturelles – programmes de formation, soirées littéraires, cours d'hébreu, musique, etc. – servaient également de trait d'union entre les différentes associations. En 1930, la Fédération Makkabi comptait quelque 200 000 adhérents qui entretenaient en général des relations cordiales avec les associations sportives non juives.

Course de relais à l'occasion d'une fête sportive juive à Berlin, vers 1932.

Activité commerciale, industrielle et artisanale

D'une manière générale, l'exode rural s'accentua avec l'industrialisation. En raison de l'héritage du passé et compte tenu de leur formation, les Juifs, qui s'installèrent dans les villes, exercèrent surtout des professions indépendantes : ils ouvrirent des magasins, de petits ateliers de fabrication, firent de l'import-export, devinrent représentants de grandes entreprises en quasi-totalité non juives, banquiers, etc. D'autres étaient employés de banque ou ouvriers dans les manufactures de cigarettes, l'industrie du cuir et de la fourrure. L'intégration des Juifs dans la vie économique de la cité se poursuivit sous la République de Weimar, mais la recrudescence de l'antisémitisme la rendit plus difficile : l'administration, les grands groupes industriels et les entreprises nationalisées employèrent rarement des Juifs.

Avec l'arrivée des Juifs de l'Est, le nombre d'artisans, d'ouvriers et de petits commerçants, qui jusque-là avait tendance à diminuer, se stabilisa. Par contre, celui des musiciens, des graphistes et des décorateurs fit un bond.

En 1925, deux tiers environ des Juifs d'Allemagne résidaient dans les grandes villes. Si, rapporté au nombre total, les non-Juifs étaient deux fois plus nombreux que les Juifs dans l'industrie, les proportions étaient inversées dans le commerce et les banques. Ceci reflète bien l'évolution des secteurs économiques « juifs » et « non juifs ».

Dans la grande industrie, les Juifs avaient été supplantés par les magnats de la finance tels que Krupp, Thyssen et Hugenberg, les seuls en mesure de créer de nouvelles entreprises. Ils développèrent en revanche l'industrie cinématographique, un secteur à risques.

D'après une statistique du 16 juin 1933, l'Allemagne comptait à cette date environ 550 000 Juifs dont 240 487 personnes actives et 33 661 chômeurs.

Page de gauche en haut : carte postale de l'entreprise Hugo Bondi, Mayence, 1925.

Au centre, à gauche : le magasin de fourrure Goldberg, Munich, 1931.

En bas : publicité de la maroquinerie Ludwig Hirschfeld & Co., Francfort-sur-le-Main, 1928.

Ci-contre : grands magasins du groupe Schoken.

Collectionneurs, marchands d'art, mécènes

Le cabinet Simon au Kaiser-Friedrich-Museum de Berlin, 1918. Donation de James Simon.

L'homme d'affaires berlinois James Simon (1851-1932) fut l'un des plus grands collectionneurs d'Allemagne mais aussi un mécène d'une générosité sans égale. Membre du conseil d'administration de l'Association du Kaiser-Friedrich-Museum, il fit don à ce musée, inauguré en 1904, de sa collection mondialement connue de tableaux, de statues, de médailles et de bronzes de la Renaissance italienne. Il finança notamment l'achat du célèbre buste de Néfertiti. Appauvri par l'inflation, il refusa l'aide offerte par von Bode, directeur du musée.

Il est intéressant de noter que la plupart des autres mécènes juifs collectionnèrent de préférence les œuvres d'artistes allemands et que les non-Juifs s'intéressèrent davantage à la Renaissance.

Comme James Simon, d'autres collectionneurs et mécènes demandèrent conseil à des spécialistes de l'histoire de l'art et à des directeurs de musées, puis léguèrent à des musées toutes les œuvres ou certaines de celles qu'ils avaient réunies. Ce fut le cas de Marcus Kappel, de Franz et Robert von Mendelssohn, d'Alfred Breit, d'Oscar Huldschinsky, d'Eduard Arnhold et de Philip Rothschild. En 1910, le banquier Eduard Arnhold (1849-1925) offrit à l'État prussien la villa Massimo de Rome qui, aujourd'hui, encourage de jeunes artistes allemands en leur attribuant des bourses d'étude.

Max Böhm et Rudolf Mosse possédaient la plus grande collection de

tableaux de peintres allemands du XIXe siècle, Paul Davidson la plus prestigieuse collection d'estampes de maîtres anciens. Leopold Sonnemann (voir p. 240) fit don de l'essentiel de sa collection d'œuvres d'art françaises et allemandes à un musée (Städelschen Kunstinstitut) de Francfort-sur-le-Main, auquel revint également celle de Walther Rathenau. Les 60 000 estampes réunies par H.H. Meyer furent léguées à la Kunsthalle de Brême.

Établis à Berlin, Alfred Flechtheim, Herwarth Walden et Paul Cassirer étaient de grands marchands d'art, tout comme Bernheim et Heinemann à Munich. Walden s'engagea en faveur des peintres expressionnistes (Chagall, George Grosz, Otto Dix, Meidner et d'autres), Flechtheim fit connaître notamment Picasso, Klee, Carl Hofer ainsi que Max Beckmann et popularisa l'art d'Afrique noire.

Originaire de Mannheim, Daniel-Henry Kahnweiler fut le plus important marchand de tableaux d'Europe et le promoteur de l'art moderne (Picasso, Braque, Gris, Léger).

Pratiquement ignorés par les mécènes juifs, les musées juifs d'Allemagne ne possédaient que des collections insignifiantes.

Ci-dessus : Alfred Flechtheim (1878-1937), marchand d'œuvres d'art. Photo d'Hugo Erfurth.

Ci-dessus, à droite : annonce de la galerie d'art Flechtheim, 1926.

Le marchand de tableaux Daniel-Henry Kahnweiler (1884-1979). Galeriste à Paris à partir de 1907, il contribua largement à faire connaître les grands peintres cubistes. En 1958, il publia « Vers le cubisme », en 1961 « Mes peintres, mes galeries d'art ». Photo de Pablo Picasso, 1912.

Éditeurs, marchands de livres anciens, bibliophiles

Ein literarisches Ereignis im wahrsten Sinne war das Erscheinen der nachgelassenen Werke von

FRANZ KAFKA

Als Franz Kafka am 3. Juni 1924 starb, wußten wenige vertraute Freunde, daß die deutsche Literatur einen ganz großen Dichter verloren hatte. Um den Lebenden war's immer still gewesen. In den Jahren, die seit seinem Tode vergangen sind, ist darin eine wesentliche Wandlung eingetreten. Viele unserer Besten haben sich zu dem toten Dichter bekannt, den kein Geringerer als Hermann Hesse

einen heimlichen Meister und König der deutschen Sprache

genannt hat. In unserem Verlag sind erschienen:

EIN LANDARZT	AMERIKA
Kleine Erzählungen	Roman
In Ganzleinen gebunden RM. 3,60	In Ganzleinen RM. 7,65

KURT WOLFF VERLAG BERLIN

Ci-contre : annonce du Kurt Wolff Verlag pour les œuvres de Kafka, Berlin.

Ci-dessous, à gauche : couverture de « Mon cœur, un roman d'amour » d'Else Laske-Schüler.

Ci-dessous : prospectus du Propyläen Verlag, 1926.

De tous temps, les Juifs ont eu une affinité particulière pour le livre. Depuis que la Bible a été copiée sur des rouleaux de parchemin, « le peuple du livre » s'est efforcé de la propager.

Leur attachement au livre se fonde sur leur profond respect pour la Thora, depuis l'exécution de sa copie par un scribe jusqu'à l'entreposage des rouleaux dans la synagogue et leur utilisation lors de la célébration du culte. C'est ainsi que l'étude du livre fait partie de la tradition juive, de même que le fait d'écrire, d'imprimer, d'éditer et de commercialiser des livres.

Fondé en 1886 par Samuel Fischer (1859-1934), le S. Fischer Verlag, qui existe toujours, était la plus importante maison

d'édition d'œuvres littéraires sous la République de Weimar. Parmi les auteurs qu'elle publia, citons entre autres : Henrik Ibsen, *Arthur Schnitzler, Stefan Zweig,* Thomas Mann, Gerhart Hauptmann, *Walter Rathenau, Sigmund Freud,* Hermann Hesse, Joseph Conrad, *Jakob Wassermann, Alfred Döblin,* Hans Carossa et Wilhelm Lehmann (les noms d'écrivains juifs sont indiqués en italiques). Autre célèbre éditeur de littérature moderne et d'estampes originales, de 1910 à 1933, Kurt Wolff, dont la mère était juive et originaire de Bonn. On lui doit entre autres des ouvrages de Georg Trakl, *Franz Kafka,* Heinrich Mann, *Karl Kraus,* Georg Heym, *Carl Sternheim, Franz Werfel,* Gustav Meyrink, Joachim Ringelnatz et *Joseph Roth.*

Georg Bondi (1865-1935) se fit l'écho du cénacle de Stefan George dont il publia les *Blätter für die Kunst*. Les grands classiques, une *Histoire du monde* et une volumineuse *Histoire de l'art* firent la réputation du Propyläen Verlag. Bote & Bock, le plus grand éditeur de partitions d'Allemagne, gérait également une agence de concerts. Le Malik Verlag, fondé en 1917 par Wieland Herzfeld, porta à la connaissance du public les écrits d'auteurs communistes, bien souvent avec, en couverture, des photomontages réalisés par son frère John Heartfield. Tous deux étaient les neveux de Josef Herzfeld, député SPD au Reichstag (membre de l'USPD et du KPD par la suite).

Jakob Hegner (1882-1962) a associé son nom à l'art moderne du livre. Ses éditions pour la Société Marées sont recherchées par les bibliophiles. Il se chargea également de la conception de livres pour la maison d'édition juive Schoken. Paul Cassirer, Erich Reiss et Fritz Gurlitt publièrent des ouvrages qui s'adressaient à des bibliophiles et contenaient des estampes originales.

Rütten et Loening à Francfort-sur-le-Main, à qui l'on doit *Struwwelpeter*, le célèbre conte pour enfants, et le Deutscher Verlagsanstalt à Stuttgart étaient des maisons fondées par des Juifs, tout comme, par la suite, les éditions Erich Reiss, Brandus et tant d'autres qui publièrent des ouvrages spécialisés. En outre, il y avait des éditeurs qui se consacraient uniquement à la publication d'ouvrages traitant de sujets en rapport avec le judaïsme.

L'impression et la publication de beaux livres ou d'ouvrages contenant des illustrations originales supposaient l'intérêt de collectionneurs et de bibliophiles. Beaucoup de Juifs furent les fondateurs ou les membres de sociétés de bibliophilie. Certains marchands de livres anciens étaient célèbres dans le monde entier : c'était le cas de Baer installé à Francfort-sur-le-Main, de Martin Breslauer à Berlin ainsi que de Ludwig et Jacques Rosenthal à Munich.

Ci-dessous, à gauche : l'éditeur Samuel Fischer (1859-1934).

Ci-dessous : « Incunabula Typographica », Joseph Baer, 1924.

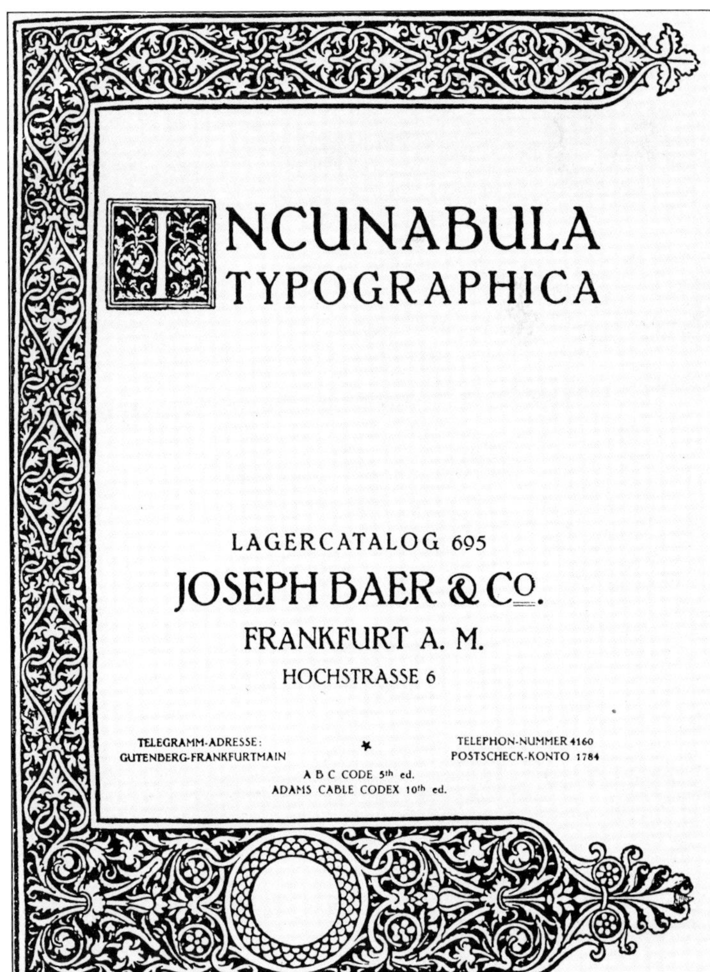

INCUNABULA
TYPOGRAPHICA

LAGERCATALOG 695
JOSEPH BAER & CO.
FRANKFURT A. M.
HOCHSTRASSE 6

TELEGRAMM-ADRESSE: GUTENBERG-FRANKFURTMAIN
TELEPHON-NUMMER 4160 POSTSCHECK-KONTO 1784
A B C CODE 5th ed.
ADAMS CABLE CODEX 10th ed.

Revues politiques, littéraires et artistiques

Les revues littéraires, artistiques et politiques qui comptaient des directeurs de publication ou des rédacteurs juifs étaient encore plus nombreuses sous la République de Weimar que sous l'Empire. Elles ne songeaient pas pour autant à prendre position « dans une optique juive » sur les événements de l'époque.

Die Weltbühne (1918-1933) était l'hebdomadaire des intellectuels de gauche. Le mensuel *Der neue Merkur* s'intéressait à la littérature et aux problèmes de société. *Die Neue Rundschau* (S. Fischer), qui paraît toujours sous ce nom depuis 1904, était le forum des écrivains confirmés. *Die literarische Welt* ouvrait ses colonnes à tous les courants de pensée. *Kunst und Künstler* se voulait le porte-parole de l'art moderne tandis que *Corona* s'adressait à des lecteurs exigeants et se faisait l'écho des milieux littéraires qui gravitaient autour de Hugo von Hofmannsthal, Paul Valéry et Hermann Hesse. Le bimensuel *Pan* (1895-

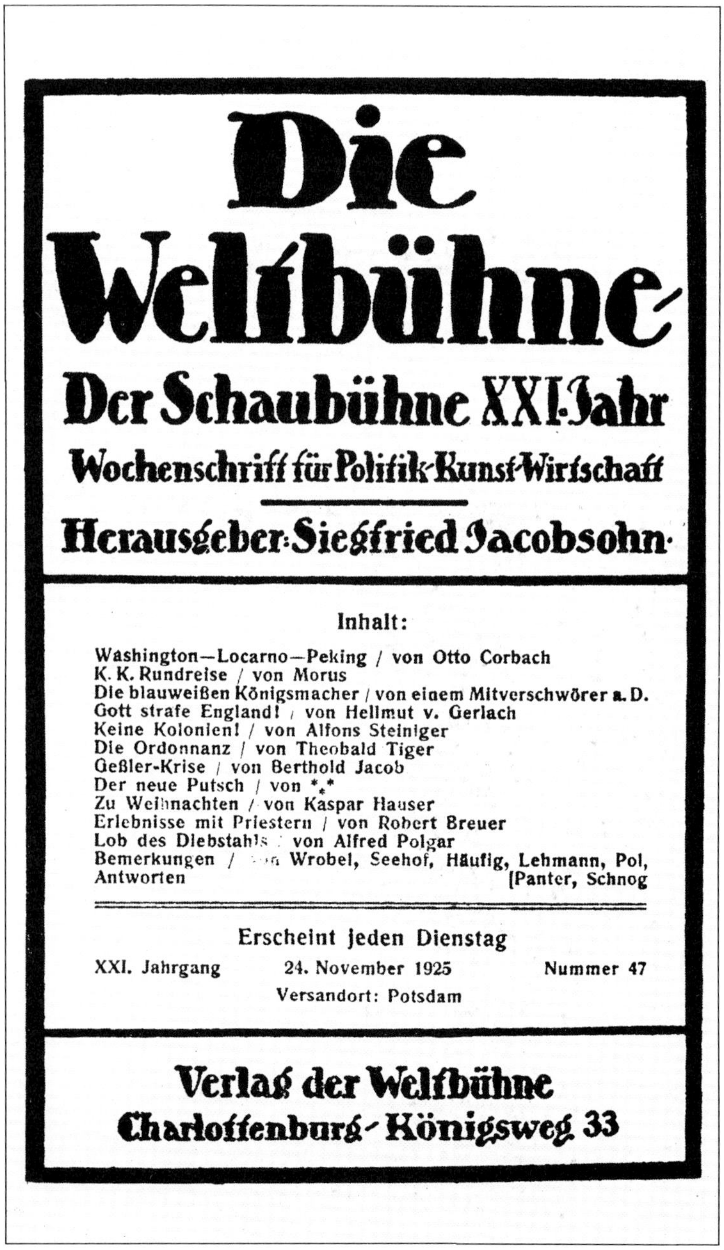

Die Weltbühne

Der Schaubühne XXI. Jahr

Wochenschrift für Politik · Kunst · Wirtschaft

Herausgeber: Siegfried Jacobsohn

Inhalt:

Washington—Locarno—Peking / von Otto Corbach
K. K. Rundreise / von Morus
Die blauweißen Königsmacher / von einem Mitverschwörer a. D.
Gott strafe England! / von Hellmut v. Gerlach
Keine Kolonien! / von Alfons Steiniger
Die Ordonnanz / von Theobald Tiger
Geßler-Krise / von Berthold Jacob
Der neue Putsch / von ***
Zu Weihnachten / von Kaspar Hauser
Erlebnisse mit Priestern / von Robert Breuer
Lob des Diebstahls / von Alfred Polgar
Bemerkungen / von Wrobel, Seehof, Häufig, Lehmann, Pol,
Antworten [Panter, Schnog

Erscheint jeden Dienstag

XXI. Jahrgang 24. November 1925 Nummer 47

Versandort: Potsdam

Verlag der Weltbühne
Charlottenburg · Königsweg 33

Ci-contre : titre de « Die Weltbühne », 24 novembre 1925.

Ci-dessous : page intérieure de la revue « Kunst und Künstler », 1927.

Kunst und Künstler

UNSER PROGRAMM

25 JAHRE „KUNST UND KÜNSTLER“

VON

KARL SCHEFFLER

Als diese Zeitschrift, im Jahre 1902 von Bruno Cassirer begründet, von Emil Heilbut zuerst geleitet, ihren Weg begann, war es kein auf geschäftliche Vorteile bedachtes Unternehmen. Sie war gedacht und blieb in der Folge das Organ eines Willens, einer Leidenschaft für gute Kunst. Für eine bestimmte Art von Kunst wollte sie eintreten und einer andern Art von Kunst Widerstand leisten. Wirken wollte sie für das, was damals Naturalismus genannt wurde und heute wieder so genannt wird: für alle aus lebendiger Anschauung entstandene Kunst; abwehren wollte die Zeitschrift jene bedenkliche Romantik, die damals wie ein Rauschgift auf ein ganzes Volk von „Rembrandtdeutschen“ wirkte. Dabei war zu bedenken, daß eine Kunstzeitschrift nicht auf Grund von Richtungen und Stilbewegungen zu machen ist, sondern nur, wenn man bestimmte Künstlerpersönlichkeiten und Kunstwerke im Auge hat, und daß der Gegenstand gar nicht konkret genug genommen werden kann. Niemals hat sich „Kunst und Künstler“ darum für das Wollen in der Kunst eingesetzt, immer nur für das Können und für das Talent. Das mit wenigen Worten zu umschreibende Programm lautete: die gute Kunst fördern und dem Verständnis näher bringen, von der Kunst der Vergangenheit für das wirken, was dauernd aktuell und modern anmutet, von moderner Kunst das, was die Eigenschaft hat, einst klassisch zu werden, und als geschichtliche Gestaltungskräfte nur die anerkennen, die in eben diesem Sinne das Dauernde hervobrringen; das Schöne in jeglicher Gestalt lieben, das Gute fördern, das Schlechte nicht beachten und das Schädliche bekämpfen.

Mit diesem Programm hat „Kunst und Künstler“ nicht in den breiten Massen, wohl aber in

1900) se consacrait à l'art et à la littérature. *Der Querschnitt* popularisait les nouveaux modes de vie et restituait toutes les tendances de l'époque en matière de littérature et d'art. Remarquablement illustré, il reproduisait des exemples de photographie expérimentale et les dessins d'artistes d'autres pays.

Die Zukunft (1892-1922) et *Der Fackel* (1899-1936) servaient de tribune à leur directeur de publication Maximilian Harden (1861-1927) – de son vrai nom Felix Ernst Witkowski –, aux opinions tranchées sur le plan politique et idéologique et à Karl Kraus (1874-1936), esprit subtil d'humeur querelleuse. « Le Thersite de la presse et de la littérature » qui, selon ses admirateurs inconditionnels, ne tolérait aucun compromis en matière d'éthique et dont la satire était redoutée, jetait un regard impitoyable sur la société. Kraus se considérait comme la référence en matière de langue allemande. Adversaire intraitable de Guillaume II et de sa politique, Maximilian Harden qui, à un moment donné, fut le mentor politique de l'Allemagne wilhelminienne, survécut à un attentat en 1922 et émigra en Suisse.

À droite : couverture de « Die Neue Rundschau », mai 1927.

Ci-dessous : couverture de « Der Querschnitt », septembre 1929.

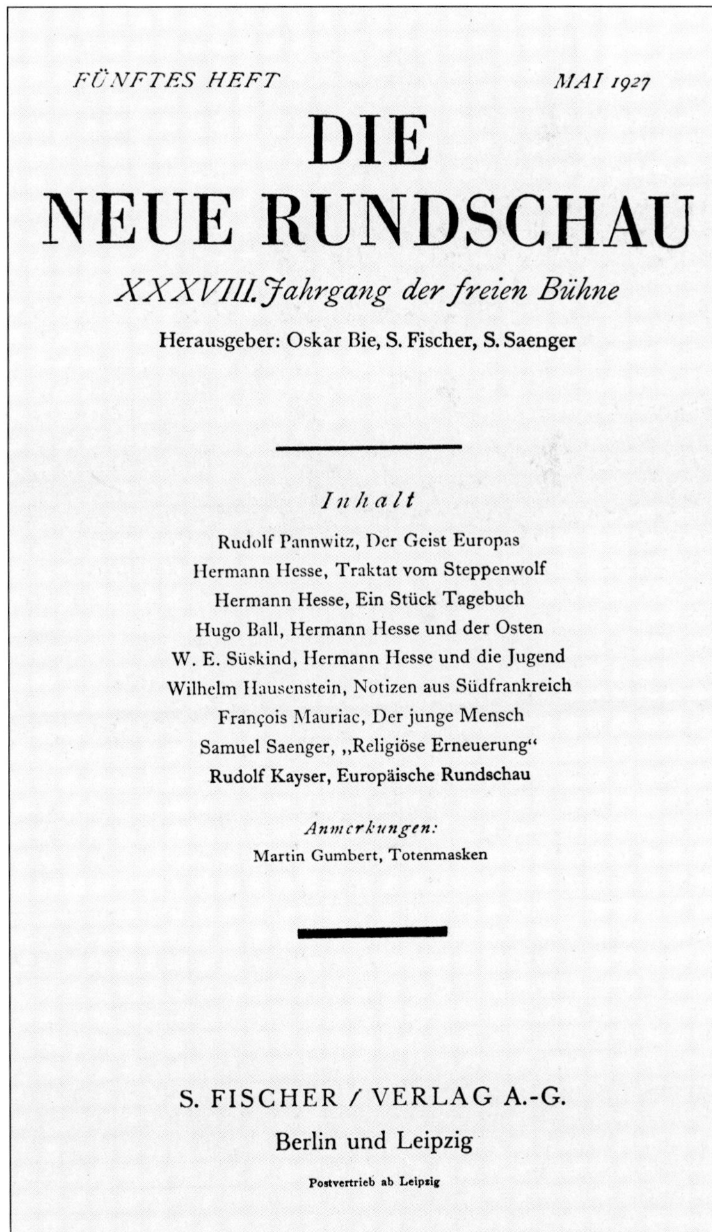
FÜNFTES HEFT MAI 1927

DIE NEUE RUNDSCHAU

XXXVIII. Jahrgang der freien Bühne

Herausgeber: Oskar Bie, S. Fischer, S. Saenger

Inhalt

Rudolf Pannwitz, Der Geist Europas
Hermann Hesse, Traktat vom Steppenwolf
Hermann Hesse, Ein Stück Tagebuch
Hugo Ball, Hermann Hesse und der Osten
W. E. Süskind, Hermann Hesse und die Jugend
Wilhelm Hausenstein, Notizen aus Südfrankreich
François Mauriac, Der junge Mensch
Samuel Saenger, „Religiöse Erneuerung"
Rudolf Kayser, Europäische Rundschau

Anmerkungen:
Martin Gumbert, Totenmasken

S. FISCHER / VERLAG A.-G.
Berlin und Leipzig
Postvertrieb ab Leipzig

IX. Jahrgang, Heft 9
Berlin, Ende September 1929
PREIS: M 1,50

DER QUERSCHNITT

BEGRÜNDET VON ALFRED FLECHTHEIM
HERAUSGEBER: H. V. WEDDERKOP

IM PROPYLÄEN-VERLAG / BERLIN

Les sciences humaines

À gauche : Gerhard (Gershom) Scholem (1897-1982), grand spécialiste de la kabbale, Berlin, 1919.

À droite : Walter Benjamin (1892-1940), historien et critique d'art, conteur et traducteur, se lia d'amitié avec Gershom Scholem en 1915. Il se réfugia en France en 1933 où il se suicida en 1940, à Port Bou, de peur d'être livré à la Gestapo. On lui doit, entre autres, « Les Affinités électives de Goethe » (1924), « L'origine de la tragédie baroque (1928) », « L'Œuvre d'art à l'époque de sa reproductibilité technique » (1936) et « Jeunesse berlinoise vers 1900 » (paru en 1960). Photo de Gisèle Freund.

La Hochschule für die Wissenschaft des Judentums de Berlin, où enseignaient entre autres Julius Guttmann, Ismar Elbogen et le rabbin Leo Baeck, (voir p. 244 et suivantes), resta le centre de la pensée juive sous la République de Weimar.

Le néo-kantien Ernst Cassirer, professeur à Hambourg de 1919 à 1933, fut l'un des éminents philosophes sous la République de Weimar. Ses travaux portent sur les problèmes de la connaissance dans la philosophie et la science de l'époque moderne, la philosophie des formes symboliques et la théorie de la relativité d'Einstein, une confirmation de l'idéalisme critique dans l'esprit du néo-kantisme d'Hermann Cohen.

Parmi les autres grands penseurs de l'époque, on peut citer les noms du théologien Leo Strauss et du philosophe Ernst Bloch, dont *L'Esprit de l'Utopie* (1918), *Thomas Münzer* (1922) et *Le Principe Espérance* (1954-1959) furent redécouverts dans les années 1960-1970.

Le sociologue Karl Mannheim (1893-1947), professeur à l'université de Francfort, se consacra essentiellement à la sociologie de la connaissance et à l'enseignement de la démocratie (*Idéologie et Utopie*, 1929). Ses idées eurent, par la suite, un grand retentissement. Juriste et théoricien de la science du droit, Hans Kelsen (1881-1973) est à l'origine de « la théorie pure du droit ». Martin Wolff (1872-1953) enseigna le droit civil, de même que le droit international privé et commercial à Marbourg, Bonn et Berlin. Comme sous l'Empire, des Juifs étaient les auteurs de bon nombre de commentaires sur différentes questions de droit.

À partir de 1930, Max Horkheimer dirigea l'Institut de recherche sociale de Francfort, fondé en 1923. Ses études scientifiques et celles de ses collaborateurs, qui, toutes, soumettaient la société bourgeoise à une critique dans la tradition marxiste, furent publiées dans la revue *Zeitschrift für Sozialforschung* et dans de nombreux ouvrages. Sur la cinquantaine de membres que comptait l'institut, la plupart étaient juifs et durent quitter l'Allemagne en 1933, notamment en raison de leurs convictions politiques. Horkheimer trouva d'abord refuge en Suisse, puis aux États-Unis. En 1949, il revint en Allemagne et retrouva sa chaire de philosophie à l'université de Francfort, dont il fut le recteur de 1951 à 1953.

Son plus proche collaborateur, le philosophe et sociologue Theodor W. Adorno

Zeitschrift für Sozialforschung

Herausgegeben vom

Institut für Sozialforschung Frankfurt a. M.

Jahrgang I / 1932

VERLAG VON C. L. HIRSCHFELD / LEIPZIG

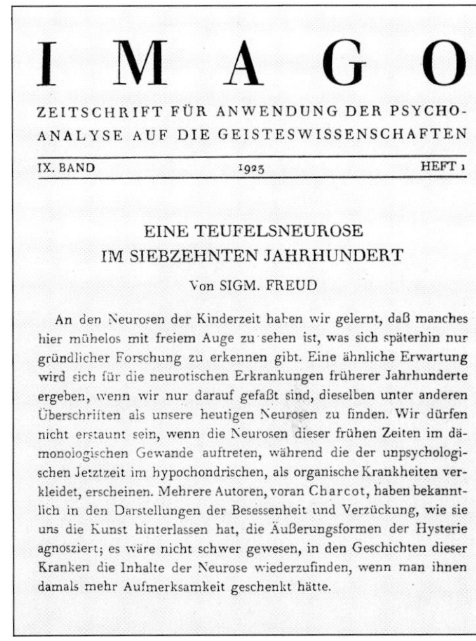

IMAGO

ZEITSCHRIFT FÜR ANWENDUNG DER PSYCHOANALYSE AUF DIE GEISTESWISSENSCHAFTEN

IX. BAND 1923 HEFT 1

EINE TEUFELSNEUROSE IM SIEBZEHNTEN JAHRHUNDERT

Von SIGM. FREUD

An den Neurosen der Kinderzeit haben wir gelernt, daß manches hier mühelos mit freiem Auge zu sehen ist, was sich späterhin nur gründlicher Forschung zu erkennen gibt. Eine ähnliche Erwartung wird sich für die neurotischen Erkrankungen früherer Jahrhunderte ergeben, wenn wir nur darauf gefaßt sind, dieselben unter anderen Überschriften als unsere heutigen Neurosen zu finden. Wir dürfen nicht erstaunt sein, wenn die Neurosen dieser frühen Zeiten im dämonologischen Gewande auftreten, während die der unpsychologischen Jetztzeit im hypochondrischen, als organische Krankheiten verkleidet, erscheinen. Mehrere Autoren, voran Charcot, haben bekanntlich in den Darstellungen der Besessenheit und Verzückung, wie sie uns die Kunst hinterlassen hat, die Äußerungsformen der Hysterie agnosziert; es wäre nicht schwer gewesen, in den Geschichten dieser Kranken die Inhalte der Neurose wiederzufinden, wenn man ihnen damals mehr Aufmerksamkeit geschenkt hätte.

Ci-dessus : Max Horkheimer (1895-1975), directeur de l'Institut de recherche sociale de Francfort-sur-le-Main, 1931.

Ci-dessus, au centre : couverture de « Zeitschrift für Sozialforschung », 1932.

Ci-dessus, à droite : titre de la revue « Imago », 1923.

Le cercle Freud à Berlin, en 1922. Debout, en partant de la gauche : Otto Rank, Karl Abraham, Max Eitingon et Ernest Jones. Assis, en partant de la gauche : Sigmund Freud, Sandor Ferenczi et Hanns Sachs.

(1903-1969) avait été dans sa jeunesse l'élève d'Alban Berg et avait vécu quelques années parmi les disciples d'Arnold Schönberg. Dans le 22e chapitre du « Docteur Faustus », la référence de Thomas Mann au dodécaphonisme de Schönberg est d'ailleurs fondée sur un texte d'Adorno « La philosophie de la nouvelle musique ». Toutefois, l'essentiel de ses travaux doit être rattaché à ce qu'il est convenu d'appeler « l'École de Francfort » dont faisaient également partie Friedrich Pollock, Erich Fromm, Leo Löwenthal et Herbert Marcuse.

Aby Warburg (1866-1929), l'aîné des sept enfants du banquier de Hambourg Moritz Warburg, mit en évidence dans ses études sur l'art et la religion l'étroite corrélation entre les œuvres de la Renaissance, l'Antiquité classique, l'astrologie ancienne et le christianisme. Il fonda et développa la célèbre « Bibliothèque Warburg », qui devint un centre de recherche sur les rapports entre l'histoire de l'art, la culture, la politique et l'histoire. En 1933, il parvint à transférer à Londres cette bibliothèque dont les 60 000 ouvrages et les 20 000 photographies constituèrent le fonds de l'Institut Warburg.

Auteur de l'étude en 14 volumes sur « La Peinture néerlandaise primitive » (1924-1937), Max J. Friedländer (1867-1958) fut un éminent historien d'art, tout comme Erwin Panofsky (1892-1968) qui nous a légué des travaux sur Albrecht Dürer et l'iconographie du gothique allemand, et Carl Einstein, amateur éclairé d'art d'Afrique noire (*Œuvres plastiques des Noirs*, 1915).

Kurt Koffka (1886-1941) fut le fondateur du « gestaltisme ». Ne pouvant faire carrière à Giessen, il émigra aux États-Unis où il obtint une chaire et publia, en 1935, son ouvrage majeur *Principles of Gestalt Psychology*.

L'Institut psychanalytique de Berlin fut au centre de la recherche en Allemagne. Karl Abraham (1877-1925), Max Eitingon (1881-1943) et leurs collaborateurs avaient réussi à créer à Berlin, en 1920, une polyclinique psychanalytique à laquelle ils rattachèrent un institut de for-

Le psychanalyste Siegfried Bernfeld (1882-1953). Photo de Tim Gidal.

Ci-dessus : salle de lecture de la bibliothèque Warburg de Hambourg, 1926.

Ci-contre : le psychologue Wiliam Stern (1871-1938), Hambourg.

mation et de recherche. Célèbres dans tout l'Occident, Karen Horney, Siegfried Bernfeld, Theodor Reik, Helene Deutsch, Anna Freud, Melanie Klein, Wilhelm Reich, Sandor Radó, Michael et Alice Balint y reçurent une formation, y firent des recherches ou y donnèrent des conférences.

Des Juifs furent également des pionniers dans des domaines ignorés de la recherche académique. Siegfried Kracauer (1889-1966), par exemple, publia des ouvrages sur la sociologie cinématographique et la photographie, Rudolf Arnheim sur la communication visuelle.

Ci-contre : le physicien et prix Nobel Max Born (1882-1970), qui eut pour élèves Werner Heisenberg et Pascual Jordan.

« Si ma théorie s'avère exacte, les Allemands me considéreront comme l'un des leurs, les Français comme un Juif. Dans le cas contraire, les Allemands me traiteront de Juif, les Français verront en moi un Allemand », déclara Albert Einstein, après la publication de sa théorie sur la relativité (1914/1915).

Cinq des quinze Allemands prix Nobel sous la République de Weimar étaient juifs : Albert Einstein (physique, 1921) ; Otto Meyerhof (médecine, 1922) ; James Franck (physique, 1925) ; Gustav Hertz (physique, 1925) et Otto H. Warburg (médecine, 1931).

Le biochimiste Otto Meyerhof (1884-1951) émigra à Paris en 1938 puis, via l'Espagne, trouva refuge en 1940 aux États-Unis, où il enseigna à l'université de Philadelphie. De père juif, le physicien Gustav Hertz (1887-1975), qui avait reçu le baptême, demeura en Allemagne où il fut épargné par la barbarie nazie. En 1945, les Russes le firent venir à Soukhoumi, en Géorgie. En 1954, il fut nommé professeur à l'université de Leipzig. Le biochimiste Otto H. Warburg (1883-1970) dirigea le Kaiser-Wilhelm-Institut de physiologie cellulaire de Berlin-Dahlem. Juif converti, il resta en Allemagne où il survécut également au nazisme.

Professeur de chimie organique à Munich, Richard Willstätter (1872-1942) avait été prix Nobel en 1915. Il fut le digne successeur d'Adolf von Baeyer, le plus grand spécialiste de chimie organique de l'époque. Celui-ci était de mère juive. Lorsqu'en 1924 la majorité du corps

Ci-contre : le biochimiste et prix Nobel Richard Willstätter (1872-1942).

enseignant refusa d'attribuer la chaire de chimie organique au candidat proposé par Willstätter, arguant qu'il était juif, celui-ci se démit de ses fonctions en signe de protestation. Il émigra en Suisse en 1939.

James Franck (1882-1964) enseigna à Göttingen de 1920 à 1933. Il reçut le prix Nobel de physique en 1925. Devenu physicien atomiste à Baltimore après 1933, il dénonça toute utilisation de l'énergie atomique à des fins militaires dans le rapport qui porte son nom, paru en 1945, et protesta contre l'explosion des bombes atomiques de Hiroshima et Nagasaki, au Japon. Franck mourut le 21 mai 1964, à Göttingen, lors d'un voyage qui l'avait conduit en Allemagne.

Ci-contre : le physiologiste Otto Meyerhof (1884-1951), prix Nobel de médecine en 1922.

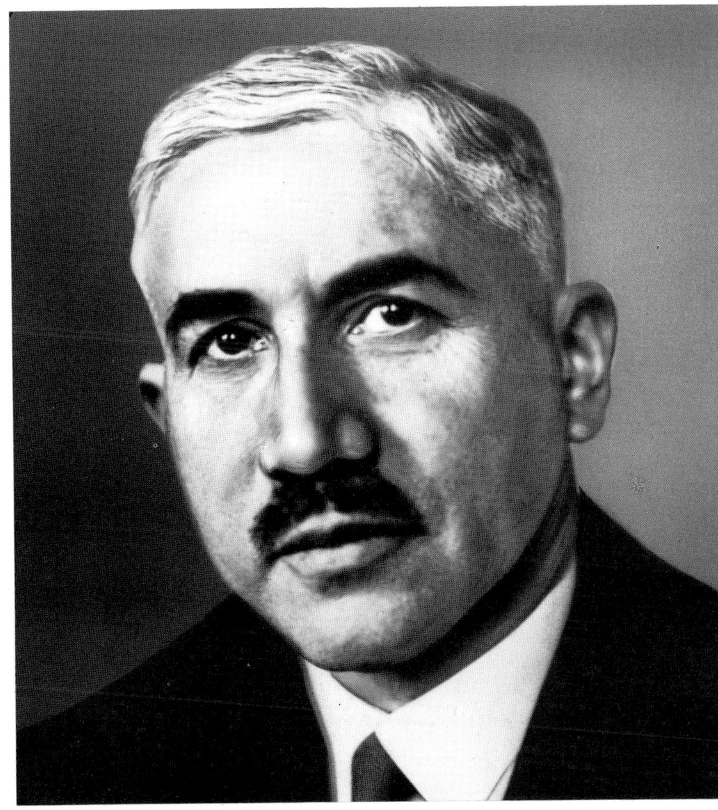

Ci-dessous, à droite : le physicien atomiste Gustav Hertz (1887-1975), prix Nobel de physique en 1925.

Ci-dessous : le physicien et prix Nobel James Franck (1882-1964).

Peinture, sculpture et arts graphiques

Ci-contre : « Scène de rue berlinoise » (1921) de Nikolaus Braun (1900-1950).

Page de droite : « La Mère » (1921) d'Otto Freundlich (1878-1943).

Les artistes juifs – peintres, sculpteurs, spécialistes des arts graphiques – reflétèrent à travers leurs œuvres les tendances générales de l'époque. Rares furent ceux qui s'inspirèrent de sujets empruntés au judaïsme. Hermann Strunk, Ephraïm Mose Lilien, Joseph Budko, Jakob Steinhardt, Lesser Ury et Jankel Adler (voir p. 368) furent au nombre de ceux qui confirment l'exception.

Otto Freundlich (1878 – 1943, mort à Lublin ou Maïdanek) était en quête d'harmonie cosmique. Il voulait rapprocher l'homme de la nature, le réconcilier, au niveau de son comportement et de ses sensations, avec ce qui lui était extérieur. Pour lui, l'art était l'expression de « la morale cosmique ». Son tableau « La Mère » est « l'écho méditatif des sonorités de l'orgue ». La « Scène de rue » (1921) de Nikolaus Braun est « un exemple typique de l'art berlinois de l'après-guerre. S'y mêlent la verve expressionniste de la touche et le réalisme de la représentation. La peinture de la grande ville – une composition toute en mouvement, d'où l'impression de densité, de fébrilité et de surexcitation... Celui qui regarde le tableau devient un voyeur malgré lui. »

Autre « motif » typiquement berlinois : « Le joueur d'orgue de Barbarie » (voir p. 363) de Felix Nussbaum (1904, mort à Auschwitz en 1944). On rencontre ce personnage dans les quartiers ouvriers et dans les cours intérieures des immeubles. Le regard triste, replié sur lui, il est le symbole du Berlin des petites gens. Fait étrange, l'atmosphère de tristesse qui se dégage de ce tableau est l'une des caractéristiques du Berlin qui enchante ceux qui connaissent la ville » (Eberhard Roters).

Né à Stettin en 1876, Rudolf Levy tomba en 1944 dans le piège que lui tendirent deux gestapistes qui s'étaient fait passer pour des galeristes et mourut dans un camp de concentration. Sous la République de Weimar, il fut considéré comme aux antipodes de l'expressionnisme. Ami de Matisse depuis 1907, il travailla de longues années dans son atelier parisien. Au café du Dôme à Paris, tout comme plus tard à Berlin et à Florence, il brillait par son esprit et son intellect, devenant l'animateur d'un groupe d'artistes dont Oskar Kokoschka, Albert Weisgerber, Julius Pascin et tant d'autres. Les propos qu'ils échangeaient pendant des nuits et des nuits ont été immortalisés avec un

À gauche :
« Aux victimes »
de Benno Elkan
(1877-1960),
bronze en souvenir
des soldats tués
durant la Première
Guerre mondiale ;
Taunus-Anlage,
Francfort-sur-le Main.

À droite :
« Autoportrait »
(1931) de Lesser Ury
(1861-1931).

humour pathétique par des vers qui parodient « La chanson d'automne » de Gleim :

« Mets-la sur la table
la nature morte qui embaume,
va chercher le dernier tube de blanc de zinc,
et parlons de Cézanne,
comme jadis en janvier, février,
mars, avril et mai. »

Les sculpteurs s'en tinrent la plupart du temps aux formes classiques. Après avoir fui l'Allemagne, Benno Elkan (voir p. 368 et suivantes) se tourna vers des thèmes inspirés du judaïsme. Les œuvres du sculpteur Arnold Zadikow (1884-1943, mort à Theresienstadt), traduisent le passage du classique au moderne. Il fut l'un des premiers à utiliser le verre et le cristal.

Ci-contre : « Nature morte » (1924) de Rudolph Levy (1876-1944), élève et ami de Matisse.

Page de droite : « Le joueur d'orgue de Barbarie » (1931) de Felix Nussbaum (1904-1944).

La révolution artistique

Ci-dessus :
Herwarth Walden, directeur de la publication « Der Sturm », et son épouse Nelly. Aux murs, des tableaux de Marc Chagall, 1920.

Ci-contre :
« Vison d'apocalypse » de Ludwig Meidner. Plume de roseau, encre de Chine et gouache blanche, décembre 1913.

Herwarth Walden (né à Berlin en 1878, marié de 1901 à 1911 à Else Lasker-Schüler qui fut sa première épouse, disparu en 1941 en Union soviétique) était compositeur, auteur dramatique, critique et rédacteur littéraire. En 1910, il fonda la revue *Der Sturm* à laquelle fut rattaché un salon artistique, inauguré en 1912 par une exposition consacrée au mouvement « du Cavalier Bleu » (Der Blaue Reiter). La même année, une autre exposition permit de découvrir expressionnistes français et allemands. Avec sa revue et sa galerie d'art, Walden devint un important promoteur de la création moderne. Dans sa galerie, on pouvait voir des œuvres de Paul Klee, d'Oskar Kokoschka, de Marc Chagall, de Lyonel Feininger, de Wassily Kandinsky, de Franz Marc et d'August Macke.

Willi Wolfradt écrivit à propos du peintre et poète Ludwig Meidner (1884-1966) : « Ce qu'il y a de volcanique dans l'expressionnisme a trouvé en lui son cratère le plus actif qui, comme dans un souffle furieux... crache de la lave au visage ». Le titre de son livre « Une mer étoilée derrière soi » devint une métaphore de l'expressionnisme.

La maison d'édition Kurt Wolff Verlag, à Leipzig et Munich, fut au centre du mouvement littéraire expressionniste. Kurt Wolff (1887-1963) était juif par sa mère. Dans « Le Jugement dernier », la plus importante collection de poésie expressionniste, en 86 volumes, les Juifs étaient largement représentés : Mynona (de son vrai nom Salomo Friedlaender), Oscar Baum, Max Brod, Albert et Carl Ehrenstein, Carl Einstein, Franz Kafka, Ludwig Rubiner et Ferdinand Bruckner (Theodor Tagger). Le premier volume, *La Tentation*, était signé Franz Werfel qui, dans *L'Ami de l'univers*, son précédent recueil de poèmes, s'était fait l'apôtre de la fraternité et de la paix et, comme le feront après lui les hippies des années 1960, avait exprimé, enthousiaste, son espoir « d'étreindre des millions de gens ».

« Comme ça j'appartiens à toi et à
tous !
Ne me repoussez pas.

Puissions nous, un jour,
Nous tous qui sommes frères,
Tomber dans les bras les uns des autres. »

C'est à Jakob van Hoddis (1887-1942) que l'on doit *La Fin du monde* (1911), qui fut aussi le programme de l'expressionnisme des années 1920. Le poème fut publié en 1918 dans un recueil du même nom.

« Le chapeau s'envole,
Découvrant le crâne pointu du bourgeois
Dans tous les airs retentit comme une clameur.
Des couvreurs tombent d'un toit
Et se brisent au sol.
Et le flot monte, peut-on lire.

Voici la tempête,
Les mers déchaînées
inondent les terres
pour faire céder les barrages.
La plupart des gens sont enrhumés
Les trains déraillent et tombent des ponts… »

Des vers de mirliton mais qui, à l'époque, pour les défenseurs du mouvement expressionniste, « annonçaient une formidable renaissance de l'humanité », comme l'écrivit Johannes R. Becher. En fait, Hoddis avait voulu tourner en dérision l'appréhension que faisait naître la comète de Halley. En 1942, Jakob van Hoddis fut raflé dans un hôpital psychiatrique et mourut en déportation.

Le mouvement dada vit le jour en 1916, au cabaret Voltaire de Zurich. Ce qui, selon Hans et Paul Citroen, fut un « chahut à l'origine », devint une protestation générale contre toutes les notions d'art, « en réaction aux tendances du soi-disant saint art à se promener dans les nuages » (George Grosz). Paul Citroen (1896-1983), son frère Hans, qui avait alors quinze ans, John Haertfield (Helmut Herzfeld) et Hans Richter, plus tard auteur de films d'avant-garde, furent au nombre des dadaïstes.

Dans les premiers travaux d'Erich Mendelsohn (1887-1953), comme sa célèbre tour Einstein à Postdam (1920), l'influence expressionniste avec tout ce

Ci-dessus : « Les quatorze points de Wilson » de Hans Citroen. Tableau présenté à Berlin lors de la première exposition sur le dadaïsme, en 1920. Alors âgé de 14 ans, Hans Citroen était le plus jeune peintre dadaïste.

Ci-contre : « Helgoland » d'Arthur Segal, huile de 1923.

Ci-dessus : collage et montage d'El Lissitzky, vers 1922.

Ci-dessus : croquis d'Erich Mendelsohn représentant la tour Einstein de Potsdam.

Ci-contre : l'architecte Erich Mendelsohn (1887-1953). Photo de Tim Gidal.

qu'elle a de symbolique, est indéniable. À partir de formes traditionnelles et de matériaux comme le verre, le ciment et la brique, il élabora une architecture toujours plus fonctionnelle et austère, sans renoncer à ses intentions et à ses inspirations premières. Le succès vint après 1925. Mendelsohn conçut entre autres les grands magasins Schoken de Stuttgart (1927) et de Chemnitz (1928), l'Universum-Film-Theather (1928) et la maison du syndicat des métallurgistes (1928) à Berlin, l'hôpital Hadassa sur la colline Skopus de Jérusalem (1938), les synagogues de Saint-Louis (1950), de Cleveland (1952) et de Saint-Paul (1954) aux États-Unis.

Le peintre Arthur Segal (1875-1944) fut expressionniste à ses débuts. Ses études sur l'optique et sur la théorie artistique firent évoluer sa peinture vers le naturalisme. Son livre *Les arts plastiques et les problèmes de la lumière* influença des peintres comme Delaunay, Noland et Vasarely. En 1933, Segal trouva refuge en Angleterre, via l'Espagne.

Natif de Lodz, le peintre Jankel Adler (1895-1947) resta un être à part, même s'il fit partie du cercle d'amis réunis autour d'Otto Dix, peintre de Düsseldorf. Dans sa seconde patrie bien aimée, l'Allemagne, il n'oublia ni ses racines ni ses origines. En 1933, il s'enfuit à Paris, puis gagna l'Angleterre.

Le constructivisme était la passion du Hongrois László Moholy-Nagy (1895-1945) et de son épouse Lucia. Il travailla d'abord à Berlin, puis de 1923 à 1928 fut enseignant et co-directeur de la publication des *Bauhausbücher* les cahiers du « Bauhaus », l'école d'architecture de Weimar. En 1933, il émigra en Angleterre puis aux États-Unis, où il fut considéré comme le fondateur de « l'art cinétique » moderne. Grand théoricien de la photographie et du film, il influença également le design industriel et la publicité.

El (Eliezer) Lissitzky (1890-1941, originaire de Smolensk) avait fait des études d'architecture à Darmstadt. Sous l'influence de Kazimir S. Malevich et en liaison avec le Bauhaus, il fut un grand constructiviste dont témoigne, de 1925 à 1928, son activité de typographe, de décorateur, d'architecte d'intérieur, de photographe et de peintre à Hanovre. Avec Schwitters, il publia la revue *Merz*. On lui confia l'agencement des pavillons russes à l'exposition PRESSA de Cologne en 1928 et à l'exposition « Foto & Film » de Stuttgart en 1929. Avec le réalisateur surréaliste Hans Richter, il travailla à l'élaboration de la revue *G* (Gestaltung). En 1929, El Lissitzky rentra en Union soviétique.

Ci-contre : « Yeux de verre » dans « Étude cinématographique » de Hans Richter, 1926.

Ci-dessous : couverture de la revue d'avant-garde « Merz », publiée par El Lissitzky et Kurt Schwitters.

8 MERZ 9

DIESES DOPPELHEFT IST ERSCHIENEN UNTER DER REDAKTION VON EL LISSITZKY UND KURT SCHWITTERS

REDAKTION DES MERZVERLAGES
KURT SCHWITTERS, HANNOVER, WALDHAUSENSTR. 5II

TYPOGRAPHIE ANGEGEBEN VON EL LISSITZKY
HERAUSGEBER K. SCHWITTERS

NATUR VON LAT. NASCI
D. I. WERDEN ODER ENT-
STEHEN HEISST ALLES,
WAS SICH AUS SICH
SELBST DURCH EIGENE
KRAFT ENTWICKELT
GESTALTET UND BEWEGT
KLEINER BROCKHAUS

BAND 2, Nr. 8/9
APRIL
JULI
1924

Nature, du latin NASCI signifie devenir, provenier, c'est à dire tout ce qui par sa propre force, se développe, se forme, se meut.

L'art et la thématique juive

« Hier... » : « la traversée vers l'Amérique », dessin d'Ephraïm Mose Lilien (1874-1925) datant de 1922.

À l'instar des chrétiens, les artistes juifs ont dépeint dans leurs œuvres le phénomène religieux. La religion juive et son histoire, de même que celle de la diaspora et l'espoir d'un retour en Terre d'Israël sont des thèmes récurrents.

Né en Galicie, Ephraïm Mose Lilien (1874-1925) devint en 1895 le collaborateur de la revue artistique munichoise *Jugend*. En 1900, il illustra le recueil de poèmes de Münchhausen *Juda*, dans le style de l'Art nouveau, qui resta sa forme d'expression artistique, et en 1902 *Les chants du ghetto* de Morris Rosenfeld. Comme d'autres représentants de l'Art nouveau, Lilien – sioniste et ami de Martin Buber – tomba dans l'oubli. On redécouvre ses œuvres depuis quelques années seulement. Les gens ignorent qu'il fut également un grand photographe, comme en témoignent ses prises de vue de Jérusalem.

Les gravures à l'eau-forte et les lithographies d'Hermann Struck nous restituent des paysages et des portraits, les plus marquants étant ceux de la série « Das ostjüdische Antlitz », accompagnés de textes d'Arnold Zweig (voir p. 318). Il fut le conseiller de Max Liebermann, de Lesser Ury, de Lovis Corinth et de tant d'autres peintres encore. Considéré comme un ouvrage de référence, « L'art de la gravure à l'eau-forte », dont il est l'auteur, a fait l'objet de nombreuses rééditions. Sioniste orthodoxe, figure de proue du parti national-religieux « Mizrachi », il aborda toute sa vie des thèmes en rapport avec les Juifs. En 1924, il s'installa en Palestine dont il immortalisa les paysages dans de nombreux tableaux.

Né en Posnanie, Jakob Steinhardt (1887-1968) fut d'abord peintre expressionniste, puis illustra de nombreux ouvrages dont la Bible et les récits des Juifs de l'Est que l'on doit à Itzhac Leibouch Peretz. En 1933, il devint professeur à l'école des Beaux-Arts Bezalel de Jérusalem, puis directeur de cette école dont Lilien était le co-fondateur. Les ruelles tortueuses de la vieille ville de Jérusalem, les régions montagneuses inhospitalières et les Juifs en prière furent ses thèmes de prédilection, auxquels il a consacré notamment de nombreuses gravures sur bois.

Jusqu'en 1933, les bustes de Benno Elkan (1877-1960) furent présentés par de nombreux musées, ses œuvres plastiques de grand format dressées dans bien

Ci-dessus : « Je ne fuirai pas, pas moi », gravure sur bois de Joseph Budko (1888-1940).

Ci-contre : « Le roi David jouant de la flûte », peinture à l'huile de Jankel Adler (1895-1949).

des villes d'Allemagne. En 1933, il émigra en Angleterre où un chandelier à sept branches orné de nombreuses figures, exécuté à la demande du Parlement britannique et exposé à l'abbaye de Wesminster, lui valut une certaine notoriété. Un deuxième exemplaire a été placé devant le parlement de Jérusalem.

La micrographie est une forme d'expression artistique qui consiste à tracer des symboles, des formules cabalistiques, à dessiner des portraits et des amulettes à partir de lignes formées de minuscules caractères hébraïques – une forme particulière de la calligraphie (voir pp. 23 et 234).

Le cinéma : producteurs, réalisateurs, acteurs

De nombreux Juifs furent au nombre des pionniers de l'art et de l'industrie cinématographiques.

Paul Davidson (1866-1927) fonda avec Hermann Fellner (1878-1936) la première société cinématographique allemande, l'Universum-Film AG, appelée par abréviation Ufa. Davidson fit construire à Mannheim la première salle de cinéma allemande. En 1921, l'Ufa fusionna avec Decla-Bioscop, la société gérée par Erich Pommer (1889-1966), qui produisit « Le Cabinet du Docteur Caligari » (1920) et deux des films de Fritz Lang « Les Trois Lumières » (1921) et « Metropolis » (1926).

Ci-contre : Fritz Lang lors du tournage de « Metropolis », en 1926.

Ci-dessous : Max Pallenberg (1877-1934) examinant la pellicule d'un film muet.

Originaire de Laupheim, Carl Laemmle joua un rôle déterminant dans le développement de l'industrie cinématographique américaine. Ayant émigré aux États-Unis en 1893, il ouvrit son premier cinéma à Chicago, en 1906, et devint distributeur à partir de 1909. Sa société, Universal, créa une compagnie allemande qui produisit, entre autres, les films de Harry Piel.

La petite société Nero-Filmgesellschaft de S. Nebenzahl était connue pour ses films ambitieux sur le plan artistique. C'est ainsi qu'elle produisit par exemple « Le Testament du Docteur Mabuse » (1930) et « M. le Maudit » (1931).

Nombreux étaient les réalisateurs juifs. Le premier, Lupu Pick (1886-1931), fut

Ci-contre : scène des « Nibelungen » (1923/1924) de Fritz Lang, avec Paul Richter dans le rôle du jeune Siegfried.

Ci-dessous : scène du « Cabinet du Docteur Caligari » (1920), œuvre emblématique du cinéma expressionniste. Un film réalisé par Robert Wiene, d'après un scénario de Carl Mayer et de Hans Janowitz et produit par Erich Pommer, directeur de Decla-Bioscop.

Ci-dessus : « L'Affaire Dreyfus » (1930), l'un des premiers films parlants, avec Fritz Kortner dans le rôle de Dreyfus au banc des accusés.

Ci-contre : « L'Ange bleu » (1929) de Josef von Sternberg. Scène avec Rosa Valetti (à droite), Kurt Gerron et Marlène Dietrich.

tout d'abord acteur de théâtre et de cinéma. De ses films « Scherben » (1921) et « Silvester » (1923) se dégage une atmosphère intimiste. Tournés avec peu de moyens, ils se distinguent par leurs jeux d'ombre et de lumière. Le fantastique et le satanique dans leur version expressionniste étaient des thèmes fréquents du cinéma de l'époque, « Le Golem », d'après le roman du même nom de Gustav Meyrink, en étant l'illustration magistrale. Ce film a été réalisé par Henrik Galeen et Paul Wegener. Galeen fut également l'auteur du scénario de « Nosferatu le vampire de Murnau » (1922). Les films d'Ernst Lubitsch (1892-1947) dont « Madame du Barry » (1919), « L'Éventail de Lady Windermere » (1925), « Haute Pègre » (1932), « Ninotchka » (1939) et, plus tard, « To Be or Not to Be » (1942) sont inoubliables. Paul Leni (né en 1885) nous a légué « Le

Cabinet de cires » (1924), Ludwig Berger (1892-1969) « Le Soulier perdu », « Le Verre d'Eau » et « Pygmalion » (1936).

La carrière cinématographique du couple formé par Elisabeth Bergner et Paul Czinner fut couronnée de succès. À partir de 1924, Czinner réalisa plusieurs films dont il confia le rôle principal à son épouse, le plus célèbre étant « Mademoiselle Else » (1929). Josef von Sternberg (1894-1969) travailla essentiellement en Amérique. On lui doit « L'Ange bleu » (1930) avec Marlène Dietrich, un film souvent projeté, aujourd'hui encore. Autre grand succès du réalisateur, « Shanghai Express » (1932).

Outre les réalisateurs, des scénaristes juifs ont contribué au succès du film allemand durant les années mouvementées de la République de Weimar, lorsque les idées et les formes d'expression originales n'étaient pas encore censurées. Robert Liebmann (né en 1890) fut, par exemple, l'auteur du scénario de « L'Ange bleu ». Citons parmi les nombreux acteurs de l'époque Julius Falkenstein, Kurt Gerron, Fritz Kortner, Alexander Granach, Ernst Deutsch, Grete Mosheim, Lucie Mannheim et Rosa Valetti.

Ci-dessus : le réalisateur Ernst Lubitsch (1892-1947) lors d'un tournage.

Ci-contre : Elisabeth Bergner dans « Le Violoniste de Florence » (1926) de Paul Czinner.

La nouvelle photographie

Ci-contre :
« Juive yéménite » d'Helmut Lerski (1871-1956).

C'est non seulement en tant que vecteur de la communication visuelle mais aussi comme moyen d'expression et reflet de la créativité individuelle qu'au XXe siècle la photographie se hissa définitivement au rang d'art contemporain. La publicité, les illustrés, les expositions et les journaux la rendirent présente au quotidien.

Des esprits créatifs, dans divers domaines, contribuèrent à lui donner une dimension nouvelle. Le regard différent des photographes allemands d'avant-garde, la mise au point de l'appareil photo format 24 x 36 et le cinéma russe ouvrirent des perspectives insoupçonnées.

Si les reportages photographiques dans les mass media constituaient une nouveauté, l'exposition « Foto & Film » fut un événement. Présentée à Stuttgart, en 1929, elle donna une première vue d'ensemble de la photographie mondiale d'après-guerre.

Dans le catalogue de l'exposition, on pouvait lire : « Il était important de mettre en évidence ce qui ne pouvait être montré qu'avec les moyens de la photographie, avec ses moyens essentiels et n'appartenant qu'à elle... L'exposition avait pour but de

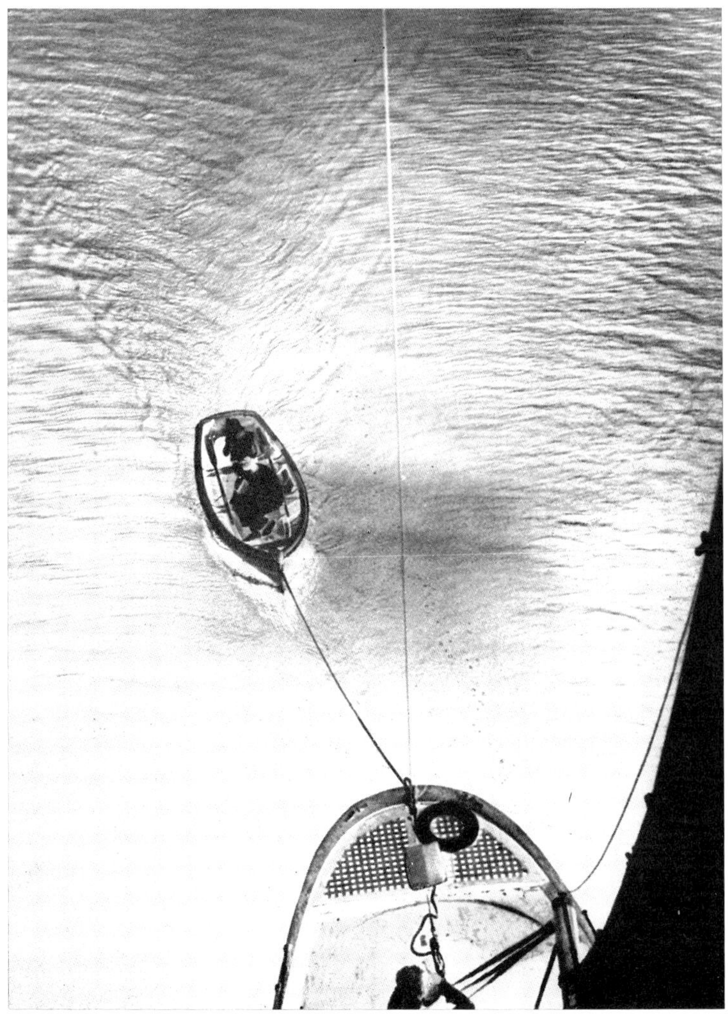

Ci-contre :
« Barque » de László Moholy-Nagy, Berlin, 1928.

Ci-contre : Lote Lenya photographiée par Lotte Jacobi, vers 1928.

Ci-contre : « Le fiacre » de Martin Munkaczi, Berlin, 1928.

présenter les travaux de personnalités qui, les premières, ont reconnu que l'appareil photo était le moyen de création par excellence de notre temps et qui l'ont utilisé de manière correspondante. » L'exposition excluait les travaux des nouveaux reporters photographes, car à la date à laquelle elle fut présentée, la photo de presse n'avait qu'un rôle marginal.

Paul Citroen, Georg et Ignaz (Tim) Gidal, Lotte Jacobi, John Heartfield (Herzfeld), Helmar Lerski, László et Lucia Moholy-Nagy, Aenne Biermann, Sasha et Cami Stone étaient, en Allemagne, au nombre des photographes d'avant-garde. À partir d'éléments dadaïstes, Paul Citroen réalisa des photomontages sur le thème de la grande ville qu'il nous restitue à la façon d'une construction symbolique. Dans son *Journal de Copenhague*, Georg Gidal créa de nouveaux éléments formels en utilisant pour ce faire des ouvertures de diaphragme semblables à celles que privilégiaient les Russes Pudovkine et Rodtshenko. Ignaz (plus tard Tim) Gidal préféra aux expériences formelles la restitution traditionnelle du geste humain. Lotte Jacobi humanisa le portrait et cerna, dans ses reportages, le « caractère » du visage. L'approche d'Helmar Lerski était diamétralement opposée : à l'aide de miroirs, d'effets de lumière et de vaseline, il remodela le visage comme un maquilleur de théâtre.

John Heartfield : « Le visage du fascisme ».
Photomontage de 1928.

John Heartfield reste le maître incontesté et inégalé du photomontage politique. Ses travaux mettent en évidence, de façon souvent simplifiée, les contradictions de la société et les dessous de la politique dans toute leur brutalité. Ils ont été reproduits, pour la plupart, en première page du journal communiste « Arbeiter Illustrierte Zeitung » (A.I.Z.) ou sur la couverture des ouvrages parus au Malik Verlag.

László Moholy-Nagy et son épouse Lucia ont découvert ensemble une nouvelle esthétique des formes au travers de scènes authentiques et expérimenté, sur le mode ludique, la restitution par l'image de contenus pseudo-philosophiques, comme en témoignent leurs photomontages et leurs photogrammes réalisés en chambre noire à partir d'épreuves impressionnées puis plongées dans des bacs de révélateur et de fixage. Le résultat : de bizarres effets en noir et blanc.

Paul Citroen :
« La grande ville ».
Photomontage
de 1923.

Tim Gidal
« Kafka à Prague ».
Photomontage de 1932.

La photo de presse moderne

La mise au point de l'appareil photo 24 x 36 et de pellicules d'une plus grande sensibilité à la lumière permirent, à partir de 1925 environ, de fixer sur l'image des scènes d'intérieur animées sans utiliser d'éclairage particulier. Désormais, il était techniquement possible de restituer des événements d'intérêt général et des faits marquants dans l'intimité d'une pièce. Par ailleurs, la pellicule 36 poses que l'on utilisait sur les appareils photo d'alors, le Leica d'abord et d'autres par la suite, facilita beaucoup les choses.

Avec l'aide de rédacteurs réceptifs aux idées nouvelles, dont le génial Kurt Korff, rédacteur en chef du *Berliner Illustrierte Zeitung* (B.I.Z.), un petit groupe de « nouveaux reporters photographes » « inventa » vers la fin des années 1920 la photo de presse moderne, qui, la décennie suivante, conquit la France, l'Angleterre

Ci-dessus : Erich Salomon (Berlin 1886-1944 Auschwitz) et son légendaire appareil photo Ermanox. Photo de Lore Feininger, 1929.

Ci-dessus, à gauche : Kurt Korff (1876-1938), rédacteur en chef du « Berliner Illustrierte Zeitung » (vers 1927).

Ci-contre : le chancelier allemand et le ministre des Affaires étrangères reçus par Mussolini, à l'hôtel Excelsior de Rome, en août 1931. En partant de la gauche : Benito Mussolini, Heinrich Brüning, le comte Dino Grandi et Julius Curtius. Photo du Dr. Erich Salomon.

1929 / Nr. 23 — Münchner Illustrierte Presse — Seite 747

Der alte Vagabund
Dreimal um die Erde, und immer noch gut auf den Beinen

SERVUS KUMPEL

Die Bruderschaft der Vagabunden trifft sich in Stuttgart

Mittagspause auf dem Rasen:
Beim diesjährigen Vagabundentreffen in Stuttgart

Kassensturz nach dem Fechtzug durch die Stadt

Aufnahmen: Ignaz Gidal

Servus Kumpel! Das ist der Ruf der Ärmsten und doch auch Reichsten der Welt, der Landstreicher, die von ewiger Unruhe getrieben die Straßen der Welt entlang trotten.

Jetzt hat Gregor Gog, der „Vagabundenkönig" die Brüder von der Landstraße zu einem Treffen zusammengerufen. In einem riesigen Garten hoch über Stuttgart waren sie 3 Tage lang zusammen. Dann tippelten sie wieder in alle Himmelsrichtungen hinaus. J. G.

„Freut euch des Lebens, weil noch das Lämpchen glüht"
Der Vagabundensenior vergnügt sich am Rundlauf

Landstreicher aus Überzeugung:
Ein früherer Jenaer Studienrat, der seit 20 Jahren auf der Landstraße lebt

« Servus Kumpel », photo reportage de Tim Gidal, « Münchner Illustrierte Presse », juin 1929.

et les États-Unis. Les nouveaux impératifs économiques des revues illustrées concurrentes, qui se disputaient les lecteurs et les annonceurs, contribuèrent à son succès.

Les reportages accompagnés de clichés provenant la plupart du temps de sources différentes firent place à des séries de photos, à des reportages photo et à des essais photographiques. Le reportage photo permettait à son auteur de récapituler visuellement un événement dont il avait été témoin, l'appareil photo matérialisant par une série d'images son regard sur les choses.

Outre le *B.I.Z.*, tiré à 1 870 000 exemplaires en 1930, ce sont surtout des périodiques tels que le *Münchner Illustrierte Presse* (650 000 exemplaires cette même année), le *Republikanische Illustrierte*, le *Kölnische Illustrierte Zeitung* et le *Feuerreiter*, de tendance catholique, qui s'intéressèrent à cette nouvelle approche de la photographie. Originaire de Budapest, Stefan Lorant, qui était Juif tout comme Kurt Korff, fut le directeur artistique du *Münchner Illustrierte Presse*. En tant que rédacteur en chef du *Picture Post* londonien, de septembre 1938 à mai 1940, Lorant aida la photo de presse moderne à acquérir ses lettres de noblesse.

Erich Salomon (1886-1944, Auschwitz), dont le style reste inégalé jusqu'à ce jour, fut un pionnier en Allemagne. Ses photos – rarement sous forme de séries – immortalisent l'instant et nous restituent, un peu à la façon de Daumier, l'ambiance et la teneur de réunions diplomatiques, d'événements culturels et de rencontres conviviales. Salomon et quelques autres avaient le sens inné de la communication. Citons parmi ceux qui furent des novateurs comme lui : Martin Munkaszi, Georg et Ignaz (Tim) Gidal, Alfred Eisenstaedt, Zoltan Kluger, Kurt Hübschmann-Hutton, Max Seldow, Erich Comeriner, Kurt et Margot Lubinsky, de même que Hans Casparius qui travailla essentiellement avec un appareil photo sur pied. Les uns étaient Juifs, les autres non.

Le point commun de tous ces photographes d'avant-garde résidait dans leur intérêt pour les nouvelles possibilités de communication, la recherche d'une autre dimension dans le domaine de l'art, de la science et de la politique. Les Juifs, proportionnellement très nombreux parmi les reporters photographes, avaient

« Rendez-vous près de l'horloge de la gare Bahnhof Zoo », photo de Hans Casparius, Berlin, 1930.

Seite 246 Kölnische Illustrierte Zeitung Nr. 10

Im Banne des Vortrags ... — Professor Mollier, der bedeutende Münchner Anatom, doziert Aufnahmen: Weltrundschau

Wie kaum ein andrer weiß Professor Mollier seine Hörer durch seine wundervolle Sprache zu packen; seine hinreißenden Schilderungen sind vom Leben durchglüht, durch anschauliche Vergleiche bringt er die schwierigsten Erläuterungen leicht faßlich zum Vortrag. Eine Vorlesung von ihm zu hören, ist ein Erlebnis, an das sich die Studierenden immer mit Begeisterung erinnern

„... Das erhabenste Wunderwerk der Schöpfung, das wir wahrnehmen können, ist der menschliche Körper, sein Aufbau und seine Funktionen ... — Die Funktion dieses Muskels ist zweifach: verkürzt er sich, so bringt er die Kinnlade ...“ Professor Mollier ist ein sehr gewandter Zeichner, der seine Vorträge laufend mit farbigen Kreidezeichnungen illustriert

PROFESSOR MOLLIER DOZIERT ...

« Le cours du professeur Mollier », photomontage de Georg Gidal, « Kölnische Illustrierte Zeitung », 1929.

presque tous choisi la voie de l'assimilation. Les Juifs assimilés de la diaspora, qui n'avaient plus de liens réels avec le peuple dont il étaient issus, comptèrent, dans de nombreux domaines, parmi ceux qui lancèrent ou défendirent des idées nouvelles.

Les agences telles que Dephot (Deutscher Photo Dienst) et Weltrundschau à Berlin, qui se concentrèrent sur le reportage photographique et l'encouragèrent, jouèrent un rôle non négligeable en tant qu'intermédiaires entre les rédacteurs et les reporters photographes. Directeur de l'agence Weltrundschau, Rudolph Birnbach rassembla autour de lui de jeunes photographes dont Neudatschin-Neudin, Joffe, Seldow et Comeriner, qu'il initia au « photojournalisme ». Il leur soumit des thèmes susceptibles d'intéresser les lecteurs de journaux de l'époque, négocia leurs contrats et vendit leurs photos, en collaboration avec les rédacteurs d'illustrés. Directeur de l'agence Dephot, Simon Guttmann suggéra à « ses » photographes et aux rédactions des journaux d'intéressants reportages. Il prodigua ses conseils aux photographes qui vendaient leurs clichés à l'étranger, par l'intermédiaire de l'agence. Par la suite, d'autres agences comme Mauritius par exemple (Ernest Meyer) se mirent, elles aussi, à produire des reportages.

Ci-dessus à droite : « Vendeur de journaux à Berlin », photo de Tim Gidal, 1930.

Münchner Illustrierte Presse

1932 / Nr. 35

IM ELENDSVIERTEL VON LONDON

Sonderaufnahmen aus Whitechapel für die Münchner Illustrierte von A. Eisenstaedt

« Un quartier miséreux de Londres », reportage photographique d'Alfred Eisenstaedt, « Münchner Illustrierte Presse », 1932.

La musique

Arnold Schönberg (1874-1951), théoricien de l'atonalité fondée sur le dodécaphonisme sériel, influença profondément la musique du XXe siècle. Alban Berg, Anton Webern et Hanns Eisler furent au nombre de ses disciples. Influencé par la musique de Wagner, son modèle alors qu'il n'était encore qu'un tout jeune compositeur, Schönberg s'était fait baptiser en 1898.

Lorsque le peintre et compositeur Wassily Kandinsky, dont Schönberg fut l'ami dans un premier temps, s'associa à un groupe d'antisémites qui enseignaient au Bauhaus de Weimar et étaient intervenus pour empêcher Schönberg d'y obtenir une chaire, celui-ci lui écrivit, le 20 avril 1923 : « J'ai enfin compris et n'oublierai pas ce que j'ai été forcé d'apprendre l'année dernière, à savoir que je ne suis pas un Allemand, pas un Européen, tout juste un être humain et encore (les Européens me préfèrent tout au moins les pires de leur race), que je suis un Juif... J'ai entendu dire qu'un Kandinsky, lui aussi, ne voit que bassesse dans les actions des Juifs et que ce qu'il y a de juif dans leurs mauvaises actions. Aussi ai-je renoncé à l'espoir de vous comprendre. C'était un rêve. Nous sommes définitivement deux êtres humains que

Ci-contre : Arnold Schönberg. Photo de Man Ray, vers 1930.

Ci-dessous : Friedrich Schorr (1888-1953), l'un des grands interprètes de Wagner, ici dans le rôle de Wotan.

À droite :
représentation
de « L'Opéra
de quat'sous »
de Kurt Weill/
Bertolt Brecht.
Photos de Georg
et Tim Gidal,
« Münchner Illustrierte
Presse », 1929.

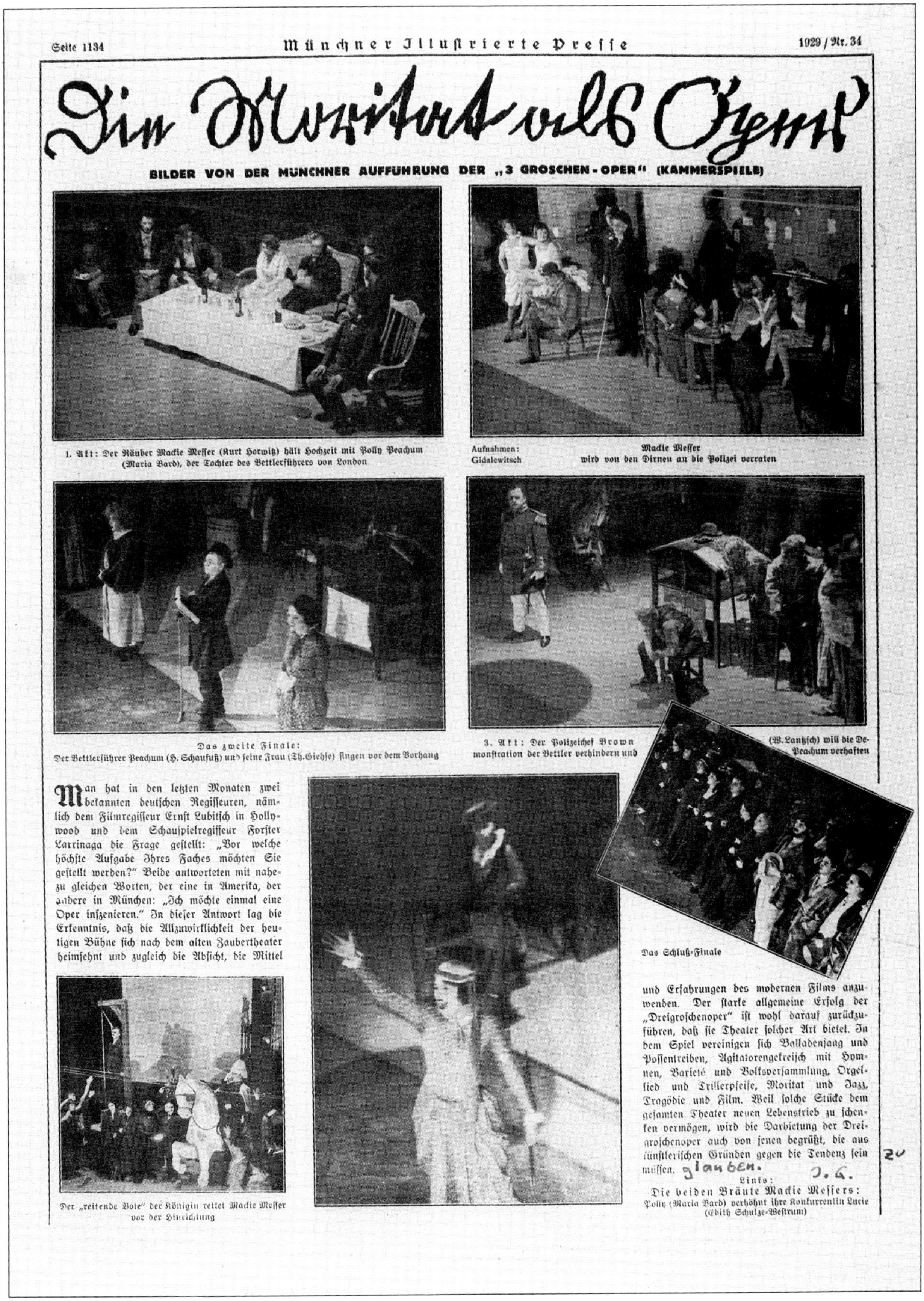

Die Moritat als Oper

BILDER VON DER MÜNCHNER AUFFÜHRUNG DER „3 GROSCHEN-OPER" (KAMMERSPIELE)

1. Akt: Der Räuber Mackie Messer (Kurt Horwitz) hält Hochzeit mit Polly Peachum (Maria Bard), der Tochter des Bettlerführers von London

Aufnahmen: Gidalewitsch

Mackie Messer wird von den Dirnen an die Polizei verraten

Das zweite Finale:
Der Bettlerführer Peachum (H. Schaufuß) und seine Frau (Th. Giehse) singen vor dem Vorhang

3. Akt: Der Polizeichef Brown (W. Lantzsch) will die Demonstration der Bettler verhindern und Peachum verhaften

Man hat in den letzten Monaten zwei bekannten deutschen Regisseuren, nämlich dem Filmregisseur Ernst Lubitsch in Hollywood und dem Schauspielregisseur Forster Larrinaga die Frage gestellt: „Vor welche höchste Aufgabe Ihres Faches möchten Sie gestellt werden?" Beide antworteten mit nahezu gleichen Worten, der eine in Amerika, der andere in München: „Ich möchte einmal eine Oper inszenieren." In dieser Antwort lag die Erkenntnis, daß die Allzuwirklichkeit der heutigen Bühne sich nach dem alten Zaubertheater heimsehnt und zugleich die Absicht, die Mittel und Erfahrungen des modernen Films anzuwenden. Der starke allgemeine Erfolg der „Dreigroschenoper" ist wohl darauf zurückzuführen, daß sie Theater solcher Art bietet. In dem Spiel vereinigen sich Balladensang und Possentreiben, Agitatorengekreisch mit Hymnen, Varieté und Volksversammlung, Orgellied und Trillerpfeife, Moritat und Jazz, Tragödie und Film. Weil solche Stücke dem gesamten Theater neuen Lebenstrieb zu schenken vermögen, wird die Darbietung der Dreigroschenoper auch von jenen begrüßt, die aus künstlerischen Gründen gegen die Tendenz sein müssen. zu glauben. J. G.

Der „reitende Bote" der Königin rettet Mackie Messer vor der Hinrichtung

Das Schluß-Finale

Links:
Die beiden Bräute Mackie Messers:
Polly (Maria Bard) verhöhnt ihre Konkurrentin Lucie (Edith Schulze-Westrum)

L'orchestre de la jeunesse juive de Dresde (J.J.O.D.), 1927. Au premier plan, le violoniste Max Weiner-Varon, futur ambassadeur d'Israël en Birmanie (voir également p. 401).

tout sépare ». Deux semaines plus tard, le 4 mai 1923, il ajoutait : « Et vous aussi, vous "me rejetez en tant que Juif". Vous ai-je proposé mes services ? Comment se peut-il qu'un Kandinsky s'abstienne de combattre une idéologie avec des Saint-Barthélemy pour objectif ! »

En 1933, il s'identifia publiquement au judaïsme en entrant dans une synagogue parisienne. « Nous Juifs... savons que nous avons été désignés pour penser jusqu'au bout l'idée d'un Dieu unique, éternel, impossible à représenter, invisible, et pour la préserver. » Cette même année, Schönberg émigra aux États-Unis où il finit sa vie dans le dénuement.

Ci-contre : le violoniste et virtuose Bronislaw Hubermann (1882-1947), fondateur en 1935 de l'orchestre symphonique de Palestine.

Page de gauche, en bas : Arthur Schnabel (tout à fait à gauche au piano) jouant lors d'une fête de famille, vers 1927.

Ci-dessous : Richard Tauber (1891-1948), interprète de chansons et ténor. Pochette d'un disque Electrola.

Originaire de Jassy, en Roumanie, Arnold Josef Rosé (1863-1946) avait été autrefois un admirateur de Schönberg. Les membres du Quatuor Rosé, dont il assuma la direction, furent longtemps considérés comme de remarquables interprètes de musique de chambre, leur répertoire allant de Haydn à Schönberg. Rosé fut lui-même violon solo au festival de Bayreuth.

« Le Protagoniste » (1926) et « Le tsar se fait photographier » (1927) d'après des textes de Georg Kaiser, « L'Opéra de quat'sous » (1928) et « Grandeur et décadence de la ville de Mahagonny » (1928) d'après les livrets de Bertolt Brecht, valurent à Kurt Weill (1900-1950), fils de cantor né à Dessau, un succès mondial. Après avoir immigré aux États-Unis, en 1933, il composa surtout des comédies musicales. Oscar Straus, Friedrich Holländer, Paul Abraham et Richard Heymann furent également des compositeurs d'opérettes et de musiques de films très populaires.

Bronislaw Hubermann, l'un des plus grands violons solo de ce siècle, avait quitté la Pologne pour Berlin où, enfant prodige, il attira l'attention de Brahms et de Bruckner (voir également p. 283). Après son départ d'Allemagne, il créa en 1935, à Tel Aviv, l'orchestre symphonique de Palestine. Rudolf Serkin, Fritz Kreisler et Arthur Schnabel étaient d'autres virtuoses juifs de l'époque.

Leo Blech, Bruno Walter et Otto Klemperer (voir également p. 283) faisaient partie des plus grands chefs d'orchestre que compta la République de Weimar.

Parmi les chanteurs juifs, citons, entre autres, Friedrich Schorr (basse taille), l'un des grands interprètes de Wagner à Bayreuth, dans le rôle de Wotan (voir également p. 283), Alexander Kipnis, Emmanuel List et Margarete Matzenauer qui interprétèrent eux aussi la musique de Wagner ; Maria Ivogün, soprano à l'Opéra de Munich, surnommée « le rossignol », Fritzi Massary, le chanteur d'opérettes le plus populaire de la scène germanophone, Richard Tauber (1891-1948), originaire de Dresde, à la fois ténor lyrique, remarquable interprète de Mozart et chanteur d'opérettes, Joseph Schmidt (1904-1942), cantor natif de Roumanie, rendu célèbre notamment par la chanson « Ein Lied geht um die Welt ». Originaire de Hambourg, le chanteur Karl Salomon devint en Israël un grand compositeur et chef d'orchestre.

Le monde du théâtre

Sous la République de Weimar, la peur de la concurrence que représentaient les Juifs avait fait place, dans certains domaines comme la littérature, les sciences et le théâtre, à une coopération, souvent même à une reconnaissance dépourvue de toute rivalité. On assistait apparemment à l'avènement d'une ère sans préjugé, comme semblait l'attester l'attitude des gens dans différents milieux.

Max Reinhardt, figure de proue du théâtre moderne sous l'Empire (voir également p. 284), directeur du Deutsches Theater et des Kammerspiele de Berlin jusqu'en 1933, était associé depuis 1920 au déroulement du festival de Salzbourg, dont il était l'un des cofondateurs et faisait également de la mise en scène au Wiener Theater de Josefstadt. Passé maître dans l'art de concevoir le drame populaire comme une vaste action collec-

Fritz Kortner (1892-1970), interprétant le rôle de Shylock dans « Le Marchand de Venise » de Shakespeare.

Ci-dessous : Max Reinhardt (1873-1943) lors des répétitions d'« Œdipe ». Dessin d'Emil Orlik.

tive, il subjugua le public par sa mise en scène des œuvres classiques. En 1933, il trouva refuge à Vienne, puis immigra en 1938 aux États-Unis où il réalisa à Hollywood une adaptation cinématographique du « Songe d'une nuit d'été » de Shakespeare. Dans les années qui suivirent, il tenta en vain de se bâtir une nouvelle existence.

« Max Reinhardt a donné sans compter au théâtre allemand qui lui doit tant. Après une époque marquée par une doctrine théâtrale aux antipodes, dont on ne peut dissocier le nom d'Otto Brahm, il a été l'initiateur d'une géniale ouverture d'esprit : avec une remarquable liberté, il a appliqué à tout le théâtre allemand des moyens et un style nouveaux qu'il a perfectionnés de manière surprenante », un jugement formulé par Gerhard Hauptmann.

Ci-dessus : Therese Giehse dans le rôle de mère Wolffen dans « Fourrure de castor », Kammerspiele de Munich, 1928.

Ci-dessus, à droite : Dolly Haas, alors plus jeune membre des « Berliner Prominente », 1930.

À gauche : Alexander Granach (1890-1945), l'un des interprètes les plus expressifs de rôles de composition sur la scène allemande.

À droite : Ernst Deutsch (1890-1969), le grand interprète de rôles de composition, vers 1930.

STAATS-THEATER

SCHAUSPIELHAUS AM GENDARMENMARKT

Donnerstag, den 28. März 1929, abends 23 (11) Uhr

Albert Steinrück

Gedächtnisfeier

Gedenkworte gesprochen von HEINRICH MANN

Einmalige Aufführung

„DER MARQUIS VON KEITH"

Schauspiel in 5 Akten von FRANK WEDEKIND
Unter Leitung von LEOPOLD JESSNER

Konsul Casimir	Werner Krauss	Ein Dienstmädchen	Fritzi Massary
Hermann, sein Sohn	Carola Neher	Simba	Käthe Dorsch
Der Marquis von Keith	Heinrich George	Metzgerknechte	Alexander Granach
Ernst Scholz	Lothar Müthel		Fritz Kortner
Molly Griesinger	Eleonore v. Mendelssohn		Victor Schwannecke
Anna, verw. Gräfin Werdenfels	Tilla Durieux		Paul Wegener
Saranieff, Kunstmaler	Jakob Tiedtke	Packträger	Rudolf Forster
Zamrjaki, Komponist	Conrad Veidt		Kurt Gerron
Sommersberg, Literat	Max Pallenberg		Veit Harlan
Raspe, Kriminalkommissar	Max Hansen	Dienstmänner	Paul Bildt
Ostermeier, Bierbrauereibes.	Hermann Vallentin		Hans Brausewetter
Krenzl, Baumeister	Otto Wallburg		Walter Janssen
Grandauer, Restaurateur	Albert Florath		Eduard v. Winterstein
Frau Ostermeier	Gisela Werbezirk	Bäckerweiber	Trude Hesterberg
Frau Krenzl	Rosa Valleti		Tilly Wedekind
Freifrau v. Rosenkron	Mady Christians	Kellner	Hans Albers
Freifrau v. Totleben	Maria Bard		Ernst Deutsch
Sascha	Elisabeth Bergner		Kurt Goetz

Gäste des Marquis v. Keith:

Roma Bahn, Sibylle Binder, Marlene Dietrich, Gertrud Eysoldt, Käthe Haak, Else Heims, Leopoldine Konstantin, Maria Koppenhöfer, Hilde Körber, Till Klokow, Lina Lossen, Lucie Mannheim, Renate Müller, Martha Maria Newes, Asta Nielsen, Maria Paudler, Henny Porten, Hannah Ralph, Frieda Richard, Dagny Servaes, Agnes Straub, Erika von Thellmann, Irene Triesch, Elsa Wagner, Ida Wüst, Alfred Abel, Ferdinand von Alten, Alfred Braun, Julius Falkenstein, Walter Franck, Max Güllstorff, Paul Grätz, Fritz Kampers, Arthur Kraußneck, Otto Laubinger, Hans Leibelt, Theodor Loos, H. C. Müller, Paul Otto, Johannes Riemann, Albert Patry, Dr. Max Pohl, Emil Rameau, Heinrich Schnitzler, Heinrich Schroth, Ernst Stahl-Nachbaur, Herrmann Thimig, Hans Wassmann, Mathias Wiemann, Wolfgang Zilzer.

Hilfsinspizient: Karlheinz Martin Bühnenbild: Emil Pirchan Bühnenmusik: Weintraubs Synkopaters
Bühneninspektor: Karl Rupprecht Souffleuse: Marg. Krüger Bühnenmeister: Franz Kaiser

Nach dem dritten Akt findet eine Gesellschaftspause von 45 Minuten statt.

Die Gemälde Albert Steinrücks sind im Ifflandsaal ausgestellt.

EHRENAUSSCHUSS:

Dr. h. c. Georg Graf von Arco, Kultusminister Professor Dr. Becker, Landtagspräsident Bartels, Victor Barnowsky, Professor Georg Bernhard, Oberbürgermeister Böß, Professor Albert Einstein. Jakob Goldschmidt, Direktor Herbert Gutmann, Victor Hahn, Intendant Gustav Hartung, Generalintendant Professor Leopold Jeßner, Generaldirektor Ludwig Katzenellenbogen, Dr. Paul Kempner, Dr. Robert Klein, Generaldirektor Ludwig Klitzsch, Hans Lachmann-Mosse, Generalkonsul Eugen Landau, Professor Max Liebermann, Reichstagspräsident Paul Löbe, Präsident Franz von Mendelssohn, Direktor Heinrich Neft, Professor Max Reinhardt, Professor Dr. Eugen Robert, Professor Edwin Scharff, Werner F. von Siemens, Generaldirektor Dr. Walter Sobernheim, Direktor Emil Georg von Stauß, Dr. Franz Ullstein, Generalmusikdirektor Professor Bruno Walter, Präsident Karl Wallauer, Dr. Erich Wiens, Theodor Wolff, Arthur Wolff.

ARBEITSAUSSCHUSS:

Erich Burger, August Dörschel, Norbert Falk, Alfred Fischer, Albert Florath, Heinrich George, Prof. Leopold Jeßner, Werner Krauss, Dr. Kurt Pinthus, Dr. Günther Stark, Hermann Vallentin, Richard Wilde, Dr. Fritz Wendhausen.

Preise der Plätze: Parkett u. I. Rang 60 Mk., II. Rang 40 Mk., III. Rang 20 Mk., Galerie 10 Mk.

Les mises en scène de Leopold Jessner (1878-1945) à la Schauspielhaus de Berlin étaient considérées en Allemagne comme des exemples en matière de dramaturgie moderne.

Juifs ou non, acteurs et metteurs en scène n'eurent aucun mal à reconnaître leurs talents respectifs et à s'apprécier mutuellement, car tous avaient une part personnelle dans le succès global d'une représentation théâtrale. Lucie Höflich, le calme en personne, la pétillante Maria Bard et Gustav Gründgens, qui savait maîtriser le feu couvant en lui, donnaient la réplique à des actrices fougueuses et passionnées comme Massary, Orska et Bergner, et à leurs pendants masculins Granach et Kortner.

Parmi les acteurs juifs, citons, entre autres, Therese Giehse, Grete Mosheim, Dolly Haas, Lucie Mannheim, Lilli Palmer, Eleonore von Mendelssohn, Rosa Valetti et son frère Hermann Vallentin, Ernst Deutsch, Max Pallenberg, Kurt Horowitz, Adolf Wohlbrück, Felix Bressart, Kurt Gerron ou encore Peter Lorre.

Programme de la fête commémorative d'Albert Steinrück, le 28 mars 1929

Ci-dessus : Ludwig Hardt (1886-1947), qui récitait des poèmes classiques, un art dans lequel il excellait. Tableau d'Eugen Spiro.

Ci-dessus, à gauche : l'orchestre « Weintraubs Syncopators ». Max Pallenberg, saxophoniste et Fritzi Massari, à la batterie, lors de la fête en souvenir d'Albert Steinrück, le 28 mars 1929.

Elisabeth Bergner et Ernst Deutsch dans « Amphytrion 38 » de Jean Giraudoux, lors de la première, en allemand, le 15 janvier 1931, au Berliner Theater, Stresemannstrasse. Mise en scène : Victor Barnowsky.

L'apport des Juifs à la littérature allemande

À gauche :
Jakob Wassermann.
Dessin de Susanne Carvallo-Schülein.

À droite : Ernst Toller vers 1918. Lithographie d'Emil Stumpp.

À gauche :
Lion Feuchtwanger.
Eau-forte de Susanne Carvallo-Schülein.

À droite :
Arnold Zweig.
Eau-forte d'Hermann Struck.

Séance de la section littérature de l'Académie prussienne des Arts, 1929. Assis, de G. à D. : Hermann Stehr, Alfred Mombert, Eduard Stucken, Wilhelm von Scholz, Oskar Loerke, Walter von Molo, Ludwig Fulda, Heinrich Mann. Debout, de G. à D. : Bernhard Kellermann, Alfred Döblin, Thomas Mann, Max Halbe.

Sous la République de Weimar, les Juifs allemands eurent l'impression de jouir d'une entière liberté civile. Pour la première fois de leur histoire, ils étaient des citoyens à part entière, n'en déplaise aux quelques antisémites, alors moins redoutés que méprisés. Pourtant, au cours de ces années-là, beaucoup s'interrogèrent sur leur identité. Le dialogue ne s'était pas instauré entre Juifs et Allemands. Si les Juifs de tous horizons étaient conscients d'avoir réalisé une synthèse entre leur germanité et leur judéité et de l'avoir intériorisée, on ne pouvait en dire autant de la plupart des Allemands non-juifs. Cette synthèse resta unilatérale. Pourtant, c'est portés par l'illusion d'une synthèse germano-juive que beaucoup d'écrivains juifs s'affirmèrent dans la littérature allemande.

Arnold Zweig, Jakob Wassermann, Lion Feuchtwanger et Max Brod, en particulier, abordèrent dans leurs ouvrages des thèmes en rapport avec le judaïsme et firent référence à la problématique germano-juive. Karl Kraus et Kurt Tucholsky, quant à eux, exprimèrent la haine que leur inspirait leur origine juive.

Descendant de Juifs de l'Est venus s'installer en Allemagne, Alfred Döblin (1878-1957), médecin berlinois et écrivain, redécouvrit son appartenance au judaïsme lors d'un voyage en Pologne dont il fit le récit en 1926. Peu après, il entreprit l'écriture de « Berlin Alexanderplatz » (1929), vaste fresque dépeignant le prolétariat berlinois au sein duquel il pratiquait la médecine. Il fuit l'Allemagne en 1933 et se réfugia d'abord en France puis aux États-Unis. En 1941, il se convertit au catholicisme.

Natif de Glogow en Silésie, Arnold Zweig (1887-1968) se sentait profondément allemand, comme en témoigne son œuvre. Il resta néanmoins très attaché à ses origines juives et fut un militant sioniste jusqu'à son retour en Allemagne de l'Est, en 1948. Une sordide affabulation anti-juive lui inspira le drame « Meurtre rituel en Hongrie. Tragédie juive » qui lui valut le Prix Kleist, en 1915. La Première Guerre mondiale lui fit découvrir et comprendre le judaïsme de l'Est, expérience qu'il relata dans *Das Ostjüdische Antlitz* (1919/1920). Dans *Le cas du sergent Grischa* (1928), son roman le plus connu, il met en scène un prisonnier de guerre russe, exécuté sur les ordres impitoyables du chef d'état-major pour une trahison qu'il n'a pas commise.

Par son roman dialogué *Thomas Wendt,* Lion Feuchtwanger (1884-1958) inspira à Brecht sa théorie sur le théâtre épique. Avec une ironie mordante, Feuchtwanger décrit dans *Succès* (1930) le Munich de la République des Conseils, et la bourgeoisie provinciale, bigote et cupide qui fit le lit du national-socialisme. Mais c'est à ses romans

À gauche : Franz Werfel (1890-1945).

À droite : Arthur Schnitzler (1862-1931).

historiques *Le Juif Süss* (1925) et la *Trilogie Josephus* (1932-1945) qu'il dut sa célébrité.

Les pièces de théâtre d'Ernst Toller étaient de vibrantes exhortations à la justice sociale. Ferdinand Bruckner (1891-1958) créa, en 1923, le Renaissance-Theater de Berlin où il s'essaya à la dramaturgie moderne. Il est l'auteur de drames à succès comme *Les Coupables* (1929), *Maladie de la jeunesse* (1929) et *Elisabeth d'Angleterre* (1930). Emil Ludwig (1881-1948) était apprécié pour ses récits historiques et ses biographies. Alfred Neumann (1895-1952), maître du roman psychologique, publia également des nouvelles dans la « lignée » de celles d'Heinrich von Kleist. Hermann Broch (1886-1951) montra dans ses romans la décadence de la société bourgeoise. Rudolf Borchhardt (1877-1945), neveu de Georg Hermann (« Jettchen Gebert »), écrivit des poèmes, des essais et fut également un brillant traducteur, membre du cénacle d'Hofmannsthal et des néo-romantiques. Critique et essayiste, Walter Benjamin (1892-1940), qui s'était lié d'amitié avec Gershom Scholem, Ernst Bloch, Max Horkheimer et Theodor W. Adorno tenta, dans ses écrits, d'établir un lien entre mystique juive, sionisme et pensée marxiste.

Bruno Frank, Hermann Kesten, Wilhelm Speyer, Vicky Baum, Jakob Wassermann, Martha Karlweis (la deuxième femme de Wassermann) et Mascha Kaléko furent tous des écrivains appréciés de leurs contemporains. Dans ses satires et ses textes souvent mis en musique, Kurt Tucholsky mena un combat perdu d'avance contre le militarisme et le fascisme.

Si, comme Else Lasker-Schüler, Ludwig Strauss, Nelly Sachs, Trude Kolmann, Manfred Sturmann, Margarete Susmann et Arno Nabel célébrèrent ce qu'ils vécurent dans leur entourage allemand, ils ne manquèrent pas de réfléchir sur leur identité juive.

Les écrivains juifs qui vécurent à Vienne et à Prague sont indissociables de la littérature allemande sous la République de Weimar. Ce fut le cas notamment d'Arthur Schnitzler, de Peter Altenberg, de Raoul Auernheimer, de Felix Salten, de Karl Kraus, polémiste au style tranchant, et d'Alfred Polgar, le « maître du genre court », tous installés à Vienne. Stefan Zweig, quant à lui, avait quitté Vienne pour Salzbourg en 1919. Franz Kafka, Franz Werfel et Max Brod, qui vivaient à Prague, ont marqué de leur empreinte la littérature allemande. Joseph Roth (1894-1939), qui mourut à Paris où il avait trouvé refuge, excella dans l'analyse psychologique. Écrits dans une langue qui est le dernier exemple du grand classicisme autrichien, ses nouvelles et ses romans, dont *Fuite sans fin* (1926), *Job* (1930) et *La Marche de Radetzky* (1932) reflètent la décadence de la société autrichienne. Ils traitent de la solitude contre laquelle l'homme, amer, se révolte mais à laquelle il se résigne dans un humour empreint de sagesse.

Malgré la coopération de Juifs et de non-Juifs dans le domaine culturel, l'apport des Juifs fut considéré comme « peu allemand » par une partie de leurs compatriotes. Dès le dernier quart du XIXe siècle, le manque de repères culturels engendra une aversion contre « l'altérité » des Juifs. Une peur parfois réelle, souvent entretenue par démagogie et fondée sur la rivalité ainsi que sur la concurrence, s'empara des milieux antisémites : les Juifs risquaient de dénaturer la nation. Dans un essai sur Theodor Storm, Thomas Mann a essayé de caractériser cette peur de l'altérité. Tandis que Gottfried Keller, de nationalité suisse, dénonçait la vulgarité de l'antisémitisme, Theodor Storm, Allemand du Schleswig-Holstein, avait des réactions antisémites à l'égard des critiques juifs. Le « paganisme nordique » le rendait « naturellement un peu antisémite. Il est bon de cerner objectivement les rapports affectifs entre deux choses. Le lien qui existe entre l'attachement du blond nordique au pays natal et l'antisémitisme est indestructible. »

Dans les milieux nationalistes, l'épithète « juive » fut accolée d'emblée à toute illustration de la culture ou de l'art expérimental, à toute considération critique, voire satirique. La plupart des Juifs refusèrent de voir les choses en face – un leurre redoutable comme ils le constatèrent à leurs dépens en 1933.

À gauche : Joseph Roth (1894-1939). Lithographie de Georg Eisler.

À droite : Else Lasker-Schüler (1869-1945). Dessin de son fils Paul.

Ci-dessous : « Un vieux tapis tibétain », poème d'Else Lasker-Schüler. Gravure sur bois de Josua Reichert.

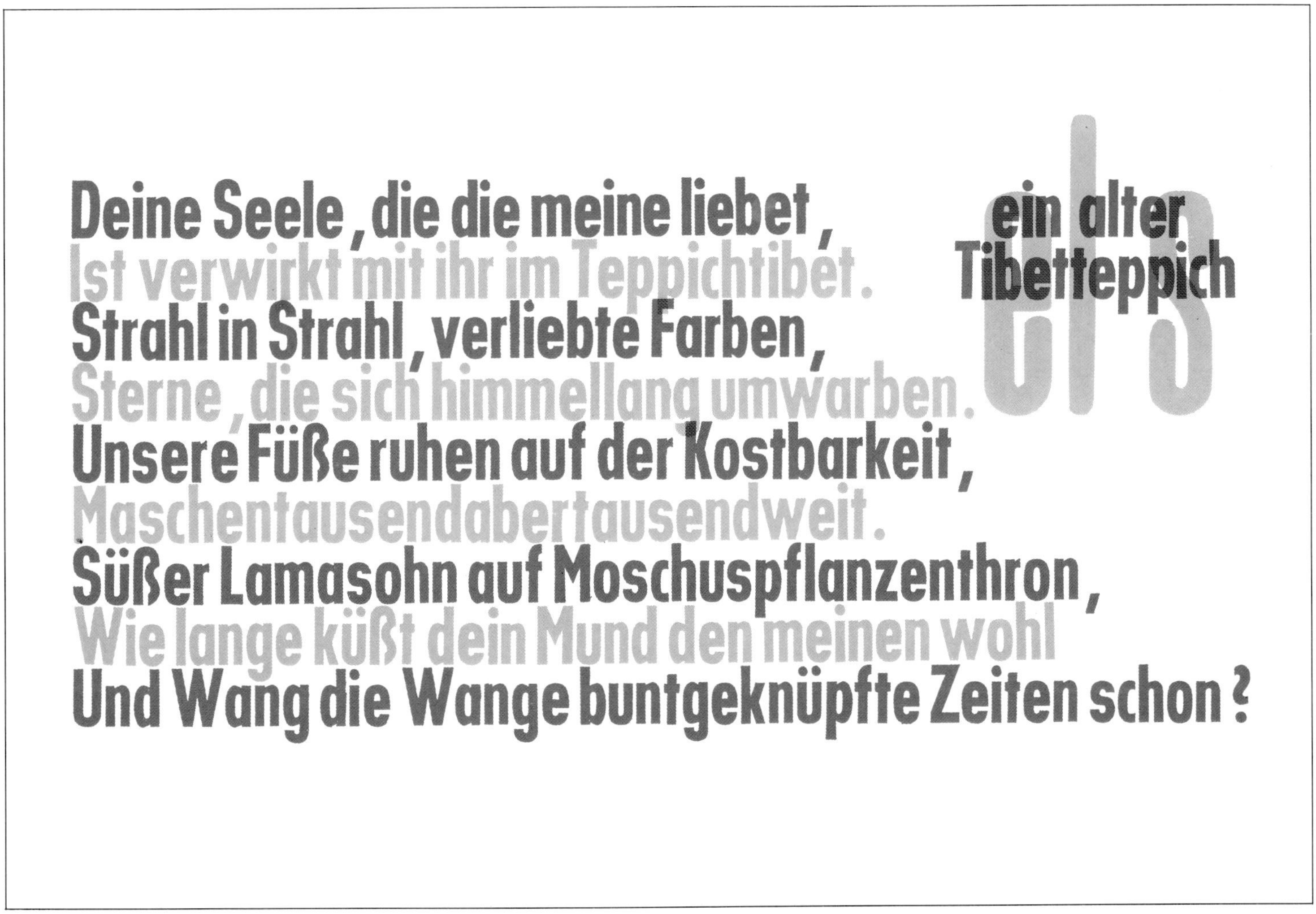

La grande communauté de Berlin

L'existence d'un village de pêcheurs portant le nom de Berlin et celle d'un foyer de peuplement juif sont attestées pour la première fois par des documents datant respectivement de 1237 et de 1295. Ce premier foyer se maintint jusqu'à l'expulsion des Juifs en 1571.

À Berlin, l'histoire moderne des Juifs commence 100 ans plus tard. En 1671, cinquante familles juives fortunées furent chassées de Vienne. Pour des raisons économiques, elles obtinrent des princes-électeurs tolérants le droit limité dans le temps de s'installer dans la marche de Brandebourg (voir p. 112). En 1812, la communauté juive comptait 3 300 membres ; 100 ans plus tard, 165 000. Beaucoup d'entre eux étaient venus de Silésie après sa conquête par Frédéric II, de la région de Breslau mais aussi de Prusse occidentale et orientale. Les Juifs représentaient entre 2 et 4 pour cent du total de la population berlinoise. La plus forte proportion fut atteinte en 1925 : 172 000 Juifs sur environ 4 millions d'habitants.

Berlin concentrait alors la plupart des associations juives d'Allemagne. La Fédération prussienne des communautés juives (Preussischer Landesverband Jüdischer Gemeinden), au nombre de 65, s'y était établie tout comme l'Association communautaire germano-israélite (Deutsch-Israelitischer Gemeindebund), l'École supérieure de la science du judaïsme (Hochschule für die Wissenschaft des Judentums), la Fédération des Juifs allemands (Verband der Deutschen Juden), le Centralverein deutscher Staatsbürger jüdischen Glaubens, le séminaire rabbinique orthodoxe, la Zionistische Vereinigung Deutschlands, la Vereinigung Jüdischer Frontkämpfer, l'association sportive Makkabi/Bar Kochba et d'autres encore.

Sous la République de Weimar, la communauté berlinoise joua un rôle clé dans l'organisation sociale du judaïsme libéral, les juifs orthodoxes et les sionistes jouant un rôle secondaire dans la vie communautaire.

En 1930, l'administration de la communauté juive disposait d'un budget annuel d'environ 10 millions de marks pour ses

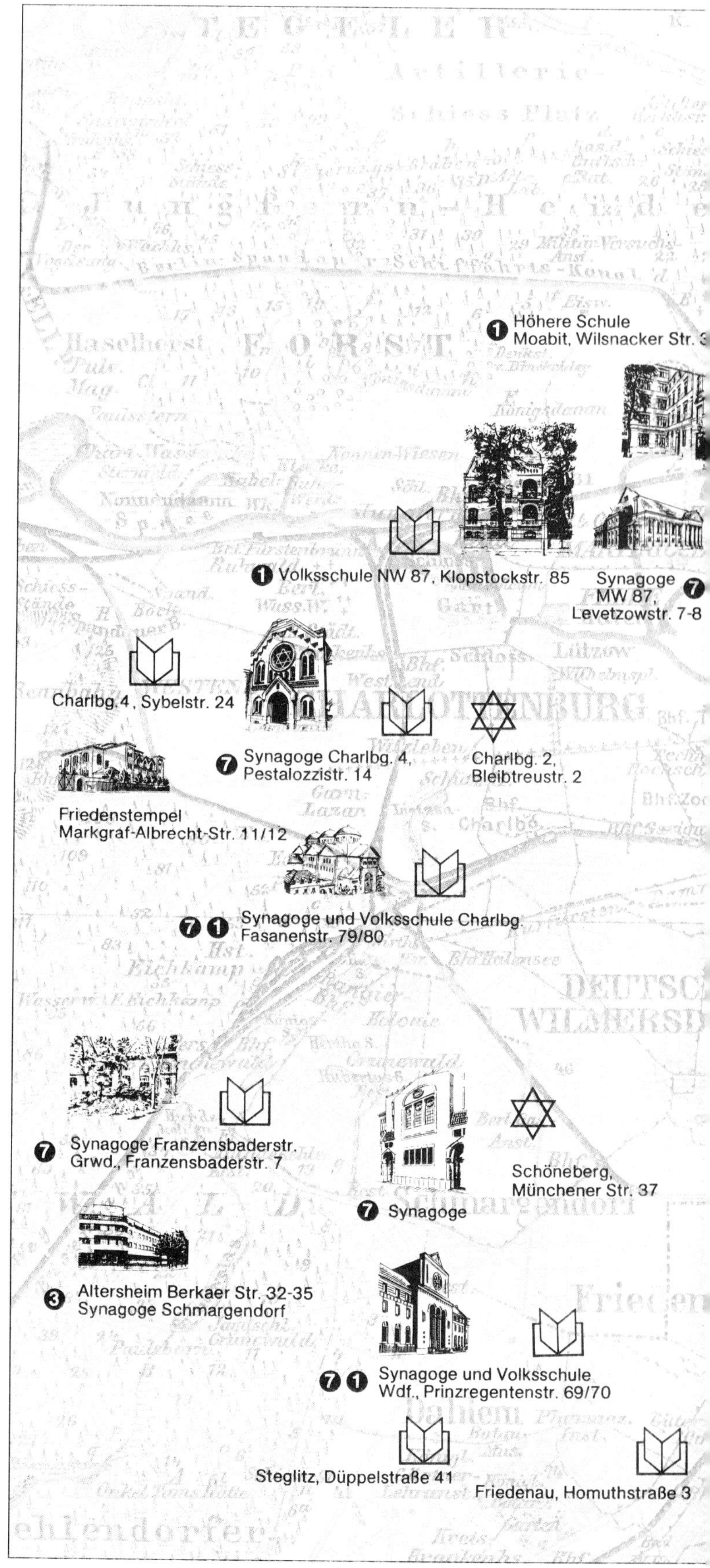

Le Berlin juif : carte de 1922.

1. *Écoles, collèges et lycées*
2. *Orphelinats*
3. *Maisons de retraite*
4. *Hôpital juif*
5. *Cimetières*
6. *Maison de collecte d'uniformes*
7. *Synagogues*
8. *Association culturelle juive*
9. *Bâtiment administratif*

✡ *Organisation caritative*

📖 *Écoles et établissements d'enseignement religieux*

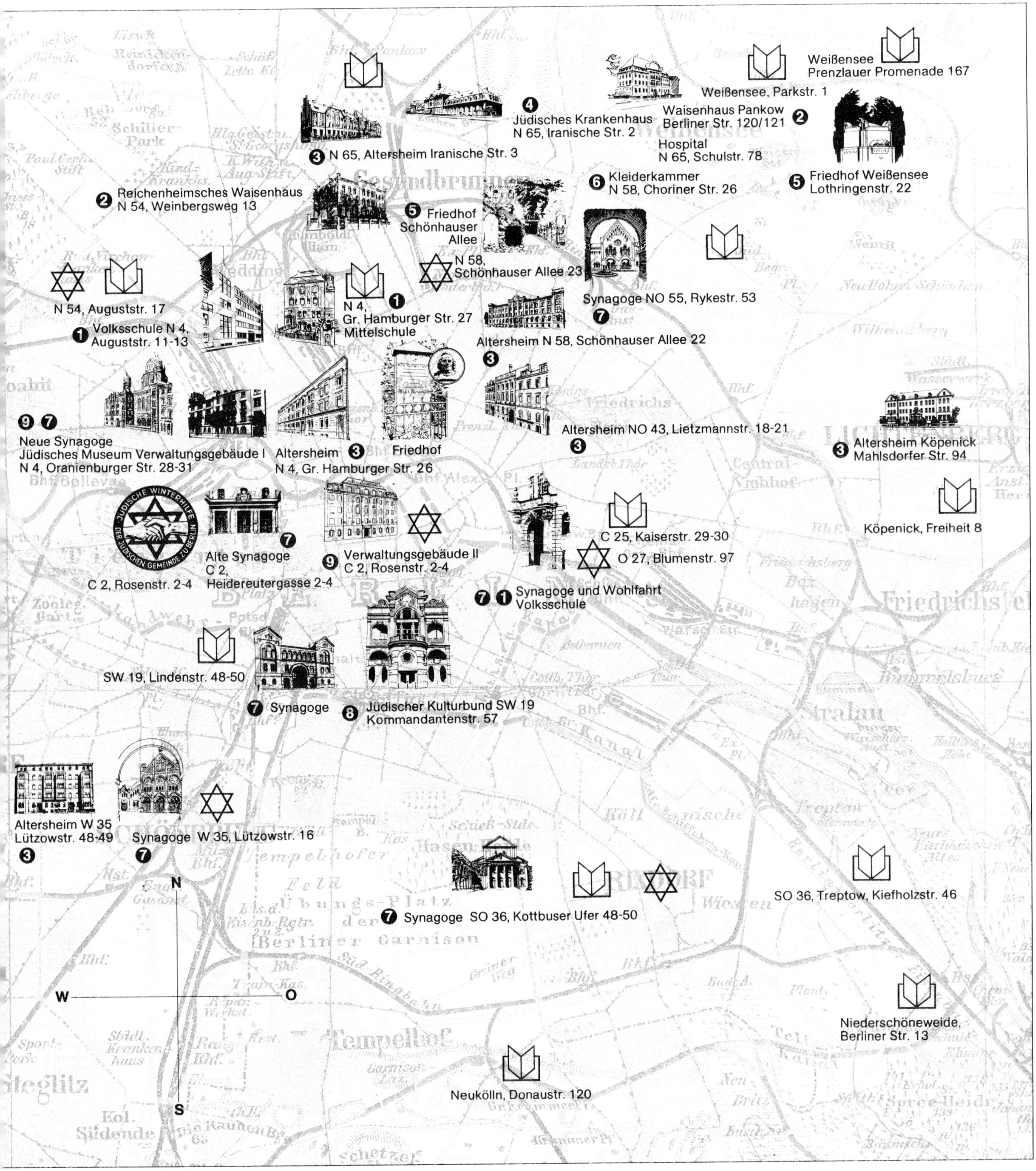
Weißensee
Prenzlauer Promenade 167
Weißensee, Parkstr. 1
4 Jüdisches Krankenhaus
N 65, Iranische Str. 2
Waisenhaus Pankow
Berliner Str. 120/121 2
Hospital
N 65, Schulstr. 78
3 N 65, Altersheim Iranische Str. 3
6 Kleiderkammer
N 58, Choriner Str. 26
5 Friedhof Weißensee
Lothringenstr. 22
2 Reichenheimsches Waisenhaus
N 54, Weinbergsweg 13
5 Friedhof
Schönhauser
Allee
N 58,
Schönhauser Allee 23
N 54, Auguststr. 17
1 Volksschule N 4,
Auguststr. 11-13
N 4,
Gr. Hamburger Str. 27
Mittelschule 1
Synagoge NO 55, Rykestr. 53
7
Altersheim N 58, Schönhauser Allee 22
3
9 7
Neue Synagoge
Jüdisches Museum Verwaltungsgebäude I
N 4, Oranienburger Str. 28-31
Altersheim 3
N 4, Gr. Hamburger Str. 26
Friedhof
Altersheim NO 43, Lietzmannstr. 18-21
3
3 Altersheim Köpenick
Mahlsdorfer Str. 94
JÜDISCHE WINTERHILFE DER JÜDISCHEN GEMEINDE ZU BERLIN
C 2, Rosenstr. 2-4
7
Alte Synagoge
C 2,
Heidereutergasse 2-4
9 Verwaltungsgebäude II
C 2, Rosenstr. 2-4
C 25, Kaiserstr. 29-30
O 27, Blumenstr. 97
Köpenick, Freiheit 8
7 1 Synagoge und Wohlfahrt
Volksschule
SW 19, Lindenstr. 48-50
7 Synagoge
8 Jüdischer Kulturbund SW 19
Kommandantenstr. 57
Altersheim W 35
Lützowstr. 48-49
3
Synagoge
7
W 35, Lützowstr. 16
SO 36, Treptow, Kiefholzstr. 46
7 Synagoge SO 36, Kottbuser Ufer 48-50
N
W
O
S
Niederschöneweide,
Berliner Str. 13
Neukölln, Donaustr. 120

Gemeindeblatt

Das Blatt wird *sämtlichen Mitgliedern* der Jüdischen Gemeinde zugestellt. Für Nichtmitglieder beträgt der Bezugspreis jährlich Mk. 6.— für die einfache Ausgabe, bzw. Mk. 12.— für die *Kunstdruckausgabe*. Das Blatt erscheint am 1. Freitag jeden Monats.

der Jüdischen Gemeinde zu Berlin

Amtliches Organ des Gemeindevorstandes

Bestellungen auf das Blatt sind zu richten: a) für Gemeindemitglieder an den Vorstand der Jüdischen Gemeinde, Berlin N 24, Oranienburger Straße 29; für Nichtmitglieder an den *Verlag Ost und West, Leo Winz*, Berlin-Charlbg. 2, Knesebeckstraße 32.

Ci-contre : titre du « Gemeindeblatt der jüdischen Gemeinde zu Berlin ».

Wir helfen Tausenden

durch

Brotverteilung,
Kohlenversorgung,
Kleider-, Schuhe- und Wäsche-Beschaffung,
Speisung unserer Kinder,
Wärme-Räume.

Helfen Sie uns durch Spenden!

Wohlfahrts- und Jugendfürsorgeamt der Jüd. Gemeinde, Berlin C2, Rosenstraße 2-4
Norden 6711 Postscheckkonto: Berlin Nr. 29640

Kleiderkammer der Jüdischen Gemeinde (PEAH), Berlin N, Choriner Straße 26
Humboldt 0789 und Norden 6711 Postscheckkonto: Berlin Nr. 29640

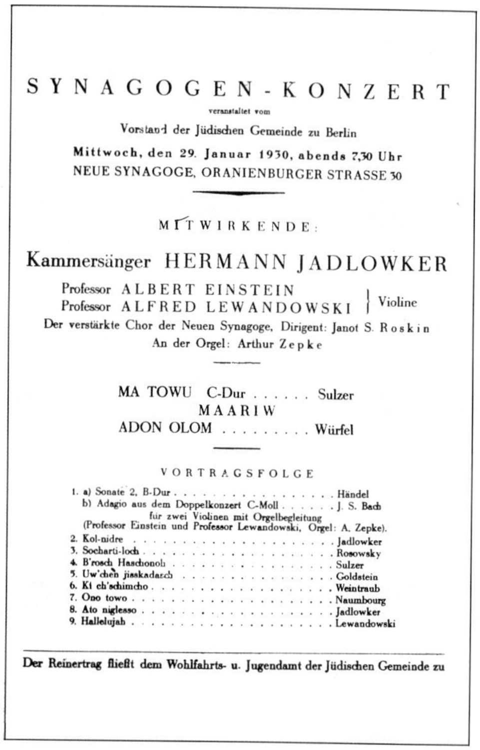

S Y N A G O G E N - K O N Z E R T

veranstaltet vom

Vorstand der Jüdischen Gemeinde zu Berlin

Mittwoch, den 29. Januar 1930, abends 7,30 Uhr
NEUE SYNAGOGE, ORANIENBURGER STRASSE 30

M I T W I R K E N D E :

Kammersänger HERMANN JADLOWKER

Professor ALBERT EINSTEIN
Professor ALFRED LEWANDOWSKI } Violine
Der verstärkte Chor der Neuen Synagoge, Dirigent: Janot S. Roskin
An der Orgel: Arthur Zepke

MA TOWU C-Dur . . . . . . Sulzer
MAARIW
ADON OLOM . . . . Würfel

V O R T R A G S F O L G E

1. a) Sonate 2, B-Dur . . . . Händel
   b) Adagio aus dem Doppelkonzert C-Moll . . . . . . J. S. Bach
   für zwei Violinen mit Orgelbegleitung
   (Professor Einstein und Professor Lewandowski, Orgel: A. Zepke).
2. Kol-nidre . . . . Jadlowker
3. Socharti-loch . . . . Rosowsky
4. B'rosch Haschonoh . . . . Sulzer
5. Uw'chen jisskadasch . . . . Goldstein
6. Ki ch'schimcho . . . . Weintraub
7. Ono towo . . . . Naumbourg
8. Ato niglesso . . . . Jadlowker
9. Hallelujah . . . . Lewandowski

Der Reinertrag fließt dem Wohlfahrts- u. Jugendamt der Jüdischen Gemeinde zu

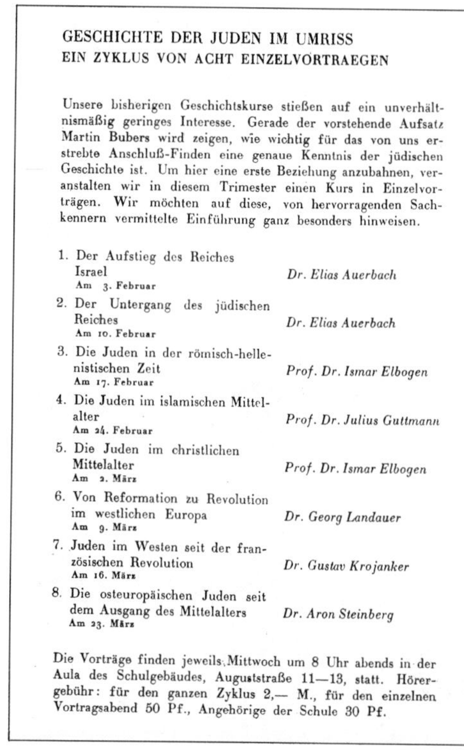

GESCHICHTE DER JUDEN IM UMRISS
EIN ZYKLUS VON ACHT EINZELVORTRAEGEN

Unsere bisherigen Geschichtskurse stießen auf ein unverhältnismäßig geringes Interesse. Gerade der vorstehende Aufsatz Martin Bubers wird zeigen, wie wichtig für das von uns erstrebte Anschluß-Finden eine genaue Kenntnis der jüdischen Geschichte ist. Um hier eine erste Beziehung anzubahnen, veranstalten wir in diesem Trimester einen Kurs in Einzelvorträgen. Wir möchten auf diese, von hervorragenden Sachkennern vermittelte Einführung ganz besonders hinweisen.

1. Der Aufstieg des Reiches Israel — *Dr. Elias Auerbach*
   Am 3. Februar
2. Der Untergang des jüdischen Reiches — *Dr. Elias Auerbach*
   Am 10. Februar
3. Die Juden in der römisch-hellenistischen Zeit — *Prof. Dr. Ismar Elbogen*
   Am 17. Februar
4. Die Juden im islamischen Mittelalter — *Prof. Dr. Julius Guttmann*
   Am 24. Februar
5. Die Juden im christlichen Mittelalter — *Prof. Dr. Ismar Elbogen*
   Am 2. März
6. Von Reformation zu Revolution im westlichen Europa — *Dr. Georg Landauer*
   Am 9. März
7. Juden im Westen seit der französischen Revolution — *Dr. Gustav Krojanker*
   Am 16. März
8. Die osteuropäischen Juden seit dem Ausgang des Mittelalters — *Dr. Aron Steinberg*
   Am 23. März

Die Vorträge finden jeweils Mittwoch um 8 Uhr abends in der Aula des Schulgebäudes, Auguststraße 11—13, statt. Hörergebühr: für den ganzen Zyklus 2,— M., für den einzelnen Vortragsabend 50 Pf., Angehörige der Schule 30 Pf.

œuvres caritatives. Sur les dix pour cent perçus par l'État au titre de l'impôt sur le revenu, une partie était allouée à la communauté juive comme à toutes les autres communautés religieuses. À cela s'ajoutaient des sommes considérables provenant des cotisations volontaires. Sur ce

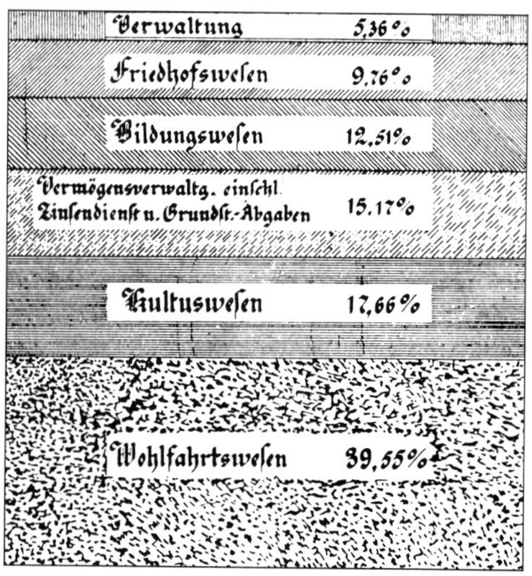

Ci-dessus, à gauche : « Nous aidons des milliers de gens... » Annonce d'une collecte de dons en faveur des plus démunis, 1930.

Ci-dessus : annonce d'un concert dans une synagogue, avec pour interprètes Albert Einstein et Hermann Jadlowker, 1930.

Ci-dessus, à droite : extrait du programme des conférences de janvier à mars 1932 de l'École pour la jeunesse juive (Schule der Jüdischen Jugend).

À gauche : les différents postes budgétaires, 1930.

À droite : la synagogue de la Fasanenstrasse après la célébration du culte. Photo de Hans Casparius, 1928.

Ci-dessus : le Musée juif vu de l'intérieur (1933). À gauche, buste de Moses Mendelssohn.

À droite : le cimetière de Weissensee.

budget était prélevé l'argent nécessaire à l'administration de la communauté, à savoir de seize synagogues avec trente rabbins – le poste le plus important –, d'un hôpital d'une capacité de trois cents lits, d'un cimetière, de terrains de sport, de jardins d'enfants, de foyers pour les jeunes, d'écoles religieuses, d'un établissement d'enseignement secondaire, d'une bibliothèque comportant 67 000 livres, d'un musée, d'un établissement d'enseignement supérieur et de quelques écoles primaires. Les membres de la communauté avaient à leur disposition toutes sortes de services de consultation. Les plus démunis et les chômeurs, dont la proportion était importante par rapport à l'ensemble de la population, bénéficiaient d'une assistance sociale très étendue.

Les Juifs de l'Est

Le conteur et essayiste Efraïm Frisch (1873-1942) qui, de 1914 à 1916 puis de 1919 à 1925 publia à Munich le mensuel littéraire « Der Neue Merkur ».

SCHRIFTEN DES ARBEITERFÜRSORGEAMTES DER JÜDISCHEN ORGANISATIONEN DEUTSCHLANDS

HEFT II

OSTJUDEN IN DEUTSCH-LAND

PHILO-VERLAG / BERLIN S.W. 68
1921

Couverture de « Ostjuden in Deutschland », l'une des publications du service d'aide sociale aux travailleurs, coiffé par les organisations juives d'Allemagne.

Nahum Goldmann (1894-1982), président du Congrès juif mondial (1949-1977) et de l'Organisation sioniste mondiale (1956-1968). Photo de Tim Gidal.

L'expression « Juif de l'Est » tenait lieu de gourdin aux nationalistes et aux antisémites allemands, à l'égard également de leurs concitoyens juifs. Beaucoup de Juifs allemands assimilés ne considéraient ce terme que comme – dans le meilleur des cas – un qualificatif dédaigneux servant à désigner des Juifs étrangers que l'on espérait voir émigrer le plus rapidement possible vers d'autres pays, d'où l'aide financière qui leur était accordée à cet effet. Les Juifs allemands n'avaient guère de contacts sociaux avec leur coreligionnaires de l'Est installés en Allemagne. Par contre, le rapprochement entre les deux communautés s'opéra dans les milieux littéraires, artistiques et scientifiques.

La plupart des Juifs allemands pratiquaient un judaïsme libéral. Ils avaient obtenu l'égalité des droits civiques et politiques et voulaient que seuls puissent en

Restaurant de la Grenadierstrasse de Berlin, vers 1924.

bénéficier leur coreligionnaires de nationalité allemande, ainsi qu'ils aimaient à le faire savoir dans les organes représentatifs de la communauté.

Le stéréotype du « Juif de l'Est sale et inculte », propagé par les publications antisémites, s'incrusta dans l'esprit de bon nombre de Juifs assimilés qui, sur le plan culturel, se croyaient supérieurs à leurs coreligionnaires de l'Est. Ces derniers, quant à eux, ne se souciaient pas plus de l'antisémitisme des uns que des préjugés des autres. Ils considéraient l'antisémitisme comme la preuve d'une petitesse d'esprit, se gaussaient des Juifs allemands qui imitaient à outrance le comportement de leurs concitoyens et n'avaient guère de culture juive. Après les vagues d'antisémitisme qui n'épargnèrent aucun Juif entre 1919 et 1924, les relations s'améliorèrent entre les deux communautés.

Habitant le « Scheunenviertel », quartier déshérité de Berlin, des Juifs de l'Est continuèrent à s'habiller de façon traditionnelle, à se laisser pousser la barbe et à porter des « péob » (boucles qu'on laisse pousser sur les tempes). Aux yeux des antisémites et de bien des Juifs assimilés, ce groupe d'apparence « exotique », formé de 500 ou 600 personnes, était représentatif de tous les Juifs de l'Est. Ces étrangers indésirables ne furent pas épargnés par les tirades haineuses de Theodor Wolff, rédacteur en chef du *Berliner Tagesblatt*, de Georg Hermann, l'auteur du roman à succès *Jettchen Gebert*, ni d'autres encore.

Dans les communautés, où l'aversion latente était réciproque, la question de l'octroi du droit de vote aux Juifs de l'Est souleva des polémiques pendant des décennies. En novembre 1933, Ludwig Holländer, président du Centralverein deutscher Staatsbürger jüdischen Glaubens, qui avait toujours eu un rôle de conciliateur, écrivit que les Juifs de l'Est étaient comme les autres (« des Juifs comme nous ») et que les Juifs allemands, dans l'indigence, étaient souvent considérés comme des Juifs de l'Est.

Ainsi expliquait-il, même tardivement, à quoi tenait le préjugé contre les Juifs de l'Est. C'était à cause de leur pauvreté qu'on les soupçonnait d'être dépourvus de sens moral. L'arrogance de beaucoup d'Allemands juifs et non-juifs à leur égard était due essentiellement à la différence sociale entre ceux qui avaient réussi et ceux qui luttaient pour leur survie – et ne s'encombraient pas toujours de scrupules pour y parvenir – même si des Juifs de l'Est faisaient entre-temps partie de la classe ouvrière, de la petite bourgeoisie et même, pour certains, des milieux aisés.

Mis à part les orthodoxes, peu nombreux mais très voyants, les Juifs de l'Est s'assimilèrent rapidement et se fondirent dans la masse. Rien ne les distinguait des autres, ni leurs vêtements ni la langue qu'ils parlaient, ni leur comportement ni leurs intérêts culturels – pas même la forme de leur barbe. À Berlin, la moustache de l'empereur Guillaume fit des adeptes, à Munich ce fut la barbe soigneusement taillée de Louis de Bavière. Beaucoup de Juifs de l'Est participèrent à la vie artistique et littéraire de l'Allemagne, d'autres devinrent scientifiques, ingénieurs, architectes, etc. La plupart restèrent membres des communautés de Juifs de l'Est. Il en fut de même des Juifs de la deuxième génération (voir p. 300 et suivantes). Même ceux qui se désintéressaient de la religion, comme l'actrice Elisabeth Bergner ou la biologiste Lydia Rabinowitsch-Kempner, ne cherchèrent pas à cacher leurs origines.

On manque d'informations précises sur le fonctionnement des communautés de Juifs de l'Est installés en Allemagne. On dispose d'un rapport fragmentaire sur

Contrôle dans le quartier déshérité de Berlin, dit « Scheunenviertel », en février 1920. Les personnes sans papier d'identité en cours de validité – notamment les femmes qui avaient rejoint leur mari en Allemagne – étaient emmenées au poste de police.

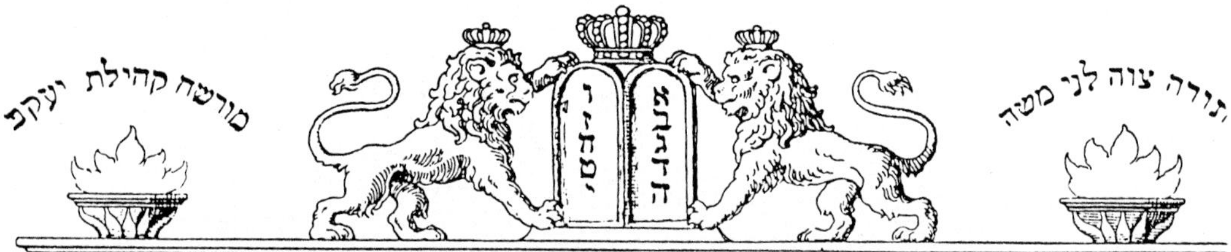

Verein-Talmud-Thora-Schule München e.V.

Telephon Nr. 25892 • Postscheck-Konto: 11166

Zeugnis

für Schidlowitsch Efraim

Klasse VI der Talmud-Thora-Schule für das ~~Halb~~jahr 1921/22

I Führung:
II Fleiß: } 1.
III Aufmerksamkeit:

IV Leistungen in den Unterrichtsgegenständen:

1. Hebräischlesen:
2. Uebersetzen
   a) Gebete:
   b) Pentateuch: 1-2
   c) Propheten:
3. Grammatik: 1-2
4. Geschichte:
5. Talmud
   a) Raschi: 2
   b) Dinim:
   c) Mischna: 1-2
   d) Gemoro: 1-2
6. Hebräischschreiben:
7. Versäumnisse .... Tage.

Hauptnote:

Bemerkungen: Ef. ist ein sehr folgsamer u. braver Schüler

München, den Mai 1922

Der Oberlehrer: Pinkser

Der Klaßlehrer: Schweitzer

Unterschrift des Vaters oder Stellvertreter:

I. V. Ehrentreu

Bulletin scolaire délivré par une école talmudique. Les élèves qui fréquentaient librement ces écoles étaient initiés à l'étude du Talmud et de ses commentaires.

celle de Munich, qui, en 1931, consacra une modeste synagogue dans une arrière-cour d'immeuble. Sa construction avait été financée par des Juifs de Galicie, de Pologne et de Russie établis à Munich. Malgré certaines frictions entre les différentes nationalités, ils s'étaient associés auparavant en un « Comité général des Juifs de l'Est » (Gesamtausschuss der Ostjuden) pour se défendre contre les décisions arbitraires du commissaire général de Bavière, Gustav von Kahr. Peu avant le putsch d'Hitler, en 1923, von Kahr, qui était antisémite, et le chef de la police Ernst Pöhner avaient commencé à expulser de Bavière des Juifs de l'Est. Beaucoup d'entre eux furent rassemblés dans des camps puis conduits à la frontière et expulsés. Le Gesamtausschuss der Ostjuden réussit à démontrer au gouvernement de Bavière que cette décision était contraire à la loi et à faire annuler de nombreuses expulsions. Hitler déclara à l'époque que l'expulsion était une mesure « trop clémente », que seule une dictature pouvait résoudre la question juive et qu'il envisageait, pour sa part, de « pendre tous les Juifs ».

À Munich, on comptait alors quelque 500 familles juives de l'Est, soit près de 2 000 personnes sur un total d'environ 500 000 habitants. Il y avait deux associations culturelles de Juifs de l'Est. Ceux-ci étaient majoritaires aussi bien au sein de la chorale juive que de l'association de gymnastique et de sport Bar Kochba. Une association d'entraide à laquelle tous les Juifs de l'Est versaient leur contribution accordait des prêts sans intérêts. Autre dispositif important des Juifs de l'Est : le tribunal d'arbitrage qui intervenait gracieusement et auquel on s'adressait, en cas de différends, ceci pour ne pas être confrontés à des juges allemands, susceptibles de prendre parti contre les Juifs.

Les hommes – et bien souvent les femmes elles aussi – exerçaient toutes sortes de métiers. Certains étaient ouvriers dans l'industrie du tabac, d'autres fourreurs, commis voyageurs, chefs d'entreprise, enseignants ou commerçants – boulangers, bouchers, menuisiers ou cordonniers. D'autres encore étaient musiciens, importateurs de tapis, bijoutiers, orfèvres ou brocanteurs. Quelques-uns faisaient les marchés. Les propriétaires d'un petit magasin, d'une manufacture de cigarettes, ou encore de la société cinématographique EMELKA, absorbée plus tard par Ufa, des marchands de textiles ou de meubles pour la plupart aisés faisaient partie de la communauté de l'Est.

Ehren-Urkunde

Bei den Reichsjugendwettkämpfen 1927

errang den Sieg

im Dreikampf

Weiner, Bar-Kochba

mit 142 Pkt.

Als Anerkennung verleihe ich diese Urkunde.

*

Der Ehrenförderer der Reichsjugendwettkämpfe

von Hindenburg

Reichspräsident

Certificat d'honneur décerné à Max Weimer, de Dresde, dont la famille était originaire de l'Est, pour avoir remporté l'épreuve de triathlon lors des compétitions disputées par l'ensemble de la jeunesse d'Allemagne, en 1927.

Dès les deux générations suivantes, ces 500 familles comptaient une cinquantaine de diplômés de l'enseignement supérieur. Le physicien Arnold Penzias obtint le Prix Nobel en 1978, Alexander Schindler, dont le père était poète, devint président de l'ensemble des organisations juives d'Amérique, Saul Eisenberg construisit un empire au Japon, en Corée, en Amérique et en Israël. Arnold Wadler, lieutenant pendant la Première Guerre

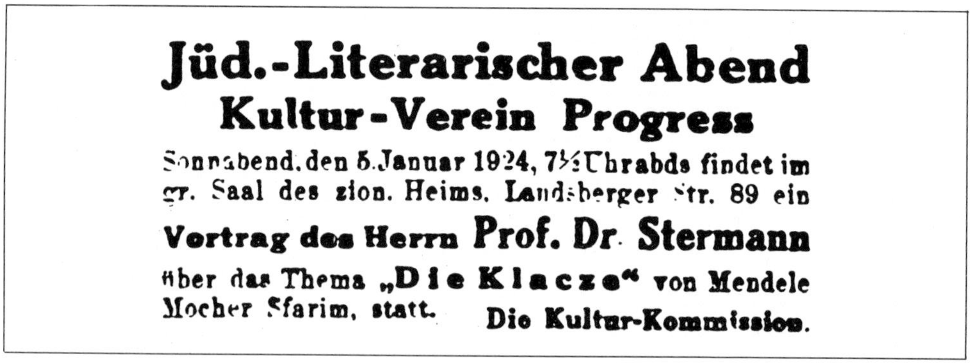

Jüd.-Literarischer Abend
Kultur-Verein Progress

Sonnabend, den 5. Januar 1924, 7½ Uhr abds findet im gr. Saal des zion. Heims, Landsberger Str. 89 ein **Vortrag des Herrn Prof. Dr. Stermann** über das Thema „**Die Klacze**" von Mendele Mocher Sfarim, statt.

Die Kultur-Kommission.

Ci-contre : annonce d'une association culturelle berlinoise de Juifs de l'Est.

Ci-dessous : l'association culturelle « Progress » des Juifs de l'Est, 1923/1924. Au dernier rang à droite : Abraham Pisarek, à qui l'on doit des photos de la vie quotidienne des Juifs berlinois sous le IIIe Reich.

mondiale, fut commissaire au logement durant la République des Conseils. Condamné à sept ans d'emprisonnement, il se mit à étudier la linguistique durant sa détention. Après s'être réfugié en Suisse, en 1933, il publia *La Tour de Babel* et *Des Temps germaniques les plus reculés*, deux ouvrages dans lesquels il tenta de démontrer ce qu'il y avait de commun à toutes les langues parlées à travers le monde.

Fait significatif du point de vue sociologique : il y avait une étroite relation entre l'animosité des non-Juifs à l'égard des Juifs de l'Est et le statut social de ces derniers. La classe ouvrière fut la moins hostile. Dans le bassin de la Ruhr, par exemple, des milliers de Juifs de l'Est travaillèrent dans l'industrie lourde et dans les mines. Les injures antisémites de même que les empoignades étaient rares. En tant que syndicalistes, les Juifs de l'Est furent également des partenaires loyaux.

Ci-dessus : le poète et musicien Arno Nadel (1878 Vilnius – 1943 Auschwitz).

À droite : le peintre Jankel Adler (1895-1949) avec son épouse et leur fille dans son atelier de Düsseldorf.

Débats entre Juifs

La majorité des Juifs allemands s'identifiait avec les objectifs visés par le Centralverein deutscher Staatsbürger jüdischen Glaubens. C'était vrai aussi bien pour les orthodoxes que pour les libéraux auxquels s'étaient joints de nombreux partisans d'un judaïsme réformé. C'était le cas également de la majorité des Juifs non pratiquants. Il y avait reconnaissance réciproque et coexistence des différents courants religieux.

À gauche : Robert Weltsch, journaliste et, de 1919 à 1938, rédacteur de la revue sioniste « Jüdische Rundschau » de Berlin. Au mur, la photo du poète hébraïque Haïm Na'hman Bialik.

À droite : l'avocat Ludwig Holländer (1877-1936), directeur du Centralverein de 1908 à 1930, président, à partir de 1896, du Kartell Convent (voir p. 259) des étudiants allemands de confession juive.

Le Pro-Palästina-Komitee, 1928. Au premier rang, en partant de la droite : le comte Heinrich Bernstorff, président, le Pr. Haïm Weizmann et Carl von Schubert, secrétaire d'État. À gauche, derrière von Schubert, on reconnaît Einstein, entre von Schubert et Weizmann, la secrétaire Katharina von Oheimb. À gauche, à côté de Bernstorff, le banquier Oscar Wassermann, à côté de lui Kurt Blumenfeld, président de l'Association sioniste d'Allemagne.

Der nationaldeutsche Jude

Mitteilungsblatt des Verbandes nationaldeutscher Juden E.V.

Abonniert die

Jüdisch-liberale Zeitung

Organ der Vereinigung für das liberale Judentum E. V.

Die Wochenzeitung des liberalen Judentums in Deutschland

Für deutsches Judentum!

Für religiösen Aufbau!

Erscheint wöchentl. jeden Mittwoch. Abonnementsgebühren vierteljährl. RM. 2.50. Redaktion, Expedition und Inseratenannahme Berlin SW 11, Hallesche Straße 1.

Bestellungen nehmen sämtliche Postanstalten entgegen.

Ci-dessus : titre du « Nationaldeutscher Jude », la revue d'une petite association très active. Proche du parti national allemand, elle était opposée au sionisme.

À gauche : annonce du « Jüdisch-liberale Zeitung ».

À droite : affiche électorale du Poale Zion (parti sioniste ouvrier) lors des élections au sein de la communauté juive de Berlin.

An die Wähler der jüdischen Gemeinde!

Sonntag, den 20. Juni, wird in Berlin entschieden werden, ob in der jüdischen Gemeinde weiterhin die antinationale und antisoziale „liberale" jüdische Groß-Bourgeoisie allein herrschen soll, ohne Kontrolle der breiten jüdischen Volksmassen, ohne Kontrolle durch das jüdische Proletariat. Es muß entschieden werden, ob die jüdischen Massen auch in Zukunft den Großkapitalisten die Entscheidung über das jüdische Leben allein überlassen wollen.

Die jüdische sozialdemokratische Arbeiterorganisation „Poale Zion"

ist nicht gewillt, die Herrschaft der Bourgeoisie in der jüdischen Gemeinde zu ertragen. Sie nimmt den Kampf gegen sie auch bei den Wahlen zur Repräsentantenversammlung mit aller Entschiedenheit auf.

Die erste unserer Forderungen ist, dass der Rechtlosigkeit der jüdischen Massen ein Ende gemacht werde. Die Diktatur der „Einheimischen" muss gebrochen werden. Jeder Jude und jede Jüdin über 18 Jahre, Einheimische und Eingewanderte, ob sie deutsch oder jiddisch reden, ob sie Steuern zahlen oder nicht, müssen gleiches Wahlrecht haben.

Wir fordern weiter:

Die Verweltlichung der jüdischen Gemeinde.

Der Legende, daß das jüdische Volk nur eine religiöse Gemeinschaft sei, muß ein Ende gemacht, alle Kultusangelegenheiten müssen aus dem Pflichtenkreis der Gemeinde ausgeschaltet und einer freiwilligen Organisation übertragen werden. Die Gemeinde muß umfassen alle Angelegenheiten auf den Gebieten von Kultur und Bildung, Erziehung und Unterricht, Einwanderung und Durchwanderung, rechtlichen und politischen Schutz, Wirtschafts- und Wohnungsnot, Turnen, Sport und Statistik. Alle Gebiete des jüdischen sozialen, kulturellen und nationalen Lebens, die infolge ihres eigenartigen jüdischen Inhalts von Stadt oder Staat nicht voll berücksichtigt werden können, fallen unter die Aufgaben der verweltlichten jüdischen Gemeinde.

Gross und mannigfaltig sind diese Aufgaben, und ihre Lösung wird immer dringender.

Sie können nur gelöst werden, wenn der schaffende produktive Teil der jüdischen Bevölkerung und nicht eine kleine Minderheit zu bestimmen hat.

Wir fordern daher:

Die jüdische sozialistische Volksgemeinde!

Die schaffenden Massen des jüdischen Volkes müssen über die Lösung dieser Aufgaben und damit über ihre eigene Zukunft selbst entscheiden. Sie dürfen nicht mehr auf die Philantropie der assimilierten Plutokratie angewiesen sein. Die Zuführung der jüdischen Massen zu produktiven Berufen, die Berufsumschichtung, die Fragen der nationalen Minderheit, der Kampf gegen die Teuerung auf dem Wege der Hilfe durch Arbeit und durch Schaffung von Konsumvereinen und Produktivgenossenschaften, alles dies muß schleunigst getan und es kann nur getan werden im sozialistischen Sinne.

Auch als Arbeitgeber muß die jüdische Gemeinde endlich die Forderungen der Arbeitnehmer erfüllen.

Ein wirkliches Mitbestimmungsrecht in allen wirtschaftlichen, das Arbeitsverhältnis berührenden Fragen, müssen Arbeiter, Angestellte und Beamte erhalten. Die Diktatur des Gemeindevorstandes und seiner besoldeten Akademiker muß gebrochen werden.

Wählt Liste Dr. Oskar Cohn!

Les débats se situaient désormais au plan politique. Le Centralverein, le Bund jüdischer Frontsoldaten et le l'Association nationale-allemande des Juifs (Verband National-deutscher Juden), un petit groupe, s'opposèrent durement aux groupes sionistes et au parti populaire juif social-démocrate. Les Juifs de l'Est, également ceux qui avaient été naturalisés, étaient nombreux à partager les idées du mouvement sioniste et de la social-démocratie. Le Verband National-deutscher Juden approuvait les objectifs du DNVP, le parti populaire juif ceux des partis ouvriers socialistes et de l'organisation social-démocrate ouvrière « Poale Zion ». Seuls le parti populaire juif, Poale Zion et les associations sionistes traitaient les Juifs de l'Est à égalité avec leurs coreligionnaires allemands.

Les Juifs de l'Est durent attendre des décennies avant d'avoir les mêmes droits que les autres au sein des communautés. Des responsables du Centralverein contribuaient pourtant à aider les Juifs étrangers à s'intégrer économiquement et réclamaient pour eux les mêmes droits que ceux accordés aux étrangers d'une autre confession. Le Centralverein, qui ne partageait pas les objectifs politiques du sionisme, considérait que son intervention active en faveur du développement de la Palestine, par le biais d'organisations non politiques, était de nature purement économique.

Le « Comité pour la Palestine » (Pro-Palästina-Komitee), qui bénéficia du soutien bienveillant du ministre des Affaires étrangères, s'assura la collaboration de non-Juifs et amis de la Palestine, comme le comte Bernstorff et Katharina von Oheimb, de scientifiques tels Einstein, de membres du Centralverein dont le banquier Oscar Wassermann et de leaders sionistes comme Kurt Blumenfeld.

Erklärung deutscher Juden

In einer Zeit, in der die Befriedung der Welt als das vornehmste Ziel der gesamten Menschheit erkannt wird, kommen aus Palästina Nachrichten über blutige Kämpfe zwischen Arabern und Juden. In tiefem Schmerz betrauern wir mit allen Teilen der Kulturwelt die Opfer dieser Vorgänge.

Auf das Entschiedenste aber legen wir dagegen Verwahrung ein, daß die tiefbetrüblichen Vorkommnisse in Palästina in schärfstem Gegensatz zu der deutlichen Sprache der Tatsachen zu einer verstärkten Agitation für das zionistische, d. h. jüdisch-nationale Parteiwerk ausgenutzt werden.

Die öffentliche Meinung Deutschlands wird irregeführt durch Kundgebungen der Zionisten und der Jewish Agency. Die nichtzionistischen Mitglieder dieser Körperschaft haben keine Vollmacht und kein Recht, sich als Vertreter der nichtzionistischen Juden Deutschlands zu bezeichnen.

Die unterzeichneten, verschiedenen politischen und religiösen Parteien und Richtungen angehörenden deutschen Juden und Jüdinnen erklären:

Wir bekennen uns zum Judentum, lehnen aber jeden jüdischen Nationalismus ab. Wir betrachten uns mit der überwiegenden Mehrheit der deutschen Juden als Glieder des deutschen, nicht eines jüdischen Volkes. In der Errichtung einer jüdisch-nationalen Heimstätte sehen wir einen Irrweg, der das Emanzipationswerk der Vorkämpfer des deutschen Judentums und die religiös-sittliche Aufgabe des Judentums in der Menschheit gefährden muß.

Hans Adam (Berlin) — R.-A. Dr. Kurt Alexander (Krefeld) — Max Alexander (Hamburg) — Dr. Alfred Aisberg (Köln) — Rudolf Apt (Dresden) — Carl Aronsohn (Berlin) — Prof. Dr. Ph. Aronstein (Berlin) — Ida Auerbach (Köln) — Otto Fritz Auerbach (Frankfurt a. M.) — Julius Bab (Berlin) — Moritz Bachrach (Kassel) — Hartwig Badrian (Gleiwitz) — San.-Rat Dr. Baron (München) — Generalkonsul Max Baumann (Köln) — Erich Bayer (Breslau) — Kommerzienrat Maier Bechmann (Fürth i. B.) — Carl Becker (Chemnitz) — Handelsgerichtsrat Beerel (Breslau) — Leopold Bendix (Köln) — R.-A. Dr. G. F. Bergmann (Sonthofen-München) — Regierungsrat Dr. Ludwig Berliner (Berlin) — Justizrat M. Bernheim (Nürnberg) — Kommerzienrat Max Bernheimer (München) — Grete Bial (Breslau) — Amtsgerichtsrat Dr. Blankenburg (Küstrin) — Hugo Blankenburg (Berlin) — R.-A. Dr. Fritz Blankenfeld (Berlin) — Dr. Felix Blumenfeld (Kassel) — Geh. Prof. Dr. Blumreich (Berlin) — Prof. Dr. E. Börnstein (Berlin) — Dr. S. Breslauer (Berlin) — R.-A. Dr. Walter Breslauer (Berlin) — Landgerichtsrat Dr. Max Bretzfelder (München) — Dr. phil. Julius Cahn — Direktor Carl Gotthelft (Kassel) — Siegmund Gottlieb (Leipzig) — Rabb. Dr. Gottschalk (Frankfurt a. M.) — Dr. Martin Graetz (Berlin) — Wilhelm Graetz (Berlin) — Konsul Max Grünbaum (Köln) — Moritz Grünthal (Düsseldorf) — Dr. G. Gmpel (Hannover) — F. Hagelberg (Konstanz) — Rabb. Dr. Halperson (Breslau) — Bianka Hamburger (Berlin) — Kommerzienrat N. Hamburger (Berlin) — R.-A. S. Hamburger (Berlin) — Direktor Leo Hauptmann (Berlin) — J.-R. Dr. Heilbronner (München) — Bruno Heimann (Meiningen) — Dr. Georg Heinitz (Berlin) — Annie Heinrichsdorf (Berlin) — Rudolf Herzberg (Hannover) — Albert Hess (Kassel) — Senator h. c. Martin Hess (Berlin) — R.-A. Dr. Ernst Hirschberg (Berlin) — R.-A. Dr. Ernst Hochschild (Frankfurt a. M.) — R.-A. Dr. Hugo Hoffmann (Frankfurt a. M.) — J.-R. Dr. Honig (Nürnberg) — Richard Höxter (Frankfurt a. M.) — Rabb. Dr. Ernst Jakob (Augsburg) — Arthur Jacobi (Berlin) — Georg Jacobowitz (Berlin) — Ludwig Jacobsohn (Berlin) — Alfred Jaulus (Berlin) — Rabb. Dr. Jelski (Berlin) — Kurt Joseph (Berlin) — S. Juda (Berlin) — Handelsgerichtsrat Alfred Kahn (Berlin) — Anselm … direktor Dr. Paul Oppenheimer (Altona) — Direktor Hugo Ostberg (Berlin) — J.-R. Georg Peiser (Breslau) — San.-Rat Dr. A. Peyser (Berlin) — Nathan Pfeifer (Landau i. Pf.) — Postdirektor Philipsohn (Köln) — Privatdozent Dr. Hugo Picard (Berlin) — Emil Pincus (Berlin) — Paul Pincus (Berlin) — R.-A. Ernst Pinner (Berlin) — J.-R. M. Placzek (Berlin) — J.-R. W. Plonsker (Berlin) — San.-R. Dr. Pollnow (Königsberg) — Ministerialrat Dr. F. Rathenau (Berlin) — Arthur Redlich (Berlin) — Direktor Dr. F. Reich (Berlin) — R.-A. Dr. Reiß (Krefeld) — J.-R. Dr. Rheinheimer (Kaiserslautern) — Rabb. Dr. Rieger (Stuttgart) — Landgerichtsdirektor Dr. Rippner (Berlin) — Direktor Hugo Rosenberg (Berlin) — Prof. Dr. Rosenstein (Berlin) — Prediger Dr. Karl Rosenthal (Berlin) — J.-R. Dr. Karl Rosenthal (Würzburg) — Moritz Rosenthal (Berlin) — Prof. Siegmund Rothheimer (Heidelberg) — Max Rychwalski (Berlin) — Rosa Sachs (Berlin) — Ernst Sahlmann (Fürth i. B.) — Dr. Fritz Salomon (Berlin) — Dr. Arthur Salomonsohn (Berlin) — Rittergutsbesitzer Arthur Sandelowsky (Norgehnen) — Siegfried Sander (Berlin) — Prof. Dr. Moritz

« Déclaration de Juifs allemands » à propos des sanglants affrontements entre Juifs et Arabes en Palestine, août 1929.

Un intermède enjoué : Walter Trier

Le peintre et graphiste Walter Trier (1890-1951), élève de Knirr et de Stuck à l'Académie de Munich, était le dessinateur par excellence de la série *Ullstein-Blätter* (« La Dame », « Le corail », « Le Grand duc »). On lui doit de nombreuses illustrations de livres dont ceux pour enfants d'Erich Kästner. Après s'être réfugié en Angleterre, en 1936, il devint un collaborateur du magazine *Lilliput,* dont il dessina la couverture. En 1947, alors qu'il vivait à Toronto, au Canada, il fit de lui le portrait suivant :

« Je suis né à Prague en 1890, lorsque la couronne tchèque valait 80 pfennig. La profession de mon père : misanthrope. À ma naissance, il me dit : "Huit jours de retard, c'est bien de toi !", puis s'en alla boire un café.

En son absence, je fis d'intéressantes connaissances. J'avais déjà cinq frères et sœurs. Nous parlâmes à bâtons rompus et j'appris bien des choses, notamment la victoire du WAC Vienne sur le DFC Prague, 3 à zéro. Cela me mit dans tous mes états. La tisane de fenouil additionnée de quelques

Ci-dessus : « Moi », autoportrait de Walter Trier.

Ci-dessus, à droite : « Fritz Kortner », image jointe à un paquet de cigarettes, vers 1930.

Page de gauche : « Einstein », caricature de Walter Trier.

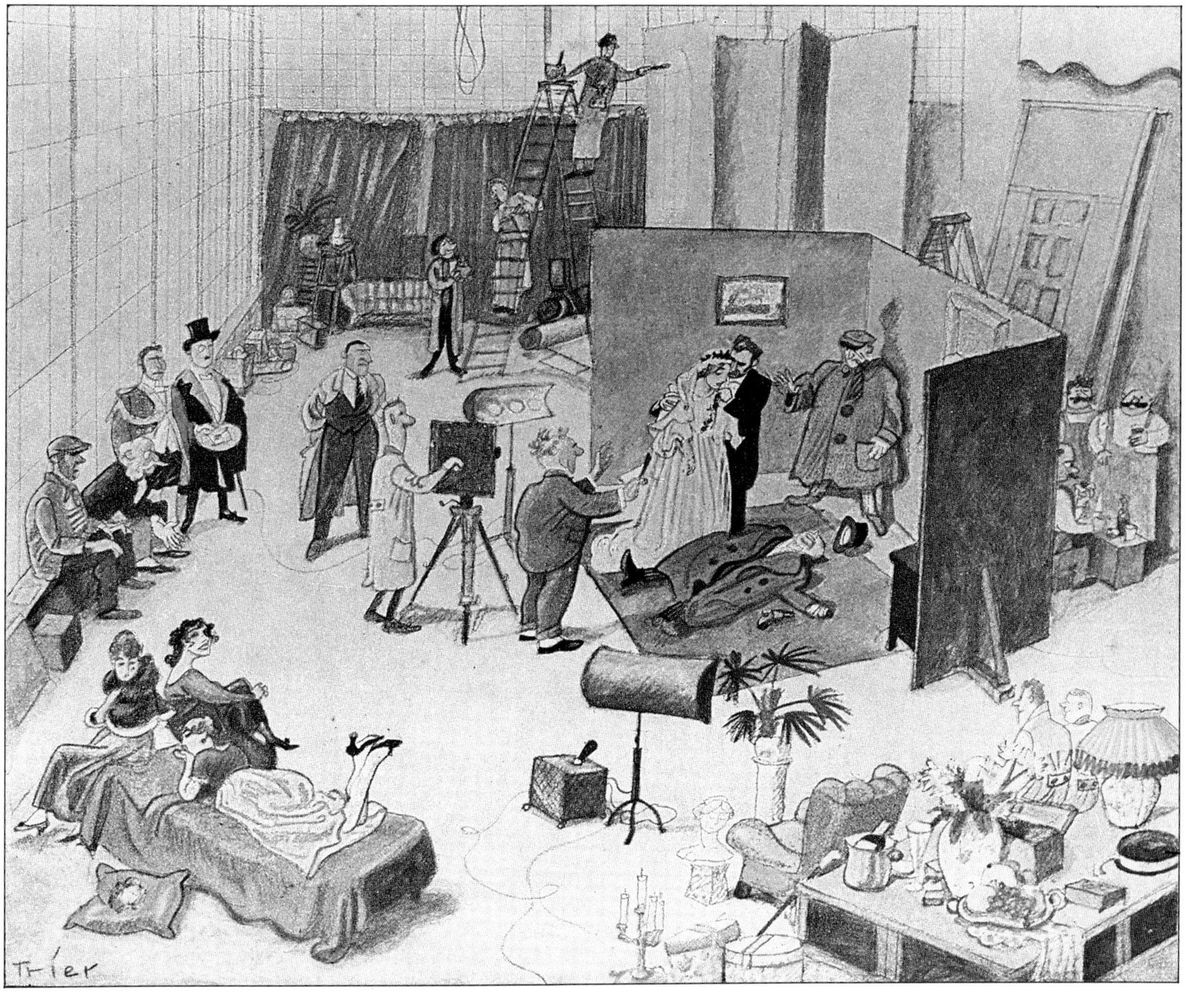

« Kintopp », 1920.

Ci-contre : « Football », 1920.

Page de droite : « Sorciers », 1920.

gouttes de teinture de valériane que l'on me fit ingurgiter n'eut pas l'effet escompté. Je ne retrouvai mon calme que lorsque l'un de mes frères me lança un ballon de football dans l'estomac.

C'est ainsi que naquit mon intérêt pour le football, auquel je me suis voué corps et âme pendant quinze ans. Je serais sans doute devenu un grand champion si l'école n'en avait décidé autrement. Elle voulait à tout prix faire de moi un érudit et m'apprit la table de multiplication. J'en ai encore de vagues souvenirs. Plus tard, je m'inscrivis à l'académie des beaux-arts de Prague. À la lecture des mentions "assez bien en dessin" et "très bien en gymnastique", le secrétaire me demanda, la larme à l'œil, s'il n'était pas préférable que je devienne acrobate. À la longue, je ne pus cacher mon manque absolu de talent. L'école des arts décoratifs et l'académie me flanquèrent à la porte avec une force qui me propulsa jusqu'à Munich ! »

Des Juifs allemands partent pour la Palestine

Économiste et sociologue, Arthur Ruppin (1876-1943) fut au nombre des premiers Juifs allemands qui, sionistes dans l'âme, s'installèrent en Palestine. À partir de 1908, il dirigea l'Office sioniste de Palestine à Jaffa et organisa ensuite les premières coopératives agricoles. Après la Première Guerre mondiale, il poursuivit

Ci-contre : pose de canalisations de drainage près du lac Houlé, en Galilée, 1930. La région marécageuse fut asséchée pratiquement dans son ensemble. On y trouve aujourd'hui une vingtaine de kibboutz.

Ci-dessous : quelques juifs qui, pour la plupart, avaient fait des études universitaires et étaient membres de l'association Blau-Weiss, s'installèrent en Palestine en 1923/1924. La majorité d'entre eux s'établit dans des kibboutz, comme ici à En Charod.

son action et élabora, en 1933, un programme politique d'émigration et d'établissement des Juifs allemands en Palestine.

Siegfried Lehmann (1892-1958) fut le fondateur de foyers pour enfants et adolescents que l'on responsabilisait en les associant au fonctionnement des établissements.

À gauche : Arthur Ruppin (1876-1943), initiateur et promoteur des kibboutz.

À droite : le botaniste Otto Warburg (1859-1938), membre du comité d'action de l'Organisation sioniste et directeur, à partir de 1921, de l'Institut d'agriculture de Rechowot.

Ci-dessous : la colonie Nahalal, réalisée d'après les plans de l'architecte Richard Kaufmann.

Après 1918, il s'occupa d'orphelins dont les parents avaient été victimes de pogroms et d'enfants de fugitifs lituaniens, organisant des structures d'accueil à Berlin, puis en Palestine à partir de 1927, où il fonda le village d'enfants Ben Shemen.

L'historien Fritz Baer, l'ethnologue Erich Brauer, le mathématicien Abraham Fränkel, le géologue Leo Picard, le géologue et archéologue Adolf Reifenberg, le scientifique Samuel Sambursky, le spécialiste de la kabbale Gershom Scholem, le philosophe Hugo Bergmann, le pédagogue Ernst Akiba Simon et d'autres lettrés avaient émigré en Palestine bien avant 1933. La première librairie moderne de Jérusalem fut ouverte en 1911 par Ludwig Mayer, originaire de Breslau.

Alex Baerwald (1878-1930), qui construisit entre autres l'Institut technique de Haïfa, élabora un nouveau style architectural pour la Palestine avant la Première Guerre mondiale. L'architecte Richard Kaufmann conçut les colonies de Nahalal, le prototype du village coopératif et quelques kibboutz.

Des médecins juifs allemands mirent en place les premières structures modernes de santé publique. Le médecin et historien Elias Auerbach ouvrit à Haïfa, en 1919, le premier cabinet où était soignés des Juifs, des Arabes et des membres d'ordres allemands. Albert Ticho ouvrit une clinique ophtalmologique à Jérusalem. Ernst Emanuel Simon devint le grand éducateur sportif du pays.

En 1924, des groupes d'artisans, membres du mouvement de la jeunesse Blau-Weiss, se rendirent en Palestine où ils créèrent des ateliers. D'autres s'intégrèrent à des kibboutz ou à des groupes de travail et, guidés par leurs idéaux, construisirent des routes et asséchèrent

Ci-dessus : des orphelins juifs partant pour le village d'enfants Ben Schemen/Palestine, fondé par Siegfried Lehmann (l'homme au chapeau, sur la gauche de la photo).

Ci-contre : la librairie Ludwig Mayer, à Jérusalem. Les Mayer avaient quitté Breslau en 1924 pour la Palestine.

des marais. Un groupe de jeunes sionistes d'Allemagne et d'autres pays (voir p. 416) créa, en 1928, le kibboutz Giwat Brenner. Le leader du mouvement Blau-Weiss, Walter Moses, fonda la manufacture de cigarettes Dubek. De vastes terrains achetés dans la baie de Haïfa, sur l'initiative de Joseph Leowy, servirent à la construction de logements et à l'implantation de petites usines par des colons allemands.

Plus de 2 000 Juifs allemands s'installèrent en Palestine avant 1933 pour des raisons idéologiques. Ils contribuèrent dans de nombreux domaines à préparer l'arrivée des nombreux émigrants d'après 1933.

Le géologue Leo Picard (né en 1900) était originaire de Wangen. À partir de 1924, il dirigea la section de géologie à l'Université hébraïque de Jérusalem. Photo de Tim Gidal.

Ci-dessus, à droite : l'Institut technique de Haïfa, conçu et réalisé (1910) par Alexander Baerwald, immigré d'origine allemande. Photo de Ben Dov, 1924.

Ci-dessous : professeurs et assistants à l'Université hébraïque de Jérusalem, 1927. Assis au premier rang, en partant de la gauche : Pr. Abraham Fränkel, de Munich, mathématicien et recteur de 1938 à 1940 (1) ; Pr. Juda Leon Magnes, de San Francisco, premier président de l'université et partisan d'un dialogue entre Juifs et Arabes (2) ; Pr. Otto Warburg, de Hambourg, botaniste et membre fondateur de l'université (3) ; Pr. Itzhak Fritz Baer, de Halberstadt, historien (4) ; Dr. Arthur Ruppin, de Rawitsch, économiste et sociologue (5) ; Gershom Scholem de Berlin, spécialiste de la kabbale et la mystique juive (6) ; Pr. Leo Picard, de Wangen, géologue (7) ; Pr. Adolf Reifenberg de Berlin, agronome et historien de l'art (8) ; Pr. Dr. Hugo Bergmann, de Prague, philosophe (9).

Hachshara et Aliyah

Formation de futurs agriculteurs au domaine Winkel, dans le Brandebourg ; traite des vaches et loisirs autour d'un gramophone. Photos, Tim Gidal.

Hachshara signifie « préparation par le travail », Aliya désignant, à l'époque biblique, la « montée » en terre d'Israël et au Temple de Jérusalem. À l'époque moderne, Aliya est devenue synonyme d'immigration pour des raisons nationales ou religieuses. La « montée », donc le fait d'atteindre un niveau supérieur, a toujours eu une connotation intellectuelle.

Le mouvement sioniste et le parti des travailleurs sionistes d'Allemagne préparaient les jeunes à leur vie dans les kibboutz. En général, ils étaient formés dans des exploitations agricoles où ils vivaient et travaillaient, animés des mêmes sentiments. Ils apprenaient non seulement leur futur métier d'agriculteur, mais se familiarisaient aussi avec l'histoire du judaïsme,

Ci-dessus : exploitation agricole Winkel : la moisson.

À droite : un groupe de Juifs orthodoxes s'initiant à l'agriculture au domaine Rodges, 1930. Ils fondèrent le kibboutz Tirat Zwi dans la vallée du Jourdain.

Enzo Sereni, membre fondateur du kibboutz Giwat Brenner, en tant que député de l'organisation socialiste des travailleurs. En 1933, lors d'une rencontre de groupes Habonim en Allemagne, il prôna la hachshara et l'aliyah. Sereni, fils du médecin personnel du roi d'Italie, était devenu sioniste longtemps auparavant. Fait prisonnier par les Allemands suite à un parachutage au-dessus de la Yougoslavie, il mourut à Dachau en 1945.

la culture juive et redécouvraient l'hébreu en prévision de leur départ pour la Palestine, et ce malgré la désapprobation de leurs parents qui redoutaient cette rupture avec une existence bourgeoise, prétendument assurée dans une Allemagne qu'ils

Ci-dessous, à gauche : au kibboutz Shaar Hanegev. Le sol étant salifère, le kibboutz fut transféré par la suite en haute Galilée. Ses membres obtinrent du Fonds juif national un soutien financier pour éliminer des terres fertiles les blocs de basalte. Des plantations d'arbres fruitiers et d'oliviers ainsi qu'une menuiserie assurèrent au nouveau kibboutz Kfar Szold une base économique. Photo de Tim Gidal.

Ci-dessous : des membres d'un groupe Habonim fondèrent, en 1933, le kibboutz Shaar Hanegev (Porte du Néguev). Photo de Tim Gidal.

considéraient comme leur patrie. Beaucoup d'exploitations agricoles qui formaient les jeunes sionistes durent fermer leurs portes faute d'argent. Néanmoins, ceux-ci ne renoncèrent pas à leur projet et se firent embaucher comme ouvriers agricoles.

Après l'Hachshara vint l'Aliya, l'immigration en Palestine, pour des motifs religieux ou non. Quelle qu'en soit la raison, ce retour mettait fin à la dispersion des Juifs, aux humiliations auxquelles ils étaient en butte dans les différentes sociétés d'accueil, aux persécutions et autres discriminations.

Depuis les débuts du Moyen Âge, il y avait toujours eu en Allemagne des Juifs, qui, pour des raisons religieuses, avaient choisi l'Aliya. À la fin du XIXe siècle apparut un courant d'immigration motivé par un sionisme politique. La première grande Aliya des pionniers ou « Haloutzim » d'Allemagne eut lieu après la guerre de 14-18. Parmi eux de nombreux jeunes du mouvement Blau-Weiss (voir p. 338). Ils s'intégrèrent, pour la plupart, aux kibboutz qui existaient déjà à leur arrivée. La propriété privée n'existe pas dans les kibboutz. La communauté pourvoit aux besoins de tous ses membres. L'idée directrice est la justice sociale et la femme est considérée comme l'égale de l'homme. Compte tenu des conditions de vie extrêmement difficiles – des tentes pour tout abri pendant des années, pas d'électricité, une nourriture souvent à peine suffisante, c'était pratiquement la seule forme d'organisation envisageable pour rendre fertiles des contrées jusque-là désertiques ou marécageuses. Au fil des décennies, la plupart des kibboutz devinrent des villages prospères.

Les kibboutz ont joué un rôle majeur dans l'économie, la politique et la culture, mais aussi pour la sécurité d'un foyer juif en Palestine et, par la suite, dans celle de l'État d'Israël.

Le kibboutz Giwat Brenner, au sud de Tel Aviv. Fondé en 1928 par des haloutzim d'Allemagne, c'est actuellement le plus grand, avec 1 500 habitants. Il tire ses revenus de l'agriculture intensive, d'une conserverie de fruits, d'une grande menuiserie, d'une usine de dispositifs d'arrosage agricoles et d'une maison d'hôtes. Photo de Tim Gidal, 1930.

Le compte à rebours

Représentation de « Jérémie » de Stefan Zweig (l'homme à la moustache, au second rang) par un groupe d'amateurs, lors du congrès des associations juives, à Munich, en juin 1930.

Amtliche Bekanntmachungen

Wir brauchen für unsere Bedürftigen

dringend

Kleider, Wäsche, Stiefel und Schuhe

Helfen Sie uns

und teilen Sie uns mit, wann wir solche brauchbaren Gegenstände bei Ihnen abholen dürfen.

Wohlfahrtsamt der Jüdischen Gemeinde

Rosenstraße 2—4

Ci-dessus : appel lancé par le bureau de bienfaisance de la communauté juive de Berlin, hiver 1932.

Le chef d'orchestre Bruno Walter. Photo du Dr. Erich Salomon

Provoquée par le krach boursier de Wall Street, la crise économique de 1929 se répercuta dans de nombreux pays d'Europe, dont l'Allemagne, où elle fut ressentie par une grande partie de la population. Elle frappa plus durement les Juifs de la classe moyenne, dans la mesure où, à de rares exceptions près, ils n'avaient ni emploi dans la fonction publique ni bien fonciers susceptibles de conserver leur valeur. À Berlin, les œuvres de bienfaisance durent étendre leur action aux quartiers Ouest, jusque-là aisés. Il s'agissait de verser des arriérés de loyer pour éviter à des milliers de personnes d'être à la rue et de leur distribuer un repas quotidien.

Ci-dessus : le groupe Bar Kochba, lors de la parade faisant suite à la course de relais Grünwald-Munich, 1932. Angle Arcis Strasse/Brienner Strasse. Photo de Tim Gidal.

La pose de la première pierre d'une synagogue à Munich, fin 1930. Ce fut la dernière construite en Allemagne et ce, à l'initiative de quatre communautés de Juifs de l'Est.

À gauche : la famille Baum dans le jardin de sa maisonnette de Solln, près de Munich. Le père, Erich Baum, avait été décoré de la Croix de Fer. Il était membre du Centralverein et travaillait comme chimiste aux usines Wacker de Munich. La famille immigra à Haïfa en 1934. Photo de Tim Gidal.

À droite : premier tour des élections présidentielles, le 13 mars 1932. Le peintre Max Liebermann à la sortie du bureau de vote.

Ci-dessous : « Votez allemand ! » Appel lancé par le Verband national-deutscher Juden e.V. lors des élections du Reichstag, le 31 juillet 1932.

Deutsche Volksgenossen jüdischer Abstammung!

Der Wahltag ist der Tag, unser Deutschtum zu bewähren.

Man verspricht uns von der **einen Seite,** daß wir **Juden geschützt** werden, **wenn** bestimmte Parteien zur Regierung kommen.

Man droht uns von **anderer Seite,** daß wir **entrechtet** werden, wenn bestimmte Parteien oder Gruppen zur Macht gelangen.

Jedem, der so unsere Gesinnung und unsere Wahlstimmen zu kaufen versucht, sei gesagt, daß wir **bei Erfüllung unserer vaterländischen Pflicht nicht durch Drohungen und nicht durch Versprechungen zu beeinflussen** sind.

Nicht „ubi bene", nicht wo es uns gut ergeht, ist unser Vaterland.

Unser Vaterland ist dort, wo unsere Seele ist.

Mit Deutschland sind wir verbunden durch die **deutsche Kultur,** die seit Jahrhunderten in unseren Familien heimisch ist, durch die **deutsche Muttersprache,** durch die **Liebe zum deutschen Heimatboden,** durch das Wissen um unsere **Zugehörigkeit zum deutschen Volke.** Wir sind **Deutsche nicht um irgendwelcher Vorteile willen, sondern durch den Zwang des Gefühls.**

Diese unverbrüchliche Verbundenheit mit dem deutschen Volke kann uns nicht geraubt werden, nicht durch **Drohungen** irregeleiteter **Judenfeinde,** nicht durch **Hirngespinste** einiger dem Deutschtum künstlich entfremdeter **Zionisten,** nicht durch **Angstpolitik** einer kleinen wurzellosen Zwischenschicht.

Das Volksgefühl gibt den Ausschlag, nicht die sogenannte „Rasse".

Wer in seinem Gefühl zum deutschen Volke gehört, **wählt am 31. Juli nicht für den vermeintlichen Vorteil der Juden, er wählt für die deutsche Kultur und die deutsche Zukunft.**

Wählt deutsch!

Verleger bzw. Verfasser oder Herausgeber: **Verband nationaldeutscher Juden e. V., Bln. W 35, Blumeshof 9**

Berek-Druck, Berlin SW 19, Grünstraße 17-20. Telefon: B 2 Lützow 5383

« La seule solution – une pièce sur la détresse et l'œuvre de construction des Juifs ». Texte de Sally Lewin, musique de Daniel Sambursk et mise en scène de Benno Fränkel, 1932.

Ci-dessous : annonce d'une conférence faite par Jakob Wassermann « Des Juifs allemands sur la scène allemande », bulletin d'information communautaire, 12 février 1933.

Amtliche Bekanntmachungen

Religiöser Vortrag

Sonntag, den 12. Februar 1933, vorm. 11.30 Uhr, Synagoge Prinzregentenstr. 69/70

Jakob Wassermann

Deutsche Juden in deutscher Landschaft

Chor – Orgel

Eintritt frei! Vorstand der Jüdischen Gemeinde

À Berlin où des Juifs furent roués de coups dans la rue, Wirth, le ministre de l'Intérieur, se voulut rassurant : il n'y avait aucune raison de s'alarmer, le gouvernement s'engageant à prendre, si nécessaire, des mesures pour riposter à une éventuelle menace antisémite. Le Centralverein deutscher Staatsbürger jüdischen Glaubens assura qu'il s'emploierait à défendre les droits légaux des Juifs.

D'une manière générale, les Juifs d'Allemagne continuèrent à vivre comme si de rien n'était.

À droite : Pourim fêté par le Jüdischer Gesangverein, Munich, 1932.

1933

"Heil !"

L'année 1933 sonna le glas d'une illusion que les Juifs allemands avaient été pratiquement les seuls à caresser : celle d'une synthèse germano-juive. Le petit nombre de Juifs qui purent quitter l'Allemagne ou échapper aux persécutions en Europe parvinrent à refaire leur vie en Palestine ou dans d'autres pays d'accueil.

Ce qui arriva, Heinrich Heine l'avait redouté cent ans plus tôt. En 1834, il avait formulé cette mise en garde : « Ne souriez pas des fantasmes... Si, un jour, vous entendez un fracas, comme jamais auparavant dans l'histoire universelle, vous saurez que le tonnerre allemand est finalement tombé là où il voulait. Comparée à la pièce qu'on jouera en Allemagne, la Révolution française ne sera qu'une idylle, somme toute anodine ».

Après l'incendie de leurs synagogues et la destruction de leurs textes sacrés, les Juifs prirent le chemin de Dachau, Bergen-Belsen, Buchenwald, Maidanek, Treblinka, Auschwitz...

Ci-dessus : Otto Hirsch (1885-1941 Mauthausen), haut fonctionnaire du Wurtemberg, directeur de la société Neckar-Bau AG, président et membre de la Jewish Agency, directeur à partir de 1933 de la première et dernière « représentation nationale des Juifs allemands » (Reichsvertretung der deutschen Juden).

Ci-dessus, à droite : magasin juif à Francfort-sur-le-Main, 1er avril 1933.

Debatte im Oberhaus — Einzelnummer 0,25 Goldmark

JÜDISCHE RUNDSCHAU

Erscheint jeden Dienstag u. Freitag. Bezugspreis bei der Expedition monatlich 2,– Goldmark, vierteljährlich 5,75 Goldmark. Auslandsabonnements werden in der Währung der einzelnen Länder berechnet. Anzeigenpreis: 8 gesp. Nonpareillezeile 0,50 G.-M. Stellengesuche 0,25 G.-M.

Redaktion, Verlag und Anzeigen-Verwaltung: Jüdische Rundschau G. m. b. H., Berlin W15, Meinekestr. 10. Telefon: J 1 Bismarck 7165-70. Anzeigenschluß: Dienstag und Freitag nachmittags 4 Uhr. Redaktionsschluß Sonntag und Mittwoch nachmittag.

Postscheck-Konten: Berlin 173 92, Basel V 9355, Belgrad 680 32, Brüssel 394 33, Budapest 596 93, Danzig 1973, Haag 140 470, Prag 594 10, Riga 4155, Straßburg 164 30, Warschau 190 708, Wien 156 030. Bank-Konten: Dresdener Bank, Depositen-Kasse Berlin, Kurfürstendamm 52; Rumänische Kreditbank, Cernauti (Rumänien); Anglo Palestine Co. in Haifa, Jerusalem, Tel-Aviv.

Nummer 27 | Berlin, 4. IV. 1933 | ח׳ ניסן תרצ״ג | XXXVIII. Jahrg.

Der Zionismus erstrebt für das jüdische Volk die Schaffung einer öffentlich-rechtlich gesicherten Heimstätte in Palästina. „Baseler Programm."

Tragt ihn mit Stolz, den gelben Fleck!

Der 1. April 1933 wird ein wichtiger Tag in der Geschichte der deutschen Juden, ja in der Geschichte des ganzen jüdischen Volkes bleiben. Die Ereignisse dieses Tages haben nicht nur eine politische und eine wirtschaftliche, sondern auch eine moralische und seelische Seite. Ueber die politischen und wirtschaftlichen Zusammenhänge ist in den Zeitungen viel gesprochen worden, wobei freilich häufig agitatorische Bedürfnisse die sachliche Erkenntnis verdunkeln. Ueber die moralische Seite zu sprechen, ist unsere Sache. Denn so viel auch die Judenfrage jetzt erörtert wird, was in der Seele der deutschen Juden vorgeht, was vom jüdischen Standpunkt zu den Vorgängen zu sagen ist, kann niemand aussprechen als wir selbst. Die Juden können heute nicht anders als als Juden sprechen. Alles andere ist völlig sinnlos. Der Spuk der sogenannten „Judenpresse" ist weggeblasen. Der verhängnisvolle Irrtum vieler Juden, man könne jüdische Interessen unter anderem Deckmantel vertreten, ist beseitigt. Das deutsche Judentum hat am 1. April eine Lehre empfangen, die viel tiefer geht, als selbst seine erbitterten und heute triumphierenden Gegner annehmen.

ist eine nationale Frage, und um sie zu lösen, müssen wir sie vor allem zu einer politischen Weltfrage machen, die im Rate der Kulturvölker zu regeln sein wird."

Man müßte Seite um Seite dieser 1897 erschienenen Schrift abschreiben, um zu zeigen: Theodor Herzl war der erste Jude, der unbefangen genug war, den Antisemitismus im Zusammenhang mit der Judenfrage zu betrachten. Und er erkannte, daß nicht durch Vogel-Strauß-Politik, sondern nur durch offene Behandlung der Tatsachen vor aller Welt eine Besserung erzielt werden kann. Gegen nichts hat er so leidenschaftlich Stellung genommen als gegen das, was ihm jetzt unterschoben wird, nämlich gegen den Gedanken, die Juden könnten eine nichtöffentliche Weltverbindung herstellen oder irgend etwas tun, was bei den anderen Völkern irrtümlicherweise solche Vorstellungen erwecken könnte. In seiner Schrift „Leroy-Beaulieu über den Antisemitismus" schreibt er:

„Wir Zionisten sind auf das deutlichste und entschiedenste gegen jede internationale Vereinigung von Juden, die, wenn sie wirksam wäre, den mit Recht verpönten Staat im Staate vorstellte und, da sie machtlos und nichtssagend ist, nur Nachteile bietet. . . . Nur das sei gesagt, daß wir gedacht. **Wir nehmen sie auf, und wollen daraus ein Ehrenzeichen machen.**

Viele Juden hatten am Sonnabend ein schweres Erlebnis. Nicht aus innerem Bekenntnis, nicht aus Treue zur eigenen Gemeinschaft, nicht aus Stolz auf eine großartige Vergangenheit und Menschheitsleistung, sondern durch den Aufdruck des roten Zettels und des gelben Flecks standen sie plötzlich als Juden da. Von Haus zu Haus gingen die Trupps, beklebten Geschäfte und Schilder, bemalten die Fensterscheiben, 24 Stunden lang waren die deutschen Juden gewissermaßen an den Pranger gestellt. Neben anderen Zeichen und Inschriften sah man auf den Scheiben der Schaufenster vielfach einen großen Magen David, den Schild König Davids. Dies sollte eine Entehrung sein. Juden, nehmt ihn auf, den Davidsschild, und tragt ihn in Ehren!

Denn — und hier beginnt die Pflicht unserer Selbstbesinnung, — wenn dieser Schild heute befleckt ist, so sind es nicht unsere Feinde allein, die dies bewirkt haben. Viele Juden gab es, die sich nicht genug tun konnten in würdeloser Selbstverhöhnung. Das Judentum

Ci-contre : titre du « Jüdische Rundschau » du 4 avril 1933 avec le célèbre article de Robert Weltsch « Portez-la avec fierté, la tache jaune », en première page.

Extrait du « *Frankfurter Israelitisches Gemeindeblatt* », avril 1933.

FRANKFURTER ISRAELITISCHES GEMEINDEBLATT

Amtliches Organ der Israelitischen Gemeinde

11. Jahrgang — **Frankfurt a. M., April 1933** — **Nr. 8**

An die Gemeindemitglieder

In dieser schweren Zeit ist es uns ein tiefes Bedürfnis, ein Wort an unsere Gemeinde zu richten. Jeder darf überzeugt sein, dass wir mit unserer ganzen Kraft bemüht sind, in Verbindung mit den anderen Gemeinden Deutschlands für die staatsbürgerliche Gleichberechtigung der deutschen Juden einzutreten, den in Not Geratenen beizustehen und den Fortbestand unserer Gemeinde zu sichern.

Nichts kann uns die tausendjährige Verbundenheit mit unserer deutschen Heimat rauben, keine Not und Gefahr kann uns dem von unseren Vätern ererbten Glauben abspenstig machen. In Besonnenheit und Würde wollen wir für unsere Sache einstehen.

Wenn keine Stimme sich für uns erhebt, so mögen die Steine dieser Stadt für uns zeugen, die ihren Aufschwung zu einem guten Teil jüdischer Leistung verdankt, in der so viele Einrichtungen vom Gemeinsinn der Juden künden, in der aber auch das Verhältnis zwischen jüdischen und nichtjüdischen Bürgern stets besonders eng gewesen ist.

Verzagt nicht! Schliesst die Reihen! Kein ehrenhafter Jude darf in dieser Zeit fahnenflüchtig werden. Helft uns, das Vätererbe zu bewahren, und wenn die Not der Zeit den Einzelnen hart anfasst, so gedenkt der Worte, die wir am bevorstehenden Pessachfest, dem Fest der Befreiung, von altersher sprechen: „Von Geschlecht zu Geschlecht sind sie gegen uns aufgestanden, uns zu vernichten. Aber der Heilige, gelobt sei Er, hat uns aus ihrer Hand errettet."

Frankfurt a. M., 30. März 1933

Vorstand der Israelitischen Gemeinde

Ci-dessous, à gauche : « Un avocat juif tué d'un coup de feu », fait relaté par le « *Israelitisches Familienblatt* » de Hambourg, 12 avril 1933.

Ci-dessous : petite annonce publiée dans le « *Israelitisches Familienblatt* » de Hambourg le 12 avril 1933 à la mémoire de Arthur Weiner.

Jüdischer Rechtsanwalt erschossen

Nach Redaktionsschluß erreicht uns folgende erschütternde Meldung:

In der Nacht zum Dienstag wurde in Chemnitz Rechtsanwalt Dr. W e i n e r in seiner Wohnung von drei Männern, die grüne Uniformen mit SA.-Binden trugen, festgenommen und im Kraftwagen gewaltsam entführt. Dienstag vormittag fand man seine Leiche auf der Wiederauer Flur mit einem Kopfschuß auf. Bei der Leiche wurden Wertsachen und 400 RM Bargeld gefunden. Die Chemnitzer Leitung der SA. erklärt, daß es sich um die Tat von P r o v o k a t e u r e n handelt.

Dazu teilt das Polizeipräsidium u. a. mit: Untet Vorlegung eines Ausweises haben die Täter dem Rechtsanwalt in seiner Wohnung erklärt, daß er verhaftet sei. Der Rechtsanwalt hat den Ausweis geprüft und auf eine Frage seiner Frau erklärt, daß die Sache in Ordnung sei. Tatsächlich hat kein Schutzhaftbefehl bestanden. Weiner war nicht in der Boykott-Liste jüdischer Rechtsanwälte enthalten, w e i l e r d e n W e l t k r i e g m i t g e m a c h t h a t t e u n d O f f i z i e r g e w o r d e n w a r. Die Täter sind in einem Kraftwagen nach einer in der Nähe von Wiederau befindlichen Sdndgrube gefahren, wo der Rechtsanwalt erschossen wurde. Das Polizeipräsidium hat für die Aufklärung der Bluttat eine Belohnung ausgesetzt.

Nachruf!

Unsere Israelitische Religionsgemeinde ist von einem schweren Verluste betroffen worden.

Am 10. April cr. wurde unser stellvertretender Vorsitzender Herr **Rechtsanwalt Dr. jur.**

Arthur Weiner

ganz plötzlich aus unserer Mitte gerissen.

Länger als zwei Jahrzehnte hat der Heimgegangene unserer Gemeindevertretung angehört.

Seine hervorragenden Geistesgaben hat er unermüdlich für das Interesse und Gedeihen unserer Gemeinde eingesetzt. Sein vornehmer Charakter und sein stets ausgleichendes, sympathisches Wesen werden uns immerdar vorbildlich bleiben.

Sein Andenken wird in unserer Gemeinde allezeit in Dankbarkeit und hohen Ehren genannt werden.

Der Vorstand der Israelitischen Religionsgemeinde zu Chemnitz.

Dernière photo du philosophe Theodor Lessing (1872-1933). En avril 1933, il se réfugia en Tchécoslovaquie et fut assassiné par des nazis à Marienbad, le 31 août 1933.

Le compositeur Arnold Schönberg et beaucoup d'autres Juifs convertis renouèrent avec le judaïsme. L'architecte Erich Mendelsohn déclara : « Nous Juifs, sommes coincés entre les passions nationales. C'est seulement en tant que nation, en tant que peuple autonome, que nous trouverons notre droit de vivre. »

Ci-dessous : Peter et Lisl B. dans une gare d'Allemagne. Employé dans un commerce munichois de livres anciens, Peter B. fut déporté. Des amis chrétiens influents parvinrent à le faire libérer. Il obtint un permis d'entrée et de séjour au Kenya où il assura la surveillance d'une plantation de thé. Photo de Tim Gidal.

Déclarations de Leo Baeck et d'Albert Einstein

Pour nous Juifs d'Allemagne, une page d'histoire a été tournée. C'est toujours ainsi quand il faut définitivement faire le deuil d'un espoir, d'une aspiration, d'une conviction. Nous avons cru que l'esprit allemand et l'esprit juif pouvaient se rencontrer sur le sol allemand et que, par leur union, ils seraient une bénédiction. C'était une illusion. Des Juifs en Allemagne – une époque à jamais révolue.

Déclaration du rabbin Leo Baeck
après sa libération du camp
de concentration de Theresienstadt,
New York, 1945

Traduction de la déclaration d'Albert Einstein, page ci-contre

La soif de connaissances, l'amour de la justice jusqu'au fanatisme et le besoin d'indépendance personnelle – des constantes dans la tradition juive, qui font que je considère mon appartenance à ce peuple comme un don du destin.

Ceux qui, aujourd'hui, se déchaînent contre les idéaux de la raison et de la liberté individuelle et qui, par la brutalité et la violence, veulent imposer un esclavage d'Etat, voient en nous, à juste titre, d'irréductibles adversaires. L'histoire nous a imposé un rude combat, mais aussi longtemps que nous resterons de dévoués serviteurs de la vérité, de la justice et de la liberté, nous continuerons non seulement d'exister en tant que peuple – le plus ancien encore vivant –, mais aussi de créer, par un travail productif, des valeurs qui contribueront à rendre meilleure l'humanité.

A. Einstein

DÉCLARATION
D'ALBERT EINSTEIN

Streben nach Erkenntnis um ihrer selbst willen, an Fanatismus grenzende Liebe zur Gerechtigkeit und Streben nach persönlicher Selbständigkeit — das sind die Motive der Tradition des jüdischen Volkes, die mich meine Zugehörigkeit zu ihm als ein Geschenk des Schicksals empfinden lassen.

Diejenigen, welche heute gegen die Ideale der Vernunft und der individuellen Freiheit wüten und mit den Mitteln brutaler Gewalt geistlose Staats-Sklaverei durchsetzen wollen, sehen mit Recht in uns ihre unversöhnlichen Gegner. Die Geschichte hat uns einen schweren Kampf auferlegt; aber solange wir ergebene Diener der Wahrheit, Gerechtigkeit und Freiheit bleiben, werden wir nicht nur fortbestehen als ältestes der lebenden Völker sondern auch wie bisher in produktiver Arbeit Werte schaffen, die zur Veredelung der Menschheit beitragen.

A. Einstein

Bibliographie

Cette bibliographie ne prétend pas être exhaustive. Toutes les publications allemandes consacrées au judaïsme et disponibles en librairie sont recensées dans « Literatur zum Judentum », Munich, la revue dirigée par Rachel Salamander et publiée régulièrement (pour l'obtenir, s'adresser à : Literaturhandlung, Fürstenstrasse 17, 80333 Munich, RFA).

Pour se faire une idée de la vie des Juifs sous le IIIe Reich, il convient de consulter en premier trois publications : Victor Klemperer « LTI. Notizbuch eines Philologen », 15e édition, Francfort 1996 (livre de poche), « Jüdischer Alltag in Deutschland 1933-1945 » de Günther Bernd Ginzel, 2e édition, Düsseldorf 1993, et « Der gelbe Stern. Die Judenverfolgung in Europa 1933 bis 1945 » de Gerhard Schoenberner, Francfort 1995 (deux ouvrages richement illustrés). *Note de la rédaction*

Ouvrages généraux

BEIN, ALEX : *Die Judenfrage. Biographie eines Weltproblems*, 2 tomes, Stuttgart 1980

BEN-SASSON, CHAYIM HILLEL (sous la dir. de) : *Geschichte des jüdischen Volkes*, 3 tomes., Munich 1980

CLAUSSEN, DETLEV : *Grenzen der Aufklärung. Zur gesellschaftlichen Geschichte des modernen Antisemitismus*, Francfort 1987

Der Babylonische Talmud. Choisi, traduit et annoté par Reinhold Mayer, Munich 1963 (la meilleure publication allemande en un tome)

Deutsche und Juden. Contributions de Nahum Goldmann, etc., Francfort 1967

DUBNOW, SIMON : *Die neueste Geschichte des jüdischen Volkes*, 3 tomes, Berlin 1920-1923

Idem. : *Jüdische Geschichte, ein geschichtsphilosophischer Versuch*, Francfort/Main 1921 (un ouvrage succinct et fondamental)

EHRLICH, ERNST LUDWIG : *Geschichte der Juden in Deutschland*. Quellenheft, Düsseldorf 1957

ELBOGEN, ISMAR/STERLING, ELEONORE : *Geschichte der Juden in Deutschland. Eine Einführung*, Francfort 1966

FINKELSTEIN, LOUIS (sous la dir. de) : *The Jews. Their Role in Civilization*, New York 1949

FRANZHEIM, LIESEL : *Juden in Köln*, Cologne 1984 (documentation texte et image)

FUCHS, EDUARD : *Die Juden in der Karikatur. Ein Beitrag zur Kulturgeschichte*, Berlin 1984

GAMM, HANS J. : *Das Judentum. Eine Einführung*, Francfort/Main 1979

GOLDING, LOUIS : *The Jewish Problem*, Londres 1938

GRAETZ, HEINRICH : *Geschichte der Juden von den ältesten Zeiten bis auf die Gegenwart*, 11 tomes, Leipzig 1873-1900

Idem : *Volkstümliche Geschichte der Juden*, reproduction de l'édition de 1923, 6 tomes, Munich 1985

GRAUPE, HEINZ MOSCHE : *Die Entstehung des modernen Judentums. Geistesgeschichte der deutschen Juden 1650-1942*, Hambourg 1977

GREIVE, HERMANN : *Geschichte des modernen Antisemitismus in Deutschland*, Darmstadt 1983

Idem : *Die Juden. Grundzüge ihrer Geschichte im mittelalterlichen und neuzeitlichen Europa*, 2e édition, Darmstadt 1982

GUTTMANN, JULIUS : *Die Philosophie des Judentums*, Wiesbaden 1985

Judenfeindschaft in Deutschland. In « Judenfeindschaft », publié par Karl Thieme, Francfort 1963

Juden in Mainz. Catalogue d'une exposition, Mayence 1978

KAMPMANN, WANDA : *Deutsche und Juden. Die Geschichte der Juden in Deutschland vom Mittelalter bis zum Beginn des Ersten Weltkrieges*, nouvelle édition, Francfort 1979

KOBER, ADOLF/MOSES, ELISABETH : *Jüdische Kunst und Kunstdenkmäler*, Düsseldorf 1931

KURT, WILHELM (sous la dir. de) : *Wissenschaft des Judentums im deutschen Sprachbereich. Ein Querschnitt*, 2 tomes, Tübingen 1967

LAMM, HANS (sous la dir. de) *Vergangene Tage. Jüdische Kultur in Munich*, Munich 1982

Leo Baeck Yearbooks, 1956-1987. sous la dir. de Robert Weltsch et Arnold Paucker (du siècle des Lumières à nos jours)

Magall, Miriam : Kleine Geschichte der jüdischen Kunst, Cologne 1984

MAIER, JOHANN : *Das Judentum. Von der Biblischen Zeit bis zur Moderne*, Munich 1973

MANN, GOLO : *Über Antisemitismus*. In « Geschichte und Geschichten », Francfort 1961

MASER, PETER : *Jüdischer Alltag – Jüdische Feste*, Dortmund 1982

MASSING, PAUL W. : *Vorgeschichte des politischen Antisemitismus*. (traduit et remanié par F. J. Weil), Francfort 1959

MAYER, EUGEN : *Die Frankfurter Juden*, Francfort/Main 1966

Monumenta Judaica. 2000 Jahre Geschichte und Kultur der Juden am Rhein. Exposition du Kölnisches Stadtmuseum, 16 oct. 1963 au 15 fév. 1964. Livret et catalogue, Cologne 1963

MOSES, STEPHANE/SCHÖNE, ALBRECHT (sous la dir. de) : *Juden in der deutschen Literatur*, Francfort/Main 1985

OSTEN-SACKEN, PETER VON DER (sous la dir. de) : *Juden in Deutschland*, Berlin 1980

REISSNER, ERWIN : *Die Juden und das deutsche Reich*, Zurich 1966

ROTH, CECIL : *Geschichte der Juden*, Teufen-Bregenz o. J. (étude magistrale du ghetto, de la fin du ghetto et de l'émancipation)

RUBENS, ALFRED : *A Jewish Iconography*, Londres 1981

SCHOEPS, HANS J. : *Über Juden und Deutsche. Historisch-politische Betrachtungen*, Stuttgart/Bonn 1986

SCHOLEM, GERSHOM : *Die jüdische Mystik in ihren Hauptströmungen*, Francfort/Main 1957

SCHOLEM, GERSHOM : *Judaica*, Francfort/Main 1963

SIEVERS, LEO : *Juden in Deutschland*, Munich 1983

STEINHAUSEN, HERMANN : *Die Judenfrage – eine Christenfrage*, Lucerne 1939

STEMBERGER, GÜNTER : *Geschichte der jüdischen Literatur. Eine Einführung*, Munich 1977

STRAUSS, HERBERT A./HOFFMANN, CHRISTHARD : *Juden und Judentum in der Literatur,* Munich 1985
STRAUSS, RAPHAEL : *Die Juden in Wirtschaft und Gesellschaft. Untersuchungen zur Geschichte einer Minorität,* Francfort/Main 1964
TREPP, LEO : *Das Judentum. Geschichte und lebendige Gegenwart,* Reinbek 1987
WELTSCH, ROBERT : *Die deutsche Judenfrage. Ein kritischer Rückblick,* Kronberg 1981
WILHELM, KURT (sous la dir. de) : *Jüdischer Glaube. Eine Auswahl aus zwei Jahrtausenden,* Brême 1961
ZUNZ, LEOPOLD : *Namen der Juden. Eine geschichtliche Untersuchung,* reproduction de l'édition de Leipzig 1837, Hildesheim 1971

Moyen Âge

ARONIUS, JULIUS : *Regesten zur Geschichte der Juden im fränkischen und deutschen Reiche bis 1273,* Berlin 1902 (l'ouvrage fondamental pour se documenter)
BEN-SASSON, CHAYIM HILLEL : *The Reformation in contemporary Jewish eyes,* Jérusalem 1970
BERLINER, ABRAHAM : *Aus dem Leben der deutschen Juden im Mittelalter, zugleich ein Beitrag zur deutschen Culturgeschichte,* Berlin 1900
BLUMENKRANZ, BERNHARD : *Le juif médiéval au miroir de l'art chrétien,* Paris 1966
BREUER, NATASCHA : *Das Bild der Juden in den Passionsspielen und in der bildenden Kunst des deutschen Mittelalters,* Francfort 1986
CARO, GEORG : *Sozial- und Wirtschaftsgeschichte der Juden im Mittelalter und in der Neuzeit,* Francfort 1924
Germania Judaica. tome I : Von den älteren Zeiten bis 1238, Tübingen 1934 ; tome II : Von 1238 bis zur Mitte des 14. Jahrhunderts ; tome III/I (A-L), von 1350-1519, Tübingen 1987
HAVERKAMP, ALFRED (sous la dir. de) : *Zur Geschichte der Juden im Deutschland des späten Mittelalters und der frühen Neuzeit.* Monographien zur Geschichte des Mittelalters, tome 24, Stuttgart 1981
KELLENBENZ, HERMANN : *Sephardim an der unteren Elbe. Ihre wirtschaftliche und politische Bedeutung vom Ende des 16. bis zum Beginn des 18. Jahrhunderts,* Wiesbaden 1958
KIRSCH, GUIDO : *Forschungen zur Rechts- und Sozialgeschichte der Juden in Deutschland während des Mittelalters,* 2e édition, Sigmaringen 1978
MARCUS, JAKOB R. : *The Jew in the Medieval World,* Cincinnati 1938
METZGER, THÉRÈSE ET METZGER, MENDEL : *La vie juive au Moyen Âge illustrée par les manuscrits hébraïques enluminés du XIIIe au XVIe siècle,* 1982
POLIAKOV, LÉON : *Geschichte des Antisemitismus ;* tome I : Von der Antike bis zu den Kreuzzügen ; tome II : Das Zeitalter der Verteufelung und des Gettos, Worms 1978 f. (paru en français en trois volumes sous les titres : *Du Christ aux Juifs de cour, De Mahomet aux Marranes, De Voltaire à Wagner)*
SCHUBERT, KURT : *Die Kultur der Juden,* 2e partie : Judentum im Mittelalter (manuel d'histoire de la civilisation), Wiesbaden 1979
SEIFERTH, WOLFGANG : *Synagoge und Kirche im Mittelalter,* Munich 1964
STERN, SELMA : *Josel von Rosheim ; Befehlshaber der Judenschaft im Heiligen Römischen Reich Deutscher Nation,* Stuttgart 1959
STOBBE, OTTO : *Die Juden in Deutschland während des Mittelalters in politischer, sozialer und rechtlicher Beziehung,* Braunschweig 1866 et Berlin 1923
VEITSHANS, HELMUT : *Kartographische Darstellung der Judensiedlungen der schwäbischen Reichsstädte und der württembergischen Landstädte im Mittelalter,* Arbeiten zum Historischen Atlas von Südwestdeutschland. Cahier n° 6, Stuttgart 1970
WENNIGER, MARKUS J. : *Man bedarf keiner Juden mehr. Ursachen und Hintergründe ihrer Vertreibung aus den deutschen Reichsstädten im 15. Jahrhundert,* Vienne 1981

Lumières, émancipation, assimilation

ALLERHAND, JACOB : *Das Judentum in der Aufklärung,* Stuttgart-Bad Cannstadt 1980
ARENDT, HANNAH : *Rahel Varnhagen. Lebensgeschichte einer deutschen Jüdin aus der Romantik,* 6e édition, Munich 1985
BERLIN, ISAIAH : *The Life and opinions of Moses Hess,* Cambridge 1959
Das Judentum in der deutschen Umwelt 1800-1850. Studien zur Frühgeschichte der Emanzipation. Sous la dir. de Liebeschütz, Hans/Paucker, Arnold, Tübingen 1977
Der Jude, mensuel publié par Martin Buber, Berlin 1916-24 (numéros spéciaux 1925-28)
GLANZ, RUDOLF : *Geschichte des niederen jüdischen Volkes in Deutschland. Eine Studie über historisches Gaunertum, Bettelwesen und Vagantentum,* New York 1968
GLÜCKEL VON HAMELN : *Denkwürdigkeiten.* Publié par L. Feilchenfeld, Berlin 1923, nouvelle édition Königstein/Taunus 1980
GRAB, WALTER/SCHOEPS, JULIUS H. (sous la dir. de) : *Juden im Vormärz und in der Revolution von 1848,* Stuttgart/Bonn 1983
Herz, Henriette : Ihr Leben und ihre Zeit. Sous la dir. de Hans Landsberg, Weimar 1913
HESS, MOSES : *Rome et Jérusalem,* Paris 1981
JERSCH-WENZEL, STEFI : *Juden und « Franzosen » in der Wirtschaft des Raumes Berlin-Brandenburg zur Zeit des Merkantilismus,* Berlin 1978
Judentum im Zeitalter der Aufklärung. Wolfenbütteler Studien zur Aufklärung, tome IV. Günter Schulz zum 70. Geburtstag, Wolfenbüttel 1977
KOBLER, FRANZ : *Das Zeitalter der Emanzipation. Jüdische Geschichte in Briefen aus Ost und West,* Vienne 1938
Idem : *Napoleon and the Jews,* Jérusalem 1975
MAHLER, RAPHAEL : *Jewish Emancipation,* New York 1941
NEBEL, THEOBALD : *Die Geschichte der jüdischen Gemeinde in Talheim,* Talheim 1963
OPPENHEIM, MORITZ : *Erinnerungen,* Francfort/Main 1924
POLIAKOV, LÉON : *Geschichte des Antisemitismus.* Tome 5 : Die Aufklärung und ihre judenfeindliche Tendenz, Worms 1982 (cf. notice précédente)
REISSNER, HANNS GÜNTHER : *Eduard Gans. Ein Leben im Vormärz,* Tübingen 1965
RICHARZ, MONIKA (sous la dir. de) : *Jüdisches Leben in Deutschland. Selbstzeugnisse zur Sozialgeschichte 1780-1945,* 3 tomes, Stuttgart 1976-82
Idem : *Der Eintritt der Juden in die akademischen Berufe. Jüdische Studenten und Akademiker in Deutschland 1678-1848,* Tübingen 1974

SCHOEPS, JULIUS H. : *Moses Mendelssohn, Königstein/Taunus 1979*
STERN, SELMA : *Der Preussische Staat und die Juden,* 4 tomes, Tübingen 1962-1975
Idem : *Jud Süss, ein Beitrag zur deutschen und jüdischen Geschichte,* Munich 1973
TOURY, JACOB : *Der Eintritt der Juden in das deutsche Bürgertum.* Eine Dokumentation, Tel Aviv 1972

L'Empire et la République de Weimar

ADLER, HANS GÜNTHER : *Die Juden in Deutschland. Von der Aufklärung bis zum Nationalsozialismus,* Munich 1960
ADLER-RUDEL, S. : *Ostjuden in Deutschland 1880-1940,* Tübingen 1959
BAB, JULIUS : *Schauspieler und Schauspielkunst,* Berlin 1926
BOEHLICH, WALTER (sous la dir. de) : *Der Berliner Antisemitensstreit,* Francfort 1965
BÖHM, ADOLF : *Die zionistische Bewegung,* Berlin 1920
BORRIES, ACHIM VON (sous la dir. de) : *Selbstzeugnisse des deutschen Judentums 1870-1945,* Francfort 1986
BUBER, MARTIN : *Reden über das Judentum,* Berlin 1923
Der Schlemiel, Jüdische Blätter für Humor und Kunst, Berlin 1903-1905 et 1919/20
Deutsches Judentum in Krieg und Revolution 1916-1923. Édition complète reliée. Publié par Mosse, Werner E. et Paucker, Arnold, Tübingen 1971
DUNKER, ULRICH : *Der Reichsbund jüdischer Frontsoldaten 1919-1938. Geschichte eines jüdischen Abwehrvereins,* Düsseldorf 1977
ELON, AMOS : *Morgen in Jerusalem. Theodor Herzl ; sein Leben und Werk,* Vienne/Munich/Zurich 1975
GIDAL, TIM : *Beginn und Entwicklung des modernen Photojournalismus,* Lucerne 1972
GIDAL, TIM : *Jérusalem 3000 ans d'histoire,* Paris 1995
GRAB, WALTER/SCHOEPS, JULIUS (sous la dir. de) : *Juden in der Weimarer Republik,* Stuttgart/Bonn 1986
HAMBURGER, ERNST : *Juden im öffentlichen Leben Deutschlands. Regierungsmitglieder, Beamte und Parlamentarier in der monarchischen Zeit 1848-1918,* Tübingen 1968
HAMMER-SCHENK, HAROLD : *Synagogen in Deutschland. Geschichte einer Baugattung im 19. und 20. Jahrhundert,* 2 tomes, In « Hamburger Beiträge zur Geschichte der deutschen Juden », tome 8, Hambourg 1981
HERZL, THEODOR, KLEIN, CLAUDE : *L'État des Juifs,* Paris 1990
HUBMANN, FRANZ : *Das jüdische Familienalbum,* Vienne/Munich/Zurich 1974
KAPLAN, MARION A. : *Die jüdische Frauenbewegung in Deutschland. Organisation und Ziele des jüdischen Frauenbundes 1904-1938.* In « Hamburger Beiträge zur Geschichte der deutschen Juden », tome VII, Hambourg 1981
KROJANKER, GUSTAV (sous la dir. de) : *Juden in der deutschen Literatur,* Berlin 1922
KUPISCH, KARL, ENTRE AUTRES : *Judenfeindschaft im 19. Jahrhundert. Ursachen, Formen und Folgen,* 2e édition, Berlin 1982
LIEBESCHÜTZ, HANS : *Juden im Geschichtsbild von Hegel bis Max Weber,* Tübingen 1967
LIEBESCHÜTZ, HANS : *Von Georg Simmel zu Franz Rosenzweig. Studien zum Jüdischen Denken im deutschen Kulturbereich,* Tübingen 1970
MAURER, TRUDE : *Ostjuden in Deutschland 1918-1933.* In « Hamburger Beiträge zur Geschichte der deutschen Juden », tome XII, Hambourg 1986
Menorah. Jüdisches Familienblatt für Wissenschaft, Kunst und Literatur, Vienne 1923-1933
MOSSE, GEORGE L. : *Germans and Jews,* New York 1970
MOSSE, WERNER E. (publié par) : *Juden im Wilhelminischen Deutschland 1890-1914.* Ein Sammelband, Tübingen 1976
MOSSE, WERNER E./ PAUCKER, ARNOLD (sous la dir. de) : *Deutsches Judentum in Krieg und Revolution 1916-1923,* Tübingen 1971
MÜHLEN, ULRIKE : *Yiddish Elements in German Colloquial Speech.* Dissertation, Columbia University, New York 1982
OPPENHEIM, MORITZ DANIEL : *Bilder aus dem alt-jüdischen Familienleben, nach Original-Gemälden.* Introduction de Leopold Stein, Francfort/Main 1882
OPPENHEIMER, FRANZ : *Die Judenstatistik des preussischen Kriegsministeriums,* Munich 1922
PAUCKER, ARNOLD : *Der jüdische Abwehrkampf gegen Antisemitismus und Nationalsozialismus in den letzten Jahren der Weimarer Republik.* In « Hamburger Beiträge zur Zeitgeschichte, tome IV », 2e édition, Hambourg 1969
POLIAKOV, LÉON : *Geschichte des Antisemitismus.* Tome 6 : Emanzipation und Rassenwahn, Worms 1987. Tome 7 : Zwischen Assimilation und Jüdischer Weltverschwörung (1870-1914), Worms 1988 (voir notice p. 430)
PRINZ, ARTHUR : *Juden im deutschen Wirtschaftsleben. Soziale und wirtschaftliche Struktur im Wandel 1850-1904,* Tübingen 1984
PULZER, PETER G. J. : *Die Entstehung des politischen Antisemitismus in Deutschland und Österreich 1867-1914,* Gütersloh 1966
RUBENS, ALFRED : *A History of Jewish Costume,* Londres 1973
Idem : *A Jewish Iconography,* Londres 1981
SCHOEPS, JULIUS : *Theodor Herzl,* Vienne 1996
SILBERGLEIT, HEINRICH : *Die Bevölkerungs- und Berufsverhältnisse der Juden im Deutschen Reich,* Berlin 1930
THEILHABER, FELIX A. : *Der Untergang der deutschen Juden. Eine volkswirtschaftliche Studie,* Berlin 1921
TOURY, JACOB : *Soziale und politische Geschichte der Juden in Deutschland 1847-1871,* Düsseldorf 1977
WASSERMANN, JAKOB : *Mein Weg als Deutscher und Jude,* Berlin 1921
ZECHLIN, EGMONT : *Die deutsche Politik und die Juden im Ersten Weltkrieg,* Göttingen 1969
ZELINSKY, HARTMUT : *Richard Wagner – ein deutsches Thema. Eine Dokumentation zur Wirkungsgeschichte 1876-1976,* Francfort 1976
ZIELENZINGER, KURT : *Juden in der deutschen Wirtschaft,* Berlin 1930
ZWEIG, ARNOLD : *Bilanz der deutschen Judenheit 1933. Ein Versuch,* Amsterdam 1934. Nouvelle édition, Cologne 1961
Idem : *Das Ostjüdische Antlitz. Zu 50 Steinzeichnungen von Hermann Struck,* Berlin 1920
Idem : *Juden auf der deutschen Bühne,* Berlin 1927

Index

Les numéros en italique renvoient à des photographies.

A

B

C

G

H

I

J

K

L

M

N

O

P

Q

R

S

T

U

V

W

Y

Z

Crédits photographiques

. Adler, Munich 403 b. ; adn-Zentralbild, Berlin 399 ; archives asorea 415 ht. ; Archiv für Kunst und Geschichte, Berlin 140 b., 07 b. g. ; Leo Baeck Institute, New York 31 g., 31 ht. dr., 98 b., 107 dr., ., 142 dr., 168 b. dr., 178, 182 b., 198 ht. dr., 228 ht., 241, 246, 247 b., 6 ht., 262 ht. g., 281 b., 291 ht., 292 ht. g., 295 ht., 315 ht. dr., 323 dr., 330 b. g., 344 ht. dr., 352 ht. dr., 354 dr., 358 dr., 390 ht. dr., 398 ht.g., 423 ht. g. ; Bayer. Hauptstaatsarchiv, Munich 84 b. ; Bayer. Nationalmuseum, Munich 38 b. dr., 41 dr. ; Bayedr. Staatsbibliothek, Munich 36 dr., 37 dr., 66, 67, 68 b., 82 b. g. ; Archiv Behr, Londres 202 b. dr. ; Collection Dr. Alex Bein, Jérusalem 219 g., 267 ht. g. ; Ben Zwi Institute, Jérusalem 85 ht. ; Berlin Museum, Berlin 228 b., 386 b. ; Berlinische Galerie, Berlin 249 ht. dr., 283 ht. g., 286 dr., 360, 361, 363, 364 ht., 365 b., 378 b., 381 ht., 384 b., 418 b. g. ; Biblioteca Apostolica Vaticana, Citt· del Vaticano 24 b., 35 ; Bibliothek der Universiteit van Amsterdam 93 ht. ; Bibliothèque Nationale, Paris 68 ht., 382 ht. ; Bibliothèque Royale Albert Ier, Bruxelles 50 b. ; Archiv Marcus Bier, Berlin 284 ht. dr., 389 ht. g. ; Bildarchiv Foto Marburg, Marbourg 38 ht., 43, 82 ht. g. ; Bildarchiv Preussischer Kulturbesitz, Berlin 59 ht. g., 59 ht. dr., 218 b., 274 c. dr., 281 ht. dr., 282 ht. dr., 332 ht. g., 342 b. ; Bischöfliches Ordinariat, Augsbourg 34 g. ; Ludwig Bloch Archiv, B,le 205 ht. dr. ; Courtesy Peter Bock, Londres 176 ht. ; Bodleian Library, Oxford 54, 62 ht. ; The British Library, Londres 31 b. dr., 33 c. g. ; The British Museum, Londres 61 b. ; Martin Buber Archiv, Jérusalem 324 ht. g. ; Lichtbildstelle der Bundesbahndirektion, Nuremberg 164 b. ; Collection Dr. Werner Cahnmann, New York 239 ht. g., 261 b. g., 390 ht. g. ; Dr. Alexander Carlebach, Jérusalem 319 b. ; Archiv Karoline Cauer 114 ht. g. ; Central Archives, Jérusalem 50 ht. dr., 99 ht. dr., 171 dr., 181 ht., 183 b. g., 184, 187 ht., 230 ht., 244 b. ; Elishewa Cohen, Jérusalem 205 b. ; Columbia University Library, New York 79 ht. dr. ; Brunhilde Dähn, Krefeld 262 b. ; Erich David, Jérusalem 341 ; Deutsches Museum, Munich 274 b., 275 ht. g., 275 ht. dr., 279 b. ; Collection Alexander Fürst zu Dohna-Schlobitten, Bâle 141 g. ; Dr. Ruben Eisen-Eytan, Jérusalem 298 ht. g. ; Collection Hermann Elbin, Jérusalem 330 b. dr. ; Ruth Ettlinger, Kfar Saba 314 c. ; S. Fischer Verlag, Francfort/Main 351 b. g. ; Dr. Benno Fränkel, Jérusalem 415 b., 421 ht. ; Fremdenverkehrsverband Württemberg, Stuttgart 171 g. ; Stefan George Archiv, Stuttgart 290 ht. g., 290 b. ; Germanisches National-museum, Nuremberg 81, 101 ht. g., 109 b., 113 b. g., 169 ht. dr., 177 b. g. ; Helmut Gernsheim, Castagnola 106 dr. ; Archiv Gerstenberg, Wietze 147 ; Emmi Ginsburg-Horovitz, Giwat Chaim 239 ht. dr., 250 b. dr. ; Walter Goldstern, Londres 336 c., 339 ht. g. ; Ruth Gorny-Lessing, Hanovre 425 ht. ; Gerd Granach, Jérusalem 387 b. g. ; Collection privée Irene Guggenheim, Jérusalem 336 b. ; Collection Luba Halevy, Jérusalem 337 b. ; Claus & Liselotte Hansmann, Stockdorf 172 ht., 173 ht. ; Hilde Harmelin, Londres 301 b. ; Hauptstaatsarchiv, Stuttgart 125 b., 250 ht. ; The Hebrew Union College Gallery of Art and Artifacts, Cincinnati 126 b. ; Heinrich-Heine-Institut, Düsseldorf 216, 296 ht. g. ; Hessische Landes- und Hochschulbibliothek, Darmstadt 70, 71, 97 ht. ; Historisches Museum am Hohen Ufer, Hanovre 107 ht. g. ; Historisches Museum, Francfort/Main 146 dr., 158 c. g., 160, 162 ht. dr., 162 b. dr., 200 g. ; Collection Inge Höchberg-Gerster, B,le 100 ht. ; Collection Peter Hunter, La Haye 391 ; Institut für die Geschichte der deutschen Juden, Hambourg 156 b., 174 ; Institut international d'histoire sociale, Amsterdam 203 ht. dr., 223, 236 ht. g., 243 ht. g., 315 ht. g., 324 b. ; The Israel Museum, Jérusalem 23 b., 61 ht., 69, 99 ht. g., 102 b., 103 ht. g., 166, 167 b., 185, 192 b. dr., 193 ht. dr., 193 b., 194 ht., 195 ht., 200 dr., 201 dr., 277 b., 286 b. g. ; Jerusalem City Museum, Jérusalem 311 ht. ; The Jewish Museum, Londres 127, 188, 189, 190, 191 ; Jewish National and University Library, Jérusalem 37 g., 78 b. g., 80 ht., 100 b. g., 114 b. dr., 120 M., 120 b., 121 ht. dr., 122, 123 g., 135, 145 g., 145 dr., 151 dr., 151 g., 154, 155 dr., 161, 197, 213 dr., 220 ht., 245 ht. g., 253 g., 259 b. dr., 270 g., 270 c., 274 ht. g., 277 ht., 277 c., 281 c. dr., 300 b., 302 ht. g., 303 ht. dr., 304 ht. dr., 329 b. g., 333 ht., 342 ht. g., 404 ht. dr., 405 dr., 424 b.g., 424 b. dr. ; Dr. Jakob Katzenstein, Jérusalem 211 b. g., 237 ht. ; Alfred Knopf Verlag, New York 164 ht. ; Kösel-Verlag, Munich/Gravure sur bois de Josua Reichert reproduisant le poème « Der Tibetteppich » 393 b. ; Kunsthistorisches Museum, Vienne 29 b. ; Ruth Kuski-Marx, Giwataim 287 ht. g., 320 c. dr., 334, 335 ; Landesbildstelle, Berlin 114 b. g., 137 ht., 143 ht., 176 b. g., 218 ht. dr., 247 ht. dr., 248 b., 252 ht., 260 ht. g., 301 ht., 322 ht. g., 327 b., 379 b., 387 b. dr. ; Collection Harald Lechenperg 84 ht. g. ; Library of Congress, Washington 213 g. ; Ursula Liebstädter, Jérusalem 234 b., 235 ht. g., 306, 313 ht. dr. ; Makkabi Museum, Ramat Aviv 344 ht. g., 345 b. ; Märkisches Museum, Berlin 114 ht. dr. ; Hermann Mayer, Jérusalem 412 b. ; Archives de la famille Mendelssohn 118 c. ht. ; Prof. Heinrich Meng, B,le 280 b. ; Dr. Peter Meyer, Londres 329 c. ht., 329 ht. dr. ; Propriété des héritiers de Meyerbeer 124 ht. dr. ; Mindener Museum für Geschichte, Minden 231, Couverture ; Collection Prof. George L. Mosse, Madison 272 ht. g. ; Collection Murczinskaja, Cologne 366 ht. g. ; Museum der Stadt Worms et Städt. Gemäldegalerie, Worms 32 ht., 58 ht. ; Museum Folkwang, Essen 349 ht. g., 375 ht., 380, 381 b. ; Museum für Hamburgische Geschichte, Hambourg 210 ht. ; Museum für Kunst und Gewerbe, Hambourg 204 ; Museen für Kunst und Kulturgeschichte, Lübeck 177 ht. ; Museum of the Jewish Diaspora, Tel Aviv 198 ht. g., 259 b. g., 411 ht. g. ; Museum des Landestheaters, Hanovre 285 ht. g. ; Österr. Nationalbibliothek, Vienne 40 ht., 48 ht. dr., 284 b. dr., 289 ht. g., 392 ht. dr. ; Bildarchiv Pisarek, Berlin 402 ; Prentenkabinet de la Rijksuniversiteit, Leiden 376 dr. ; Propriété de Rabinowitz 300 ht. ; Grete Rapp, New York 315 c. ht. ; Max Reinhardt Forschungs- und Gedenkstätte, Salzbourg 285 b. dr. ; Rheinisches Bildarchiv, Cologne 29 ht., 170 b., 192 b. g., 202 b. g., 219 dr., 259 ht. ; Rheinisches Landesmuseum, Trèves 24 ht., 51 g. ; Collection L. Rosenberg 235 b. ; Rosgarten Museum, Constance 52 ; Collection Alfred Rubens, Londres 90 ht. g., 92 c., 92 b., 95 b., 99 b., 105 ht. dr., 116, 123 dr., 132 ht., 136 b. g., 136 b. dr., 146 g., 168 ht., 175 b. dr., 177 b. dr. ; Collection Mirjam Sambursky, Jérusalem 235 ht. dr., 311 b. dr. ; Collection Joint Distribution Committee, Genève 329 b. dr. ; Prof. Gershom Scholem 354 g. ; Jacques V. Sichel, Union City 238 ; E. E. Simon, Giwataim 344 b. ; Sotheby's, Tel Aviv 369 dr. ; Schocken Library, Jérusalem 36 g., 56 dr., 331 dr., 347 ; Staatsgalerie moderner Kunst, Munich 295 b. dr. ; Staatl. Graph. Collection, Munich 150 ht., 150 b., 169 ht. g. ; Staats- und Universitäts-bibliothek, Hambourg 33 ht. g., 38 b.g., 74 b., 75 b. ; Stadt- und Kreismuseum, Landshut 47 b., 48 ht. g. ; Stadtarchiv Bamberg 42 ; Stadtarchiv Francfort/Main 50 ht. g., 90 ht. dr., 90 b., 98 ht., 133 ht., 133 b., 149 ht. g., 158 b., 158 dr., 159, 162 b.g., 163, 165 b., 165 ht., 199 ht., 206 g., 207 ht. g., 207 c. g., 208 ht., 225, 236 ht. dr., 240, 249 ht. g., 287 ht. dr., 346 b., 362 ht. g., 423 ht. dr., 424 ht. ; Stadtarchiv Constance 47 ht. dr. ; Stadtarchiv Mayence 33 b. g., 104 b. ; Stadtarchiv Mannheim 187 b., 205 ht. g., 230 b., 343 ; Stadtarchiv Munich 203 ht. g., 221 g., 290 ht. dr., 322 b. g., 325 g. ; Stadtarchiv Nuremberg 60 ; Stadtarchiv Speyer 48 b. ; Stadtbildstelle Essen 249 b. ; Städt. Kunstsammlungen, Augsbourg 170 dr. ; Städt. Museum, Göttingen 152 ht. g., 195 b. dr. ; Stadtmuseum, Cologne 58 b. dr., 195 c. b., 222, 323 b. g. ; Dr. Karl Steinorth, Stuttgart 374 dr. ; Eva Michaelis-Stern, Jérusalem 357 b. ; Stiftung Deutsche Kinemathek, Berlin 372, 373 ; Collection privée Daniel Tal, Jérusalem 318 ht. g. ; Technisches Museum, Vienne 274 c. g. ; Theatermuseum, Munich 387 ht. g. ; Archiv Prof. Treu, Göttingen 226 ht. ; Ullstein Bilderdienst, Berlin 157 ht. g., 268 ht., 278 b. dr., 313 ht. g., 348, 359 ht., 359 b. dr., 378 ht. g., 393 ht. g., 420 ht. dr. ; Université de Cologne/Martin Buber Institut 247 ht. g. ; Bibliothèque universitaire, Fribourg 45 ht. ; Bibliothèque universitaire Heidelberg 33 dr., 49 ; University of London, The Warburg Institute 357 ht. ; Rosi Varon, Jérusalem 401 ; Verw. der Staatl. Schlösser und Gärten, Berlin 113 ht. ; Eric Warburg, Hamburg 237 b. ; photo offerte par le Dr. Robert Weltsch 289 b. ; Viener Library, Londres 355 ht. g., 422 ; Leo Wissmann, Jérusalem 251 b. ; Prof. Bernhard Witkop, Washington 278 ht. g. ; Collection privée Ilse Yallon, Jérusalem 329 ht. g. ; yivo Institute, New York 318 ht. dr. ; Zentralbibliothek Zurich 44, 45 b. ; General Zionist Archives, Jérusalem 258 b., 299 b., 302 b.g., 305 b., 307 ht. g., 307 b. dr., 308 ht., 308 b., 309 ht. g., 311 b.g., 312, 328 c.g., 331 g., 404 b., 411 ht. dr., 411 b., 413 ht. dr.

Légendes : g. = à gauche ; d. = à droite ; b. = en bas ; ht. = en haut ; c. = au centre.

Presque toutes les illustrations proviennent de la collection ou des archives du Dr. N. Gidal. Les illustrations extraites d'ouvrages artistiques dont les auteurs ou les ayants droit sont membres des sociétés d'exploitation s.p.a.d.e.m./Paris, s.a.b.a.m./Bruxelles, beeldrecht/Amsterdam, v.a.g.a./New York, s.i.a.e./Rome ont été reproduites avec l'autorisation de bild-kunst/Bonn.

Angelika Khan-Leonhard

Malen
WIE DIE MEISTER

Vincent van Gogh

KEYSER

Inhalt

Die Reihe „Malen wie die Meister“

Um künstlerische Fertigkeiten zu erlangen und zum eigenen Stil zu finden, ahmen Maler seit jeher anerkannte Vorbilder nach. So zählt auch das Kopieren der großen Meister zum Bestandteil der künstlerischen Ausbildung. Eine detaillierte Analyse der Werke, die umfangreiches Können und Wissen verlangt, ist Voraussetzung dafür.

Die Reihe „Malen wie die Meister“ schafft diese Voraussetzung: Die anerkannte Kunstmalerin und Kunstpädagogin Angelika Khan-Leonhard bietet hier jedem an der Malerei Interessierten die Möglichkeit, sich mit der Arbeitsweise so bedeutender Aquarellkünstler wie Albrecht Dürer, William Turner, Paul Cézanne und anderen vertraut zu machen.

Dazu gehört neben der Beschäftigung mit dem Meister und seiner Zeit die Annäherung an seine Sehweise und an die formale sowie farbliche Gestaltung seiner Aquarelle. Wenn auch die Genialität des Vorbildes unerreichbar bleiben muß, so lassen sich doch die handwerklichen und kompositorischen Grundlagen der Werke erfassen und erlernen. Dementsprechend wird zunächst in jedem Band der Aufbau eines Originals aktiv nachvollzogen – Schritt für Schritt. Aber das Ziel der Reihe „Malen wie die Meister“ soll nicht das Kopieren fremder Arbeiten sein. Im Vordergrund steht der Weg zum eigenen Kunstwerk. Hierzu leiten Sie die weiteren Beispiele an: Ein oder zwei Ausschnitte aus dem Original werden abgeändert und stufenweise zu selbständigen Bildern aufgebaut. Schließlich folgt die Umsetzung neuer, frei gewählter Motive (z.B. Fotomotive) im Stil des jeweiligen Meisters.

Die Annäherung an einen Künstler rückt zugleich auch die Ferne zu ihm ins Bewußtsein. Denn jeder ist eingebunden in seine Zeit. Deshalb möchte diese Buchreihe Sie letztlich dazu auffordern, Kreativität zu entwickeln und sich mit den neu erworbenen Fertigkeiten selbst auszudrücken.

Die Autorin

Angelika Khan-Leonhard studierte an den Kunstakademien in Freiburg und in Ravenna. 1975 gründete sie eine Kunstschule in Hinterzarten/Schwarzwald. Seit 1985 leitet sie die ebenfalls von ihr gegründete Kunstschule in Schluchsee. 1988 hatte sie einen Lehrauftrag für Ölmalerei an der Kunsthochschule in Kaschmir.

Angelika Khan-Leonhard konnte sich zusätzlich durch „Kunst am Bau“ sowie Einzelausstellungen im In- und Ausland einen Namen machen.

Vincent van Gogh

Am 30. März 1853 wurde Vincent van Gogh im holländischen Groot-Zundert geboren. Er war das älteste der fünf Kinder von Anna Cornelia und Theodorus van Gogh, einem reformierten Pastor.

Ein Bruder des Vaters war Teilhaber einer Galerie in Den Haag, die der renommierten Pariser Kunsthandelsfirma Goupil angehörte. Bei ihm begann der junge Vincent 1869 eine Lehre. Im Januar 1873 wechselte er zur Brüsseler, im Juni zur Londoner Goupil-Filiale über. Ende des folgenden Jahres ging er ins Stammhaus nach Paris. Doch Meinungsverschiedenheiten mit den Arbeitgebern – Vincent lehnte die gängige akademische Kunst ab – führten schließlich im April 1876 zu seiner Entlassung.

Er beschäftigte sich in jener Zeit viel mit religiösen Fragen. Ein Aufenthalt in England, wo er als Hilfslehrer und -prediger tätig war, bestärkte ihn in dem Wunsch, Geistlicher zu werden. Aus Angst zu versagen, brach er die Vorbereitung auf das Theologiestudium jedoch nach einem Jahr ab.

Statt dessen besuchte er eine Missionsschule in Brüssel und ging anschließend als Prediger in die Borinage, das Kohlerevier Belgiens. Van Goghs fanatische Aufopferung für die Notleidenden schien seinen Vorgesetzten allerdings unvereinbar mit dem Berufsstand zu sein; nach einem halben Jahr verlor er seine Stelle.

Vincent van Gogh, von Zweifeln und dem Drang zur Selbstzerstörung gequält, machte eine schwere Krise durch. Damals wandte er sich der Malerei zu. Er kopierte Werke von Millet, die eine stimmungsvolle Landschaftsmalerei mit der Darstellung harter bäuerlicher Arbeit verbanden. In Zeichnungen und Aquarellen veranschaulichte er das armselige Leben der Bergarbeiter.

Bald stand für ihn fest, daß er sich ausschließlich der Malerei widmen wollte. In ihr sah er seine Mission.

Vom Oktober 1880 bis zum folgenden April besuchte van Gogh die Kunstakademie in Brüssel. Doch da er den offiziellen Lehrbetrieb verachtete, kehrte er zu den Eltern zurück, um sich autodidaktischen Studien zu widmen.

Eine unglückliche Liebe und Auseinandersetzungen mit den Eltern wegen seiner Kritik an der Kirche verstärkten seine Unausgeglichenheit und trieben ihn bald wieder zum Aufbruch.

Im Dezember 1881 ging er nach Den Haag, wo ihm ein Verwandter, der Maler Anton Mauve, Mitglied der Haager Schule, Unterricht erteilte.

Im Januar lernte van Gogh die schwangere Prostituierte Sien – Clasina Hoornik – kennen, die bereits ein Kind hatte. Sie lebten zusammmen, und Sien wurde sein Modell. Die Hoffnung des Malers, einen Menschen gefunden zu haben, der zu ihm gehörte, wurde jedoch enttäuscht; anderthalb Jahre später trennte er sich von Sien.

Vom Dezember 1883 bis zum November 1885 wohnte er von neuem bei seinen Eltern in Nuenen.

In Den Haag hatte sich van Gogh in starkem Maß mit figürlichem Zeichnen beschäftigt. Jetzt wandte er sich der Ölmalerei zu. „Die Kartoffelesser“ waren typisch für seine damalige Malerei, mit der er die sozialen Nöte der Menschen zum Ausdruck bringen wollte. Daß seine Bilder abgelehnt wurden, konnte ihn nicht beirren. So schrieb er seinem Bruder Theo: „Man kann nun einmal nicht verstehen, daß Malen ein Glaube ist und die Pflicht mit sich bringt, sich nicht um die öffentliche Meinung zu kümmern.“

Die soziale Ächtung – so verbot etwa der Pfarrer den Gläubigen, dem Maler Modell zu stehen – und schließlich der Tod des Vaters veranlaßten Vincent van Gogh, Nuenen zu verlassen.

In Antwerpen entdeckte er den japanischen Farbholzdruck, der bereits die Impressionisten beeinflußt hatte: Die starke grafische Aussage, die flächige Darstellung und der klare Farbaufbau beeindruckten ihn tief.

Im März 1886 siedelte er nach Paris über. Unterkunft fand er bei seinem Bruder Theo, der mittlerweile die Kunsthandlung leitete, in der Vincent Jahre vorher gearbeitet hatte. Vincent setzte sich mit der Freilichtmalerei des Impressionismus auseinander. Über

Theo lernte er Pissarro kennen und die Künstler der Avantgarde: Signac, Seurat und Gauguin.
In Paris wurde seine Palette heller, er verzichtete auf dunkles Braun und Schwarz, die Darstellung des Lichts gewann an Bedeutung. Über zweihundert Bilder entstanden in dieser Zeit, Landschaften, Stadtansichten, Stillleben, Selbstporträts ...; doch keines ließ sich verkaufen. Theo war es verboten, sie auszustellen; man empfand sie als „ungeheuerlich und schamlos".
Im Februar des folgenden Jahres ging Vincent van Gogh nach Arles. Hier, in der lichterfüllten Landschaft des Südens, sollte er endgültig zu seinem Stil finden.
Er stürzte sich in die Arbeit und malte wie ein Besessener, bis zu sechzehn Stunden am Tag. „Ideen fliegen mir nur so zu", schrieb er Theo. Sein Ziel war es, sich kraftvoll auszudrücken: mit dick aufgetragenen, klaren Farben, die er fein strukturierte, und mit intensiven Kontrasten. „All die Farben, die durch den Impressionismus Mode geworden sind, verändern sich im Lauf der Zeit; ein Grund mehr, sie in aller Kühnheit zu hart zu verwenden ..."
Damals reifte in ihm der Gedanke an eine Künstlergemeinschaft, ein „Atelier des Südens". Paul Gauguin sollte als erster mit dabeisein. – Auf van Goghs Drängen hin kam Gauguin im Oktober 1888 nach Arles. Heftige Streitereien – meist war die Kunst der Auslöser – ließen ihn jedoch zwei Monate später überstürzt abreisen.
In einem Anfall von Verwirrtheit hatte sich van Gogh nach der letzten Auseinandersetzung mit Gauguin ein Ohrläppchen abgeschnitten und es einer Prostituierten gebracht. Bewußtlos war er ins Krankenhaus eingeliefert worden. – Noch mehrfach wies man ihn in den folgenden Monaten wegen geistiger Verwirrung ins Krankenhaus ein. Da er zunehmend unter Halluzinationen, Ohnmachtsanfällen und Depressionen litt, ging er am 8. März 1889 aus eigenem Entschluß in die Irrenanstalt von Saint-Rémy. Zwischen den Anfällen setzte er seine Arbeit mit unveränderter Kreativität fort.
In seinem letzten Lebensjahr malte er über zweihundert Bilder. Expressive Pinselstriche und wirbelnde Linien wurden charakteristisch für seinen Stil. Die Gemälde dieser Zeit machten van Gogh zum bedeutendsten Vorläufer des Expressionismus.
Im Januar 1890 – van Gogh war 37 Jahre alt – wurde seinem Werk erstmals öffentliche Anerkennung zuteil durch einen größeren Artikel im „Mercure de France". Wenig später wurde sein Bild „Der rote Weinberg" für vierhundert Francs verkauft. Es sollte das einzige Gemälde bleiben, das zu seinen Lebzeiten einen Käufer fand.
Im Mai verließ van Gogh Südfrankreich und ging nach Auvers-sur-Oise,

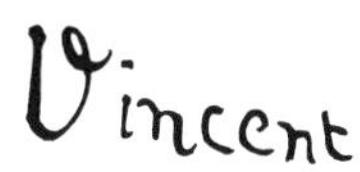

um sich dort in die Behandlung des Arztes Paul Gachet zu begeben.
Am 27. Juli versuchte er, sich bei einem Spaziergang durch einen Revolverschuß das Leben zu nehmen. Zwei Tage später, am 29. Juli 1890, starb er in den Armen seines Bruders, der bis zuletzt zu ihm gehalten und ihn unterstützt hatte. – Vincent van Gogh hinterließ mit fast siebzehnhundert Bildern ein Œuvre, dessen Wirkung beispiellos sein sollte. Es war in einem Zeitraum von zehn Jahren entstanden.

Die Maltechnik van Goghs

Die ersten Bilder van Goghs zeugen von einem intensiven Studium der traditionellen niederländisch-flämischen Ton-in-Ton-Malerei. Die Beobachtung der Natur, die Beschäftigung mit der bildnerischen Problematik und die Auseinandersetzung mit verschiedenen Maltechniken ließen seine Eigenständigkeit und seine Sicherheit wachsen.

Der Impressionismus und der Einfluß des japanischen Farbholzschnitts bewirkten eine grundsätzliche Änderung in van Goghs malerischem Ausdruck. An die Stelle der dunklen Töne trat eine leuchtende Farbigkeit. Sie wurde erreicht mit nur wenigen, klaren Farben, die das Motiv großzügig gliederten. Durch wechselseitige Komplementärwirkung gewannen die Farben an Intensität: Die Schatten auf einer gelben Wiese malte van Gogh violett. Ein zinnoberrotes Dach begann durch blaue Töne, die daneben- oder darüberlagen, warm zu leuchten ...

Die Kühnheit und Phantasie, mit der van Gogh die neue Farbtechnik in der Öl- wie in der Aquarellmalerei einsetzte, rufen noch heute größte Bewunderung hervor.

Schließlich wandte sich van Gogh von der flächenhaften Malerei ab. Mit schwungvollen Pinselstrichen modellierte er die Motive: Bäume, Wolken, Felder bekamen ihre jeweils eigene, dynamische Struktur. Das ganze Bild geriet in Bewegung. Das Schichten von Tönen, die von hell nach dunkel abgestuft waren, verlieh den Formen zusätzliche Plastizität.

Die von Spontaneität und Leidenschaft zeugende Strichführung prägte van Goghs ganzes Schaffen: die Aquarelle und Ölbilder, aber auch die Zeichnungen. In Verbindung mit der leuchtenden Farbigkeit verlieh sie seinen Arbeiten einen unverwechselbaren flammenden Ausdruck.

Vincent van Gogh: Die Brücke von Langlois

Arles, April 1888
Format: 300 × 300 mm
Privatbesitz

Bei seinen Spaziergängen in der Umgebung von Arles hatte van Gogh eine kleine Zugbrücke – die Brücke von Langlois – entdeckt. Mehrfach hielt er das idyllische Bild fest: in einer Skizze, zwei Zeichnungen, vier Ölgemälden und einem Aquarell. Das Motiv reizte van Gogh, weil es ihn an seine holländische Heimat erinnerte, aber auch weil er die einfachen, klaren Linien und die lichten Farben als „japanisch" empfand.

Den japanischen Charakter, wie van Gogh ihn vom Farbholzschnitt her kannte, brachte er in seinem Aquarell durch grafische Elemente und großangelegte Farbflächen zum Ausdruck. Im Unterschied zum japanischen Holzschnitt wurden die Flächen jedoch strukturiert: So bilden die ruhigen, waagrechten Pinselstriche des Mauerwerks ein Gegengewicht zu den dynamischen Kreisen des Wassers.

Mit einer Rohrfeder setzte van Gogh zusätzliche grafische Elemente ins Bild. Federzeichnungen mit Sepiatusche oder schwarzer Tusche finden sich in seinen Aquarellen immer wieder. Vor allem aber in seinem Zeichenœuvre nehmen sie einen maßgebenden Platz ein. Was die Strichführung betrifft, so machte van Gogh keinen Unterschied zwischen seinen Federzeichnungen und den Pinselstrichen der Aquarell- beziehungsweise Ölmalerei.

In Südfrankreich fand van Gogh zu einer leuchtenden Farbigkeit, mit der er den zeitgenössischen Malern voraus war. Sie beruht auf der Verwendung von klar nebeneinandergesetzten Komplementärfarben. Das Aquarell „Die Brücke von Langlois" mit seinen leuchtenden Orange- und Blautönen, die sich gegenseitig verstärken, ist ein typisches Beispiel dafür.

Schritt für Schritt können Sie auf den folgenden Seiten den Aufbau dieses Aquarells nachvollziehen, um so mit dem Stil und der Maltechnik van Goghs vertraut zu werden.

Hinweise zur Aquarellmalerei

Material und Ausrüstung

Papier
glattes Bütten- oder Aquarellpapier

Künstler-Aquarellfarben
Zitronengelb
Krapplack dunkel
Kobaltblau
Aus diesen Farben können alle Töne gemischt werden; evtl. zusätzlich Türkis und Ocker.

Pinsel
spitze Haarpinsel Nr. 2, 6, 9, 12
Haarflachpinsel „Katzenzunge" Nr. 8 und 10

Sonstiges
Bleistift (B3)
weicher Radiergummi
Rohrfeder oder Reißfeder für Federzeichnungen
schwarze Tusche, die leicht mit Wasser verdünnt wird
alternativ: wasserfeste Filzstifte, dick und fein
Gefäße für Wasser
Palette
Hartfaserplatte und Papierklebestreifen zum Befestigen des Aquarellpapiers

Der Malgrund

Der Farbauftrag kann durch Wellen und Falten im Papier beeinträchtigt werden. Deshalb empfiehlt es sich bei Bildformaten über 180 × 240 mm, das Aquarellpapier mit Papierklebestreifen auf einer glatten Unterlage (zum Beispiel auf einer Hartfaserplatte) zu befestigen.
Bereiten Sie vier Klebestreifen vor, die etwas länger sind als die Kanten des Papiers.
Das Papier sollte feucht aufgezogen werden. Tauchen Sie es deshalb zunächst in ein Gefäß mit Wasser; nach dem Abtropfen wird es auf der Unterlage ausgebreitet. Luftblasen streichen Sie mit einem weichen Schwamm nach außen. Lassen Sie das Papier noch etwa fünf Minuten liegen, damit es sich ausdehnen kann. Dann wird es an den Rändern ringsum mit Klebestreifen befestigt.
Das Aquarellpapier sollte gut getrocknet sein, bevor Sie mit dem Malen beginnen.

Die Grundierung

Weißes Aquarellpapier, das dem Licht ausgesetzt ist, nimmt im Lauf der Zeit eine gelbliche oder bräunliche Färbung an. Will man die heutige Wirkung der Aquarelle van Goghs erreichen, lasiert man das Papier am besten in einem zarten, warmen Ton aus Krapplack, Zitronengelb und Kobaltblau.

Die Zeichnung

Häufig verwandte van Gogh in seinen Aquarellen schwarze Tuschzeichnung, die er mit einer Rohr- oder Reißfeder auftrug. Die Variationen in der Strichstärke erreichte er durch ein Drehen der Feder.
Beim Zeichnen mit der Rohr- oder Reißfeder ist es wichtig, die Tusche jedesmal bis zum Ende auszumalen. Die unterschiedlichen Grade der Helligkeit sorgen für eine künstlerische Wirkung.
Um diese Wirkung zu verstärken, kann man die Tusche ein wenig mit Wasser verdünnen. Die Farbintensität wird dadurch verringert.
Statt der Feder lassen sich auch wasserfeste Filzstifte einsetzen. Will man einen ähnlichen Effekt erzielen, sollte man zwischen einem feineren und einem trockenen dickeren Stift abwechseln und zarte Linien zum Teil nachziehen.
Die Funktion der Tuschzeichnung wird in van Goghs Aquarellen mitunter auch von feinen Pinselzeichnungen übernommen. Sie dürfen allerdings, da Aquarellfarbe im Unterschied zu Tusche wasserlöslich ist, erst sehr spät aufgetragen werden. Ihr Vorteil besteht in der Variationsmöglichkeit der Farbe.

Die Farbigkeit
Im französischen Impressionismus wie bei Vincent van Gogh tragen Komplementärfarben wesentlich zur Leuchtkraft eines Bildes bei.
Der Einsatz der Komplementärfarben beruht auf folgenden Prinzipien:
Wir gehen aus von den drei Grundfarben Zitronengelb, Krapplack dunkel und Kobaltblau dunkel.
Die Komplementärfarbe einer Grundfarbe (z.B. Zitronengelb) erhält man, wenn man die beiden anderen Grundfarben mischt (Krapplack + Kobaltblau = Violett).
Entsprechend hat eine Sekundärfarbe (z.B. Grün = Zitronengelb und Kobaltblau) die in der Mischung fehlende Grundfarbe (Krapplack) als Komplementärfarbe.

Die Aquarelltechnik
Pinselstriche erfüllten bei van Gogh den Zweck der Farb- und der Formgebung. Nur selten malte er glatte, unstrukturierte Flächen, die nicht von strichförmiger Malerei oder zeichnerischen Elementen überzogen wurden.
Van Gogh setzte die Pinselstriche gezielt auf trockenes Papier. Die Naß-in-naß-Malerei war ihm unbekannt.
Will man in der Technik van Goghs arbeiten, so ist es wichtig, die aufgenommene Farbe immer ganz auszumalen. Dadurch entsteht eine besonders künstlerische Wirkung.

Zur Vertiefung maltechnischer Kenntnisse empfehle ich den „Kompaktkurs Aquarell", der ebenfalls im Christophorus-Verlag erschienen ist.

Komplementärfarben

Grundfarben		*Sekundärfarben*
1 Zitronengelb	2 Krapplack dunkel 3 Kobaltblau dunkel	= Violett
2 Krapplack dunkel	1 Zitronengelb 3 Kobaltblau dunkel	= Grün
3 Kobaltblau dunkel	1 Zitronengelb 2 Krapplack dunkel	= Orange

Die Brücke von Langlois Bildaufbau nach dem Original

Format: 300 × 300 mm
Farben: Zitronengelb, Krapplack dunkel, Kobaltblau; schwarze Tusche oder wasserfeste schwarze Filzstifte (fein und mittel)

In fünf Stufen wird van Goghs Aquarell der Brücke von Langlois aufgeschlüsselt und nachgearbeitet: Auf die Bleistiftskizze des Motivs folgen die Tuschzeichnung und der Auftrag der einzelnen Farben von hell nach dunkel. – Dieses aktive Nachvollziehen bringt eine besonders intensive Auseinandersetzung mit der Technik und Sehweise des Künstlers mit sich.

1. Stufe

Das weiße Aquarellpapier wird mit einer stark verdünnten Mischung aus Krapplack, Zitronengelb und einer Spur Kobaltblau getönt. Mit dieser Grundierung erlangt es eine ähnliche Wirkung wie das über hundert Jahre alte Papier des Originals.
Sobald die Farbe getrocknet ist, wird die Zeichnung mit zarten Bleistiftstrichen aufgesetzt.

2. Stufe

Mit einer Rohrfeder und schwarzer Tusche hat Vincent van Gogh Konturen und grafische Elemente aufgetragen. Die Variationen in der Strichstärke erreichte er durch ein Drehen der Feder.
Ein ähnliches Resultat läßt sich mit wasserfesten schwarzen Filzstiften unterschiedlicher Dicke erzielen. Indem man einige der Linien nachzieht, erhält man zusätzliche Varianten.

3. Stufe

Mit breiten Pinselstrichen werden die Böschungen und das Boot im Vordergrund gelb unterlegt.
Das Zitronengelb wiederholt sich in der Kleidung der Figuren und dem Gebälk der Brücke.
Auf dem Gemäuer liegt lediglich eine zarte Lasur, die mit stark gewässertem Pinsel aufgetragen ist.
Die sonnige Atmosphäre des Aquarells wird wesentlich von diesem Gelb mitbestimmt.

4. Stufe

Den orangefarbenen Ton, der das Aquarell weitgehend beherrscht und die Bildteile verbindet, mische ich aus Krapplack und Zitronengelb. (Farbproben sollte man auf weißem Papier machen, um sie richtig beurteilen zu können.)
Mit einem trockenen Pinsel wird das Gemäuer ausgearbeitet. Es ist wichtig, ihn nach jeder Farbaufnahme abzuwischen. – Eine ganz ähnliche Wirkung läßt sich mit flach gehaltenen Aquarellstiften erzeugen.
Auch das Brückengebälk, der Karren, die Figurengruppe werden mit der orangefarbenen Mischung weiter ausgestaltet.
Zügig strukuriere ich nun noch die Böschungen, wo ich Gras und Schilf andeute.
Die Gelbtöne, die zwischen dem Orange durchschimmern, tragen zur Plastizität des Bildes bei.
Einige Elemente des Aquarells erhalten eine Lasur aus stark verdünntem Krapplack: das Mauerwerk der Brükke, Teile der Böschung im Vordergrund und der Figurengruppe.
In derselben Farbe werden Reflexe im Wasser angedeutet.

5. Stufe – das fertige Bild

In mehreren Schichten wird das Blau des Himmels angelegt: Zunächst setze ich reines Kobaltblau auf den angefeuchteten Untergrund. Danach lege ich eine farblich leicht abweichende Schicht in Ultramarin (Kobaltblau und eine Spur Krapplack) darüber. – Bevor die nächste ultramarinblaue Schicht folgt, muß das Papier trocknen. Dadurch heben sich die unregelmäßigen Pinselstriche gut ab. Das Resultat wirkt malerisch und dynamisch.

Entsprechend wird das Wasser aufgebaut: Vom rechten Ufer aus ziehe ich mit einem nassen Pinsel Kobaltblau in die Fläche hinein. Auf den getrockneten Untergrund wird mit deutlichen Strichen Ultramarin aufgetragen. Dabei sollte man den Pinsel nach jeder Farbaufnahme ganz ausmalen, so daß unterschiedliche Nuancen entstehen.

Die Farbe wiederholt sich auf der Mauer unter der Brücke, ab und zu auch im Ufergras und verstärkt so die Verbindung der Bildteile.

Die stellenweise graue Tönung der Figurengruppe wird durch eine kobaltblaue Lasur erreicht, die das Orange überlagert.

Mit einem sparsam eingesetzten Tomatenrot aus Krapplack und Zitronengelb schließe ich das Aquarell ab: Das im Schatten liegende Gemäuer unter der Brücke und die Böschung im Vordergrund erhalten eine leichte Lasur. Die Figuren, die Boote und das Gras im Vordergrund werden durch einzelne rote Farbakzente belebt.

Die Zugbrücke
Ausschnitt aus dem Original

Format: 300 × 245 mm
Farben: Zitronengelb, Krapplack dunkel, Kobaltblau, Türkisblau; schwarze Tusche oder wasserfeste schwarze Filzstifte

Auch ohne die Landschaft im Vordergrund ist die Brücke ein reizvolles Motiv. (Die Wirkung des Ausschnitts läßt sich am besten anhand eines Passepartouts beurteilen.)
Bei dieser zweiten Umsetzung sollen wieder die Komplementärfarben des Originals zum Einsatz kommen, allerdings möchte ich sie diesmal anders verteilen. Auch die Flächenstrukturierung soll abgewandelt werden: Die Dynamik, die bei der „Brücke von Langlois“ in starkem Maß von den Kreisen im Wasser ausgeht, wird auf die Wolken verlagert. In zahlreichen Bildern van Goghs trifft man auf solch eine lebendige Gestaltung des Himmels mit Kreisformen und Linien.
Die Änderungen, die ich bei diesem Ausschnitt vornehmen werde, vermitteln eine Vorstellung von den Variationsmöglichkeiten des Motivs.

1. Stufe

Mit einer stark verdünnten bräunlichen Mischung aus Krapplack, Zitronengelb und einer Spur Kobaltblau wird das Papier grundiert.
Auf den getrockneten Untergrund trage ich die Zeichnung auf. Bis auf geringfügige Abweichungen entspricht sie der Tuschzeichnung des Originalausschnitts; es fehlen lediglich die Personen, außerdem wird der Himmel nach oben ausgedehnt und durch Wolken strukturiert.

2. Stufe

Die Konturen werden auch hier wieder mit einer Feder und schwarzer Tusche – alternativ mit schwarzen Filzstiften – nachgezogen. Doch nicht jedes Detail sollte in die Federzeichnung miteinbezogen werden: Die Wirkung wäre zu grafisch.
Auf die Mauer, das Wasser, die Böschung und die Bäume lege ich strichförmige Strukturen in reinem Zitronengelb. Locker aufgesetzt, gehen die Linien über die Bleistiftzeichnung hinweg und lassen große Teile der Grundierung frei. So entsteht ein Eindruck von Dynamik.
Auch die Balken der Brücke und der Pferdekarren werden in diesem Ton gemalt. Hier wird das Gelb stellenweise von Orange überlagert.
In dieser orangefarbenen Mischung aus Zitronengelb und Krapplack arbeite ich weitere Tiefen heraus, teils mit konzentrierter, teils mit stark verdünnter Farbe.

3. Stufe – das fertige Bild

Mit zwei verschiedenen Blautönen gestalte ich das Aquarell weiter aus: mit einem Türkiston, der aus Kobaltblau und Türkisblau gemischt ist, und mit reinem Kobaltblau.
Zunächst wird das Brückengemäuer angefeuchtet, bevor ich an den oberen Rändern Türkis auftrage und mit dem Wasserpinsel nach unten ziehe. Durch einzelne konzentrierte Striche entstehen die Strukturen der Steine und der Wellen im Wasser.
Mit verdünntem Kobaltblau lasiere ich Teile des Himmels und deute Wolken an. Die für van Gogh typischen Wolkenwirbel werden mit einem feinen Pinsel aufgelegt. Dabei ist es wichtig, Richtung, Form und Länge sowie Stärke und Farbintensität der Striche zu variieren. – Am besten übt man solche Strukturen zunächst separat.
Auch die Böschung, die Mauern und das Wasser strukturiere ich stellenweise im selben Ton und setze so die einzelnen Bildteile in bezug zueinander.
Ein zweites Mal trage ich Zitronengelb auf: Wolkenformen werden betont, schwarze Umrißlinien abgemildert, Mauersteine nuanciert. Das Bild bekommt Leuchtkraft.

Landschaft mit Schiffen und Brücke

Format: 300 × 245 mm
Farben: Zitronengelb, Krapplack dunkel, Kobaltblau

Stil und Technik van Goghs wirken auch heute noch modern. Wie man Motive unserer Zeit in diesem Stil und dieser Technik frei umsetzen kann, möchte ich Ihnen zunächst an einem Beispiel zeigen, das sich thematisch an „Die Brücke von Langlois“ anlehnt: Die hier abgebildete südfranzösische Landschaft nimmt das Motiv der Brücke, der Boote und des Wassers wieder auf.
In der Farbigkeit werde ich mich nach dem Original van Goghs richten. Doch die grafischen Elemente der Tuschzeichnung soll diesmal ein dynamischer Pinselstrich ersetzen.

1. Stufe

Das weiße Aquarellpapier wird mit einer stark verwässerten bräunlichen Mischung aus Krapplack, Zitronengelb und einer Spur Kobaltblau grundiert, bevor ich die Bleistiftzeichnung auftrage.
Detailtreue sollte bei der Skizze keine Rolle spielen.

2. Stufe

Legt man Orange über die Grundierung, entsteht der leicht rosa schimmernde Ton, der sich in dem Motiv überall wiederholt und die Atmosphäre prägt. Ich mische ihn aus Krapplack und Zitronengelb.
Die gesamte Vorzeichnung wird in diesem Ton locker ausgestaltet. Er soll durch die späteren Lasuren hindurchscheinen und zu einer warmen Gesamtwirkung des Aquarells führen.

Die Farbe mischt man am besten immer wieder neu, um so leichte Nuancen zu erhalten. Farbproben sollten auf weißem Papier gemacht werden; wenn sie getrocknet sind, lassen sie sich gut beurteilen.
Indem man stellenweise mehrere Striche übereinandersetzt und den Pinsel immer ganz ausmalt, entstehen Unterschiede in der Farbintensität, die schon jetzt Tiefe bewirken.

3. Stufe

Mit reinem Zitronengelb arbeite ich das Motiv in zügigen Strichen weiter aus.
Bereits in diesem Stadium zeigt das Aquarell eine malerische Wirkung.

Ein Beispiel für Baumstrukturen im Stil van Goghs ...

4. Stufe

Die weitere Ausarbeitung des Himmels lehnt sich an die dynamischen Linien und Kreisformen an, mit denen van Gogh in seinen Bildern häufig die Wolken darstellte.
Mit Kobaltblau male ich große, geschwungene und kurze, leichte Linien, die Variationen in der Richtung und der Intensität aufweisen. Wenn man den Pinsel nach der Farbaufnahme immer ganz ausmalt, entstehen Farbnuancen, die den künstlerischen Eindruck verstärken.
In derselben Farbe lege ich dunkle Konturen und Schatten an: Die Bäume und Boote, das Brückengewölbe und die übrige Architektur erhalten Plastizität.
Der Wellenschlag im Wasser wird mit geschwungenen Linien und einzelnen Punkten angedeutet.
Die blauen Strukturen, die sich im Himmel, im Wasser und in den Bäumen wiederholen, verstärken die Harmonie des Gesamteindrucks. Solche Gestaltungselemente sind charakteristisch für die Aquarelle und Ölbilder van Goghs.

5. Stufe – das fertige Bild

Die Boote und die Architektur erhalten einzelne Farbakzente in einem Rot, das aus Krapplack und Zitronengelb gemischt ist.
Die letzte Ausarbeitung erfolgt mit dunklem Violett (Krapplack und Kobaltblau). Die mit feinem Pinselstrich gezogenen Konturen entsprechen der Tuschzeichnung in der „Brücke von Langlois“, haben jedoch eine weniger strenge grafische Wirkung. Dort, wo sich Violett und Blau überlagern, entsteht ein fast schwarzer Ton.
Durch die kräftige Farbe gewinnt das Bild an Tiefe und Plastizität.

Um den mediterranen Charakter zu unterstreichen, kann man das Gelb zum Schluß noch hier und da verstärken.
Auch die Leuchtkraft dieses Bildes beruht auf dem für van Gogh typischen Einsatz von Komplementärfarben. Das Blau des Himmels und das Orange der Architektur verstärken sich gegenseitig. Gleiches gilt für die violetten Konturen und die gelben Lichter, aber auch für die roten Farbakzente und das Grün, das sich an manchen Stellen durch übereinanderliegende Blau- und Gelbtöne ergibt.

Kanal in Holland

Format: 245 × 300 mm
Farben: Zitronengelb, Krapplack dunkel, Kobaltblau

Bei diesem modernen Brückenmotiv soll eine andere Art der Flächenstrukturierung zum Tragen kommen. Außerdem möchte ich das Blau, das in der „Brücke von Langlois“ bereits recht dominant war, deutlich vorherrschen lassen.
Als Vorlage dient mir eine Fotografie, die es erleichtert, die Stimmumg des Motivs einzufangen. Beim Skizzieren oder Malen in der freien Natur hingegen, wo die Lichtverhältnisse ständig wechseln, gilt es, zügig zu arbeiten und an der geplanten Atmosphäre festzuhalten.

1. Stufe

Das weiße Papier erhält eine sehr stark verdünnte Grundierung aus Kobaltblau, Zitronengelb und Krapplack.
Mit leichten Bleistiftstrichen wird das Motiv aufgezeichnet.
Ich beginne, die Zeichnung mit rotbraunen Tönen (Krapplack, etwas Zitronengelb sowie Kobaltblau) auszugestalten. Ein malerischer Hell-Dunkel-Effekt entsteht.

2. Stufe

Die Vegetation sowie Teile der Brücke und des Schiffes werden mit Zitronengelb strukturiert.
Schattenpartien unterlege ich mit Orange (Krapplack und Zitronengelb); so werden sie später warm leuchten.
Erhöht man den Anteil an Krapplack, erhält man ein kräftiges Rot, das sich gut für Farbakzente eignet.

3. Stufe – das fertige Bild

Große Teile des Aquarells werden mit reinem Kobaltblau lasiert: der Himmel, die gelben Blätter der Bäume, die nun in unregelmäßigem Grün erscheinen, und das Wasser. Hier trage ich die Farbe an den Ufern entlang auf und ziehe sie dann mit dem Wasserpinsel in die Fläche hinein.
Sobald die Farbe getrocknet ist, kann die detaillierte Ausgestaltung beginnen. Die rötlichbraunen Konturen werden in Blau nachgezogen, was die Tiefenwirkung verstärkt. Dann strukturiere ich den Himmel und das Wasser mit kurzen Strichen, die leicht pointillistisch wirken. Um unterschiedliche Schattierungen zu erhalten, male ich den Pinsel nach jeder Farbaufnahme ganz aus. Einzelne kräftige Striche verleihen dem Bild Dynamik.
Ein zartes, warmes Orange aus Krapplack und Gelb bringt zusätzliches Licht ins Bild: Zum einen lege ich es großflächig lasierend auf das Blau des Wassers, zum anderen deute ich mit feinem Pinsel und konzentrierter Farbe einzelne Lichtpunkte an.
Die freien, hellen Flächen der Grundierung geben dem Aquarell einen leichten, fast skizzenhaften Charakter.

Fischer im Boot

Format: 245 × 300 mm
Farben: Zitronengelb, Krapplack dunkel, Kobaltblau

Vincent van Gogh, der an Personendarstellungen sehr interessiert war, hatte in seinem Aquarell „Die Brücke von Langlois“ mit der Gruppe der Wäscherinnen ein Gegengewicht zur Architektur geschaffen. Das hier abgebildete Boot mit südfranzösischen Fischern nimmt das Motiv der Figurengruppe wieder auf.

1. Stufe

Bevor die Zeichnung aufgetragen wird, erhält das weiße Papier eine zarte, wäßrige Grundierung aus Zitronengelb, Krapplack und ein wenig Kobaltblau.

2. Stufe

Um den sonnigen Charakter des Motivs wiederzugeben, gestalte ich die im Licht liegenden Teile mit dynamischen Strichen in Gelb aus.
Dunklere Partien, Konturen und Schatten werden mit feinen Pinselstrichen in Orange (Krapplack und Gelb) gemalt. An den dunkelsten Stellen soll später noch Blau aufgetragen werden. Die Schatten erscheinen dann kräftig und tief, aber lebendig.
Solche Gelb- und Orangetöne sind kennzeichnend für die lichtdurchfluteten Motive, die Vincent van Gogh in seiner Aquarell- und Ölmalerei darstellte.

S 3

3. Stufe

Das Aquarell wird mit Kobaltblau weiter ausgearbeitet. Neben den blauen Partien der Vorlage male ich auch Schattenpartien sowie Konturen in diesem kräftigen Ton und erzeuge dadurch Tiefe. Mit großzügigen Pinselstrichen setze ich die Farbe in den Himmel. Die Strukturen des Wassers werden durch kurze, waagrechte Linien wiedergegegben.
Die Komplementärfarbe Orange, die teilweise unter, teilweise neben dem Blau liegt, läßt selbst die Schatten leuchten.

S 3

4. Stufe – das fertige Bild

Das Bild wird durch einige Farbakzente in einem Permanentrot, einer Mischung aus Krapplack und etwas Zitronengelb, belebt. Es bildet die Komplementärfarbe zu dem Grün, das durch Überlagerung von Gelb und Blau entstanden ist.
Zur detaillierten Ausarbeitung verwende ich ein kräftiges dunkles Violett aus Krapplack und Kobaltblau. Es verstärkt die Tiefenwirkung und die Dynamik. Auch seine Leuchtkraft beruht weitgehend auf Komplementärkontrasten (Violett – Gelb), wie sie für van Gogh typisch sind. In ihrer grafischen Funktion erinnern die tiefvioletten Striche an die Tuschzeichnung der „Brücke von Langlois“.

Vincent van Gogh: Steintreppe im Garten des Saint-Paul-Hospitals

Saint-Rémy, 1889
Format: 445 × 600 mm
Vincent-van-Gogh-Stiftung/Vincent-van-Gogh-Museum, Amsterdam

Am 22. Mai 1889 schrieb Vincent van Gogh seinem Bruder Theo: „Seit ich hier bin, hat mir der verwilderte Garten mit seinen großen Kiefern, unter denen hohes, ungepflegtes, verunkrautetes Gras wächst, zum Arbeiten genügt, und ich bin noch nicht ausgegangen. Aber die Landschaft um Saint-Rémy ist sehr schön, und allmählich werde ich wahrscheinlich kleine Ausflüge machen."
Im März hatte Vincent van Gogh Arles verlassen und sich freiwillig in die Anstalt von Saint-Rémy begeben, da er immer stärker unter geistiger Verwirrung und Depressionen litt.
Zwischen diesen Anfällen widmete er sich mit ungebrochener Energie der Malerei. Der Garten des Krankenhauses regte ihn an zu ausdrucksstarken künstlerischen Kompositionen. Das hier abgebildete Aquarell mit seinen kraftvollen Farben zeugt von dem souveränen Strich van Goghs. Mit wenigen Mitteln gab der Maler die Gestaltung und Atmosphäre der mediterranen Parklandschaft wieder.

Das Thema der Vegetation, das van Gogh zum Mittelpunkt dieses Aquarells machte, soll auch bei den folgenden, frei gewählten Motiven eine dominierende Rolle spielen.

Garten im Frühling

Format: 300 × 245 mm
Farben: Zitronengelb, Krapplack dunkel, Kobaltblau

Diese Gartenansicht weist einige Elemente des Aquarells vom Hospitalgarten in Saint-Rémy auf: die Vegetation mit ihren verschiedenen Grünvarianten und die Steinplatten als ruhiges, „grafisches" Gegengewicht zu den pflanzlichen Strukturen.
Das Vorbild erleichtert die Umsetzung des modernen Gartenmotivs. Farben und Strichführung werde ich an dem Aquarell van Goghs ausrichten.
Das Original ist mit 445 × 600 mm recht groß. Wer möchte, kann das gleiche Format wählen. Einfacher jedoch ist es, zunächst auf einem kleineren Aquarellpapier zu arbeiten.

1. Stufe

Aus Kobaltblau, Krapplack und Zitronengelb mische ich einen warmen Farbton, der stark verdünnt auf das weiße Papier gelegt wird.
Bei der Bleistiftskizze sollte man sich auf wichtige Formelemente beschränken und Details außer acht lassen.

Locker werden zitronengelbe Blüten auf die Zeichnung gelegt: Wie beim Hospitalgarten geben verschieden gerichtete, kräftige Striche die Strukturen wieder und sorgen bereits in diesem Stadium für einen dynamischen Eindruck.

2. Stufe

Bei dieser Stufe verwende ich unterschiedliche Brauntöne, die jeweils aus Krapplack, Zitronengelb und Kobaltblau zusammengesetzt sind.
Zu etwa gleichen Teilen gemischt, ergeben die drei Farben gebrannte Siena. In diesem Ton werden die Strukturen der Baumstämme angedeutet. Mit kurzen geraden oder leicht geschwungenen Strichen male ich das Laub im Vordergrund rechts und die Gräser in der Bildmitte. Durch ein Drehen der Pinselspitze verändere ich die Stärke der Linien. Wenn man die aufgenommene Farbe immer ganz ausmalt und die Striche teilweise mit neuen Strukturen überlagert, erreicht man eine unterschiedliche Konzentration. Solche Variationen haben eine besonders malerische Wirkung.
Mit erhöhtem Gelbanteil wird das Motiv weiter ausgestaltet.
Fügt man mehr Krapplack hinzu, erhält man ein Rotorange. Mit schwungvollen Halbkreisen und feinen Strichen gebe ich damit weitere Blüten und Blätter in der rechten Bildhälfte wieder.
Für die Konturen der Bäume und Platten verwende ich ein dunkles konzentriertes Braun mit relativ viel Blau.
Je mehr Blau man nimmt, desto kälter wird der Ton. Mit einer verdünnten Mischung, die bereits zu Grau tendiert, werden Stämme und Äste weiter ausgearbeitet.

3. Stufe

Die Konturen verstärke ich teilweise mit Violett (Krapplack und Kobaltblau), um so einen Eindruck von besonderer Tiefe zu vermitteln.
Der Ton wiederholt sich in verschiedenen gestrichelten Mustern, die immer wieder andere Strukturen überschneiden und dadurch die Dynamik des Bildes steigern. Damit die violette Farbe nicht zu einheitlich wirkt, verdünnt man sie mal mehr, mal weniger mit Wasser.
Mit einem warmen, dunklen Gelb, das etwas Krapplack enthält, setze ich einzelne Akzente; das Farbenspiel wird dadurch noch abwechslungsreicher.

Ein ähnliches Motiv und seine Umsetzung …

4. Stufe – das fertige Bild

Auch beim Grün erreiche ich durch verschiedene Mischungen und durch einen mehr oder weniger starken Farbauftrag deutliche Variationen. Sie sollen den frühlingshaften Charakter des Gartens wiedergeben.
Zunächst werden weite Teile des Bildes mit kurzen, kräftigen Strichen gelbgrün (Zitronengelb und Kobaltblau) unterlegt.
Für das dunkle Tannengrün und die Schatten auf der Hecke mischt man Kobaltblau mit etwas Zitronengelb.
Um die Farbwirkung des Bildes zu erhöhen und einen Komplementärkontrast zu den orange Tönen zu schaffen, kann man den Himmel mit Kobaltblau andeuten.
Beim Aquarell des Hospitalgartens verwandte van Gogh braune Tusche für die Konturen und Strukturmuster. Statt dessen läßt sich auch gut Aquarellfarbe einsetzen. Zu beachten ist dabei allerdings, daß diese nicht wasserfest ist. – Ich wähle für die grafische Ausarbeitung dunkle Violettöne: einen fast schwarzen Ton aus Kobaltblau, Krapplack und einer Spur Gelb sowie eine Mischung mit höherem Krapplackanteil. Indem ich bereits vorhandene Linien damit intensiviere, verstärke ich die Tiefenwirkung und die Lebendigkeit des Bildes.

Straße mit Zypressen

Format: 300 × 245 mm
Farben: Zitronengelb, Krapplack dunkel, Kobaltblau, Ocker

Auch dieses Motiv zeigt gewisse Parallelen zu van Goghs Aquarell vom Hospitalgarten: Dazu gehört der südländische Charakter, der vor allem durch die Zypressen hervorgerufen wird; die Vegetation mit ihren unterschiedlichen Formen, Strukturen und Grüntönen; und schließlich die Mauer mit ihrer grafisch wirkenden Anordnung von Steinen.

1. Stufe

Das Papier wird mit einer wäßrigen Mischung aus Zitronengelb, Krapplack und Kobaltblau getönt.
Danach kann die Zeichnung aufgetragen werden.

2. Stufe

Mit gebrannter Siena (Zitronengelb, Krapplack, etwas Ocker) und dunklem Braun (Krapplack, Zitronengelb, Kobaltblau) beginne ich die Vorzeichnung auszugestalten. Auch diesmal beruhen die Farbvariationen nicht allein auf der Art der Zusammensetzung. Wenn man die Farbe mal mehr, mal weniger verdünnt, immer aber ganz ausmalt, ergeben sich deutliche Nuancen, die sehr malerisch wirken.

3. Stufe

Mit reinem Zitronengelb und mit Gelbgrün (Kobaltblau und Zitronengelb) werden weitere Strukturen angelegt. Ich wechsle auch hier wieder ab zwischen Punkten und Strichen, die in verschiedene Richtungen zeigen.

Eine andere Möglichkeit, Mauern zu strukturieren …

4. Stufe

Die dunklen Schattenpartien in der Vegetation und im Gemäuer werden blau lasiert. Am Straßenrand entlang male ich eine blaue Linie und ziehe sie mit nassem Pinsel in die Fahrbahn hinein.
Die Strukturen des Himmels werden ohne vorhergehende Lasur direkt auf die Grundierung aufgesetzt. Da die Striche insgesamt noch zu blaß wirken, verstärke ich einige durch einen zweiten Farbauftrag.
Die Details, die nun noch mit feinen Pinselstrichen in konzentriertem Kobaltblau hervorgehoben werden, geben dem Bild Tiefe und Plastizität.

5. Stufe – das fertige Bild

Da mir die Bleistiftstriche, mit denen ich die Wolken vorgezeichnet habe, zu stark erscheinen, radiere ich sie an. Wird das Blau dabei zu sehr abgeschwächt, kann es leicht nachgezogen werden.

Durch den Einsatz der Komplementärfarbe Orange läßt sich die Leuchtkraft des Blaus erhöhen. So verteile ich einige orangefarbene Lichter (Zitronengelb und Krapplack) auf dem Himmel, dem Gemäuer, der Straße und der Vegetation.

Für die letzte Ausarbeitung verwende ich ein dunkles Violett aus Krapplack und Kobaltblau, das im Komplementärkontrast zum Gelb steht. Mit dem dunklen Ton werden Konturen intensiviert und die für van Gogh typischen grafischen Elemente ins Bild gebracht.

Motorräder

Format: 300 × 245 mm
Farben: Zitronengelb, Krapplack dunkel, Kobaltblau

Ein Versuch, der gewagt erscheinen mag: auch diese Motorräder werde ich in van Goghs Stil umsetzen, allerdings mit einer radikalisierten Pinselführung, die dem modernen Charakter des Motivs entspricht.

1. Stufe

Diesmal trage ich die Zeichnung auf, ohne das Papier vorher zu tönen. Der weiße Untergrund wird die moderne Wirkung des Aquarells unterstreichen.
Mit einem warmen Gelb aus Zitronengelb und Krapplack belebe ich die Fläche.

2. Stufe

Die Schattenbereiche – mit zusammengekniffenen Augen sind sie besonders gut zu erkennen – werden zunächst orange (Krapplack und Zitronengelb) unterlegt. Dies erzeugt eine warme, sonnige Wirkung. Die hellen Gelb- und Orangetöne werden später in klarem Kontrast zu den dunklen Farben stehen und dadurch den Eindruck von Tiefe verstärken.

Die ersten Formen werden deutlich: der Gartenzaun, die Vegetation, das Motorrad.

Teils mit pointillistisch aufgesetzten Tupfen, teils mit langgezogenen Strichen gestalte ich die Pflanzen weiter in Grün aus. Dabei verwende ich eine unterschiedlich stark konzentrierte Mischung aus Kobaltblau und Zitronengelb.

3. Stufe

Für die roten Partien der Motorräder, aber auch für die Blüten nehme ich eine kräftig leuchtende Mischung aus Krapplack und etwas Zitronengelb.
Beim Himmel setze ich wieder Kobaltblau ein: In dynamischen Spiralen und Kreisen, in denen sich die Form der Räder wiederholt, wird er ausgestaltet. Der Eindruck von Bewegung läßt sich durch Unterschiede in der Tonalität und Strichstärke noch steigern. Deshalb sollte man den Pinsel immer ganz ausmalen, zudem aber auch mehrere Schichten übereinanderlegen. Die Verwendung von zwei verschiedenen Pinselstärken tut ein übriges.
Das Blau des Himmels wiederholt sich in den Konturen der Motorräder und in den Schatten, die auf der Vegetation und dem Pflaster liegen, und sorgt so für eine Verbindung der Bildteile.

4. Stufe – das fertige Bild

Die blaue Strichzeichnung wird durch ein dunkles Braun, eine Mischung aus Kobaltblau, Zitronengelb und Krapplack, ergänzt. Da die Farbe eine dämpfende Wirkung hat, setze ich sie nur an besonders dunklen Schattenstellen ein.
Eine violette Strichzeichnung (Kobaltblau und Krapplack), mit der die Konturen verschärft werden, rundet das Bild ab; sie gibt ihm Halt und erhöht die Plastizität. In ihrer grafischen Funktion entspricht sie den Tuschzeichnungen, die van Gogh häufig in seinen Aquarellen verwandte.

Rot und Grün, Blau und Orange, Gelb und Violett stehen nun als Komplementärfarben nebeneinander und steigern sich gegenseitig. Die leuchtenden Farben sorgen für Ausdruckskraft und Vitalität.
Die freie Gestaltung dieses modernen Motivs ist ein Beispiel für eine kreative Weiterentwicklung der Aquarellmalerei van Goghs. Ich möchte Sie damit anregen, sich mit dem Medium des Aquarells weiter auseinanderzusetzen, um neue, individuelle Ausdrucksmöglichkeiten zu entdecken.

Bibliographische Information Der Deutschen Bibliothek
Die Deutsche Bibliothek verzeichnet diese Publikation in der Deutschen Nationalbibliographie; detaillierte bibliographische Daten sind im Internet über http://dnb.ddb.de abrufbar.

Sonderausgabe mit freundlicher Genehmigung des Christophorus Verlages, Freiburg im Breisgau.

Abb. Seite 7: Vincent van Gogh, »Selbstbildnis« (1889), Privatbesitz
Abb. Seite 9: Vincent van Gogh, »Die Brücke von Langlois in Arles« (1888), Aquarell, 300 x 300 mm, Privatbesitz
Abb. Seite 53: Vincent van Gogh, »Steintreppe im Garten des Saint-Paul-Hospitals« (1889), Aquarell, 445 x 600 mm, © Vincent van Gogh Stiftung/ Vincent van Gogh Museum, Amsterdam, 1991

Foto Seite 28: Alexandra Kexel
Fotos Seite 38, 44: Hans-Joachim Schwarz
Fotos Seite 54, 58: Elsbeth Born
Foto Seite 62: Gabriele Grimm
Foto Seite 72: Gabriele Späth
Redaktion: Birgit Oesterle
Umschlaggestaltung: Günter Hennersdorf
Layout: Michael Wiesinger
Reproduktionen: Scan-Studio Hofmann, Freiburg i. Br.
Satz: Franz X. Stückle, Ettenheim
Druck: sachsendruck, Plauen

ISBN-13: 978-3-87405-266-5
ISBN-10: 3-87405-266-4